옮긴이 **홍기빈**

(재)글로벌정치경제연구소 소장. 서울대학교 경제학과를 졸업하고 같은 대학원 외교학과 석사과정을 마쳤으며 캐나다 요크대학교에서 정치학과 박사과정을 수료했다. 금융경제연구소 연구위원, 칼폴라니사회경제연구소 소장을 역임했다.
저서로는 『어나더 경제사 1, 2』『위기 이후의 경제철학』『아리스토텔레스 경제를 말하다』『비그포르스, 복지국가와 잠정적 유토피아』 등이 있고, 역서로는 『자유시장』『광장과 타워』『둠: 재앙의 정치학』『카를 마르크스』『도넛 경제학』『거대한 전환』 등이 있다. 유튜브 채널 <홍기빈클럽>을 운영하고 있다.

뉴딜과 신자유주의

The Rise and Fall of the Neoliberal Order:

America and the World in the Free Market Era

Philos 028

뉴딜과 신자유주의

새로운 정치 질서는 어떻게 탄생하는가

게리 거스틀 지음
홍기빈 옮김

THE RISE AND FALL OF THE NEOLIBERAL ORDER

AMERICA AND THE WORLD IN THE FREE MARKET ERA

arte

나와 함께하는 저녁 식사 팀에게

차례

일러두기

- 국립국어원의 한글맞춤법과 외래어표기법을 따르되, 관용적으로 굳어진 일부 용어에는 예외를 두었다.
- 책은 겹낫표(『 』), 정기간행물은 겹화살괄호(《 》), 보고서, 문서 등 짧은 글은 홑낫표(「 」), 영화, TV프로그램, 영상 등은 홑화살괄호(〈 〉)로 묶었다.
- 원주는 원문과 같이 후주로 두었다.
- 옮긴이 주는 본문 내 해당 설명부 끝에 '옮긴이'로 표기하고 괄호로 묶었으며, 한군데 각주로 언급한 부분 또한 옮긴이 주다.
- 대괄호는 저자가 이해를 돕기 위해 추가한 것이다.
- 원문에서 이탤릭으로 강조한 부분은 고딕체 볼드로 옮겼다.

서론

2010년대에 들어서자 미국의 정치와 삶의 구조를 받쳐 주던 지층들이 이동하기 시작했다. 그리고 그 10년 전만 해도 전혀 상상할 수 없던 사건 전개가 눈 깜짝할 사이에 정치와 대중의 의식을 지배하게 됐다. 이는 이미 코로나19 팬데믹이 덮치기 이전부터 일어난 일이다. 도널드 트럼프가 대통령으로 선출됐고 전례 없이 황당한 정권이 출범했다. 버니 샌더스가 떠올랐고 사회주의적 좌파가 부활했다. 급작스럽지만 국경 개방과 자유무역에 대한 근본적인 문제 제기가 터져 나왔다. 포퓰리즘과 인종민족주의가 폭발했다. 얼마 전까지만 해도 상찬의 대상이던 세계적인 엘리트들이 단죄의 대상으로 추락했다. 버락 오바마의 위상이 내려앉았고, 한때 오바마 정권이 구현할 것이라고 많은 이가 기대했던 사회변혁의 희망이 사그라들어 버렸다. 미국의 정치 시스템은 이제 작동을 멈추었고 미국 민주주의 자체가 위기에 놓였다는 확신이 널리 퍼졌다. 2021년 1월 6일에 벌어진 폭도들의 미국 국회의사당 습격 사태는 이러한 민주주의의 위기를 충격적으로, 또 너무나 극적인 모습으로 보여 주고 있지 않은가.

이렇게 아찔한 정치적 사태가 쏟아지는 와중에, 나는 1970년대와 1980년대에 형성되고, 1990년대와 2000년대에 지배력을 얻었던 정치 질서의 몰락을 (아니면 적어도 균열을) 살펴보고자 한다. 이 정치 구성체를 신자유주의 질서라고 부르겠다. 그 이데올로기를 설계한 것은 로널드 레이건이었으며, 핵심적인 촉매자의 역할을 한 것은 빌 클린턴이었다. 나는 이 책에서 이러한 정치 질서의 흥망사를 다루고자 한다. 우리 당대의 역사를 쓰고자 하는 것이다.

이 "정치 질서"라는 말은 2년, 4년, 6년의 여러 선거 주기를 버텨 내면서 중장기적으로 미국 정치를 형성해 왔던 이데올로기, 정책, 유권자들의 배치 상태를 뜻하는 것으로 보면 된다. 지난 100년 동안 미국에는 두 정치 질서가 나타난 바 있다. 1930년대와 1940년대에 일어나서 1950년대와 1960년대에 정점에 달한 뒤 1970년대에 무너진 뉴딜 질서, 그리고 1970년대와 1980년대에 일어나서 1990년대와 2000년대에 정점에 달했다가 2010년대에 무너진 신자유주의 질서다.

이 두 가지 정치 질서의 중심에는 모두 뚜렷한 정치경제 프로그램이 있었다. 뉴딜 질서는 자본주의를 그 자체의 메커니즘에 내버려두는 것은 경제에 재앙을 가져오는 첩경이라는 확신 위에 수립됐다. 자본주의가 공공의 이익에 부합할 수 있도록 강력한 중앙집권 정부가 경제 시스템을 다스릴 수 있어야만 한다는 것이었다. 반면 신자유주의 질서의 근간은 성장, 혁신, 자유를 가두어 놓는 정부의 규제와 통제에서 시장의 힘을 해방시켜야 한다는 믿음이었다. 1980년대와 1990년대에 틀이 마련된 신자유주의 질서는 그 이전 40년 동안 뉴딜 질서가 구축해 놓은 모든 것을 해체하려고 했다.

한 정치 질서를 수립하는 데에는 한두 번의 선거 승리보다 훨씬 많은 것이 필요하다. 우선 유망한 후보들에게 투자할 엄청난 자금과 정치 행동을 조직할 위원회까지 거느린 기부자들이 있어야 하고, 정치적 아이디어들을 실행 가능한 프로그램으로 바꾸어 줄 튼튼한 싱크 탱크와 정책네트워크가 있어야 하며, 선거구 다수에서 체계적으로 승리를 거둘 수 있도록 바람을 일으키는 정당이 있어야 한다. 또한 대법원 판결과 같은 최고 수준에서부터 여러 대중매체와 방송에까지 두루 정치적 여론을 형성할 수 있는 역량과, 유권자들에게 좋은 삶의 비전이란 이런 것이라고 영감을 불어넣을 수 있는 도덕적 관점도 필요하다. 다시 말해서 정치 질서란 넓디넓은 전선 전체에서 일제히 전진해 나가야 하는 프로젝트다. 새로운 정치 질서가 나타나는 일은 그다지 자주 벌어지는 것이 아니다. 경제위기가 터지고 이에 모종의 통치 위기가 덮치는 과정에서 옛 질서가 흔들릴 때에 나타나는 것이 보통이다. 1970년대에는 “스태그플레이션”이 일어나면서 뉴딜 질서가 급작스럽게 몰락하게 됐으며, 2008년과 2009년 사이의 대침체(Great Recession)는 2010년대에 들어 신자유주의 질서의 파열을 촉발시켰다.

정치 질서의 핵심적 특징은, 그 질서의 이념적 측면에서 지배 정당이 반대 정당을 자신의 의지에 따라 복속시킬 수 있다는 데에 있다. 미국 정치에서 백악관과 의회 같은 최고 권력을 놓고 경쟁하는 정치가들 사이에서는 이러한 지배력이 필수적인 것으로 여겨졌다. 그래서 드와이트 아이젠하워의 공화당은 1950년대에 뉴딜의 핵심 원칙들을 묵종했으며, 빌 클린턴의 민주당은 1990년대에 신자유주의 질서의 중심 원리들을 받아들였다. 물론 받아들인다고 해서 결코 끝나는 것이 아니다. 미국과 같이 끝없이 분열이 생겨나는 정치체에서는 항상 긴장과 취약함의 지점이 존재하게 마련이다. 양당체계로 갈라진 조건에서 어떤 정치 질서의 성공은 좌우의 폭넓은 정치가 및 유권자 다수에게 정치적으로 가능하고 바람직한 것이 어디에서 어디까지인지를 규정하는 능력에 달려 있다. 똑같은 이유로 볼 때, 한 정치 질서가 이데올로기적 헤게모니를 행사할 수 있는 역량을 잃게 되면 이는 그 질서가 쇠퇴하는 신호라고 할 수 있다. 이러한 쇠퇴의 순간이 오게 되면 급진적이고 이단적이며 비현실적인 것으로 간주되던 정치사상과 프로그램, 즉 이전에는 극좌나 극우 집단의 과도한 상상력으로만 여겨지던 것들이 주류에서 떠오르게 된다. 이것이 1970년대에 벌어진 일로서, 뉴딜 질서의 해체로 인해 오랫동안 비웃음을 받던 신자유주의 사상이 경제를 조직하는 원리로서 뿌리를 내리게 됐다. 그리고 2010년대에는 다시 신자유주의 질서의 해체로 트럼프식의 권위주의와 샌더스식의 사회주의가 번창하는 공간이 열리게 됐다.

스티브 프레이저(Steve Fraser)와 나는 『뉴딜 질서의 흥망 1930-1980(The Rise and Fall of the New Deal Order, 1930-1980)』을 함께 편집하면서 이 정치 질서의 개념을 도입한 바 있다. 그 이후로 "뉴딜 질서"라는 말은 1930년대에서 1960년대까지 미국 정치에서 뉴딜과 민주당이 행사한 지배력을 강조하는 용어로 대중화됐다. 이 책에서도 이 정치 질서가 1930년대와 1940년대에 어떻게 모습을 나타내게 됐는지 그리고 1960년대와 1970년대에 어떻게 해체됐는지를 먼저 설명하고자 한다. 이는 이전에 우리가 편집한 책에 담긴 역사를 요약하는 것에 그치는 것이 아니다. 그 책에 담긴 핵심 내용 중에서 내가 다시 생각하게 된 부분들까지 종합하여 새롭게 이야기해 볼 것이다. 또한 우리 이야기의 시작점을 뉴딜 질서로까지 거슬러 올라간다면 최근의 신자유주의 질서가 이전의 질서와 얼마나 다른지도 선명하게 드러낼 수 있으므로 유용할 것이다.[1]

그다음에는 이 책이 다루는 중심 사건인 신자유주의 질서의 구축 과정으로 넘어갈 것이다. 이 이야기는 3막에 걸쳐 펼쳐진다. 1막은 1970년대와 1980년대에 로널드 레이건의 부상, 그리고 그가 막무가내로 만들어 낸 자유시장주의 공화당의 발흥 과정이다. 2막은 1990년대에 빌 클린턴이 등장한 이야기로서, 그는 자신이 속한 민주당으로 하여금 신자유주의 질서를 묵인하도록 판을 정리했던 인물이라는 점에서 민주당의 아이젠하워라고 할 수 있다. 3막은 신자유주의 원리를 만사에 적용시키려는 조지 W. 부시의 결단을 담은 이야기다. 여기에는 사담 후세인을 몰아낸 뒤 이라크를 재건하는 것, 그리고 미국을 인종적으로 더 평등한 국가로 만든다는 것과 같은 서로 섞일 수 없는 프로젝트의 이야기가 나올 것이다. 부시가 신자유주의를 보편적으로 실행하려 했던 것은 당면한 문제들을 진지하게 고려해서 나온 결과라기보다 기고만장(hubris)에서 나온 것으로서, 결국은 미국 경제를 대공황 이후 최악의 위기로 몰아넣게 된다. 하지만 부시의 기고만장한 태도는 그의 인간적인 결함뿐만이 아니라, 감히 누구도 도전할 수 없을 정도로 높은 신자유주의 원리들의 위세를 보여 주는 것이었다. 이러한 신자유주의 원리들의 높은 명성과 영향력으로 인해 2008년에 버락 오바마가 대통령으로 선출된 직후에도 감히 그것들을 바꾸는 일은 거의 엄두를 내지 못했다. 마지막 두 장은 2008년과 2009년 사이의 대침체 기간에 생겨나 신자유주의 질서를 붕괴의 지점으로까지 몰고 간 정치적 이변들[티파티(Tea Party), 월 스트리트 점거 운동(Occupy Wall Street), 흑인의 목숨도 소중하다(Black Lives Matter) 운동, 도널드 트럼프와 버니 샌더스의 부상]의 폭발을 다룰 것이다. 신자유주의 질서는 2020년 팬데믹으로 결정타를 맞아 쓰러지기 이전부터 이미 파편화되고 있었다. 이 책은 1970년대와 1980년대에 신자유주의가 시작된 기원에서부터 1990년대와 2000년대에 지배력을 발휘했던 이야기, 그리고

2010년대에 걸쳐 파편화되고 쇠퇴하면서 종말을 맞는 이야기까지 모두를 풀어놓을 것이다.

신자유주의를 따져 본다

이 책의 중심을 이루는 정치적 사건 전개의 틀을 지칭하는 용어로 미국에서 오랫동안 사람들이 선호했던 용어는 보수주의다. 그런데 왜 이 책에서는 20세기 말과 21세기 초에 미국을 지배했던 정치 질서를 보수주의 질서가 아니라 신자유주의 질서라고 이름을 붙이는 것일까? 이러한 용어 선택에 대해서 어느 정도 설명이 필요할 듯하다.

고전적인 의미의 보수주의란 전통에 대한 존경, 기성 제도와 그 틀을 마련한 위계질서에 대한 존중, 변화에 대한 의구심 등의 태도를 일컫는 말이다. 이러한 보수주의는 20세기 후반에 걸쳐 미국 정치 현실에서 여러 가지 형태로 나타났지만, 가장 중요한 것으로는 민권운동의 시대에 백인의 인종적 특권을 주장한 남부 백인들 사이에서, 그리고 20세기 내내 여성과 동성애자의 평등권과 성적 자유를 요구한 여러 해방운동에 맞서 전통의 이름을 들어 반격을 가했던 미국인들 사이에서 나타난 형태를 들 수 있다.[2]

하지만 미국에서 흔히 보수주의와 결부되는 정치적 신념들은 이러한 명칭을 붙이기에는 잘 들어맞지 않는다. 20세기 말에 공화당이 정치의 중심으로 내걸었던 것들은 자유시장 자본주의, 기업 우선주의(entrepreneurialism), 경제적 모험 정신 등이었다. 하지만 이런 것들은 전통을 유지하자는 것도 아니며 전통을 지탱하는 제도들을 유지하자는 것도 아니다. 오히려 방해가 되는 전통과 제도는 파괴하고 전복하는 것을 중심 내용으로 삼는다. 신자유주의는 자본주의의 권력을 완전히 자유롭게 풀어놓을 것을 노골적으로 요구하는 신조다. 따라서 신자유주의라는 말을 쓴다면, 1970년대 이후 미국 정치사의 초점을 변화에 저항하는, 남부의 백인과 가부장주의자 들에서 벗어나 벤처투자자, 월 스트리트를 "현대화"하자는 이, 변화를 더 밀고 나가려 애쓰는 IT 혁신가 들로 이동하는 일이 어느 정도 가능해진다. 이렇게 초점을 이동시키는 것을 진작 했어야 할 일이었다는 것이 이 책이 시사하는 바이기도 하다. 클린턴 정권 당시 정치의 중심을 차지한 것은 미국의 정보통신 시스템과 금융시스템을 근본부터 새로운 구조로 만들자는 주요한 법안 패키지들이었으며, 이 법안들의 영향은 21세기의 정치경제를 형성하는 데에 결정적인 힘을 발휘했다. 하지만 이러한 법안들이 가져온 재구조화는 마땅히 받아야 할 관심을 제대로 받지 못했고, 그 중요성은 1990년대에 불길처럼 번진 문화전쟁의 포연 속에서 가려져 버렸다. 이러한 문화전쟁 또한 민권운동에 저항하여 일어난 백인들의 반격과 마찬가지로 가볍게 보아서는 안 될 사건이다. 하지만 이제 우리는 그때 일어난 경제 변혁 프로젝트에 좀 더 눈길을 주어야 하며, 이를 제대로 다루기 위해 마땅히 세심한 조사를 해야 하고, 그에 따라 20세기 말의 미국에 대한 우리의 관점도 조정해야 할 때가 왔다. 신자유주의에 초점을 둔다면 이러한 일에서 우리는 큰 도움을 받을 것이다.[3]

신자유주의는 자유무역 그리고 자본, 재화, 사람의 자유로운 이동을 높게 받드는 신조다. 이는 탈규제를 경제적 선(善)으로 찬양하며, 정부가 시장의 작동에 더 이상 끼어들어서는 안 된다고 주장한다. 또한 세계시민주의(cosmopolitanism)를 문화적 성취로 여겨 높은 가치를 부여하며, 이는 국경 개방과 그를 통해 다양한 배경의 수많은 사람이 한데 섞이도록 하는 데에서 이루어진다고 본다. 또 지구화(globalization)야말로 서구(신자유주의의 조종석에 해당하는 지역)를 부유하게 할 뿐만 아니라 나머지 세계에도 전례 없는 수준의 번영을 가져오는 것이라고 환영한다. 이러한 신조들은 신자유주의 질서의 전성기 동안 미국 정치에 깊은 영향을 주었다.

나는 신자유주의가 정치경제학을 고전적 자유주의의 원리들과 융합하고자 하는 것이라고 주장한다. (18세기에 태어난) 고전적 자유주의는 교역, 부, 생활수준의 상승 등을 낳는 특출한 시장의 역동성과 가능성을 식별했다. 이는 군주정, 중상주의, 관료제, 인위적인 국경, 관세 등의 장애물로부터 시장을 해방시키고자 했다. 다시 말해, 여러 다양한 모습으로 위장하고 끼어드는 국가의 묵직한 손으로부터 경제를 풀어 주고자 한 것이다. 또한 이는 사람들이 이익과 재산을 좇아서 자기가 원하는 방식으로 교역, 물물교환, 거래를 하며 자유롭게 움직일 수 있도록 만들고자 했다. 고전적 자유주의는 개인의 재능이 그 자연적 수준으로까지 올라갈 (혹은 떨어질) 수 있도록 놓아두고자 했다. 그 안에는 사람들을 자유롭게 하고 세계를 변혁하고자 하는 해방적인, 심지어 유토피아적인 희망이 내포되어 있었다.

나는 신자유주의를 고전적 자유주의의 후손으로 다루어야 한다고 주장하므로, 둘 사이의 차이점들을 강조해 온 학자들과는 어느 정도 대극의 위치에 서게 된다. 둘을 구별해야 한다는 가장 흔한 주장은, 시장을 다시 일으켜 세우려는 목적을 가진 신자유주의가 그 어느 때의 고전적 자유주의보다도 국가개입을 더 필요로 한다는 것이다.[4] 나는 (생기 넘치는) 시장을 조직하기 위해서 강력한 국가가 필요하다는 주장에 동의하지만, 강력한 국가의 발전으로의 전환이 신자유주의의 도래와 함께 시작되었다는 주장에는 반대한다. 지난 15년간 19세기 미국의 국가 건설 과정에 대해 역사가들이 뛰어난 연구 작업을 이뤄 냈고, 이를 통해 19세기에 고전적 자유주의가 성공한 결정적인 이유는 법률, 군사력, 관세 등을 통해 시장을 확장하고 보호할 역량뿐만 아니라 계약 관련의 법률을 정하고 강제할 수 있는 능력도 갖춘 강력한 국가가 존재했기 때문이라고 밝힌 바 있다. 그때나 지금이나 시장이 꽃피는 데에는 경제 교환의 규칙들을 강제할 수 있는 강력한 정부가 반드시 필요하다. 시장이 자유롭게 작동하기 위해서는 반드시 구조가 있어야 한다. 이러한 원리는 신자유주의와 똑같이 고전적 자유주의에도 본질적으로 내재하는 것이다.[5]

그런데 이제부터 내가 "자유주의" 앞에 "신(neo)"이라는 접두사를 붙이면서 구별하고자 하는 대상은 고전적 자유주의가 아니라 프랭클린 루스벨트 대통령의 손에서 변모하여 생겨난 현대 자유주의다. 이 현대 자유주의는 시장 메커니즘에서 루스벨트의 전임 대통령인 허버트 후버(Herbert Hoover)와 같은 고전적 자유주의자들이 용납할 수 있는 한도보다 훨씬 더 많은 정부개입을 요구하는 일종의 사회민주주의다. 그래서 후버 대통령을 지지했던 정치가들은 이를 반대하다가 결국 자신들을 보수주의자라고 부르게 된다. 하지만 그 집단의 지식인들 중 많은 이가 보수주의라는 말의 주된 의미는 질서, 위계, 개인이 제도에 종속돼 있다는 것 등이기 때문에 오히려 자신들이 그토록 찬미하는 혁신, 발명, 전복 등의 자유주의적인 정신과 반대되는 것임을 잘 알고 있었다.[6] 그래서 이들은 어떻게 해서든 이 자유주의자라는 이름을 다시 빼앗아 와야 한다고 여겼다. 그러한 목적에서 나타난 말이 "신자유주의"라는 용어였던 셈이다.[7]

고전적 자유주의와 신자유주의의 긴밀한 친연 관계를 인식한다면, 우리는 신자유주의 원리들을 받아들인 이들 중 일부가 고전적 자유주의의 중심이었던 해방과 개인성의 약속을 어떻게 다시 일으켜 세우려 했는지도 이해할 수 있게 된다. 신자유주의가 이러한 약속을 구현한다는 주장에 어떤 이들은 분명 회의를 내비칠 것이다. 많은 이가 신자유주의를 경제적·정치적 권력을 갈구하는 엘리트들과 그 동맹 세력들의 작품이라고 본다. 이렇게 생각하는 이들의 상상에서 신자유주의의 핵심은 영향력이 큰 지식인, 큰 재산을 가진 억만장자들과 이들의 지원을 받는 싱크 탱크, 국내 정치의 민주적 감시에서 거의 독립된 국내(연방준비제도이사회)와 국제(국제통화기금과 세계은행)적인 금융기관 등이다. 이러한 관점에서 보면 신자유주의는 "보통 사람들"의 적이며, 엘리트들이 민주주의를 전복하고 여러 해방 운동의 싹을 밟아 버리기 위해 사용하는 도구일 뿐이다. 이러한 관점에서 나온 신자유주의 저작들은 엘리트들이야말로 신자유주의 사상과 실천을 만들어 낸 이들일 뿐만 아니라 확산시킨 자들이라는 확신을 깔고 있다.[8]

이제부터 나는 신자유주의의 가혹한 요소들에도 세심한 주의를 기울일 것이다. 사회에 시장 기율을 부과하기 위해 강제적 메커니즘들을 옹호하고, 자본주의적 축적을 절대 지지하면서 피도 눈물도 없는 태도로 일관할 때가 많으며, 경제적 평등과 재분배의 문제에서는 무관심으로 일관하는 것이 신자유주의의 모습임은 분명하다. 하지만 이렇게 엘리트 중심 모델만으로 신자유주의를 이해하다가는 어째서 신자유주의적 관점이 미국에서 그토록 큰 인기를 얻었는지를 충분히 설명할 수 없게 된다. 로널드 레이건은 자신의 정치적 십자군에 가담하는 것이야말로 경제를 규제의 족쇄에서 풀어내는 자유의 운동이라고 많은 미국인이 확신하도록 만들었다. 그는 자유야말로 모든 미국인의 생득권이라는 틀을 제시한 뒤, 사람들이 미국독립혁명을 위해 싸웠던 이유도 바로 그러한 자유의 추구였으며 미국이라는 국가가 탄생한 것도 바로 이를 위한 것이었다고 추종자들에게 말했다. 레이건은 고전적 자유주의의 해방적 언어를 20세기 말의 청중에게 먹히도록 부활시켰으며, 이렇게 자유주의를 부활시킨 것은 그가 미국에서 가장 인기 있는 정치인이 된 원인이기도 했다. 이러한 인기의 근원을 해명하기 위해서는 엘리트에 기반한 신자유주의 이해를 넘어서서, 사회 각계각층의 많은 사람이 어째서 레이건식의 신자유주의 수사학과 정책에 이끌렸는지를 따져 보아야 한다.

레이건은 인기 있는 인물인 동시에 사람들을 분열시킨 인물이기도 했다. 그는 자신의 정치적 기반을 공고하게 만드는 한 방편으로 인종 간의 갈등을 의도적으로 일으켰다. 그의 대통령 재임 기간은 한편으로는 시장 자유와 결부되기도 하지만 다른 한편으로는 민권운동에 대응한 반발을 자극한 기간이기도 했다. 가난한 흑인들을 레이건이 창출하려 했던 시장경제에 참여할 능력도 자격도 없는 "언더클래스(underclass)"라고 묘사하는 심히 당혹스러운 담론이 크게 일어난 것이 1980년대였다. 또 이 시대는 많은 사람을 대규모로 감옥에 수용하는 프로그램이 형성된 기간으로서, 특히 인구 전체의 비율로 볼 때에 소수자 출신의 범죄자들이 불비례적으로 많이 양산됐다. 이 프로그램은 소수자 출신의 범죄자들을 수십만, 나중에는 수백만 명씩 일상의 경제활동과 정규적인 시장 교환 과정에서 제거해 버리려는 의도로 만들어진 것들이었다. 레이건주의의 사도들은 자유의 실험이 성공하려면 (그들의 주장에 따르면) 그 특권과 책임을 다룰 능력이 없는 이들에게서 자유를 빼앗는 조치가 반드시 필요하다고 주장했던 것으로 보인다. 이 책의 몇 장은 이렇게 시장의 자유가 진전되는 와중에 오히려 자유의 억압이 확산되는 과정을 살펴볼 것이다. 신자유주의 시대의 이러한 역설적인 특징은 다른 것들과 마찬가지로 19세기 자유주의의 관행에 뿌리를 두고 있었던 점이 드러날 것이다.

만약 신자유주의 정책들의 호소력이 그저 레이건과 지지자 집단에만 국한됐더라면, 이렇게 대규모로 사람들이 감옥에 잡혀가는 현상에 상당한 사회적 반발이 있었을 것이며, 금세 큰 사회문제로 떠올랐을 것이다. 하지만 신자유주의에 대한 지지가 레이건과 그의 정치적 지지 구역을 넘어서 심지어 신좌파의 구역까지 넘쳐흐르고 있었던 게 당시의 실정이었다. 1960년대에 출현한 급진적 해방운동들이 성좌의 별처럼 뭉쳐 있던 당시의 신좌파 진영으로까지 신자유주의를 향한 지지가 널리 침투했던 것이다.

신좌파가 일으킨 반란의 모습을 살펴보면, 신좌파 자체가 신자유주의 원리들과 하나로 뒤엉키고 있었음을 뚜렷이 볼 수 있다. 신좌파가 격렬하게 반란을 일으켰던 대상은 미국 사회의 과도한 조직화와 관료화였는데, 그들은 이것이 뉴딜 개혁의 결과로 나타난 것이라고 여겼다. 이 과도한 규제에 대응한 신좌파의 반란은 곳곳에서 나타난 바 있다. 폴 굿맨(Paul Goodman)의 격정적인 항의를 담은 저서 『바보 어른으로 성장하기(Growing Up Absurd)』, 신좌파의 초기 의제들을 결정하다시피 했던 1962년의 정치 선언문 「포트휴런성명서(Port Huron Statement)」,

초기 신좌파 대중운동인 1964년 캘리포니아대학교 버클리캠퍼스(UC 버클리)의 자유발언운동(Free Speech Movement)에서 마리오 새비오(Mario Savio)가 그 운동이 목적하는 바를 제시하기 위해 사용했던 수사학 등에서 뚜렷하게 나타나 있다. 또한 스튜어트 브랜드(Stewart Brand)와 스티브 잡스 등이 퍼스널 컴퓨터의 창조를 개인의 자유 추구와 연결시키도록 영감을 준 초기 사이버네틱스 운동, 랠프 네이더(Ralph Nader)와 그의 정치적 동맹자들이 억압적인 대기업 및 정부 엘리트들로부터 소비자들을 "자유롭게" 하기로 결의했던 것 등에서도 명확히 나타난다. 개성과 의식을 묵살하여 사람들을 천치로 만들어 버리는 거대한 기관들의 손아귀에서 개인을 해방시키자는 목표, 질서보다는 전복을 더 높게 보는 태도, 세계시민주의—그리고 다문화주의(multiculturalism)—를 찬양하고 그러한 체제 아래에서 생겨날 예상치 못한 혼합 및 혼종을 찬양하는 태도 등이다. 이 신념들 하나하나는 신좌파로부터 영감을 받은 정치적·문화적 분위기에서 오랫동안 푹 절여진 뒤 신자유주의에서 제시된 여러 열망을 더욱 심화시키고 또 헤게모니적 이데올로기로 힘을 발휘하게 도왔던 것이다.[9]

이렇게 고전적 자유주의가 신자유주의에 영향을 주었음을 강조하는 것(그리고 전자의 해방적 요소들이 후자에도 다시 떠오르게 되는 과정을 보여 주고자 하는 것)은 이 책이 신자유주의를 다룬 다른 책들과 구별되는 첫 번째 지점이다. 두 번째 지점은, 신자유주의가 엘리트 중심의 정치 모델이라는 우리의 이해를 넘어 대중 및 좌파 세력이 신자유주의의 호소력을 어떻게 확산시켰는지도 고려한다는 점이다. 그리고 세 번째 지점이 있다. 이 책은 신자유주의가 정치운동에서 시작하여 정치 질서로 나아가게 된 상황이 만들어지는 데에 국제정치가 중요한 역할을 했다고 본다.

신자유주의가 그 기원에서나 범위에서 국제적인 성격을 갖는다는 점은 많은 학자가 여러 문서 근거를 통해 잘 입증해 놓은 바 있다. 신자유주의 경제학자 프리드리히 하이에크(Friedrich Hayek)와 루트비히 폰 미제스(Ludwig von Mises)의 고향인 제1차세계대전 이후의 빈이 유럽에서 신자유주의가 생겨난 뿌리라는 점은 앵거스 버긴(Angus Bergin) 등의 유능한 연구자들이 탐구한 바 있다. 양차세계대전 사이의 기간 동안 제네바가 신자유주의 사상의 결정적인 산실로 떠올랐으며, 하이에크 등 여러 사람이 신자유주의를 기율을 갖춘 사상 집단으로 전환시키고자 했던 장소는 일반적으로 스위스의 몽펠르랭(Mont Pèlerin)이라고 알려져 있다. 퀸 슬로보디언(Quinn Slobodian)은 잘사는 지역 "지구적 북부(Global North)"와 그렇지 않은 지역 "지구적 남부(Global South)"의 관계를 설정하는 데에 신자유주의 정책들이 수행했던 역할을, 특히 국제통화기금과 세계은행과 같은 기관들을 통해서 검토하는 전문적 연구를 보여 주었다. 에이미 오프너(Amy Offner)는 이러한 정책들이 남미에 미친 충격을 해부했다. 데이비드 하비(David Harvey)는 다른 이들보다 훨씬 앞서 1990년대 신자유주의의 전성기에 미국이

전 세계와 맺는 관계의 틀을 형성했던 이른바 워싱턴컨센서스(Washington Consensus)에 신자유주의가 기여한 바를 연구했다. 이들의 저작은 미국의 신자유주의 질서를 연구하는 이 책의 배경으로서 결정적으로 중요한 역할을 한다.[10]

하지만 이 연구들에는 신자유주의의 뿌리와 범위가 국제적 성격을 갖는다는 것과 관련하여 일반적으로 빠져 있는 문제가 있는데, 소련 그리고 공산주의에 대한 고찰이 그것이다. 이 책은 소련과 국제 공산주의의 문제를 무시해서는 안 된다고 주장한다. 20세기에 일어난 국제 사건들 가운데 1917년의 러시아혁명만큼 중요한 사건은 거의 없다. 공산주의자들은 러시아에서 권좌에 오른 뒤 50년간 전 세계의 큰 영토—광활한 소련 영토 자체, 다음에는 유럽의 절반, 그다음에는 중국—에 장벽을 둘러쳐 자본주의 경제학과 분리시켰다. 공산주의는 냉전시대 처음 3분의 1 기간 동안에는 서유럽에, 그리고 3분의 2 기간에는 아프리카 및 아시아에서 생겨난 무수한 국가에 그리고 남미의 전역에 걸쳐 비슷한 위협을 가져왔다. 파시즘과 나치즘은 공산주의의 발흥에 대한 급진파 우익의 대응으로 이해할 수 있다. 한편 미국에서도 이미 1920년대부터 공산주의는 미국적 생활 방식에 치명적인 위협으로 간주됐다. 대공황과 제2차세계대전을 지나면서 미국의 반공주의가 누그러지기는 했지만, 이는 일시적이었을 뿐이다. 20세기의 세계에 혹은 미국 정치에 그 어떤 단일 정치세력도 공산주의에 필적할 만한 영향력을 갖지는 못했다.[11]

공산주의의 위협이 가졌던 힘—그리고 그로 인해 퍼졌던

공포—은 오늘날 대부분 망각됐다. 신자유주의를 설명하면서 1989년에서 1991년 사이에 일어난 소련의 몰락이나 자본주의의 주된 적대자였던 공산주의의 붕괴를 중대한 사건으로 다루는 이야기는 거의 찾을 수가 없다. 하지만 공산주의 제국의 몰락 그리고 동시에 벌어진 공산주의 이데올로기의 패배가 불러온 결과와 그 중요성은 실로 심대한 것이었다. 이런 것들이 있었기에 미국에서 또 전 세계적으로 신자유주의가 승승장구할 수 있었던 것이다.

공산주의 몰락의 결과 중 하나는 아주 명백하다. 러시아와 동유럽이라는 거대한 지역이 자본주의가 침투할 수 있도록 활짝 개방됐다는 것이다. 또한 여전히 명목상으로 공산주의국가인 중국이 자본주의 경제학을 실험해 보려는 의지를 적극적으로 확대해 나갔다. 그리하여 1990년대가 되면 자본주의는 제1차세계대전 이후 최고로 광범위한 전 지구적인 영역을 확보하게 됐다. 1990년대와 2000년대에 국제 문제를 장악했던 글로벌화된 세계는 공산주의의 붕괴를 떼어 놓고는 상상조차 할 수 없는 것이다.

공산주의의 몰락이 가져온 또 한 가지 결과로서, 앞의 것만큼 자명하게 보이지는 않지만 그 중요성만큼은 동일한 것이 있다. 그전까지는 미국에서 (그리고 유럽이나 다른 곳에서도) 하나의 지상명령으로 여겨졌던 자본주의 엘리트와 노동계급 사이의 계급 타협을 제거해 버린 것이다. 1930년대에서 1960년대에 이르기까지 공산주의는 전체주의라는 시각으로 조명되었는데, 즉 일단 확립되면 결코 전복될 수 없는 전체주의적 지배 체제로 간주됐다. 일단 공산주의로 넘어가 버린 나라는 결코 자본주의 세계로 되돌아올 수 없다는 것이다(영향력 있는 전체주의 이론의 가르침에 따르면 그러했다).[12] 그리하여 공산주의의 전진이라는 유령 때문에 미국은 역사상 전례가 없는 군사적 억제 정책을 취하지 않을 수 없었다. 또한 미국을 포함한 선진 산업국의 자본주의 엘리트들은 계급적 적대자들과 타협하지 않을 수 없었을 뿐 아니라, 그 타협의 방식은 공산주의의 위협이 없었다면 결코 불가능할 만한 것이었다. 뉴딜 질서를 떠받쳤던 자본과 노동의 계급 타협은 공산주의에 대한 공포 때문에 가능했다. 또한 제2차세계대전 이후 유럽 여러 나라의 사회민주주의에서도 비슷한 계급 타협이 나타났는데, 이 또한 공산주의 공포 때문에 가능했던 것이다.

그렇다면 공산주의의 몰락은 자본주의의 가장 맹렬한 적을 세상에서 치워 버린 사건이었다고 볼 수 있다. 광활한 새 영토와 새 민족들이 이제는 단일의 자본주의 시장터로 끌려 나오게 됐다. 자본주의 시장의 성장과 이윤의 가능성은 한계가 없는 듯했다. 물론 이러한 성장에서 가장 큰 이익을 보는 나라는 미국이었다. 그리고 뉴딜 질서의 기초를 형성했던 계급 타협도 이제는 내팽개칠 수 있을 것으로 여겨졌다. 이제 정말 두려운 강성 좌익 세력은 더 이상 존재하지 않으니까.

소련 그리고 공산주의 일반이 몰락했던 정확한 시점이 1989년과 1991년 사이였다는 사실은, 신자유주의의 승리가 어째서 1980년대보다 1990년대에 더욱 결정적이었는지, 신자유주의의 승리를 굳히는 데에 어째서 빌 클린턴이 레이건보다도 더욱 중요한 역할을 했던 것인지 등을 설명해 준다. 1991년 이후, 자본주의 엘리트들과 그 지지자들에게 노동계급과 타협하도록 작용했던 압력은 그만 사라졌다. 계급에 기초를 둔 진보세력의 정치적 활로 또한 크게 줄어들어 버렸다. 이때가 바로 신자유주의가 정치운동에서 정치 질서로 이행했던 순간이었다. 요컨대, 공산주의의 몰락은 신자유주의의 승리라는 이야기에서 핵심 부분에 해당한다.

공산주의의 몰락을 신자유주의 발흥의 이야기에서 중심에 놓고자 한다면, 1990년대 이전의 60년 동안 미국의 정치를 형성하는 데에서 공산주의의 역할이 무엇이었는지를 기존의 역사서들과는 다르게 이해할 필요가 있다. 기존의 이야기들에서는 공산주의 공포라는 것이 진보적 정치를 오히려 제한했던 힘으로 다루어진다. 다양한 진보적 운동들이 "좌경·용공(soft on communism)"이라는 죽음의 딱지가 붙는 위험을 감수할 수가 없어서 그런 위험을 피하는 방향으로 정치적 진로를 요리조리 바꾸다가 시들어 간 경우가 무수히 많았다는 것이다.[13] 하지만 공산주의의 위협이 작동했던 방향은 전혀 다른 것이었다는 게 나의 주장이다. 이는 자본주의 엘리트들에게 최악의 사태를 피하기 위해 기꺼이 타협하고자 하는 성향을 심어 주었다는 것이다. 미국의 노동 세력이 가장 힘이 강했을 때는 바로 공산주의의 위협이 가장 컸던 때였다. 복지국가로서의 미국이 수많은 한계가 있었다고 해도, 어쨌든 그것이 정점에 달했던 때는 냉전이 정점에 달했던 때와 동일하다.[14] 반면 복지국가 및 노동운동이 해체되는 과정은 공산주의의 붕괴와 발맞추어 진행됐다.

공산주의의 중요성을 주장한다고 해서 그것을 다시 정치운동으로 되살리자는 뜻은 아니다. 공산주의는 도저히 변호할 수 없는 폭정의 시스템일 뿐이다. 내가 뜻하고자 하는 바는, 20세기에 공포의 세력으로 군림했던 공산주의가 그 시대에 수행했던 역할을 이해하고, 또 그것이 막상 국제 및 국내 문제에서 갑자기 사라지고 나서 어떤 결과가 나타나게 되었는지를 살펴보자는 것뿐이다. 1930년대에서 1960년대에 이르는 기간에는 공산주의의 위협이 대단히 현실적이었으며, 이는 뉴딜 질서가 유지했던 노자 간의 계급 타협을 촉진시켰다. 1989년과 1991년 사이에 그 위협이 사라지자 계급 타협이 해체돼 가고, 신자유주의 질서는 기세를 떨쳤다. 이 관점은 신자유주의의 역사와 그것이 지탱했던 정치 질서를 장장 75년에 걸친 공산주의와 자본주의의 지구적 투쟁의 서사시라는 더 넓은 맥락 속에 놓아야 한다는 것에 방점을 둔다.[15]

"양분화"와 정치 질서

어떤 정치 질서든 이데올로기적 모순과 유권자들 사이의 갈등이 존재하게 마련이며, 이는 정치적 관리의 문제로 떠오르게 된다. 신자유주의 질서 또한 이 점에서는 예외가 될 수 없다. 앞에서 이미 주목했던 모순 하나는, 신자유주의를 엘리트의 지배를 확장하는 전략으로 보는 이들과 그것을 개인의 해방으로 가는 길로 보는 이들 사이에 존재했던 모순이다. 또 다른 모순은 좋은 삶을 이루는 법에 대해 놀라울 정도로 다른 두 가지 도덕적 관점이 신자유주의 질서 내부에 불편하게 공존했다는 사실이다. 첫 번째는 내가 신빅토리아적이라고 부르는 관점으로서, 누구에게도 기대지 않고, 가족을 탄탄하게 유지하며, 노동, 성, 소비 등에 기율을 갖는 것을 찬양하는 태도다. 이러한 도덕적 관점에 따르면, 시장이 과잉으로 치달을 경우 사람들이 과도한 소비에 빠져 빚더미에 오르고 또 섹스, 마약, 알코올 등 자유시장이 인정하고 허가하는 것으로 오해할 수 있는 충동들에 마구 탐닉하는 일이 벌어질 수 있다고 한다. 따라서 이러한 위험을 막기 위해서는 앞서 말한 가치들이 반드시 필요하다는 게 이들의 주장이다. 하지만 신자유주의에서는 정부가 개인의 행위를 규제하는 것을 싫어하므로, 이러한 규제를 내놓는 것은 정부 이외의 다른 어떤 제도가 되어야만 한다. 신빅토리아주의는 전통적 가족이라는 제도에서 답을 찾는다. 남성 가부장들이 다스리고, 여성은 종속적 위치에서 양육과 가사 노동을 책임지고, 동성애가 용납되지 않는 전통적인 가족이 바로 그러한 규제를 내놓을 수 있다는 것이다. 이런 가족은 종교적 신앙심에 따라 생활하면서 성원들, 특히 나이 어린 이들에게 도덕적 미덕을 심어 주기 때문에 자유시장 생활이 요구하는 엄격성을 다음

세대가 갖출 수 있다는 것이다. 이러한 운동의 지적인 인도자인 거트루드 히멜파브(Gertrude Himmelfarb)와 그의 남편 어빙 크리스톨(Irving Kristol) 같은 이들은 이러한 가족과 시장의 공생이 빅토리아 여왕 시절인 19세기 영국에서 달성됐다고 믿었다. 그리고 20세기 말의 미국 또한 로널드 레이건이 새로 만들어 내는 공화당의 지도 아래에서 이를 또다시 이룰 수 있다고 믿었다. 이러한 관점은 제리 폴웰(Jerry Falwell)의 복음주의 기독교 집단과 만나면서 대중적 기반을 확보했으며, 이들은 '도덕적다수(The Moral Majority)'라는 이름으로 알려진 영향력 있는 종교 조직을 형성하여 정치적으로 동원되기도 했다.[16]

신자유주의 질서가 장려했던 또 한 가지 도덕적 관점은 내가 세계시민주의라고 부르는 것으로서, 이는 신빅토리아주의와는 전혀 딴판인 세계다. 이러한 관점은 개인들이 전통, 유산, 이미 결정된 사회적역할 등에서 벗어나 스스로 자아 혹은 정체성을 만들어 갈 수 있는 기회야말로 시장 자유의 핵심이라고 본다. 이러한 관점은 미국의 경우 신좌파—특히 흑인 권력(black power), 여성주의, 다문화주의, 게이 프라이드(gay pride) 등—에서 비롯된 여러 해방운동을 동력으로 삼아 신자유주의 질서의 시대에 크게 확산됐다. 세계시민주의는 근본부터 평등과 다원주의를 지향한다. 이는 가부장적이고 이성애적인 가정이 규범으로 받들어져야 한다는 생각을 단호히 거부하며, 지구화와 사람들의 자유로운 이동을 받아들이고, 신자유주의 질서로 가능해진 각종 초국가적 연계를 환영한다. 또한 다양한 사람들이 만나면서 생겨나는 좋은 것들에 큰 의미를 부여하고, 그들 각각의 문화를 소중히 여기며, 새로운 그리고 종종 혼종 형태의 생활 방식을 발전시켜 나간다. 그리하여 신자유주의 질서의 가호 아래 발전한 세계적인 도시들—런던, 파리, 뉴욕, 홍콩, 샌프란시스코, 토론토, 마이애미 등—에 점점 더 특징적으로 나타나는 문화적 교류와 역동성을 높이 칭송한다.

이렇게 서로 다른 두 도덕적 관점이 공존한다는 것은 신자유주의 질서의 강점이자 약점이기도 하다. 강점은, 이 질서가 도덕적 삶에 대해 근본적으로 다른 관점을 가진 완전히 상이한 유권자들을 모두 동일한 정치경제 프로그램으로 끌어들일 수 있다는 데에 있다. 약점은, 이 두 종류의 유권자들 사이에 일어나는 문화전쟁이 신자유주의 경제 원리의 헤게모니까지 침식할 위협으로 나타날 수 있다는 사실이다. 세계시민주의자들은 신빅토리아주의자들을 동성애자, 여성주의자, 이민자 등을 차별한다고 또 가난한 흑인들의 "빈곤 문화"에 낙인을 찍는다고 공격한다. 신빅토리아주의자들은 세계시민주의자들이 사실상 모든 생활 방식을 몽땅 용인한다고, 또 곳곳에서 벌어지는 사람들의 한심스러운 작태를 차이에 대한 관용이라는 이름으로 용납해 버린다고, 그리고 여러 다른 나라의 문화를 미국 문화보다도 높게 본다고 공격한다. 신자유주의 질서가 지배 질서로 등극했던 1990년대는 "문화전쟁"으로 알려진 세계시민주의자들과 신빅토리아주의자들 사이에 싸움이 벌어진 기간이기도 하다. 사실 이 기간의 정치사를 쓰는 이들은 여기에서 생겨난 여러 문화적 분열에 초점을 맞추어 왔다.[17] 정치학자 다수가 이 "양분화"를 미국 정치의 핵심 현상으로 보며, 이것이 어떻게 생겨났고 어떻게 미국 사회를 형성했는지—혹은 잘못 형성했는지—설명하는 데에 힘을 기울인다.[18]

나도 이러한 양분화의 현실을 부인하지 않는다. 이는 궁극적으로는 신자유주의 질서에 균열을 일으키는 한 원인이 되기도 했다. 하지만 이러한 현실에만 몰각되어선 안 된다. 한편에서 문화적 양분화가 벌어졌지만 동시에 정치경제의 원리들에서는 폭넓은 합의가 일어나 두 가지가 나란히 공존했다는 사실을 말이다. 이러한 문화적 분열과 정치적·경제적 합의의 공존이라는 수수께끼와 같은 사실은 1990년대에 빌 클린턴과 뉴트 깅그리치(Newt Gingrich) 사이의 복잡한 관계에서 그대로 모습을 드러낸다. 매체에서 나오는 이야기를 보면 이 두 사람은 정반대의 인물들로 그려지며(본인들도 그렇게 그렸다), 서로를 아예 부수어 버리겠다고 공공연히 으르렁댔던 것으로 나온다. 클린턴은 새로운 미국의 호민관으로서 인종적 소수자, 여성주의자, 동성애자 등을 환영한 인물로 자신을 내세웠다. 그는 1960년대의 정신을 구현한 인물이자 신좌파의 반항적이며 자유로운 영혼을 가진 인물로 여겨졌다. 깅그리치는 종교적 신앙, 애국주의, 법과 질서에 대한 존중, 가족의 가치 등에 뿌리를 둔 더 옛날의 "더 진짜의" 미국을 수호하는 인물로 자신을 내세웠다. 두 사람 모두 1990년대의 주요한 선거에서 승리를 거두며 엄청난 명성을 누렸다. 1992년 클린턴은 16년 만에 백악관을 차지한 민주당 후보가 되며, 1996년에는 1944년의 루스벨트 이후 처음으로 정권을 재창출한 민주당 대통령이 된다. 1994년에 깅그리치는 1952년 이후 처음으로 공화당이 상하 양원을 휩쓸어 버리는 선거를 이끌어 냈으며, 하원의장이 된다. 깅그리치는 자신이 이끄는 공화당으로 클린턴의 모든 행보를 가로막겠다고 맹세했고, 1996년 대통령선거에서는 반드시 그를 패배시키겠다고 말했으며, 여기에서 실패하자 급기야 탄핵으로 그를 대통령에서 몰아내겠다고 공언했다. 탄핵은 거의 성공을 거둘 뻔했다. 한편 클린턴은 자신의 대통령직을 갉아먹으려는 광범위한 우익 진영의 음모가 존재하며, 깅그리치야말로 이 음모를 이끄는 양심도 없는 자라고 보았다.

하지만 이들이 서로에게 갖은 증오와 차이를 이렇게 마구 드러냈음에도 불구하고, 이 두 사람이 거느린 워싱턴 정계의 권력 브로커들은 서로 힘을 합쳐서 그 이후 한 세대에 걸쳐 미국의 정치경제를 형성하게 될 결정적인 법안들을 만들어 낸다. 신자유주의의 승리는 이 두 집단이 막후에서 협력한 덕분에 가능했던 것이다. 이 책은 1990년대의 그 막후를 열어 드러내고자 하며, 이를 통해 수십 년간 이어진 문화전쟁의 와중에서도 신자유주의 질서를 지탱한 강력하고도 일관된 경제적 협약의 존재를 드러내고자 한다.

이제부터 나올 이야기에서 나는 지난 100년간의 역사를 설명하고 이해하는 데에 정치 질서의 개념이 어떤 쓸모가 있는지를 보여 주고자 한다. 이 개념은 엘리트와 대중, 경제와 도덕, 국내와 국제 등 여러 복잡한 힘의 형세가 작동하면서 정치적 삶이 형성되어 가는 과정을 총체적으로 이해할 수 있도록 해 준다. 또한 이는 우리의 정치적 관념의 시간 지평을 확장해 준다. 이런저런 선거 주기에만 몰각될 것이 아니라, 그것을 넘어 미국 정치에 대한 사유와 저술을 그토록 크게 지배했던 그 중간의 기간들도 함께 생각하도록 촉구하는 것이다. 그리고 정치적 이데올로기라는 것이 일단 확립되고 나면 정치체 전체에 어떠한 권력을 행사할 수 있는지도 이해할 수 있도록 해 준다. 그리하여 큰 합의 안에서도 갈등이 존재할 수 있고 그 갈등이 심지어 점점 더 커지기도 한다는 것을 강조하면서, 그러한 일이 벌어지는 새로운 방식을 우리가 착목(着目)하도록 해 준다. 그리고 1970년대와 2010년대와 같이 한 지배적인 정치 질서가 해체되고 다른 정치 질서가 태동하려는 전환점의 순간들에 관심을 갖도록 해 준다.[19]

신자유주의 질서는 뉴딜 질서의 폐허에서 출현했다. 신자유주의 질서를 총체적으로 이해하려는 우리의 탐구는 따라서 그 이전 질서의 흥망을 이해하는 것에서 시작해야 한다.

1부

뉴딜 질서
1930~1980

1장 —— 발흥

허버트 후버는 재능이 특출할 뿐만 아니라 많은 것을 성취한 인물이었다. 아이오와주에서 태어난 그는 고아가 되어 좋지 못한 환경에서 자랐지만, 스탠퍼드대학교에서 남들이 탐내는 자리까지 차지했고, 광업 엔지니어가 된 후에는 전 세계로 뻗어 나가는 광산 회사들의 최고경영자 자리까지 빠르게 올라섰다. 재능뿐만 아니라 지칠 줄 모르는 근면을 갖춘 관리자였으며, 제1차세계대전이 끝난 세계에서 유럽 군인과 민간인 수백만 명의 목숨을 구한 미국 농업부(U.S. Food Administration, 1917~1920년의 기간 동안 제1차세계대전 후 농산물의 수급을 관리하기 위해 만들어졌던 미국 연방정부의 독립기관—옮긴이)의 수장으로서 국제적 명성을 얻게 됐다. 1921년 후버는 상무부 장관이 되어 크게 활약하여 "호황의 20년대(roaring twenties)"를 구가하던 미국의 놀라운 번영에 기여하기도 한다. 1928년에는 공화당의 대통령 후보 경선에서 이렇게 선언한다. "오늘날 우리 미국인들은 빈곤에 맞서, 역사상 그 어느 나라와 비교해도 완전한 승리에 더욱 가까이 와 있습니다. 빈민 구호소는 이제 미국에서 사라지고 있습니다." 미국인들은 후버의 낙관주의를 공유하면서 1928년 11월의 선거에서 그에게 확실한 승리를 몰아준다.[1]

하지만 대통령직을 시작한 지 불과 8개월 만에 주식시장 붕괴라는 파국이 벌어졌고, 이런 사태에 그는 제대로 대처할 수 있는 경험이 전혀 없었다. 1929년 10월과 12월 사이에 주식시장은 50퍼센트가 하락했다. 대공황 최악의 해였던 1932년에는 주식시장이 또다시 30퍼센트 더 하락했다. 기업체 10만 개 이상이 파산했고, 은행 수천 점이 문을 닫았으며, 이로 인해 수백만 명이 든 저축이 공중으로 사라졌다. 실업률은 25퍼센트로 치솟았다. 디플레이션의 악순환이 진행되면서 물가는 곤두박칠쳤다. 소와 돼지의 사육 비용과 도축 및 운반 비용이 소고기, 돼지고기 가격을 초과하게 되면서 농민들은 소와 돼지를 살처분하기 시작했다. 미국인 수백만 명이 영양실조 상태에서 묽은 죽 한 그릇을 얻으려고 장사진을 이루는 가운데에 농부들이 가축 대량을 죽이는 그림은 유령처럼 떠돌면서 미국의 자본주의 시스템이 얼마나 비합리적인지 그리고 정치 계급이 얼마나 무능력한지를 부각시키는 듯했다. 후버 대통령이 시도했던 어떤 대책도 효과가 없어 보였다. 실패가 거듭될수록 그는 개개인이 자기 힘으로 일어서야 하며 각자 알아서 수입에 맞게 집안 살림을 꾸려야 한다는 도덕적 훈계만 늘어놓게 됐다. 이제 후버는 세상 물정도 모르고 보통 사람들의 운명에는 전혀 무관심한 피도 눈물도 없는 인간으로 비치기 시작했다. 1932년에 그는 미국 역사에서 가장 미움받는 대통령이 됐으며, 결국 그해 11월에 열린 대통령선거에서 민주당 후보인 프랭클린 루스벨트에게 완패하고 만다.[2]

후버 대통령의 실패가 두드러졌던 것만큼 그 이후 12년 동안 루스벨트 대통령이 거둔 성공은 큰 인상을 남긴다. 그는 세 번이나 당선되면서 미국 정치사에 전무후무한 장기 집권에 성공한다. 그는 "미국인을 위한 뉴딜" 줄여서 뉴딜이라고 불리는 정책들 한 묶음을 고안해 냈고, 이는 미국의 자본주의를 개혁하고, 번영을 회복하며, 경제적 약자들의 기회를 엄청나게 개선하는 일을 이루어 냈다.[3] 뉴딜의 명성이 너무나 높았기에 1952년 공화당이 마침내 백악관을 되찾았을 때에도 그 핵심 원리들을 묵인하고 받아들였다. 뉴딜주의자들은 드와이트 아이젠하워에게 정권을 빼앗긴 뒤에도 대통령은 물론 다른 공화당원들까지도 자기들 뜻대로 움직이게 만들었으며, 결국 공화당은 민주당과 싸울 때에도 뉴딜주의자들이 만들어 낸 뉴딜의 지형 안에 머무르는 수밖에 없었다. 한 당파의 정치운동이 이렇게 미국 정치의 고정 변수들을 지속적이고 장기적으로 규정했다는 사실은 곧 이 시대에 모종의 정치 질서가 존재했음을 보여 준다. 이 질서의 핵심 요소들은 무엇이었을까? 그리고 그것이 1930년대에서 1960년대까지 내내 미국적 삶의 정치적 구성 형태를 지배하게 된 원인은 무엇이었는가? 이 장에서는 이러한 질문들에 답해 보고자 한다.

뉴딜 질서

뉴딜 질서의 핵심에는 강력한 민주당이 있었다. 민주당은 졸지에 여러 선거에서 꾸준히 승리할 능력을 갖춘 지배 정당이 됐다. 주로 유럽 혈통인 도시의 이민노동자들과 북부의 이민자 중산층이 핵심 지지 세력의 한 축이었고, 남부의 개신교 유권자들도 똑같이 중요한 지지 세력이었다. 여기에다가 본래 노예해방을 이룬 링컨 대통령의 공화당을 지지하던 남부와 북부의 흑인 유권자들도 점차 민주당 대열로 합류하게 된다. 또한 많은 조직 노동(organized labor)이 동원되어 민주당의 행동대원이 되며, 이들은 투표소로 유권자들을 데려오고, 투표소 감시자로 참여하고, 투표소 주변에서 루스벨트 대통령과 민주당 후보자들을 찍으라는 열기를 만들어 내는 궂은일을 떠맡았다. 노동계급만이 아니었다. 자본가계급 또한 규제된 자본주의 시스템에서 완전고용 및 대량소비 시스템이 이루어질 것이며 이는 산업에 큰 이익이 될 것이라고 한 뉴딜의 약속에 설득된 상태였다. 따라서 이들은 민주당 선거운동을 위해 영향력을 행사했을 뿐만 아니라 자금 면에서는 노동계급보다 더 크게 기여했다. 더욱이 소련에서 공산주의가 성공을 거두자 미국 내부의 일반 노동자들 사이에서도 공산주의자들의 영향력이 커지게 되었으므로, 미국의 사업가들은 노동운동에서 공산당보다 상대적으로 온건한 세력과 타협하고자 하는 경향을 갖게 됐다.[4]

하지만 뉴딜 질서가 권력을 얻게 된 것은 단지 선거구와 재계에서 지지자들을 얻은 덕분만은 아니었다. 당시의 정치 지형에 그 이데올로기적 핵심 원리들을 뿌리내릴 수 있게 만든 능력도 크게 작용했다. 뉴딜 질서의 핵심 신조 가운데 하나는, 자본주의가 고삐가 풀리게 되면 용납할 수 없을 정도로 큰 경제적 불안정과 불평등을 만들어 미국 사회 전체를 파괴하는 힘이 되어 버린다는 것이었다. 일자리 부족은 그야말로 재앙이었다. 1930년대 내내 미국은 20퍼센트를 맴도는(그걸 넘을 때가 많았다) 실업률로 어려움을 겪어야 했다. 이런 수준으로 시장경제가 붕괴했으니 자유방임이라는 이데올로기는 확실하게 사망했고 관에 못질까지 이루어진 것으로 보아야 했다. 19세기 말과 20세기 초의 미국 경제에서 이러한 사태는 하나의 쉽볼렛(shibboleth, 특정 집단이 타 집단을 구별하기 위해 사용하는 도구를 뜻한다. 구약성경 사사기 12장 5~6절에 그 기원이 있다. "길르앗 사람이 에브라임 사람보다 앞서 요단강 나루턱을 장악하고 에브라임 사람인 도망하는 자가 말하기를 청컨대 내가 건널 것이다 하면 길르앗 사람이 그에게 묻기를 네가 에브라임 사람이냐 하여 그가 만일 아니라 하면 그에게 이르기를 '쉽볼렛'이라 발음하라 하여 에브라임 사람이 능히 발음을 바로 하지 못하고 에브라임 지역 말투로 '십볼렛'이라 하면 길르앗 사람이 곧 그를 잡아서 요단강 나루턱에서 죽였더라. 그때에 죽은 에브라임 사람이 4만 2000명이었더라."—옮긴이)이었기 때문이다. 이제 대다수 미국인들은 시장경제의 파괴적인 혼돈을 견제하고 자본주의 성장을 공공의 이익에 맞게 관리하기 위해서 외부의 힘이 필요하다는 데에 동의하게 됐다. 변화를 추동하고자 하는 이들이 기대를 걸었던 것은 연방정부였는데, 그런 역할을 해낼 만한 규모, 자원, 의지를 갖춘 유일한 기관은 연방정부뿐이라고 보았기 때문이다.

루스벨트와 뉴딜주의자들은 중앙집권 국가의 힘을 비약적으로 증대시켜 풀어냈으며, 이는 전쟁 때가 아닌 평화 시에는 거의 불가능할 정도의 수준이었다. 그들이 했던 일을 보자. 우선 미국의 경제 인프라를 아주 가시적으로 개편했는데, 도로, 교량, 공항, 댐, 학교, 도서관 등을 셀 수 없을 만큼 만들어 놓았다. 일자리 프로그램 중 하나였던 공공사업진흥국(Works Progress Administration, WPA)은 이러한 프로젝트들을 진행하면서 500만 명에게 일자리를 마련해 주었다. 공공 일자리를 위한 뉴딜정책의 신념은 아주 확고했기에, 예술가들까지도 일자리를 얻어 정부 건물 수백 채의 내부를 벽화로 채우게 된다. 지금도 미국의 공공건물들을 보면, 워싱턴 수도에 있는 내무부 건물의 큼직한 벽에서 시작하여 미국 전역의 도시와 마을에 위치한 무수한 우체국 건물과 학교 건물을 비롯해 일터나 쉼터 가릴 것 없이 색감이 넘치고 사람의 시선을 확 붙잡는 그림들을 발견할 수 있는데, 이는 뉴딜에서 기인한 것이다. 물론 이러한 미술가 고용 프로그램은 뉴딜정책과 협조할 때도, 갈등을 빚을 때도 있었지만, 어쨌든 이 예술가들은 그러한 변화에 미국적 삶을 생생한 가장행렬의 그림으로 담아냈다. 그리고 미국인들 또한 이렇게 자신들의 삶을 생생하게 담아내면서 미국을 찬양하는 그림이 도처에 생겨난 것이 뉴딜 덕분이라는 점을 모두 잘 알고 있었다.[5]

연방정부는 새로운 권력을 확고하게 하기 위한 캠페인의 일부로서, 지방의 재정 시스템에 새롭게 광범위한 통제권을 설정했다. 1933년에 미국 의회는 글래스·스티걸법(Glass-Steagall Act)을 통과시켰다. 이 법은 상업은행업과 투자은행업을 분리했고, 연방예금보험공사(Federal Deposit Insurance Corporation)를 설립하여 미국인들의 예금 저축을 보호했다. 1933년의 증권법(Securities Act)과 1934년의 증권거래법(Securities Exchange Act)은 증거금 신용 주식거래(증거금을 예치하고 돈을 빌려 주식에 투자한 뒤 그 수익금으로 갚는 거래)에 고삐를 물렸으며, 뉴딜 질서가 확립하려고 했던 새로운 방식의 금융 규제를 강제하기 위해 증권거래위원회(Securities and Exchange Commission)를 세웠다. 이 법들은 그 이전에 전혀 상상할 수 없었던 주식시장의 안정을 가져오게 된다.[6]

또한 루스벨트 정권은 1935년과 1936년에 미국식의 케인스주의를 받아들이게 된다. 케임브리지대학교의 경제학자인 존 메이너드 케인스(John Maynard Keynes)의 이름을 딴 케인스

경제이론은 경기순환이 바닥에 있을 동안에는 정부 수입을 초과하는 정부지출을 적극적으로 추구해야 하며, 거기에서 생겨나는 재정적자는 나쁜 것이 아니라는 명제를 공리로 삼고 있다. 그러한 정부지출로 빈털터리인 사람들의 손에 돈을 쥐여 줌으로써 그들이 물건을 살 수 있도록 자극한다는 것이다. 돈이 대중의 주머니로 들어가는 경로는 실업보험, 노령연금 수표, 공공일자리, 노동의 역량 강화를 통한 더 많은 임금인상, 주택 및 차량 구입의 대출이자 인하 등 다양한 형태를 띨 수 있다는 것이다. 일단 경제회복이 이루어진 다음에는 정부지출과 팽창적 통화정책을 반대로 뒤집어서 재정 균형을 달성하면 된다고 한다. 1940년대가 되면 민주당을 위해 일하는 경제학자 대부분이 공식적으로 케인스주의 경제사상을 자신의 신념으로 내걸었으며, 그 뒤 30년 동안 계속 이를 옹호하게 된다.[7]

케인스주의는 자본주의를 대체하는 것이 아니라 지탱하기 위해서 고안된 것이었다. 경제는 그 자체의 장치들에 내맡겨야만 한다든가, 시장은 구매자 및 판매자 개인들의 결정을 통해 스스로 균형을 찾도록 두어야만 한다고 고집하는 이들은 이제 미국 정치의 주변으로 밀려났다. 이들은 이제 선거에서 이긴다든가, 의회의 다수를 차지한다든가 하는 일들을 상상조차 하기 힘든 신세가 됐다. 허버트 후버의 몰락은 이 점에서 좋은 모범이었다. 신자유주의의 설계자 중 하나인 프리드리히 하이에크는 자유방임 자유주의가 얼마나 주변적인 신세로 밀려났는지를 간파했다. 그가 몽펠르랭협회를 1947년에 설립하면서 선택한 장소는 스위스의 산골짜기였다. 어쩌면 고전적 자유주의 사상이 케인스주의와 집산주의의 새로운 시대를 맞이해 버티고 살아남을 만한 곳이 이곳밖에는 없다고 여겼기 때문일지도 모른다. 마치 모세가 산에서 내려와 십계명을 던졌던 것처럼, 이곳에서 다시 살아나 새로운 모습으로 포장된 신자유주의 사상은 훗날 산꼭대기를 내려와 세상을 지배하게 되지만. 어쨌든 1930년대에는 하이에크의 목소리도 후버나 마찬가지로 조롱의 대상이었다.[8]

자본주의의 파괴적인 혼돈을 줄여야만 한다는 것은 당시의 지상 과제였으며, 뉴딜정책이 자본과 노동이라는 전쟁 세력 사이에 계급 타협을 마련하기 위해 노력을 기울인 것은 그런 표현 중 하나였다. 1930년대에는 파업이 넘쳐 났으며, 1934년 한 해에만 2000건이 일어났다. 그중에는 대규모 사건들도 있었으니, 메인주에서 앨라배마주에 이르기까지 무려 섬유산업 노동자 40만 명의 파업이 그 예다. 같은 해에 벌어졌던 샌프란시스코, 미니애폴리스, 오하이오주의 털리도(Toledo) 등과 같이 도시 전체가 파업에 휩쓸리는 경우도 있었다. 고용주들은 철통같이 무장을 하고 다녀야 했다. 1937년에 시카고의 리퍼블릭스틸(Republic Steel)에서 노동자들과의 무력 충돌이 벌어졌을 때 이 회사에서 긁어모은 무기의 양은 수백만 명 인구를 통제하는 시카고 경찰의 무기 보유량보다도 많았다. 전투적 노동운동이 일어난 곳곳에 공산주의자들이 있었으며, 이들은 고용주들과의 충돌 및 파업을 조직하는 데에 깊숙이 관여했다.[9]

뉴딜은 이러한 상황을 개선하기 위해 1935년 새로운 노사관계 시스템을 도입하여 고용주와 노조의 협상을 의무화했다. 이 시스템은 고용주의 권력에 제한을 가했던 반면 노동자들에게는 작업장에서의 권리를 이전보다 더 많이 부여했다. 또 전국노동관계위원회(National Labor Relations Board)라는 장치를 마련하여 이러한 노동자들의 권리를 법령화했고, 더불어 고용주들로 하여금 노조에 가입한 노동자들과 유의미한 협상을 맺도록 의무화했다. 이를 통해 뉴딜 질서는 힘의 균형을 피고용인들에게 유리하게 이동시켰으며 노동운동의 성장을 촉진했다. 이에 따라 조직노동자의 수는 1932년에 300만 명도 채 되지 않았지만, 1945년에는 1500만 명을 넘어서게 된다. 산업 노동력의 10퍼센트도 되지 않던 조직률이 35퍼센트로 올라간 것이다. 이러한 힘을 바탕으로 노동자들은 고용주들이 거둔 수입과 이윤에서 더 많은 몫을 내놓으라고 밀어붙일 수 있게 됐다.[10]

이러한 새로운 시스템에 맞서 고용주들은 맹렬하게 저항했지만, 1936년 말과 1937년 초에 일련의 급진적인 파업 투쟁이 벌어지면서 고용주들과 대법원은 결국 뉴딜과 그 지지자들 앞에 무릎을 꿇게 된다. 이 파업 투쟁 속에서 자동차 노동자들은 당시 세계에서 매우 강력한 기업 가운데 하나인 제너럴모터스의 공장을 점거했다. 노동자들은 몇 주 동안이나 공장을 점거했기에 제너럴모터스는 생산을 중단해야 했으며, 이에 수입과 이윤에서 막대한 피해를 입었다. 예전 같으면 이런 상황이 벌어질 때마다 미시간주정부나 연방정부가 파업을 분쇄하기 위해 주방위군 심지어 연방군까지도 투입하는 일이 허다했지만, 이번에는 주정부도 연방정부도 움직이지 않았다. 제너럴모터스는 마침내 1937년 3월 항복을 선언했고, 대법원 또한 아슬아슬한 표차(5 대 4)로 이 새로운 노사관계의 시스템을 만들어 낸 법안에 합헌을 선언하면서 뒤따라 항복한다. 이 1937년 3월이라는 시점은 자유방임의 원리가 미국 정치에 행사해 온 도덕적·법리적 장악력을 완전히 상실한 순간이라고 볼 수 있다.[11]

그 결과로 사회주의가 나타난 것은 아니었다. 노동계가 지나치게 공격적인 요구를 들이밀게 되면 루스벨트 정부도 강경하게 대응했다. 이는 루스벨트의 후임인 해리 트루먼(Harry Truman) 대통령도 마찬가지였으며, 1946년 전미자동차노조(United Auto Workers, UAW)가 주식회사의 의사결정에서 노조를 중요한 파트너로 삼도록 파업을 벌였을 때 트루먼은 이를 지지하지 않았다. 루스벨트와 마찬가지로 트루먼이 목표로 삼았던 것은 노동자의 기업통제나 산업의 국유화 따위가 아니라 고용주와 노동자가 노동조건을 놓고 협상을 벌여 두 집단 사이에 분배의 조정이 이루어지는 것이었다. 그리하여 1950년에는 전미자동차노조와 3대 자동차 제조업체(제너럴모터스, 포드, 크라이슬러) 사이에 이후 오래도록 하나의 전범이 되는 협정이 성립한다. 노조에 가입한 노동자들은 임금인상 20퍼센트, 아주 후한 조건인 확정급여형 퇴직연금[퇴직연금은 확정급여형(defined benefit)과 확정기여형(defined contribution) 두 가지로 나뉜다. 전자는 사용자가 정해진 액수의 급여를 보장하며, 후자는 피고용자가 정해진 액수를 부어 그 수익에 해당하는 만큼을 가져간다. 장기간의 자금 관리에 따르는 리스크를 어느 쪽이 지는가의 문제와 관련이 있으며, 20세기 말이 되면 후자 쪽으로 중심이 이동한다—옮긴이], 놀라울 정도로 보장성이 높으면서 모든 자동차 노동자의 일생 동안을 보장해 주는 의료보험 등을 얻어 낸다. 그 대신 자동차 회사들은 5년 동안 산업 평화(당시 자동차 수요가 폭발하고 있던 상황에서 중단 없는 생산을 보장받은 것), 그리고 투자와 가격결정 등의 문제는 경영진만이 관여하는 영역으로 삼아 전미자동차노조가 더 이상 간여하지 않겠다는 약속 등을 받아 낸다. 전미자동차노조는 가장 급진적인 요구들을 포기하는 대신 상당한 수익을 거두었고, 특히 이를 통해 100만 명이 넘는 자동차 노동자들과 그 가족들이 중산층으로 진입할 수 있는 기회를 얻게 된다. 이 노동 협정은 시간이 흘러 디트로이트협약(Treaty of Detroit)이라는 이름으로 알려지게 되는데, 다른 곳의 고용주들과 노조는 물론 비노조 사업장에서도 모방의 대상으로 널리 통용된다. 이는 뉴딜 질서의 기초가 되는 계급 화해의 조건을 거의 규정하다시피 한 사건이었다.[12]

또한 뉴딜주의자들은 가난한 이들에게 혜택이 돌아갈 수 있는 재정정책 및 사회정책의 필요를 열정적으로 주장하여 이를 이루어 낸다. 미국 사상 처음으로 전국적 차원의 대규모 복지국가가 출현했으며, 그 재원 대부분은 뉴딜이 약속한 누진적조세제도에서 조달됐다. 1935년, 미국의 최고 소득층에 대한 한계세율은 75퍼센트까지 올라간다. 제2차세계대전 중에는 최상위 한

계세율이 더욱 올라서 91퍼센트라는 놀라운 숫자에 도달한다. 이렇게 높은 세율에다가 고용주들이 조직노동자에게 내놓은 임금 양보가 더해지면서 미국의 중산층과 노동계급 쪽으로 상당량의 자원 재분배가 이루어지게 된다. 경제 불평등은 1940년대에 20세기의 최저치로 떨어졌고, 뉴딜 질서가 지배하는 동안 그 수준에 머물게 된다.[13] 폴 크루그먼(Paul Krugman), 토마 피케티(Thomas Piketty), 그 밖의 경제학자들은 이러한 불평등의 감소를 "거대한 압착(great compression)"이라고 불렀다.[14] 일부 경제학자들은 이 "거대한 압착"이라는 말을 비인격적인 경제적 힘이 작용한 결과라고 해석하지만, 사실은 자본과 노동 사이에 정치적 투쟁 끝에 모종의 계급 타협이 도출된 결과였다. 이렇게 거대한 흥정이 이루어진 결과, 미국의 부는 이 나라의 노동자들과 소비자들에까지 훨씬 더 폭넓게 확산됐다. 또한 수요를 지속적으로 더 높은 수준으로 유지시켜 주었으며, 이를 통해 향후 20년간 대단한 풍요의 시대를 가져왔다. 가난한 이들에게는 연방정부가 사회보장에서 연금까지 다양한 범위의 복지 프로그램들을 제공했으며, 또한 부양 아동의 숫자에 따라 부조가 주어지는 새로운 제도가 시행됐다.

뉴딜 질서는 지속적인 유권자 집단의 결집, 자본과 노동의 계급 타협, 시장에 대한 정부 압박이 중요하다는 믿음의 헤게모니 등에 기초한 것이었지만, 정치 영역에서도 독특한 도덕적 관점을 도입했다. 첫째, 공공선은 개인의 권리보다 우선한다. 둘째, 정부는 공공선을 추구하고 달성하는 도구다. 셋째, 정부 활동의 목적 그리고 공공선 추구의 핵심은 모든 개개인의 개인적 성취의 기회를 향상시키는 것이 되어야 한다. 원래 모든 사람의 인격과 개성이 완전히 피어나도록 한다는 것은 고전적 자유주의의 오랜 전통의 핵심 의제였다. 뉴딜주의자들은 이 오래된 자유주의의 목표를 버린 것이 아니었다. 단지 사람들에게 개개인이 모두 자유를 전면적으로 향유하기 위해서는 시장은 물론 개인의 사생활에도 어느 정도 정부의 개입이 필요하다고 주장한 것뿐이었다.[15]

공공선을 위한 헌신 그리고 이를 달성하기 위해 정부를 활용하려는 뉴딜주의자들의 신념은 확고했다. 이를 잘 보여 주는 것이 월 스트리트와 사기업들과 같은 사적인 권력 중심지들을 폭넓은 전선에 걸쳐 규제하겠다는 굳은 결단이었다. 이러한 신념은 전화와 라디오 등을 미국에 가져온 새로운 미디어기업들에도 적용됐다. 1934년의 통신법(Communications Act)은 전파의 주파수는 미국 국민들의 재산이지 사기업의 재산이 아니라고 천명했다. 그리하여 이 산업은 "공공의 이익"을 증진하는 방식으로 규제를 받아야만 했다. 이 법으로 연방통신위원회(Federal Communications Commission, FCC)가 설립되어 미디어기업들을 감독하고, 필요할 경우에는 접근성, 경쟁, 서비스에 대한 여러 규칙까지 개발했다. 연방통신위원회는 특히 미디어산업에 독점체가 나타날 위협에 관심을 두었고, 이를 막을 수 있는 정책들을 시행했다. 미국 국민들에게 좋은 것은 다변적이면서도 규제가 이루어지는 매체 환경이라는 것이었다.[16]

개인의 삶이 충족될 수 있도록 하기 위한 (그리고 그 정도를 측정하기 위한) 노력으로서 뉴딜주의자들은 좋은 삶이라는 것을 시민들이 구매할 수 있는 소비재의 양과 다양성으로 정의하게 된다. 하지만 이러한 시장 지향성이 물질주의만 수반한 것은 아니었다. 우선 여기에는 강력한 평등주의의 메시지가 있었다. 시장 참여는 계급, 인종, 성, 종교, 민족적 배경 등을 초월하여 모든 미국인에게 제공되어야 한다는 것이었다. 또한 뉴딜주의자들은 소비를 질적 차원에서도 바라보았고, 개인이 스스로의 개성을 표출할 기회를 새롭고도 많은 능력과 매력을 발산하는 시장에서 찾을 수 있다고 믿었다.[17] 당시 개인의 공적 생활은 갈수록 대기업 주식회사, 중앙집권화된 노동조합, 큰정부 등과 같은 대규모 기관들에 지배당하게 되었기에, 이러한 경향에 대한 보상으로서 개인이 소비로 개성을 표출하는 게 중요하다고 보았던 것이다. 뉴딜주의자들은 이렇게 경제적 문제와 마찬가지로 개인의 개성이라는 문제도 능숙하게 관리할 수 있다고 믿었던 셈이다. 이들은 세속적인 분야 전문가들의 능력에 크나큰 신뢰를 가지고 있었다. 정밀한 과학은 말할 것도 없고 사회학, 인류학, 심리학, 사회복지학 등과 같은 연성 과학(soft science)에도 마찬가지였다. 또한 정부가 나서서 그러한 학문들의 전문성에서 얻은 혜택을 국민 전체에 골고루 확산시킬 수 있다고 굳게 믿었다.[18] 공공선이 개인의 권리보다 우선해야 한다, 행복과 개성의 표출은 소비를 통해 이룬다, 시장은 미국 평등주의의 약속을 이루어 줄 역량을 가지고 있다, 개인의 개성을 함양하도록 하는 데에 전문가들의 능력을 신뢰한다 등등. 이런 것들이 뉴딜 질서의 도덕적 관점을 이루는 요소들이었다.

또한 이러한 도덕적 관점에서 볼 때, 이들이 상대하기를 꺼렸던 것이 무엇인지도 언급할 가치가 있다. 그것은 바로 종교였다. 루스벨트는 스스로를 종교인이라고 여겼지만, 자신의 신앙을 정치에 덧씌우는 데에 에너지를 많이 쓰고 싶어 하지 않았다. 신앙의 문제에 거리를 두었던 데에는 전략적인 이유도 있었다. 북부의 가톨릭교도들과 남부의 개신교도들 사이에는 여전히 깊은 불신의 강이 흐르고 있었지만, 민주당으로서는 두 집단 모두의 지지를 얻어야만 자신들의 정치 질서를 뻗어 나가게 할 수 있었기 때문이다. 두 집단의 유권자 모두를 만족시키는 최상의 방법은 정치에서 종교를 배제하는 것이었다. 하지만 뉴딜 질서의 도덕적 관점에 종교가 빠져 있다는 것은 좀 더 깊은 차원의 철학을 반영한 것이었는데, 세속적 정부가 종교적 신앙에 기초한 정부보다 우월하며, 종교는 사적영역과 개인의 선택에 남겨 두는 것이 최상이라는 생각이었다.[19]

뉴딜은 인종 간의 정의라는 대의를 받아들이는 데에도 속도가 느렸으며, 이른바 짐크로법(Jim Crow, 짐 크로는 코미디 뮤지컬 등에서 백인이 검은 피부 화장과 두꺼운 입술 분장 등 희화화된 흑인의 모습으로 나타나는 캐릭터를 부르는 호칭이다. 남북전쟁과 노예해방 이후 흑인들의 사회적·경제적 진출을 가로막기 위해 무수히 많은 차별적이고 억압적인 법과 관행이 만들어졌으며, 심지어 대법원까지 이를 합헌으로 인정하는 일도 많았다. 이러한 차별적인 법과 관행을 짐크로법이라고 총칭한다—옮긴이)이라는 이름으로 알려진 남부의 백인우월주의 시스템도 그대로 용인했다. 뉴딜을 지지하는 일반인 중에는 인종 간 평등을 위해 열심히 싸우는 이들도 많았지만, 이 문제를 뉴딜의 도덕적 관점의 중심 이슈로 만드는 데에는 전혀 성공하지 못했다. 이는 도덕성이 현실 정치(realpolitik)라는 것에 무릎을 꿇은 사례다. 루스벨트는 뉴딜을 만들고 지탱하는 작업에서 흑인 유권자들의 표보다는 남부의 백인우월주의자들의 지지를 더 크게 필요로 했던 것이다. 뉴딜 질서의 도덕적 관점에서 인종 간 평등의 이슈가 주변부에 머물다가 중심으로 옮겨 오는 데에는 한 세대 이상이 걸렸다.[20]

공산주의의 도전

스티브 프레이저와 내가 1989년에 『뉴딜 질서의 흥망 1930-1980』을 출간했을 당시, 우리는 1940년대를 일종의 긴축 구조조정(retrenchment)의 기간이라고 묘사했다. 뉴딜 질서는 살아남았지만, 그 급진적 요소들 몇 가지는 벗겨져 나갔다는 것이 우리의 주장이었다. 이러한 후퇴는 다양한 방식으로 나타났다. 우선 대기업에서 노조가 침해할 수 없는 경영진의 권리를 명시화했다. 그리고 기업경영진, 노조 대표, 공공 대표 삼자로 구성된 위원회 형태를 띠는 민주적인 산업 계획이 있었지만 제2차세계대전이 끝나자 폐기됐다. 또한 태프트·하틀리법(Taft-Hartley Act)이 통과되어, 공산당이 이끄는 노조는 단체협상권을 박탈당했을 뿐만 아니라 작업장에서 모든 노동자를 대표하기 위해 선출된 노조라고 해도 개별 노동자들이 가입하지 않을 수 있도록 하는 "일할 권리(right-to-work)"가 보장됐다.[21]

1940년대에 노동자들의 여러 권리와 뉴딜의 야심이 일부분 후퇴한 것은 분명한 사실이다. 하지만 1989년 당시 우리가 내놓았던 분석은 뉴딜 동맹의 상황이 훨씬 더 나빠질 수도 있었다는 사실을 제대로 고려하지 못했다. 사실 당시는 뉴딜 전체가 해체될 가능성도 있었던 것이다. 뉴딜 해체가 주된 목적이던 보수 공화당 의원들이 의회에 다수 포진해 있었던 것도 분명한 사실이다. 프레이저와 나는 이를 역사적인 관점에서 현실 가능한 것으로 보지 못했던 것이다.[22] 우리는 당시의 뉴딜주의자들의 관점에 너무 많이 동일화되어 있었다. 즉 보수주의는 현대라는 시대의 성향과 너무나 동떨어져 있기에 감히 그러한 공격을 할 수 없었을 것이라는 생각이었다. 보수주의는 격세유전에 불과한 것이니, 뉴딜 이후로 펼쳐진 새로운 시대의 모래바람 앞에서 10년 이내는 아닐지라도 30년 정도 지난 뒤에는 모두 삭아 없어진 상태일 것으로 생각했던 것이다.

말할 것도 없이, 1989년 당시 우리가 (그리고 다른 많은 이가) 보수주의를 명이 다한 이데올로기로 다루었던 것은 잘못이었음을 지금은 잘 알고 있다. 보수주의에는 여전히 힘이 남아 있었고, 이윽고 미국 사회 전체에서 힘차게 터져 나오게 된다.

사실 1940년대에도 이미 보수주의가 강력하게 반등하고 있다는 것을 보여 주는 신호들이 있었다. 1946년 선거에서는 1930년 이후 최초로 공화당이 상원과 하원에서 모두 다수 의석을 확보하기도 했다. 공화당의 저명한 상원의원이던 로버트 태프트(Robert Taft)는 당을 제1차세계대전 이전의 공화당으로 되돌리고자 했다. 전쟁 기간 동안 민주당이 구축한 거대한 중앙집권 국가를 해체하고, 전력을 다해 조직 노동을 짓누르고, 민주당 대통령이 품은 국제주의적 야심을 좌절시키고, 고립주의와 작은 정부와 사적 대기업 권력을 최고의 추동력으로 삼는 경제 등으로 미국을 다시 되돌리자는 것이었다.

하지만 1920년대의 미국이 1940년대에 반복될 수는 없는 일이었다. 1950년이 되면 태프트는 공화당의 기수라는 지위를 잃게 되며, 그가 내놓은 정책들은 달콤한 향수에 젖은 시대착오, 심지어 창피스러운 것들로 여겨지게 된다. 트루먼은 1948년 대통령선거에서 분명히 패할 것이라는 모두의 예상을 뒤엎고 재선에 성공한다. 1952년이 되면 공화당은 백악관을 되찾아 와서 이후 8년간 정권을 유지한다. 하지만 이 승리를 이끌어 낸 드와이트 아이젠하워는 공화당인지 민주당인지 잘 분별이 되지 않는 인물이었다. 제2차세계대전 중 유럽의 연합군 최고사령관이던 그가 과연 미국의 양대 정당 중 어느 쪽에 충성하는 인물이었는지는 아무도 확실히 알 수 없었다. 1952년이 되면 아이젠하워가 공화당에 확고하게 합류한다. 하지만 그는 막상 대통령 직무를 개시한 뒤에도 뉴딜 질서를 해체하려 들지 않았고 외려 그것을 더 확고하게 보장했다. 사실 공화당이 뉴딜 질서를 묵묵히 따르도록 촉진했던 것이야말로 아이젠하워가 미국 내에서 거둔 가장 중요한 정치적 성취였다.

아이젠하워가 이끄는 공화당은 어째서 뉴딜을 묵묵히 따랐던 것일까? 이는 아이젠하워라는 개인의 문제가 아니라 새로이 정권을 잡은 시기의 지정학적 상황이 압도적으로 작용했다. 냉전이 본격적으로 시작된 것이다. 미국은 소련을 어떻게 해서든 막아야 했다. 물론 이를 달성하기 위해서는 군사적 수단도 동원해야 했지만, 국내 정책에서도 무언가를 해야만 했다. "자유세계"의 지도자는 소련 공산주의 지도자들이 그 시민들에게 하는 것보다 더 훌륭하게 자국의 시민들을 돌볼 수 있음을 입증해야만 했다.

냉전이 끝난 지 30년이 지난 오늘날 우리는 공산주의가 얼마나 강력하고 높은 위신을 가진 운동이었는지를 망각해 버렸다. 20세기의 그 어떤 사건도 1917년의 러시아혁명만큼 중요한 사건은 없었다고 해도 과언이 아니다.[23] 공산주의는 권력을 잡은 모든 곳—러시아제국에서도, 동유럽에서도, 중국에서도—에서 자본주의를 거부했다. 1940년대부터 1970년대까지 공산주의는 많은 서유럽 나라에서 한 정치세력으로 자리 잡았다. 같은 기간에 공산주의자들은 남미에서, 이전에 유럽과 일본의 식민지였던 많은 아시아와 아프리카의 국가에서 권좌를 다투는 세력으로 성장했다.[24] 미국인들은 공산주의를 정치, 경제, 문화 전반에 걸친 실존적인 위협으로 간주했다. 20세기에 걸쳐 단일

세력으로서 이렇게 강력한 영향력을 행사한 정치운동은 아무것도 없었다.

공화당이 비록 1940년대에 의회를 되찾고 1950년대에는 백악관도 되찾았지만 그럼에도 뉴딜의 해체를 포기할 수밖에 없었던 것은 아주 현실적인 의미에서 공산주의의 위협 때문이었다. 많은 역사가의 연구에 따르면, 1950년대와 1960년대의 사람들은 공산주의 공포를 품고 있었으므로 민주당은 입지가 좁아지게 됐고, 게다가 민주당은 공산주의라는 적 앞에서 "너무 무르게" 보이면 안 된다는 두려움까지 겹쳐 더욱 위축됐다.[25] 하지만 국제 공산주의의 위협에 입지가 더욱 좁아진 것은 오히려 공화당 쪽이었다는 게 나의 주장이다. 이를 이해하려면, 먼저 미국이 최대의 승리와 지정학적 힘을 얻게 된 1940년대와 1950년대에도 여전히 공산주의라는 급진적 정치운동은 미국과 세계를 지배할 힘을 가진 실로 무시무시한 세력으로 간주됐다는 점을 알아야 한다.

공산주의는 강력한 메시지를 가지고 있었다. 전 세계의 빈민들을 억압에서 해방시키라, 자본주의 아래에서 발전된 방대한 생산시스템을 공공의 목적으로 돌리라, 혼돈을 낳는 시장 대신 이성적인 경제계획을 도입하라, 모든 형태의 불평등을 제거하라 등등. 공산주의는 결핍과 지배로부터 만인이 해방되는 사회를 창출하려고 분투한다는 점에서 그 분명한 적대자인 고전적 자유주의와 많은 것을 공유한다. 공산주의와 자유주의는 모두 공통적으로 자신의 기원을 18세기에 일어난 혁명에서 찾는

다. 차이가 있다면 전자는 프랑스혁명, 후자는 미국독립혁명에 스스로를 결부시킨다는 것뿐이다. 양쪽 진영 모두가 특권, 불평등, 만연한 빈곤 등을 특징으로 하는 낡고 고착화된 사회질서로부터 인류를 해방시키는 운동이라고 내세운다. 양쪽 진영 모두 자신들의 메시지가 보편주의에 입각한 것이라고 믿으며, 또한 이를 지구의 구석구석까지 전달하려고 든다. 우드로 윌슨(Woodrow Wilson) 대통령은 미국 내부뿐만 아니라 외국에도 "새로운 자유주의"를 풀어놓았다. 당시의 시대적 과제는 제1차 세계대전의 야만과 학살의 여파 속에서 새로운 세계를 창조하는 것이었으며, 여기에 이 "새로운 자유주의"가 공산주의와 동등하게 맞설 수 있는 적수가 될 것이라고 믿었던 것이다. 윌슨이 1919년 베르사유조약 협상을 위해 유럽에 도착했을 때 그는 파리, 밀라노, 그 밖의 여러 곳에서 그때까지 유럽에서 볼 수 없었던 대규모 군중의 열렬한 환영을 받았다. 윌슨뿐만이 아니었다. 1917년 공산주의 혁명의 지도자로서 러시아제국을 소비에트사회주의공화국연방(줄여서 소련)으로 전환시키고 있던 블라디미르 레닌(Vladimir Lenin) 또한 전 지구적으로 갈채를 받는 인물이 됐고, 이 두 사람 모두 고통에 빠진 인류에게 해방과 재생을 약속하는 메시아로 여겨졌다.[26]

하지만 윌슨과 레닌 두 사람 모두 자유주의와 사회주의는 근본적으로 다르다는 것을 잘 알고 있었다. 자유주의는 사적소유와 개인의 권리야말로 완벽한 경제와 정치체의 소중한 주춧돌이라고 내세웠다. 이는 구매자와 판매자가 자유의지로 모여 경제에 생기를 불어넣는 시장을 높이 찬양한다. 국가는 시장을 육성해 주며 또 지탱해 주지만, 그 이외에는 경제적 의사결정에 끼어들어서는 안 된다고 본다. 반면 공산주의는 모든 사적소유를 사회화하기를 원하며, 필요하다면 폭력도 불사한다. 그리고 개인의 권리보다 노동계급의 요구라는 관점으로 정의된 공공선을 우선시한다. 공산주의자들이 해방시키고자 했던 것은 개인이 아닌 노동계급이었던 것이다. 공산주의자들은 시장이라는 것이 결코 진정 자유로운 교환의 장이었던 적이 없었으며, 따라서 이를 국가의 중앙 계획으로 대체하는 것이 옳다고 생각한다. 강력한 중앙집권 국가는 공산주의의 지상명령이었고, 그러한 국가가 가장 우선적으로 취해야 할 행동은 산업과 사적인 세력에 집중되어 있는 모든 부와 권력을 국유화하는 것이었다. 공산주의자들은 자본가들이 불구대천의 원수라고 천명하며, 자본주의의 하인이라고 보는 자유주의자들(새로운 버전이든 오래된 버전이든) 또한 불구대천의 원수라고 본다. 이들은 자본가와 자유주의자 들에게서 부, 권력, 영향력을 탈취하는 작업을 거침없이 해 나갔다.[27]

공산주의자들은 국제적인 자본주의 경제와도 적대적이었고, 윌슨과 같은 자유주의자들이 제1차세계대전이라는 대살육의 비극으로부터 자유무역과 자유로운 인적 이동의 세계를 다시 일구어 내고자 했던 것에도 적대적이었다. 이들은 소련은 물론 자신들이 통제하는 모든 나라에서 국제 자본의 흐름을 끊어 버리는 데에 주저함이 없었다. 이는 레닌의 후계자인 이오시프 스탈린(Iosif Stalin)이 1928년 소련을 순식간에 자급자족의 선진 산업국가로 전환시키려는 국가 주도의 산업화 프로그램을 출범시키면서 실행했던 바이기도 했다. 스탈린의 이른바 5개년 계획은 생산, 물가, 산업에 목표를 설정해 놓고 국가의 자원을 그에 따라 투자했다. 이 프로그램의 의도는 소련이 전 세계의 적대국들이 가하는 침략에 저항할 힘을 갖추는 동시에 모든 저개발국가에 사회주의국가가 추동하는 산업화야말로 밝은 미래로 가는 첩경임을 증명하는 것이었다.[28]

하지만 1920년대에는 스탈린도 소련도 미국의 그림자를 벗어나지 못했다. 미국의 자본주의 기계는 결점도 붕괴도 없이 완벽을 향해 치달아 가는 것으로 보였다. 미국은 이제 영국으로부터 제조업과 금융에서 국제적인 엔진의 자리를 빼앗아 왔다. 헨리 포드(Henry Ford)와 같은 경영자들, 프레더릭 윈즐로 테일러(Frederick Winslow Taylor)의 제자들, 그리고 그들이 사방으로 펼쳐 내는 과학경영의 원칙 등으로 발전하는 미국의 생산기술은 전 세계가 경탄하는 대상이었다. 미국은 실로 놀라운 속도로 자동차 등의 내구소비재들까지 쏟아 놓았다. 풍족한 재화로 물가가 내려가는 폭이 워낙 커서 이제 후버 대통령이 이끄는 미국은 모든 국민을 빈곤에서 끌어낼 수 있다는 꿈을 가지게 됐다. 그런데 바로 그때 끔찍한 대공황이 닥쳐왔다.[29]

미국은 물론 서방의 자본주의 세계 전체에서 생산량이 급감했던 반면, 소련에서는 생산량이 하늘로 치솟았다. 실제로 1930년대에 전 세계 제조업 생산량에서 소련이 차지하는 비중은 세 배 이상 증가했다.[30] 러시아의 산업부문에서는 실업자가 없는 것처럼 보였다. 소련은 성공의 비결이 이성적인 정부 계획으로 혼돈의 시장 메커니즘을 대체할 수 있었기 때문이라고 선전했다.

1930년대에는 공산주의적 중앙 계획의 신세계가 어떻게 작동하는지를 견학하기 위하여 방문객들이 끊이지 않았고, 여기에는 많은 미국인도 포함되어 있었다.[31] 그중에는 웨스트버지니아 휠링(Wheeling) 출신 젊은 금형 기술자로서 디트로이트의 자동차산업에서 일하던 월터 루서(Walter Reuther)도 있었다. 루서는 10년 후 전미자동차노조의 위원장이 되며, 그 힘으로 미국의 복지국가(디트로이트협약도 포함)와 노동운동의 주된 설계자가 된다. 1933년 그와 동생 빅터(Victor)는 소련으로 가서 노동자들의 낙원을 직접 목격한다. 이들은 모스크바에서 동쪽으로 250마일이나 떨어진 허허벌판인 도시 니즈니노브고로드(Nizhny Novgorod)에 새로 건설된 고리키 자동차 및 트럭 공장에서 금형 기술자로 일자리를 얻게 된다. 이 공장은 규모 면에서 미국의 최상위 자본가인 헨리 포드가 디트로이트의 외곽 디어본(Dearborn)에 세운 엄청난 규모인 리버루지(River Rouge) 공단을 경쟁 상대로 의식하여 지어진 것이었다. 소련은 리버루지 공단을 지은 포드사의 건축가 앨프리드 칸(Alfred Kahn)과 함께 일군의 미국 엔지니어들을 고용하여 고리키자동차공장(Gorky Automobile Factory)이라고 불리게 되는 것을 설계한다. 이들은 소련의 농촌에서 노동자 수만 명을 고용하여 최신 장비와 기술로 훈련시켰던바, 그 기술과 장비의 다수는 미국에서 수입된 것들이었다. 이 공장들은 세계에서 가장 고도로 통합되고 가장 빠르게 작동하는 생산시스템에 속했다. 하지만 이 소비에트 시스템은 헨리 포드의 시스템과는 달리 사적 통제가 아닌 공공 통제에 놓여 있었다. 소련의 자동차 제조업은 불과 몇 년 만에 실로 놀라운 속도로 성공을 거두었지만, 이를 이룬 것은 시장의 여러 자극에 반응하는 사적 자본가들이 아니라, 사회 전체에 계획을 도입하여 공공선을 증대하려는 정열을 가진(루서는 그렇게 믿었다) 소련의 "계명된" 지도자들이었다. 1937년, 고리키공장에서는 연간 20만 대라는 놀라운 생산력을 이루게 된다.[32]

고리키공장에서 생산성 향상을 이루는 것을 보면서 루서는 공산주의자들이 가장 진보된 형태의 기술 능력을 갖추고 있을 뿐만 아니라, 그가 당시에 긍정적으로 "프롤레타리아 민주주의"라고 불렀던 것도 달성할 수 있을 것이라고 믿게 됐다. 훗날 루서는 소련의 실험에 대한 이러한 열성적 지지를 거부하고 전미자동차노조에서 공산주의자들을 몰아내기 위해 싸우게 된다. 하지만 1930년대 초중반까지만 해도 그는 산업의 재생과 프롤레타리아적 정의의 전범을 소련에서 찾아냈다고 생각했던 것이다.[33]

소련의 경제적 발흥이 얼마나 큰 대가를 치르고 이루어진 것인지는 1930년대에는 제대로 알려지지 않았으며, 루서도 이를 잘 이해하지 못했다. 농업의 사회화로 인해 특히 우크라이나에서는 고통, 기근, 죽음 등이 발생했고, 농촌인구를 그들이 살던 곳에서 뿌리 뽑아 (고리키공장처럼) 허허벌판에 새로이 지은 도시로 강제 집단 이주시키는 일이 있었다. 또한 새로 온 노동자들은 작업장에서 어떤 권리도 가질 수 없었을 뿐만 아니라 정치에서도 발언권이 없었다. 스탈린은 모든 권력을 자신의 수중에 집중하여 위협이 된다고 생각하는 자는 누구든 정부와 당에서 숙청해 버렸던 것이다.[34] 하지만 공산주의운동의 붉은 별에는 여전히 자본주의의 온갖 잔혹성을 끝장낼 것이라는 믿음이 담겨 엄청난 자력(磁力)을 발휘했고, 그 자기장 안에 들어선 이들은 대부분 도저히 그 힘을 뿌리칠 수가 없었다. 미국은 다른 나라에 비해 공산주의운동의 힘이 그다지 크지 않았지만, 그래도 상당한 힘을 가지고 있었다. 공산주의 지지자들은 미국의 노동조합, 할리우드(연극, 저널리즘, 출판, 미술 등의 여러 문화산업 부문에도), 뉴딜 행정부의 일부 기관들[농업조정국(Agricultural Adjustment Administration, AAA)과 전국노동관계위원회 등], 뉴욕주, 위스콘신주, 미네소타주, 캘리포니아주 등에서 나타났던 제3정당 건설 운동 등에 모두 포진해 있었다. 특히 잔인하고 비참한 세상을 혁명으로 변혁하고자 하는 열망, 신념, 야망, 재능까지 가지고 있던 소수 미국인들 사이에서는 공산주의의 약속이 상상력을 사로잡고 있었다.[35]

제2차세계대전이 시작됐을 당시 처음에는 공산주의의 매력이 약화됐다. 1939년 스탈린은 불구대천의 원수 히틀러와 비밀리에 평화조약을 체결하여 다가올 전쟁에서 독일이 소련을 침공하지 않도록 조치했다. 전 세계의 공산주의자들은 이러한 거래에 경악을 금치 못했다. 이들은 파시즘이야말로 가장 위험한 적이라고 배웠으며, 실제로 1939년 이전에는 나치와 그 동맹국들에 맞서는 대중 동원을 이끈 세력 중 하나가 공산주의자들이기도 했다. 스탈린은 이 때문에 공산주의 지도자로서의 명성에 영원한 흠집이 날 뻔했지만, 1941년 히틀러가 경솔하게도 소련과의 약속을 깨 버리고 공산주의국가 소련에 전 군사력을 풀어놓는 바람에 스탈린은 그러한 운명을 간신히 모면했다. 소련은 전쟁 준비가 되어 있지 않았기에 치욕적인 패배가 예정된 것이나 마찬가지였지만, 그 영토의 광활함과 지독한 추위 덕분에 그러한 치욕을 겨우 피할 수 있었다. 그러자 영국과 미국은 이데올로기의 차이를 제쳐 두고 소련을 동맹국으로 환영하면서 지원과 물자를 서둘러 제공했다. 이는 미국과 영국의 자기 이익 때문이었다. 처칠과 루스벨트는 나치 공격의 예봉을 소련이 막아 주어 서방의 군사력이 처참히 당하는 사태를 피할 수 있길 간절히 바랐기 때문이다. 실제로 소련은 그러한 역할을 해냈고, 그 대가로 참혹한 희생을 치러야 했다. 영국과 미국은 서유럽에서 나치에 맞서는 두 번째 전선을 만들겠다고 약속했지만, 달이 가고 해가 가도 그 약속은 지켜지지 않았기에 스탈린은 서방국가들의 진정한 동기에 불신을 계속 쌓아 가고 있었다. 1944년 6월, 마침내 노르망디상륙작전으로 두 번째 전선이 열리기는 했지만, 그때는 이미 소련이 북유럽에서 거의 홀로 3년간을 나치와 싸운 상태였다. 그 대가는 엄청났다. 독일과의 전투에서 전사했거나 독일 포로수용소로 끌려간 소련 병사들의 숫자는 700만 명으로 추산됐다. 러시아 민간인들 중 전쟁 기간에 쓰러진 이들의 수는 1700만에서 2000만 명이라고 알려졌고, 소련이 제2차세계대전에서 잃은 인명 손실은 2400만에서 2700만 명이라는 아찔한 숫자였다.[36]

러시아인들이 겪은 고통의 규모뿐만 아니라 그것을 묵묵히 영웅적으로 버텨 낸 태도는 전 세계에 깊은 감명을 남겼고, 이 덕분에 스탈린이 히틀러와의 거래 때문에 희생될 뻔했던 공산주의자들의 명성도 회복됐다. 또한 독일이 점령한 유럽 지역에서 나치의 통치에 맞섰던 저항군에서도 공산주의자들은 지도적인 역할을 맡고 있었다. 저항군들은 월등한 힘을 가진 적들과 상대해야 했던 데다가 조금이라도 노출됐다가는 투옥과 처형을 면치 못하는 상황이었다. 하지만 공산당원들은 이러한 조건에서 그 특유의 강철 같은 기율, 비합법 투쟁과 전쟁 상황을 능히 헤쳐 나가도록 오랜 훈련을 거친 공산당 간부들의 전술, 또 자신의 이상을 위해 몸을 내던질 줄 아는 열정 등을 십분 발휘했던 것이다.

그 결과 제2차세계대전이 끝났을 때 공산당은 유럽 전역에서 엄청난 세력과 위치를 점하게 됐다. 1945년 프랑스와 이탈리아에서 공산당은 최대 정당이었으며, 그 당원의 숫자는 프랑스에서는 90만 명, 이탈리아에서는 180만 명에 달했다. 전후 프랑스와 이탈리아의 선거에서 공산당은 프랑스에서 29퍼센트, 이탈리아에서 19퍼센트를 차지했다. 핀란드에서는 23퍼센트, 벨기에에서는 13퍼센트, 심지어 태생적으로 공산주의에 적대적이라고 (그리고 사회민주주의를 신봉한다고) 알려진 북유럽 지역의 노르웨이에서조차 12퍼센트라는 상당한 득표를 이루었다.[37] 또한 동아시아와 남아시아에서도 일본 점령군에 맞선 저항운동에서 공산주의자들은 두각을 나타냈고, 베트남처럼 유럽의 식민지였다가 독립을 추구하는 나라들의 민족해방운동에서 명성과 영향력을 발휘했다.[38] 서양에서나 동양에서나 공산주의자들과 그들의 후원자인 소련은 전후 세계를 형성하는 핵심 세력이 될 참이었다. 파시즘을 패배시키는 지도적 역할을 했던 덕에 영광스러운 휘광을 몸에 감고서 전 세계의 피억압민 다수에게 해방의 기수로서 스스로를 내세웠던 것이다.

냉전, 그리고 뉴딜 질서에 대한 공화당의 묵종

미국에서도 루스벨트 대통령 그리고 그의 전 부통령이자 농무부 장관 헨리 월리스(Henry Wallace)처럼, 1945년 이후에 나타날 새로운 세계질서의 작동에 소련을 포함시킬 수 있다고 믿었던 이들이 있었다.[39] 하지만 루스벨트는 1945년에 서거했고, 월리스는 1948년 진보당(Progressive Party, 미국에서 진보당은 1915년 시어도어 루스벨트의 대통령선거 출마 때부터 제3당으로 존재했다. 비록 완전한 연속선은 아니지만 이 진보당의 많은 세력이 다시 결집하여 1948년 선거에 다시 후보를 낸다. 한편 헨리 월리스는 1944년 민주당 대선후보 지명전에서 트루먼에게 패배한 이후 1948년 선거에서 진보당 후보로 출마하지만, 2.4퍼센트라는 참담한 결과를 낸다. 이후 미국의 진보당 운동은 내리막을 걷는다—옮긴이)의 후보로 대선에 출마했다가 실패하면서 정치 무대에서 사라진다. 이제 지도자가 된 사람들은 해리 트루먼처럼 공산주의자들이 이전의 나치와 다를 바 없이 미국적인 삶의 방식에 위협이 된다고 믿는 이들이었다. 트루먼 등은 나치즘과 공산주의를 쌍둥이처럼 묶어 독재국가의 새로운 악종 형태로 여겼다. 이는 옛날의 군주, 술탄, 약소국의 과두정 집단과는 또 다른 형태의 현대적 폭정이라는 것이었다. 이는 감시와 미디어라는 새로운 기술들을 이용하여 사회의 모든 측면에 침투하며, 한나 아렌트(Hannah Arendt)가 "총체적 지배"라고 불렀던 것을 이루려 한다는 것이었다. "전체주의적" 체제는 항상 적으로 삼아 비난하고 감옥에 집어넣은 뒤 살해할 대상들을 필요로 한다는 것이었다. 이 때문에 이런 체제의 국가들은 그 나라 사람들뿐만 아니라 국경선 너머의 나라들에도 영구적인 위험의 불씨가 된다는 것이었다. 국내적으로는 자국민들을 항상 불안한 상태에 몰아넣어야 한다. 그래야 국가 전체의 안녕이 안팎으로 위협에 처했다는 선전이 이들에게 먹힐 수가 있으니까. 따라서 이런 체제들은 공포와 불안감을 조성하고 이를 더욱 악화시키면서 자기들이 통제하는 인민들에게서 참과 거짓을 구별할 수 있는 능력을 빼앗아 버리며, 이에 저항하고자 하는 의지까지 빼앗아 버린다고 여겼다. 조지 오웰

(George Orwell)과 아서 케스틀러(Arthur Koestler)와 같은 작가들이 쓴 소설과 르포르타주 등은 수백만 독자와 만나면서, 전체주의 체제를 안팎의 적을 대상으로 엄청난 범죄들을 저지르지만, 저항도 이의제기도 전혀 씨가 먹히지 않는 체제로 그려냈다. 이러한 체제들을 정복하는 길은 오로지 외부의 압력과 대규모 전쟁뿐이라는 것이었다. 제2차세계대전은 이렇게 할 수 있다는 것을 (즉 연합국 세력이 히틀러를 분쇄했다) 입증한 바 있지만, 그렇게 하려면 어마어마한 인명의 희생과 자원의 지출이 필요하다는 것이었다.[40]

트루먼 정부의 공직자들은 전체주의로 인해 서유럽에 또다시 세계의 종말이 무르익게 될까 봐 근심했다. 추위와 기아 때문에 경제회복의 노력은 좌절되고 있었다. 1946년에는 끔찍한 흉작이 찾아왔고, 그 뒤로는 심각한 석탄 부족 사태가 나타났다. 사람들이 겪게 된 고통과 불안을 이 지역의 공산당들이 먹잇감으로 삼는 게 아니냐는 두려움이 일었다. 1947년 2월 국무부 차관[Undersecretary, 국무부 차관은 지금의 차관(deputy secretary)보다 아래의 지위지만, 1979년 이전에는 장관 바로 아래의 직책이었다—옮긴이] 딘 애치슨(Dean Acheson)은 프랑스 공산당이 프랑스노동총연맹을 통제하고 있으며, 네 정부 각료 자리를 포함한 "정부 관직, 공장, 군대" 전체에 공산당 간부들이 포진하고 있다는 보고서를 올려 의회를 겁먹게 만든다. 공산당원들이 프랑스 정부에서 이렇게 높은 자리를 차지하고 있으므로, 러시아에서 "언제라도 [프랑스를] 마비시킬" 수 있다고 그는 상원과 하원 모두에 경고했다.[41] 독일 또한 "독일 전 지역"이 "소련의 영향권"으로 밀려나면서 프랑스의 뒤를 따를 가능성이 있다고 했다.[42]

이러한 공포가 결정적인 배경이 되어 1947년 6월, 국무부 장관이 된 조지 마셜(George Marshall)은 하버드대학교에서 열린 그의 취임 연설에서 마셜플랜이라고 불리게 되는 유럽을 위한 대규모 원조 계획을 발표한다. 이 프로그램은 전시를 제외하면 130억 달러라는 엄청난 규모뿐만 아니라 그 시행 구조에서도 전례가 없는 것이었다. 이를 관리하는 주체로 민간은행가들이 아니라 미국 정부 스스로가 나선 것이다. 유럽 각국 정부에 주어지는 자금은 대출이 아니라 증여였으므로 변제할 필요가 전혀 없었다. 단 이 자금을 받는 정부들은 몇 가지 요건을 충족해야 했다. 민주 정부여야 했으며(공산주의 체제는 자격 미달이 된다), 제1차세계대전 후 영국과 프랑스가 독일에 행했던 것과 같은 보복적인 전쟁배상 조건을 완전히 포기해야 했고, 인프라, 산업, 시장 등을 재건하기 위해 다른 유럽 나라 정부들과 협력할 방법을 모색해야 했다. 그리하여 마셜플랜은 유럽 통합을 앞당기고자 하는 사람들에게 초기 자극제가 된다. 하지만 이렇게 비교적 온건한 요구들을 빼고 나면 폭넓은 재량권이 개별 국가의 중앙정부들에 부여됐다. 미국 정부는 좌파 쪽으로는 사회당과 사회민주당, 우파 쪽으로는 기독교민주당까지 포괄하는 폭넓은 정당 체제를 기꺼이 용인하겠다는 의사를 밝힌 것이다. 유럽 지도자들은 이렇게 자신들에게 주어진 폭넓은 자율성을 높게 평가했다. 이를 미국 제국주의의 조야한 실력 행사가 아닌 다른 무언가로 자국민에게 선전할 명분이 생겼기 때문이다. 하지만 이렇게 피원조국이 마음대로 쓸 수 있는 엄청난 액수의 원조 계획이 생겨난 결정적인 원인은, 윈스턴 처칠이 차갑게 묘사한 "철의장막"이란 존재였다. 유럽 나라들이 공산화되어 저편으로 넘어가기 직전이라는 공포를 느끼지 않았다면 미국은 결코 이런 원조를 내놓지 않았을 것이다.[43]

마셜플랜은 서유럽을 안정화시키고 이 지역에서 공산주의의 호소력을 무디게 하는 데에 큰 역할을 했다. 게다가 북대서양조약기구(North Atlantic Treaty Organization, NATO)를 설립하여 서유럽을 미국 군사 방어의 우산 아래에 공식적으로 포함시킨다는 계획이 나오면서 서유럽은 더욱 안전을 느끼게 됐다. 이렇게 상황이 전개된 원인은 냉전이 또다시 달아올랐기 때문이기도 했다. 소련은 1949년 8월 원자폭탄 실험에 성공했는데, 이때 서유럽은 핵폭탄 개발에 한참 뒤처진 상태였다. 1949년 10월에는 마오쩌둥의 공산당이 중국의 내전에서 승자로 떠오르며, 즉시 전 세계 두 번째로 공산주의국가를 확립한다. 중국 또한 큰 땅을 가진 나라이며 그 인구는 소련보다도 훨씬 많았다. 그 뒤 1950년에는 공산당이 장악한 북한 군대가 남한으로 쳐들어가면서 한국전쟁이 발발한다.

미국은 이러한 난제들에 봉쇄(containment)라는 전 지구적 정책으로 대응했다. 이는 1950년에 출간된 국가안전보장회의(National Security Council, NSC)의 68번 메모에 천명된 것으로 유명하다. 이 메모는 공산주의의 위협이 나타나는 곳이라면 미국은 어디에서든 모든 군사적·경제적·정치적·심리적 무기를 동원하여 "자유세계"를 지키겠다고 천명했다. 이렇게 공격적인 대외적 반공 정책에 발맞추어 국내적으로도 공산주의자들의 교두보가 된 노동조합, 할리우드, 정부 공직, 대학교, 학교 교직 등 영역에서 그들을 색출하려는 노력이 체계적으로 시작됐다. 두 번째 "빨갱이 공포(Red Scare)"[첫 번째 빨갱이 공포는 제1차세계대전 직후 좌파, 주로 볼셰비키와 아나키스트 들이 미국 사회를 전복하려 한다는 소문이 돌면서 이민자들(특히 동유럽의 유태인들)에 대한 박해 등이 미국 사회 전역을 휩쓸었던 소동이었다—옮긴이]가 가동됐고, 이를 이끈 것은 거칠고 막나가기도 했지만, 엄청난 영향력을 발휘했던 신출내기 위스콘신 상원의원 조지프 매카시(Joseph McCarthy)였다.[44]

1940년대를 연구하는 학자들은, 국내외에서 공산주의자들과의 싸움이 벌어진 결과 뉴딜 자유주의가 궤도를 이탈하게 됐다고 오래도록 강조해 왔다. 얼론조 햄비(Alonzo Hamby)는 50년 전에 발표한 글에서, 1930년대의 확장적인 "인민전선 자유주의"에서 1940년대의 공포에 찬 "냉전 자유주의"로 이행했던 과정을 추적하면서 이러한 해석의 틀을 제시한 바 있다. 이 서사에 따르면, 냉전 자유주의는 모든 공공 및 사적 기관에서 공산주의자들을 숙청하고자 했다고 한다. 또한 이 자유주의자들은 정당의 강령과 정책 제안에서도 사회주의적이라고 보일 만한 것들을 모조리 지워 버리고자 했다. 자유주의자들은 자신에게 공산주의자 혹은 당시의 용어로 "좌경·용공"이라는 딱지가 붙는 것을 훨씬 더 두려워하게 됐다는 것이다. 이러한 해석에 따르면, 이로 인해 자유주의는 투쟁의 기백을 상실했으며 그 목적도 훨씬 더 온건해져서 보수주의에 더 가깝게 됐다는 것이다. 일부 논평가들은 이렇게 자유주의자들의 기대가 후퇴한 것은 "생명 중추(vital center)"[미국 현대사가 아서 슐레진저(Arthur J. Schlesinger)가 쓴 용어다. 그는 좌파와 우파 사이에서 대충 중간을 가는 중도(middle of the road)가 아니라 전체주의로부터 민주주의를 지켜 내어 살길을 찾는 생명 중추로서의 중도가 필요하다고 했고, 이를 위해서는 자유주의가 끊임없이 모습을 바꾸면서 개혁을 해야 한다고 주장했다—옮긴이]를 형성하는 것이며, 공산주의 위협의 시대에서 사람들을 설득할 수 있는 유일한 길은 그것뿐이라고 찬양하기도 한다.[45] 하지만 훨씬 더 많은 역사가는 이러한 전환을 자유주의자가 그 원대한 꿈을 희생해 버린, 힘 빠지는 합의의 시대가 시작되는 계기로 보았다.[46]

자유주의 운동에서 공산주의 좌파를 숙청해 버리고 자유주의 진영의 "좌파" 사상을 지워 버리는 일이 벌어진 것은 분명하다. 하지만 이렇게 자유주의와 좌파에만 초점을 두다가 보면 이와 궤를 같이하여 우파 쪽에서 벌어진 상황 전개를 보지 못하게 된다. 1940년대 말과 1950년대 초, 강성 공화당원들은 공산주의를 이기려고 노력하는 가운데에 비슷한 선택지에 직면하게 된다. 그들이 혐오하는 국내 뉴딜정책을 양보하고 받아들일 것인가 아니면 자신의 이상을 고집하다가 당대의 주요한 정치적 경쟁에서 소수파로 전락할 것인가. 1940년대 말과 1950년대 초의 정치를 세심히 살펴보면, 공화당이 오히려 공산주의자들과 싸워야 한다는 지상명령 때문에 민주당보다 훨씬 더 많은 양보를 했다는 것을 볼 수 있다. 공산주의와의 싸움에서 승리하기 위해 공화당 주류는 현실에서 뉴딜의 핵심 원리들을 묵묵히 받아들였으며, 이를 통해 뉴딜이 정치운동에서 정치 질서로 이행하는 일도 촉진된다.[47]

공화당이 뉴딜에 항복했다는 걸 알려 주는 가장 좋은 예는 당시 공화당의 두 지도자들이 얼마나 대조적인 명운을 갖게 됐는가를 잠깐이나마 살펴보는 것이다. 첫 번째로 오하이오주 상원의원이던 로버트 태프트가 있다. 그는 미국에 자유방임과 작은정부를 복구하고자 했지만, 당시의 세계는 냉전이라는 문제를 중심으로 조직되어 있었기 때문에, 자신의 주장으로 공화당원들, 나아가 미국인들을 충분히 설득할 수 있는 방법을 찾지 못했다. 두 번째 사람인 드와이트 아이젠하워는 대통령으로서 뉴딜을 기꺼이 지원할 의사가 있었다. 태프트의 명운이 저물어 가면서 동시에 아이젠하워의 인기는 점차 치솟아 갔다.

로버트 태프트는 윌리엄 하워드 태프트 대통령의 맏아들로서, 1921년에서 1933년까지 오하이오주 의회의 하원의원 및 상원의원이었으며, 1939년부터 1953년 사망할 때까지는 미국 상원의원이었다. 1940년대에는 미국 공화당의 지도층 상원의원 중 한 사람으로 간주되어 그냥 "미스터 공화당(Mr. Republican)"이라는 애칭으로 불렸다. 만약 냉전이 일어나지 않았더라면 그는 1948년이나 1952년의 대통령선거에서 당선되어 뉴딜을 해체하는 작업을 지도했을 것이다. 하지만 두 선거에서 모두 그는 공화당 후보 지명을 얻지 못했는데, 큰 이유는 그가 이끄는 정치라는 것이 공산주의의 위협이 지배하는 세계에서는 너무나 반동적인 것으로 여겨졌기 때문이다.[48]

공화당 정치가들 중 태프트만큼 뉴딜을 혐오했던 이도 없었을 것이다. 그 점에서는 그의 멘토 중 하나인 허버트 후버를 꼭 닮았다. 태프트는 1919년과 1920년에 미국 식량구제청(U.S. Food Relief Administration)의 파리 본부에서 후버 아래에서 일한 바 있었다. 후버와 마찬가지로 태프트는 개인의 자유야말로 미국 정치의 가장 소중한 가치라고 믿었다. 태프트는 미국의 연방제 정치 시스템이야말로 그러한 자유를 유지하는 열쇠라고 믿었고, 중앙정부의 권력은 확실하게 제한되어야 하며 정치적 권위는 주정부 및 지방정부로 분산되어야 한다고 생각했다. 뉴딜이 시작될 때부터 태프트는 자유를 숭상하는 미국의 정치 시스템이 뉴딜로 인해 위협에 처했다고 보았다. 그는 루스벨트가 은행을 구제하고, 가난한 이들에게 부조를 베풀고, 산업 및 농업을 되살리기 위해 1933년과 1934년에 도입한 긴급 프로그램들을 비난했다. 이러한 프로그램들이 "우리의 시스템"에 "영구적으로 통합"된다면, "미국 정부를 구성하는 이론 전체가 정치적으로 폐기될 것이며, 사실상 사회주의가 도입될 것"이라고 그는 1934년에 경고했다. 1935년이 되면 그는 뉴딜이 미국인들의 가장 소중한 것들을 파괴하는 혁명의 성격을 갖는다고 보았다. 루스벨트가 부유한 미국인들을 비유적으로 공격했던 말들을 지적하면서, 이것이 "부의 재분배"를 촉발시켜서 "금세 모든 소유 재산과 소득에 대한 사회주의적 통제에 이를 것"이라고 했다.[49] 부의 재분배가 일어나려면 중앙정부의 권력이 방대하게 커질 수밖에 없는데, 태프트는 이를 루스벨트 정부가 저질러 놓은 가장 나쁜 짓이라고 보았다. 그는 1936년에 이렇게 말했다. "일단 권력을 양도해 버리고 나면 인민들이 그것을 되찾는 것은 불가능하다는 것을 역사가 말해 준다. 그리스에서는 공화국이 무너져 참주정이 되었다. 로마 공화국은 제국으로 변했으며, 중세의 공화국들은 군주정으로 변했다. 만약 연방정부의 권력을 무한히 확장한다면, 사법부와 입법부를 짓누를 권력을 행정부에 부여한다면, 머지않아 미국에도 파시즘의 시대가 도래할 것이다."[50]

태프트는 이미 상원의원이 되기 전부터 뉴딜을 막고자 일어난 운동의 지도자였고, 그 뒤로도 이를 철회하고자 하는 운동의 지도자였다. 독일군 전차들이 이미 유럽 전역을 짓밟고 있던 1940년대가 되었을 때도 태프트는 여전히 루스벨트 정부가 움켜쥔 "과도한 행정부 권력"이 "유럽의 무장한 전제정"보다 미국인의 자유에 더 큰 위협이 된다고 주장했다. 그런 수준의 권력이 행정부의 손에 집중되는 상황이 계속된다면 미국은 조만간 "완전한 전체주의 정부를 보게" 될 것이라고 그는 경고했다.[51] 심지어 그는 "공산주의자들이나 나치 집단의 그 어떤 활동보다도 훨씬 더 큰 위험은 뉴딜 집단의 전체주의 사상이 워싱턴에 침투하는 것"이라고까지 주장했다.[52] 태프트는 뉴딜이 미국을 "전체주의국가"로 바꾸고 있다는 비난을 결코 멈추지 않았다. 트루먼이 1948년 뉴딜정책의 결과물들을 확장하기 위해 "페어딜(Fair Deal)"을 구체화했을 때에도 그는 똑같은 비판을 가했다.[53] 민주당의 개혁 프로그램을 전체주의로 색칠을 해 버린 것은 심각한 주장이었다. 뉴딜도 본질적으로 나치즘이나 공산주의와 다를 바 없다는 것이었으니까.

1946년 공화당이 의회 권력을 얻자 태프트는 뉴딜 국가를 원상태로 돌리기 위한 공격을 지휘했다. 1947년에 통과된 역사적인 반노동 입법인 태프트·하틀리법이 그의 이름을 달게 된 것도 그 때문이다. 또한 그는 제2차세계대전 동안 사회 전체에 광범위한 규제 장치로 작동했던 미국의 군부를 축소시키는 운동, 그리고 뉴딜주의자들이 만들어 낸 높은 조세율의 국가를 이전으로 되돌리는 운동에도 깊게 관여했다.

짧은 기간이지만 태프트의 명성은 하늘로 치솟았다. 하지만 1948년과 1949년 냉전이 다시 문제가 되자 태프트는 쓰러지게 된다. 어디에서든 공산주의의 위협이 나타날 때 이를 봉쇄하려면 미국의 중앙집권 국가에 모든 자원과 권력을 집중시켜야 한다는 트루먼의 선언에 맞서 그는 설득력 있는 대응을 내놓지 못했다. 그는 1930년대의 세계에서 미국이 차지하는 위상에 대해 고립주의적이라고 알려진 오래된 관점을 고수했다. 이 집단은 외국에서 벌어지는, 특히 유럽의 강대국들 사이에 일어나는 갈등에 미국이 휘말리는 것을 반드시 피해야 한다고 믿었다. 전시 상태를 유지하고 대규모 상비군을 지탱하는 데에 너무나 많은 시간과 돈을 쓰다 보면 공화국으로서 미국의 기초가 무너질 것이라는 게 그의 주장이었다. 태프트는 미국이 서쪽과 동쪽 해안에 드넓은 대양이 위치해 지리적으로 고립되어 있기 때문에 자연적인 이점을 크게 지니고 있다고 믿었다. 많은 사람이 이를 신의 섭리로 받아들였고, 이는 곧 미국이 유럽에서 일어나는 여러 위기와 갈등에 대해 괜한 간섭을 할 필요가 없음을 뜻한다고 보았다.

유럽에서 전쟁이 발발한 뒤에도, 그는 나치의 지배에 유럽 대륙 전체를 기꺼이 희생시키겠다는 입장을 너무나 오랫동안 고집하여 사람들을 불편하게 만들었다. 게다가 냉전의 초기에도 그는 유럽 대륙 전체를 소련에 할양할 준비가 되어 있는 것으로 보였다. 그가 표방했던 전체주의 이론이 함축된 외교정책으로 보면, 곧 전체주의국가가 그 국경선 밖으로 넘어오지 못하도록 모든 힘을 동원해야 한다는 결론이 자연스럽게 도출됐다. 하지만 그는 스스로가 전체주의 이론을 표방했음에도 그러한 결론을 잘 받아들이지 못했다. 그는 계속해서 새로운 국가들이 소련에 의해 멸망할 가능성에 대해서도 그 나라들이 미국의 해안에서 멀리 떨어져 있기만 하다면 신경 쓸 필요가 없다고 했다.[54]

미국이 끊임없이 전쟁상태를 이어 가며 세계 곳곳에서 전쟁을 벌이다 보면 사회학자 폴 라자스펠드(Paul Lazarsfeld)가 경고한 것처럼 "유격대 국가(garrison state)"로 전락할 위험이 있다. 태프트가 이를 지적한 것은 틀린 말을 한 것이 아니다.[55] 하지만 소련의 군사력을 억제하겠다는 트루먼의 계획에 대응해 태프트는 이렇다 할 만한 대안적 정책을 동료 공화당원들에게 전혀 내놓지 못했다. 특히 중국과 한국 등 동아시아에서 일어나는 공산주의 위협에 어떻게 대처할 것인지에 대해 그가 내놓은 선언들은 갈팡질팡하는 모습이었다. 그리하여 1940년대 말과 1950년대 초가 되면 그는 지는 별이 되고 만다. 공화당의 지도권은 소련의 위협을 억제하는 데에 태프트보다 훨씬 더 큰 능력을 가진 것으로 여겨진 인물에게 넘어간다. 그의 이름은 드와이트 D. 아이젠하워였다.

아이젠하워는 강력한 중앙정부가 미국인들의 자유를 부당하게 구속하는 힘이라고 보지 않았다. 군인으로서의 그의 이력은 쿨리지(John Calvin Coolidge) 대통령과 후버 대통령의 작은정부에서는 시들어 갔지만, 루스벨트와 트루먼의 큰정부 체제에서는 꽃을 피운 바 있었다. 엄청난 규모의 인적·물적 자원을 동원할 수 있는 큰 중앙집권 국가가 존재한 덕분에 제2차세계대전에서 승리할 수 있었고, 사람들이 그토록 탐내는 오성장군의 자리에도 오를 수 있었던 것이다. 아이젠하워가 유럽에서 미국 및 연합국 군대를 지휘한 이라는 점은, 곧 그가 엄청난 규모의 공적 관료제(이 경우 군부 관료제)의 한 중심에 있었던 인물이라는 것을 뜻한다. 이러한 경험에서 아이젠하워는 정부—특히 잘 조직된 관료—조직이 얼마나 많은 것을 성취할 수 있는지에 깊은 경외심을 가지게 된다. 제2차세계대전의 승리에서 그랬던 것처럼 냉전에서도 승리를 거두려면 미국 정부의 힘이 반드시 필요하다는 게 그의 믿음이었다.

아이젠하워는 1953년 1월에 행한 취임 연설에서 공산주의야말로 미국이 지금까지 맞닥뜨린 가장 큰 위협이라는 점을 분명히 밝혔다. 공산주의는 끔찍한 위협이며, 전 지구적인 위협이라는 것이었다. 그는 높지 않은 톤의 진지한 목소리로 말했다. “자유와 노예제가 맞서고 있으며, 빛과 어둠이 맞서고 있습니다.” 따라서 전 세계의 “모든 자유로운 민족”이 함께 뭉쳐 저항하는 것이 지상명령이라고 언급했다. 미국에 “떨어진 운명”은 “자유세계의 지도자로서의 책임”이라고 하며, 이를 위해서는 미국이 강한 힘을 가지는 것만이 아니라 “자유를 사랑하는 전 세계의 사람들에게 희망”을 불어넣어 주어야 한다는 것이었다.[56] 아이젠하워는 자신과 미국 국민의 종교적 신앙이야말로 이러한 영감의 결정적 원천이라고 말한다. 공산주의와의 투쟁은 단순히 전 세계를 무대로 한 체스 게임이 아니며, 미국인과 그 동맹국 국민 다수에게 신도 빛도 없는 암흑으로부터 세계를 구해내는 종교적인 십자군전쟁이라는 것이다.

공산주의와 종교적 신앙에 대한 아이젠하워의 연설에는 그 어디에도 태프트와 그 동료들이 그토록 분노했던 관점에 동조하는 내용이 없었다. 즉 뉴딜은 사악한 것이며, 노동의 권력을 후퇴시켜야 하며, 정부의 경제 규제를 종식시켜야 하며, 연방정부의 예산을 삭감하여 균형재정을 회복해야 하며, 19세기식 자유의 관념을 회복해야 한다는 등의 생각은 전혀 찾아볼 수가 없었다. 소수당이 된 민주당의 새로운 원내총무 린든 존슨(Lyndon Johnson) 상원의원은 약간 볼멘 어조로 이렇게 말했다. 아이젠하워의 취임 연설은 "지난 20년간의 민주당의 여러 프로그램을 아주 훌륭하게 언명하는 내용"을 담고 있다고.[57] 실제로 아이젠하워의 연설을 보면 국내 개혁에 대해서는 그가 지지의 입장인지 반대의 입장인지 아무런 말도 하고 있지 않다. 하지만 린든 존슨이 이러한 아이젠하워의 국내 정치에 대한 침묵을 태프트에 대한 거부로 읽은 것은 올바른 판단이었다.

실제로 아이젠하워가 막상 대통령직을 수행하기 시작하자 그가 뉴딜의 핵심 요소들을 묵묵히 받아들인다는 것이 금세 드러나게 된다. 그는 경기순환의 진폭을 완화하기 위해 케인스주의적인 재정 및 금융 정책도구들을 사용하는 것을 신봉했다. 1950년 전미자동차노조는 미국의 주요한 자동차 제조업체들과 역사적인 디트로이트협약을 체결하지만, 그는 이를 전혀 불편하게 여기지 않았다.[58] 오히려 그는 강력한 노조가 있어야만 대기업들의 권력을 순화시키고 미국 자본주의의 풍요를 사회계층 전체에 확산시킬 수 있다는 점을 받아들였다. 그래서 민간영리 부문에서 전미자동차노조가 자동차 제조업체들과 이루었던 일을 그는 공공부문에서도 이루고자 했다. 그리하여 사회보장을 폐지 혹은 삭감하는 대신 그것으로 혜택을 보는 미국인들의 숫자를 늘렸을 뿐만 아니라 그 수당의 액수를 증가시키기 위해 실제로 노력했고 또 성공을 거두었다. 아이젠하워는 심지어 뉴딜이 1930년대와 1940년대 초에 시행했던 고율의 누진적조세 체제 또한 지지했다. 태프트파 공화당원들은 이 조세 체제의 누진적 성격을 끔찍한 공포라고 보았으며, 사적소유를 몰수하여 재분배하고자 하는 공산주의 전략과 다를 바 없다고 주장했던 것이다.

아이젠하워가 이러한 고율의 조세 체제를 유지하겠다고 결정하게 된 동인은 무엇보다도 도처에서 기승을 부리는 공산주의와 싸워야 한다는 지상 과제 때문이었다. 그는 1950년대의 미국이 거둔 조세 총액의 70퍼센트가 냉전을 치르기 위한 거액의 군비와 또 빠르게 늘어나는 핵무기 보유량을 지탱하는 데에 들어간다는 사실을 잘 알고 있었다.[59] 하지만 그가 고율의 조세 체제가 소련의 군사 위협을 억제하는 것뿐 아니라 무수한 미국인의 삶을 개선하는 데에도 큰 도움이 된다는 것을 인식하기 시작했다는 점도 분명한 사실이다. 이러한 입장은 1954년 여러 내용이 담긴 조세 법안이 의회에 상정됐을 때에 그 법안을 지지하는 것이 왜 중요한지를 그가 국민에게 설명했던 연설에서 분명하게 나타난다. 이 법안에는 최고 한계세율을 90퍼센트 이상으로 유지한다는 내용까지 포함되어 있었다.

1954년 연설에서 아이젠하워는 고세율을 단지 높은 수준의 군사태세를 유지할 목적이란 관점으로만 정당화하지 않았다. 또한 그는 폭넓은 누진적조세 체제로 모든 재원이 충당되는, "우리 국민 모두를 위한 더 강력한 미국을 건설할 위대한 프로그램"이라는 자신의 비전을 국민과 함께 나누었다. "우리는 우리의 사회보장 프로그램을 개선하고 확장하고자 합니다"라고 그는 선언했다. "우리는 더 폭넓고 더 강력한 실업보험 시스템을 원합니다. 우리 국민에게 더 많은 더 좋은 주택이 주어지기를 원합니다. 우리가 사는 도시에서 빈민가를 없애기를 원합니다. 의료 프로그램도 훨씬 더 개선되기를 원합니다." 폭넓은 사회보장, 더 나은 실업보험, 도시재생, 전국적 의료보험 등 이런 것들은 이후 1960년대에 민주당 대통령 린든 존슨이 루스벨트와 뉴딜이 1930년대에 시작한 복지국가를 완성하기 위해 의회를 통해 밀어붙였던 야심 찬 입법 프로그램 '위대한사회(Great Society)'를 맹아적으로나마 그대로 담고 있는 비전이었다. 이미 1950년대에 이러한 개혁 비전이 단지 민주당뿐만 아니라 온건한 공화당원인 아이젠하워에 의해 명확하게 제시됐던 것이다.[60] 아이젠하워는 여러 주를 연결하는 대규모 고속도로 시스템을 건설하고, 세인트로렌스수로를 점검하는 데에 연방정부 조세의 큰 액수를 책정한다. 두 번에 걸친 그의 임기 동안 연방정부가 공공사업에 내놓았던 지출은 루스벨트 시절과 트루먼 시절의 지출을 능가했다.[61]

아이젠하워는 이렇게 정부 활동을 확장하는 것을 국가안보의 관점에서 정당화하는 논리를 세심하게 만들어 냈다. 여러 주를 연결하는 새로운 고속도로 시스템을 승인하는 법안의 이름은 "여러 주를 연결하는 군사 방어 고속도로 전국 시스템(The National System of Interstate and Defense Highways)"이라고 붙였다. 이 법안을 지지하는 이들은 4만 1000마일에 달하는 새로운 도로를 건설하게 되면 원자폭탄의 위협을 받는 지역에서 사람들을 신속하게 대피시킬 수 있을 뿐만 아니라 군대를 미국의 모든 지역으로 빠르게 이동시키는 일이 가능해진다고 주장했다.[62]

마찬가지로, 모두에게 자유롭고도 풍족한 사회를 만들어 준다는 목표 또한 냉전의 지상 과제라는 틀 안에서 제시됐다. 이러한 사회를 만들어 내는 일은 더 이상 자유시장의 예측 못 할 변덕에 내맡길 수 없다는 게 아이젠하워의 믿음이었다. 미국 역사상 시장실패가 가장 오래 지속된 1930년대의 경험에서 너무나 많은 미국인이 생계가 파탄 나는 처지로 몰린 바 있었다. 이제 국가안보에는 관리되는 자본주의 체제가 필요했으며, 뉴딜 정책이 유지되는 것만이 아니라 더 확장될 필요가 있다는 것이었다. 한때 공화당원들에게 극단적으로 혐오의 대상이었던 사회복지 프로그램들도 이제는 정당한 것으로 여겨졌다. 이를 통해 국내적으로는 미국인들이 더 이상 공산주의의 호소력에 끌릴 이유를 찾지 못하게 될 것이며, 국제적으로는 아시아 및 아프리카에서 출현하고 있던 신생국들에 미국 체제의 성공을 뚜렷이 입증함으로써 공산주의 위협을 억제하는 데에 도움이 된다는 것이었다.

공산주의와 자본주의 둘 중에 어느 쪽이 소비자 사회를 더 잘 만들어 낼 수 있는지, 매력적인 물건으로 상점을 그득 채울 수 있는지, 그러한 시장에 시민들이 충분히 참여할 수 있게 만들 수 있는지 등은 냉전시대의 적국이던 미국과 소련의 경쟁에서 핵심적 위치를 차지하게 된다. 그리하여 1959년 모스크바에서는 니키타 흐루쇼프(Nikita Khrushchev)와 리처드 닉슨(Richard Nixon)이 참여한 약간 우스꽝스럽지만 지독하게 심각했던 "주방 논쟁(Kitchen Debate)"이 벌어지게 된다. 이는 소련의 서기장과 미국의 부통령이 자본주의와 공산주의 체제가 갖는 장점을 놓고 논쟁을 벌이는 세 번째 만남이었다. 이 일은 미국의 한 교외 주택의 주방 한쪽을 해체한 뒤 모스크바로 옮겨 재조립한 주방 안에서 일어났다. 닉슨은 냉장고와 전자레인지를 뽐내면서 자랑했고, 특히 가장 매력적인 것으로서 식기세척기(이는 당시 미국 가정에도 널리 보급되지 않은 가전제품이었기 때문이다)를 자랑했다. 흐루쇼프는 보통 사람들에게 안락한 삶을 잘 제공할 수 있는 쪽이 냉전에서 이길 가능성이 높다는 점은 이해했지만, 그래도 미국인들의 가전제품 중독이 좀 심한 상태라고 생각했다. 그는 닉슨에게 농담처럼 당신의 손자들은 공산주의사회에서 자라나게 될 것이라고 말했고, 이에 닉슨도 지지 않고 당신의 손자들은 자본주의밖에 모르고 자라날 것이라고 응수했다.

소련 주방이 좋으냐 미국 주방이 좋으냐를 놓고 닉슨이 흐루쇼프와 한판 승부를 벌여야 한다고 느꼈다는 것은, 곧 모든 미국인이 매력적인 소비자 시장에 접근할 수 있게 만드는 것이 어떤 지정학적 중요성을 가지고 있었는지를 드러내 준다. 그런데 이러한 목적은 "자유시장"의 손에 그냥 맡겨 두기에는 너무나 중요한 일이었다. 닉슨과 아이젠하워도 이제 대다수 미국인이 살게 된 저 찬란한 도시 외곽의 유토피아에 재화가 흘러들어

가고 또 총수요가 유지되도록 만드는 데에 뉴딜정책, 특히 케인스주의가 반드시 필요하다는 것을 이해하게 됐다.[63]

아마도 아이젠하워 또한 마음속으로는 태프트가 상상한 뉴딜 이전의 과거로 미국을 되돌리고 싶었을 것이다. 하지만 그는 1950년대의 미국에서 성공하기를 원하는 정치가라면 그렇게 할 수가 없다고 판단했다. 아이젠하워는 1950년대 초 자신의 동생에게 쓴 편지에서 이렇게 말한다. "만약 어떤 정당이든 혹시라도 사회보장과 실업보험을 폐지하고 노동법을 제거하려고 든다면…… 아마 우리 정치사에서 완전히 사라져서 흔적도 남지 않게 될 거야."[64] 아이젠하워는 고세율의 누진적조세에 대해서도, 또 그러한 고세율로 촉발된 경제적 불평등의 축소에 대해서도 똑같은 감정을 가지고 있었다. 냉전이라는 압박으로 인해 아이젠하워는 공화당을 민주당의 프로그램들을 지지하는 정당으로 만들어 버렸다. 이는 뉴딜이 정치운동에서 정치 질서로 이행했던 순간으로서, 이 당시 정치라는 장에서 움직인 모든 유의미한 행위자들이 뉴딜의 원칙들을 준수할 수밖에 없다고 느꼈던 것이다.

물론 반대자들도 있었다. 명민하고 또 모든 우상에 도전할 줄 아는 예일대학교 졸업생인 윌리엄 버클리(William F. Buckley)가《내셔널리뷰》를 창간하여 뉴딜에 맞서 격렬한 반대 입장을 가진 집단을 결집시킨 것도 바로 이 시점이었다.[65] 배우이자 한때 뉴딜의 열성분자였던 로널드 레이건은 미국의 자유기업 시스템의 전도사가 됐으며, 제너럴일렉트릭에서 돈을 댄 텔레비전광고에 출현하여 미국 전역의 시청자들에게 자기주장을 펼쳤다.[66] 대중잡지 《뉴스위크》의 경제 칼럼니스트인 헨리 해즐릿(Henry Hazlitt) 또한 레이건과 마찬가지로 중도좌파(그는 한때 《네이션》의 문학 편집자였다)에서 우파로 전향했고, 그 과정에서 몽펠르랭협회의 일원이 되어 하이에크의 영향 아래로 들어온다. 그는 아이젠하워의 정치에 심한 거부감을 느꼈고, 이를 공화당 원칙의 배반이라고 생각했다. 해즐릿은 이미 아이젠하워 대통령 임기 초부터 그의 정책들이 "절반쯤 뉴딜(semi-New Deal)"이라고 경종을 울렸다.[67] 그리고 얼마 후 그는 점점 더 우울한 어조로 "우리 대통령은 케인스주의 철학과 뉴딜 철학의 핵심을 받아들였다"라고 선언했다.[68] 그는 아이젠하워의 재정 및 통화 정책을 해부하여 그가 얼마나 철저하게 케인스주의 처방을 따르고 있는지를 폭로한 뒤 이렇게 한탄한다. "이제 우리는 모두 다 케인스주의자들이다"라고.[69] 이 유명한 한탄의 말은 밀턴 프리드먼(Milton Friedman)이 1965년 당시 잡지 업계에서 《뉴스위크》의 숙적이던 《타임》에 기고한 칼럼에서 제일 처음 했던 말로 알려져 있다. 하지만 해즐릿은 프리드먼보다 무려 10년이나 앞서 이 말을 내놓았으며, 케인스주의적 경제사상이 (프리드먼이 주장했던 것처럼) 1960년대의 민주당 정치에서만이 아니라 1950년대의 공화당 정치에서도 지배적이었다고 분명히 주장했던 것이다.[70] 케인스 경제학이 헤게모니를 쥐고 있었다는 해즐릿의 언급에서 분명히 드러나는바, 이미 공화당이 정권을 잡고 있던 1950년대에도 뉴딜 질서의 비판자들은 정치 영역에서 설 자리가 거의 없었던 것이다.

냉전이야말로 공화당 주류를 왼쪽으로 몰고 갔던 원동력이었다. 공화당은 큰 중앙집권적 국가도 싫어했고 또 공공의 이익을 위해 사적 기업을 광범위하게 관리하는 것도 싫어하는 정당이었지만, 냉전이 내놓은 지상명령들로 인해 이것들을 미국 생활의 지배 원칙으로 받아들일 수밖에 없었던 것이다. 국제 공산주의의 위협은 뉴딜이 정치운동에서 정치 질서로 이행하는 것을 가능하게 만들었고, 무려 30년간이나 미국인들의 생활을 좌지우지하는 지배력을 갖게 된다.

이렇게 냉전은 뉴딜 질서를 안착시키게 된다. 뉴딜 질서는 1930년대 말과 1940년대 초에 구상됐던 것 정도로 확장적인 개혁 프로젝트가 되지는 못했지만, 미국이 남북전쟁 이후로 법적 제도로서 시행한 개혁 프로젝트로서는 지금까지 가장 성공적인 것으로 남아 있다. 자본주의를 관리하고, 노동을 강화하고, 복지국가를 확립한다는 등의 영역 모두에서 미국은 오랜 기간 동안 실패를 거듭해 왔지만, 뉴딜은 마침내 이런 영역들에서 분명한 성취를 이루었다. 뉴딜의 정치적 반대자들조차 그 원칙을 준수할 수밖에 없었다는 것이야말로 뉴딜의 힘과 영향력을 가장 잘 보여 주는 증표라고 할 것이다. 뉴딜 정치에 계속 반대 입장을 유지했던 이들은 미국 정치의 주변으로 밀려나 거의 아무런 영향력도 행사하지 못했다.

뉴딜 질서가 지배하는 세상에서 허버트 후버는 전직 대통령에게 부여되는 공공의 존경과 위상을 얻지 못했다. 1964년 그가 세상을 떠났을 때에도 이는 거의 사람들의 관심을 끌지 못했다. 그의 명성이 모종의 복권(復權)을 얻기는 했지만, 대통령으로서의 명성을 회복한 것은 아니었다. 그는 1919년 스탠퍼드 대학교에 제1차세계대전과 관련된 문서를 전 세계에서 수집하여 모아 놓은 후버연구소(Hoover Institution)를 설립한 바 있거니와, 이 연구소의 성격이 완전히 바뀌었던 것이 그가 명성을 되찾는 계기가 됐다. 1960년대에 글렌 W. 캠벨(Glenn W. Campbell)이 이끌었던 후버연구소는 전쟁, 혁명, 자본주의와 관련된 주제들로 문서 수집의 범위를 늘렸을 뿐만 아니라 새로운 임무를 자임하고 나섰는데, 뉴딜 질서를 무너뜨리겠다는 신념을 가진 이들이 모여 그러한 중추의 역할을 맡는 싱크 탱크가 되기로 한 것이다. 후버연구소는 이러한 임무에 성공을 거두며, 그런 와중에서 그 설립자의 이름을 사후에나마 조금은 드높일 수 있었던 것이다. 하지만 후버연구소가 종국에 가서 성공을 거두었다고는 해도, 후버 본인은 오랫동안 정치 영역에서 떠나 있어야 했던 것이 현실이며, 그의 정치 생활의 전성기였을 기간 동안 그가 경멸해 마지않던 정치 질서에 지배됐던 것이 사실이다. 공산주의의 위협 때문에 루스벨트의 뉴딜은 난공불락의 정치 질서가 되어 버린 것이다.

2장 —— 몰락

모든 정치 질서에는 긴장, 모순, 취약점들이 내포되어 있어 일정한 시점이 되면 도저히 유지될 수 없는 상황에 이르게 된다. 또한 그 질서 자체에 외생적인 어떤 사건이 일어나 안정성이 사라지기도 한다. 예를 들어 전쟁이나 경제위기와 같은 것이 닥치면 그 정치 질서가 갖춘 통치 전략의 레퍼토리에 그전까지는 거의 누구도 간파하지 못했던 한계들이 불거지게 된다. 그럴 경우에 정치 질서는 거기에 맞게 적응할 방법을 찾든가, 그렇지 못하면 권위를 잃게 되며, 그 뒤에는 헤게모니의 위치를 잃게 된다.

1960년대와 1970년대는 뉴딜 질서가 최종 결산을 거쳐 종말을 맞는 시간이었다. 미국 정치에서 가장 중요한 두 가지 이슈는 인종문제와 베트남전쟁 문제가 됐으며, 이 때문에 민주당을 지지하는 유권자들 사이에는 뉴딜 질서로는 도저히 메울 수 없는 분열이 생겨나고 말았다. 그러한 분열이 일어난 뒤에는 1970년대의 오랜 경기침체가 이어졌으니, 이 침체가 낳은 여러 결과가 다시 세계경제의 근저에서 벌어진 변화들과 결부되면서 장기적인 침체가 지속됐다. 인종문제, 베트남전쟁, 경제적 쇠퇴라는 세 가지 힘이 덮치면서 1960년대와 1970년대에는 뉴딜 질서가 도저히 복구될 수 없는 지점으로까지 무너지게 된다.

인종문제와 베트남전쟁

냉전으로 인해 뉴딜이 정치운동에서 정치 질서로 확실하게 이행하게 되자 민권운동 또한 탄력을 받게 된다. 뉴딜주의자들은 대공황과 제2차세계대전의 기간 동안 민권을 증진시키는 일은 거의 이룬 바가 없었다. 뉴딜의 경제적 평등주의로 인해 미국 흑인들이 큰 숫자로 민주당으로 집결했음에도 불구하고 이 점은 변함이 없었다. 민주당 지지자들 중에서도 특히 북부의 지지자들은 인종 평등 운동을 오랫동안 지지해 왔지만, 다른 이들은 전혀 그런 적이 없었다. 이 후자의 집단은 특히 남부의 백인들에 집중되어 있었는데, 이들에게 민주당이란 연방정부에 맞서 주정부의 자율성을 강조하고, 백인 우월성을 대표하며, 흑인 차별을 정당화하는 짐크로법을 대표하는 당으로 여겨져 왔다. 남부에 거주하는 흑인들은 이미 20세기 초에 선거권을 빼앗긴 바 있고, 이로 인해 남부의 정치에서는 공화당 세력이 사실상 아예 제거된 상태였다. 그 이후로 남부에서는 민주당 후보가 총선에서 공화당의 심각한 도전에 처하는 경우가 거의 없었으며, 이는 일단 당선만 되면 두고두고 의석을 지킬 수 있다는 것을 뜻했다. 이들은 이렇게 해서 상원과 하원 모두에서 과도하게 많은 숫자의 위원회 의장 자리를 챙길 수 있었고, 이를 통해 의회 전체에 영향력을 행사해 왔다. 1930년대와 1940년대에는 이 남부의 정치 귀족들이 미국의 백인 빈민들의 고통을 덜어준다는 목적에서만큼은 중앙정부의 강화를 기꺼이 허용했지만, 남부에 남아 있는 기존의 인종적 위계질서를 위협할 만한 입법이라면 절대 어떤 것도 용납하려 하지 않았다.[1]

프랭클린 루스벨트는 이러한 남부의 성향과 그로 인해 생겨나는 의회에서의 정치산술을 이해하고 있었다. 그는 대통령 취임 초기부터 뉴딜의 성패는 여당인 민주당에서 남부 출신 의원들의 지속적인 지지를 받아 내는 것에 달려 있다고 생각했고, 감히 그 많은 수의 의원을 적대시할 여유가 없었다. 따라서 민권과 관련된 입법은 진통을 겪어야 했다. 짐크로법은 (수도 워싱턴에서의 정부 공직자들이 항의했던 것을 제외하면) 그 어떤 난관 없이 진행됐고, 흑인들에게 린치 행위를 금하는 법을 의회에 통과시키려던 노력도 실패했다. 제2차세계대전으로 유럽에 파병까지 하여 나치즘과 인종 혐오의 이데올로기를 분쇄하려고 한다면서도, 막상 그 군대 자체는 철저한 인종 분리의 원칙으로 운영되고 있었다. 백인 병사들과 흑인 병사들은 생활하는

곳이 분리되어 있었고, 전투를 함께하지도 않았으며, 심지어 군대의 혈액 공급조차 따로 되어 있었다.[2]

이렇게 1930년대와 1940년대 초까지만 해도 민주당 내에서 백인우월주의를 용납하는 기류가 강력했지만, 제2차세계대전이 끝난 뒤에는 이러한 기류가 급격히 사라진다. 트루먼은 1946년에 군대의 인종 분리 제도를 철폐했고, 민주당은 1948년의 정당강령에 인종 평등을 지지하는 내용의 항목을 추가했다. 루스벨트가 지명한 대법관들이 다수를 차지하게 된 대법원은 1954년의 **브라운 대 교육위원회**(Brown v. Board) 판결[1954년 이전 미국의 공립학교에서는 흑인과 백인 간의 관계를 '분리하되 평등한(separate but equal)'이라는 원칙 아래에 비록 교육 내용은 동일하더라도 서로 다른 학교에 다니도록 하는 관행이 안착되어 있었고, 이에 대해 대법원도 합헌이라는 판결을 내린 바 있었다. 하지만 이 때문에 너무 먼 거리로 통학할 수밖에 없어 큰 어려움을 겪던 흑인 집단이 대법원에 위헌 소송을 제기하여 이러한 관행이 위헌이라는 판결을 얻어 낸다—옮긴이]에서 짐크로법을 위헌이라고 선언한다.

이러한 뉴딜 질서의 전환점에서 국제적인 요인들 또한 애초에 뉴딜의 힘을 강화했던 때와 마찬가지로 중요한 역할을 담당하게 된다. 제2차세계대전 이전에는 동아시아와 동남아시아 곳곳에—필리핀에는 미국, 버마·싱가포르·말라야에는 영국, 인도차이나에는 프랑스, 동인도제도에는 네덜란드 등—서양 강대국의 식민지가 편재했다. 하지만 1941년에서 1942년 사이에 놀랍게도 일본 군대가 이 지역을 석권해 버리면서 이러한 식민 통치가 무너져 버리고 말았다. 전 세계 많은 곳에서 백인들의 압제에 신음하며 이를 벗어나고자 오랫동안 열망한 민족들은—미국 내에서 짐크로법의 굴레에서 벗어나고자 했던 흑인들도 그중 하나였다—이제 자유와 독립을 얻을 수 있다는 상상을 좀 더 대담하게 하기 시작했다. 아시아와 아프리카 전역에 걸쳐 인종 평등과 민족해방을 꾀하는 여러 운동이 터져 나왔다. 1940년대 말 냉전이 격화되자 이들의 지정학적 중요성은 증폭됐다. 미국과 소련은 이들의 민족해방운동과 신생국들을 얼마나 더 많이 (혹은 적게) 자기 진영에 합류하도록 설득하느냐에 따라 그 힘이 강화되느냐 약화되느냐가 결정되는 상황이었기 때문이다.[3]

훗날 제3세계라고 불리게 되는 지역의 충성을 얻어 내기 위해 미국과 소련은 실로 치열한 경쟁을 벌였다. 여기에서 인종문제가 결정적이라는 점을 양쪽 모두 잘 알고 있었다. 이미 1940년대부터 소련은, 미국 남부의 여러 주에서 백인우월주의 제도들이 유지되고 있는 사실이 만인의 태생적 평등을 내거는 미국의 주장과 모순된다는 것을 폭로하여 미국을 국제적으로 망신 주는 일을 즐기고 있었다. 소련 매체는 미국 남부의 흑인과 아동 들이 제대로 학교교육도 받지 못한다는 이야기, 사고를 당한 흑인들은 남부의 백인 병원에서 받아 주지 않아 그대로 죽게 된다는 이야기, 아프리카 국가의 외교관들이 메이슨·딕슨선(Mason-Dixon Line, 메릴랜드주와 펜실베이니아주를 잇는 선으로서, 이것이 남북전쟁 당시 남부와 북부를 가르는 경계선이었다—옮긴이) 이남 지역을 여행하게 되면 백인들의 음식점과 화장실에 아예 입장할 수 없다는 이야기 등을 아프리카와 아시아 국가에 퍼뜨렸다. 미국 국무부에서는 이러한 이미지를 벗기 위해 기를 썼지만, 미국 남부에서의 흑백 분리주의가 엄존하는 한 그런 노력은 이렇다 할 결실을 맺을 수 없었다. 미국 내 외교기관과 그 세력들은 인종 간 평등을 달성하기 위해 흑백 분리주의를 일소하려 한다는 말을 행동으로 입증해야만 했다. 냉전은 이런 방식으로 민권을 미국 내 최고의 이슈로 만드는 데에 일조했던 것이다.[4]

브라운 대 교육위원회 대법원 판결이 왜 1954년이라는 이른 시점에 나왔는지, 그리고 법원 전체가 왜 그것을 지지했는지는 이러한 정황으로 설명할 수 있다. 1954년에는 민권운동의 영향력이라는 것이 간헐적으로 이런저런 사건을 만들어 내는 정도에 여전히 머물고 있었다. 몽고메리 버스 보이콧(Montgomery Bus Boycott), 리틀록 학교 위기(Little Rock School Crisis), 자유 승차 운동(Freedom Rides, 인종차별 철폐 운동 가운데 하나로 백인들과 흑인들이 함께 같은 버스와 기차를 타고 남부를 횡단하는 운동—옮긴이), 워싱턴 행진(March on Washington), 버밍햄 전투(앨라배마주 버밍햄에서 흑인 운동 지도자들에게 폭탄테러가 가해졌고, 이 때문에 1963년 5월 11일 폭동이 벌어진다—옮긴이), 자유의 여름(Freedom Summer, 흑인 유권자들의 투표를 저해하는 무수한 제도 및 관행에 항의하기 위해 1963년

6월 미시시피주에서 흑인 유권자들의 투표권 등록 운동이 벌어진다—옮긴이), 1964년과 1965년에 일어난 북부 지역의 여러 도시 봉기 등 민권운동의 성격을 규정하다시피 했던 핵심적인 시위와 대치는 대부분 그 이후에 벌어진 일들이다. 그렇다면 미국의 정치 기득권에서 핵심 요소인 대법원은 어째서 그토록 이른 시점에 민권운동의 편에 서는 결단을 내렸던 것일까? 이는 부분적으로 대법원장으로 취임한 얼 워런(Earl Warren)의 영향이었다. 그는 캘리포니아주의 공화당 주지사 출신으로 아이젠하워가 처음으로 지명한 인물이었지만, 공화당과 아이젠하워는 얼 워런이 제2차세계대전 후 10년 동안 얼마나 민권 진보주의자로 변해 갔는지를 제대로 인지하지 못했다. 이미 대법원의 판사 다수는 루스벨트가 지명했던 진보파 인사들이었다. 하지만 이러한 대법원 판결을 단순히 대법관들이 인종문제에 진보적인 의식을 가졌기 때문으로만 설명할 수 없다. 인종문제가 냉전이라는 상황으로 인해 미국 정치에서 얼마나 핵심적인 문제인지를 이들이 이해하고 있었던 것도 중요한 이유였다.

1954년 이전에 이미 미국 법무부에서는 전미유색인지위향상협회(National Association for the Advancement of Colored People, NACCP)가 남부의 인종 분리 제도의 합법성을 문제 삼아 제기했던 소송에서 이 협회를 지지하는 법정의 친구(amicus curiae, 미국의 항소심에서는 법정이나 소송당사자의 허락과 요청으로 특정 단체나 개인이 의견을 개진할 수 있다. 특히 미국 법무부에서는 모든 소송에서 자유롭게 이러한 자격으로 의견을 개진할 수 있게 되어 있다—옮긴이) 의견서를 내놓기 시작했다. 이 의견서들에는 인종차별로 인해 미국이 외국에서 어떤 망신과 수모를 겪고 있는지, 그리고 국가안보에 어떤 손상이 가는지를 반복해서 강조하고 있다. **브라운 대 교육위원회** 판결에서 법무부가 제출한 의견서에서도 전 국무부 장관인 애치슨의 언명을 그대로 되풀이하고 있다. "보통 미국에 우호적인 입장을 가지고 있던 민족들 사이에서 [미국의 인종 관행들에 대한] 적대적인 반응이 우려스러운 비율로 늘어나고" 있으며, "전 세계의 자유 민주 진영 국가들에 대한 우리의 도덕적 지도력을 효과적으로 유지"하는 일조차 위태로울 지경이라는 것이다.[5]

이러한 의견서들을 읽고 쓴 이들 중 다수는 미국의 인종문제에서 오랫동안 스스로를 진보파라고 생각한 이들이었다. 이들은 대개 북부 출신으로서, 남부의 흑백 인종 관계가 "원시적"인 것이라고 경멸했다. 하지만 이들은 민권운동을 선동하는 것을 우선 과제로 보지는 않았으며, 그렇게까지 할 필요는 없다고 여겼다. 짐크로법은 시대착오적인 것이니 미국에서 이미 왕성하게 작동하고 있는 현대화의 힘들 앞에 조만간 무너질 것이라는 게 이들의 생각이었다. 하지만 이러한 자기만족적 입장은 냉전으로 인해 더 이상 유지될 수 없게 됐다. 미국 기성 권력층도 좋든 싫든 미국 인종문제를 해결하기 위해 시급히 무언가 해야 한다는 것을 깨닫게 된 것이다. 미국의 흑인 시민들이 동등한 권리를 가질 자격이 있다고 생각해서라기보다는 그렇게 하지 않을 경우 소련과의 생사를 건 국제적 투쟁에서 미국이 큰 해를 입

을 것이라고 생각했기 때문이다.[6]

물론 미국 사회의 인종주의적인 여러 구조와 제도를 해체하기 위한 진지한 노력이 성공을 거두는 데에는 대법원 판결로 미국의 정치엘리트 내부에서 새로운 방향이 설정되는 것만으로는 어림도 없는 일이다. 짐크로법을 해체하고 또 여러 형태의 백인우월주의 이데올로기를 거부할 것을 요구하는 사회운동이 필요했다.

1950년대 말과 1960년대 초에는 이러한 운동이 두 축으로 두드러지게 나타난다. 첫째는 마틴 루서 킹(Martin Luther King Jr.) 목사가 이끄는 노동계급 및 중산층 미국 흑인들의 운동으로서, 이는 교회를 기반으로 주로 남부에서 생겨난 운동이었다. 두 번째는 흑인 학생운동으로서, 이는 역사적으로 흑인 학생들이 주로 다녔던 미국 남부 대학교에서 가장 처음으로 힘차게 출현했다. 두 운동 모두 짐크로법과 관련된 제도들을 타깃으로 삼고 있었고, 또한 남부 여러 지역에서 행진 형태의 시위를 조직하여 백인들과의 대결 상황을 촉발했다. 학생운동 쪽이 전술적인 면에서 좀 더 급진적일 때가 많았다. 식당 좌석, 버스, 버스터미널의 대기석 등 "백인 전용"이라는 표지를 달고 있던 장소들을 점거하기도 했고, 또 남부의 백인들이 합법 및 불법 테러를 통해 권력을 오랫동안 유지해 왔던 농촌지역에서 투표자 등록 운동을 벌이는 등의 활동을 전개했다. 흑인 시위자들과 그 백인 동맹자들은 이러한 활동이 불러올 남부 백인들의 폭력적인 반동을 예견하면서도, 실로 초인적인 절제력과 "다른 쪽 뺨도 내주는" 자세로 그러한 공격에 대응할 수 있게 스스로를 단련했다. 백인들이 흑인들을 구타하는 영상, 그리고 남부의 보안관들이 고압 소방 호스를 동원하고 또 맹견까지 풀어 평화로운 흑인 시위대를 공격하는 장면을 담은 사진과 동영상 등이 신문과 텔레비전을 통해 미국 전역에 퍼져 나갔다. 남부의 흑인들에게 투표자 등록을 독려했다는 이유로 미시시피주의 필라델피아 근처에서 민권운동 자원봉사자 세 명이 살해당한 사진도 전국에 알려졌다. 이러한 이미지들로 인해 민권운동의 명성은 흑인들뿐만 아니라 백인들 사이에서도 크게 올라가게 됐다. 존 F. 케네디 대통령은 시위의 규모뿐만 아니라 시위대에 쏟아진 폭력에 평정심을 잃고, 마침내 1963년 효과적이고 강제적인 메커니즘을 갖춘 민권 법안을 발의한다. 그는 1963년 6월 11일 전국에 방영된 텔레비전 연설에서 이렇게 선언했다. "링컨 대통령이 노예해방을 이룬 지 100년이 지났지만 아직도 정의는 지연되고 있습니다. 흑인 노예의 후손, 손자 들은 아직도 완전한 자유를 얻지 못하고 있습니다. 이들은 정의롭지 못한 구속에서 아직 해방되지 못했습니다. 이들은 사회적·경제적 억압에서 아직 해방되지 못했습니다." 케네디는 강력하게 주장한다. "이제 우리 미국이 그 약속을 실현할" 때가 됐으며, 인종 관계에서 평화로운 혁명을 완수할 때가 됐다고. 그리하여 케네디는 의회가 나서서 "지난 100년 동안 제대로 실현하지 못한 명제, 미국 사회나 미국의 법률에 인종이라는 것이 들어설 자리가 없다는 말을 제대로 실현하겠다고 약속하고 행동으로 보여 주어야" 한다고 촉구했다. 그

다음 주 케네디는 의회에 인종차별을 금지하고 이를 법으로 강제하는 데에 필요한 권한을 연방정부에 부여할 것을 요구하는 민권 법안을 심의할 것을 요청했다.[7]

우리는 케네디가 이러한 조치를 얼마나 집요하게 밀고 나갔을지는 알 수 없다. 그가 이 법안을 발의한 뒤 6개월도 채 되지 않아 암살자의 총탄에 쓰러졌기 때문이다. 하지만 그의 후임자인 린든 베인스 존슨은 오랫동안 대통령 자리를 추구해 왔지만 기회를 얻지 못하다가 드디어 대통령 자리에 오르게 된 이였으며, 존 케네디 대통령의 민권 법안을 자신의 대통령직에서 중심 임무로 삼는다. 그는 프랭클린 루스벨트를 자기 인생에서 가장 위대했던 정치가라고 보았으며, 자신이 미국 역사에서 루스벨트의 가장 뛰어난 후예로서 자리매김하기를 원했다. 이를 위해서는 뉴딜을 완성시키고, 영웅적인 민주당 개혁자의 전당에 루스벨트의 옆자리를 차지하게 해 줄 위대한사회라는 이름의 입법 프로그램이 필요했다. 이를 통해 그는 여전히 뉴딜의 주변에 남겨진 집단들의 요구에 응하고자 했다. 그는 노인들을 위한 대규모 의료보험 프로그램, 가난한 이들의 역량 강화를 위한 공동체 행동프로그램, 집이 없는 이들을 위한 공공주택 프로그램 등을 놓고 의회의 지지를 확보했다. 당시 미국 의회는 대규모의 민권운동 시위로 방향성을 잃었을 뿐만 아니라 케네디 대통령의 암살로 길을 잃은 상태였다. 린든 존슨은 우드로 윌슨 이래로 미국 정치에서 가장 솜씨 좋은 의회 정치인이라고 할 수 있는 인물로서, 이러한 상태에 처한 의회에 계속해서 새로운 법안

발의를 들이밀었다.[8]

존슨 대통령은 뉴딜 질서에서 케인스주의 원리들을 신봉하는 이였으며, 미국 경제와 사회의 여러 병폐를 바로잡는 데에 정부를 훌륭한 수단으로 사용할 수 있다고 확신했다. 또한 그는 루스벨트가 조심스럽게 피해 갔던 과제, 즉 인종 간 불평등을 공략하여 해결할 필요가 있다는 점도 이해하고 있었다. 실제로 존슨의 위대한사회 프로그램은 짐크로법을 해체하는 동시에, 소수집단을 우대하는 프로그램을 통해 남부와 북부, 공공과 민간을 가리지 않고 무수한 미국의 제도 및 기관에 속속들이 뿌리박은 인종주의를 해결하는 것을 과제로 내걸고 있다. 존슨은 1964년의 민권법(Civil Rights Act)과 1965년의 투표권법(Voting Rights Act)이라는 두 법을 통과시켰는데, 이 둘은 남북전쟁 이후의 남부 재건(링컨이 암살당한 후 대통령이 된 앤드루 존슨은 남부의 노예 소유주 출신이었기에, 남북전쟁이 끝난 뒤의 패전 지역인 남부에 대한 재건 조치에서 대단히 유화적인 내용을 담는다. 노예제는 폐지하지만, 흑인들의 법적 지위 등에 대한 구체적인 조치는 각 주정부에 일임한다는 원칙이었고, 이에 남부의 주들은 대부분 이를 환영하고 흑인들의 권리를 크게 속박하는 조치들을 취한다. 게다가 남북전쟁 패전 이전까지 남부연합의 정부에 참여했던 백인들이 그대로 주정부에 남는 일들이 있어서 이에 반발한 공화당 급진파는 민권법까지 발의하지만 대통령이 여기에 거부권을 행사한다—옮긴이) 이래로 이 분야에서 가장 강력한 조치라고 할 수 있다. 그의 행정명령 11246

번은 그의 정권은 물론 이후의 정권도 연방정부로부터 상당한 액수의 자금 지원을 받는 기관들이 공공과 민간을 포함하여 인종, 종교, 성 등의 편향을 제거해야 한다는 방대한 사회공학 프로젝트를 책임지도록 하고 있다. 이 프로그램은 이후 소수집단 우대정책(affirmative action)이라고 알려지게 된다. 인종 갈등의 해결을 위해 이렇게 야심 찬 프로그램을 내놓았으니 이는 "두 번째 남부 재건(Second Reconstruction)"이라는 이름을 얻고도 남을 만한 정도였다. 그런데 존슨은 이를 시행하면서 뉴딜 질서의 힘을 구축하는 데에 핵심 지지 세력인 남부 백인들의 지지를 잃을 가능성이 높다는 것을 충분히 알고 있었다. 거기에는 존슨을 정치로 내보내고 또 대통령으로 올라서는 데에 큰 힘이 됐던 자신의 출신 지역인 텍사스주의 민주당 지지자들도 포함되어 있었다.[9]

이러한 결과를 그가 미리 감지했음에도 불구하고 이에 대한 생각을 더 깊이 하지 못했던 이유는 그가 아이젠하워 및 케네디 정부에서 물려받은 베트남전쟁 문제 때문이었다. 여기에서도 냉전이 미국 국내 정치에 중대한 영향을 끼친 바가 드러난다. 1950년대에 이미 미국 흑인들의 처우를 개선하려는 움직임이 나타났다는 점을 감안하면, 미국의 기성 권력층이 마찬가지로 백인이 아닌 집단인 베트남 국민들의 권리 증진에도(이 경우 그 싸움 대상은 프랑스 식민 권력이다) 똑같이 도우려는 의지가 있었을 것이라고 생각할 수 있다. 실제로 프랭클린 루스벨트는 호치민이 이끄는 베트남 사람들이 프랑스 지배에서 벗어나려는 노력에 공감한 바 있었다. 하지만 트루먼은 그렇지 않았다. 트루먼 정부는 국제 문제에서 미국의 우선적 목표는 프랑스가 (그리고 나머지 유럽이) 자유세계의 일원으로서 존속하도록 하는 것이라는 결정을 내렸던 것이다. 미국의 정책입안자들은 마셜플랜만으로는 충분치 않을 수 있다는 우려를 안고 있었다. 프랑스는 자신의 제국을 결사적으로 되찾으려고 했다. 미국은 프랑스의 이러한 노력을 지지하겠다고 서약했다. 프랑스는 곧바로 호치민의 해방운동 세력과 싸움을 시작했고, 그러자 해방운동 세력은 베트민(Viet Minh)이라는 이름으로 불리면서 소련의 지지를 받게 됐다. 트루먼 정부와 아이젠하워 정부는 모두 이제 더 이상 베트남 사람들을 프랑스로부터 독립투쟁을 하는 민족으로 보지 않았고 소련에 의지하는 종속국가로서 동남아시아 핵심부까지 공산주의를 퍼뜨리는 세력으로 간주하게 된다. 그리하여 프랑스가 1954년 디엔비엔푸(Dien Bien Phu) 요새를 잃게 되자 미국이 그 싸움을 이어받는다. 사실 미국에게 베트남 자체는 별로 중요하지 않았다. 필수적인 원자재를 보유한 나라도 아니었으며, 무역에서도 미국에 도움 될 것이 거의 없는 나라였다. 하지만 냉전의 논리는 공산주의가 아닌 프랑스를 수호하면서 공산주의자들은 나타나는 족족 싸워 없애야 한다고 요구했던 것이다.[10]

린든 존슨은 국내 정치에서는 탁월한 전문가였지만 대외 문제에서도 그런 것은 아니었다. 그에게 대외정책은 항상 중요성이 떨어지는 영역이었고, 여기에서 그의 활동은 그저 국내 정책에서의 우위를 보존하는 정도를 목표로 하고 있었다. 하지만 존슨도 대단히 냉전시대의 결과로 빚어진 인물이었다. 냉전은 공산주의자들의 정복 위협에 찬성하느냐 마느냐로 모든 세력을 둘로 갈라놓는 원칙을 가지고 있었고, 존슨은 이러한 현실은 되돌릴 수 없다고 보았다. 그래서 공산주의자들에게 넘어갈 수도 있는 베트남 같은 나라들이 설령 미국의 국익을 위협하지 않는다고 해도 전 세계적 차원에서의 공산주의 억지 정책은 필요하다고 보았다. 그래서 존슨은 이른바 도미노이론이라는 것에 볼모로 잡히게 됐으며, 또 공화당 쪽에서 민주당을 좌경·용공이라고 공격하는 것에 겁을 먹게 됐다. 1930년대에 영국의 수상 네빌 체임벌린(Neville Chamberlain)은 뮌헨 사태 당시 히틀러에게 유화정책을 쓰면서 영토를 할양해 주는 바람에 나치가 유럽 대륙 전체를 지배하게 되는 결정적 계기를 마련해 주었고, 의지력이 박약하다는 오명을 쓴 바 있다. 존슨은 자신도 그런 오명을 쓰게 될까 봐 밤낮으로 노심초사했다. 그래서 1965년에 그의 핵심 보좌관들이 베트남전쟁의 전황이 악화됐으니 미국은 철군 혹은 참전의 폭을 제한해야 한다고 직접 보고했지만, 그는 이러한 조언을 받아들일 수 없었다. 오히려 존슨은 미국의 참전을 두 배로 확장하여 군대와 무기 지원을 늘렸다. 동시에 미국의 공공 여론에는 전쟁의 실태를 은폐했을 뿐만 아니라 미국이 지원하는 남베트남 체제가 얼마나 약체이며 부패했는지, 그리고 베트콩(베트민 운동의 후신)과 북베트남 동맹자들이 얼마나 강력한지도 은폐했다.[11]

이렇게 미국의 참전 규모가 급격히 늘어나면서 제2차세계대전 시절처럼 수많은 중산층 백인 청년을 군대로 끌고 가는 징집 정책이 되돌아오게 됐다. 게다가 전쟁에 대한 진실도 계속 은폐됐으니, 결국 미국 역사상 전례가 없는 규모로 반전시위가 불붙게 된다. 또한 소집단에 불과했던 신좌파(New Left)는 이를 통해 수십만의 성원과 추종자를 거느린 대중운동으로 발전하게 된다. 전쟁 그리고 그로 촉발된 시위로 인해 존슨의 대통령직은 불과 3년 만에 파탄을 맡게 되며, 1968년 봄에는 아예 재선에 도전하지 않겠다고 공표하게 된다. 이렇게 총과 버터, 즉 군수자원과 국내 복지 자원의 수요에 모두 부응해야만 했던 미국 경제는 과열 증상을 보이기 시작하고, 인플레이션이 뒤따라온다. 위대한사회 프로젝트 다수가 후퇴하거나 아예 철폐된다. 한편 존슨이 1964년과 1965년에 보장했던 인종문제 개혁 조치들은 인종 간 평화만큼이나 인종 간 갈등을 촉발시켰다. 일부 흑인들은 도시 봉기를 꾀하는 쪽으로 흘러갔으며, 이 때문에 자신의 안전에 위협을 느낀 많은 백인은 민주당을 떠나 공화당 지지자가 됐다. 공화당은 이제 자신들이 법과 질서의 수호자라고 내세우고 있었으며, 남부 지역에서는 백인우월주의를 수호하는 세력이라고 자신을 내세웠다.[12]

인종문제와 전쟁 실패만이 문제였다면 민주당은 어쩌면 회복하여 뉴딜 질서를 유지했을지도 모른다. 1968년 대통령선거에서 공화당 후보로 나섰던 리처드 닉슨은 비록 당선에는 성공하지만 민주당 후보였던 휴버트 험프리(Hubert Humphrey)를 크게 따돌리지는 못했다. 민주당은 1955년 이후로 하원과 상원 모두에서 다수당 지위를 유지했으며, 닉슨이 당선된 이후에도 이는 계속됐다. 하지만 결정적인 다른 힘들이 또 작용했는데, 이는 곧 세계경제의 상황 변화였다. 이로 인해 뉴딜 질서에서 가장 중요한 정치적 확신, 즉 경제가 공공의 이익에 맞도록 정부가 그 권력을 효과적으로 발휘할 수 있다는 관념은 잠식되고 말았다.

난관에 이른 경제

1940년대 중반에서 1960년대 중반에 이르는 기간 동안 뉴딜 질서는 미국 역사상 전례가 없는 지구적 강대국의 위상을 누리고 있었다. 제2차세계대전 직전에 미국은 이미 전 세계 GDP의 5분의 1 이상을 생산했으며, 두 번째와 세 번째 경제대국인 독일과 영국의 생산량을 모두 합쳐도 16퍼센트에 불과했다. 1940년대 말이 되면 미국은 전 세계 GDP의 4분의 1 이상을 생산하게 되며, 그 아래 2위부터 9위까지 경제국들의 생산량을 모두 합쳐도 미국의 생산량에 미치지 못했다.[13]

미국의 대기업들은 외국 기업과의 경쟁을 두려워할 필요가 거의 없었으므로 대부분 서로를 경쟁자로 삼았다. 예를 들어 제철, 철강, 자동차 부문처럼 국내 과점이 이루어진 산업에는 서너 개 주요 기업들이 비공식적인 시장 분할 협정을 맺어 진짜 경쟁이 벌어지는 것을 미연에 방지하고 있었다. 뉴딜 질서의 기초인 노동과 자본의 계급 타협이 유지되기 쉬웠던 것도 이렇게 미국의 제조업체들이 특권적 위치를 누릴 수 있었기 때문이다. 경쟁에 제한이 가해진다는 것은 곧 고용주 개인이 임금과 비용 상승을 감내할 수 있다는 것을 뜻하기 때문이다. 이러한 계급 타협이 가장 명확하게 나타난 형태가 바로 1950년의 디트로이트협약이었는데, 이는 미국 노사관계 문제에서 한 이정표가 된다. 이 협약에 의해 자동차 업체들은 자원의 상당 부분을 노동자들과 나누며 그 대가로 노동쟁의가 없는 산업 평화를 약속받을 수 있었다. 이러한 단체협상은 미국 경제에서 조직 노동이 강력한 여러 분야에 널리 모방됐지만, 이는 무엇보다도 연방정부가 노동자들의 단결권을 지지할 의사가 있어야 하고, 이 노동자 단결권을 침해하는 고용주들을 처벌할 의지가 있어야만 가능한 일이었다. 그다음으로는 미국의 산업이 세계경제에서 특출한 우위를 차지해야만 가능한 일이었다. 미국의 자동차 제조업체들은 이때만 해도 독일과 일본 자동차와의 경쟁을 걱정할 필요가 없었다.

1940년대 말에는 미국 산업에서 이해하기 힘든 결정들이 나타난다. 한 예로 개별 대기업들이 고용 직원들의 의료보험 비용을 책임 진 것을 들 수 있다. 이뿐만 아니라 직원들이 일단 노조를 조직하게 되면 퇴직연금 및 노령연금으로까지 확장되는 경우가 많았다. 기업 입장에서 보면 분명 어리석은 결정들로 보이지만, 당시의 미국 산업이 전 세계적으로 누리고 있던 우위를 감안해 보면 이해할 수 있는 일이었다. 하지만 이러한 비용들은 노동력의 평균연령이 높아지면서 풍선처럼 부풀었다. 또한 1970년대 이후, 미국과 달리 직원 의료보험 비용에 대한 부담이 없는 민첩한 외국의 자동차 제조업체들과 경쟁하게 되자 이러한 비용들은 미국의 고용주들에게 엄청난 불이익으로 작용했다. 하지만 1940년대 말과 1950년대 초까지만 해도 미국의 제조업체들은 장차 경쟁이 지배하는 국제시장이라는 위협을 맞이할 것이라고 상상하지 못했다. 이 대기업들은 전 세계적인 경제 지배력이 마치 영원히 지속될 것처럼 행동했던 것이다.[14]

하지만 미국 정부는 뉴딜 질서의 기초인 계급 화해를 지지하는 순간에도 국제적 경쟁을 복구하여 국내에서의 자본과 노동 간 타협을 유지하기 힘들게 만드는 정책들을 국제 영역에서 추구했다. 1940년대와 1950년대에 걸쳐 미국의 정부 관계자들은 1930년대 대공황을 오래 지속시켰던 시장 포화 및 고갈 상태가 되풀이되는 것을 여전히 두려워했으며, 또한 전 세계의 각국 정부들이 대공황 10년 동안 취한 보호주의 정책들을 또다시 옹호하게 될까 봐 염려했다. 따라서 미국이 중심을 잡아 윤활유가 잘 발린 국제무역 시스템을 만들어 가능한 한 많은 나라를 여기에 묶어 두는 것이 지상 과제가 됐다. 이를 위해서는 외국 나라들이 예전처럼 튼튼하게 경제회복이 될 수 있도록 후한 원조 패키지가 필요했으며, 새로 생긴 나라들의 경우는 미국과 무역을 시작할 수 있게 시장을 만들어 주는 것이 필요했다. 또한 무역 관계를 강화하기 위해서는 전 세계적으로 공산주의를 억제하는 것이 필요했는데, 만약 억제 정책이 실패할 경우 공산주의 진영에 "빼앗긴" 베트남의 경우처럼 미국이 이끄는 국제 자본주의 질서로부터 영원히 빼앗기게 되는 (그렇게 될 것으로 여겨지는) 나라들이 나타날 터였다. 앞에서 말했듯이, 이러한 상황에서 모범이 되는 미국의 외교정책은 바로 마셜플랜이었다. 안보 협정과 패키지를 이루는 후한 원조 계획을 결합—유럽의 경우 북대서양조약기구—하여 공산주의의 유혹을 느끼는 나라들을 미국의 자본주의 궤도에 묶어 둔다는 것이었다. 또한 미국은 전후에 경제 재건을 이루려는 국가와 개발도상국 들이 추가적인 자금을 얻을 수 있게 하기 위해 세계은행과 국제통화기금을 창설했다. 세계은행과 국제통화기금은 즉각 자금을 마련하여 민간 투자자들이 꺼리는 항만, 도로, 여타 인프라 항목들에 자원을 투자했다. 마지막으로, 미국은 1947년에 관세와무역에관한일반협정(General Agreement on Tariffs and Trade, GATT)을 창설하여 관세장벽을 용인할 수 있을 만한 낮은 수준으로 유지했는데, 이 또한 1930년대에 각국이 추구했던 자급자족 정책이 다시 일어나는 것을 막기 위한 노력이었다.[15]

이데올로기로 보면, 미국은 자신이 설정한 "자유세계" 지대 전체에 자유무역의 미덕들을 설파했다. 하지만 실제로는 각국이 관세를 이용하여 자국 시장을 보호하는 것(그렇게 하여 미국에서의 수입을 억제하는 것)을 허용할 때가 많았고, 심지어 유럽과 일본의 제조업체들에는 미국 시장에 접근할 수 있는 특권까지 부여했다. 미국은 국경선을 넘어오는 물품들에 관세 대부분을 면제했을 뿐만 아니라, 외국 제품들이 생산비 이하로 미국에 수입되거나 외국 정부들이 자국 수출업에 보조금을 지급하는 등의 "덤핑"까지 용인했다. 이 외국 정부들은 미국 제품이 자국 내에서 덤핑을 행하는 것을 용납하지 않았던바, 미국이 이러한 비대칭성을 용인했던 것은 경제적 이유뿐만 아니라 지정학적인 이유도 있었다. 경제적으로 보자면, 그렇게 해도 미국의 우위는 감히 넘볼 수가 없는 것으로 보였기 때문이다.[16] 지정학적으로 보면, 서유럽과 일본의 경제가 조속히 회복을 이루는 것이 공산주의의 팽창을 막고 역전시키는 데에 결정적이라고 여겼기 때문이다. 공산주의만이 빈곤과 불평등에서 인민들을 해방시킬 수 있다는 소련의 주장을 무화시키려면 이 나라들이 생산적이 되고 나아가 풍요로워질 필요가 있었던 것이다. 그리하여 미국의 물질적 이익에는 해롭다고 볼 수 있는 경제정책들이 채택된 이유는 예산국(Bureau of Budget)이 1950년에 천명한 바와 같이 "대외적인 경제정책은…… 우리의 정치적 안보의 목적에…… 종속되어야만 한다"라는 것 때문이었다.[17]

물론 어느 지점에서는 외국과의 경쟁으로 미국의 우월성이 도전을 받기 시작했다. 미국의 제조업체 대다수는 천하무적이라는 자기만족에 빠져 1950년대와 1960년대에 혁신 및 신규 공장의 투자를 늦추었고, 이는 생산성 증가율의 감소로 나타났다. 한편 유럽과 일본의 경쟁자들은 예전의 기계 장비와 공장 대부분이 전쟁으로 파괴된 바 있으므로 최신의 장비와 공장을 갖추게 된다. 1970년대 초가 되면 이 나라들은 미국의 위협적인 경쟁자들이 된다. 일본은 그 10년 전만 해도 자동차, 오토바이, 사무기기, 전자제품 등에서 아예 존재 자체가 없었지만, 이제는 미국 산업을 위협하는 힘을 갖추게 된다.[18]

또한 미국은 이 기간 동안 엄청난 몫의 자원을 군사 예산으로 돌려야만 했고, 베트남전쟁 기간 동안에는 그중 큰 부분이 외국에 지출되어 미국의 국제수지를 악화시킨다. 미국은 1970년대에 무역적자를 보이기 시작했고, 1976년에는 1945년 이래 최초로 재화 및 서비스의 수지가 적자를 나타내게 된다.[19] 한편 미국의 대기업들은 다른 나라들의 보호주의 체제를 뚫을 수 없다는 것에 답답함을 느낀 나머지 더 많은 생산설비를 외국에 세우는 방법으로 관세장벽을 우회하기 시작했다. 1970년대가 되면 점점 더 많은 기업이 스스로를 미국 기업이 아니라 다국적기업으로 바라보게 되며, 미국 시장과 마찬가지로 국제시장에서 기회를 찾고 사업 투자를 꾀한다. 이러한 기업들은 점차 미국이라는 국가와 국민에 대한 충성심이 사그라들기 시작했다.[20] 이 기업들이 번영을 누리게 되자 그 총본부가 자리 잡은 미국은 문제를 안기 시작한다. 닉슨 대통령이 임명한 전문가 위원회는 이미 1971년에 "미국의 경제적 우위가 사라졌다"라고 보고한 바 있었다.[21]

미국의 경쟁적 우위가 쇠퇴하고 있다는 것은, 1960년대와 1970년대에 일어난 국제경제 관계에서의 두 번째 큰 변화로도 분명하게 드러났다. 원자재 생산 국가들의 정치적·경제적 권력의 발흥이었다. 원유 생산국들의 경우가 전형적이다. 애초부터 뉴딜 질서의 경제적 건전성은 값싼 에너지로 지탱되는 것이었다. 또 값싼 원유의 흐름은 서유럽과 일본이 대공황 및 제2차세계대전으로부터 경제회복을 이루는 원동력이기도 했다. 1948년과 1972년 사이에 "자유세계"의 원유 생산은 1일당 900만 배럴에서 4200만 배럴 이상으로 무려 거의 다섯 배가 증가했다. 선진국들에 해당하는 자본주의국가들 가운데 원유 소비를 자국 생산으로 충당할 수 있는 곳은 아무 데도 없었다. 이 시기에 전 세계 최대 원유 생산국인 미국조차도 1일 원유 소비량인 1740만 배럴 중 스스로 생산하는 양은 65퍼센트에 불과했다. 이 국내 생산량과 소비량의 격차는 외국 원유의 수입으로 메꾸어야만 했다.[22] 유럽과 일본은 거의 전적으로 원유 수입에 의존하고 있었다. 사우디아라비아, 쿠웨이트, 이란, 이라크, 베네수엘라 등은 이러한 세계적 산업 중심지의 원유 부족량을 메꾸기 위해 자국 소비량을 훨씬 넘는 양을 생산했다. 한편 리비아, 알제리, 카타르, 나이지리아, 멕시코, 노르웨이 등은 세계 산업 중심지로 향하는 원유 수출량을 급격히 늘리고 또 시추 활동을 확장해 나갔다.

세계에서 가장 많은 석유 매장량을 보유한 나라는 사우디아라비아였고, 영국과 미국의 합작회사인 아람코(Aramco)와 같은 서방 기업은 여기에서 수십 년간 채굴, 정유, 선적 등을 행해 왔다. 이 민간기업들은 오랫동안 영국 및 미국의 본국 정부와 협의하여 원유의 채굴, 정유, 선적의 양뿐만 아니라 가격까지 결정해 왔다. 하지만 원유 생산국들의 정부는 점차 이러한 유전 통제의 엄청난 경제 권력을 손에 넣기 시작했으며, 더 나아가 완전히 장악하려고 들었다.[23] 그리하여 1960년에는 이 나라들이 모여 석유수출국기구(Organization of Petroleum Exporting Countries, OPEC)를 출범시켰으며, 이는 변화하고자 하는 이들의 열망을 나타내는 것이었다.

석유수출국기구가 실제로 권력을 잡게 된 사건은 1973년의 욤키푸르(Yom Kippur) 전쟁이었다. 이는 아랍 세계와 이스라엘 사이에 25년 동안 벌어진 네 번째 전쟁이었다. 유태교 이스라엘인 대부분은 유태인들의 가장 큰 종교적 기념일인 욤키푸르에 가족과 함께 유태교 회당이나 집에 머물렀는데, 아랍 나라들은 긴밀한 협조하에 이날 일제히 급습을 감행했던 것이다. 이스라엘은 군대를 신속히 동원하지 못했으며 불리한 조건에서 싸우다가 군사력에 큰 손실을 입게 된다. 아랍 나라들의 군대는 소련으로부터 물자를 공급받고 있었으며, 이스라엘은 전차와 전투기의 보충을 위해 미국에 원조를 호소했다. 미국은 이스라엘의 요청에 응했으며, 그러자 사우디아라비아는 미국으로 향하는 석유 선적을 끝내 버린 것이다.

미국인들은 졸지에 석유 부족 사태에 처했고, 이는 석유 시대로 들어선 이래로 미국에서 처음으로 벌어진 일이었다. 주유소마다 긴 줄이 늘어섰다. 1973년 12월이 되면 원유 가격이 거의 다섯 배로 올랐고, 금융시장은 무너져 버렸다. 다우존스산업평균지수는 1년 만에 40퍼센트 이상 하락했다.[24] 1974년 초 미국은 사우디아라비아 및 다른 주요 석유 생산국들과 협정을 맺어 선진국 산업체들에 보내는 원활한 석유 공급을 재개하도록 했다. 하지만 이제 석유의 흐름은 완전히 상이한 교역조건으로 이루어지게 된다. 석유의 생산량도, 또 소비자들과 기업들이 물어야 하는 가격도 이제 석유수출국기구가 일방적으로 결정하게 된 것이다. 석유 생산국들은 졸지에 엄청난 부와 권력을 가지게 된다. 역사가 스티븐 슈나이더(Steven Schneider)의 말에 따르면, 이 나라들은 "폭력 없이 부를 이전시키는 것으로 보자면 인류 역사상 최대 규모의 위업을 해냈던" 것이다.[25]

제2차세계대전 이후 미국 경제뿐만 아니라 미국인의 생활방식도 저렴한 석유 공급이 영원히 지속될 것이라는 믿음을 토대로 삼고 있었다. 이러한 믿음 때문에 미국은 석유를 한없이 마셔 대는 크고 무거운 자동차들의 나라가 되어 있었다. 전후에는 방대한 도로 건설 프로젝트뿐만 아니라 사방으로 팽창하는 도시의 근교 지역까지 만드는 일들을 추진했고, 이를 통해 모든 미국인이 가구당 자동차 두 대, 심지어 세 대까지 넣을 수 있는 큰 차고를 가진 집을 소유하게 만들려고 했다. 만약 그러한 주택이 일자리가 몰려 있는 도심에서 멀리 떨어진 목가적 환경에 자리 잡고 있다면 더욱 이상적이었다. 미국의 (대부분 남성들인) 가장들은 매일 도시로 출퇴근을 하면서도 교외의 푸른 들판을 한 조각 소유함으로써 토머스 제퍼슨이 그리던 미국의 꿈을 재현하고 있다고 생각할 수 있었다. 이들은 자신이 남부럽지 않은 독립적인 소지주 계층이며 미국 공화정의 기둥이라고 상상했던 것이다. 그런데 갑자기 석유 가격이 하늘로 치솟게 되자 이러한 세계가 근본부터 무너지고 말았다. 다른 원자재들을 생산하는 나라들은 석유수출국기구가 순식간에 이룬 성공을 그대로 되풀이할 수는 없었다. 미국, 유럽, 일본의 경제와 사회에 석유만큼 결정적인 원자재는 없었으니까. 하지만 1970년대와 1980년대에 걸쳐 선진국들에게 중요한 원자재들을 제공하는 나라들은 그 가격을 훨씬 더 크게 올리게 된다.

이러한 1970년대 석유 위기의 결과는 실로 냉혹한 것이었다. 1974년 미국의 실질국민총생산은 2퍼센트 축소됐고, 1975년에는 거의 3퍼센트 축소됐다. 1975년 말에는 실업률이 8퍼센트를 넘어섰다. 이와 동시에 인플레이션이 10퍼센트를 넘어가게 되자 케인스주의 경제정책 입안자들은 당황하게 된다. 리처드 닉슨이나 그의 후임자인 제럴드 포드도 뉴딜 질서의 가호를 입은 시대에 성장한 정치가들인지라 케인스주의 경제정책에 충실한 정책 수단들을 다양하게 구사해 보았다.[26] 대출을 쉽게 하기 위해 이자율을 낮추었고, 또 소비자들의 주머니에 더 많은 돈을 넣어 주기 위해 세금도 깎아 주었다. 1976년과 1977년에는 어느 정도 경제가 안정되기도 했다. 하지만 1978년과 1979년 사이에는 이란혁명이 일어나 서방에 우호적인 친구였던 샤(shah)가 쫓겨나고 중동지역에 최초의 이슬람 급진주의 체제가 권력을 잡게 되면서 제2차석유위기가 터진다. 이 새로운 이슬람 체제는 1973년에 사우디아라비아가 했던 바를 답습하여 미국으로 가는 이란의 석유 흐름을 끊어 버리게 된다. 이에 다시 석유 가격이 치솟았다. 이번에는 석유 가격이 50퍼센트 인상됐다.[27]

1973년 이후로 수요가 감소하자, 미국의 주요 산업들은 구멍이 뚫리기 시작한다. 1980년에는 미국 철강산업의 공장 가동률이 50퍼센트에 불과했고, 정리해고된 철강 노동자들의 숫자는 2만 명에 달했으며, 이들 대부분은 일자리를 되찾지 못하게 된다.[28] 미국 국내의 자동차 생산은 1978년에 930만 대에서 1980년대에는 650만 대로 뚝 떨어졌으며, 매출 또한 1930년 이후로 최악의 수준으로 떨어진다. 자동차 회사들은 40개 조립 공장과 1500개 대리점을 폐쇄했으며 자동차 노동자 70만 명을 정리해고한다.[29] 연방정부는 1979년과 1980년 사이에 구제금융 패키지 15억 달러를 마련하여 세 번째로 큰 자동차 회사인 크라이슬러를 구해 낸다. 자동차산업의 위기가 나타난 이유는 미국인들이 석유 가격이 안정될 때까지 신규 차량의 구입을 늦추었기 때문이었다. 하지만 그보다 훨씬 더 불길한 요인이 있었는데, 석유를 한없이 잡아먹는 미국 자동차 대신 연비가 좋은 일본 자동차로 소비자들의 선택이 이동했던 것이다. 1980년이 되면 일본 및 여타 외국 자동차 제조업체들이 미국 시장의 25퍼센트 이상을 점유하게 된다. 같은 해 일본은 자국보다 미국에서 더 많은 자동차를 판매한다. 1950년에는 전 세계 자동차 생산의 80퍼센트를 미국이 차지했지만 이제는 30퍼센트 이하로 떨어진다.[30] 미국이 가장 뽐내던 자동차산업이 세계시장에서 차지하는 위치는 천하무적이었지만 이제 그 시대가 끝난 것이다.

그렇지만 미국의 제조업체들은 미국 국내에서 신규 설비를 투자하는 것이 아니라 자동차산업의 뒤를 따라서 외국에 신규 공장을 세우는 쪽으로 움직인다. 유럽의 높은 관세장벽을 뚫기 위해서, 또 멕시코 및 동아시아 등 개발도상국의 저렴한 노동비용을 활용하기 위해서였다. 1970년대 중반의 경기침체 기간 동안 한국, 대만, 멕시코, 브라질로 흘러간 외국인투자(대부분 미국의 해외투자)는 이 나라들의 산업 생산량을 8퍼센트나 증가시킨다.[31] 이러한 패턴은 향후 15년 동안 계속해서 더욱 강하게 나타나게 된다.

그러는 가운데 미국 전역에 경제적 고통이 확산된다. 미국 제조업체들은 수백, 심지어 수천 개 공장들을 폐쇄한다. 그 결과 보수가 좋은 공장의 일자리들이 사라지면서 미국 제조업의 경제적 심장부가 뜯겨 나가게 되며, 특히 산업 활동이 다량으로 집중되어 있던 동북부 지역이 타격을 받는다. 이는 동부의 보스턴과 필라델피아에서 시작하여 클리블랜드와 피츠버그를 지나 미시간주 남쪽의 자동차 생산 지역과 시카고, 게리(Gary, 인디애나주), 세인트루이스, 중서부의 신시내티 등의 산업 중심지로 이어진다. 이 지역의 지방정부들도 일자리가 사라지자 납세자가 줄면서 세수도 줄어들었으며, 공무원들의 봉급 그리고 기간시설, 복지비용을 충당하기 위해 기를 써야 하는 상황이 일어난다. 뉴욕시만 해도 지출을 감당하지 못한 데다가 신용 시장에서 자금을 조달하는 데도 실패하여 1975년에는 파산할 정도로 위험한 수준까지 몰린다. 당시 연방정부는 공화당의 제럴드 포드 대통령이 이끌고 있었는데, 그는 처음에 뉴욕시를 구제하기 위한 자금 지원을 거부했다. 당시 뉴욕의 한 타블로이드 신문의 1면을 장식했던 끔찍한 헤드라인은 이랬다. "포드가 뉴욕시에 전하는 말, 그냥 뒈져라(Ford to City: Drop Dead)."[32]

뉴욕시에서 450마일 떨어진 뉴욕주 서부 구석의 버펄로(Buffalo)는 그때까지 강력한 철강산업의 중심지였지만, 놀랄 만한 속도로 일자리와 인구가 빠져나가면서 빈혈 상태에 처한다. 그로부터 20년이 지나면 공장들은 대부분 사라지고 인구는 절반으로 줄어들게 된다. 버펄로를 필두로 곳곳에서 벌어지는 이러한 상황 전개를 일컫는 말로서 학자들은 "탈공업화(deindustrialization)"라는 새로운 말을 만들어 낸다. 이 지역의 수많은 주민은 경제가 좀 더 탄탄해 보이는 남부나 서부로 아예 삶의 터전을 옮기는 것을 생각하기 시작한다. 하지만 이러한 도시지역의 최하층 시민들은 대개 주거를 옮겨 다닐 역량이 부족했다. 지방정부들도 토지 가격과 세수가 급감하면서 급박한 사회복지에 쓸 자원이 갈수록 줄어들었다. 도시의 자원이 쪼그라들면서 경찰 인원도 줄어들었고, 도심지역에서는 범죄행위가 늘어나면서 곳곳이 위험 지역으로 변해 갔다. 1970년대와 1980년대 기간 동안 미국의 중심 도시들 전체에 걸쳐 치안이 눈에 띄게 악화된다.[33]

미국의 산업 핵심부 역할을 한 도시들에서는 이러한 위기로 인해 노동계급 및 중산층 백인들(이들 다수는 유럽에 뿌리를 둔 이들이었다)과 흑인 노동계급이 서로 적대적인 충돌을 벌이는 일이 빈번했다. 그나마 아메리칸드림을 조금이라도 맛보겠다고 아귀다툼을 벌여 온 백인 민족 집단들은 미래가 위태로워졌다고 느꼈다. 하지만 흑인들은 아메리칸드림이라는 것이 완전히 다른 나라 이야기인 경우가 대부분이었고, 탈공업화의 가장 심각한 결과와 충격이 자기들 머리 위로 떨어질 것임을 너무나 잘 알고 있었다. 백인 집단들과 흑인들 사이의 갈등은 주택, 일자리, 학생들의 통학 버스 문제 등에서 격렬한 싸움으로 폭발했다. 수면 아래에는 항상 폭력이 잠재해 있었고 이따금씩 수면 위로 치솟아 올랐다. 한때 부와 번영을 뽐내던 미국의 동북부와 중서부에 도시 위기라는 길고 긴 밤이 덮쳐 온 것이다.[34]

흑인들과 백인 집단들이 도시 정치에서, 때로는 아예 도로 위에서 전투를 치르게 된 가운데, 경제학자들은 이러한 경제위기의 원인이 무엇인지를 파악하고자 몸부림쳤다. 경기순환 주기에 맞서서 이를 고르게 한다는 케인스식 정책들은 효과가 없었다. 인플레이션과 실업률이 동시에 치솟고 있었다. 전문가와 경제학자 들은 고통지수(Misery Index)라는 것을 이야기하기 시작했는데, 이는 물가상승률과 실업률을 더한 수치였다. 1970년대 말에는 이 수치가 15퍼센트를 넘었지만, 1980년이 되면 물가상승률이 13퍼센트(그 뒤에는 더 올라간다)가 되고 실업률이 7퍼센트가 되면서 이 수치가 20퍼센트를 뚫고 오른다.[35] 이 지표는 경제에서 실질적인 의미는 없으며 그저 경제 전체의 5분의 1 이상이 기능부전에 빠져 있다고 주장하고자 하는 취지로 회자되는 통계일 뿐이다. 하지만 사람들은 이로 인해 1930년대의 어려운 시절이 되돌아왔다고 생각하게 됐다. 이렇게 경제적 조건이 변화하고 동시에 가뜩이나 인종문제와 베트남전쟁으로 분열된 상태가 악화되면서 뉴딜 질서는 해체에 이르게 된다.

이행기의 정권

이러한 위기에 대처해 보려고 애를 쓴 이는 지미 카터였다. 그는 좋은 의도로 노력했지만 경험이 부족해 결국에는 실패한 대통령이 된다. 미국인들은 오랫동안 대통령선거 후보 가운데 신인 정치인과 사랑에 빠지는 경향이 있었다. 그런 정치인은 부패로 얼룩진 정치 세계와 그 유혹에 아직 오염되지 않았으니, 이런 사람을 백악관으로 보내어 도탄에 빠진 공화국을 구출해 낼 수 있으리라는 생각이었다. 특히 1970년대에 미국인들은 워터게이트사건이라는 낭패를 겪었는지라 그러한 후보에 대한 갈망이 더욱 컸다. 닉슨은 자신의 재선을 위한 위원회를 꾸렸는데 그들 중 일부가 민주당 사무실에 침입했던 것을 은폐하는 일에 한몫을 했고, 이 때문에 1974년에 대통령직을 사임할 수밖에 없었던 것이다. 닉슨의 권력남용을 두고 민주당 지지자와 공화당 지지자를 막론하고 미국인 대다수가 비슷한 충격을 받았다. 1960년대에 생겨난 무수한 시위와 골 깊은 사회분열에다가 이러한 권력남용까지 겹치면서, 수많은 이가 미국 정치 시스템의 진실성과 대통령직의 존엄을 회복해 줄 정직하고 윤리적인 사람에게 갈증을 느끼게 된 것이다. 미국인들은 지미 카터라는 인물에서 그러한 희망을 보았다. 카터는 미국 해군사관학교 출신의 엔지니어로서 조지아주 플레인스(Plains)에서 작은 사업체를 성공시킨 인물이며, 선하고 도덕적인 삶을 위해 노력하는 종교적 신앙심이 깊은 사람이었다. 그는 조지아주의 주지사로서 임기 한 번을 지냈을 뿐이니 당시까지도 여전히 정치 신인이었다. 하지만 그가 미국 정치의 탁한 물에 발을 담그지 않고 거리를 유지했던 바로 그 점이 그의 매력 포인트가 됐다.[36]

카터는 대통령이 되어 몇 가지 성공을 거두었다. 그는 여러 우여곡절 속에서도 분명한 진실성과 윤리적 가치를 강력히 내세워 이제 막 맡게 된 대통령이라는 자리가 갖는 존엄성을 회복했다. 또 그는 1978년 캠프 데이비드(Camp David, 메릴랜드주에 위치한 미국 대통령의 전용 별장—옮긴이)에 이스라엘과 이집트 양쪽 정상을 불러 아주 특별한 12일간의 평화적 대화를 이끌어 내기도 했는데, 여기에서 그의 엔지니어라는 배경이 문제 해결에도 능하다는 것을 똑똑히 보여 주었다. 또한 철의장막 너머에 살고 있는 모든 민족에게도 양도 불가한 인권이 있음을 확인하는 1975년의 헬싱키선언(Helsinki Accords)을 법령화할 것을 강하게 주장하여, 공산주의 지배의 악몽이 언젠가 종식될 것이라고 믿는 그의 비전이 돋보이기도 했다.[37] 하지만 경제 문제에서는 전혀 갈피를 잡지 못했다. 사실 공정하게 말하자면, 1977년이라는 시점에서 다른 이가 대통령이 되었더라도 과연 상황이 달랐을지는 분명치 않다.

하지만 카터가 케인스주의적 정통주의와 뉴딜 질서의 지배 원칙을 넘어서는 경제정책 아이디어와 전략을 모색하고 더욱 가속화시킨 것만은 분명하다. 그는 프랭클린 루스벨트에게 각별한 애정을 갖고 있지 않았다. 또한 뉴딜을 완성시키겠다는 린든 존슨의 열정을 공유하는 이도 아니었다. 그는 자신이 주재하는 연방정부가 너무 크고 너무 불투명하며 또 미국 국민들에 대한 책임성도 너무 떨어지는 제도가 되어 버렸다고 생각했다. 대공황 기간에 정부 규제가 필수적이었다는 것은 카터도 인정했지만, 이제는 규제가 미국에 넘쳐 나고 있어서 미국의 경제와 소비자 모두에게 해악이 되고 있다는 것이었다. 카터는 1976년의 대통령선거 운동 기간 동안 정부가 비대하고 비민주적이 되었다는 말을 반복했다. 그리하여 자신이 당선된다면 1900개에 달하는 정부 기구를 200개로 줄여 버리겠다고 공언하기도 했다.[38] 물론 이러한 규모로 정부를 축소하는 것은 상상 속에서나 있을 법한 이야기였다. 그럼에도 불구하고 카터가 경제를 "탈규제화"하기 위해 취한 조치들은 그가 대통령직을 수행하던 기간 동안 국내에서 이룬 가장 중요한 성취였다고 볼 수 있다.

카터는 레이건처럼 여가 시간에 프리드리히 하이에크를 읽는 사람은 아니었다. 또 경제학자 앨런 그린스펀(Alan Greenspan)처럼 (그는 제럴드 포드 대통령의 경제자문위원회 위원장으로서 공직 생활을 시작했다) 에인 랜드(Ayn Rand)의 소설에 푹 빠져서 어린 시절을 보낸 이도 아니었다. 카터는 정부와 경제의 관계를 완전히 재정립할 필요가 있다고 생각했지만, 그에게 그런 생각을 불어넣는 인물은 따로 있었다. 그런 영감을 선사한 인물은 바로 좌파 성향을 가진 랠프 네이더였다. 그는 1960년대에 자동차 제조업체들이 자기들이 만들어 파는 자동자의 안전성에 무관심하다는 것을 공격하고 나서면서 전국적인 명성을 얻게 된 이였다. 카터는 이미 조지아주에서 네이더식의 소비자보호정책을 실행하려 했지만 성공을 거두지는 못했다. 그래도 두 사람은 관계를 유지했고, 카터가 대통령에 당선되었을 때에는 가까운 사이가 됐다. 네이더는 카터의 대통령 임기 동안 몇 번에 걸쳐 정책 조언을 행했다. 카터의 연설문 작성자로 채용된 제임스 팰러스(James Fallows)를 필두로 하여 랠프의 침입자들(Ralph's Raider)이라는 이름으로 불리는 네이더의 제자들이 한때 카터 행정부에 다수 입각하기도 했다. 카터가 대통령직에서 물러나던 시점에, 카터 행정부에서 일하던 소비자운동 활동가들의 숫자는 60명 이상이었고, 그중 다수는 네이더 본인 혹은 그가 관계하는 조직들과 관련된 이들이었다.[39]

네이더는 공식적으로 신좌파에 속하진 않았지만 그 정신만큼은 공유하고 있었다. 그는 뿌리 깊은 반(反)대기업 정서를 가진 인물이었다. 또한 그는 대다수 신좌파주의자들과 마찬가지로 정부가 민주주의를 회복할 수 있는 도구가 아니라 대기업의 지배와 고삐 풀린 관료 기구의 전횡 도구라고 보았다. 네이더가 볼 때, 대기업들이나 정부의 규제 기관들은 사람들에게 제대로 복무하지 않는 이 "시스템"의 일부일 뿐이었다. 이 "시스템"의 결함들은 폭로와 개혁의 대상들이었다. 그는 그러한 폭로와 개혁을 거치지 않으면 "사람들"이 주권자의 자리로 온전히 돌아갈 수 없다고 했다. 네이더가 가진 대중민주주의 비전에서 중심을 차지하는 개념은 바로 소비자였으니, 그가 권력을 강화해 주고자 한 대상은 노동자들이 아닌 소비자들이었다.

물론 네이더나 카터가 밀턴 프리드먼이나 앨런 그린스펀과 같은 신자유주의자들과 동일한 방식으로 민간 부문을 숭배했던 것은 아니었다. 하지만 소비자들에게 힘을 실어 주겠다는 이들의 결심은 곧 시장의 개선에 우선순위를 두기 시작했다는 것을 뜻했다. 한편으로는 대기업의 과점을 공격하지만 또 다른 한편으로는 생산성을 저해하는 과도한 정부 규제를 공격한다는 것을 뜻했다. 이들이 공유한 목표는 시장에서 소비자가 주권자의 자리를 차지하도록 하는 것이었다. 네이더의 사상과 그의 정책들을 보면 신자유주의의 좌파 쪽 기원을 감지할 수 있다.[40] 이 점에 대해서는 3장에서 더 살펴보게 될 것이다.

카터의 이러한 맹아적 신자유주의에 담긴 반정부적 차원들은 그가 대통령으로서 구사했던 정치적 수사를 지배하다시피 했다. "정부의 역할과 기능에는 분명한 한계가 존재합니다." 그는 1978년의 연두교서[State of the Union, 미국헌법에는 대통령이 이따금씩(from time to time) 미연방의 상태(state of the Union)에 대해 의회에 보고해야 한다고 되어 있다. 제3대 대통령인 제퍼슨은 이를 군주제의 잔재라고 보아 서면으로 대체했지만 우드로 윌슨 대통령 때에 다시 부활하여 매년 1월에 대통령 신년 연설의 형태로 이어지고 있다—옮긴이] 연설에서 이렇게 말한다. "정부는 우리의 여러 문제를 해결할 수 없고, 우리의 목표들을 정해 줄 수도 없으며, 우리의 비전을 규정할 수도 없습니다. 정부는 빈곤을 제거할 수도, 풍요한 경제를 가져다줄 수도, 인플레이션을 잡을 수도, 우리의 도시들을 구제해 줄 수도,

문맹 문제를 해결해 줄 수도, 에너지를 공급해 줄 수도 없습니다. 또한 정부는 선함이 무엇인지를 강제로 규정할 수도 없습니다."[41] 이러한 선언은 뉴딜 질서의 심장부를 차지한 정부의 역할을 강조하는 신조를 단호히 거부하는 것으로서 상당히 눈에 띄는 언명이었다. 카터는 당시 태동하고 있던 신자유주의적 정서에 목소리를 부여했던 셈이다. 구체적으로 보자면, 이러한 움직임은 카터가 의회에 압박했던 항공업, 트럭 운수업, 철도업 관련 탈규제 입법들의 형태로 나타났다. 이 법률들은 이 부문에 새로운 공급자들이 진입하는 것을 가로막았던 규정들을 제거했으며, 이를 통해 경쟁을 강화하고 혁신을 자극하고자 했다. 이러한 변화는 항공산업에서 가장 극명하게 드러났다. 의회는 항공업에서 새로운 항공업체에 허가를 내주는 문제, 비용 절감 문제, 항공 서비스 확장 문제 등을 맡아보는 책임 규제 기관을 덩치만 크고 기민하지 못한 민간항공위원회(Civil Aeronautics Board)에서 그보다 훨씬 개방적인 자세를 취하는 연방항공청(Federal Aviation Administration)으로 이관했던 것이다.

이 새로운 체제에서 처음으로 나타난 신규 항공사 가운데 하나가 피플스익스프레스(People's Express)였다. 이 회사는 당시에 거의 사용되지 않던 뉴저지주 뉴어크(Newark)공항을 기반으로 삼아 동북부 도시들로 가는 19달러짜리 항공권과 영국 런던까지 가는 149달러짜리 항공권으로 금세 유명해졌다. 동북부 지역의 정반대에 위치한 미국의 남서부 지역에서도 사우스웨스트항공(Southwest Airlines)이 생겨났다. 물론 이 신규 항공사들 가운데 다수는 살아남지 못했고, 또 어떤 곳은 더 큰 항공사에 흡수되어 버렸다. 한편 팬암(Pan Am)과 이스턴항공(Eastern Air Lines)과 같이 확고한 자리를 잡은 여러 항공사가 새로운 경쟁에 밀려서 문을 닫기도 했다. 하지만 1970년대에 나타난 이러한 탈규제의 노력 덕분에, 그 이후 사반세기에 걸쳐 운항하는 항공기의 숫자도 훨씬 늘어났고 더 낮은 비용으로 더 많은 티켓이 공급됐다. 이제는 그 어느 때보다도 많은 미국인이 항공을 이용할 수 있게 된 것이다. 트럭 운수업에서도 마찬가지로 중요한 변화가 일어나서 산업의 구조를 바꾸게 된다. 또한 카터 정부는 전화 서비스의 독점 업체인 AT&T를 해체하고자 제럴드 포드 정부에서 시작했던 프로젝트도 지지했다. 1982년에는 AT&T와 법무부가 합의한 법령에 따라 이 거대 기업이 작은 단위들로 쪼개졌고, 이에 새로운 공급자들이 산업에 진입하는 것도 허용됐다. 정부의 재가를 받은 AT&T의 독점이 종식된 이 사건은 이후 20년간 미국의 원거리통신 시스템에 혁명을 가져온 일련의 개혁들에서 그 첫 단추가 되는 일이었다.[42]

카터의 후임자인 레이건은 대통령으로서 탈규제를 자신의 중심 메시지로 삼는다. 하지만 그 직전의 카터는 여기에서 전혀 성공하지 못했다. 그는 미국이 정치경제에서 역사적 변화의 변곡점에 있다는 메시지를 똑똑히 천명하지 못했던 반면, 레이건은 이를 강력하고도 분명히 전달했을 뿐만 아니라 이를 통해 미국의 위대함을 회복하겠다고 주장했던 것이다. 카터는 오히려 그 반대의 행보를 보였다. 한편으로는 탈규제를 밀고 나가면서, 또 한편으로는 뉴딜 정신을 되살려 규제를 확장하는 것으로 1970년대의 위기에 대처하고자 했던 구식 민주당 세력도 달래고자 했다. 이들은 케인스주의자들이었고, 뉴딜을 다시 힘차게 가동하는 것이 가능하다고 믿고 있었다. 이들은 노동운동을 되살리고 뉴딜이 아주 오랫동안 기초로 삼아 온 자본과 노동의 타협에 다시 활력을 불어넣는 노동 관련 법의 개혁을 위해 열심히 싸우고 있었다. 이들은 1978년의 완전고용과 균형성장을 위한 험프리·호킨스법(Humphrey-Hawkins Full Employment and Balanced Growth Act)의 통과를 계기로 정부가 재정 및 통화의 정책 자원을 사용하여 민간 부문에서의 일자리창출을 장려하고 공공부문 일자리 프로그램을 시작할 수 있을 것이라고 희망했다. 1979년과 1980년에는 민주당의 뉴딜 지지 세력이 노동계 지도자, 대기업 총수, 공공 대표자 들을 불러 모아 1930년대와 1940년대에 활발했던 삼자 간 위원회를 만들었으며, 또한 여기에 카터를 불러 심도 있는 토론을 하도록 만들기도 했다. 이 위원회는 정부가 단순히 재정 및 통화 권력을 활용하는 것을 넘어 병을 앓는 특정 산업의 문제들에 직접적인 개입을 검토하도록 압력을 넣을 것이라고 생각했다. 아마도 이들은 뉴딜 질서의 전성시대로까지 거슬러 올라가는 모종의 산업정책의 기초를 닦으려 했을 것이다.[43]

카터는 탈규제론자들과 또 한편으로 케인스주의자들 및 산업정책 지지자들 사이를 계속 오갔다. 어느 달에는 노동운동과 산업정책 지지자들에게 더 가까이 갔다. 그러다가 다음 달에는 폴 볼커(Paul Volcker), 즉 초강성 통화주의자가 된 금융경제학자인 그를 연방준비제도 의장으로 임명했다.[44] 그는 인플레이션을 잡기를 원했던 지지자들과 일자리를 창출하기를 원했던 지지자들 사이에 공통 지점을 만들어 내고자 했다. 하지만 그것을 찾아내지는 못했다. 이 노력이 수포로 돌아가면서 카터는 결단력 없고 확실한 길을 뚫어 낼 능력도 없으며 통제력 없이 심히 흔들리는 인물로 비치게 됐다. 마침내 1980년 선거에서 미국 국민들은 그를 거부한다. 하지만 지금 돌이켜 보면, 카터 대통령은 새로운 아이디어들, 새로운 정치적 동원의 계기들, 새로운 정책입안자들의 네트워크 등을 구체화하는 정치적 환경을 만들어 냄으로써 미국이 뉴딜 질서를 넘어설 수 있도록 그 준비를 갖추게 한 인물이었다고 볼 수 있다.[45]

소련은 1930년대에 미국이 경제적 곤란에 처했을 때에는 이를 십분 이용할 수 있었지만, 1970년대에는 그럴 수가 없었다. 1950년대에 흐루쇼프는 "자유세계"의 지도자 한 사람과 두 체제의 경제적 강점을 비교하는 논쟁을 벌이고자 했다. 당시 소련 경제는 서유럽과 일본 등 선진국의 경제성장 속도와 맞먹었고, 때로는 그보다 더 빠른 속도로 팽창하고 있었다. 이러한 급속한 성장은 1960년대의 어느 시점에 멈추고 말았으며, 1970년대에는 소련 체제뿐만 아니라 여타 공산주의 나라들의 명령 경제체제가 서유럽과 일본의 경제에 비해 뒤처지게 된다. 1970년대에 들어서면 서방세계의 경제가 중병을 앓던 반면 석유와 천연가스가 풍부한 소련은 석유 가격의 상승으로 횡재를 거두고 있었지만, 소련의 지도자 중 그 누구도 1950년대의 흐루쇼프식으로 서방 지도자와 논쟁을 하고 싶어 하지 않았다. 서독과 일본은 경제 기적을 이루고 있었으며, 그 후에는 대만, 한국, 싱가포르 등이 그 뒤를 따르게 되지만, 공산주의국가는 어디에서도 그런 정도의 경제성장을 누리는 곳이 없었다. 유고슬라비아와 중국 등 일부 공산주의국가들은 소련의 위성국가 궤도에서 이탈하여 일정한 희망을 가진 경제 실험에 몰두하고 있었다. 하지만 1970년대는 이러한 실험들이 어떤 귀결로 이어질지를 알기에는 너무 이른 시기였다.[46]

공산주의 세계를 덮친 스태그네이션은 오히려 뉴딜 질서라는 "명령 경제"에서 미국을 해방시키고자 했던 이들의 확신을 공고히 해 주었다. 미국의 경제적 쇠퇴나 공산주의 세계에서 일어나는 쇠퇴는 동일한 이유에서 나타난 현상이라는 것이 이들의 믿음이었으며, 그 이유는 바로 정부가 자유기업의 목을 조르는 것에 있다는 것이었다. 이들은 뉴딜 질서가 자유시장, 기술적·경영적 혁신, 경제성장을 질식시켜 버렸다고 보았다.[47] 신자유주의 운동이 이제 시작된다.

2부

신자유주의 질서
1970~2020

3장 — 시작점들

신자유주의를 다룬 역사서 대부분은 그 기원을 양차세계대전 사이 기간의 유럽, 특히 빈에서 찾는다. 빈은 한때 위대했던 오스트리아·헝가리제국의 수도로서 세계시민주의의 분위기를 듬뿍 담은 곳이었지만, 그 제국은 제1차세계대전의 패배로 무릎을 꿇은 데다가 이어진 좌우파 양쪽의 혁명운동으로 도시 전체가 찢긴 상태였다. 신자유주의를 정초한 핵심 인물들 중에서도 특히 주목할 만한 경제학자들인 프리드리히 하이에크와 루트비히 폰 미제스를 우울하게 만들었던 것은 좌파의 혁명운동 그리고 "붉은 빈"—오스트리아에서 나타난 좌파 자치 정부—이 이 나라의 경제적·정치적 삶을 강제하려 했던 집산주의였다[오스트리아의 사회민주당은 마르크스주의에 입각했지만 급진적인 소비에트 혁명정부의 수립보다는 오토 바

우어(Otto Bauer) 등의 이론가들에 의해 만들어진 독특한 오스트리아 마르크스주의(Austro-Marxismus)에 기초하여 '느린 혁명'이라고 불리우는 점진적이지만 근본적인 사회변혁을 꾀하는 노선을 취하고 있었다. 이들은 제1차세계대전으로 오스트리아·헝가리제국이 해체된 상황에서 빈 시정부를 장악하여 이후 1934년의 우익 쿠데타로 무너질 때까지 급진적인 사회개혁으로 빈을 근대적인 도시로 바꾸려는 실험을 행한다—옮긴이]. 고전적 자유주의 혹은 이들이 자유방임주의라고 부르는 자유주의는 제1차세계대전 이후 유럽인들의 삶을 재조직하고자 여러 시도를 벌였지만 모두 실패하였으므로, 이들은 더 나은 미래를 지향하는 새롭고 더 강화된 자유주의를 설계하고자 했다. 이러한 새로운 자유주의를 이들은 신자유주의라고 부르기 시작했는데, 보통 이 운동의 창립 순간으로 여겨지는 두 집회에서 이 명칭이 일반적으로 받아들여지게 된다. 첫 번째는 1938년 파리에서 열린 리프먼집담회(Colloque Lippmann)였으며, 두 번째는 1947년 스위스에서 열린 몽펠르랭협회의 첫 번째 모임이었다. 신자유주의의 역사 이야기는 보통 1940년대 이후에 미국으로 장소를 옮겨 가는 것이 관례다. 이 운동이 대서양을 넘어 미국의 몇몇 대학들, 특히 가장 중요한 곳으로 시카고대학교 경제학과에 뿌리를 내리고 여기에서부터 공공정책과 정치 쪽으로 가지를 뻗어 나갔다는 식으로 이야기가 전개된다.

하이에크, 폰 미제스 등 신자유주의 개척자들은 자신들이 독특하고 새로우면서도 일관성 있는 자유주의 이데올로기와 세계관을 펼쳐 낼 수 있는 규율 잡힌 "생각 집단(thought collective)"의 창설자로 보이고 싶어 했다.[1] 신자유주의 역사를 다룬 저작 대다수는 이렇게 새롭고 강력하며 일관성 있는 신조를 가진 집단으로서 신자유주의가 생겨났다는 신화로 이야기의 틀을 만들었다. 하지만 그 실제의 기원은 훨씬 더 복잡하고 갈피를 잡기가 힘들다. 신자유주의는 그 시작부터 한 가지 불편한 사실을 감수해야만 했으니, 역사적 단계로 보면 이것이 "새로운 자유주의"의 첫 번째가 아닌 두 번째라는 것이었다. 첫 번째 새로운 자유주의는 프랭클린 루스벨트 대통령의 뉴딜 자유주의로서, 이는 우파의 자유방임과 좌파의 집산주의 사이를 지나는 새로운 제3의 길을 제공한다고 (이것이야말로 신자유주의자가 자신의 것이라고 주장하고자 했던 바였다) 주장했다. 신자유주의는 오히려 이 최초의 새로운 자유주의에 맞서는 것으로서 자신을 규정하게 되며, 자신이 내거는 제3의 길이 진리이며 뉴딜은 잘못된 것이라고 주장하게 된다. 하지만 신자유주의자를 자칭하던 이들이 주변에 마구 움트고 있던 여러 다른 자유주의로부터 자기들의 이데올로기를 깔끔하게 끊어 내는 일은 실제에서는 그렇게 쉬운 것이 결코 아니었다.

이렇게 자신만의 자유주의라는 것을 깔끔하게 매듭짓는 작업은 특히 미국에서는 더 어려운 프로젝트였다. 미셸 푸코(Michel Foucault)가 말한 바 있듯이, 미국은 항상 도처에 자유주의가 지배하는 곳이었기에 자유주의라는 것이 어느 한 정당이나 학파에 국한된 것이 아니었기 때문이다. 푸코는 1978년과

1979년에 소르본대학교에서 행한 강의에서 미국의 자유주의란 "여러 많은 측면을 가진 애매모호한 것"으로서, 우파뿐만 아니라 좌파에도 뿌리와 영향력을 두고 있다고 말한 바 있다.[2] 이번 장에서는 푸코의 혜안을 영감으로 삼고자 한다.[3] 이 장에서는 미국의 신자유주의가 정통 학설로서만큼이나 이단 학설로서의 이력이 두드러지게 나타나며, 하이테크 히피들과 로널드 레이건만큼 이질적인 개인들, 그리고 구속 없는 개인의 자유라는 미래를 열어 낼 열쇠를 자기들이 쥐고 있다고 믿고 "시스템" 전체를 무너뜨리고자 했던 장발의 대학생들과 배리 골드워터(Barry Goldwater)만큼이나 서로 다른 개인들이 모두 주인공으로 등장했다고 주장하고자 한다.

이렇게 신자유주의는 단일한 메시지를 갖춘 것이 아니었지만, 그 때문에 20세기 중반에 신자유주의가 생겨나던 양상이 초라하거나 미약했던 것은 아니다. 오히려 신자유주의가 가진 변화무쌍한 성격으로 인해 그 호소력이 더 배가됐으며, 신봉자들이 새로운 쪽이나 오래된 쪽으로, 또 좌파나 우파 쪽으로 자유롭게 움직이는 것이 가능했다는 것이 이 장의 주장이다. 그 덕분에 18세기 말과 19세기 초 고전적 자유주의가 누리던 인기의 핵심인 해방적 정신을 되살리는 동시에 여러 경제적·사회적 문제를 해결하는 새로운 접근법을 제시할 수 있었다는 것이다.

이러한 분석에서 나에게 길잡이가 되었던 것은, 신자유주의가 영구적으로 불완전하고 논쟁에 휩싸이는 성격을 갖는다는 역사지리학자 제이미 펙(Jamie Peck)의 주장이다. "'신자유주의를 찾아낸다는 것'은 그 모든 측면의 원천이 되는 모종의 본질적 핵심을 찾아내는 작업이 아니다. 이는 꼬리에 꼬리를 물고 이어지는 흐름들, 그 흐름에 대한 반동의 흐름들, 그리고…… 시간과 장소에 따라 달라지는 사유 형성, 이데올로기, 제도 등의 계기들…… 사이를 관통하는 저변의 흐름들을 찾아내는 작업이다."[4] 펙이 신자유주의에 대해 말했던 것은 신자유주의의 모태가 되는 더 옛날 이데올로기인 자유주의에 적용되는 것일 수 있다. 자유주의 자체는 250년의 장구한 역사에 걸쳐 형태와 의미가 다양하게 나타났던, 일련의 사유 형성과 제도의 계기들이라고 이해하는 것이 가장 적합하다.[5]

신자유주의는 장구한 자유주의의 역사에 나타나는 한 부분이다. 신자유주의를 제대로 이해하기 위해서는 자유주의 자체가 그려 온 긴 궤적을 어느 정도 이해해야만 한다. 즉 18세기와 19세기에 나타났던 고전적 자유주의에서 20세기의 뉴딜 자유주의로 넘어갔던 운동, 그다음에는 뉴딜 자유주의에서 신자유주의로 넘어가는 운동을 이해해야 한다. 이는 곧 신자유주의 출현에 대한 우리의 이야기가 그 시작점을 양차세계대전 사이 시기의 유럽이 아니라 그보다 150년 이전의 영국 식민지인 북미 지역으로 삼아야 한다는 것을 뜻한다. 여기에서 일어난 반식민 독립전쟁을 거치면서 비교적 주변적인 정치이데올로기에 불과했던 자유주의가 세계사적인 중요성을 가진 힘으로 전환됐기 때문이다.

고전적 자유주의

"만인은 평등하게 창조됐으며, 창조주께서는 모두에게 생명, 자유, 행복 추구라는 양도 불가능한 권리들을 부여하셨다." 1776년 7월 4일 필라델피아에 모인 미국 혁명가들이 대영제국으로부터 북미 13개 식민지의 독립을 선언하는 문서에 서명하면서 내놓은 주장이다. 이 혁명가들은 계속해서 조지 3세(George III)에 대한 불만을 자세히 이야기한다. 왕은 자신들의 권리를 짓밟았고, 자유를 훔쳐 갔으며, 대영제국 전체를 폭정의 길로 몰아가고 있다고 말한다. 이러한 억압은 더 이상 참을 수 없는 정도에 이르렀으며, 이것으로 미국의 식민지 사람들이 스스로를 따로 분리하고자 하는 단호한 행동은 정당화된다는 것이었다. 자유는 혁명적 담론에서 중요한 단어였으며, 반복적으로, 절박하게, 그리고 다양한 맥락에서 소환되는 어휘였다. 그런데 그 말의 의미는 무엇이었던가?[6]

정치적으로 보면, 자유란 정부의 권력에 제한을 가하고 이로써 개인의 자유를 극대화하겠다는 결단을 뜻하는 말이다. 1776년 이후 20년 동안 이 말은 미국 정치사상의 주춧돌이 됐으며, 1789년에 시행한 아메리카합중국헌법에 기초하여 세워진 정부 시스템에서도 본질적인 부분으로 녹아들어 가게 된다. 이 시스템에서는 중앙정부의 권력이 사법부, 행정부, 입법부의 세 갈래로 나뉘게 되며, 이를 통해 세 부분 중 어느 하나도 조지 3세의 폭정을 되풀이할 정도의 권력을 축적하는 것을 미연에 방지하게 되어 있었다. 1791년에는 최초로 미국헌법에 열 가지 수정 조항들이 채택되며, 이를 통해 미국헌법의 자유주의적 성격이 더욱 강화된다. 이 수정 조항들은 언론·집회·종교의 자유에 대한 권리, 보복의 두려움 없이 정부에 항의할 권리, 범죄 혐의를 받게 되었을 때 신속하고도 공정한 재판을 받을 권리 등 한 묶음의 권리를 상세히 정했고, 극단적인 상황이 아니라면 결코 이 권리들이 폐지될 수 없음을 분명히 하고 있다. 이 열 가지 수정 조항에 나열된 권리들은 이후 권리장전(Bill of Rights)으로 알려지게 되며, 미국 역사상 가장 위대한 자유주의 문서라고 볼 수 있다. 이 문서는 인간의 자유에서 핵심을 이루는 영역이 무엇인지를 밝히고 있고, 그것이 침해될 수 없음을 분명히 내세우고 있으며, 자의적인 정부 권력의 행사로부터 이를 보호하고 있다. 이렇게 인간의 자유와 그것을 보호하는 것에 방점을 두는 것이야말로 고전적 자유주의의 기초이며, 미국이라는 공화국에도 기초가 됐다.[7]

권리장전은 고전적 자유주의의 정치적 차원을 이야기하는 문서였다. 자유주의의 경제적 차원은 스코틀랜드의 정치경제학자이자 철학자로서 미국이 영국으로부터 독립을 선언했던 바로 그해에 『국부론(An Inquiry into the Nature and Causes of the Wealth of Nations)』이라는 역저를 출간한 애덤 스미스의 사상에 기초하고 있다. 스미스는 『국부론』에서 사람들이 자신의 경제적 이해와 이익을 자유롭게 추구할 수 있는 경제를 만들어 내는 것이 지상 과제임을 강조했다. 그는 이렇게 개인들에게 자유를 안겨 준다면 그들 모두가 땀 흘려 일하여 경제에 상업적이고 창의적인 에너지를 불어넣을 것이라고 믿었다. 시장의 보이지않는손은 개인들을 조화롭게 이끌고 또 그들이 만들어 내는 경제적 에너지를 전파하기 때문에 개개인의 행복 추구가 공동선에 기여하도록 해 준다는 것이었다. 생산자들은 혁신과 발명을 이룰 것이며, 스미스가 "노동 분업"이라고 이름 붙인 원리를 적용하여 여러 생산과정을 단순한 부분들까지 분해해서 그 각각을 단일한 업무만 수행하는 노동자들이 맡게 될 것이라고 한다. 이러한 전문화를 통해 효율성이 생겨나고, 공산품 한 단위의 가격은 계속 내려가고 생산량은 늘어나게 되며, 그리하여 시장 교환의 기회는 더욱 증진된다는 것이다. 또한 이러한 노동의 분화와 전문화는 경제의 여러 부문에서 그리고 여러 국가에서 거시적으로도 일어나게 되고, 국내의 교역뿐만 아니라 국제무역도 증대되며, 이것들이 모두 합쳐져서 "여러 나라의 부"를 불려 주게 된다는 것이다. 이러한 차원의 자유주의를 신봉하는 이들은 시장의 자유를 찬양하면서 이를 통해 놀라울 정도의 경제성장이 촉발될 것이라고 주장했다. 또한 경제적 자유주의는 그 안에 해방적인 조류도 담고 있다. 자유로운 교환의 세상을 만든다는 것은 곧 스미스가 경멸해 마지않았던 군주와 중상주의자 들이 도처에서 강제하던 국가의 통제로부터 국민경제를 해방시켜야 한다는 것을 뜻했기 때문이다. 이러한 맥락에서 사람들에게 자신이 적합하다고 생각하는 방식대로 "거래, 물물교환, 교역"하는 것을 용인하라는 스미스의 단순한 주장은 분명히 혁

명적인 함의를 담고 있는 것이었다.[8]

자유주의에는 문화적 차원도 있다. 이는 개인성과 그것의 도야(陶冶)를 강조한다. 개인성은 경제적인 자기 이익 추구 이상의 무언가를 요구한다. 이는 개인의 잠재력을 온전하게 발현하여 성취하는 것에 초점을 둔다. 이를 신봉하는 자유주의자들은 이 세계를 합리적으로 감독하여 미신이나 무분별한 인습에 뿌리를 둔 믿음들은 내다 버리자고 외친다. 이들은 교육에 큰 가치를 둔다. 또 도덕적 향상, 양심, 동료 인간들에 대한 책임감 함양, 그리고 궁극적으로는 진보에 대한 믿음을 가질 것을 강조한다. 이렇게 양심, 도덕적 향상, 진보에 강조를 두는 가운데에 자유주의자들은 해방이라는 인본주의적인 꿈, 즉 종교적 소수자, 여성, 노예, 빈곤에 처한 노동자 들을 위한 해방의 꿈을 가지게 된다. 한 세기가 지난 뒤에는 다원주의와 세계시민주의의 꿈, 즉 서로 다른 신앙, 전통, 민족 배경을 가진 사람들이 서로 만나 인류의 인간성을 더욱 풍요하게 만드는 꿈도 장려하게 된다.[9]

이러한 정치적, 경제적, 문화적 세 차원에서 고전적 자유주의를 파악한다면 그것이 18세기 당시 세상을 조직하는 지배 방식에 얼마나 큰 도전이었는지를 이해할 수 있다. 자유주의는 정부의 새로운 형태, 경제를 조직하는 새로운 방식, 자아를 도야하는 새로운 가능성을 약속했다. 이는 아주 근본적으로 역동적이고, 해방적이며, 변혁적인 야심으로 가득 차 있었다. 20세기의 저명한 저널리스트이자 문화비평가 월터 리프먼(Walter Lippmann)은 19세기에 자유주의로 인해 생겨난 여러 꿈과 희망을 일별하면서 자유주의는 그야말로 혁명적인 것이라고 선언했다. 자유주의는 "인간이 살아가는 조건"을 변혁하고자 했다고 그는 언명했다. 자유주의의 출현에 "뒤이어 나타난 19세기가 인간 해방을 이룬 위대한 100년이었다는 것은 우연한 일이 아니다. 이 기간 동안 노예제와 농노제, 여성의 종속, 아동에 대한 가부장의 지배, 카스트제도 및 합법적인 계급 특권, 후진 지역 민족들에 대한 착취, 정부의 전횡, 다수 대중의 정치적 무권력 상태와 강제된 문맹 상태…… 등이 인간의 양심에서 용납될 수 없는 것으로 낙인이 찍혔으며, 실제로도 상당한 정도가 폐지됐다". 리프먼은 스미스를 따라서 이러한 인간의 자유를 향한 대장정이 다른 무엇보다도 경제적 자유의 진보에 뿌리를 두고 있다고 주장했다. 그리고 경제적 자유의 진보는 다시 개인의 창의성을 가로막는 장벽들을 철폐하고 또 스미스가 말하는 노동 분업의 역동성을 풀어내면서 경제성장은 물론 개인성의 영역을 허락하여 새로운 자신감을 갖게 만들었다고 했다.[10]

우리는 고전적 자유주의에 대한 리프먼의 찬사가 빠먹고 있는 문제들을 곧 살펴볼 것이다. 하지만 먼저 1840년대에서 1870년대까지 30년간 미국이나 유럽에서 이러한 자유주의의 약속이 성취되어 가던 모습을 살펴보자. 미국에서는 미국 휘그파 무리에서 "자유로운 토지, 자유로운 노동, 자유로운 인간"을 외치는 새로운 정당인 공화당이 출현했는데, 이들은 노예제 폐지를 역설하며 미국 공화국을 인종 평등이라는 기초 위에 다시 세워야 한다고 주장했다. 동시에 영국에서는 영국 휘그당 무리에서 자유당이 출현하여 자유무역이라는 전 지구적 프로젝트와 노동계급의 참정권이라는 것을 목표로 내세우게 된다. 프랑스에서는 자유주의로 가는 경로가 좀 더 우회적이었다. 1848년 혁명으로 생겨났던 희망이 1852년 나폴레옹 3세(Napoleon III)라는 새로운 황제가 등장하여 제2의 프랑스 제국을 시작하는 바람에 산산조각이 났기 때문이었다. 하지만 보나파르트의 전제정은 1870년에 무너졌고, 그 직후 프랑스 자유주의자들은 프랑스의 세 번째, 그리고 가장 오래 지속된 공화정을 소생시키는 데에 성공했다. 또한 이때는 미국에서 여성해방운동이 흡인력을 갖게 된 시대이기도 하다. 당시 영국 철학자 존 스튜어트 밀(John Stuart Mill)이 저작 『자유론(On Liberty)』을 출간했고, 링컨 대통령이 노예해방을 이룬 덕에 전 세계에 자유와 자유주의가 강화될 것이라고 믿었던 프랑스인들은 링컨의 업적을 기리기 위해 미국에 거대한 자유의여신상을 세워 주기도 했다.[11]

고전적 자유주의에서 뉴딜의 "새로운 자유주의"로

하지만 고전적 자유주의는 그 절정의 순간에도 여러 문제에 휩싸여 있었다. 미국의 자유주의적 헌법은 그 시작부터 근본적인 모순에 시달리고 있었는데, 가장 기본적인 형태의 비자유라고 할 노예제를 허용했던 것이다. 남북전쟁과 노예

해방, 그리고 노예제 회귀를 예방하고 인종차별을 불법화하는 헌법 수정을 이뤄 내면서 이러한 모순은 분명히 사라진 듯 보였고, 미국은 링컨의 기념비적 표현을 빌리자면 "새로운 자유의 탄생"을 얻게 됐다. 하지만 이러한 자유주의 혁명 이후에는 보수적인 반혁명이 나타났다. 남부의 백인들은 주의 상하 양원을 이용하여 흑인들을 복속시키는 정책들을 시행했으며, 북부의 남북전쟁 승리에 담긴 자유주의 약속을 배반했다. 남부의 흑인들을 무릎 꿇리고 겁박하는 행위들은 질서유지라는 이름으로 정당화될 때가 많았다. 노예에서 해방된 흑인들은 자신이 얻게 된 자유를 책임 있게 다룰 줄 모르고, 자유라는 것을 정치적 제도들을 타락시키는 방종으로 왜곡하며, 백인 여성들에 대한 성적 욕망만 좇으며 심지어 정직한 노동까지 회피하려 든다는 게 남부 백인들의 공격이었다. 남북전쟁 직후 재건 시기에 흑인들이 권력을 쥐었던 지역에서는 완전히 무정부상태가 벌어졌다고 이들은 우겨 댔다. 따라서 노예였다가 풀려난 이 "폭도들(mobs)"에게 고삐를 채우려면 질서 체제가 반드시 필요하고 그중에서도 짐크로법이 필요하다는 것이었다.[12]

사실 19세기 말의 사람들은 질서에 크게 집착했으며, 이는 남부 백인 지역이나 인종 간 갈등에만 국한된 문제도 아니었다. 1871년 프로이센·프랑스전쟁의 한복판에서 터져 나왔던 파리코뮌의 경우 노동자들은 도시의 여러 구역에서 바리케이드를 쌓고 비록 단명했지만 노동자 공화국을 수립한 바 있었고, 프랑스 정규군 부대와 무장투쟁까지 벌였다. 1870년대와 1880년대에는 미국 노동자들 또한 파리코뮌 투사들을 모방하여 급진적 공화국을 수립할 수 있다는 상상이 어렵지 않았다. 북부에서는 대부분 폭력을 수반한 지독한 파업 투쟁들이 일어나 산업 중심지 전체가 마비되곤 했으며, 이 투쟁은 공업지역뿐만 아니라 도시를 통과하는 철도와 기관차 정비소까지 확산되면서 사유재산이 파괴되고 심지어 인명 피해가 발생하기도 했다. 이러한 대결 사태는 금융위기 혹은 경기침체로 인한 정리해고와 임금 삭감이 그 원인일 때가 많았다. 하지만 그보다 더 깊은 차원의 문제가 있었다. 미국 노동자들 사이에는 미국 혁명이 그들에게 약속하고 또 남북전쟁으로 다시 확인됐던 자유라는 것이 기실 가짜 자유에 불과하다는 확신이 불어나고 있었다는 것이다. 따라서 노동계급층에서는 사회주의를 포함한 다양한 형태의 급진주의가 호소력을 얻고 있었으며, 파업은 물론 무장투쟁까지 일어나는 일이 점차 늘어나고 있었다.[13]

이렇게 반란과 폭동의 물결이 늘고 있었으니 유럽과 미국의 엘리트 및 중산층 집단은 크게 겁을 먹게 된다. 우파들뿐만 아니라 자유주의자들도 똑같이 좌파를 공포의 대상으로 여기게 됐으며, 국가를 무정부상태로 빠뜨리려는 자들이라는 편견을 가지게 된다. 따라서 이들은 헌법적인 질서를 따르는 정치발전의 경로를 제시하여 스스로를 좌파와 구별하고자 했다. 이렇게 자유주의자들이 질서의 방향으로 선회하면서, 모든 사람이 자신의 개인성을 도야하는 데에 필요한 도구들을 갖추고 있는 게 아니므로, 이들의 경우에는 자유주의의 여러 프로젝트에 완전히 참여할 준비가 되지 못했다는 목소리도 나오기 시작했다. 저명한 영국의 자유주의자 허버트 스펜서(Herbert Spencer)는 현대 세계의 여러 민족이 자유를 얻기 위한 다윈적 투쟁을 벌이고 있는 상태이며 여기에서는 적자생존, 즉 오로지 가장 적합한 자만이 살아남게 되어 있다고 주장했다. 다시 말해서 모든 민족, 모든 인종이 자유주의적인 정치체를 구성하여 자유를 책임 있게 다루는 데에 성공하지 못할 거라는 것이었다. 따라서 그러한 자유에 맞지 않는다고 여겨지는 집단들은 정치체에서 배제하거나 완전한 참여를 막아야 한다고 했다. 일부 자유주의자들은 결함이 있다고 판결된 인종 및 집단에도 그러한 계몽, 합리성, 개인성 등을 가져다주는 문명화의 임무를 자신들이 수행해야 한다고 생각했다. 그리하여 19세기 말에는 "캄캄한 몽매 상태의(benighted)" 민족에게도 나중에는 자유주의의 고상한 이상에 참여할 수 있을 것이라는 희망을 전파하고자 했던 자유주의적 형태의 제국주의가 나타나기도 했다. 하지만 보어전쟁(Boer Wars)에서 영국이 보여 준 행태, 그리고 필리핀 전쟁에서 미국인들이 보여 준 행태에서는, 자유주의적인 제국 질서에 순응하지 않는 자들에게는 언제든지 쇠 장갑을 두른 주먹이 쏟아질 것이라는 사실이 적나라하게 드러났다.[14]

자유주의자들이 갈수록 자유보다는 질서에 특권적 지위를 부여하게 되고, 또 월터 리프먼의 신랄한 표현대로 "양심상 도저히 용납할 수 없을 정도의 빈곤과 부당함까지 용납하는 변명꾼들"이 되어 가는 경향을 보이자, 이에 반대하는 많은 이가 결국 자유주의 자체를 버리고 보다 급진적인 새로운 이데올로기로 몰려가게 된다. 리프먼도 젊은 시절에 사회주의사상과 사회주의 정치에 푹 빠졌던 이였다.[15] 자유주의가 실패했다는 생각이 퍼져 나가면서 사회주의 그리고 나중에는 공산주의가 20세기의 가장 두드러진 정치적 신념으로 부상하게 된다.

하지만 이와 더불어 중요한 사실은, 자유주의 진영 내부에서도 자유주의라는 터전을 버리지 않고 자유주의의 내용을 처음부터 다시 생각하고 다시 만들어 가고자 하는 이들이 있었다는 점이다. 이렇게 자유주의를 근본부터 다시 생각하는 경향은 영국과 미국에서 동시에 나타났다. 영국에서는 개혁가 L. T. 홉하우스(L. T. Hobhouse)와 존 A. 홉슨(John A. Hobson) 등이 "새로운 자유주의(new liberalism)"라는 이름의 이론을 전개했고, 이는 20세기가 시작된 뒤 20년 동안 영국의 자유당 정치를 완전히 바꾸어 버렸다. 미국에서도 이와 비슷한 새로운 자유주의가 공화당과 민주당에서 나타나고 있었으며, 이를 고수하는 이들은 스스로를 점차 "진보주의자들(progressives)"이라고 부르게 된다. 이들의 지적인 지도자들 중 하나인 허버트 크롤리(Herbert Croly)는 1909년의 저작인 선언문 『미국적 삶의 약속(The Promise of American Life)』에서 미국의 새로운 자유주의를 위한 일련의 강령을 제시하는데, 이는 영국에서 홉하우스가 내놓은 논고 『자유주의(Liberalism)』(1911)와 쌍벽을 이루는 문서였다. 크롤리는 시어도어 루스벨트에게 큰 영향을 주었고, 루스벨트는 1910년이 되면 크롤리가 "새로운 민족주의(new nationalism)"라는 이름으로 내걸었던 것을 자신의 이념으로 삼게 된다. 시카고 주거지역에서는 모르는 이가 없을 정도로 유명했던 제인 애덤스(Jane Addams) 또한 이 새로운 자유주의자들 무리 내에서 크롤리만큼이나 큰 영향력을 가지고 있었다. 1912년에는 크롤리와 애덤스가 힘을 합쳐서 진보당을 창당하며 시어도어 루스벨트를 호민관으로 내세운다. 미국에서는 그 전에도, 또 그 후에도 제3당이 나타난 바 있었지만 모두 단명했으며, 이 진보당 또한 오래가지 못했다. 하지만 진보당의 불길이 꺼지기 전인 1912년 대통령선거 당시에 루스벨트의 경쟁자였던 민주당 후보 우드로 윌슨은 이 운동에서 큰 영향을 받게 되며, 대통령직을 수행하던 1914년에는 진보당이 내걸었던 여러 원칙을 거의 전적으로 받아들이게 된다. 바로 그해에 크롤리와 그의 동료들은《뉴리퍼블릭》을 창간하게 되며, 이는 곧 미국의 자유주의 진영 여론에서 가장 영향력이 큰 잡지가 된다.[16]

시어도어 루스벨트와 우드로 윌슨 모두, 자유시장이라는 것이 자연적 질서이며 그 에너지는 인간이 감히 관리하거나 방향을 바꿀 수 없는 것이라는 생각을 단호히 거부했다. 이들은 규제가 없는 시장이란 고용주와 노동자 사이에 용인할 수 없을 정도의 권력과 부의 불균형을 낳게 된다고 믿었다. 자본주의 시스템에서 몸과 마음이 파괴된 사람들의 수는 이미 감당할 수 없을 정도로 불어났으며, 그 상처는 너무나 치명적이어서 이들을 영원히 온전하지 못한 상태로 만들어 버리고 있다는 것이었다. 이제 강력한 중앙정부가 나서서 경제에 개입하여 노동자와 고용주가 보다 평등한 조건에서 서로 상대할 수 있는 평평한 운동장을 만들어 주어야 하며, 상해를 입거나 일자리가 없거나 빈곤에 처하여 사회 밖으로 내동댕이쳐지는 이들에게는 살아날 수 있는 쿠션을 제공해야만 한다는 것이었다. 이 진보주의 시대(1900~1920년)는 대기업의 권력에 고삐를 채우고, 노동조합에 단체협상의 권리를 부여하고, 각종 사회보험제도를 도입하고, 일종의 복지국가를 수립하고자 하는 노력이 주종을 이루는 시기로 규정된다. 허버트 크롤리는 『미국적 삶의 약속』에서 이러한 종류의 포괄적 프로그램을 제시한 바 있으며, 시어도어 루스벨트는 1910년 캔자스주 오사와토미(Osawatomie, 이곳은 불꽃같은 노예 폐지론자 존 브라운과 그의 지지자들이 노예제를 지지하는 정착민 집단과 격렬한 총격전을 벌인 곳이기도 하다)에서 시대의 한 획을 긋는 명연설을 하면서 크롤리의 프로그램을 아주 함축성이 뛰어나면서도 강력한 문장으로 집약해 냈다. "인간의 권리보다 자기의 이윤이 더 먼저라는 그릇된 주장을 내놓는 자들이 있습니다. 반면 공동체는 공공복지가 필요하다면 얼마든지 개인의 사적소유를 규제할 보편적 권리를 가지며, 모든 이가 자신의 재산을 그러한 공동체의 권리 아래에 종속시킬 줄 알아야 한다는 올바른 주장을 내놓는 이들이 있습니다. 이제 이들의 주장으로 그릇된 자들의 주장을 누르고 앞으로 나가야 할 때입니다."[17]

1917년, 윌슨은 대통령으로서는 처음으로 시어도어 루스벨트가 1910년에 내놓았던 생각을 "자유주의적"이라는 이름으로 불렀다. 하지만 미국의 "자유주의자들"은 이렇게 그 이름을 쓰는 것을 불편하게 여겼다. 이 새로운 자유주의는 고전적 자유주의와 완전히 대립되는 것으로 여겨졌기 때문이다. 그리하여 이 새로운 철학의 틀을 지칭하는 가장 적합한 이름으로서 "진보주의"는 여전히 "자유주의"와 계속해서 경합을 벌이게 된다. 이러한 경쟁은 1930년대 대공황이 벌어지고 프랭클린 루스벨트가 백악관에 입성하면서 끝나게 된다. 프랭클린 루스벨트는 시어도어 루스벨트의 상속자인 동시에 윌슨의 상속자이기도 했다. 그는 자신의 정치 이력에서 오랫동안 사촌형 테디(Teddy, 시어도어 루스벨트의 애칭—옮긴이)를 전범으로 삼았던 이이며, 또한 제1차세계대전의 기간 동안 윌슨 정부에서 해군 담당 국장(assistant secretary of Navy)으로 봉직하는 가운데 윌슨 대통령뿐만 아니라 민주당으로 견인되어 갔던 인물이다. 그는 자신의 뉴딜 정치를 한마디로 규정하는 이름으로서 자유주의를 사용했으며, 이를 민주당의 배타적 소유 재산으로 만들어 냈다. 여러 차례의 선거에서 성공을 거둔 덕에 이렇게 할 수 있는 권위가 그에게 주어졌던 것이다. 1940년, 미국 사상 최초로 세 번째 임기를 맞는 대통령이 된 직후 루스벨트는 민주당이 미국의 "자유당(liberal party)"이라고 선언했다. 이 명칭은 민주당에 계속 붙어 다니게 된다. 루스벨트가 구축했던 뉴딜 질서는 그 이후 자유주의적 질서라는 이름으로 알려지게 된다.[18]

이러한 이데올로기의 대전환이 일어나는 과정에서 아나키즘, 사회주의, 공산주의 등 다양한 색조를 띤 급진주의의 유령이 계속 출몰한다. 시어도어 루스벨트의 "새로운 민족주의" 정치가 일어났던 시대는 아나키스트들이 저명한 정치가들을 암살을 하던 때였으며[그중 한 사람은 1901년 미국 대통령 윌리엄 매킨리(William McKinley)를 죽인다. 이로써 루스벨트가 대통령직에 오르는 길이 열리게 된다], 미국 정치의 전환점이 되는 1912년 대통령선거에서는 자타가 공인하는 사회주의자인 유진 데브스[Eugene Debs, 유진 데브스는 노동운동가 출신으로서 국제적 사회주의를 받아들여 사회민주당과 사회당을 차례로 창당했을 뿐만 아니라 전설적인 노동운동 조직인 세계산업노동자동맹(Industrial Workers of the World, IWW)을 창설하는 데에 참여했던 인물이기도 하다. 1912년 대통령선거에서는 6퍼센트를 득표했으며, 1920년에는 옥중 출마하여 3퍼센트를 얻었다—옮긴이]가 대통령 후보로 출마하며 정치적 논쟁을 주도하다시피 했던 시대였다. 우드로 윌슨은 1917년 러시아혁명이 어떠한 과제를 내놓고 있는지 너무나 잘 알고 있었다. 그가 1918년 말 제1차세계대전의 종식을 위한 조약 협상을 위해 유럽으로 가는 배에 올랐을 당시, 그가 국제 무대에서 최대의 경쟁자로 보았던 인물은 바로 레닌이었다. 전후의 세계 재건을 위한 윌슨의 계획은 애초부터 공산주의의 도전을 물리치고자 하는 결심에서 시작된 것이었다. 한편 루스벨트의 뉴딜 프로그램이 후대에 남긴 요소 몇 가지는 1935년과 1936년이 되어서야 비로소 모습을 갖추었던바, 이때는 미국에서 대규모 폭동이 일어나면서(급진파들이 주도할 때가 많았다) 1936년의 루스벨트 대선 가도에 적신호를 보내고 있을 때였다. 시어도어 루스벨트, 윌슨, 프랭클린 루스벨트는 모두 좌파의 집산주의가 "인간의 영혼을 뭉개는 것"이라고 보았으며, 우파의 "자유방임"도 불신했다. 그리하여 그 둘 사이를 가로지르는 제3의 길을 모색했다는 점에서는 세 사람 모두가 일치했다.[19]

하지만 이 새로운 자유주의에서 인종주의는 어두운 그림자였다. 특히 시어도어 루스벨트와 윌슨은 유색인종에 아주 가혹한 견해를 가지고 있었다. 자신들이 만들고자 했던 새로운 자유주의의 정치체 안으로 완전히 포용할 수 있을 만큼 완전한 권리를 보유한 개인들로 그들을 인정하는 것을 꺼리거나 어떤 때에는 드러내 놓고 거부했다. 1912년 진보당의 창당 대회에 여러 남부 주에서 흑인 대표자들이 참석하려고 왔지만 시어도어 루스벨트는 이를 거부했고, 윌슨은 1913년 대통령에 취임하자마자 워싱턴 도시와 연방정부 공무원 조직에 인종 분리 정책을 다시 시행했다. 또한 윌슨은 1919년 파리평화회의에 참여했을 때에도 유럽의 경계선 너머에 살고 있는 대다수 비백인 민족에는 민족자결 및 민족자치의 권리를 부인했다. 윌슨의 머릿속을 보면 레닌과 공산주의의 위협이 인종문제보다 훨씬 더 컸고, 그리하여 그와 새로운 자유주의자들은 자신의 과제를 자유방임과 집산주의 사이의 제3의 길을 찾는 것이라고 규정하는 데에 그쳤다. 프랭클린 루스벨트 또한 자신의 임무를 이와 비슷한 방식으로 규정했다. 하지만 1910년대에서 1940년대까지는 이 새로운 자유주의에서 인종적 편견은 크고 작은 방식으로 속속들이 스며 있었다. 이 문제를 제대로 푸는 일은 시간을 늦출 수 있을 뿐 결코 끝까지 피할 수 있는 것은 아니었다.[20]

진통 끝에 신자유주의가 탄생하다

그런데 루스벨트가 자신의 새로운 자유주의가 자유방임과 집산주의 사이에서 제3의 길을 찾을 수 있는 희망을 제공한다고 주장한 것에 처음부터 여러 사람이 공격을 하고 나섰다. 허버트 후버는 1932년 선거에서 패배한 뒤에도 이러한 공격을 지휘했다. 사람들은 이 시절의 후버를 반동으로 묘사할 때가 많지만, 후버 본인은 그렇게 여기지 않았다. 오히려 그는 자신이야말로 새로운 자유주의자로서, 저 두려운 두 갈래의 극단주의 사이에서 진정한 중도의 길을 찾아냈다고 여겼다. 반면 루스벨트는 자유주의자도 아니면서 이를 참칭하는 자일 뿐만 아니라 위험한 사기꾼이라는 점에서 최악이라고 생각했다. 루스벨트의 뉴딜이라는 것은 사회주의를 막기는커녕 오히려 그것을 앞당기게 될 것이라고 했다. 뉴딜이 시행되면 미국의 연방정부는 개인의 삶과 경제생활을 통제하는 권력을 쥐게 될 것이며, 그 모습은 소련과 나치 독일에서 이미 승리를 거둔 체제와 다르지 않다는 것이었다. 1936년 후버는 심각한 어조로 이렇게 경고한다. "결코 타협해서는 안 될 원칙들이 존재합니다. 개인의 자주적인 창의성과 자유에 기반한 사회에 살게 되든가, 아니면 그 이름이 무엇이고 권력자가 누가 되었든 간에 결국 독재가 판을 치는 계획 사회에 살게 되든가 둘 중에 하나일 뿐입니다. 그 중간 지대는 존재하지 않습니다. 이 두 가지 사회는 혼합할 수 있는 게 아닙니다. 정부는 개인들이 정직하게 스스로 무언가를 이룰 수 있게 권력을 내놓든가, 아니면 정부가 스스로 힘을 가지고 갈수록 더 강하게 가차 없이 개인들의 노력을 질식시켜 버리든가 둘 중 하나일 뿐입니다."[21]

후버는 자신이 보수주의자라고 불리는 것을 거부했다. 자기야말로 진정한 새로운 자유주의자가 아닌가! 하지만 그의 새로운 자유주의라는 것에 내용을 채우는 일은 말처럼 쉬운 것이 아니었다. 그가 말하는 새로운 자유주의라는 것이 역사의 무대에 처음 등장할 때 그 자리를 빼앗기고 말았기에, 그 자리를 차지한 루스벨트의 뉴딜이 풀어놓는 상세한 내용에 밀려 항상 쫓기는 처지였던 것이 그의 초기 모습이었다. 후버는 리프먼이라는 결정적인 동지를 찾아낸다. 리프먼은 젊은 시절의 사회주의적 성향을 버리고 이제는 자유방임과 뉴딜이라는 경쟁자들을 모두 물리칠 수 있는 자유주의를 재건하려 하고 있었다. 후버와 마찬가지로 리프먼 또한 시장의 존재는 자연에서 비롯된 것이며 인간이 국가 활동을 통해 통제할 수 있는 범위를 넘어서는 존재라고 보는 자유방임주의자들을 비판했다가 그 등쌀에 말라죽을 지경에 처해 있었다. 리프먼은 1937년에 쓴 글에서 이렇게 말한다. "단호한 개인주의자라면 자신이야말로 경제생활에서 신께서 그의 의지로 만들어 낸 사람이라고 상상할지 모른다. 하지만 현실을 보자면 그는 어쩌다 그의 시대를 지배하게 된 법률로 빚어진 법학적 피조물에 불과하다."[22] 시장이란 인간이 만들어 낸 것이며 법이 보호하는 것일 뿐이므로, 인간 행위와 국가의 개입으로 얼마든지 더 좋은 방향으로 개선될 수 있다는 것이 그의 주장이었다. 그렇다면 시장과 정부의 적절한 관계는 무엇인가? 후버는 1930년대에 행한 중요한 연설에서 이렇게 주장한다. 미국에서 자유주의 정치가 작동하게 만들 수 있는 유일한 비법은 오로지 "기업 세계를 정부가 규제하는 것(government-regulated business)"뿐이라고.

후버가 말하는 "기업 세계를 정부가 규제하는 것"이란 무슨 뜻인가? 그는 뉴딜을 "정부가 독재적으로 명령하는 것(government-dictated business)"이라고 보았고, 이는 자기가 말하는 바와 근본적으로 다르다고 단호하게 말했다. 하지만 기업 세계를 정부가 규제하는 것과 정부가 독재적으로 명령하는 것의 차이는 머리카락 한 올에 불과해 보였다. 게다가 후버가 자신의 계획을 개략적으로 제시하면 할수록 점점 더 뉴딜과 비슷한 소리로 들리기 시작했다. 그의 계획은 은행업, 금융, 시장 등을 규제하고, 노동계에 단체협상의 권리를 확장해 주고, 노동자들에게 정부가 운영하는 실업보험을 제공해 주고, 개인의 부가 축적되는 것에 제한을 두기 위해 소득세와 상속세를 강제하고, "빈민가, 아동노동, 착취적 장시간 노동과 저임금" 등을 뿌리 뽑아야 한다고 요구했다.[23] 후버는 뉴딜이란 미국에 "계획경제"를 도입하여 사적 기업을 말살시키려는 결단에서 나온 것이라고 강조하며 자신의 규제계획과 차별을 두려고 했다.[24] 물론 뉴딜에는 분명히 그러한 경제계획이 일부 포함되어 있었는데, 테네시계곡개발청(Tennessee Valley Authority, TVA, 테네시 계곡 및 그 유역은 테네시주를 중심으로 주변의 일곱 개 주에 펼쳐져 있는 넓은 지역이었지만 기간시설의 낙후, 산업의 부재, 농업의 후진성 등으로 심각한 빈곤에 시달리는 지역이었다. 한편 이곳에 이미 1920년 헨리 포드가 댐을 건설하여 발전소를 만들겠다는 계획을 내놓은 바 있었지만, 사기업에 공적 인프라 건설을 맡겼다가 공공서비스가 사기업의 이익에 따라 독점 남용되는 사례들을 보면서 루스벨트를 비롯한 많은 정치인은 공공주도의 개발 방식을 선호하게 됐다. 1933년 루스벨트는 테네시계곡개발청을 세워 이곳에 다목적댐을 건설하고 포괄적인 경제개발을 주도한다. 단순히 전력 생산과 치수만이 아니라 일자리창출, 산업 유치, 농법 개혁 등으로 이 지역의 경제개발을 이끌었으며, 이 과정에서 테네시계곡개발청은 포괄적인 권한을 부여받게 된다—옮긴이)이 그 한 예다. 하지만 이는 뉴딜 개혁의 주류라고는 보기 힘들었다. 진실을 보자면 1930년대 중반의 시점에서 후버가 말하는 정부가 규제하는 기업 세계, 혹은 "미국식 규제 시스템"이라는 것은 루스벨트의 뉴딜과 차별화할 수 있는 것이 거의 없었다.

리프먼도 1930년대에 두 번째 새로운 자유주의를 규정하려고 애썼지만, 이 또한 후버의 시도만큼이나 혼란스러웠다. 리프먼은 자본시장의 규제, 대기업 독점체들의 제거, "농부, 노동자, 소비자 들이…… 시장에서 더 많은 힘을 갖도록" 돕는 정부 주도의 프로그램들을 요구했다. 또한 가파른 누진 소득세 시스템을 도입하여 부자들의 불로소득을 회수해야 한다고 했다. 이렇게 들어온 세수는 경제적 약자들을 위한 사회보험 프로그램들의 자금으로, 또 미국 사회 전체에 걸쳐 "소득의 큰 평등화"를 증진시키는 데에 쓸 수 있다는 것이었다. 또한 리프먼은 인프라를 개선하고 토지 및 천연자원을 보존하기 위한 공공근로도 요구했다. 물론 그는 정부가 실업자 등에게 거저 돈을 나누어 주는 것에는 분명히 반대했다. 하지만 이는 그가 "가난한 이들을 만들어 내는 조건들"을 제거할 수 있도록 구조 자체를 바꾸기를 원했기 때문이다.[25] 비록 리프먼은 자신이 뉴딜의 "집산주의"를 극도로 혐오한다고 글에 쓰고는 있지만, 그의 구체적인 프로그램들 또한 후버와 마찬가지로 뉴딜의 한 버전으로 보였다.[26]

이렇게 루스벨트가 옹호한 개혁들과 후버 및 리프먼이 내놓은 개혁들이 비슷하게 서로 수렴했다는 사실은 1930년대에 두 번째 새로운 자유주의를 구축하려 한 이들이라면 누구나 부닥칠 수밖에 없던 문제를 드러낸다. 루스벨트가 선점해 버린 첫 번째 새로운 자유주의와 이 두 번째 새로운 자유주의를 정확히 어떻게 차별화할 것인가? 후버와 리프먼이 1930년대에 내놓은 것처럼 뉴딜에서 영감을 받은 규제계획을 조금씩 수정하는 방식으로 이루어질 일인가? 이런 정도로는 뉴딜에 맞선 설득력 있는 대안이 될 수 없었다. 유권자 대부분은 대체 다른 점이 무언지 꼼꼼히 살펴봐야 머리만 긁적일 뿐일 테니까. 리프먼은 곧 국내 개혁에 대한 관심을 대부분 접어 버리며, 후버는 앞에서 말했듯이 미국 정치에서 잊힌 존재가 되어 버린다. 아마도 이렇게 첫 번째와 두 번째의 새로운 자유주의 사이에 차별점이 거의 없었다는 것으로 이런 결과를 설명할 수 있을 것이다.

신자유주의의 기원을 유럽에서 찾는 학자 대부분은 이렇게 후버와 리프먼이 미국에서 토착적인 신자유주의를 만들어 내려다가 부딪친 어려움의 문제를 무시해 왔다. 그런데 리프먼의 저서 『좋은 사회(The Good Society)』가 1937년에 출간된 것이 1938년 유럽에서 신자유주의 프로젝트가 공식적으로 출범하는 사건과 근본적으로 긴밀히 연결되어 있다는 점을 생각해 보면, 이러한 무시는 이해하기 힘든 일이다. 1938년 프랑스의 과학철학자 루이 루지에(Louis Rougier)는 리프먼집담회라는 이름으로 파리에서 인사 26인을 모아 오찬을 가졌다. 이는 리프먼의 『좋은 사회』를 논의하는 워크숍이었는데, 이 책에서 리프먼은 자유주의의 역사를 종합적으로 서술하고 동시에 자유주의가 20세기 중반 몇십 년 동안 호소력을 지닌 채 정치에서 성공을 거두기 위한 모종의 로드맵까지 제시하고 있었다. 리프먼을 비롯한 많은 사람이 자유주의가 20세기 초에 쇠퇴하게 된 책임이 자유방임주의에 있다면서 이를 정죄했고, 루지에가 『좋은 사회』에 끌렸던 것도 바로 이러한 주장 때문이었다. 리프먼이 볼 때 자유방임주의 옹호자들이 저지른 치명적인 실수는 시장이라는 것이 자연에 기초한 것이므로 아무런 감독도 필요하지 않다고 생각했던 것에 있었다. 하지만 시장은 그 반대로 자연 세계에서는 결코 존재한 적이 없는 것이라고 리프먼은 강력하게 주장한다. 시장이란 사람의 손으로 건설되어야만 하는 것이며, 또 사람이 적극적으로 유지와 관리를 맡아야만 하는 것이라고 말한다. 시장에는 여러 가지 기능부전이 반드시 일어나게 마련이며 당연히 수리와 보수가 필요하다는 것이다. 자유방임의 교조주의자들은 시장이 자연의 산물이므로 아무런 감독도 필요 없다고 고집하는 바람에, 얼핏 보면 매력적이지만 실제로는 사악하기 그지없는 좌파와 우파의 집산주의가 무의식중에 정치 공간을 장악하게 됐다고 리프먼은 공격했다.[27]

이렇게 자유방임을 정죄하는 리프먼의 주장에서 루지에는 큰 힘을 얻었다. 그렇다면 리프먼집담회의 임무는 시장을 적절하게 육성하고 감독해야 한다는 리프먼의 혜안에 기초한 적극적인 정치 프로그램을 구축하는 것이어야 한다고 루지에는 보았다. 그는 시장에 자극을 주고 통제를 행하는 것에서 국가의 적극적 역할을 규정하는 것이 새로운 자유주의의 핵심이 된다고 생각했으며, 그와 몇몇 유럽의 동료들은 이 프로젝트를 "신자유주의(neoliberalism)"라고 부르기 시작했다. 리프먼집담회에 참여한 이들은 대부분 시장이 인간의 피조물로서 미세 조정, 적응, 변형을 겪어야 하는 것이라는 리프먼의 주장에 루지에만큼 열정적으로 동감했다. 하지만 시장을 관리할 프로그램을 규정하는 과제에서는 아무런 합의도 이룰 수 없었다. 이 집담회에 모인 개개인 모두가 국가개입의 정도와 성격에 대해 너무나 관점이 달랐다. 레몽 아롱(Raymond Aron), 빌헬름 뢰프케

(Wilhelm Röpke), 라이어널 로빈스(Lionel Robbins) 등 몇몇은 경제에 탄탄한 국가개입을 요구하는 프로젝트들을 제안했으며, 이것들은 뉴딜과 아주 많이 닮은 모습이었다. 이탈리아의 수상을 역임한 바 있던 프란체스코 사베리오 니티(Francesco Saverio Nitti)는 한술 더 떠서 아예 명시적으로 자유주의를 사회주의와 융합해야 한다고 주장했다. 그 반대쪽의 극단에 있던 이가 루트비히 폰 미제스인데, 그는 아예 제3의 길이라는 것 자체에 의구심을 품었고 최대한으로 순수한 시장경제를 해방시킬 것을 혹은 복구할 것을 원했다. 이렇게 두 번째 새로운 자유주의가 어떤 성격을 가져야 하는가에 여러 목소리가 불협화음을 이루는 것이 이 집담회의 본질적 특징이 되어 버렸고, 여기에 참여한 이들은 모두가 싫어하는 것에서는 단결할 수 있었지만 무엇을 해야 하는가에서는 단결이 어려웠다.[28]

1947년, 스위스의 몽펠르랭에서 신자유주의의 주춧돌을 마련하는 두 번째 준공식적인 모임이 있었고, 이를 조직한 이는 프리드리히 하이에크였다. 하지만 이 모임 또한 신자유주의의 내용을 어떻게 규정할 것인가라는 난제가 토론의 주요 내용이 됐다. 몽펠르랭에 참여한 이들은 이러한 어려움을 인식했고, 하이에크의 지도력 아래에 몽펠르랭협회를 각별한 기율과 관점을 갖춘 사상가들의 네트워크로 만들어 이 문제를 극복하고자 했다. 신규 회원은 초청을 통해서만 충원됐고, 초청된 이들은 세밀한 검증을 거쳐야 했으며, 회원이 되면 정치경제에 대한 시장 기반의 접근법에 친화적 태도를 갖는 것에 서약해야 했다. 이렇게 정치경제에서 특정한 원리들을 신봉하고 또 그 원리들을 실현하기 위해 일관된 정책들을 개발하고 확산시킬 것을 강조했던 것 때문에 신자유주의자들이 하나의 "생각 집단"을 구성하게 됐다는 관념이 생겨나게 됐다.[29] 하지만 하나의 사유 집합체가 되기를 열망하는 것과 실제로 그렇게 되는 것은 전혀 다른 문제다. 1947년의 몽펠르랭협회는 분명히 리프먼집담회보다는 조직에서나 생산성에서 더 훌륭했으며, 그 참여자들에게 장차 서유럽과 미국에 신자유주의를 이식할 여러 도구를 쥐여 주는 데에 성공하게 된다. 몽펠르랭에 모인 시카고대학교의 경제학자 밀턴 프리드먼과 다른 미국 참가자들이 미국에 뿌린 신자유주의의 씨앗은 제2차세계대전 이후 미국에서 분명히 싹을 틔워 낸다. 특히 몽펠르랭협회 모임 뒤 세월이 흘러 하이에크와 폰 미제스가 미국으로 건너와 이 싹들에 물을 주고 보살피면서 큰 나무로 자라나 열매를 맺게 된다. 하지만 이 몽펠르랭협회의 십자군들은 미국 신자유주의에 단일한 형태와 의미를 부여하는 데에는 전혀 성공을 거두지 못한다.[30]

이러한 이유로 볼 때, 미국의 전후 신자유주의는 통일된 한 뜻을 가졌다기보다 다른 여러 의미를 담고 있었다고 이해하는 것이 나을 것이다. 실제로 우리는 미국 신자유주의에서 세 가지 서로 다른 개혁 전략 혹은 정책 프로젝트의 묶음들을 구별할 수 있으며, 그 각각은 몽펠르랭협회의 첫 번째 회합에서 시작하여 1960년대 말 뉴딜 질서에 금이 가면서 신자유주의 개혁가들이 미국 정치에 영향력을 가질 때까지의 20년간을 그대로 보여 주고 있다. 첫 번째 개혁 전략은 자유시장이라는 것을 사유재산, 교환, 화폐 및 신용의 유통을 다스리는 규칙들로 포장하는 것이었다. 이렇게 포장하면 국내적으로나 국제적으로 경제생활에서 강력한 정부개입이 반드시 필요하게 되기 때문이었다. 두 번째 전략은 전통적으로 시장에 의해 추동되는 것으로 여겨지는 두 영역(노동과 생산, 그리고 소득과 소비)뿐만이 아니라 인간이 추구하는 모든 활동 영역에 시장원리를 적용하는 것이었다. 일부 신자유주의자들은 시장분석을 가족과 도덕 등의 사적 영역으로까지 확장하기 시작했다. 그리하여 이러한 영역 또한 애덤 스미스식으로 말하자면 시장의 힘에서 멀리 떨어져 안전하게 인간적 유대와 감수성을 보존하는 장소가 아니라, 오히려 산출과 투입, 투자와 수익 등의 경제주의적 관점으로 이해할 수 있는 행태로 다시 그려 내는 것이었다. 세 번째 전략은 고전적 자유주의에 묻어 들어가 있는 개인의 자유라는 유토피아적 약속을 꾀하는 것이었다. 이러한 전략은 앞의 두 전략에서처럼 질서나 통제 혹은 투입과 산출의 분석 등이 중요한 것이 아니라, 개인의 개성과 일을 구속하는 모든 제약을 벗어던지는 짜릿한 모험을 가장 중요한 것으로 내세운다. 푸코는 1978년과 1979년 사이에 소르본대학교에서 행한 신자유주의 강의에서 이 전략이 특히 미국에서 영향력이 커서 우파뿐만 아니라 좌파에서도 지지를 끌어냈으며, 그 "유토피아적 초점이…… 언제나 다시 살아났다"라고 주장한 바 있다.[31] 이 신자유주의 전략들을 좀 더 자세히 살펴보도록 하자.

첫 번째 전략은 국내적으로나 국제적으로 시장을 키워 낼 수 있는 경제적 질서를 구축하고자 한다. 이 전략은 시장이 자연적으로 생겨나는 현상이 아니라 인간 행위자와 조직의 산물이라는 리프먼의 혜안에서 도출됐다. 시장은 법조문으로 명문화된 사유재산과 교환에 대한 규칙들로 구축되고 유지되어야만 한다는 것이다. 이 규칙들은 예견하지 못한 경제적·사회적 문제들이 생겨날 때마다 주기적으로 시대에 맞게 조정되어야 하며, 어떨 때에는 리프먼의 말을 빌려 재구성(reconstruction)되어야 한다. 신자유주의 신조에서 "조정"은 중심적 위치를 차지한다. 시장을 계속 모니터하면서 제대로 작동하도록 주기적으로 교정할 필요가 있다는 것이다. 이러한 작업은 다시 능동적인 국가, 즉 국내외적으로 시장을 형성하고 궁극적으로는 노동자와 고용주 그리고 구매자와 판매자가 서로 마주치는 운동장을 조성할 수 있는 강력한 국가를 필요로 한다. 이러한 모습으로 나타나는 신자유주의는 단순히 경제활동을 국가의 손아귀에서 해방시킨다는 열망만으로는 충분히 이해할 수가 없다. 신자유주의자들은 1930년대와 1940년대에 국가의 경제 개입이 너무 나갔다는 주장을 분명히 했으며, 또 그들이 볼 때에 의회가 조직 노동과 가난한 자들의 요구에 과도하게 휘둘렸기에, 그 손아귀에서 산업과 자본을 해방시켜야 한다는 태도 또한 단호했다. 하지만 이들은 다른 영역에서는 국가를 강화해야 한다는 굳은 신념을 가지고 있었다. 예를 들어 통화 공급은 중앙은행이나 연방준비제도와 같은 기관을 통해 배타적으로 통제할 권리를 국가에 부여해야 한다는 것이었다. 신자유주의자들은 시장의 순탄한 작동을 보장하는 것이 입증된다면, 어떤 권력이든 정부에 새롭게 부여하는 것을 기꺼이 정당화했다.

이러한 전략은 모종의 역설에 기초하고 있었다. 즉 개인의 자유를 정부가 침해하는 것을 막기 위해서는 정부의 개입이 반드시 필요하다는 것이었다. 이를 다른 틀로 표현한 것이 바로 하이에크가 "자유의 구성(constitution of liberty)"이라고 부른 것, 즉 경제적 질서의 수립이야말로 정부로부터 개인의 자유를 가능케 하는 전제 조건이라는 명제였다.[32] 그 역설을 이런 방식으로 개념화하고 특히 정부가 자유주의적 사회를 수립하는 노력에 결정적으로 "질서"라는 어휘를 도입한 것을 보면, 이 "새로운" 신자유주의 전략이 거의 시작부터 고전적 자유주의자들의 접근법을 빼닮았다는 것이 드러난다. 리프먼이 아주 잘 이해했듯이, 자유주의자들은 이미 19세기 초부터 자유를 향유하기 위해서는 일정한 수준의 정치적·경제적 질서가 필요하다고 믿었다. 그리하여 이 고전적 자유주의자들은 경제에서든 사회에서든 질서가 결핍됐다고 느끼면 언제든지 정부가 그것을 강제할 권한을 기꺼이 부여하려고 했다.[33]

좀 더 진정한 혁신은 두 번째 전략이었다. 즉 시장원리에 종속되는 인간 활동의 영역을 끝없이 확장한 것이었다. 고전적 자유주의에서는 **호모에코노미쿠스**(homo economicus), "경제적 인간"이라는 것이 교환의 인간이라고 규정됐으니, 곧 임금을 받기 위해 노동을 맞바꾸는 인간이 그 예다. 그렇게 해서 얻은 소득을 가지고 시장에서 자신이 원하거나 필요한 재화들과 교환한다는 것이었다. 그리하여 이들은 "생산"과 "소비"라는 두 가지 경제 영역이 미시 수준과 거시 수준에서 어떻게 구조를 이루고 있는가를 중심으로 굉장히 많은 경제적 분석을 행했다. 하지만 가족, 종교, 정치 등 인간의 다른 영역들은 생산과 소비라는 경제의 두 영역에서 동떨어진 것으로 여겼고, 따라서 호모에코노미쿠스의 개념으로 포괄할 수 있는 영역의 바깥에 있는 것으로 생각했다.

하지만 신자유주의자들은 그렇게 협소한 관점으로 경제적 인간을 이해해서는 안 된다고 주장하기 시작했다. 경제적 인간은 그 자체로 자본의 담지자라는 것이었다. 이러한 인간은 스스로의 욕구와 필요를 생산하는데, 푸코는 나중에 이를 "스스로를 사업체로 삼는 기업가" "스스로 자본인…… 존재"라고 부른다.[34] 따라서 호모에코노미쿠스라는 개념은 그러한 사람과 다른 사람들이 자신의 개성적 인격에 일구어 놓은 다양한 투자들을 모두 포함하도록 확장되어야만 한다는 것이다. 이렇게 자아를 자본으로 삼는 자본가로서의 호모에코노미쿠스는 항상 자기 자본을 배치하는 방법을 놓고 자신의 필요와 욕구를 충족할 수 있도록 최선의 결정을 내리게 된다는 것이다.

이러한 접근법을 정교하게 만든 이들은 자기들이 가진 지혜를 집약하여 인적자본이론(theory of human capital)이라고 불리는 것을 만들어 냈다. 공공정책에 관심을 가진 이들로서 이러한 접근법을 취하는 이들은 모든 개인이 자기 마음대로 활용할 수 있는 인적자본이 무엇인지를 철저히 해부하는 작업에 착수한다. 즉 그러한 인적자본은 무엇이고, 그 출처는 무엇이며, 어떠한 목적으로 배치할 수 있는지 등을 분석하는 것이다. 이러한 지식을 일단 획득하게 된다면 결혼, 가족, 도덕성, 교육, 심지어 체육에 이르기까지 한때 경제적 계산과는 별개 영역으로 여겨졌던 인간 존재의 다양한 측면들을 경제적 담론으로 끌어올 수 있게 된다는 것을 뜻했다. 이미 1940년대에 독일 프라이부르크(Freiburg)의 신자유주의자들 가운데 한 집단은 스스로를 질서자유주의자들(ordo-liberals)이라고 부르면서 이러한 형태의 분석을 개척해 냈다. 이들은 제2차세계대전 이후의 서독에서 사회정책과 정부 정책의 틀을 잡는 데에 큰 영향력을 발휘했다.[35] 1950년대와 1960년대에 이러한 사고방식은 미국으로도 확산됐고, 특히 시카고대학교의 경제학과에서 게리 베커(Gary Becker)의 지도로 뻗어 나오던 집단에 중요한 요소들을 제공한다. 베커는 시장터의 소란스러운 성격과 계약이라는 지상명령으로부터 단절된 사생활의 영역이라고 여겨졌던 인간 존재의 여러 측면(가장 유명한 사례는 가족이었다)들을 경제분석의 대상으로 삼은 최초의 인물이었다.[36]

이렇게 사생활을 행동경제학의 한 분야로 전환시키는 과정에서 당연히 학자들과 비평가들 사이에 분열이 일어나기도 했다. 프랑스계 캐나다 경제학자이자 자유지상주의자인 장뤼크 미게(Jean-Luc Migué)는 1976년에 쓴 글에서 크게 고무된 어조로 인적자본이론의 발전이 큰 잠재력을 가지고 있다고 말하면서, 이를 통해 얼마나 큰 혜택이 올 것인지를 한 가정 내 관계를 예로 들어 분석하고 있다. "경제분석에서 최근에 나타난 가장 큰 기여 중 하나는 전통적으로 기업과 소비자를 분석할 때 사용되던 틀을 가정 부문에 본격적으로 적용하게 된 것이다." 전형적인 기업을 다룰 때에 사용되던 방식을 가정에도 똑같이 적용하는 것은 아주 적합한 일이라고 미게는 주장했다. "가정이란 것이 양측이 함께 특정한 '투입'을 공급하고 또 거기서 나온 '산출'을 일정 비율로 나누어 갖는 계약된 약속이 아니라면 무엇이란 말인가?" 기업에서는 고용인과 피고용인 사이의 관계에서 계약이라는 방법으로 질서를 부여하는바, "[한 가정의] 양측이 장기적 계약을 맺고 그 일반적 교환 조건에 합의"하는 방식도 기업과 똑같은 것이라고 그는 주장한다. 그렇게 하지 않을 경우의 대안은, "일상적인 가정생활에서 벌어지는 여러 교환 행위에 본질적으로 내재한 무수한 계약들을 끊임없이 협상하고 감독하는, 또 큰 비용을 초래하는" 관계를 맺는 것뿐이라는 것이다.[37]

정치평론가 웬디 브라운(Wendy Brown)은 미게가 이러한 글을 쓴 이후 40년에 걸쳐 행동경제학이 확산되는 과정을 조사했는데, 이러한 신자유주의의 통치 전략이 어떤 효과를 가져왔는지에 대해 브라운이 내린 결론은 상당히 비관적이다. 브라운이 2015년에 쓴 글에 따르면, "신자유주의는 경제에 어떤 특정한 이미지를 설정해 놓고서 모든 인간 생활의 영역과 활동을 그것에 따라 둔갑시키며, 그에 따라 인간 자체도 둔갑시켜 버린다. 모든 행위는 경제적 행위이며, 인간 존재의 모든 영역은 경제적 관점에서 틀이 짜이고 또 경제적 단위로 측량된다. 이는 그 영역들이 직접 화폐화되어 있지 않은 경우에도 마찬가지다". 브라운은 인간이 가진 모든 만남과 꿈, 열망이 모두 자본의 문제로 변환되는 것을 극도로 혐오했다. 브라운은 "자신의 경쟁력과 위상을 높이고 활용해야 하는 임무, 그리고 자신의 모든 활동과 자리에 걸쳐 있는 (화폐적·비화폐적) 포트폴리오 가치를 최대로 끌어올려야 하는 임무"를 띤 호모에코노미쿠스야말로 억압이라고 정죄한다.[38] 개인을 이런 방식으로 이해하게 되면, 극히 조야(粗野)한 도구적 삶이 모두가 바라 마지않는 으뜸의 삶이 되고 말 것이라고 브라운은 공격한다. 브라운이 가장 소중히 여기는 인간의 열망—정의, 평등, 민주주의, 공정성—은 이에 따라 온갖 곤경에 처하게 된다는 것이다.

물론 일찍이 19세기 영국의 제러미 벤담(Jeremy Bentham)과 그 추종자들의 저작에서도 인간 생활과 사회 전체를 폭넓게 경제주의적 사유로 치환하는 태도가 나타난 바 있다. 하지만 이는 어디까지나 제대로 발전되지 못한 맹아적인 아이디어였다. 쾌락을 증가시키고 고통을 최소화하라는 벤담의 미적분학을 이러한 경제화의 초기적 형태였다고 지칭할 수도 있다. 하지만 벤담은 150년 후 신자유주의자들이 얻을 수 있는 각종 데이터를 수집할 도구가 없었으며, 인간을 단순히 쾌락과 고통으로 움직이는 기계로 보는 그의 인간관 또한 게리 베커처럼 아예 자아를 사업체로 삼아 자본과 그 수익을 극대화하기 위해 자나 깨나 투입물과 산출물의 균형을 꾀하는 기업가로서 개인을 바라보는 생각에 비하면, 그 논리의 세련화에서 도저히 비교할 수 있는 게 아니었다.[39] 이러한 신자유주의의 전략은 정말로 새로운 출발의 이정표가 되었음이 분명하다.

이러한 경제주의적 분석의 개척자 가운데 하나인 독일의 질서자유주의자들은 이러한 분석에 들어 있는 초도덕주의를 일찍부터 인식하고 있었다. 경제분석을 인간 존재의 모든 영역으로 확장하고 가정생활과 사생활 등의 가장 내밀한 측면들까지 투입과 산출 분석에 밀어 넣게 되면 인간사를 이해하는 데에 사랑, 미덕, 동정과 자비 등의 자리는 없어질 수도 있으니까. 독일 질서자유주의자들은 이러한 혁신적인 경제분석을 적절한 "도덕적 틀과 정치적 틀"에 집어넣음으로써 그러한 위협을 물리칠 수 있다고 믿었다.[40] 이 집단에서 두각을 나타낸 인물인 빌헬름 뢰프케는 동료 질서자유주의자들에게 공동체와 협동 정신을 길잡이로 삼아야 하며, 개인주의보다 사회통합에 우선순위를 두어야 한다고 주장했다. 하지만 개개인의 의사결정에까지 영향을 미칠 수 있는 도덕적 틀을 마련하여 거기에 질서자유주의까지 포함되게 만드는 일은 대단히 어려운 작업이었다. 뢰프케는 독일의 보통 사람들이나 다른 유럽 민족 대부분은 이러한 책임을 받아안을 능력이 있다고 믿었다. 왜냐하면 이들은 모두 서양의 기독교적이고 도덕적인 문명의 상속자들이기 때문이라는 것이다. 하지만 뢰프케는 유럽의 경계선 너머에 있는 인종과 국민이 과연 자신이 창출하고자 하는 자유주의적 시장경제에서 번영을 이룰 깜냥이 되는지에 점차 의문을 품게 된다. 1960년대가 되면 그는 로디지아(Rhodesia)와 남아프리카에서 자행되던 인종 분리(apartheid)의 지지자로 악명을 얻게 되며, 아프리카 흑인들은 자신이 만들고자 하는 "자유"롭지만 도덕적 기율을 갖춘 사회에 적합한 사람들이 아니라고 선언한다. 뢰프케의 눈으로 볼 때, 아프리카 대륙의 남쪽 지역에서는 오로지 칼뱅교의 전통을 물려받은 네덜란드계 주민들(Afrikaners)과 그들을 지지하는 백인들만이 그 지역에서 필요한 기율을 만들어 낼 능력이 있다는 것이었다.[41]

하지만 게리 베커 주변에 있는 미국 신자유주의자들은 사회적 삶을 경제화하면서 생겨날 여러 도덕적 딜레마에 대해 고민이 덜했다. 이들은 1960년대에도 뢰프케가 갇혀 버린 모순들로 고민하는 것이 덜했고, 모든 인간관계를 경제주의적 관점에서 분석하겠다는 결단도 더욱 급진적이고 근본적이었다. 이 시대의 미국은 만인이 인정하는 인적자본 혁명의 본고장이 됐다. 하지만 1970년대와 1980년대에 걸쳐 미국에서는 신자유주의적 경제가 건설된다. 그 와중에 탈규제가 광범위하게 벌어지면서, "좋은 사회"를 확립하는 데에 아주 중요하다고 여겨지던 사회적유대를 약화시키고 시장의 힘에 특권적 위치를 부여하게 된다. 이렇게 되자 미국의 신자유주의자들 또한 뢰프케와 질서자유주의자들이 골몰했던 도덕적 가치의 침식이라는 문제를 설명해 낼 수 있어야만 했다. 1980년대와 1990년대가 되면, 이들에게도 남아프리카 문제에서 뢰프케가 그랬던 것처럼 인종적 노선이 서서히 대두되기 시작했다.[42]

신자유주의의 첫 번째와 두 번째 전략은 질서, 통제, 틀, 기술 관료제, 조종 등을 강조하는 것들이었다. 그런데 세 번째 전략은 다른 것들을 약속한다. 고전적 자유주의를 강력하게 떠받쳤던 개인의 자유에 대한 약속을 되살려 내는 것이다. 이러한 흐름은 질서와 통제가 아닌, 개인의 개성을 억압하는 제약들을 떨쳐 내는 짜릿한 모험을 더 중요한 자리에 놓는다. 고전적 자유주의자들은 시장의 놀라운 역동성을 발견했으며, 그것을 가로막는 장애물들, 특히 정부가 강제하는 것들에서 시장을 해방시키고자 했다. 그들은 모든 개인에게 자기 이익과 재산 형성을 추구할 자유를 부여하고자 했다. 또 이들은 개인의 그런 동기를 해방적 성격으로 보았다. 결국 개인의 자유로, 그리고 "자유로운" 경제적 교환의 시스템으로 세계를 완전히 변혁시키고자 열망했던 것이다.

신자유주의적 사고방식이 몽펠르랭협회의 살롱과 시카고 대학교를 벗어나 미국 정치의 이곳저곳으로 이식되기 시작하자, 신자유주의적 개혁이 갖는 이러한 해방적 차원이 갈수록 더욱 크게 부각됐다. 이를 받아들인 이들은 미국독립혁명에 구현되어 있는 자유의 약속을 다시 미국 국민들에게 연결시키는 과업을 수행하는 것이라고 상상했다. 이들은 미국의 개인들을 모든 제약에서 풀어내어 각자가 새롭게 기회를 추구할 수 있도록 해야 한다고 요구했다. 이러한 신자유주의 전략은 기업가정신을 갖춘 이들에게 부를 약속하는 것이기도 하면서, 또한 모두에게 특별한 종류의 자유, 즉 개인이 대기업과 국가 규제에서 독립하여 자신의 삶을 스스로 구성할 수 있는 자유를 약속하는 것이었다. 냉전 때문에 이러한 자유의 추구는 가장 우선적이면서도 절박한 문제가 됐다. 이 싸움은 시간을 지체할 수 없는 것이라고 한다. 비록 1950년대의 미국 경제가 미국인들의 손에 풍요를 가져다주기는 했지만, 이는 어디까지나 정부의 과도한 관리 아래에서 이루어진 경제이니 여기에 속아서는 안 된다는 것이다. 공산주의는 미국의 자유에 끔찍한 위협이다. 뉴딜로 시작되어 이제는 공화당 대통령 아이젠하워까지 지지하게 된 규제된 자본주의는, 사실 공산주의가 미국에 침투하여 미국인들이 여러 세대에 걸쳐 힘겹게 건설해 온 자유 애호 문명을 파괴하게 될 트로이의 목마라는 것이다.

이는《뉴스위크》의 칼럼니스트이자 몽펠르랭협회의 회원인 헨리 해즐릿이 1950년대에 내놓은 주장이었다.[43] 또한 이는 밀턴 프리드먼이 자신의 저작들, 특히 1962년에 처음 출간된 그의 유명한 논고『자본주의와 자유(Capitalism and Freedom)』를 통해 세간에 알린 주장이기도 했다.[44] 이러한 경고를 가장 줄기차게 설파한 정치인은 배리 골드워터와 로널드 레이건이었다. 1950년대 초만 해도 이들은 미국 정치에서 주변적인 인물이었다. 골드워터는 백화점 소유주였으며 인구가 적은 애리조나주 상원의원이었다. 그는 뉴딜이 아이젠하워의 묵종 속에서 미국인의 자유를 파괴하고 있다고 확신하게 됐다. 레이건은 배우 경력이 막다른 골목에 이르렀지만, 제너럴일렉트릭이 그를 〈제너럴일렉트릭극장(General Electric Theatre)〉의 사회자로 채용하면서 새로운 전기를 맞는다. 이는 1954년에서 1962년까지 매주 일요일 밤에 방송된 TV프로그램으로서, 다양한 내용을 담고 있었기에 그 자체로 정치적인 것은 아니었다. 하지만 제너럴일렉트릭은 레이건에게 1년에 12주 동안 친선 대사가 되어 미국 전역에 있는 125개 이상인 자회사 시설들을 순회하면서 직원 대부분인 25만 명을 만나 대화하는 일을 맡겼다. 제너럴일렉트릭에서 처음 일할 당시만 해도 레이건은 여전히 민주당 지지자였지만, 소련의 공세에 대한 인식이 바뀌고 제너럴일렉트릭의 여러 공장을 오가는 긴 기차 여행(그는 비행기를 좋아하지 않았다)에서 하이에크와 해즐릿의 글을 읽은 데다가 제너럴일렉트릭의 다종다양한 중간관리자들과 친분을 맺으면서 점점 더 자유지상주의의 우파 쪽으로 나아가게 된다. 1964년, 골드워터와 레이건은 미국 정치의 전면으로 나서게 된다. 그해 7월에 열린 공화당 대선후보 지명전에서 온건파 넬슨 록펠러(Nelson Rockefeller)를 골드워터가 이기는 이변이 벌어졌으며, 세 달 후에는 골드워터의 선거운동을 지지하는 TV 연설원으로 레이건이 차출됐던 것이다.[45]

골드워터가 이렇게 부상한 이유를 두고 그가 1964년의 민권법을 반대했으며 또 미국에서 백인우월주의가 계속 보존되기를 원하는 조지 월리스(George Wallace, 1962년에 앨라배마 주지사로 선출된 민주당 정치가로서, 민권법에 반대하고 백인우월주의를 주장했다—옮긴이)의 백인 지지자들의 표를 긁어갔기 때문이라고 설명하는 경우가 많다. 이러한 설명의 틀은 분명히 일리가 있다. 하지만 이는 골드워터가 실제 공화당 후보 수락 연설에서 내놓은 내용을 가볍게 여긴 것이다. 그가 이 연설에서 중점을 둔 것은 인종문제가 아니라, 창조적인 기업가정신을 미국 국민들의 생득권이라고 보면서 이를 다시 미국에 회복시키겠다는 주장이었다. 또한 이 연설에서 골드워터가 타깃으로 삼은 것은 민권운동 시위자들이나 반란자들이 아니라 뉴딜주의자들이었는데, 아이젠하워와 같은 공화당 정치가들이 뉴딜주의자들을 더욱 부추겨서 인간 정신을 질식시킬 정도의 과도한 규제 사회로 만들어 버렸다는 것을 내용으로 하고 있다. "우리 공화당이 외쳐야 할 바는 이 세상을 완전히 평평하게 하여 세상 사람들을 모두 컴퓨터로 획일화된 규격에 순종하게 만드는 것이 아닙니다. 우리 공화당이 외쳐야 할 바는 우리 국민들을 자유롭게 하여 온 세계에 자유의 밝은 빛을 비추는 것입니다"라고 골드워터는 선언했다. 그렇다면 골드워터가 상상한 "자유의 길"은 어떤 내용을 담고 있을까? 그가 핵심어로 삼은 말은 "다양성(diversity)"과 "창의성(creativity)"이었다. 그 후 10년도 지나기 전에 다문화주의는 민주당원인지의 여부를 판별하는 시금석과 같은 문제가 되지만, 여기서 골드워터가 말하는 다양성은 그러한 다문화주의와는 전혀 다른 의미였다. 하지만 그렇다고 해서 이 말이 단지 남부의 여러 주가 "다종다양한(divergent)" 짐크로법 체제를 유지할 수 있도록 허용한다는 암구호 같은 말도 아니었다. 비록 일부 남부의 백인 청중은 골드워터의 연설을 그런 뜻으로 받아들이기는 했지만, 골드워터가 말하는 다양성이란 개인성과 혁신을 자극하는 개념이었다. 개인들에게 자신의 성향을 따를 자유를 허용해야 하며, 이러한 자유가 허용된다면 "사람들의 여러 창의적인 차이점이 해방될" 것이라는 뜻이었다. 골드워터는 아무리 창의적인 길을 열어 준다고 해도 일부 사람들은 아무런 결실도 얻지 못하게 될 것임을 알고 있었다. 하지만 전체적으로 볼 때, 개인의 창의성을 해방시키는 일을 진정성 있게 밀고 나간다면 "개인들이 시민으로서 할 수 있고 또 해야만 하는 모든 일이 크게 확장되면서 이를 기초로 미국은 다시 번영하게 될 것"이라는 것이었다. 모든 사람이 다시금 "진리를 추구하고, 질병 치료를 위해 분투하고, 우리의 자연환경을 정복하여 결실을 가져오고, 생산, 과학, 기술의 발명을 힘차게 끌어올리는 엔진을 만들어 낼 것"이라고 말했다.[46]

물론 당시에는 미국 사회 전체에 순응주의(conformism)에 대한 우려가 널리 퍼져 있었다. 실제로 이는 당시 문화비평가들의 주된 모티브이기도 했다. 윌리엄 화이트(William H. Whyte)의 『조직의 인간(The Organization Man)』, 데이비드 라이스먼(David Reisman)의 『고독한 군중(The Lonely Crowd)』, 라이트 밀스(C. Wright Mills)의 『화이트칼라(White Collar)』, 리처드 호프스태터(Richard Hofstadter)의 『미국의 정치적 전통(The American Political Tradition)』, 폴 굿맨의 『바보 어른으로 성장하기』 등 시대를 규정하다시피 했던 당시의 저작들에서도 이는 분명하게 나타난다.[47] 하지만 이러한 우려는 보통 뉴딜 자유주의자들 그리고 당시에 막 싹을 틔우고 있었던 신좌파들과 결부되어 있었다. 이러한 주제가 공화당의 이곳저곳에 얼마나 깊게 침투되어 있었는지는 지금도 제대로 해명되지 못했으며, 골드워터가 일으킨 공화당 내부에서의 반란이 뉴딜이 강제하는 순응주의에서 자아를 해방시키자는 정신과 얼마나 긴밀하게 엮여 있었는지도 제대로 파악되지 못한 상태다. 달리 말하자면, 예전에 리프먼이 "사람들을 한껏 취하게 만드는 약속"이라고 불리던 고전적 자유주의의 성격을 골드워터의 말에서 감지할 수 있다는 것이다.

레이건도 스스로 힘차게 치고 나왔다는 점은 주목할 만하다. 그는 모교인 일리노이주 유리카대학(Eureka College)의 졸업식 연설에서 뉴딜 자유주의자들이 "우리 모두에게 경제적 밑바닥을 만들어 놓고 일정한 생활수준 이하에서 살아가는 사람이 없도록 만들겠다는" 집착에 붙들려 있다고 비판했다. 레이건은 이러한 경제적 최저선을 만드는 것 자체를 문제 삼은 것이 아니라, 똑같은 "선한 의도를 가진 사람들"이 "아무도 그 위로 올라가지 못하게 막는 천장"을 만들어 놓는 것에 불만을 가진 것이었다. 또한 레이건은 모든 미국인이 이러한 천장과 바닥 사이에서 "표준화된 그저 그런 수준의 범상한 인간들로 찍혀 나오도록, 순응적인 존재가 되도록" 압력을 받고 있다고 한탄한다. 이러한 압력 때문에 여러 세대에 걸쳐 개척 시대의 미국인들이 키워 온 "용기와 상상력이라는 귀한 품성들"이 부정당할 위협에 처했다는 것이다.[48]

골드워터와 레이건은 둘 다 자신이 서부 출신임을 강력히 내세웠다는 점도 중요하다. 골드워터는 서부 토박이 아들이었으며, 레이건은 입양 아들이었다. 이들의 상상 속에 나오는 서부는 모든 인습을 벗어던지고 아무 제약 없이 스스로 개인성을 추구할 수 있는 장소였고, 또 아무 제약 없는 사회를 만들어 낼 수 있는 장소였으며, 미국의 자유와 민주주의가 끊임없이 재충전되고 다시 태어나는 장소였다. 물론 이런 사고방식은 신화에 불과하다는 것이 모두 밝혀진 바 있다. 서부는 빈 공간이 아니었다. 오히려 그곳은 여러 원주민 부족들의 삶의 터전이었을 뿐만 아니라, 여러 유럽 제국들이 서로 다툼을 벌이는 장이기도 했다. 그리고 그곳에 정착을 하려면 용감한 개인들의 용기 말고도 너무나 많은 것이 필요했다. 철도 및 고속도로를 세우는 데에 중앙정부가 거액의 보조금을 지출해야 했고, 인디언들을 무릎 꿇릴 수 있는 군대의 자금도 대야 했으며, 경제발전을 이루는 데에 필요한 상수도 및 에너지 등의 인프라도 개발해야만 했다. 뉴딜 기간 동안 서부는 1인당 정부지출 책정액으로 볼 때 다른 어느 지역보다도 많이 받았다.[49] 하지만 우리는 베니딕트 앤더슨(Benedict Anderson)이 "신화"에 대해 내놓았던 지혜를 기억해야 한다. 이들의 그러한 믿음이 사실인지 아닌지뿐만이 아니라 그 믿음이 얼마나 강렬한지도 중요한 문제다.[50] 서부라는 곳이 개척지이자 자유와 재탄생의 고장이라는 믿음은 예전이나 지금도 미국에서 강력한 문화적·정치적 힘을 가지고 있다. 골드워터와 레이건이 미국인들 스스로가 자유를 재발견하고 개인성을 함양할 능력이 있다고 믿게 된 것도 바로 이런 힘이었다. 존 케네디 또한 1960년대 민주당 전당대회 후보 수락 연설에서 "우리는 오늘날 새로운 개척지의 최전선에 서 있습니다"라는 유명한 선언을 남기면서 자신과 정당을 위해서 이러한 신화를 전유하려고 했다.[51]

프리드리히 하이에크는 교양 있는 중부유럽인으로서 이러한 개척지 생활이라는 아이디어에 가슴이 뜨거워질 인물이 전혀 아니었지만, 그 또한 자유와 개성을 함양한다는 목표에 관심을 두었다. 하이에크는 시카고대학교 경제학과에 자리를 얻어 1950년에 미국으로 건너왔다. 1950년과 1960년 사이에 그는 걸작 『자유헌정론(The Constitution of Liberty)』을 저술하고 출판했는데, 이는 자유로운 체제를 창출하고 키워 내기 위해 어떤 벽돌을 어디에 쌓아야 하는지에 대한 엄밀한 분석이었다. 이 책 전체에 걸쳐서 하이에크는 헌정 질서의 중요성을 강조했거니와, 헌정 질서라는 것은 "인간의 정부가 아닌 법의 정부"로서 언론·집회·이동의 자유, 사적소유권, 직업선택의자유 등이 신성불가침으로 다루어지는 질서라고 말한다. 또한 하이에크는 헌정 질서로 창출되는 사회는 개개인이 정부로부터 징발당하지 않고, 창조하고 혁신하는 자유를 획득할 수 있어야만 한다고 반복해서 강조했다. 물론 혁신의 시도는 다수가 실패할 수 있다고 하이에크도 인정한다. 하지만 개중에는 성공하는 것들도 있을 것이며, 이러한 성공을 통해 경제성장이나 개인의 성취에서 큰 중요성을 가진 진보가 이루진다는 것이었다. 미래의 어떤 창조물이 얼마나 많은 혜택을 가져올지를 현재라는 시점에 갇힐 수밖에 없는 인간은 절대로 알 수 없다고 하이에크는 분명히 말한다. 그가 계획경제에 그토록 단호하게 반대를 표명하는 이유는 바로 이러한 미래에 대한 인식 불가능성과 예측 불가능성에 있었다. 인간은 이미 알고 있는 것에 대해서만 계획을 할 수 있으며, 인식이 불가능한 것들에 대해서는 계획 자체가 불가능하다는 것이었다.[52]

하이에크가 볼 때에는 그가 "자발성(spontaneity)"이라고 불렀던 것을 함양하는 것만이, 그리고 그러한 행동들에 보상을 내려 주는 시장경제를 일구어 내는 것만이 인식 불능의 미래를 준비할 수 있는 유일한 방법이라는 것이다. 하이에크의 저서 『자유헌정론』에는 이 "자발성"이라는 말이 도처에 출몰한다. 그는 이것이야말로 "자유의 본질"이라고 부른다. 이는 골드워터가 창의성과 다양성을 강조하면서 부각시키려고 했던 것과 똑같은 현상을 이야기하고 있다. 하이에크가 미국 서부에 큰 관심을 갖게 된 것은 전혀 아니었고, 시어도어 루스벨트처럼 "관광 목장(dude ranch, 1880년대에 미국 동부 사람들은 다코타주 배드랜드에 있는 농장에서 서부 개척 시대의 생활 방식을 즐기는 것을 한 가지 휴가 방식으로 생각했고, 시어도어 루스벨트는 이를 처음으로 널리 알린 인물 중 하나였다—옮긴이)"에 쉬러 오는 대열에도 절대 끼어들 인물이 아니었다. 사실 그는 미국 생활에 전혀 적응하지 못했고, 1962년에는 다시 중부유럽으로 되돌아가게 된다. 하지만 그가 미국 생활에 불편을 느꼈다고 해도, 그가 영국에서 비롯되어 영국계 이민자들을 통해 미국으로 건너간 "영국식 자유 이론"(그가 일컬은 명칭이다)에 품은 경외심은 조금도 손상되지 않았다. 인간의 자발성을 키워 내는 데에 이것보다 더 크게 기여한 이데올로기는 없다는 것이 그의 믿음이었다.[53]

또한 하이에크는 1789년의 미국헌법이야말로 자유를 육성하는 데에서 이 세상에 존재하는 모든 통치의 틀 가운데 가장 뛰어난 것이라고 보았다. 미국헌법에 13개 주 대표들이 서명했던 것이 바로 자유를 위한 미국의 실험이 기반을 얻게 된 순간이며, 이 실험은 찬양하고 소중히 여겨야 하는 것이라고 보았다.[54] 이 점에서만큼은 하이에크 또한 레이건과 골드워터와 똑같은 찬송가를 불렀다고 볼 수 있다. 이 세 번째 신자유주의 개혁 전략은 정치적 통제와 이데올로기적 통제를 강조했던 앞의 두 전략과는 다른 것이었다. 신자유주의 이데올로기가 통제를 갈망하는 것에 그치지 않고, 정치와 사회와 경제에 자유, 자발성, 예측 불가능성 등을 주입하는 것을 갈망한 사실을 파악하지 못한다면 그 이데올로기가 가진 힘을 이해할 수 없다. 예측하지 못한 일들, 위대한 혁신, 새로운 진리와 사실의 발견 등이 벌어질 수 있는 조건을 창출해야 한다고 하이에크가 말했던 의미도 바로 이러한 신자유주의의 해방적 갈망이었던 것이다.

신자유주의 개혁의 이 세 번째 전략을 염두에 둔다면 많은 학자가 대부분 묵과했던 사실, 즉 신자유주의가 미국에서 좌파들에게도 호소력을 발휘했다는 사실을 제대로 볼 수 있게 된다. 앨런 긴즈버그(Allen Ginsberg)는 사람의 영혼을 질식 상태로 몰아넣는 근대성의 손아귀에서 인류를 구원해야 한다고 경종을 울린 바 있다. 그는 이러한 근대성의 본질을 자본주의, 물질주의, 단조로움 등으로 보았으며 이 하나하나가 인간의 영혼을 압살하게 된다고 보았다. 또한 그는 1956~1957년에 나온 그의 충격적인 시 「울부짖음(Howl)」에서 특히 인간 실존의 가능성을 크게 갉아먹는 것으로 거짓 신(神)인 몰록(Moloch)에 대한 우상숭배를 묘사한 바 있다. "정신이 순수한 기계로 이루어진 몰록! …… 무한한 기름과 돌만을 사랑하는 몰록! …… 전기와 은행으로 영혼이 이루어진 몰록! …… 몰록! 몰록! 로봇들이 사는 아파트들! 보이지 않는 교외 지역!"[55] 폴 굿맨도 비록 좀 더 절제된 산문이지만 1960년 저서 『바보 어른으로 성장하기』에서 비슷한 정서를 표출한 바 있으며, 이 책은 미국의 좌파 성향의 청소년들에게 영감의 원천이 된다. "우리 사회에서는 총명하고 생기 넘치는 아이들, 지식, 숭고한 이상, 정직한 노력, 여러 가치 있는 성취 등을 이룰 풍부한 잠재력을 갖춘 아이들이 결국에는 쓸모없고 냉소적인 두 발 달린 동물이 되거나, 아니면 궁지에 몰린 혹은 일찌감치 세상을 포기한 점잖은 청년으로 바뀌어 버리고 만다. 조직 시스템 안에 있으나 밖에 있으나 차이가 없다." 굿맨은 계속 말한다. 이렇게 청소년들의 상태가 악화되는 것은 "현재 우리 사회를 지배하고 있는 독점에 가까운 대기업, 노동조합, 정부, 광고업계 등이 동맹체를 이루고자 하는 이해관계에 '자유주의자들'과 '보수주의자들'이 모두 고개를 숙이고 들어간 것 때문"이라는 것이다.[56] 미국 사회가 과도한 규제로 인해 꽁꽁 묶인 상태가 되어 이제는 인간의 정신을 질식시키고 있다는 것이었다. 굿맨은 레이건, 골드워터, 프리드먼 등과 마찬가지로 "모험에 뛰어드는 자본주의 사업체의 영웅적 시대"가 필요하다고 목소리를 높인다. 젊은이들이 그저 조직 속의 인간이 되는 것이 아닌 다른 무언가를 열망할 수 있으며, "성공하든 망하든 영혼을 걸고 위험을 감수할 수 있는 진짜 일자리"를 거머쥘 수 있는 시대를 살려 내야 한다는 것이었다.[57]

1962년 미시간호 근처에 모인 한 급진파 대학생 집단이 작성한 선언문인 「포트휴런성명서」에서도 이와 비슷한 우울과 좌절이 중점적으로 나타나 있다. "사실상 오늘날의 사회적 삶을 규정하는 특징 중 하나는 유토피아와 희망의 쇠퇴다. 그 이유는 다양하다. 교착상태에 빠진 현재의 의회는 가능한 것이 무엇인지에 대해서 사람들의 시야를 좁혀 놓았고, 인간 활동의 전문화로 인해 총체적인 사유의 여지는 거의 사라졌으며, 집단 수용소와 가스실과 원자폭탄 등으로 상징화되는 20세기의 악몽은 희망 자체를 날려 버렸다. 이상주의자가 되려는 이는 망상에 빠져 세상의 종말이나 이야기하는 사람으로 치부된다. 오히려 아무런 진지한 열망도 없는 사람이 '강인한 정신을 가진 이'로 여겨진다."[58] 신좌파의 목표는 인간 정신의 열망적인 불꽃들을 다시 일으키는 것이며, 상상할 수 있는 역량 그리고 유토피아를 이루기 위해 분투할 수 있는 역량을 회복하고, 미국 사회에 진정한 민주주의와 생명력 모두를 회복하는 것이었다.

물론 「포트휴런성명서」에는 전쟁과 원자폭탄의 공포에 대한 이야기가 신자유주의 우파들의 논고에 나오는 것보다 훨씬 더 많다. 또한 굿맨, 레이건, 프리드먼 등과 마찬가지로 황당한 일들이 사방에서 벌어졌던 19세기 자유시장 자본주의의 활극 시대에 대해서도 아무런 견해를 내지 않고 있다. 이들은 자본주의가 극복되고 대체되어야 할 대상이지 복구되어야 할 것으로 여기지는 않았던 것이다. 하지만 이렇게 새로운 형태로 나타난 좌파와 우파 모두는 뉴딜 질서의 본질적인 특징이 조직적·관료적 사회가 되어 버렸고, 이에 인간 정신의 질식을 초래한다는 깊은 확신을 공유했으며, 신좌파는 이를 아예 "시스템"이라는 이름으로 낙인찍어 버리기에 이른다. 신좌파들은 점차 뉴딜 자유주의를 "대기업 자유주의"라는 것과 동일시하게 된다. 즉 애초에 뉴딜이 약속한 대기업 지배가 일으키는 문제를 해결하기는커녕 오히려 그 대기업들에 의해 지배당하게 된 자유주의라는 것이었다. 신좌파 운동이 최초로 미국 전체의 관심을 집중시킨 사건인 1964년 UC버클리의 자유발언운동(1964년부터 1965년까지 UC버클리에서는 대학 당국이 학생들의 정치적 발언과 정치 행동을 금지하려는 움직임에 저항하는 대규모 학생 집회 및 시위가 계속됐다. 이는 그전부터 힘을 키우고 있던 신좌파 학생운동가들의 주도로 이루어지면서 신좌파 운동이 전국적으로 결집하여 힘을 보이는 사건이 됐다. 이후 1960년대의 민권운동과 베트남전쟁 반대운동의 중요한 기폭제가 되었을 뿐만 아니라 1970년대 이후에도 미국에서 정치적인 문제에 대한 언론 및 발언 자유의 사고방식을 규정하는 분수령이 되는 사건이었다—옮긴이)과 이를 둘러싼 여러 시위에서도 다음과 같은 플래카드 구호가 큰 반응을 얻었다. "나는 접히지도, 감기지도, 잘라 내어지지도 않겠다." 당시의 IBM 메인프레임컴퓨터는 아무리 간단한 프로그램을 실행하려 해도 가로 7과 8분의 3인치, 세로 3과 4분의 1인치의 천공카드가 수천 장씩 들어갔으며, 그 천공카드에는 모두 "접거나 감거나 잘라 내지 마시오"라는 문구가 씌어 있었다. UC버클리 대학생들은 자신들이 그저 거대한 기계의 톱니바퀴에 불과한 존재로 전락하는 것에 대한 분노를 표출한 것이다. 즉 대학 행정가들과 교수들의 눈에는 구별되지 않는 1000장이 넘는 똑같은 천공카드 더미 속 카드 한 장처럼 자신들이 무차별한 존재로 취급당하는 것에 분노했다. IBM은 스스로를 가장 현대적이고 혁신적인 기업이라고 여기고 있었지만, 이제는 가장 독재적이고, 통제 및 규격화로 개성을 말살하는 존재라는 혐의를 뒤집어쓰게 된 것이다.[59]

공화당 내의 반란 세력 지도자들이 서부 출신이었던 것처럼, 신좌파를 둘러싼 최초의 목소리 중 다수가 서부, 특히 캘리포니아 베이 지역(Bay Area)에서 나왔다. 말할 것도 없이 UC버클리는 신좌파가 한 실체로 자라나는 데에 결정적인 역할을 한 기관이며, 히피문화가 태어나고 번성했던 샌프란시스코의 헤이트애시베리(Haight-Ashbury) 또한 마찬가지였다. 우파뿐만 아니라 좌파에게도 캘리포니아는 꿈이 피어나는 장소였고, 과거의 정체성을 털어 버리고 새로운 정체성을 발견할 수 있는 장소였던 것이다.[60]

이렇게 비슷한 정서가 공화당 내의 반란 세력[이들은 곧 "신우파(New Right)"라고 불리게 된다]이나 신좌파 반란 세력에 똑같이 스며들어 있었다는 점을 볼 때, 다음과 같은 질문이 당연히 나오게 된다. 이 두 집단 사이에 모종의 꽃가루 교배와 같은 생각의 교류 혹은 협조 같은 것이 있었던 게 아닐까? 거의 없었다. 대학 캠퍼스에서는 공화당 반란 세력이 결집하는 중요한 조직이었던 자유미국청년회(Young Americans for Freedom)가 있었고, 또 좌파 쪽으로는 「포트휴런성명서」 직후 신좌파의 목표를 위해 투쟁하겠다고 나선 민주사회학생회(Students for a Democratic Society)가 있었다. 이 둘 세력의 크기는 비슷했지만, 대학 캠퍼스 내에서조차 양쪽의 교류는 많지 않았다. 하지만 이 두 세력이 만나는 교차점이 최소한 세 가지는 있었다.

첫 번째는 에인 랜드의 소설이었다. 에인 랜드[본명은 얼리사 로즌바움(nee Alyssa Rosenbaum)이다]는 1917년 볼셰비키 혁명으로 삶이 뒤집혀 소련을 떠나게 된 망명자로서, 공산주의뿐만 아니라 정부가 주도하고 돈을 대는 모든 종류의 개혁에 반대하는 투쟁의 삶을 살았던 이였다. 따라서 뉴딜 및 복지국가가 구현하는 개혁 또한 (랜드가 보기에는) 미국에 집산주의의 폭정을 강요할 위협을 담고 있는 것이었다. 랜드는 문학에서 성공을 거두어 명성을 얻게 됐으며, 특히 1943년에 출간한 『파운틴헤드(The Fountainhead)』와 1957년에 출간한 『아틀라스(Atlas Shrugged)』가 큰 역할을 했다. 1960년대가 되면 이 두 소설은 수백만 부가 팔리게 된다.[61]

두 소설에는 모두 개성이 강한 남성 주인공이 등장한다. 『파운틴헤드』에서는 건축가 하워드 로크이고, 『아틀라스』에서는 특출한 능력, 에너지, 비전 그리고 테스토스테론이 넘쳐 나는 엔지니어 존 갤트이다. 이 두 인물은 재능을 가지고 태어난 개인으로서 각자의 생각대로 할 수 있게 내버려둔다면 본인이나 미국 국가를 위해서 엄청난 일을 해낼 수 있는 이들이다. 하지만 랜드의 이야기에서 두 사람은 모두 "2류급 인물들"과 그 뒷배가 되어 주는 세력들에 의해 끝없는 좌절에 처한다. 이 세력들에는 대기업과 정부 엘리트들이 포함되며, 이들은 천재성, 모험, 혁신을 추구하는 사회가 아닌 군대처럼 각이 잡히고 뻔히 예측 가능하며 영혼을 질식시키는 사회를 선호한다.

랜드는 공식적인 정치 성향에서는 확고한 우파였다. 1940년대와 1950년대에 걸쳐 랜드는 신자유주의자 그룹과 자유지상주의자 그룹의 융합을 추구했고 또 그러한 모임에 자주 초청됐다. 예를 들어 랜드는 《뉴스위크》의 칼럼니스트로서 아이젠하워가 뉴딜에 묵종했던 것을 날카롭게 비판한 헨리 해즐릿과도 친분을 맺었고, 폰 미제스와도 인연을 맺었다. 미제스는 랜드의 소설뿐만 아니라 정치적 입장도 좋아했다고 한다.[62] 하지만 랜드의 소설은 신좌파에게도 큰 호소력을 가졌다. 그 소설에는 신좌파들이 "시스템"이라고 부르던 것에 대한 분노가 끊임없이 터져 나오고 있었기 때문이다. 이 시스템이라는 것이 개인의 재능과 열망을 질식시키는 역할을 한다는 비난이 도처에 팽배해 있었기에 미국의 정치 스펙트럼에서 자신을 중도 혹은 좌파에 가깝다고 여기는 많은 이가 랜드의 소설에 큰 흥미를 느끼게 된다.

또한 랜드의 소설들은 당시 젊은이들 사이를 파고들어 있던 성혁명과도 궤를 함께했다. 랜드의 글에는 성적 욕망이 가득 차 있다. 랜드가 말하는 "우주의 주인들"은 단지 정신의 총명함뿐만 아니라 멈출 수 없는 성욕도 지니고 있다. 주요 등장인물들이 만날 때마다 언제든지 성행위가 벌어질 것 같은 긴장이 가득하다. 랜드의 남자 주인공들은 키가 크고 각진 턱선을 가진 개신교 남성으로서 강력하고, 저항할 수 없으며, 지배하려 드는 인물들이다. 랜드는 1930년대에 할리우드에서 시나리오작가로 일하던 시절부터 남자의 성적 매력을 이러한 틀에 박힌 성차별적인 (그리고 앵글로색슨 백인 개신교도의) 모습으로 그려 냈는데, 이를 1940년대와 1950년대에 자신이 쓴 소설들에도 그대로 가지고 왔다. 하지만 랜드의 여성 인물들은 1930년대 영화의 틀에 박힌 모습을 그대로 복제하지 않았다. 비록 랜드의 소설은 결국 여성들이 남성들의 권력과 힘에 복종하게 될 것을 처음부터 예측할 수 있지만, 그래도 결혼, 일부일처제, 집안 살림 등의 의무에서 벗어나 일정한 수준의 성적 욕망과 자유를 부여받고 있다. 이는 1930년대, 1940년대, 1950년대의 대중문화와 통속문학에서는 거의 표현된 적이 없는 주제였다. 랜드는 자신의 소설에 등장하는 여성들에게 스스로가 열정적으로 추구했던 모종의 독립성을 부여했던 것이다.

개인의 재능과 열망을 질식시키는 것으로 보였던 세상에서,

남성 독자들뿐만 아니라 일부 여성 독자들까지도 랜드의 소설에 나오는 개성과 자유를 추구하는 모습을 긍정적으로 바라보았다. 이런 긍정은 특히 사춘기의 소년과 소녀에게 큰 매력으로 다가갔다. 이들은 터질 것 같은 성적 에너지로 꽉 차 있는 이들이었고, 이제 그 에너지는 "성혁명"을 완수하겠다는 신좌파의 선언으로 인정과 재가를 받게 됐다.

이렇게 랜드는 사회가 개인에게 부여하는 역할이라는 것이 인간 정신에 해를 끼치는 것으로 보아, 이를 뒤집어엎는 것을 꿈꾸는 우화들을 내놓았고, 그 소설들은 우파뿐만 아니라 좌파에서도 지지자들을 끌어올 수 있었다. 문화연구자 리사 더건(Lisa Duggan)은 다양한 사춘기 소년 소녀 사이에 "랜드의 소설들이 호소력을 가지고 있었음"을 증언하는 "두툼한 분량의 서신들"에 대한 글을 쓴 바 있는데, 1960년대 이후에는 여성주의 및 퀴어 정치에 관심을 가진 이들 사이에서도 랜드의 소설이 호소력을 발휘했다고 한다. 법학자이자 오바마 정권에서 공직을 맡았던 캐스 선스타인(Cass Sunstein)은 자신이 10대 시절이던 1960년대에 처음 랜드의 소설을 만나 푹 빠졌던 경험을 털어놓은 바 있다. 랜드의 소설은 인격과 자아를 형성하는 이행기의 10대 청소년들에게 큰 호소력을 가질 만한 글이며, 이는 그들이 랜드의 소설을 처음 마주쳤을 때의 경험을 서술한 글에서도 잘 드러난다. 더건의 표현을 빌리면 랜드는 "재수 없는 여자(mean girl)"였다고 한다. 그의 소설에는 보통 사람들에 대한 경멸이 잔뜩 쏟아지며, 계속 읽다 보면 이 때문에 슬슬 짜증이 날 수 있다. 그렇지만 랜드의 문학은 다양한 정치적 지향성을 가진 젊은이들에게 과도한 규제로 질식할 것 같은 세상에서 의미 있는 개인성을 찾아내기 위한 몸부림에 활로를 터 주는 역할을 했다.[63]

1960년대에 신좌파와 신우파가 만났던 두 번째 교차점은 1965년 머리 N. 로스버드(Murray N. Rothbard)가 출범시킨 《좌파와 우파: 자유지상주의 저널(Left and Right: A Journal of Libertarian Thought)》이었다. 로스버드는 뉴욕으로 이민 온 유태인 대족에서 태어난 이로서, 1930년대와 1940년대에는 당시 그러한 환경의 유태인들에게 널리 퍼졌던 사회주의 및 공산주의에 푹 빠져 있었다. 하지만 성인이 된 후 로스버드는 자신의 그러한 좌파적 성장배경을 거부하고 폰 미제스의 제자가 되어(그리고 짧은 기간 동안은 랜드의 제자가 되기도 하지만 곧 멀어지게 된다) 어떠한 정부 간섭도 없는 시장경제를 확립해야 한다고 외치는 맹렬한 폰 미제스 추종자가 된다. 로스버드는 스스로를 자유지상주의자라고 선언했고, 뉴딜 질서와 냉전이 낳은 조직 경제와 군산복합체에 대한 독종적 반대자가 되었을 뿐만 아니라 (1970년대에는) 코크(Koch) 형제가 돈을 댄 케이토연구소(Cato Institute)의 설계자가 되기도 한다. 그의 으뜸 목표는 뉴딜 질서를 가능하게 했던 리바이어던 같은 미국이란 국가를 걸리버 여행기의 소인국과 같은 크기로 축소시키는 것이었다. 뉴딜의 강제로 질식 상태에 처한 미국의 위대한 자유 전통이 숨을 쉬고 되살아나려면 그 방법밖에 없다는 것이었다.[64]

1960년대에 로스버드는 신좌파 무리 중에서 대화 상대자들을 찾아내게 된다. 이들은 대기업들이 경제정책을 지배하도록 허락한 중앙정부의 역할에 반감을 가졌고, 또한 신좌파와 자유주의 신우파가 모두 미국 군산복합체의 소행이라고 여긴 군사적 모험주의를 이유로 들어 중앙정부에 적대감을 가진 좌파 무리였다. 이 점에서 로스버드와 생각이 일치했던 것이다. 로스버드의 저널은 1968년에 문을 닫게 되며 그때까지 여기에 글을 쓴 신좌파 기고자들은 소수에 불과했다. 하지만 이러한 신우파와 신좌파 협업의 형태는 계속됐는데, 로스버드가 당시 신좌파의 입장이던 로널드 래도시(Ronald Radosch)와 함께 편집한 책 『새로 쓰는 리바이어던의 역사: 미국 기업국가의 발흥에 대한 에세이들(A New History of Leviathan: Essays on the Rise of the American Corporate State)』이 바로 그것이었다.[65] 이 책은 대형 상업 출판사에서 1972년에 출간했으며, 여기에서 로스버드와 래도시는 윌리엄 애플먼 윌리엄스(William Appleman Williams), 마틴 스클라(Martin Sklar), 제임스 길버트(James Gilbert) 등 제1세대의 빛나는 신좌파 학자들을 로스버드식의 자유지상주의자들과 함께 엮어 놓았다. 그렇게 해서 나온 에세이 모음집은 새로운 해석의 방향을 제시하는 기초 교과서가 되었는데, 이 책의 "대기업 자유주의 학파"라는 용어는 이후 사반세기 동안 미국의 정치사를 다룬 저작에 큰 영향을 미치게 된다.[66]

세 번째 교차점은 형성되는 데에 시간이 오래 걸리기는 했지만 그 중요성에서는 앞의 둘을 능가한다. 이는 실리콘밸리다.

여기에서 새로운 형태의 벤처 자본주의가 신좌파 사상 그리고 어떨 때에는 뉴에이지(New Age) 사상(이는 사이버스페이스의 해방적·변혁적 힘에 대한 신념이었다)에 젖은 젊은 엔지니어들과 연결됐다. 스티브 잡스가 리드대학(Reed College)에서 공동체 생활을 하며 "(사과)나무 끌어안기"를 행하는 히피 이력을 가지고 있다는 사실은 잘 알려져 있으며, 이러한 경험은 퍼스널컴퓨터라는 자유의 신세계를 상상하는 그의 역량을 보여주는 서곡이라 할 수 있다. 또한 "퍼스널컴퓨터"라는 말을 만들어 낸 스튜어트 브랜드는 여러 세대에 걸쳐 컴퓨터 덕후와 해커들에게 사이버스페이스의 잠재력이 어디가 끝인지를 상상하도록 이끈 사람으로 평가받는다. 그는 1960년대에 두 열정 사이를 오가며 시간을 보냈다. 첫 번째는 켄 키지(Ken Kesey)의 막나가는 괴짜들, 즉 "신나는 장난꾼들(Merry Pranksters)"과 어울리고 키지가 스탠퍼드대학교 캠퍼스 근처의 자기 집에서 열던 사이키델릭 파티에 다니는 것이었다[미국 작가 켄 키지는 기성사회 전체를 '기득권(establishment)'이라고 부르면서 괴짜 친구들과 함께 울긋불긋하게 색칠한 버스를 타고서 멕시코에서 시작하여 미국 전역을 돌아다니는 생활을 1960년대 초부터 해왔다. 여러 마약, 특히 LSD를 일반화시키는 데에 큰 역할을 하고, 히피문화를 만들어 낸 주요 인물 중 하나로 알려져 있다—옮긴이]. 두 번째는 『온 지구 카탈로그(Whole Earth Catalog)』를 출간하는 일이었다. 이 책은 두께가 엄청난 페이퍼백으로, 몰록의 지배에서 도망쳐 자급자족과 자치의 삶을 구현할 공동체를 일구고자 하는 개인이라면 누구나 필요한 제품들과 삶의 방식에 관한 정보를 빽빽이 담고 있다.[67] 당시 미국에 유통되는 카탈로그와 잡지 대부분은 페이지마다 광고, 브랜드 홍보, 의미 없는 사진 설명 등이 가득 차 있었지만 『온 지구 카탈로그』는 이런 것들을 모두 제거했다. 또한 "광고업계 방식의 판매(Madison Avenue Sell)"를 버리고 또 그러한 방식에 수반되는 공격적 세일즈(hard selling)도 완전히 버렸다. 이 책은 광고업계의 문화를 일으켜 낸 "시스템"이라는 것을 거부하고자 했던 것이다. 대신 독자들에게 각자의 자유를 증진하는 데에 필요한 지식을 제공하는 것과 실질적인 쓸모를 지향하고 있다. 브랜드는 『온 지구 카탈로그』의 첫 번째 페이지에서 다음과 같이 쓰고 있다. "개인이 자신의 권력을 친히 행사할 수 있는 영역이 커지고 있다. 즉 개인이 스스로 깨치고, 영감의 원천을 스스로 찾아내고, 자신의 환경을 스스로 만들어 내고, 자신의 모험을 누구든 관심 있는 이와 나눌 수 있는 힘이 커지고 있는 것이다."[68] 이는 분명히 신자유주의와 공통분모가 있는 생각이며, 이러한 신자유주의의 차원을 너무나 명징하게 표현해 냈던 것이다. 당시의 브랜드는 좌파였지만, 레이건, 골드워터, 하이에크, 프리드먼 등 우파 인사 중 그 누구도 이보다 더 좋은 방식으로 이러한 차원의 신자유주의 신조를 표명하기는 힘들었을 것이다. 한때 히피였던 자유지상주의자 브랜드를 훗날 스티브 잡스는 자신에게 결정적인 영향을 미친 이로서 상찬하며, 『온 지구 카탈로그』를 "구글이 생겨나기 35년 전에 나타난 페이퍼백 형태의 구글"이라고 찬양

했다.[69]

퍼스널컴퓨터 혁명은 1960년대에는 아직 태어날 준비를 하고 있는 상태였기에, 그것이 미국 사회 전체에 엄청난 충격을 가져오는 일은 1970년대 말과 1980년대 초가 되어서야 벌어진다. 하지만 그 설계자들 중에는 자신을 1960년대의 정치적·문화적 반란에서 영감을 얻은 반항아라고 여기는 경우가 많았다. 또한 이들은 성공의 기반이 단지 저 무시무시한 IBM 메인프레임컴퓨터 작동 방식에서 자신의 사고방식을 해방시켰던 것만이 아니라, 큰 재산을 가진 벤처 자본가들로부터 거액의 자금을 조성할 수 있었기 때문이라는 것을 잘 알고 있었다. 그 결과로 생겨난 해커와 자본가 들의 연합은 좌파 버전의 신자유주의 이데올로기와 우파 버전의 신자유주의 이데올로기를 결합시키게 되며, 이러한 결합 방식은 각별히 더 큰 힘을 발휘하게 된다. 실리콘밸리의 성격은 바로 이러한 결합 방식으로 규정되며, 이러한 방식은 실리콘밸리가 개인을 해방시켜 세상을 변혁한다는 고전적 자유주의의 본래 약속을 실제로 구체화한 전시장으로서 스스로를 뽐낼 수 있게 만든다. 실리콘밸리 이야기는 이제부터 이야기할 신자유주의 질서의 여러 특징을 (그중에는 예측된 것도 예측하지 못한 것들도 있지만) 보여 주는 역할을 한다.

고전적 자유주의의 잠재적 가능성을 실현한다는 것은 신자유주의 사상의 흐름 중 하나일 뿐이다. 다른 흐름들은 한편으로는 질서를 강조하면서 다른 한편으로는 인적자본의 투입물 및 산출물을 담은 그릇으로서 자아를 세심히 관리할 것을 강조한다. 미국 신자유주의는 이렇게 변화무쌍한 성격을 가지고 있는 바, 그 특출하게 뛰어난 장악력의 비밀도 바로 그 변화무쌍함에 있다. 넓고 다양한 지형에서도 얼마든지 구동이 가능하며, 그 넓은 지붕 아래에 온갖 무리의 행위자들을 모을 수 있게 된 것이다.

앞으로 이 논의에서 용어상의 문제가 불거질 것이다. 왜냐하면 미국의 경우 자유시장의 옹호자들 중 많은 수가 결국 스스로를 보수주의자라고 부르게 되기 때문이다. 이는 크게 보면 그보다 50년 전 루스벨트식의 뉴딜주의자들이 이 자유주의라는 명칭을 훔쳐가 버려 생긴 결과물이다. 이는 사실 인류 역사상 최대의 용어 강탈 행위로 볼 만하다.[70] 이러한 강탈 행위 때문에 신자유주의 발흥의 이야기에 등장하는 주요 사상가들 중 많은 이가 결국 자신을 보수주의자라고 부르게 되기 때문이다. 하지만 **보수적**(conservative)이라는 말은 이들의 세계관 중심에 있는 자유시장 자본주의에 대한 신념을 전혀 제대로 묘사해 주지 못한다. 자유시장 자본주의라는 말은 역동성과 창조적 파괴를 옹호하고, 제도 및 기관에 개인을 파묻어 버리는 여러 사회관계망 등에 대한 무시와 도전을 함축하고 있기 때문이다. 달리 말하면, 이런 종류의 자본주의는 고전적인 의미의 보수주의자들이 높게 여기는 가치들, 즉 질서, 위계, 전통, 묻어 들어 있음[착근성(embeddedness)], 연속성 등의 적이라고 할 수 있다.

신자유주의 이야기에 나오는 주요 사상가들은 자기의 세계관과 보수주의의 세계관이 전혀 맞지 않는다는 것을 너무나 잘 알고 있었다. 프리드먼은 이미 1962년에 이렇게 말한다. "자유주의라는 말 자체가 타락해 버렸기 때문에 예전에는 그 이름으로 통용되던 관점들이 이제는 보수주의라는 명칭으로 통할 때가 많다. 하지만 보수주의라는 이름은 만족스러운 대안이 못 된다. 19세기의 자유주의자들은 급진파였다. 급진파(radical)라는 말의 어원처럼 문제의 뿌리로 들어간다는 의미에서도, 또 여러 사회제도 및 기관들에 큰 변화를 이루고자 한다는 정치적 의미에서도 그러하다. 자유주의의 전통을 물려받은 현대의 상속자들도 마찬가지다."[71] 갈수록 많은 이가 프리드먼을 보수주의자라고 불렀지만, 본인은 그 명칭을 거부했고 그가 활동하는 내내 자유주의자 혹은 급진파라고 여겨 달라고 강력히 주장했다.

하이에크 또한 비슷한 불편함을 표출했다. 그가 1961년에 쓴 글이다. "내가 지금까지 '자유주의'라고 불러 온 것은 오늘날 [미국에서] 그 이름을 표방하는 그 어떤 정치운동과도 거의 상관이 없다는 것을 꼭 기억하라." 자유주의라는 용어는 이제 되찾을 방법이 없으며, 자신과 같은 진정한 자유주의자들은 쓰레기통을 뒤지는 식으로 다른 명칭이 없을지 이리저리 찾아보는 수밖에 없게 됐다는 것이다. "내가 원하는 것은 삶의 정당, 자유로운 성장과 자발적인 진화를 선호하는 정당을 묘사해 줄 어휘다. 하지만 내 머리가 깨질 정도로 아무리 생각을 해 보아도 그것을 묘사할 용어를 찾아내는 데에는 실패했다." 그는 "자유지상주의"라는 말을 대안으로 삼는 것도 거부한다. 이는 "억지로 만들어 낸 용어 그리고 대체제로 등장한 용어"[72]의 냄새가 너무 많이 난다는 것이었다. 그리고 그는 보수주의라는 용어는 결단코 거부한다.

하지만 미국 정치에서 실제로 뛰는 이들로서는 이런 식으로 여러 용어를 거부할 만한 여유가 없었다. 골드워터와 레이건은 보수주의라는 명칭을 받아들였다. 하지만 이를 질서, 위계, 전통, 묻어 들어 있음(착근성), 연속성 등의 고전적 보수주의의 가치와 연계를 맺은 것으로 착각해서는 안 된다. 이들은 다른 신자유주의자들과 마찬가지로 세상을 뒤집어엎고자 했다. 신자유주의라는 말도 이들의 세계관을 완벽하게 묘사하는 말이 되지 못했다. 그런 적은 한 번도 없었다. 1930년대와 1940년대에 신자유주의가 태동하던 무렵부터 이 말은 새로운 자유주의자라는 이름을 가져간 첫 번째 집단, 즉 프랭클린 루스벨트의 지휘로 미국에 뉴딜을 창조해 낸 이들이 성공을 거두는 바람에 어쩔 수 없이 둘러쓰게 된 이름일 뿐이었다. 하지만 이렇게 신자유주의자들이 용어의 문제로 씨름을 했다고 해도, 이들은 대중 앞에 자신들의 사상을 들이미는 데에 큰 성공을 거두었고, 1970년대와 1980년대가 되면 결국 이들의 사상이 뉴딜 질서의 허장성세를 무너뜨리고 우리가 신자유주의라고 부를 수밖에 없는 시대를 창달하게 된다.

4장 — 상승기

1970년대 초, 신자유주의자들은 이미 몇십 년 동안이나 자신들의 복음을 세계에 전파해 온 상태였지만, 일부 귀순자들—밀턴 프리드먼, 로널드 레이건, 배리 골드워터 등—을 제외하면 이들은 여전히 주변적인 위치에 갇혀 있었다. 그리고 방금 말한 아주 예외적인 인물들도 하나의 정치 질서는 고사하고 다수 대중이 참여하는 정치운동을 구성하기에도 너무나 고립적이고 극단적인 이들로 간주됐다. 그런데 오랜 경기침체로 좌절과 공포가 생겨나는 1970년대부터 모든 상황이 바뀌게 된다. 신자유주의의 확신으로 가득 찬 돈 많은 정치 기부자들이 서로 뭉치게 되며, 자신들을 대표할 후보들에게 기꺼이 거액을 낸다. 또한 이들은 자금이 풍부한 싱크 탱크들을 설립해 최대한 신속하게 정책을 수립할 수 있도록 임무를 맡긴다. 이들은 로널드 레이건에게서 프랭클린 루스벨트에 맞먹는 대중적 호소력으로 자신들의 메시지를 미국 국민들에게 전달할 수 있는 정치인으로서의 가능성을 발견했다. 레이건은 민주당의 지지 세력(남부의 백인들 그리고 북부 도시들의 도심에 거주하는 백인 이민자들)을 갉아 내 자기편으로 만들어서 1980년에 대통령 권력을 쥐게 된다. 그리고 폭넓은 전선에 걸쳐서 미국 사회에 신자유주의의 비전을 구현하기 시작한다. 경제에서 규제를 없애고, 정부의 권력과 자원을 빼앗아 버리고, 각급 법원과 그 법적 관할권을 재구성하고, 기성세력이 장악한 정치적 대화를 "해방"시키기 위한 새로운 규칙들을 수립하고, 뉴딜로 편향됐다고 비난을 듣는 언론을 개혁하고, 시장의 자유에 경제를 내맡겼을 때 끊임없이 나타나게 마련인 과도한 방종의 유혹에 미국인들이 빠지지 않도록 영국 빅토리아시대의 도덕 기율을 새로이 함양하게 만드는 등의 정책이었다. 물론 레이건의 두 차례 임기 동안 모든 것을 다 바꿀 수는 없었다. 하지만 그는 1989년 백악관을 떠날 때까지 미국 정치의 지형을 근본적으로 바꾸어 놓는다. 돈, 투표, 정책, 법적 관할권, 미디어의 영향력, 완고한 도덕적 입장 등 이 모든 것들은 새로이 발흥하는 신자유주의 질서의 설계도에서 중요한 부분들이었다. 이 부분들이 하나로 합쳐진 시기가 바로 로널드 레이건의 대통령 임기 기간이었다.

신자유주의 총궐기의 격문

신자유주의는 아주 온건한 모습을 띠고서 시작됐다. 그 총궐기의 효시는 1971년, 버지니아주에서 기업 변호사로 성공적인 이력을 쌓은 인물인 루이스 파월(Lewis Powell)이 미국 상공회의소의 수장에게 사적으로 보낸 제안서였다. "자유기업체제에 대한 공격(The Attack on the Free Enterprise System)"이라는 제목의 이 글은 뉴딜 질서가 구축해 놓은 자본, 노동, 금융, 퇴직, 빈곤, 환경 등을 관리하는 총체적인 규제 체제 전체를 부당한 폭정이라고 묘사했다. 파월은 이렇게 한탄한다. "우리 미국인들은 이미 여러 모습에서 국가사회주의 방향으로 너무 멀리 가 버렸습니다." 그리고 계속해서 말한다. "여러 사회주의와 전체주의국가의 경험으로 볼 때, 경제적 자유를 부정하고 거부하게 되면 그다음에는 필연적으로 다른 소중한 권리들에도 정부의 규제가 나타나게 된다는 것을 분명히 알 수 있습니다."[1]

무엇보다도 파월의 분통을 터뜨린 것은, 미국에서 경제적 자유를 당연히 옹호해야 하는 이들이, 특히 재계 공동체마저도 여기에 맞서 싸우지 못했다는 사실이다. 신좌파들은 우선 대학생들, 그다음에는 대학교수들의 상상력을 장악했고 또 그다음에는 전국의 매체들까지 장악했던 데에 반해, 재계 지도자들은 대개 입을 다물고 나몰라라식으로 뒤로 물러나 있었다는 것이다. 하지만 이러한 허울 좋은 자기만족을 이제는 끝내야 한다고 파월은 강력하게 주장한다. 재계 사람들과 그 동맹 세력은 이제 좀 더 목소리를 높여야 하며, 자신들이 믿는 가치를 고취하기 위해 조직도 만들고 캠페인도 벌여야 하며, 그다음에는 정치권력을 위한 경쟁에 나서야 한다는 것이었다. 파월은 이렇게 천명한다. "이러한 힘을 끈기 있게 길러 내고 함양해야 하며…… 필요할 경우에는…… 결코 부끄러워하고 뒤로 빼는 일 없이, 공격적으로 또 결단력 있게 그 힘을 행사해야 합니다." 만약 기업가들이 이러한 싸움에서 실패한다면, 자본주의를 위한 투쟁 전체가 패배하게 될지도 모른다는 것이었다.

애초에 파월의 제안서는 재계 공동체의 선별된 인사들 사이에서만 사적으로 회람됐다. 하지만 1971년 리처드 닉슨이 그를 대법원판사로 지명하게 되자 파월도 이 제안서를 공개하지 않을 수 없었다. 금세 《워싱턴포스트》의 한 칼럼니스트가 파월의 제안서 내용을 독자들에게 알렸다. 자유주의적인 생각을 가진 미국인들은 온건파인 것처럼 행세한 법률가가 상원 청문회에서 "비밀리에" 급진적인 총궐기 격문을 돌렸다는 사실에 격분했다. 하지만 파월의 글이 공공연히 알려지게 된 것은 신자유주의 운동에는 큰 선물이었다. 이를 계기로 자유기업과 자유시장의 가치를 미국 사회의 중심에 다시 돌려놓고자 했던 재계 인사, 지식인, 정치권 지망자 들이 한데 뭉치는 계기가 됐기 때문이다. 화학공업의 거물로서 1953년에 올린재단(Olin Foundation)을 설립한 존 M. 올린(John M. Olin)은 재단을 통해 자유시장 자본주의를 옹호하는 이데올로기 공세를 강화하기 위한 노력을 두 배로 늘렸다. 그는 이렇게 말한다. "파월 제안서는 미국적인 자유기업체제의 유효성과 중요성을 다시 확립하기 위한 고도의 조직적 노력을 시작해야 할 이유를 제공했습니다."[2] 콜로라도주에 기반을 둔 쿠어스맥주회사의 소유주인 쿠어스 형제 중 조지프 쿠어스 주니어(Joseph Coors Jr.) 또한 파월 제안서에서 큰 영감을 얻었다.[3] 1973년에 그는 폴 웨이리치(Paul Weyrich)와 함께 자유시장의 원칙과 정책을 고취한다는 목적으로 싱크 탱크인 헤리티지재단(Heritage Foundation)을 설립한다. 헤리티지재단은 몽펠르랭협회의 회원이자 하이에크를 따르는 에드윈 퓰너(Edwin Feulner)를 통해 신속하게 몽펠르랭 사람들과 인맥을 맺어 나갔으며, 퓰너는 1977년에 웨이리치의 뒤를 이어 헤리티지재단의 회장이 된다. 이후 헤리티지재단은 신자유주의 세상에서 정치적으로 가장 공격적인 싱크 탱크로서의 명성을 굳히게 된다.[4]

또 다른 신자유주의자인 (또한 몽펠르랭협회의 회원인) 머리 로스버드는 1974년 찰스코크재단(Charles Koch Foundation)의 설립을 주도했고, 이는 곧 케이토연구소로 이름을 바꾼다. 찰스 코크는 캔자스주에서 정유 사업체를 일으켜 미국에서 가장 크고 돈이 많은 기업체로 키워 낸 프레드 코크(Fred Koch)의 네 아들 중 한 명이었다. 프레드 코크 또한 존버치협회(John Birch Society, 1953년에 설립된 반공 단체. 극우파와 급진 우익의 집결지가 됐고, 미국의 당시 체제를 공격하기 위해 '공산주의자의 음모'라는 음모이론을 널리 퍼뜨리기도 했다—옮긴이)의 회원으로서 맹렬한 우익 정치 신념을 자식들에게 물려준 이였다. 뉴딜 질서에 맞선 적대적 태도와 자유지상주의 원칙을 옹호하는 맹렬한 신념에서 케이토연구소를 능가할 싱크 탱크는 없었다.[5] 그리고 1977년에는 또 다른 싱크 탱크인 맨해튼연구소(Manhattan Institute)가 설립되어 조지 길더(George Gilder)의 저작을 강력하게 뒷받침했다. 자유시장 자유주의를 찬양하는 길더의 저작인 『부와 빈곤(Wealth and Poverty)』은 1981년에 출간되자마자 레이건 정부에서도, 또 당시 출현하고 있던 신자유주의 질서에서도 성경책과 같은 위상을 얻게 된다.

자유주의자와 좌파 들은 이러한 반격 공세가 얼마나 규모가 크고 조직적인지를 빨리 인지하지 못했다. 그 이유는 반격 공세가 모습을 갖추게 된 곳이 그들이 생활하고 일하는 공간이 아니었기 때문이기도 했다. 자유주의자와 좌파가 주로 깃들어 있는 공간은 대학 (그리고 대학 주변의 마을과 소도시들), 수도 워싱턴의 고급주택지역 살롱들(Georgetown Salons), 노동조합, 브루킹스연구소나 포드재단, 카네기재단 등과 같은 단체들,《뉴욕타임스》와 전국 방송매체를 지배했던 세 곳— ABC, CBS, NBC—의 텔레비전네트워크 등이었다. 이런 공간들은 뉴딜 질서가 기성 권력을 이루고 있었으며, 이제는 급진적인 학생운동에 떠밀려 점차 왼쪽으로 가고 있는 상태였다. 파월 제안서는 본질적으로 이러한 정책 매체 구성체들이 뉴딜 케인스주의와 신좌파식 "해방" 사상으로 오염되었으니, 자유시장 시스템의 지지자들은 이런 것들을 우회해야 한다는 훈령을 내리고 있었다. 신자유주의를 위한 총궐기의 함성은 오래전에 저널리스트 시드니 블루먼솔(Sidney Blumenthal)이 "기성 권력에 맞서는 대안적 기성 권력(counter-establishment)"이라고 불렀던 것을 구축하자는 것이었다. 즉 새로운 사상을 키워 낼 수 있는 최고의 대학들을 만들어서 기존의 대학들에 맞서고, 맹렬한 자유시장 사상으로 거듭난 《월스트리트저널》과 같은 신문들을 키워서 《뉴욕타임스》에 대항할 것이며, 리처드 비거리(Richard Viguerie)가 개척한 디렉트메일(direct mail) 기법 등을 (나중에는 라디오 토크쇼와 케이블TV까지) 동원한 새로운 형태의 매체들을 개발하여 주류 매체 특히 3대 텔레비전네트워크(이 방송사들은 스스로가 자유주의 입장임을 알고 있는 위험한 세력들이다)의 영향력에 맞서는 것이었다. 또한 대기업들을 정치적으로 동원하여 공공정책에도 영향을 미치고 또 친자본주의 후보들을 위한 정치자금 조성에도 새로운 방법들을 개발해야 한다는 것이었다.[6]

재계원탁회의(Business Roundtable)는 대기업을 동원하기 위한 새로운 형태의 대표 조직이었다. 1972년에 설립된 이 조직은 미국 전체에서 가장 크고 존중받는 대기업들에 일치된 정치적 목소리를 내게 하고 또 긴요한 정책 쟁점들에 개입하도록 고무하는 의도로 만들어졌다. 1978년에 재계원탁회의는 노동조합을 강화하도록 설계된 노동법안을 무산시키기 위해 조직적인 캠페인을 벌여 이를 이루어 낸다. 조직 노동은 자신들이 의회에서 우위를 차지하고 있다고 여겼으므로 이 법안의 패배는 큰 충격으로 다가왔다. 하지만 노동운동은 이것이 앞으로 전개될 상황의 예고일 뿐이라는 것을 깨닫지 못했다. 재계원탁회의뿐만 아니라 노동 세력에 맞서는 대기업 동맹이 강화되면서 전투준비를 갖추고 있던 상태였다.[7]

총궐기에 재계를 동원하는 두 번째 새로운 형태는 대기업들의 정치활동위원회(Political Action Committees, PACs)였다. 선거운동자금법은 1970년대에 여러 변화를 겪었다. 그래서 개별 대기업이 피고용인들에게 정치 기부금을 걷어 그 돈으로 어떤 정책과 정당을 지지할지를 오롯이 기업 소유주들과 경영진에게 맡기는 일이 가능했다. 이러한 규칙이 생기면서 대기업이 정치에 미칠 잠재적 영향력이 엄청나게 확장됐다. 법으로 허용되는 정치활동위원회 기부금 규모의 상한선이 부유한 개인 한 사람이 특정 후보에게 낼 수 있는 기부금보다 훨씬 더 컸기 때문이다. 캘리포니아 남부에 기반한 전국적인 약국 체인인 다트(Dart Industries)의 소유주 저스틴 다트(Justin Dart)는 대기업의 정치활동위원회들이 행사할 자금의 파괴력이 얼마나 클지를 이해했다. 그는 1974년부터 1978년 사이의 불과 5년도 채 되지 않는 기간 동안 거의 정치활동위원회 750개를 일구어 내는 운동을 벌여서 그 수를 거의 열 배로 증가시켰다.[8]

다트는 프랭클린 루스벨트와 그가 오랫동안 미국 정치에 남긴 영향력을 40년 동안이나 혐오했다. 그는 1930년대 이후 미국에서 뉴딜 질서의 영향력을 제거하기 위한 노력을 꾸준히 벌였지만 그 대부분은 허사로 돌아갔다. 하지만 로널드 레이건을 만나면서 그는 성공할 가능성을 가진 인물을 찾아냈다고 생각했다. 그는 레이건이 캘리포니아 주지사 선거에서 두 번이나 승리를 거두는 데에 거액의 돈을 기부했고, 그와 격의 없이 의견을 주고받는 키친캐비닛(Kitchen Cabinet, 정부 내의 공직도 사적인 이해관계도 걸리지 않은 상황에서 함께 식사를 하면서 기탄없이 조언과 여론을 전달할 수 있는 가까운 지인들을 말한다—옮긴이)의 일원이 된다. 1970년대에는 자신이 지지하는 레이건을 대통령으로 만들기 위해 노력을 두 배로 늘린다. 대기업의 돈줄을 풀어 공화당에 정치활동위원회의 자금이 넘쳐 나게 만들었던 다트의 능력은 레이건이 백악관으로 가는 대장정을 지탱해 준 결정적인 요소였다.[9]

다트가 대기업들을 조직하고 다니자 많은 사업가와 금융가가 레이건과 신자유주의의 깃발 아래로 몰려들었다. 그중 한 명이 윌리엄 사이먼(William Simon)인데, 그는 월 스트리트의 금융기관 샐러먼브라더스(Salomon Brothers)의 동업자 출신으로 닉슨과 포드 정권에서 재무부 장관을 역임했을 뿐만 아니라 에인 랜드의 오랜 열정적 추종자였다. 사이먼은 1978년에 『진리의 시간(A Time for Truth)』이라는 선언서를 내놓는다. 1971년의 파월 제안서가 내놓았던 도전과 아주 흡사한 용어를 써 가면서 그는 "자본주의 편에서 투쟁하는 '지식인과 저술가 들을 돕기' 위해 재계도 '전례 없는 엄청난 규모의 지적·도덕적·금전적 자원의 동원'"을 이루어야 한다고 외친다. 사이먼의 책 전체에는 신자유주의의 손길이 닿은 지문의 흔적이 가득하다. 에인 랜드의 제자인 이디스 에프런(Edith Efron)이 익명으로 이 책을 쓴 대필 작가였다. 서문은 밀턴 프리드먼이 썼는데, 여기서 그는 이 책을 "열정적이며 천재적"이라고 찬양했다. 발문을 쓴 하이에크는 이 책에 "완전히 매료되어"—이 고지식한 오스트리아 현자의 말로서는 극찬이다—앉은자리에서 처음부터 끝까지 다 읽어 버렸다고 한다.[10] 사이먼은 미국 정치에 하이에크식 그리고 프리드먼식의 생각들을 끌어들이겠다는 욕망을 노골적으로 표현한다. "자본주의 세상에서 이론가와 행동가의 동맹이 시급하며, 이미 만시지탄의 일"이라고 그는 선언한다. 전미제조업자협회(National Association of Manufacturers)와 전미중소기업연맹(National Federation of Independent Business)은 『진리의 시간』을 수만 부씩 주문하여 회원 기업들에 나누어 주었다. 또한 이 책은 《리더스다이제스트(Reader's Digest)》의 유통 네트워크의 힘을 입어 소매시장에서도 전국적 베스트셀러가 된다. 사이먼은 1980년 레이건의 대통령선거 운동을 지지하기 위해 생겨난 저명한 재계 인사들의 자문위원회에서 핵심 인물로 떠오르게 된다.[11]

하지만 레이건에 흥미를 느꼈던 사업가들 중에서는 사이먼처럼 급진적이지 않은 사람들도 많았고, 또 이들은 최소한 시작부터 뉴딜 질서를 뒤집어엎자는 생각을 한 것은 아니었다. 이들 다수는 뉴딜 질서가 만들어 놓은 풍부한 정부와 기업 간 관계의 틀에서 오랫동안 이득을 보아 온 이들이었다. 그렇다면 이들은 어째서 레이건이 옹호하는 좀 더 급진적인 경로를 기꺼이 고려하게 된 것일까? 세 가지 요소가 두드러진다. 첫째, 1970년대에는 대부분 미국 경제의 실적이 나빴고, 세계적 우위의 명성에는 흠집이 났으며, 케인스주의 정책도구들은 뻑뻑하게 녹이 슬어 작동하지 않았다. 둘째, 미국 시장으로 외국 제품들의 침략이 급격히 거세지면서 기업가들은 조직 노동의 힘을 용납할 생각이 점차 사라졌다. 1950년 디트로이트협약이 선례가 되어 높은 임금과 수당을 받아들이는 것이 당연한 일처럼 되어 있었지만, 이제 국제 경쟁이 되살아나고 생산성 증대가 쪼그라든 시대였기에 이것이 큰 비용이 드는 모험이 되어 버린 것이다.[12] 소련의 경제가 쇠퇴하고 있기 때문에 공산주의 시스템의 위협도 줄어들 것이라는 생각도 증가했고, 이것이 미국의 재계 거물들로 하여금 노동조합에 좀 더 적대적인 태도를 취할 여지를 넓혀 주는 신호가 된다. 실제로 재계원탁회의가 1977년의 노동개혁 법안을 무산시키기 위해 일어났던 것은 그보다 30년 전 디트로이트협약에서 만들어진 규칙들이 여전히 지배하고 있던 노사관계로 볼 때 미국의 재계가 새롭고도 충격적인 움직임을 보인 사건이었다.[13]

기업가들이 레이건으로 몰려가게 된 세 번째 이유는 정부의 각종 규제가 소리 없이 꾸준하게 늘고 있는 데에 품은 불만이었다. 1970년대에 경기침체가 일어났는데도 불구하고, 미국의 정치지도자들은 공화당이건 민주당이건 속수무책으로 그러한 규제의 증가를 멈추거나 역전시킬 능력이 없어 보였다. 1970년에는 공화당 정권의 대통령인 닉슨조차 직업보건안전법(Occupational Health and Safety Act)에 서명하여 연방정부가 사업장들을 감시하는 전례 없는 권력을 갖게 된다. 또 같은 해에 닉슨은 환경보호법(Environmental Protection Act)에 서명했는데, 이 법으로 연방정부는 공기, 물, 토양의 질을 규제할 방대한 새로운 권력을 가지게 된다. 닉슨은 여전히 아이젠하워 대통령의 부하 시절과 똑같은 모습으로서, 아이젠하워가 그랬듯이 뉴딜 질서의 규제라는 경제원칙에 묵종하고 있었다.

정부 규제를 확장하려는 시도 중에서도 가장 힘이 실린 것은 인종문제였다. 인종 간 평등을 달성하려는 노력은 20세기 후반의 미국 중앙정부가 착수했던 최대의 사회공학 프로젝트라고 해도 과언이 아니었다. 그동안 흑인과 백인 사이에 분리되어 있던 학교와 대중 숙박 시설들을 합쳐야 했고, 오랫동안 고용에서 소수인종의 차별을 허용하던 여러 주정부의 권력을 철폐해야 했으며, 특히 소수자들에게 집중되어 있던 빈곤 문제도 해소해야 했다. 이것만 해도 엄청난 일이었지만 여기에 더해 또 하나 큰 문제가 있었는데, 모든 기업의 일터에서 인종문제를 비롯한 다른 여러 형태의 차별을 철폐하려고 정부가 체계적인 노력에 나섰던 것이다. 이는 대기업과 중소기업을 가리지 않고 많은 기업가에게 타격으로 다가왔다.

이 점에서 특히 결정적이었던 것은 린든 존슨 대통령 시절에 나온 대통령령 11246호였다. 이는 이미 1965년에 발효됐지만 당시에는 인식하는 이들이 거의 없었던 것으로, 고용주들이 "고용의 결정에서…… 인종, 피부색, 종교, 성, 출신국 등에 기초한 차별"을 금지하는 내용이었다. 이 행정명령은 51인 이상을 고용하고 연방정부에서 연간 5만 달러 이상의 사업을 수주한 업체들에는 일괄적으로 적용되는 것이었다. 따라서 이 기업들은 일자리 지원자들 중 자격을 갖춘 소수자 및 여성 지원자의 비율과 실제로 고용된 이들 중 소수자 및 여성이 차지하는 비율 사이에 불비례성이 없도록 하는 소수집단우대정책을 개발해야 했다. 이 규칙이 적용되는 노동자들은 (1960년대 당시) 모두 합치면 7만 3000개 작업장에 걸쳐 무려 2300만 명으로 대단히 큰 숫자였다. 인종차별, 성차별 문제를 놓고 연방정부가 이렇게 많은 수의 피고용인을 대상으로 철저한 감시를 수행하는 일은 전대미문의 일이었다. 그 뒤로도 수많은 법이 나왔는데, 1972년의 고용평등법(Equal Opportunity Employment Act) 그리고 1974년의 고용연령차별금지법(Age Discrimination in Employment Act) 등은 (이것도 닉슨 대통령이 서명한 법들이다) 연방정부가 감시하는 차별 행태의 범위를 크게 늘려 놓았다.[14]

고용 패턴을 바꾸려면 지원자 개개인을 인종, 성, 그 밖의 특성에 따라 범주화하고 숫자를 세는 일이 필연적이었다. 이렇게 되면 개인들을 수치화하는 틀이 무수히 많아지면서 어수선한 상태가 될 수밖에 없었고, 그리하여 연방정부 관리예산처(Office of Management and Budget)에서는 1977년 통계 지침 15호를 발령하여 모든 연방정부 기관들은 고용에서 흑인, 미국 인디언, 아시아인, 태평양 섬 주민 등 다섯 인종 범주로 [이른바 민족 및 인종 오각형(ethnoracial pentagon)] 정리하도록 훈령을 내린다.[15] 이를 따르지 않으면 상당한 불이익을 입기 때문에 민간기관들도 연방정부의 자금을 받기 위해서는 최소한 이를 준수하는 모습이라도 보이려고 관행을 바꾸지 않을 수 없었다.

많은 대기업이 이러한 인종적 사회공학 프로젝트에 불만을 가지고 있었지만 그래도 이러한 명령에 상당히 잘 적응해 나갔다. 고용과 실적 검토 시스템은 필연적으로 좀 더 형식화되고 복잡해질 수밖에 없었으므로, 대기업들은 갈수록 인사 문제 전문가들에게 의존하게 된다. 이 전문가들은 별개 인사 부서를 이루어 산업에서 인종 분류와 차별 금지 관행을 이끄는 직종으로 특화됐다. 대기업이 주도하는 미국에서도 이 새로운 시스템은 아주 깊게 뿌리를 내리게 되었기에, 1980년대 초 레이건이 급진적인 자유지상주의에 입각하여, 애초에 이를 낳았던 1965년 대통령령을 철폐하자는 제안을 내놓았을 때에 재계원탁회의와 뜻을 같이하는 대기업들은 이를 거부하기도 했다.[16]

하지만 작은 주식회사와 중소기업은 이 새로운 체제에 적응하는 데에 훨씬 큰 어려움을 겪었다. 이들은 마진 수익도 훨씬 적었으며, 이 새 체제를 이루는 데에 필요한 자원도 더욱 제한적이었기 때문이다. 중소기업가들은 인사 전문가들이나 인사 부서를 둘 만한 여력이 없었다. 한편 재계 일각에서는 1970년대부터 연방정부의 규제 관련 공무원들이 여러 부서에서 너무 자주 나오는 것만으로도 분통을 터뜨렸다. 특히 그 기업이 가족 경영 회사(심지어 그 기업이 아주 크거나 가족 외 주주들의 손으로 넘어간 경우에도)라고 여기는 이들이 이런 경우가 많았다. 코크산업(Koch Industries)을 경영하는 코크 형제들이 이러한 경우에 해당하며, 쿠어스맥주회사를 경영하던 쿠어스 형제들, 올린산업(Olin Industries)의 조지프 올린(Joseph Olin) 등도 마찬가지였다. 배리 골드워터도 피닉스에 본부를 둔 자신의 백화점 체인[골드워터백화점(Goldwater's Department Stores)]을 비슷한 관점으로 여기고 있었다.

이런 인물들은 자신의 회사가 가족의 피와 땀과 눈물로 세워진 것이라고 보았다. 이들은 경제적 성공을 상황 대처 능력, 재능, 인내심 등에서 비롯된 일이라고 여겼고, 또 한편으로는 미국이 자유기업에 대한 신념을 가진 나라이기에 가능했던 일이라고 해석했다. 이들이 생각하는 아메리칸드림의 핵심은 큰 리스크를 떠안을 줄 아는 이들에게 큰 보상이 기다린다는 것이었다. 이들은 전미노동관계위원회, 산업안전보건국(Occupational Health and Safety Administration), 환경보호청(Environmental Protection Agency), 평등고용기회위원회(Equal Employment Opportunity Commission) 등의 감독관들이 걸핏하면 자신의 회사를 들쑤셔 놓는 것을 두고 공산주의 첩자들이 자유를 파괴하려고 하는 암약으로 여겼다. 이들은 이러한 정부 공직자들의 소행을 공산주의, 혹은 루이스 파월의 말을 빌리면 "국가사회주의"가 휘두르는 칼날이라고 보았다.[17]

이렇게 기업이 자기 것이라고 여기는 자본가들 사이에서 정부와 뉴딜 질서에 팽배했던 분노가 레이건 혁명에 급진적인 칼날을 달아 주었다. 이들은 1964년 배리 골드워터가 내놓은 "자유를 수호하기 위해서라면 극단적 행동도 악덕이 될 수 없다"라는 후보 수락 연설에서의 선언을 항상 영감의 원천으로 삼았다. 따라서 이러한 자유의 수호를 위해서라면 비용을 아낄 일이 아니라고 여겼으며, 이 때문에 코크 형제들, 쿠어스 형제들, 그리고 이와 함께하는 무리들은 사재를 털어 각종 재단과 정치활동 위원회에 기부를 했고, 자신의 오늘을 있게 해 준 미국의 자유 체제와 자신의 회사를 구원해 줄 것으로 보이는 후보들에게 돈을 아끼지 않았다.[18]

선거의 승리

역사가 스티브 프레이저는 뉴딜 질서는 하나의 이데올로기, 하나의 분명한 정치적 대형으로서, 1930년대에 권력을 잡기 훨씬 이전부터 활동가, 지식인, 정치인, 기부자 들을 하나로 엮은 일련의 서로 맞물린 관계망들이라고 말한 바 있다.[19] 우리는 신자유주의 질서를 이와 비슷하게 이야기할 수 있을 것이다. 이 질서의 구성 요소인 자본주의 기부자들, 지식인들, 싱크 탱크들, 정치인들, 매체계, 그리고 이들을 하나로 묶어주는 개인적 관계망들, 이 모든 것이 이미 1970년대에 모습을 드러냈기 때문이다. 1980년대에 신자유주의 질서가 그토록 급속하게 정치에 안착한 것은 그것이 구축되는, 바로 이 "조용한 단계"라는 것을 빼놓는다면 이해할 수 없다.

하지만 이는 어디까지나 어떤 질서가 나타날 잠재적 요소들일 뿐, 이런 것들이 있다고 해서 이 질서의 승리가 확실히 예정된 것이 아님은 말할 것도 없다. 즉 지도부가 그런대로 다듬어졌다고 해서, 금고에 자금이 가득하다고 해서, 싱크 탱크의 문서 캐비닛에 야심 찬 정책들이 빽빽하게 차 있다고 해서, 이렇게 모인 집단이 싸울 수 있는 기회만 주어지면 승승장구할 것이라는 법은 없는 것이다. 이런 승리가 가능하려면 군대를 편성하고 지휘하여 선거에서 승리를 거둘 수 있는 정당과 대통령이 있어야만 한다.

지도부는 자신들을 이끌 장군이 바로 레이건이라는 것을 이미 알고 있었다. 뉴딜 질서의 미국은 레이건이라는 사람이 떠오르는 것을 심각하게 받아들이지 않았다. 돌이켜 보면 이는 아주 수수께끼 같은 일이다. 레이건은 중년기가 되어서야 정치에 발을 담그기로 결심한 카터와 같은 인물이 아니었다. 레이건은 1940년대 이래로 계속해서 정치에 몰두해 왔던 사람이었다. 1950년대에는 하이에크의 저작에 몰입하기도 했다. 그리고 1964년에는 전국에 방영되는 TV 연설에서 배리 골드워터 후보의 지지를 목 놓아 호소하면서 전국적 인물로 명성이 치솟기도 했다. 1966년에는 캘리포니아 주지사가 됐으며, 그리하여 그가 경멸했던 캘리포니아의 반전운동, 신좌파, 흑인민족주의 운동들과 맞서는 최전선에 나서기도 했다. 또한 캘리포니아 주지사로서의 두 임기 동안 그는 "자격 없는 빈민들"이라고 보았던 이들의 책임을 더욱 강제해야 한다고 주장하면서 이들로부터 복지수당을 빼앗아 버리는 복지 개혁을 실험하기도 했다. 그는 이 모든 작업을 자신과 정당이 가장 열망했던 것을 따내기 위한 연습으로 삼았다. 즉 자신이 대통령이 되어 신자유주의 철학을 미국의 지배적 철학으로 만들겠다는 생각이었다.[20]

카터와 달리 레이건은 프랭클린 루스벨트에 대해 무관심하지 않았다. 오히려 루스벨트야말로 자신이 보았던 대통령 가운데 가장 위대한 인물이라고 여겼다. 그는 뉴딜을 혐오했던 것만큼 그 힘, 호소력, 지속성에 맞설 수 있는 한 정치 질서를 간절히 창출하고 싶었다. 프랭클린 루스벨트의 대통령 기간은 미국의 운명과 조우했던 첫 번째 경험이었으며, 이제 레이건은 자신이 그 두 번째 운명이 될 것을 상상했던 것이다.[21]

1976년의 공화당 대선 예비선거에서 레이건은 현직 대통령 제럴드 포드에 맞서 승리를 거두었는데, 이는 레이건 주변에 열정과 에너지가 모이고 있다는 뚜렷한 증후로 읽어 냈어야 마땅했다. 하지만 민주당원들 중 레이건에 비판적인 이들은 한사코 레이건과 그의 정치를 농담처럼 여겼다. 레이건이 배우(그것도 B급의 이류 배우)였다는 것 때문에 그가 높은 공직에 오르는 것이 적합하지 않다고 생각하는 사람들이 너무나 많았다. 또한 그는 지적으로도 별 볼 일 없는 사람이라고 우습게 보는 분위기가 팽배했다. 자기가 읽은 책이 무언지도 정확히 기억하지 못했기 때문에 그를 아둔하게 보는 이들이 많았던 것이다. 하지만 그는 이러한 무지를 보완하는 힘이 있었는데, 세상 만물을 마음대로 꾸며 내는, 즉 세상을 있는 그대로 보는 것이 아니라 마땅히 그렇게 되어야 한다고 자신이 상상한 대로 이야기를 꾸며 내는 아주 특출한 능력을 가지고 있었다. 1980년의 선거운동에서도 그는 핵무기를 가지고 막나가는 벼랑끝전술로 소련에 맞서야 한다고 말하며, 다소 무모한 방식으로 사람들을 고무하기도 했다.

그는 대통령이 된 이후에도 막말하는 버릇을 멈추지 않았고, 심지어 강대국들에도 막말을 쏟아 냈다. 사람들은 레이건이 소련에 대고 "악의제국(evil empire)"이라는 별명을 붙이고, 서독의 나토군을 전술핵무기로 무장하겠다고 나서는 것을 보면서 경악했다. 대체 레이건이라는 사람은 지금 무엇을 알고 저러는 걸까? 아니면 자기를 영화 〈스타워즈〉의 다스 베이더에 맞서는 루크 스카이워커라고 착각하는 게 아닐까? 이렇게 국제 문제로 분란을 일으키지 않을 때에는 옛날 세상에 대한 향수에 젖어 백악관 건물을 마리 앙투아네트의 궁정처럼 꾸미는 데에 힘을 쏟았다. 그러면 그가 생각하는 마리 앙투아네트 궁정의 모습은 어디서 본 것일까? 말할 것도 없다. 뮤지컬 영화 〈사랑은 비를 타고(Singing in the Rain)〉였다. 백악관에 들어앉아 우화 속을 헤매며 황당한 이야기를 쏟아 냈던 최초의 인물은 트럼프가 아닌 레이건이었다.[22]

하지만 레이건은 아주 진지한 인물이기도 했다. 그는 진짜로 소련을 무너트리고 싶었고, 또 자기가 그렇게 할 수 있다고 굳게 믿었다. 또한 그는 정말로 뉴딜 질서가 집산주의의 폭정 형태라고 믿었으며, 이 질서를 자기가 무너트릴 수 있다고 믿었다. 그리고 선거판에서는 실로 마법을 부리는 것 같은 능력을 발휘하여, 미국의 자유를 찬양하고 미국적 삶을 새롭게 일으키겠다는 희망을 불어넣는 강력한 우화들을 꾸며 내면서 자신의 정치적이고 개인적인 야심을 토로했다.

1980년 당시 미국 공화당은 거의 50년째 의회의 소수당으로 머물고 있었다. 이 반세기 동안 공화당 후보로서 선거를 통해 대통령이 된 이는 드와이트 아이젠하워와 리처드 닉슨 두 명뿐이었지만, 두 사람 모두 뉴딜 질서의 원칙들을 그대로 따랐다.[23] 공화당이 상원과 하원을 모두 통제하게 된 선거는 1946년과 1952년 두 번뿐이었다. 뉴딜 질서가 자리를 잡은 이후, 공화당에 표를 던지는 유권자들의 숫자는 공화당이 국가권력을 쥘 수 있을 만큼이 못 되는 것이 보통이었다. 이런 상황에서 레이건은 기존 공화당 지지층에 두 가지 요소를 덧붙여서 당의 정치 산술을 바꾸어 놓았다. 남부의 백인들(복음주의 기독교인들일 때가 많았다) 그리고 북부의 백인 민족 집단들이었다.

1960년대까지만 해도 남부의 백인들은 민주당의 기둥이었다. 이들은 공화당을 노예해방과 인종 간 평등의 정당이라고 보았다. 그리고 선조들이 그토록 소중히 여겼던 남북전쟁 이전의 남부 세상을 (자기들이 볼 때에) 망쳐 놓은 것이 이 두 가지라고 생각했다. 하지만 민주당이 1940년대 말 트루먼 정권 때부터 민권을 강조하는 쪽으로 전환하여 1960년대 존슨 정권 때에 그 절정으로 치닫게 되자, 많은 남부 백인은 민주당을 향한 충성심을 버리게 됐다. 그중 일부는 1948년에 스트롬 서먼드(Strom Thurmond)의 딕시크랫(Dixiecrat, 민주당이 트루먼 정권 때부터 흑인문제에 민권을 강조하는 방향으로 돌자 남부의 민주당원들이 이에 저항하여 만들었던 인종 분리주의 세력으로서 남부 연합기를 사용했다—옮긴이)으로 돌아섰고, 1964년의 민주당 후보 지명전에서 조지 월리스 후보가 펼친 대담한 인종 분리주의 운동으로 돌아선 이들은 더욱 많았다. 월리스의 반란은 오래 계속됐고[1968년에는 미국독립당(American Independent Party)의 후보 지명전에도 나갔다], 이에 공화당의 행동대원들은 새로운 정치적 지지 세력을 모색하는 남부의 백인 유권자 다수를 끌어올 가능성을 확보하는 데에 성공을 거두었다. 닉슨은 이들을 공화당으로 끌어오기 위한 정치운동을 짜냈다. 그는 공화당을 법과 질서에 강경한 (따라서 많은 미국 도시를 찢어 놓고 있던 인종 소요 사태를 진압할 수 있는) 정당으로, 또 각 주의 독자성과 지역 자치를 추진하는 정당으로 새로운 틀을 짰다. 닉슨은 전반적으로 남부에서 인종 분리로의 복귀까지 외치는 것은 거부했지만, 대신 각 주의 독자성을 강조하는 것은 연방정부의 관료들이 이래라저래라 하는 것에서 벗어나 마을과 도시와 주정부에서 남부 백인들이 원하는 대로 정치적·사회적 삶을 조직하려는 욕망에 부합하는 것으로 보았다.[24]

종교 문제를 놓고 잠재되어 있던 분노 또한 남부 백인들이 민주당에서 더욱 멀어지는 데에 일조했다. 뉴딜 질서는 항상 세속적인 경향을 가지고 있었다. 역대 민주당 정권들에는 민주당 정책에 입김을 불어넣는 사회과학자들—대학 학위를 가졌거나, 또 많은 경우 대학에서 교수직을 가진 경제학자, 사회학자, 정치학자, 역사학자, 법률가—로 가득 차 있었다. 물론 이런 사람들이 모두 종교에 적대적인 것은 아니었다. 단지 공공정책의 길잡이로서는 과학이 성경보다 우월하다고 믿은 것뿐이었다. 또한 이들은 1장에서 보았듯이 민주당의 성공은 종교를 공공영역에서 배제하는 것에 달려 있다고 믿었다. 뉴딜 질서가 지배하던 몇십 년간 이렇게 종교와 정치 사이에 거리를 두겠다는 굳은 결의가 반복해서 표출됐다. 심지어 이러한 사고방식은 아이젠하워 대통령에게서도 볼 수 있었다. 그는 1952년에 미국은 여러 다양한 종교로 이루어진 나라이며 모든 종교를 다 정당한 것으로 본다고 선언했다. 그는 모든 미국인에게 자신이 믿는 종교의 가르침을 따라 충실히 살아가자고 부탁했을 뿐이었다. 아이젠하워는 미국인들에게 종교는 사적 문제일 뿐 정치적 문제로 삼지 말아 달라고 강력하게 촉구한 셈이었다.[25]

엥글 대 비탈레(Engel v. Vitale)(1962)의 판결을 맡았던 워런 대법원[Warren Court, 1953년에서 1969년까지 얼 워런(Earl Warren)이 대법원장으로 재직하던 당시의 대법원은 미국 역사상 가장 진보적인 색채의 대법원이라고 평가되며, 특히 인종문제와 민권과 관련하여 진보적인 판결들을 내놓았다. 이를 '워런 대법원'이라고 부른다—옮긴이] 또한 비슷한 전략을 취했고, 각 주정부는 더 이상 공립학교에서 기도를 의무화해서는 안 된다고 판결했다. 미국인들은 기독교, 유태교, 이슬람교 등 어떤 종교든 선택할 자유가 있으며, 학교에서 기도를 의무화할 경우에는 특정 종교의 교리를 다른 종교를 믿는 학생들에게 강요하여 정치적 갈등으로 번질 수 있다는 것이 대법원의 논지였다.

이 재판의 원고는 무신론자들이 아니라, 학교의 기도회가 변함없이 개신교와 거기에서 사용하는 제임스 흠정역성서를 유리하게 만들 것이라고 믿었던 가톨릭과 유태교 단체였다. 대법원은 공공기관에서 종교를 완전히 제거하고 사적영역으로 돌려 각자의 종교를 자유롭게 추구하도록 해야 한다고 보았다. 원고측은 의회가 "종교의 제정에 관한(respecting an establishment of religion)" 어떤 법률도 통과시킬 수 없다는 미국헌법 수정 조항 제1조(미국헌법에서 종교의자유를 명기한 부분으로서, 의회도서관에 보관된 미국헌법 번역본에 따르면 "연방의회는 국교를 정하거나 또는 자유로운 신앙 행위를 금지하는 법률을 제정할 수 없다"라고 되어 있다—옮긴이)를 자신들의 논거로 삼았다. 대법원 또한 여기에 동의했다.[26]

백인 복음주의 개신교도들은 이 판결에 큰 충격을 받았다. 이들에게 학교에 다닌다는 것은 젊은이들을 하나님의 길로 인도하는 것을 뜻하는 것이었다. 학교에서 그러한 교육이 금지됐다는 것은 단지 아이와 부모 들에게 죄를 짓는 것뿐만 아니라 하나님에게 죄를 짓는 일이라고 이들은 보았다. 엥글 사건의 판결로 인해 가장 먼저 민주당에 대한 분노가 타올랐다. 그다음에는 오래도록 지역사회 혹은 주정부의 관할이라고 여겼던 공립학교의 운영을 대법원이 위헌적으로 개입했다고 생각한 이들이 대법원에 맞서 분노했다. 그리고 종국적으로는 이렇게 계속 스스로를 비대화해 나가는 연방정부에 대한 분노가 타올랐다. 1962년 앨라배마 주지사로 선출되었던 월리스는 이 대법원판사들을 공산주의 이데올로기에 물들어 "어린 학생들이 기도하는 것을 금지"시키는 자들이라고 주장하면서 저주를 퍼부었다.[27] 설교자 빌리 제임스 하지스(Billy James Hargis)는 훗날 "이것이야말로 미국에 닥친 종말의 시작"이었다는 당시의 감정을 회상하게 된다. "이 나라가 이제 하나님께 등을 돌린 것입니다. 하지만 하나님을 등진 나라는 결코 오래갈 수 없습니다."[28]

엥글 사건 판결로 불타오른 분노는 1960년대와 1970년대 내내 스멀거리면서 퍼져 가고 있었지만, 당시의 미국은 인종 간 분열의 문제에 골몰해 있어서 이 점에 주목한 이가 거의 없었다. 그런데 레이건은 대통령선거 운동을 조직하면서 이러한 분노의 존재를 의식하고 그 힘을 한껏 활용한다. 그는 종교가 공공 생활에서 배제된 것에 분노하는 이들과, 멀리 워싱턴 수도의 연방정부가 자기들 삶에 인종 관계의 변화를 강요하는 것에 분개하는 이들이 동일한 사람들일 때가 많다는 것을 잘 알고 있었다.

레이건이 이룬 최고의 정치적 성과는 바로 백인우월주의와 종교적 경건주의에 초점을 둔 정치를, 개인의 자유를 강조하고 뉴딜 국가를 적대하는 자신의 신자유주의적 시장 지향성과 화해시켜 냈다는 데에 있다. 그가 이를 성공한 방법은 남부 백인들에게 그들이 혐오하는 미국적 삶의 변화를 가져온 것도 큰정부의 민주당이었고, 백인들의 미국에서 소중히 여겨 온 각종 자유를 질식시키는 것도 큰정부의 민주당이었다는 서사를 지어낸 것이었다. 이러한 서사에 따르면 남부의 여러 주에서 그들의 관습적 생활 방식을 빼앗아 간 것은 각종 연방정부 기관들—존슨 대통령의 백악관, 존 F. 케네디 암살의 여파로 전전긍긍하고 있는 의회, 얼 워런의 대법원—이라는 것이었다. 존슨 대통령의 위대한사회라는 것은 미국 남부에서나 북부에서, 또 건설업 등의 민간기업에서나 경찰, 소방서, 기타 지자체 공공부문에서 오래된 고용 관행을 흐트러뜨렸다고 레이건은 주장했다. 그중 최악은 대법원 판결 때문에 신앙을 가진 미국인들이 매일 학교 수업 시작 전에 하나님께 기도 드릴 자유까지 빼앗기게 된 것이라고 했다.[29]

레이건의 천재성은 바로 연방정부의 목에다가 거대한 주홍글씨를 걸어 놓은 것이었다. 미국인들이 생득권으로 여겨 온 각종 자유를 침해한 폭군이 바로 연방정부라는 것이다. 이 때문에 사람들이 원하는 이들을 고용할 자유, 자기와 같은 인종의 사람들 사이에서 살아갈 자유, 인종적 정의라는 이름 때문에 멀리 떨어진 학교로 아이들을 버스로 통학시켜야 한다는 공포에서 벗어나 인근 학교로 아이들을 보낼 자유 등을 모두 잃었다는 것이다. 하지만 뉴딜과 위대한사회의 팽창기에 중앙정부가 긁어모았던 규제의 권력을 뺏는다면 연방정부의 사회공학 프로젝트들도 그대로 무너질 것이라고 레이건은 주장했다. 그렇게만 한다면 인종, 종교, 고용 등의 문제에서 미국인들에게 하나님께서 내리신 자유가 금세 회복될 것이라는 것이었다. 레이건은 자신의 반정부적, 신자유주의적 의제를 밀어붙이는 데에 보수적인 인종적, 종교적 분노를 끌어오는 방법을 찾아냈던 것으로 보인다. 이는 대단한 위업이었다.

레이건은 제리 폴웰을 협력자로 삼았고, 폴웰은 1979년에 종교단체인 도덕적다수를 설립하여 미국 정치에서 기독교적 가치를 증진하고 레이건을 대통령으로 미는 일에 적극 협력한다. 폴웰도 오랫동안 밀턴 프리드먼의 저작에 몰입했던 이로서, 1980년에는 기독교인들에게 자유시장 자본주의를 신봉하라고 신께서 명했다는 주장을 서슴지 않고 했다. "자유기업체제는…… 성경에…… 분명하게 그 개략의 모습이 제시되어 있습니다." 폴웰은 선언했다. "예수그리스도께서는 노동윤리야말로 주님께서 우리를 위해 준비하신 계획의 일부임을 분명히 하셨습니다. 그리고 야심 있고 성공적인 기업경영 또한 하나님께서 그분이 선택하신 사람들에게 준비하신 계획의 일부로 분명하게 그 개요가 나와 있습니다." 마찬가지로 큰정부는 경제와 종교적 자유에 해로울 뿐만 아니라 성경의 교리에 반하는 것이라고 그는 믿었다. 폴웰은 자신의 교인 추종자들을 징발하여 뉴딜 질서를 해체하자는 큰 정치운동에 끌고 나간다.[30]

1980년, 레이건은 상대 후보 카터를 일반 투표(popular vote)에서뿐만 아니라 선거인단 투표에서도 50개 주에서 44개 주를 획득하여 크게 이긴다. 이는 레이건의 영웅 루스벨트 대통령이 1936년 선거에서 이룬 전설적인 숫자와 거의 비슷하다.[31] 미국인들은 뉴딜에 대해 이토록 적대적인 대통령을 뽑은 적이 결코 없었다. 하지만 남부의 백인들이 레이건에게 몰려들었다. 또한 북부의 도시지역에서도 탈공업화로 일자리가 줄어드는 가운데 흑인들과 일자리, 주택, 정치권력 등을 놓고 구역 싸움을 벌이던 백인 민족 집단들도 레이건에게 몰려들었다. 이 북부의 백인 민족 집단들은 자신들을 "레이건 민주당원"이라고 새롭게 규정했다. 남부의 백인들과 북부 도시지역의 백인 민족 집단들은 오랫동안 민주당의 충실한 지지 세력이었고 뉴딜 질서를 떠받치는 기둥이었다. 그런데 이들이 1980년 선거에서 지지 대상을 바꿔 버림으로써 레이건이 권력의 정상에 오를 수 있었던 것이다. 만약 공화당이 이 집단들의 이러한 정당 지지의 변화를 영구적인 것으로 만들 방법만 찾아낸다면, 앞으로도 오랫동안 다수당이 될 수 있는 선거 전략의 공식을 손에 쥐게 될 터였다.[32]

신자유주의, 레이건 스타일

레이건은 대통령이 되자 기성 권력에 맞서는 신자유주의 싱크 탱크들에서 오랫동안 숙성시켜 온 정책들을 신속하게 실행했다. 그 핵심 정책 중 하나는 탈규제였는데, 정부가 민간산업을 감시하는 일을 더 이상 하지 말아야 한다는 것이었다. 지미 카터 대통령도 이미 이 방향의 첫발자국을 떼어 놓았고 원거리통신 산업, 항공업, 트럭 운수업 등에서 정부의 규제를 철폐한 바 있었다. 레이건은 대통령이 되자 뉴딜의 규제 체제를 떠받치는 두 기둥을 타깃으로 삼는다. 노동자들의 단체협상에 대한 연방정부의 지지, 그리고 누진적조세 제도였다. 1981

년 당시 임금인상과 노동조건 개선을 놓고 파업을 벌였던 항공관제사 1만여 명을 레이건은 해고해 버린다. 레이건의 이 대담한 행동은 항공관제사노조(Professional Air Traffic Controllers Organization)를 큰 충격에 빠뜨렸다. 이 노조가 1980년 선거에서 레이건 후보를 지지했기 때문이었다. 이 조치는 모든 공공 및 영리 부문의 노동자들에게 1920년대 이후 그 어느 정권보다도 노조에 엄혹한 입장을 취할 것이라는 신호를 보냈다. 레이건 대통령의 이 조치는 상징적 차원에서도 의미가 있었다. 1937년 자동차 노동자들이 제너럴모터스의 공장들을 점거했을 때 이들을 몰아내기 위해 주방위군이나 연방군을 보내 달라는 요청을 민주당원인 미시간 주지사와 루스벨트 대통령이 거부했던 사건만큼 큰 의미를 갖는 행동이었다. 1930년대에 일어난 이 사건은 루스벨트 대통령과 민주당이 대기업들로 하여금 노동자들의 노조와 정당한 합의를 맺도록 강제하려고 작정을 했던 분명한 신호였던 것이다. 이와 마찬가지로 레이건이 파업을 이유로 노동자 전체를 해고한 것은 대통령이 파업을 분쇄하기 위해 군대를 파견한 것에 맞먹는 행동이었다. 이는 대통령과 여당이 이제 노동자들의 힘을 송두리째 날려 버리기로 작정했다는 의사를 담은 통첩이었다. 이때 이후로 미국 노동자들은 파업을 계속하다가는 그 대가로 일자리가 날아갈 수도 있다는 것을 알게 됐다. 1980년대에 걸쳐 미국 노동운동은 노조조직률이 급감하면서 빈혈 상태에 빠진다. 신자유주의와 탈규제의 성공이 어떻게 가능했는지에 대한 설명에서 이러한 노조조직률의 하락이라는 요소가 간과될 때가 많다. 하지만 실제로 따져 보자면, 노사 협상에서 정부가 노동자 쪽에 힘을 실어 줄 능력을 잃는 것이야말로 가장 강력한 형태의 시장 탈규제임이 분명하다.[33]

레이건 정부는 프랭클린 루스벨트와 그 지지자들이 1930년대와 1940년대에 도입하여 그 이후 민주당과 공화당의 대통령들 모두가 유지했던 미국의 고세율 세제를 뜯어고치는 데에도 열성을 보였다. 1981년, 미국 의회는 레이건이 추동했던 경제회복조세법(Economic Recovery Tax Act)을 통과시킨다. 이는 연방 소득세를 평균 23퍼센트 내리고 최고 한계세율을 70퍼센트에서 50퍼센트로 내린다는 것이었다. 그리고 레이건의 두 번째 임기 중에 통과된 두 번째 세금 법안은 다시 이 최고 한계세율을 28퍼센트로 줄인다. 이렇게 하여 레이건과 그의 의회 동맹군은 미국의 최고 소득 구간에 있는 이들의 조세부담을 무려 60퍼센트나 줄인 것이다. 이 두 법은 공화당이 미국 조세 체제의 누진적 성격을 크게 줄일 뿐만 아니라, 세수의 확장을 막아 앞으로도 연방정부의 규모가 커지는 것을 방지하겠다는 프로젝트의 포문을 열었던 조치였다. 레이건은 세수를 재분배의 목적으로 쓰는 데에 길들여져 있는 노조와 정부 때문에 자유시장의 작동과 자본의 생산적 활용이 가로막히고 있으며, 그 때문에 부와 경제성장도 막히고 있다고 믿었다. 미국 경제가 번영하려면 반드시 노조와 세금 잔치를 벌이는 정부를 굴복시켜야만 하며, 가능하다면 완전히 제거해야 한다는 것이었다. 뉴딜 질서의 원칙들에 이보다 더 강력한 직격탄은 상상하기 힘들 것이다.[34]

레이건은 연방정부에 고삐를 더욱 죄기 위하여 취임하자마자 연방 기관의 신규 채용을 동결하고, 이 기관들에 새로운 규제 발령을 자제하라고 명령했다. 또 연방 기관들의 기관장으로 연방정부에 대한 반감으로 명성이 높은 인물들을 하나씩 임명해 나갔다. 그리고 이 새로운 기관장들이 연방정부가 규제할 수 있는 범위를 확장하는 게 아니라 억제할 수 있도록 권한을 부여했다. 이렇게 레이건이 임명한 인물들이 어떤 탈규제 작업을 했는지를 잘 보여 주는 예는 1981년에서 1985년까지 재무부 장관을 역임한 도널드 리건(Donald Regan)이다. 리건 장관은 연방주택대부은행(Federal Home Loan Bank)으로 하여금 "저축은행(thrift)"이라고 알려진 저축대부조합들(Savings and Loans Associations)이 전통적으로 해 왔던 것처럼 자본을 안전한 곳에만 투자할 것이 아니라 높은 수익률을 올릴 수 있는 좀 더 위험한 곳으로 돌리는 것을 허용하도록 설득했다. 이 실험은 시장을 자유화하려는 것이었지만 실패로 끝난다. 저축대부조합들은 무책임한 투자 행태를 보였고, 1987년에는 파산 사태가 일어나 정부가 구제 자금으로 무려 3700억 달러를 투입해야만 했다.[35]

이러한 실패들뿐만 아니라 레이건 집권 초 2년간은 경제 상황도 무척 나빴다. 하지만 레이건은 이런 것들로 주춤하기에는 신념이 너무나 강한 인물이었다. 1983년과 1984년에 경제는 강한 회복세를 보였고, 레이건은 1984년 재선에 성공한다.[36] 그의 두 번째 임기 동안 주목을 끌었던 것들은 새로운 입법보다는 핵심 기관들을 재배치하겠다는 결단이었다. 특히 각급 법원과 언론매체가 대상이었으니, 이들을 신자유주의 혁명에 도움이 되는 쪽으로 바꾸겠다는 것이었다.

법원의 개혁을 이끌었던 인물은 레이건의 법무부 장관 에드윈 미즈(Edwin Meese)였다. 미즈는 법률가로서 캘리포니아 주 앨러미다 카운티(Alameda County)에서 검사로 일하던 때에 처음으로 레이건의 관심을 얻게 됐다. 1967년에 캘리포니아 주지사 레이건의 법무부 장관으로 임명됐고, 1969년에는 주지사의 수석 보좌관이 되어 1975년 레이건의 주지사 임기 말까지 이 자리를 유지한다. 레이건은 1980년의 선거운동 때에도 미즈를 본부장으로 임명했고, 선거 뒤에는 정권 인수위원회의 위원장으로 앉혔다. 또 백악관에 입성한 뒤에는 그를 특별 자문으로 삼았다가 1985년에는 법무부 장관으로 임명한다. 그리하여 미즈는 1987년 공직에서 은퇴할 때까지 무려 20년 가까이 레이건과 지근거리에서 함께 일하게 된다.[37]

미즈는 법무부 장관이 된 직후 대법원에 법리상의 공격을 시작한다. 그는 얼 워런 대법원장 기간 동안(1954~1969년) 대법원이 "권리 혁명(rights revolution)"을 정당화하고, 또 한편으로는 중앙정부가 가진 규제 권력의 방대한 팽창을 정당화하려는 목적으로 미국헌법을 너무나 자의적으로 해석해 왔다고 공격했다. 미즈의 주장에 따르면, 미국헌법에 함축된 사생활의 권리에는 여성들의 출산 조절 (그리고 임신중지)에 대한 접근을 허용하는 내용이 들어 있지 않으며, 또 헌법에는 비록 연방정부가 여러 주 사이의 상업을 통제할 권한이 부여되어 있지만, 제조업에서 민권 그리고 농업에서 환경에 이르기까지 경제의 모든 측면을 규제할 권한을 중앙정부에 부여한 것으로 해석할 수 없다는 것이었다. 이러한 사례들에서 대법원의 진보적 판사들은 어떤 법이 합헌인가의 여부로 판결을 내린 것이 아니라 아예 스스로 법을 만들어 버리는 일을 했으니, 이는 헌법에서 오로지 연방의회와 주 의회에만 부여한 권력을 찬탈한 것이라는 게 그의 공격이었다. 그리하여 미즈 법무부 장관은 1985년에 판사들에게 법률과 헌법 조항에서 본래 입법자가 부여한 실제 의미를 준수하도록 하는 "최초 의사의 법리(jurisprudence of original intention)"를 요구했다.[38]

이렇게 미국헌법을 엄격하게 해석할 것을 강조하는 관점은 1970년대 초 예일대학교 법학 교수인 로버트 보크(Robert Bork)에서 비롯된 것이었다. 그 뒤로 이 관점은 시카고대학교로 넘어가 앤터닌 스캘리아(Antonin Scalia) 법학 교수가 지지하게 된다. 레이건은 보크와 스캘리아 두 사람을 모두 1985년 미국 연방순회항소법원(US Court of Appeals for the DC Circuit)에 임용한다. 이 자리는 보통 대법원판사로 가는 디딤돌로 여겨질 때가 많으며, 이는 이들의 법학적 관점이 미즈 장관 그리고 레이건 혁명의 이념적 설계자들에게 높은 지지를 받았다는 사실을 드러낸다.[39]

애초에 보크와 스캘리아가 동요했던 것은 워런 대법원이 1960년대의 여러 해방운동, 특히 민권운동과 여성운동을 법적으로 재가하는 데에 권리라는 언어를 이용했다는 점이다. 하지만 워런 대법원에 대한 비판이 시카고대학교에 이르자 신자유주의적 조류와 뒤섞이게 됐고, 이에 진보적 법학에 맞선 더욱 급진적인 도전이 출현하게 되며, 더 나아가 뉴딜 질서 전체의 법적 기초를 겨냥하게 된다. 이러한 도전이 무슨 의미를 갖는지는 시카고대학교의 법학 교수이자 같은 대학의 경제학과를 지배하던, 또 신자유주의 네트워크에 깊이 관여한 리처드 엡스타인(Richard Epstein)의 저작에 분명하게 보인다.

엡스타인은 뉴딜 질서의 기간에 연방정부의 권력이 팽창하게 된 기반은 미국헌법의 상업 관련 조항을 너무 느슨하게 해석한 데에 있다고 주장했다. 1930년대 말과 1940년대 초 이후 진보적 대법원의 다수파는 주와 주 사이의 상업을 통제할 연방정부의 권한에서 시작해 제조업, 노사관계, 사회복지, 민권, 환경에 이르기까지 다양한 영역을 규제할 수 있는 권한을 찾아냈다. 하지만 엡스타인의 주장에 따르면, 헌법의 상업 조항이 담고 있는 **본래의** 규제 취지는 이보다 훨씬 좁은 것이며, 법 관계자들은 모두 이를 존중해야 한다는 것이었다. 이 조항을 제대로 해석한다면 중앙정부의 규제 권한은 "주와 주 사이의 운송, 항해, 판매"의 영역으로 제한될 뿐, 그 이상이 될 수 없다는 것이었다. 엡스타인은 바로 직격탄을 날린다. 뉴딜 시대의 판사들 그리고 워런 대법원판사들이 이 헌법의 상업 조항을 해석한 방식은 규제의 팽창을 낳았으며, 이들의 해석은 "근거 없는 과장(extravagant)"이며 헌법에 위배된다는 것이었다.

엡스타인의 논리에 따르게 되면, 1935년의 전미노동관계법

(National Labor Relations Act)에서부터 1964년의 민권법을 거쳐 1970년의 환경보호법에 이르기까지, 헌법의 상업 조항의 가호 아래에서 실시된 규제 제도 다수가 법적으로 모두 무효가 될 수밖에 없다고 단언한다. 만약 미국이 헌법의 본래 뜻으로 돌아간다면 이 나라를 지배하는 규제 국가의 상당 부분은 해체될 필요가 있으며, 그 과정에서 시장의 자유가 회복된다는 것이었다. 엡스타인은 뉴딜 질서를 날려 버리고 신자유주의적 질서를 제도화할 수 있는 폭탄을 제조한 셈이었다.[40]

물론 미국의 법률 시스템은 판례를 중시하는 체제이니, 폭탄 한 방으로 40년 동안 쌓아 온 법원의 판결들을 다 날릴 수는 없다. 더욱이 이 시스템은 헌법의 상업 조항을 탄력적으로 이리저리 해석함으로써 경력을 쌓아 온 연방법원 판사들의 손으로 세워진 것이었다. 하지만 헌법 원전주의를 신봉하는 반란자들 또한 한심한 판례들을 철회하고 워런식의 법리 해석을 무너트리려고 독을 품은 이들이었다. 이들은 연방주의자협회(Federalist Society)라는 조직을 만들어 헌법 원전주의를 따르는 판사 수백 명을 자기 깃발 아래로 끌어모았고, 미즈 장관을 통하여 이들을 연방 사법부에 앉힌다. 미즈 장관은 1986년 윌리엄 렌퀴스트(William Rehnquist)를 대법원장 자리에 임명하고, 또 렌퀴스트가 있던 자리에 스캘리아를 앉히는 데에 성공을 거두었다. 하지만 1987년 대법원판사로 보크를 임명할 때에는 치열한 전투 끝에 패배를 맛보았는데, 보크 대신 그 자리에 앉게 된 앤서니 케네디(Anthony Kennedy)는 보크나 엡스타인 정도의 맹렬한 헌법 원전주의자가 아니었다. 하지만 원전주의자들은 이미 이런 패배를 여러 번 겪게 될 것이라고 각오하고 있었다. 이들은 연방 사법부를 점령하려면 오래도록 흘러온 세월을 거꾸로 되돌려야 한다는 것을 알고 있었다. 하지만 이렇게 법원을 점령하기 위해 대장정의 군대를 준비한다는 행동 자체는 레이건이 뉴딜 질서를 뒤엎겠다는 야심이 얼마나 컸는지를 잘 드러낸다. 이는 뉴딜 질서의 법적인 주춧돌 자체를 때리는 것이었기 때문이다.[41]

이렇게 헌법 원전주의의 싸움과 함께 똑같이 야심 차게 진행된 레이건의 공세가 있었으니, 이는 방송매체를 공적인 규제에서 해방시키는 것이었다. 언론의자유는 미국이 가장 소중히 여기는 자유 가운데 하나이며, 헌법 수정 조항 제1조에 명기되어 있기도 하다. 수정 조항 제1조가 법이 된 1792년 이후 거의 1세기 동안은 신문, 팸플릿, 서적과 같은 인쇄매체가 언론의 전체를 이루었다. 하지만 이후 전보와 전화가 나오고 그 뒤로 라디오와 텔레비전이 나오면서 이러한 인쇄매체 편향도 변화하게 된다. 이 새 매체들은 신문보다도 잠재적인 영향력이 더 컸다. 하지만 이런 매체들에 대한 접근권에는 시작부터 제한이 가해졌다. 주파수대역폭이 구체적으로 제한돼 있었으므로 "공중파를 탈" 수 있는 방송국의 숫자도 정해져 있었다. 그렇기 때문에 이 새로운 매체들을 공공시설로 여겨 정부가 규제의 권리와 의무를 가지게 됐고, 이는 신문에는 결코 벌어진 적이 없는 일이었다. 실제로 뉴딜주의자들은 1934년의 통신법을 통하여 공공의 이익을 위한 뉴미디어 규제를 정치 질서의 기둥으로 삼았다. 이 법으로 세워진 연방통신위원회는 특정 방송사가 너무 강력해지거나 정치적 관점이 너무 편향되는 일이 없도록 감시했다. 그리하여 1949년에 연방통신위원회는 어떤 방송사(라디오 또는 TV)가 논란이 될 만한 관점을 방송했을 경우 "그렇게 방송된 논쟁적 문제들과 대조되는 관점을 가진 책임 있는 구성원들이 이를 표현할 수 있도록 시설을 개방"하기 위해 노력해야 한다는 "공평성 원칙(Fairness Doctrine)"을 채택하게 된다.[42] 만약 그 방송사가 이를 거절할 경우에는 연방통신위원회가 제재를 가할 수 있으며, 심지어 방송 송출권을 빼앗을 수도 있게 됐다.

이 공평성 원칙은 실제로 집행되기가 결코 쉬운 것이 아니지만, 그래도 민간의 방송사들은 이 때문에 뉴스 보도에 객관성을 기하지 않을 수 없었다. 이는 미국 시민들이 정보에 입각한 정치적 결정을 내리는 데에 필요한 균형 잡힌 정보를 확보하려면 방송매체에 대한 공공 규제가 필수적이라는 믿음에 근거한 것이었다.

레이건의 신자유주의자들은 이러한 규제에 격분했으니, 이것이야말로 자유언론에 대한 공격이라고 여겼기 때문이다. 헤리티지재단의 회장이자 몽펠르랭협회의 회원이던 에드윈 퓰너는 정부가 방송매체에 무엇을 방송해야 하는지를 명령할 권리가 없다고 선언했다. 미국헌법이 의도한 언론의자유란 여러 아이디어의 자유시장을 뜻하는 것으로서, 무엇이 방송될 수 있고 안 되는지를 정부가 지침을 내리는 한 이러한 열망은 결코 실현

될 수 없다는 게 그의 주장이었다. 연방통신위원회의 기관장으로 레이건이 임명한 마크 파울러(Mark Fowler)도 같은 의견이었다. 파울러는 매체 시장을 해방시키겠다는 강렬하고도 흔들리지 않는 헌신을 보이면서 비판자들로부터 "탈규제의 미친 수도승"이라는 별명을 얻게 되는 인물인데, 1985년의 연방통신위원회 보고서를 보면, 세세한 내용을 언급해 가며 공평성 원칙을 철폐해야 한다는 논리를 전개하고 있다. 1986년에는 연방순회항소법원(여기에 스캘리아와 보크가 있었다)에서 이 원칙이 "법이 아니라 규제 표준"이라는 판결을 내린다. 즉 연방통신위원회는 의회의 동의 여부와 무관하게 언제든 재량으로 이를 철폐할 수 있다는 뜻이었다.[43] 연방통신위원회의 파울러가 1987년 공평성 원칙에 칼을 빼 들자 의회에서는 양당 의원 다수가 이를 막기 위해 방송공평성법(Fairness in Broadcasting Act)으로 알려진 입법안을 통과시킨다. 이 법안이 발효된다면 연방통신위원회는 계속 공평성 원칙들을 준수해야만 하게 되는 것이었다. 하지만 파울러는 레이건 대통령을 자기편에 두고 있었으므로, 이미 대통령에게 이 법안이 대통령 서명을 위해 올라오면 비토권을 행사하라고 설득해 둔 상태였다. 레이건은 비토 메시지를 통해 이렇게 말했다. "역사를 볼 때 관료적 규제를 통해서는 과도하게 위축되거나 편향된 매체의 위험을 피할 수 없으며, 이를 달성하기 위해서는 수정 조항 제1조에서 보장하고자 했던 자유와 경쟁을 그 방법으로 삼을 수밖에 없습니다." 하지만 방송공평성법은 "한마디로 우리의 헌법에서 보장된 언론출판의

자유와 모순됩니다. 제 판단으로 볼 때, 이는 위헌입니다."[44] 방송공평성법은 이러한 비토권 행사로 사장됐고, 공평성 원칙은 그 직후부터 연방통신위원회의 감독 지침에서 사라지게 된다.

공평성 원칙의 철폐는 신자유주의의 중요한 승리였다. 이를 통해 라디오 및 TV 방송사들은 뉴스 보도에서 객관성과 균형을 위해 노력해야 한다는 의무에서 풀려났다. 그리하여 "쇼크 진행자들(shock jockeys)"이라는 새 세대 라디오방송들이 나타났으니, 이들의 전략은 도발적이고 일방적인 논평으로 청취자들을 끌어모은다는 것이었다. 이로 인해 사방을 마구 물어뜯는 우파 라디오 진행자 러시 림보(Rush Limbaugh)의 프로그램이 생겨났고, 이후 미국의 매체 및 정치 지형 전체를 30년간이나 초토화하다시피 한 그의 놀라운 모험이 시작됐다. 림보의 토크쇼는 공평성 원칙이 철폐된 지 불과 몇 달 만에 전국으로 송출되기 시작했다. 그는 실로 대담무쌍하게 편향된 정치 논평에다가 특히 진보파 비판가들로부터 격분을 불러일으키는 것을 즐기면서 자신의 토크쇼를 1990년대와 2000년대에 걸쳐 가장 인기 있고 색깔이 분명하며 영향력이 큰 프로그램으로 만들었다. 그의 토크쇼는 레이건의 대안적 권력체제의 한 기둥 역할을 한다.

림보도 공평성 원칙의 철폐 덕분에 자신이 출세와 영향력을 얻을 수 있었다고 믿었다. 이후 20년 동안 공평성 원칙을 복구하고자 하는 여러 노력이 시도됐지만, 그는 영리하게도 여기에 "러시는 쉬!(Hush Rush)" 운동이라는 딱지를 붙였다. 아주 드물지만 혹시라도 전화를 건 청취자가 그의 편향성에 도전하게 되면, 림보는 자신의 정치적 입장을 자유시장이라는 관점에서 방어했다. 자신의 라디오프로그램은 그저 수많은 목소리 중 하나일 뿐이라고 선언했으며, 그가 진보 매체라고 주장한《뉴욕타임스》, CNN 그리고 오래된 3대 전국 방송사 등이 훨씬 더 편향성을 드러내고 있으니 자신의 목소리는 균형을 맞추기 위해서라도 꼭 필요한 것이라는 주장이었다. 자신의 말이 맘에 들지 않는 청취자는 그냥 라디오 다이얼을 돌려 버리라고 했다. 방송매체 프로그램의 성패를 가리는 것은 국민들(즉 시장을 말한다)이어야지 정부가 되어서는 안 된다는 것이었다.[45]

러시 림보의 라디오프로그램에 맞먹는 사건이 TV에서도 벌어졌으니, 〈폭스뉴스〉의 성공이었다. 〈폭스뉴스〉는 1996년에 출범하자마자 대성공을 거두었고 나중에는 시청자 수에서 4대 주요 경쟁사(ABC, CBS, NBC, CNN)들을 모두 제치게 된다. 〈폭스뉴스〉 또한 진보파의 뉴딜 기성 권력을 조롱하는 데에 전념했던 점에서 림보의 토크쇼와 비슷했고, 공화당 급진론자들의 메시지를 부각시키는 데에 전념했던 점에서도 유사했다. 또한 비판자들과 공평성 원칙이 사라진 것을 한탄하는 집단에는 자신의 뉴스 보도가 "공평하고 균형이 있다"라고 선언하면서 공세를 퍼부어 댔다.[46] 사실 그렇게 편향된 보도를 통해 논란을 일으키는 것이 바로 〈폭스뉴스〉의 존재 이유이기도 했다. 만약 방송사들이 공공의 이익에 복무할 의무를 가진 공공시설이라는 뉴딜 질서의 신념이 여전히 지배하고 있었더라면 루퍼트 머독(Rupert Murdoch)과 로저 에일스(Roger Ailes)가 〈폭스뉴스〉

를 세우는 것 자체가 불가능했을 것이기 때문이다.[47]

1980년대에는 원거리통신 혁명이 시작됐고, 공화당이든 민주당이든 또 어떤 정치 질서이든 그 혁명의 흐름에 맞게 적응하지 않을 수 없었던 상황이었다. 하지만 공평성 원칙을 철폐하고 이를 수정 조항 제1조에 보장된 언론출판의자유를 언급하면서 정당화시키는 바람에 가뜩이나 급속하게 변하는 원거리통신의 세계에서 큰 권력을 가진 방송사들에 공공의 규제를 가하는 일은 훨씬 더 어려워졌다. 레이건 대통령은 미국을 자유시장의 낙원으로 만들겠다는 복음을 전파하기 위해 에드윈 퓰너와 마크 파울러를 비롯한 여러 규제가들에게 기회를 주었고, 그들은 그 기회를 잡아 이 원칙의 철폐를 함께 기획하고 실행에 옮겼던 것이다.

신자유주의 시대의 국가 건설: 군사 국가 및 감옥 국가

레이건 집단이 배치했던 신자유주의의 전투력 대부분이 3장에서 우리가 신자유주의의 세 번째 전략이라고 언급했던 탈규제라는 것의 성격과 특징에 들어맞는다. 즉 정부의 통제에서 시장과 개인들을 해방시키는 것이었다. 그런데 두 번째 전략, 즉 지금까지 비시장적인 영역이라고 여겼던 가족, 결혼, 교육 등의 영역까지 시장 관계를 확장한다는 전략은 레이건 시대 동안에는 큰 결과를 내지 못했다. 하지만 레이건 집단은 첫 번째 전략, 즉 정부의 시장 형성 능력을 올리기 위해 국가권력을 끌어모은다는 전략에서는 두 가지 방면에서 중요한 행동을 취했다. 이는 군사 부문을 더 크게 확장하고, 미국의 전국적 감옥 시스템을 팽창시키는 것이었다.

레이건은 소련식 국가와 그것의 이데올로기적 기초가 되는 공산주의를 혐오했다. 그는 이 불구대천의 적을 압도할 수 있는 군사력을 구축하는 데에는 아낌없이 돈을 쓸 각오가 되어 있었다. 그는 대통령이 된 첫해에 의회에 군사 예산을 20퍼센트 증가시켜 달라고 설득했다. 이는 미국이 전면전에 있었던 때를 제외하고는 역사상 최대 폭의 군비증강이라고 할 수 있다. 그의 첫 번째 임기가 끝날 무렵에는 안보 예산 몫이 정부 재정의 34퍼센트까지 올라가며, 액수로는 1710억 달러에서 2290억 달러로 늘어난다. 레이건은 이렇게 늘어난 군비 지출에 맞추어 소련에 맞선 대결 조성의 수사학도 강도를 높여 갔다. 그는 데탕트와 상호 적응의 시대는 끝났음을 분명히 했다. 소련 경제가 갈수록 약해진다는 것을 감지한 그는 미국이 소련으로서는 도저히 따라올 수 없는 군비증강과 무기 경쟁을 시작할 것이며, 이것으로 공산주의의 본고장에 "마르크스레닌주의를 역사의 잿더미로" 만들 "거대한 혁명적 위기"를 촉발시키겠다는 선언이었다.[48]

이러한 군비증강은 국가의 대규모 팽창을 필요로 하는 것이지만, 공화당 내부의 자잘한 정부 이데올로그 대부분은 이를 쉽게 정당화할 수 있었다. 그 궁극적인 목적이 전 세계 모든 나라에 자본주의 및 자유시장의 안전을 가져다준다는 것이었으므로, 그리고 냉전에 임하는 미국의 목표가 이제 더 이상 봉쇄가 아니라 "압박(rollback)"이 되었으므로, 군비증강을 지지했던 이들도 이것이 오래가지 않을 것이며, 레이건 정부에서 미국 군사 부문의 크기가 극적으로 팽창하는 것도 일시적인 것일 뿐이라고 생각할 수 있었다. 레이건의 전략방위구상(Strategic Defense Initiative, SDI)은 많은 조롱을 받았지만, 이 계획이 호소력을 가질 수 있었던 것은 바로 이것이야말로 끝없이 계속될 것 같은 냉전에서 미국에 승리를 가져다줄 지름길이라는 희망 때문이었다. 당시 냉전 상황은 상호확증파괴[Mutually Assured Destruction, MAD, 냉전시대 미소 간의 핵 균형을 이루는 전략이자 원리였다. 어느 한쪽이 상대방의 핵 역량의 두 배 혹은 세 배를 가지고 있다면 비록 공격을 당한다고 해도 똑같은 파괴력을 상대방에게 퍼부을 수 있거나 오히려 두 배의 보복을 가할 수 있게 된다. 미국과 소련이 모두 이러한 능력을 보유하려 하면서 핵 경쟁이 벌어지게 되고, 그 결과 양쪽 모두 공격을 당할 경우 그에 상응하는 보복을 가할 능력을 얻게 됐다. 이렇게 공격해 봐야 그만큼 혹은 그 이상으로 당할 것이 분명하므로, 즉 상호 간의 파괴 능력이 분명하므로 결국 핵전쟁이 저지된다는 논리다. 이를 비판하는 이들은 이것이 '공포의균형(balance of fear)'이며 언제 깨질지 모르는 위험한 논리라고 주장했다—옮긴이] 원칙이라는 전략을 따르고 있었고, 이로 인해 미소 간의 군사적 대립은 이미 40년간 교착상태에 머물고 있었다. 그런데 만약 미국이 정말로 이 계획에서 설계한 대로 모든 핵무기와 미사일로부터 보호해 줄 수 있는 "디지털 돔(digital dome)"을 본국의 영토 위에 씌울 수만 있다면 그 상호확증파괴라는 전략도 버릴 수 있을 것이라는 희망이었다. 이렇게 되면 소련은 이에 항복을 하든가, 아니면 방어가 불가능한 미국 미사일의 파괴적인 위협에 직면하든가 하는 새로운 취약한 상황을 맞을 수밖에 없다는 것이었다. 여기에서 의미심장한 사실 하나가 있다. 레이건 비판자들은 디지털 돔이 날아드는 소련 폭탄들을 100퍼센트 모두 파괴할 수 있다는 생각을 환상이라고 비웃었지만, 막상 소련의 지도부에서는 레이건 행정부와 마찬가지로 미국의 "별들의 전쟁(star wars)" 구상을 완전히 획기적인 혁신이라고 받아들였다는 점이다. 이렇게 소련을 정말로 취약한 상태로 내몰 수만 있다면 거기에 들어가는 비용 그리고 이를 수행하기 위해 필요한 큰정부라는 것도 얼마든지 정당화될 수 있었다. 그 궁극적인 목표가 국가주의가 아니라 안전한 자유시장이 보장된 세계이기 때문이었다.

군비증강을 이렇게 국제적인 자본주의 시장경제의 팽창을 위한 노력이라고 이해할 수 있다면, 수감 시설을 늘린 것은 국내 자본주의 시장경제의 팽창을 위한 노력이라고 이해할 수 있다. 1970년대에 미국 경제가 쇠퇴하면서 전국적으로 산업 도심의 공장지대가 공동화되는 일이 벌어졌는데, 그로 인해 생겨난 흐름들이 레이건 임기 동안 내내 미국을 악몽처럼 괴롭혔다. 소수자들의 공동체 지역에서는 실업률이 치솟았으며, 젊은 흑인 남성들의 경우에는 50퍼센트를 넘을 때도 많았다. 이들 중 많은 이가 암세포처럼 미국 전역으로 확산되던 마약 거래의 지하경제에서 일자리를 찾았다. 이 지하경제도 기업가적 시장원리에 근거한 것은 마찬가지였지만, 그 재화인 마약을 확대시켜 사용자들에게 심각한 대가를 치르게 만들었다. 건강 악화, 직업에 대한 의지 상실, 그리고 약물을 조달하는 데에 필요한 현금을 얻기 위해 필사적이 된 이들이 자잘한 범죄로 빠져드는 등의 문제가 발생했다. 범죄율은 치솟았고, 많은 도심지역이 위험 지대로 변했으며, 어떤 곳들은 아주 절망적인 상태였다. 레이건 정부는 대규모 일자리 프로그램을 고려하지도 않았고(레이건 집단은 이를 시장에 대한 케인스식 침범이며 용납할 수 없는 것으로 보았을 것이다), 또 가난한 이들을 위한 복지정책은 공화당이 실패한 정책으로 거부한 터인지라, 레이건 정부는 감시와 처벌의 전략을 취했다. 경찰력을 늘리고, 체포 건수를 올리며, 기결수들은 더 오래 감옥에 가두도록 한다는 것이었다.

공화당뿐만 아니라 민주당도 가세하여 1986년과 1988년에 범죄에 대한 강력 대처 법안들을 내놓았고, 이로 인해 수감되는 미국인들의 숫자가 급증하여 미국은 (절대적 수치와 상대적 수치 모두에서) 전 세계에서 수감자가 가장 많은 나라가 됐다. 그 법안 중 하나는 흡연 형태인 크랙 코카인을 아주 소량만 소지하더라도 가혹한 형량을 받도록 하는 것이었는데, 크랙 코카인은 주로 흑인 빈민들이 선택하는 약물이었다. 반면 대부분 백인 중산층에서 사용하는 분말 형태의 코카인은 소지하다가 걸려도 훨씬 관대하게 처분됐다. 감옥에 들어간 젊은 흑인 남성의 비율은 깜짝 놀랄 정도로 높게 치솟았다. 반면 분말 코카인을 사용한 백인 대부분은 공공질서에 대한 큰 위협이 아니라고 보아 감옥 국가가 건드릴 영역의 바깥으로 허용됐다.[49]

똑같이 코카인을 썼는데도 백인과 흑인을 다르게 처벌하는 것이 가능했던 것은 이른바 흑인 빈민들이 사회정책과 시장 기율을 무시하고 멋대로 떠도는 자들이라는 당대의 통속적인 담론 덕분이었다. 이러한 담론이 없었다면 이러한 차별적 조치는 가능하지 않았을 것이다. 반면 이러한 담론을 바탕으로 생각하고 행동하는 이들은 흑인들에게 남은 대책이라는 게 집단 수감밖에 없다고 믿었다.

이러한 담론의 핵심어는 바로 "언더클래스", 즉 계급 분류조차 불가능한 자들이라는 말이었다. 1977년에 《타임》은 표제로 이 개념을 사용했으며, 이 새로운 용어야말로 이른바 미국의 신종 빈민들을 묘사하는 데에 꼭 필요한 말이라고 주장했다. 이러한 빈민들은 "그 누구도 상상할 수 없을 정도로 거의 말이 안 통하며, 사회에 아주 적대적인 이방인들이다. 이들은 도저히 손을 뻗을 수도 없는 이들(unreachables)"이라는 것이었다. 이들은 문명 세계의 거의 끝자리에 존재한다. 이들이 살고 있는 집중적 빈곤의 "황량한 환경" 때문에 이들의 내면에 "자라는 가치들"은 "다수의 가치와는, 심지어 대다수 빈민의 가치와도 맞지 않을 때가 많다"라고 한다. 이러한 언더클래스가 지금 "미국 전체에 너무나 많은 수인 비행 청소년들, 학교 중퇴자들, 약물중독자들,

아이만 잔뜩 낳아 복지나 타 먹으려는 엄마들"을 낳고 있으며, "성인 범죄, 가정파괴, 도심의 쇠퇴, 정부의 사회지출 요구 증대에서 주요 원인"이 되고 있다는 것이었다.[50]

물론 정의상으로는 이 "언더클래스"라는 말은 일부 빈민을 묘사하는 말일 뿐 피부색과는 상관이 없어 보인다. 켄 올레타(Ken Auletta)는 1982년에 출간한 베스트셀러 『언더클래스(The Underclass)』에서 이 말이 인종에 관해서는 중립적인 의미로 사용된다는 점을 힘주어 강조하기도 했다. 하지만 1980년대 미국의 코드로 보면 이 말은 곧 흑인들을 뜻하는 말이었다. 따라서 이 말에는 도시에 거주하는 흑인들을 인간보다 못한 자들이며 그 어떤 "정상적인" 인간 공동체에도 포용될 수 없는 자들로 보는 강력한 인종주의적 함의를 담고 있었다. 미국의 수많은 백인은 이러한 빈민들을 되살리기 위해 할 수 있는 일이란 별로 없다고 믿었다. 법을 어기고 문명을 침범한 흑인 미국인들을 그냥 감옥에 처넣고 영영 가두어 두는 게 최상이라는 생각이었다. 이러한 자들을 경제에서 제거하여 감옥에 넣는다면 도시의 삶에서 범죄와 신체적 위협도 깨끗이 사라질 것이니, 신자유주의자들이 마음껏 성공적인 시장경제를 구축하는 사업에 탄력을 얻을 수 있다는 것이었다.[51]

똑같은 정치적 힘에서 시장의 자유와 대규모 수감이 동시에 나오는 모습은 어찌 보면 모순인 듯하다. 하지만 자유시장에 울타리를 쳐서 엄격한 기율을 감당할 수 있는 이들만 입장하도록 만들려고 했던 점은 고전적 자유주의자들이나 신자유주의자들이 오랫동안 주장해 왔던 바였다. 19세기의 자유주의자들도 그러한 주장을 폈고, 1950년대와 1960년대에 독일의 뢰프케와 그가 이끄는 질서자유주의자들도 그러한 주장을 한 바 있다. 레이건의 신자유주의자들은 이러한 선배들의 뒤를 따른 것뿐이었다. 시장이 "자유롭게" 작동하기 위해서는 그 "질서를 잡아야" 한다는 것이었다. 그리고 이러한 작업은 정책입안자들이 맡아야 할 의무라는 것이었다.

신자유주의의 도덕 규율

이렇게 젊은 흑인 남성들을 정상적인 사회적 관계로부터 봉쇄해 버린다면 도시는 안전해질지 모르며 또 거래나 물물교환의 기회들은 더 많아질지 모르겠지만, "주류" 미국인들을 자유시장경제의 나쁜 결과에 대한 걱정에서 완전히 차단해 줄 수 있는 것은 아니었다. 개인의 자유와 자칫 방종으로 흐를 수 있는 시장의 자유를 모든 가치의 위로 올려놓다 보면, 백인들도 "언더클래스"의 유혹이라 할 마약, 알코올, 부채, 가정붕괴 등의 희생자가 될 가능성이 있다. 그렇다면 이를 어떻게 확실히 막을 것인가? 이 불편한 질문에 답을 찾기 위해 많은 레이건 지지자는 신빅토리아적 도덕 규율로 점점 빠져들게 됐다.

이러한 도덕 규율을 구체적으로 전개한 핵심 인물들은 공공지식인이라 할 거트루드 히멜파브와 그의 남편인 어빙 크리스톨이었다.[52] 히멀파브는 19세기 영국에 대한 연구를 통해서 시장을 완전히 끌어안게 되면 사회가 침식된다는 결론에 도달했다. 즉 개인들이 시장과 마주치는 상황을 모종의 방식으로 규제해야만 한다는 의미였다. 하지만 국가가 이러한 규제를 제공하지 않는다면 누가 제공할 것인가? 이 질문에 히멀파브가 내놓은 답은, 개인 스스로가 자기를 규제해야만 한다는 것이었다. 히멀파브가 염두에 두었던 것은 마거릿 대처가 말하는 사회 안에 홀로 존재하는 개인이 아니라, 여러 제도의 집적물에 제대로 둥지를 튼 개인이었다. 이 제도에는 물론 가족과 교회가 들어가지만, 또한 토크빌(Tocqueville)이 미국의 가장 희망적인 특징이라고 확인한 자발적 조직들의 방대한 다도해도 포함됐다. 개인이 이렇게 둥지를 제대로 틀기만 한다면 시장과의 관계에서 책임 있게 행동하면서도 이윤을 얻는 데에 필요한 인격을 획득하게 된다는 것이었다. 그 남자(He, 여기서 나는 의도적으로 남성대명사를 사용한다)는 자기 기율과 자기통제를 얻게 될 것이고, 이를 통해 자존감도 얻게 되며, 이것들이야말로 "다른 이들에 대한 존중의 태도를 갖게 될 전제 조건"이라고 말한다.[53] 이러한 남자라면 아무 생각 없이 또는 자기 분수에 넘는 소비를 하지도 않을 것이며, 알코올, 약물, 섹스에 과도하게 탐닉하지도 않을 것이라고 한다. 그 남자가 살아가는 황금률은, 자신의 삶과 그 너머에 있는 세상을 "도덕적 · 시민적 덕성"으로 융합하는 것이 된다는 것이다. 히멀파브에 따르면, 이것이 바로 빅토리아시대의 영국인들이 스스로 세웠던 자유방임 경제의 파괴적 결과들에 맞서기 위해 취했던 바이며, 큰 성공을 거두었다는 것이다. 그리고 바로 이것이 20세기 말의 미국인들이 시장 사회를 꽃피우기 위해 반드시 나아가야 할 바라고 말했다.

히멀파브, 크리스톨, 그리고 이들이 이끄는 신빅토리아주의자 집단은 숫자로 보면 적었다. 이들은 종교와 무관하고, 동부 해안의 도시지역에 뿌리를 두었으며, 유태인들의 숫자가 크게 많았다. 하지만 이들이 명쾌하게 내놓은 신조는 다른 지역에 사는, 다른 종교를 가진 무수한 미국인에게 큰 반향을 일으켰다. 이들은 주로 개신교 및 가톨릭을 믿는 미국인들로서, 1960년대와 1970년대의 여러 해방운동(민권운동, 여성주의 운동, 동성애자 권리 운동)이 나라와 그 도덕률을 완전히 뒤집어 버렸다는 감정을 이 동부 해안 지역의 신빅토리아주의 지식인들과 공유하고 있었다. 남편과 아버지 들이 가정에서 가장으로서 권위를 잃었고, 과도하게 후한 복지 프로그램들 때문에 게으름과 방종이 조장되고 있고, 범죄자들은 자신의 책임에서 풀려나 버르장머리가 없으며, 관용이라는 게 시민사회의 구석구석을 파고들면서 한부모가정, 미혼모, 공공연한 동성애자 등의 생활 방식들이 다른 생활 방식들과 완전히 맞먹으려 들고 있다는 것이었다.

이 신빅토리아주의자들은 복음주의 운동과 연계하여 이렇게 나쁜 형태의 도덕적 상대주의로 사회가 전락하는 것을 막기 위해서 도덕적 전통주의에 맞불을 놓았다. 이들은 아버지와 남편의 권위를 회복하고(히멀파브는 모임 사람들이 어빙 크리스톨 부인이라고 부르는 것을 선호했다), 복지를 종식시키고, 범죄자들을 처벌하고, 동성애를 억압하고, 가족을 재생시켜서 자립심, 기율, 미덕을 갖춘 개인들이 자라날 수 있도록 한다는 것이었다. 그렇다면 이 프로그램으로 모든 미국인이 도움을 얻을 수 있을까? 때때로 이들은 그렇다고 대답했다. 모든 사람이 하나님의 자식이라는 성경의 가르침에 대한 신앙을 많은 이가 가지고 있다는 것이었다. 이 운동의 전위 그룹에서 조지 길더와 토머스 소월(Thomas Sowell)은 자신들이 옹호하는 도덕적 전통주의가 (그리고 그러한 도덕 규율에 따라 건실하게 살아가는 개인들에게 찾아올 경제적 성공이) 인종과 민족을 넘어서 모든 미국 사람이 실천할 만한 것이라고 단호한 믿음을 내보였다. 자유시장 운동을 지지했던 지식인 가운데 드물게 아프리카계 미국인인 소월은 흑인들도 유태인, 이탈리아인, 폴란드인, 중국인들과 다를 바 없이 자기 힘으로 앞가림을 해 나갈 역량이 있다고 반복하여 주장했다.[54]

소월이 이 점을 그토록 강조했던 것은 우선 위대한사회의 복지정책들을 비판하고자 함이었다. 그가 볼 때, 그 정책은 흑인 빈민들 사이에 역기능적 행태들을 양산하여 오히려 역효과를 낳았다는 것이다. 하지만 단지 그것만은 아니었다. 그는 도덕적 전통주의자들이 특정 인종과 젠더가 다른 집단에 비해 독립적 자아 관리에 따르는 엄격한 규칙에 더 준비가 되어 있으므로 미국을 모든 인종, 종교, 문화에 개방한다는 것은 재앙을 불러올 것이라고 보는 편견을 깨고자 했다. 19세기의 빅토리아주의는 일정한 인종적 위계 서열에 기초하고 있었으며, 20세기 신빅토리아주의자들 중 일부에서도 도덕적 기율이 잡힌 삶을 살아갈 능력이 있는 "고등" 인종과 그렇지 않은 "저급" 인종을 구별해야 된다는 말이 나오고 있었다. 이러한 정서는 자유지상주의자 사회평론가인 찰스 머리(Charles Murray)의 생각에서 표면화되기 시작했다. 특히 그가 비판의 초점을 복지정책이 빈민들의 삶을 어떻게 파괴하는 결과를 낳는지에서 인종 집단들 사이의 이른바 지능의 분포라는 것이 천차만별이라는 주장으로 옮겨 갈 때에 불거져 나왔다. 또한 석학이라고 불리는 패트릭 뷰캐넌(Patrick Buchanan)은 라틴아메리카의 이민자들을 향해 갈수록 가혹한 공격을 가하고 있었으며, 그들을 마치 로마를 싹 털어먹었던 고대 세계의 "야만인들"과 마찬가지로 미국에 위협이 되고 있다고 보았는데, 그는 이 지능의 분포라는 것에서 자기 주장의 근거를 찾기도 했다.[55]

레이건 집권기의 이 신빅토리아식 도덕 관점은 신자유주의 질서가 출현하는 데에서 근본적인 중요성을 갖는다. 레이건이 제시하는 신자유주의적 미국의 설계도는 이러한 관점 덕분에 미국이 자유시장경제에 따르는 엄격한 질서를 이루어 낼 수 있다는 자신감까지 획득하게 된다. 이러한 도덕 관점은 계급 구별을 넘어서 엄격한 자기 계발이라는 이상을 똑똑히 제시함으로써 백인 빈민들과 공화당 백인 엘리트들을 하나로 묶어 주었다.[56] 당시 미국에서는 그전부터 저변에 흐르고 있던 인종주의의 흐름이 서서히 미국인들의 삶 속으로 침투하고 있었는데, 신빅토리아주의는 여기에 기회주의적으로 편승하여 강력한 흐름을 만들어 냈던 것이다. 물론 신자유주의 질서를 가능하게 만든 도덕 규율은 이것만이 아니었다. 앞으로 5장에서 보겠지만, 민주당 세력에서는 신자유주의의 자유시장 지향성에 근거하여 다원주의와 세계시민주의의 원칙에 근거한 도덕 규율을 만들어 내기도 했다. 하지만 1980년대에 신자유주의가 상승하는 데에 가장 큰 역할을 했던 기관인 공화당 내에서는 신빅토리아주의의 도덕 규율이 지배적이었다.[57]

민주당의 묵종과 저항

1980년대 중반이 되면 민주당은 이미 레이건의 새로운 정치 질서 앞에서 뜻을 굽히고 있었는데, 이는 1950년대에 뉴딜 질서가 아이젠하워와 공화당 세력을 울타리 안에 몰아넣었던 것과 같은 모습이었다. 민주당의 지향성을 자유시장 이데올로기로 새롭게 재편하자는 요구는 지미 카터가 대통령으로 재임하고 있을 때에 처음 나타났지만, 1980년대를 거치면서 그러한 요구가 더욱 거세졌다. "아타리 민주당원(Atari Democrats)"이라고 자처하는 이들도 민주당이 지향성을 바꾸어야 한다고 주장하는 전위 세력 중 하나였다. 이들은 정보기술 산업이야말로 미래라고 보았으며, 미국이 이 결정적인 경제 부문에서 유리한 위치를 일본인들에게 넘겨주는 것에 경각심을 가지고 있었다(아타리는 당시 일본의 선도적인 비디오게임 업체의 이름이었다). 이들은 철강과 섬유 등 쇠퇴 산업들을 구출하는 것보다는 미국이 하이테크에서 기량과 위용을 갖추도록 하는 것을 더 큰 관심사로 삼았다. 그리하여 혁신과 세계무역의 중요성을 이야기하는 한편, "어제의" 산업들에서 보호주의와 일자리 보장을 요구하는 노동조합에 불만을 품었다. 이들은 하이테크 분야의 혁신기업가들에게 더 많은 보조금과 인센티브를 줄 것, 하이테크산업이 필요로 하는 엔지니어링, 컴퓨터프로그램, 수학 등에서 뛰어난 역량을 갖출 수 있도록 미국 노동자들을 훈련시킬 것, 그리고 부자에서 빈민으로 사회적 자원을 재분배할 것이 아니라 모든 이가 더 부유해질 수 있도록 경제성장을 더욱 부양할 것 등을 원했다.[58]

좌파 성향의 경제학자 로버트 리카크먼(Robert Lekachman)은 이 새로운 민주당원들을 "신-자유주의자(neo-liberal)"라는 용어로 불렀다. 그 이유는 찰스 피터스(Charles Peters)의 예에서 보듯, 이들 스스로가 그렇게 불렀기 때문이기도 하다. 여기에서 대단히 흥미로운 점은, 이 미국의 자생적인 "신-자유주의자들"(이들은 이 이름을 쓸 때 하이픈을 삽입했다)이 그 옛날 40~50년 전에 파리와 스위스에서 생겨났던 리프먼집담회와 몽펠르랭협회에 대해서는 거의 아는 것이 없었다는 사실이다. 하지만 자신들을 규정하면서 이 용어를 선택할 수밖에 없었던 것은 예전 사람들이 그렇게 할 수밖에 없었던 것과 똑같은 이유, 즉 자유방임주의는 물론 뉴딜 질서 자체에 구현된 자유주의와도 차별성이 있는 새로운 자유주의를 창출하고자 하는 욕망

에서 추동되었던 것으로 보인다.[59]

리카크먼은 자신이 관찰한 이 신-자유주의자들을 좋아하지 않았다. 그는 이들이 "시티뱅크의 월터 리스턴(Walter Wriston)이나 로널드 레이건의 공직자 집단과 거의 같은 수준으로 민간 영리기업이 최고의 우선권을 갖는다"라는 원칙을 받아들였다고 비판했다. 그리고 이들에 대해 부정적인 판단을 내린다. "이들은 소득과 부의 나쁜 분배 상황에 대해서는 별로 관심을 갖지 않는다." 따라서 이 신-자유주의자들이 꾀하는 바는 "완전고용, 보편적 의료보험, 조세 형평성, 주거 보장, 도시재생, 소수자들의 노동시장 참여, 소득과 부와 권력의 온건한 재분배 등 미국 진보주의자들(liberal)이 꿈꾸어 온 전통적이고 아주 명예로운 열망과 완전히 다른 것"이라고 했다. 따라서 그의 결론은, 이러한 신-자유주의적 이상은 "대기업들에 더 큰 보상으로 동기를 자극하는 정부의 온건한 지도 아래에서 자본가들이 좀 더 지성적으로 행동하게 만드는 것"에 있다고 보인다는 것이었다.[60]

리카크먼이 그려 낸 민주당의 신-자유주의자들의 모습은 매사추세츠주의 국회의원 출신으로 상원의원이 된 폴 E. 송개스(Paul E. Tsongas)의 그림과 아주 일치한다. 송개스는 매사추세츠주 로웰(Lowell)에서 태어났다. 그곳은 미국 최초의 사양산업이라 할 만한 면직물 공장이 잔뜩 들어섰다가 사라지면서 버려진 지역이었고, 송개스는 그러한 환경에서 자라났다. 그러다가 초기 하이테크산업의 엔진 역할을 했던 왕 랩[Wang Laboratories, 안 왕(An Wang) 등이 1951년에 창업한 컴퓨터

회사로서, 1980년대에 로웰에서 초기 하이테크산업의 붐을 이끌었던 회사였다. 이로 인해 일어났던 경제적 부흥을 '매사추세츠의 기적'이라고도 부른다—옮긴이]이 로웰에서 기적을 일구어 내고 일자리 3만 개를 만들어 내는 모습에 눈을 떼지 못할 정도로 깊은 인상을 받았다. 송개스는 미국의 많은 제조업 중심 도시들도 하이테크를 적극적으로 받아들이기만 하면 로웰처럼 되살아날 수 있을 것이라고 믿었다. 그리고 미국을 이러한 신세계로 추동하기 위해서는 민간산업에 특권을 부여하는 방식을 채택해야 하며, 이는 민주당에는 익숙하지 않던 방식이지만 이제는 이 길로 나가야 한다는 것이었다. 송개스의 글이다. "우리가 내놓는 제안은 민간산업이 경제의 방향을 선도할 때에 경제가 가장 잘 돌아갈 것이라는 생각을 전제로 하고 있다." 물론 송개스도 정부가 해야 할 중요한 역할이 있다는 점을 인정한다. 특히 중요한 것은 "산업이 필요로 하는 숙련된 인력과 기술을 풍부하게 공급하는 것"이라고 한다. 하지만 송개스는 정부의 경제 개입에는 "제한"을 두어야만 하며, 오로지 "민간산업에서의 신호들이 분명히 있을 때에만 개시"되어야 한다고 강력하게 주장했다.[61]

다른 젊은 민주당원들도 이 하이테크로 눈을 돌려야 한다는 유혹적인 외침에 호응했다. 그중에는 콜로라도주와 뉴저지주의 상원의원 게리 하트(Gary Hart)와 빌 브래들리(Bill Bradley), 매사추세츠주와 아칸소주의 주지사 마이클 듀카키스(Michael Dukakis)와 빌 클린턴, 국회의원 출신으로 당시 테네시주 상원의원이던 앨 고어(Al Gore Jr.) 등도 있었다. 또한 이들은 매사추세츠공과대학교의 경제학자인 레스터 서로(Lester Thurow)와 또 다른 사회과학자들을 통하여 학계에도 발판을 마련했다.[62] 1984년의 대통령선거에서 민주당 후보였던 월터 먼데일(Walter Mondale)은 전통적인 뉴딜 진보주의자로서(그리고 뉴딜의 기수였던 휴버트 험프리의 제자였다), 레이건과 맞붙었다가 큰 차이로 패배했다. 여기에 좌절감을 느낀 민주당 임원들 중심의 큰 집단이 있었는데, 이들은 아타리 민주당원들과 힘을 합쳐 민주당지도자협의회(Democratic Leadership Council, DLC)를 세운다. 민주당지도자협의회는 재계, 자유시장, 하이테크 등을 호의적으로 보는 점에서 1980년대의 민주당을 1930년대와 1960년대의 민주당 선배들과 거리를 두고자 하는 의도를 가지고 있었다.

1988년에도 공화당의 조지 H. W. 부시가 민주당의 마이클 듀카키스에 승리를 거둔다. 이로써 지난 여섯 번 선거 경합에서 민주당은 다섯 번 패배를 맞게 됐으니, 민주당지도자협의회는 자신들의 관점이 옳다는 확신을 갖게 된다. "이제 새로운 현실에 맞게 옛날의 정치는 사라져야 한다." 1990년, 민주당지도자협의회가 내놓은 뉴올리언스선언(New Orleans Declaration)의 내용이다. "1930년대와 1960년대의 정치적 아이디어와 열망으로는 1990년대의 길을 만들어 나갈 수 없다." "민주당의 근본적인 임무"는 "정부의 확장이 아니라 기회의 확장"이 되어야만 한다는 것이었다. 민주당은 이제 "공공 이익으로 규제되는 자유시장이야말로 보편적 번영을 가져올 최상의 추동력"임을 인정해야 한다는 것이다. 또한 민주당지도자협의회는 사회정책과 도덕적 전통주의의 문제에서도 공화당의 입장에 가깝게 민주당을 움직이고자 한다고 천명했다. 정부에 대한 요구들 중 "가치가 덜한 요구들은 우리의 지도자들도 단호히 거부해야 한다"라는 것이었다. 또한 민주당이 "범죄를 예방하고 범죄자들을 처벌하는 것"을 "그들의 행태를 변호해 주거나 넘어가려는 태도"보다 우선해야 한다고 요구했다. "빈민들을 의존적 상태에 계속 두지 말고 이 나라의 경제적 주류로 끌어들일 수 있도록" 민주당이 움직여야 한다는 것이었다.[63]

물론 민주당지도자협의회도 "포용의 정치" "모든 이에게 동등한 권리와 완전한 시민권" 등을 보장하고, 정부가 "개인의 자유를 존중하여 개인의 삶과 개인적 결정에 개입하는 일이 없도록" 보장하는 등의 기본적인 민주당 신념을 계속 견지하고 있었다. 하지만 자유시장, 경제적 기회의 확장, 범죄자들의 처벌, 복지 의존 종식 등은 모두 레이건의 공화당 쪽에서 가져온 것들이었다. 1990년 민주당지도자협의회의 의장 역할을 맡으면서 민주당을 신-자유주의적 미래로 이끌기를 희망했던 인물이 바로 아칸소 주지사 빌 클린턴이었다.[64] 민주당지도자협의회의 핵심 인물이던 앨 프럼(Al From)은 클린턴에게 민주당지도자협의회 의장직을 맡으라고 설득하면서 이를 통해 1992년 민주당 대통령 후보 지명을 따낼 수 있을 것이라고 확신을 주었다. 클린턴은 여기에 동의하고 즉시 그 직책을 맡았다.[65]

이렇게 민주당지도자협의회가 민주당 내에서 힘을 키웠다고 해서 신자유주의가 1990년경 민주당 전체를 장악했다는 뜻으로 해석해서는 안 된다. 이제 민주당에 가장 충성을 바치는 유권자 집단은 아프리카계 미국인들이 되었거니와, 이들은 민권 문제, 소수집단우대정책, 복지정책 등에서 그 어떤 후퇴도 용납하지 않을 것을 분명히 했다. 1987년 레이건 대통령은 워런 대법원이 민권 신장(그리고 여성의 임신중지 권리)을 위해 했던 모든 일들을 저지할 만한 인물로서 로버트 보크를 대법원판사로 임명했을 때, 민주당 상원의원들은 실로 맹렬한 반대 작전을 펼쳤고 또 성공을 거두었다. 조직 노동 또한 비록 노조원의 숫자가 줄어들고는 있었다고 해도 여전히 민주당의 핵심 지지층이었고, 또 민주당에 꾸준히 기부금을 대는 물줄기의 역할을 하고 있었을 뿐만 아니라 선거 당일에는 투표 참여 운동을 수행하는 주요한 힘이었다. 자동차 노조, 철강 노조, 전기산업 노조 등 그들에게 오래도록 좋은 생계 수단이 되었던 산업들을 등질 생각이 없었고, 또 하이테크 열성파들이 말하는 것과 같은 재교육 프로그램들에도 의구심을 분명히 드러내고 있었다.

이 노동자와 노조 지도자 들은 미국이 제조업 기반의 보수가 좋은 일자리들을 계속 유지해야 하며, 필요하다면 마땅히 수입품에 관세를 부과해야 한다고 주장했다. 이러한 입장의 민주당원들을 이끄는 지도적 인물은 1980년대 대부분 동안 하원의장을 맡았던 팁 오닐(Tip O'Neil)이었고, 시간이 가면서 에드워드 케네디[Edward Kennedy, 애칭이 테드(Ted)이고, 케네디 대통령의 막냇동생이다—옮긴이] 상원의원(두 사람 모두 매사추세츠주)도 두드러진 역할을 하게 된다. 그리고 1988년 민주당 대통령 후보 지명전의 초반에 제시 잭슨(Jesse Jackson) 후보가 놀라운 성공을 거둔 바 있었는데, 이는 노조와 민권운동의 연합이 뉴딜식의 정치를 다시 전면에 내세우게 될 것이라는 전망이 나오게 만들었다.[66]

이러한 인물들 근처에 집결한 지식인들 중에는 미국의 빈곤한 시민들의 이익을 위해서는 탈규제를 받아들이는 것이 아니라 일본식 경제를 모방해야 한다고 믿는 이들이 있었다. 일본식 경제는 국내경제를 자유롭게 개방하는 것이 아니라 고도로 보호하는 쪽을 중시하며, 신자유주의적 정책들을 통해서가 아니라 국가에 의한 철저한 대기업 규제를 통해서 승리를 거두었다는 것이다. 일본이 자국 경제를 관리하는 방식은 뉴딜 시대의 시장 규제에 훨씬 가까운 것이며 레이건 정부가 옹호하는 것과는 거리가 멀다는 것이다. 이렇게 미국 내에서 일본을 선망하던 이들은 송개스 등 민주당의 신-자유주의자들이 지상 과제라고 생각했던 것처럼 민간기업에 우선순위를 둘 것이 아니라, 1930년대와 1940년대에 산업정책을 이끌었던 자본·노동·정부의 협력관계를 다시 확립하기를 원했다. 뉴욕에 기반을 둔 금융가인 펠릭스 로하틴(Felix Rohatyn)은 1970년대에 파산을 맞았던 뉴욕시의 구제금융에서 활동하며 점차 급진적으로 바뀌어 갔으며, 시장과 시장 작동을 과도하게 존중하다가는 뉴욕처럼 오래된 도시 및 산업지역들 중에는 빈곤, 비참함, 사회적역

기능 등의 문제에 처하게 될 경우가 너무나 많아질 것이라는 결론을 내렸다. 미국이 이러한 운명을 피하려면 1930년대 미국에서 시장개입으로 많은 성공을 거둔 바 있었던 부흥금융공사(Reconstruction Finance Corporation)와 결부된 형태의 경제계획을 부활시켜야 한다고 주장했다.[67]

팁 오닐과 에드워드 케네디가 하원 및 상원에서 아주 방대하고도 깊은 지지를 이끌어 냈기 때문에 레이건 혁명의 진보도 속도가 늦추어졌고, 또 경제에서도 대안적 미래가 가능하다는 희망이 계속 살아 있게 됐다. 게다가 임기 마지막 2년간 레이건 대통령이 정신적인 총기를 급속히 잃게 되면서 레이건 혁명도 동력이 상당히 떨어지게 된다. 외교정책에서도 제3세계 국가들에서의 모험주의가 지나쳐 법을 무수히 어기게 됐다는 비판이 쏟아졌고, 이에 정권 전체가 이를 변호하는 일에 몰두해야 했다. 또 레이건이 가졌던 국제정치에서의 야심 또한 소련의 지정학적 권력이 사라지지 않으면서 장애를 만나게 된다. 미국 자본가들은 전 세계의 시장으로 접근하기를 원했지만, 소련 국가는 이를 저지할 만한 힘을 분명히 유지하고 있었던 것이다.

하지만 레이건이 뉴딜 질서에 반기를 들고 움직여 온 결과는 분명하게 나타났다. 자유시장을 숭상하는 새로운 정치 질서가 이미 뿌리를 내린 것이다. 놀라울 만큼 넓은 폭으로 기부자, 재단, 싱크 탱크, 새로운 정치지도자 들이 일어서서 이 깃발 아래로 모여들었다. 선거에서도 새로운 지지 세력들을 일구어 내면서 공화당은 이제 미국의 새로운 다수당으로 떠오를 수 있다는 가능성을 입증했다. 1980년과 1984년의 대통령선거를 휩쓰는 승리 덕분에 공화당 지도자들은 폭넓은 영역에서 대담한 탈규제 프로젝트들을 출범시킬 수 있는 탄력을 얻었다. 또한 레이건 집단의 신자유주의자들은 법사상과 사법부의 인적 구성을 새롭게 바꾸어 놓아, 설령 미국의 법원에서 제동을 건다고 해도 자신들의 정책이 살아남을 수 있도록 조치했다. 방송의 공평성 원칙을 폐기함으로써 여론전에서 승리할 수 있는 새로운 지평을 열었다. 그리고 신빅토리아주의적 도덕 규율을 구체적으로 설파하면서, 신자유주의자들의 신념에 맞게 삶을 풍요롭게 만드는 책임을 국가에서 개인들로 옮겨 놓았다.

민주당의 새로운 세대가 나타나 신자유주의적 원칙들을 자기들만의 것으로 받아들였다는 것 또한 신자유주의 이데올로기가 상승기에 있다는 분명한 신호였다. 소련도 그 지도자들이 미국의 경제 실적과 기술 진보를 따라잡을 능력이 없다는 것이 입증되면서 갈수록 궁지에 몰리는 느낌을 갖게 됐다. 신자유주의 질서는 아직 승리의 개가를 올린 것은 아니었다. 하지만 1980년대에 실로 놀라운 진보의 10년을 향유했다.

5장 —— 승리의 개가

1989년까지도 소련은 세계 양대 강국 중 하나였다. 그 거대한 영토는 역사상 여러 제국의 크기를 훨씬 넘어섰다. 위협적인 핵무기 전력뿐만 아니라 지구상 최대 규모인 육군을 거느리고 있었다. 그 권력과 영향력은 국경을 넘어서 동아시아의 베트남, 서유럽의 동독, 중동의 이라크 및 시리아, 남아프리카의 여러 지역, 서반구의 쿠바 및 중미 지역까지 미치고 있었다. 내부적으로도 이미 70년이 넘도록 존속해 오면서 역사가 이언 커쇼(Ian Kershaw)가 "근대의 가장 놀라운 정치적 실험"이라고 불렀던 일들을 이루었다. 자본주의를 공산주의로 대체했고, 사적소유를 공공이 운영하는 사업체들로 대체했으며, 호모에코노미쿠스를 "소비에트 인간"으로 대체했다.[1] 그 70년에서 대부분 기간 동안 미국의 정책입안자들은 마음속으로 소련이 가진 권력, 공산주의이데올로기, 무신론, 제3세계를 향한 호소력 등에 깊은 공포를 품고 있었다. 무수한 미국인이 공산주의 체제를 자기 삶의 방식을 존속하는 데에 위협으로 여겼다. 이들이 볼 때, 제2차세계대전 이후의 세계에서 어떤 나라가 공산주의로 넘어간다는 것은 곧 미국의 적대국이 된다는 것을 뜻했고, 자유와 자유기업이라는 미국 전통에 맞선 치명적인 위협이었고, 또 미국적 삶에서 도덕적으로 훌륭한 모든 것들을 짓밟는 사건이라고 여겼다.

그런데 1991년 12월, 인류 역사상 거의 전례를 찾을 수 없는 변동이 생겼다. 공산주의의 본거지인 소련이 급속하게 게다가 평화로운 방식으로 해체된 것이다. 옛 소련에 속해 있던 몇 공화국들은 독립국이 됐고, 나머지 공화국들은 독립국가연합(Commonwealth of Independent States, CIS)이라는 새로운 정치체로 함께 뭉쳤다. 독립국가연합의 정체와 성격에 대해서는 여러 논란이 있었지만 공산주의가 아니라는 것만큼은 분명했다. 게다가 소련은 스스로 역사의 쓰레기통으로 사라지기 전에 동유럽에 있던 식민지 나라들을 거의 총 한 방 쏘는 일 없이 모두 해방시켰다. 동베를린은 소련의 적군(Red Army)이 제2차세계대전 중 나치의 전쟁 기계에 맞서 오랜 시간 동안 생사를 오가는 투쟁 끝에 얻어 낸 값진 전리품이었지만, 이를 그 어떤 다툼도 없이 그냥 포기해 버렸다. 당시 동베를린에 주재원으로 나가 있던 한 젊은 KGB 대령은 소련군이 이렇게 독일과 동유럽에서 후퇴하고 스스로 해체해 버린 것을 러시아 역사상 최악의

수치스러운 순간이라고 여겼다. 그의 이름은 블라디미르 푸틴(Vladimir Putin)이었다.[2]

푸틴은 소련이 무슨 대가를 치르더라도 생존 투쟁을 벌일 것을 간절하게 원했다. 사실 역사 전반을 돌아보면 이것이 바로 제국 대부분이 쇠퇴하던 순간에 행했던 일이기도 하다. 어떤 제국은 전쟁을 벌였다. 또 다른 제국은 내부 개혁을 통해 출구를 찾아보려 했지만, 개혁으로 인해 누구도 예견하지 못한 변화의 힘들이 터져 나오게 되면 신민들을 억압하기도 했다. 소련 또한 1991년 이후에도 이러한 방식으로 몇십 년을 더 생존할 수 있었을 것이며, 게다가 당시에는 아프가니스탄의 무자헤딘(Mujahideen) 정도를 제외하면 어떤 나라도 감히 소련과 싸울 엄두를 내지는 못하고 있었다. 1989년까지도 동유럽에 주둔하던 소련 병력은 50만을 헤아렸으며, 소련 전역에는 핵무기 수만 기가 배치되어 지구상 어떤 곳이라도 몇 시간에서 몇 분 사이에 타격할 수 있는 상태였으니, 소련은 여전히 그 적들에게 참혹한 파괴의 불벼락을 안겨 줄 무서운 힘을 보유하고 있었다.

물론 1970년대와 1980년대에 소련은 병든 사람과 같은 상태였다. 특히 경제에서 자본주의를 따라잡지 못했다. 성공한 사회의 징표는 사람들에게 질 좋은 소비재를 풍족하게 공급하는 것이었지만 소련은 여기에서 자본주의 서방에 크게 밀렸다. 게다가 로널드 레이건이 군비확장뿐만 아니라 전략방위구상(SDI)을 내놓고 있었으므로 소련도 이에 맞서 군비를 증강하고 또 핵우산을 구축해야 하는 상황이 되었으니, 이는 소련의 정부

재정과 기술 역량에 큰 압박이 됐다. 기술 진보가 한계에 부닥쳤던 것은 과학자들이 부족해서가 아니었다(소련에는 많은 과학자가 있었다). IT 혁명의 진보에 필요한 정보와 혁신이 이 과학자들 사이에서 자유롭게 흐르고 공유되는 것을 소련 국가가 금지했기 때문이었다. 1980년대에 들어서면 미국의 퍼스널컴퓨터는 2500만 대를 돌파하고 있었지만, 소련은 겨우 20만 대로서 미국 전체의 1퍼센트에도 미치지 못했다.[3]

또한 소련은 모종의 지도력 위기를 겪고 있었다. 소련에는 새로운 세대에 권력을 이양할 수 있는 효과적인 메커니즘이 없었다. 이미 노쇠한 옛날 지도자들이 1970년대와 1980년대에도 한없이 자리를 붙들고 있었고, 그 일부 마지막 지도자들—레오니트 브레즈네프(Leonid Brezhnev)와 유리 안드로포프(Yuri Andropov)—은 "걸어 다니는 송장들(dead men walking)"이 됐다. 안드로포프가 숨을 거두기 직전인 1985년의 몇 달 동안 그의 신체에서 제대로 기능하는 유일한 기관은 두뇌뿐인 듯했다. 1985년에 안드로포프의 뒤를 이은 인물은 미하일 고르바초프(Mikhail Gorbachev)였다. 그는 명령조차 거의 내릴 수 없게 된 두목들이 무얼 원하는지 알아내는 신기한 능력을 보여 주어 그들의 호의를 얻어 냈던 이로서, 소련 정부의 수반이자 소련공산당의 총서기에 오르게 된다.[4]

고르바초프는 끈기 있고 영리하게 당내 높은 서열에 올랐던 공산당의 내부자였다. 그리고 소련 지도부 최상층 중에서는 마지막까지 사회주의에 대한 진정한 신앙을 유지했던 인물이었다. 스탈린이 죽은 후 1956년 흐루쇼프가 이끌던 준혁명의 상속자였던 그는 공산주의가 정말로 개혁이 가능하며 인간의 얼굴을 한 사회주의를 실현할 수 있다고 열렬히 믿었다. 이러한 입장을 가지고 있었기에 그는 글라스노스트(glasnost, 개방)와 페레스트로이카(perestroika, 시장과 사유화를 허용하는 경제부흥) 정책들을 품고서 조국의 정치와 경제에 다시 활력을 불어넣고자 했다. 그리고 이러한 정책들로 인해 예기치 못한 결과들이 촉발되었을 때—소비에트연방 내에서도, 동유럽 위성국 식민지들에서도 민족주의와 대중민주주의가 발호하여 연방 탈퇴 등의 요구가 터져 나왔다—에도 고르바초프는 개혁의 고삐를 당긴다든가 다시 억압의 폭력을 풀어놓는 등의 조치를 계속해서 거부했다.[5]

고르바초프는 1989년을 기점으로 후자의 방향으로 선회할 수도 있었을 것이다. 바로 이것이 그해에 중국공산당 지도부가 베이징의 톈안먼 광장에 모인 중국의 민주주의 운동 세력을 전차, 군대, 기관총으로 공격하면서 취했던 조치이기도 했다. 중국의 덩샤오핑 주석은 중국이 공산주의에서 자본주의로 이행하는 과정이 성공을 거두려면 지배엘리트들이 그 과정을 지배해야만 하며 이를 위해서는 민주주의적 개혁에 대한 열망은 절대 받아들일 수 없다는 결론을 내렸다. 덩샤오핑은 무슨 대가를 치르더라도 중국공산당의 권력만큼은 반드시 보존하겠다는 자신의 결심을 지켜 내는 데에서는 야수와 같은 실용주의자였다. 고르바초프는 그런 사람이 아니었다. 그는 유토피아적 열망을 가진 마지막 사회주의자로서, 만약 민주적인 방식으로 사회주의를 구해 낼 수 없다면 사회주의 자체가 구출할 가치가 없는 것이라고 이미 결론을 내린 상태였다.[6]

1989년과 1991년 사이에도 소련 내부에서 공산당의 권력을, 그리고 국제정치에서 소련의 권력을 복구할 수 있는 기회는 몇 번이 있었지만 고르바초프는 그렇게 하지 않았는데, 그 이유는 바로 그러한 그의 확신으로 설명할 수 있다. 그는 1989년 동유럽에서 공산주의 통치에 반대하는 대중 반란이 벌어졌을 때 이를 짓밟기 위해 러시아 전차를 보낼 수도 있었고, 실제로 이는 그의 전임자들이 1956년 헝가리와 1968년 체코슬로바키아에서 했던 일이기도 했다. 하지만 그는 그렇게 하지 않았다. 또 이라크의 사담 후세인이 작은 나라 쿠웨이트를 점령하자, 미국은 자국뿐만 아니라 서유럽과 일본의 석유 자원을 확보하기 위해 1990년과 1991년에 유엔의 지지를 업고서 사우디아라비아에 대규모 지상 병력을 주둔시켜 후세인의 철수를 이뤄 냈는데, 고르바초프는 이때에도 여기에 맞서 무언가 일을 꾸밀 수가 있었을 것이다. 그리고 본래 통일된 독일이 북대서양조약기구에 가입하지 않을 것이며, 이 기구가 소련의 서쪽 국경에 접하는 일도 없을 것이라는 서약이 있었지만, 1990년에 서방 측에서는 이 서약을 어기는 일도 있었다. 이때도 고르바초프는 군사 보복으로 위협을 가할 수도 있었을 것이다.[7] 1991년 8월이 되어서도 마찬가지였다. 일군의 소련 고위공직자들이 크림반도에 있는 고르바초프의 피신처에 나타나 그에게 소련의 민주주의 개혁가들을 때려잡고 공산당의 권위를 다시 세울 것을 간청했다. 만약 그가 이를 따랐더라면 군부와 민간을 아울러 무수한 엘리트 공직자들이 그를 지지했을 것이며, 다시 엄청난 병력의 군대가 이를 뒷받침하여 그의 편에 섰을 것이었다. 하지만 이번에도 고르바초프는 개혁과 개방을 잠식할 수 있는 조치는 그 어떤 것도 하지 않겠다고 버텼다. 그의 지지가 없이 일어났던 이 쿠데타는 결국 실패했다. 그 직후 고르바초프는 공직을 사임했다. 인류 역사상 최강의 제국 중 하나였던 소련은 이렇게 해서 역사의 저편으로 소리 없이 사라졌다.[8]

소련의 몰락과 함께 국내적으로나 국외적으로 폭력 사태가 수반될 가능성이 아주 높았다. 이러한 사태를 막아 준 소련 지도자 고르바초프에게 미국은 상당한 감사를 표하는 것이 적절했을 것이다. 그런 흔적들이 있다. 특히 레이건의 후임 대통령이었던 조지 H. W. 부시는 이러한 이행의 순간에 엄청난 휘발성이 내재되어 있으며 이런저런 사건들이 자칫하면 국내외를 모두 초토화시킬 전쟁으로 쉽사리 비화될 수 있다는 것도 파악하고 있었으니, 이따금씩 그러한 감사의 발언을 남기기도 했다. 하지만 전반적으로 보면 미국 쪽에서 그러한 감사와 겸손함을 보이는 태도는 부족했다. 오히려 미국인들은 지금까지 맞섰던 가장 강력한 적국이 사라졌다는 것을 자축하고 있었다. 공화당에서는 레이건이 소련에 강경 정책들—직설적인 수사학, 무제한의 군비증강, 자유시장 자본주의의 고삐를 풀어 버린 것 등—을 폈던 것이 소련의 무릎을 꿇린 것이라고 주장했다. 레이건의 지지자들은 민주당뿐만 아니라 레이건 이전의 공화당 대통령들 또한 공산주의에 너무 무르게 대했다고 주장했다. 그런데 레이건은 장갑을 벗어던지고 소련을 "악의제국"이라고 공격하고, 미국 군사력을 확장하고, 공산주의의 위협에 맞서 전쟁 심지어 핵전쟁으로 위협하는 일까지 서슴지 않았다는 것이다. 레이건은 미국에 승리를, 미국적 삶의 방식에 승리를, 그리고 마지막으로 아주 중요한 것으로서 신자유주의적 방식에 승리를 가져왔다고 했다. "공산주의 교리의 기초가 이제 무너졌다"라고 1989년 국가안보의 매파 폴 니체(Paul Nitze)는 선언했다. "**서방**은 엄청난 규모의 이념적 승리를 거둔 것이다."[9] 공산주의는 더 이상 미래가 아니며, 자유시장, 탈규제화된 경제적·정치적 자유, 개인주의, 종교의자유 등 레이건의 미국이 구현하고 있는 모든 것이 이제 미래라는 것이었다.[10]

레이건 집단이 소련의 해체를 자기들의 공으로 돌렸던 것은 너무 성급한 일이었지만, 소련의 해체가 엄청난 의미를 품은 사건이라는 것만큼은 틀린 말이 아니었다. 1989년과 1991년 사이의 사건들로 생겼던 충격파는 1917년 러시아혁명으로 일어난 것만큼의 대지진은 아니었지만, 그래도 마찬가지로 중요하고 그 충격 또한 오래 지속됐다. 공산주의 몰락으로 나타난 자명한 결과가 하나 있었는데, 이제 세계의 큰 덩어리—특히 옛 소련 지역과 동유럽—가 자본주의가 침투할 수 있도록 개방됐다는 것이다. 1991년 이후 동유럽으로 무수한 자본가들과 큰 액수의 자본이 쏟아져 들어갔으며, 그와 함께 서방의 경제학자들도 들어가서 자유시장의 충격요법만이 자본주의 원리를 신속하고 강력하게 이식하는 최상의 방법이라고 설파했다. 폴란드, 에스토니아, 리투아니아, 라트비아, 헝가리, 체코슬로바키아, 그리고 러시아도 자유시장의 자본주의를 신봉하고 받아들이는 데에 열성적이었다. 하지만 자본주의는 1991년 소련의 몰락 이후 중국에서도 거대한 약진을 이루었고, 그 깜짝 놀랄 만한 성장률은 자본주의 발전이 오로지 권위주의의 정치적 틀 안에서만 일어날 수 있다는 덩샤오핑의 믿음을 정당화해 주었다. 1990년대 내내 덩샤오핑의 공산당 정부는 민간기업이나 공공·민간 혼합 사업체들에 노동력 공급을 위해 국영기업들에서 모두 노동자 2000만 명을 해고했다. 이렇게 덩샤오핑이 큰 경제적 기회를 내걸고 유인하자 서방과 일본의 대기업들이 여기에 올라타기 위해 우르르 뛰어들었다. 엄청난 수인 중국 노동자들이 일자리를 찾고 있었으며, 그들은 같은 등급의 일본 노동자들이 받는 보수에 비하면 얼마 안 되는 급여로도 기꺼이 일하려고 했다. 1990년대에만 중국의 수출은 다섯 배가 뛰었으며, 제조업 부문은 지구적 공급사슬에서 핵심적인 부분이 됐다. 제조업품의 세계무역량은 1990년대에 두 배로 늘었고, 2000년대에 또다시 두 배로 늘어난다. 쿠바, 북한, 그리고 아마도 알바니아 정도를 제외하면 예전의 철통같았던 철의장막이 도처에서 무너지고 있었다. 자본주의는 제1차세계대전 이후 가장 공격적인 방식으로 전 지구를 장악하게 됐다.[11]

공산주의 몰락이 가져온 또 다른 결과에는 그만큼 자명하진 않지만 똑같이 중요한 것이 있었는데, 그때까지도 미국의 지상 과제로 남아 있던 계급 타협의 필요를 벗어던질 수 있게 된 것이다. 뉴딜 질서에서 자본과 노동 사이의 타협은 근간을 이루는 것이었다. 노동 측은 누진적조세 제도, 사회보장, 실업보험, 노동조합의 권리, 완전고용에 대한 국가적 책임, 국가의 단체협상 지지, 부자와 가난한 이의 불평등에 대한 제한 등을 얻어 냈다. 자본 측은 정부가 경기순환을 완화하고, 납득할 만한 이윤을 보장할 수 있도록 재정 및 통화적 환경을 유지하며, 노동의 권력을 억제해 줄 것이라는 보장을 얻어 냈다.

1990년대에 자본은 여전히 시장의 질서를 세우는 데에 정부의 협조를 원하고 있었다. 하지만 장구한 시간 동안 자본의 가장 맹렬한 적대자였던 공산주의가 세상에서 청산됐으니 노동과 타협을 할 필요를 갈수록 덜 느끼게 됐다. 1991년 이후에는 세계의 어떤 나라도, 또 어떤 운동도 경제생활을 자본주의적 방식으로 조직한다는 것에 반기를 들 수 없었다(혹은 그렇게 보였다). 그렇다면 자본가들이 그런 도전에 대응하기 위해 뉴딜 질서가 요구한 것처럼 미국 노동자들에게 높은 임금을 지급하여 보험을 들 필요도 없어진 것으로 보였다. 그 반대의 일이 벌어졌다. 고임금이라는 자본의 보험 정책은 사라지고, 임금 삭감에 대한 노동자들의 저항은 무시당하거나 아예 생산지를 외국으로 옮겨 버리겠다는 위협에 처하게 됐다. 이러한 초지구화된 자본주의 질서를 옹호하는 이들은, 노동자들이 비록 임금에서는 손실을 입지만 대신 그들이 받던 임금에 비해 아주 적은 비용으로 외국에서 재화가 생산되어 그 소비재의 가격이 떨어지게 됐으니 그 손실을 보상받을 수 있게 될 것이라고 주장했다.

실제로 미국에서 조직 노동에 대한 공세가 시작된 것은 1970년대였으며, 그것이 큰 탄력을 받게 된 것은 1981년 레이건 대통령이 파업에 나선 항공관제사 수천 명을 해고해 버린 사건이었다. 1990년대 초가 되면 비농업 부문 노조조직률이 29퍼센트에서 16퍼센트로 떨어져, 닉슨 정권 때의 거의 절반이 됐다.[12] 젊고 혁신적인 공공부문 노조들은 1990년대에도 자기들의 위치를 지킬 수 있었고, 게다가 그 사용자인 지자체 정부 및 주정부 등은 대기업처럼 더 저렴한 노동 공급을 찾아서 작업장을 다른 곳으로 옮길 수도 없으므로 이들에게 도움을 줄 수밖에 없었다.[13] 하지만 민간 고용주들은 그런 제약이 없었다. 공산주의가 무너진 지구적 자본주의의 세계에서는 생산지를 아주 쉽게 외국으로 옮길 수 있었으므로 노동자들이 임금과 노동조건 개선을 요구하는 것에 저항할 만큼 대담해졌다. 2000년대가 시작될 무렵에는 민간 부문에서 노조에 소속된 노동자들의 비율이 9퍼센트까지 떨어진다. 이 수치는 1930년대 초와 비슷하며, 1930년대 중반에 대규모 노동자 저항으로 뉴딜 질서의 탄생이 촉발된 이후 한 번도 볼 수 없었던 낮은 숫자였다.[14] 2000년경에는 뉴딜 질서 동안 노동자에게 아주 중요한 이익을 보장했던 제도적 모태가 거의 다 쓸려 나가게 된다.

이런 상황에서 경제적 불평등이 뉴딜 이전 수준으로 치솟았다는 것은 거의 당연한 일이다. 1980년에서 2005년 사이의 미국 소득 증가분에서 소득 상위 1퍼센트는 80퍼센트 이상을 가져갔으며, 미국의 전체 자산에서 차지하는 몫도 두 배로 늘었다. 기업 CEO와 평균 노동자의 연 소득 차이는 1960년대 중반에서 1989년 사이의 25년간 약 세 배로 늘었다. 그런데 공산주의가 무너지고 나서 불과 10년 동안 이 차이가 다시 세 배 이상 벌어지게 되며, 마침내 CEO 평균 연 소득은 노동자 평균 세후 소득의 368배로 추산되는 상태까지 오게 된다. 1965년에는 이 비율이 20배에 불과했다.[15]

앞으로 보겠지만 1990년대의 노동시장이 혜택을 입은 것은 사실이며, 특히 일자리창출 및 실업률 감소가 실제로 일어났다. 하지만 일자리의 개수가 늘어난 만큼 임금이 늘어나지는 않았다. 일자리의 임금이 충분치 않았으므로 갈수록 더 많은 가계에서 두 명 혹은 그 이상이 소득 창출에 나서야 했고, 노동력에 합류하는 여성의 숫자가 크게 늘어났다. 사회의 여러 곳에서 이를 환영하는 목소리가 나왔다. 일하는 여성의 비율이 늘어난 것은 여성주의 관점에서는 진보이며, 그전에는 없던 여성들의 일자리 기회가 늘어나는 것을 보여 준다는 것이었다. 하지만 여성 대부분은 자신이 정말 일자리를 원하는지에 대한 선택의 여지가 없었다. 가족을 지탱하려면 소득을 만들어야 할 뿐이었다. 더욱이 많은 일자리가 이전과는 달리 안정성이 훨씬 떨어졌고, 일자리를 잃어 연 소득이 25퍼센트, 혹은 그 이상으로 감소하여 고통을 당하는 가계의 비율은 1990년대 내내 꾸준히 늘어났다.[16]

노동의 힘이 쇠퇴한다는 것은 노조조직률의 감소, 정치적 힘의 잠식, 경제적 불평등의 증가 등으로만 나타난 것이 아니었다. 이는 세상을 조직하는 것으로서 자본주의 원리 이외의 무엇인가를 상상할 능력 자체가 사라지는 것으로도 나타났다. 이 점이 바로 1992년 사회이론가이자 철학자인 프랜시스 후쿠야마(Francis Fukuyama)가 출간한 베스트셀러 『역사의 종언과 마지막 인간(The End of History and the Last Man)』에서 강력하게 주장한 점이었다. 그는 맹렬한 공산주의 비판자였지만, (그가 주장하기로 자본주의의 번영에 가장 크게 기여한 정치체제인) 자유민주주의에 대해 공산주의가 내놓은 급진적 비판을 존중했고, 또 공산주의가 그 지지자들에게서 오랫동안 끌어냈던 열정도 존중했던 사람이었다. 공산주의는 지정학적으로나 이데올로기적으로 자본주의에 맞설 수 있는 공간을 창출했다고 그는 주장했다. 공산주의자들도 자본주의자들과 마찬가지로 전 세계 사람들에게 국적, 민족, 종교, 인종을 초월하여 자신들의 신조를 널리 퍼뜨리고자 했다. 그가 볼 때에 공산주의의 몰락은 일상생활에 실천하고 이식할 수 있는 자본주의의 대안들을 현실 공간에서 제거했다는 것이다. 이것만이 아니다. 이는 또한 정치 및 경제생활을 조직하는 방식으로서 자본주의와 자유민주주의에 대한 마지막 **보편주의적** 대안이 세상에서 사라졌다는 것을 뜻한다고 했다.[17]

후쿠야마는 좌파 바깥의 인물이었다. 좌파 내부의 사람들은 1990년대가 내놓은 두 번째 도전과 씨름해야 했다. 이는 공산주의 몰락에서 비롯된 결과이기도 한, 공산주의가 사회주의적 해방이라는 꿈을 이미 망쳐 놓았다는 사실이었다. 전 세계 대부분 지역에서 사회주의는 어떤 형태이든 대중을 움직일 수 있는 힘을 이미 잃은 상태였다. 물론 많은 나라에서, 특히 서유럽에서는 시민들이 사회민주주의 정당들에 계속 투표를 했다. 이 정당들은 강력한 복지국가, 불평등 억제, 공공재들—공원, 예술품, 강력한 대중교통시스템 등—에 투자하는 것 등을 신념으로 삼고 있었다. 이 정당들도 옛날에는 사회주의정당이었던 적이 있었다. 하지만 1990년대가 되면 이들 정당은 갈수록 개량적이고 기술관료적 지향성을 띤 현상 유지의 정당이 되어 갈 뿐이었다. 좌파 정당들이 프랑스혁명 이후 200년간 해 왔던 것처럼 대중에게 세속적 해방의 꿈을 불어넣어 일어서게 할 수 있는 능력은 상실한 상태였다.[18]

이러한 세속적 해방의 꿈이 잠식당하면서 소련과 그 위성국들에서 해체 과정이 두드러지게 나타났던 것이며, 이는 고르바초프가 소련의 대중에게 사회주의의 열정을 부활시키는 데에 실패했던 것의 근원적인 이유이기도 했다. 친공산주의 진영의 바깥에서도 급진적 사회주의는 이와 똑같은 과정을 통해 잠식됐으며, 이는 서방에서 좌파를 자칭하는 이들이 갈수록 마르크스주의 이외의 것에서 급진주의의 기초를 찾으려고 했던 이유이기도 했다. 미국에서는 많은 이가 강력한 새로운 해방—여성, 유색인종, 동성애자 등을 위한—의 꿈을 키워 내던 정체성 정치로 돌아서게 됐다. 1990년대 미국에서는 각종 해방 투쟁이 많은 곳에서 벌어지고 있었으며, 젠더, 인종, 성평등을 전투적으로 옹호하는 이들이 한때 사회주의운동의 징표였던 정열을 다시 불러일으키기도 했다. 하지만 이러한 정체성에 대한 싸움들은 상당한 갈등을 일으키기도 했으며, 반면 공산주의처럼 자본축적 체제에 위협이 되지는 못했다. 앞으로 보겠지만 다문화주의와 세계시민주의는 신자유주의라는 조건 아래에서 자본가 및 그 지지자에게 노동자와 타협해야 한다는 압력이 사라진 상황에서도 얼마든지 번창할 수 있으며, 또 실제로 그렇게 번창했다.[19]

이렇게 공산주의의 붕괴는 전 세계를 자본주의의 침투에 활짝 문을 열어 주었고, 자본주의의 사상과 실천에 맞서 반대가 자라날 수 있는 상상과 이념의 공간을 축소시켜 버렸으며, 좌파임을 고수하는 이들로 하여금 이전과는 다른 관점으로 그들의 급진주의를 재규정하지 않을 수 없도록 만들었다. 그리고 이렇게 재규정된 급진주의란 자본주의 체제가 훨씬 더 용이하게 관리할 수 있는 종류의 급진주의였다. 바로 이것이 미국의 신자유주의가 하나의 정치운동에서 하나의 정치 질서로 전환되는 계기였다.

불운한 대통령

이렇게 소련과 공산주의가 붕괴하던 시점에 미국의 대통령직을 맡은 이는 조지 H. W. 부시였다. 역사가 제프리 엥글(Jeffrey Engel)이 주장한 바 있듯이, 이러한 이행의 순간에 미국 백악관에 들어앉은 주인이 부시와 같은 사람이었다는 것은 행운이었다고 볼 수 있다. 그는 당시의 상황에 어떠한 위험이 존재하는지를 잘 알고 있었고, 이렇게 극적인 지정학적 변화를 겪고 있을 때에 미국이 조금이라도 실수를 저지르지 않는 것이 지상 과제라는 점도 잘 알고 있었다. 부시는 여전히 미국의 권력에 일정한 제한을 두어야만 한다는 것을 이해하고 있었다.[20]

하지만 부시는 미국이라는 배를 위험한 항로에서 안전하게 이끌었음에도 불구하고 국가수반으로서 존경을 전혀 얻지 못했고, 미국 대중으로부터 사랑을 얻지도 못했다. 부시가 대중 앞에서 발언할 때 그의 화법은 보통 사람들에게 영감을 불어넣을 만한 화술이 없었고, 어떨 때에는 완전히 재앙으로까지 이어지기도 했다. 핵심적인 레이건 추종자들도 그에게 온화한 자세를 전혀 취하지 않았다. 부시는 1980년 공화당 대통령 후보 지명전에서 레이건과 맞붙었을 때 레이건이 주장했던 조세감면과 탈규제 체제를 "푸닥거리 경제학(voodoo economics)"이라고 딱지 붙였으며, 레이건이 시작하던 균형재정 정책에도 경멸을 표했다. 그는 8년간 레이건의 부통령으로 재임했지만 "공급 측" 경제학에 대해서도, 또 시장을 모든 제약에서 풀어내는 게 위대한 미국을 재건하는 열쇠라는 믿음에서도 전혀 개종자로서의 열성을 보여 준 적이 없었다.

부시는 코네티컷주의 엘리트 공화당 가문에서 태어난 귀공자였고, 결정적인 몇 가지 방식에서 그러한 모습을 그대로 간직하고 있었다. 그의 집안은 오랜 뉴잉글랜드[지리적으로는 미국 동북부 지역의 여섯 개 (혹은 여덟 개) 주를 일컫지만, 사회적으로는 17세기에 영국에서 건너와 그곳에 처음 정착한 오래된 미국의 터줏대감 백인들을 가리킨다—옮긴이] 공화당 가문으로서, 경제성장을 위해서는 자유기업만이 아니라 재정에 기율이 있어야 하며 정부의 지출과 세수에 균형을 맞추어야 한다는 믿음을 오래도록 간직하고 있었다. 그렇기 때문에 그는 대통령이 되었을 때에 레이건 시절에 조세감면 정책과 군비증강이 결합되면서 풍선처럼 부풀어 오른 연방정부의 부채와 세게 맞서야 했고, 세금을 올리려는 의회의 온건한 노력을 지지했다. 이러한 행보로 인해 레이건식의 공급 측 경제학자들의 분노를 샀고, 이들은 부시가 한 번도 동지였던 적이 없으며 앞으로도 절대 그럴 일이 없을 것이라고 확신하게 된다.[21]

또한 부시는 동북부의 귀족 집안 출신이라는 평판을 전혀 떨쳐 내지 못했으며, 이는 미국의 선거 정치에서 큰 장애로 작용했다. 그는 비록 1940년대 말 가족과 함께 텍사스로 이주하여 그곳에서 석유 사업을 시작했지만, 남부의 유권자들을 끌어들일 만한 포퓰리즘이나 대중 선동의 화술은 전혀 익히지 못했다. 이 때문에 북부의 레이건 지지 민주당원들과 끈끈한 관계를 맺을 수도 없었다. 그는 매년 여름마다 메인주의 케니벙크포트(Kennebunkport)에 있는 오래된 부시 집안의 저택으로 돌아가 집을 수리하고 돌보는 일에 몰두했다. 이 저택 부지는 너무나 아름다웠을 뿐만 아니라 갑갑한 상태에 처해 있던 뉴잉글랜드—사실상 동북부 지역 전체—공장지대와는 완전히 유리되어 있었기 때문에, 그는 미국의 산업 심장부라고 할 이 지역에서 백인 노동계급과 중간계급 노동자들의 삶을 갈수록 더 힘들게 하는 심각한 경제 혼란을 빠르게 인식하지 못했다.[22]

1990년과 1991년 사이의 기간 동안 부시가 마주쳤던 단기적인 문제는 경기침체였으니, 이로 인해 미국인 450만 명이 일자리를 잃었으며 실업률이 거의 10년간 최악인 7.8퍼센트에 달하고 있던 상태였다.[23] 하지만 그보다 더 근저에 도사리고 있던 문제는 이러한 경기순환의 하강 국면이 아니라 미국의 제조업 기반 자체가 장기적으로 침식당하고 있다는 것이었다. 부시는 소련과 사담 후세인에 맞서서도 승리를 거두었지만, 이러한 빛나는 승리가 국내경제의 번영으로 전환되지 않았으니 그게 무슨 소용이 있었겠는가? 일본은 여전히 경제 부문마다 하나씩 미국을 앞질러 나가는 모습을 보이고 있었으니, 매사추세츠주 상원의원 폴 송개스가 쏘아붙인 것처럼 냉전의 진정한 승자는 미국이 아니라 일본으로 판명되는 게 아닐까?[24]

미국 경제가 기능부전을 보인다는 염려가 돌출한 계기는 북미자유무역협정(North American Free Trade Agreement, NAFTA)이었다. 미국과 멕시코, 미국과 캐나다 사이에 오가는 재화 대부분에 관세를 제거함으로써 북미 대륙 전체를 단일의 공동시장으로 만든다는 부시 행정부의 구상이었다. 이러한 구상은 1989년 이전 레이건 때부터 논의가 시작된 것이었지만, 소련이 해체된 이후 이 계획에 가속도가 크게 붙게 된 것이었다. 북미자유무역협정은 공산주의 몰락 이후 전 세계를 단일시장으로 통일한다는 야심이 표출된 것으로서, 그러한 최종 목표로 가기 위한 디딤돌이 지역에서 자유무역지대를 창출하는 것이라고 여겼다. 이 당시 대서양 건너편에서도 유럽연합이 형성되고 있었으며, 태평양 서쪽의 해안 지역에서도 초국가적 자유무역 연맹체에 대한 계획이 나오고 있었다. 북미자유무역협정은 북미 대륙에서 비슷한 목적을 달성하고자 했다. 부시도 불필요한 무역장벽들을 제거하겠다는 굳은 결심을 가지고 있었으며, 이 점에서는 레이건의 유산에 충실했다고 할 수 있다. 하지만 부시와 그의 정책 비서들은 미국의 제조업이 얼마나 심각한 어려움을 겪고 있었는지를 제대로 파악하지 못했고, 북미자유무역협정이 체결되어 미국의 고용주들이 싸고 풍부한 멕시코 노동력을 갖춘 리오그란데 남쪽으로 공장을 우르르 옮겨 버릴 경우 상황이 더 악화될 것이라는 공포도 제대로 이해하지 못했다.[25]

부시가 약속한 북미 대륙의 자유무역지대라는 것이 논란이 되었다는 것을 보여 주는 최초의 신호가 있었다. 1992년 공화당 대선후보 지명전에서 부시에 도전하는 인물이 등장한 것이다. 닉슨 대통령의 연설문 작성자 출신인 패트릭 뷰캐넌이 나서서 부시가 정신을 못 차리고 있다는 포퓰리즘적이면서도 국수주의적인 선거운동을 시작했다. 뷰캐넌은 북미자유무역협정이 이루어진다면 이는 경제적으로나 문화적으로 미국에 재앙이 될 것이라고 주장했다. 일자리가 국경 남쪽으로 몰려가면서 미국의 "힘 좋고 강인한 [백인] 남성들"은 일자리를 잃게 될 것이며, 이에 따라 그들의 자긍심은 물론 가족을 부양할 능력까지 잃게 될 것이라는 주장이었다. 뷰캐넌이 선거운동 여정에서 만났던 뉴햄프셔주의 한 제지 공장 노동자는 그에게 "우리 일자리를 지켜 주세요"라고 호소하기도 했다.[26] 뷰캐넌은 이러한 호소에 감동을 받았고, 이에 따라 북미자유무역협정에 반대 입장을 더욱 굳히게 된다.

뷰캐넌은 자유무역협정이 이루어질 경우 수많은 멕시코인이 북쪽으로 올라와 그나마 남아 있는 미국의 제조업 경제에서 과도하게 많은 일자리를 앗아 갈 것에도 똑같은 우려를 내놓는다. 그는 낮은 임금에도 기꺼이 일하려는 태도를 갖고 있다는 이유로도 멕시코인들을 경멸했지만, 그들의 인종적 성격 자체가 열등하다고 우기면서 반감을 표했다. 그가 볼 때에 미국이라는 나라는 더 우월한 유럽의 인종들과 그 후손들을 위한 나라라는 것이었다. 그는 자신이 고대사, 특히 로마 몰락의 전문가임을 자칭하고 있었다. 로마가 북쪽에서 침략한 "야만인 떼거리"로 망했던 것과 똑같이 만약 멕시코 이민자들이 자유롭게 미국으로 들어오게 될 경우 유럽인들이 북미 대륙에 건설한 위대한 문명이 파괴된다는 것이었다.[27]

부시는 뷰캐넌의 공격은 물리칠 수 있었지만, 막상 대통령 선거에서는 로스 페로(Ross Perot)라는 제삼 후보와 대결하는 처지가 된다. 로스 페로는 포퓰리즘 성격이 농후한 근본 없는 텍사스의 억만장자로서, 북미자유무역협정과 부시를 공격하기 위해서는 자기 돈을 무한정 쓸 용의가 있는 이였다. 그는 뷰캐년이 북미자유무역협정에 가한 경제적 비판을 더욱 증폭시켜서 이 협정이 체결된다면 미국의 대기업들이 무수한 일자리를 멕시코로 옮기는 결과를 낳을 것이라고 주장했다. 그러면서 "모든 걸 다 빨아들이는 거대한 소리"라는 말을 선거운동 중에 계속 반복했는데, 이는 그러한 비판을 대중화시키는 데에 강력한 효과를 가지고 있었다. 이러한 자유무역이라면 미국의 노동계급과 하층 중간계급의 경제적 기회가 다 파괴될 것이라는 게 그의 주장이었다. 그가 선거에서 승리할 확률은 전혀 없었다(미국에서 제삼 후보가 당선되는 경우는 거의 없다). 하지만 1912년 대통령선거에서 시어도어 루스벨트의 제3당이 선거에 나와 공화당의 윌리엄 하워드 태프트 후보와 맞서는 바람에 민주당의 우드로 윌슨 후보가 대통령에 당선됐던 것과 마찬가지로, 로스 페로의 개혁당(Reform Party) 운동은 부시의 재선에 표를 던졌을 다수를 갈라놓았고, 그 바람에 거의 알려지지 않았던 민주당의 아칸소 주지사가 어부지리로 백악관에 입성하게 된다. 이렇게 페로가 대선후보로 나선 덕에 윌리엄 제퍼슨 클린턴은 탈냉전시대가 개막하는 첫 10년간 미국을 인도하는 자리를 확보하게 된다.[28]

아칸소 남자, 민주당의 아이젠하워

클린턴은 아칸소의 가난한 집에서 태어나 혼란

스러운 환경에서 자라난 인물이었다. 그는 지적인 재능을 타고 났으며 거기에 바닥을 모르는 엄청난 에너지, 그리고 자신이 태어나고 자란 세상을 넘어서겠다는 강철 같은 의지와 야망까지 갖춘 인물이었다. 그는 조지타운대학교를 졸업했고, 옥스퍼드대학교에서 2년간 로즈장학생에 선정됐으며, 예일대학교 법대까지 졸업하는 뛰어난 학업적 성취를 이루었다. 하지만 그의 목표는 변호사가 되는 것이 아니라 정치인으로 공직에 오르는 것이었다. 그는 고등학생이었을 때 존 F. 케네디를 만났던 것을 계기로 큰 꿈을 품게 됐지만, 정치 이력을 시작하는 것은 고향에서 하기로 결심하고 1976년에는 아칸소주의 검찰총장으로, 1978년에는 주지사로 출마하여 모두 당선됐다. 그가 1978년에 주지사 관저에 들어갔을 당시 그는 불과 32세로서 정치적 **신동**(wunderkind)이 되어 있었다. 그 뒤로 1980년에는 주지사 재선에 실패했지만 재기의 발판을 마련하여 1982년에 다시 주지사로서 두 번째 임기를 시작한다. 이후 백악관에 입성하는 1993년까지 10년간 주지사 자리를 유지하게 된다.

클린턴이 초기에 실패했던 이유는 그가 아칸소주의 유권자들에게는 너무나 진보적이고 반문화(counterculture)에 찌든 인물로 보였기 때문이기도 하다. 그래서 1982년의 재기전에서 그는 자신이 온건한 민주당원이라는 것을 입증하기 위해 큰 공을 들였다. 하지만 그의 이어지는 성공에도 불구하고 그에겐 똑같은 꼬리표가 계속 따라붙었다. 그 하나는 무수한 사업과 기관을 마구 벌여 놓고 수습을 못 하고 헤매는 인물이라는 것이었다. 또 하나는 혼외정사를 벌인 인물이라는 것이었다. 그는 1977년 당시 어느 정도 알려졌던 리틀록(Little Rock)나이트클럽의 가수인 제니퍼 플라워스(Gennifer Flowers)와 밀회를 가진 적이 있었다.

클린턴도 충분한 자극만 있으면 보통 자잘한 정책 관련 일들에서 빠져나와 유권자들에게 큰 문제가 되는 것들에 대해 큰 틀을 제시할 능력이 있는 인물이었다. 그리고 1980년대 대부분 동안 그는 자신의 성 추문을 덮어 둘 수 있었다. 그를 추종하는 언론인들과 아칸소주의 경찰 간부들이 비밀을 지켜 주었기 때문이었다. 하지만 클린턴이 대통령선거 운동을 한창 진행하고 있던 때에 보수파 언론인들이 그와 플라워스의 혼외정사 이야기를 터뜨리는 바람에 그와 그의 부인은 궁지에 몰리게 된다. 그리하여 클린턴 부부는 TV프로그램 〈60분〉에 출연하여 플라워스의 주장을 부인하는 동시에 그들의 결혼 생활이 순탄치 않았다는 것을 인정하게 된다. 그러자 클린턴 부부의 진심과 서로에게 여전히 헌신하는 모습이 크게 부각되어 빌 클린턴의 선거운동도 다시 살아나게 된다. 하지만 그가 혼외정사의 문제로 정치적 미래가 위협당하는 일은 이게 마지막이 아니었고, 자신의 이력과 결혼 생활을 모두 구출하기 위해 특단의 조치를 취하게 되는 일도 벌어지게 된다.[29]

클린턴의 사생활 문제 때문에 그의 정치적 재능을 깎아내리는 일은 없어야 한다. 그는 괄목할 만한 지적 능력을 가지고 있었다. 또한 선거운동에서도 지칠 줄 모르고 유권자들을 쫓아다니며 그 일을 즐겼다. 친밀하게 몸을 부대끼며 유권자, 공직자, 지식인 들과 개인적이면서도 깊은 차원의 관계를 만들어 나갔다. 그는 독대한 이들을 자석처럼 끌어당겼으며 악수에 그치는 것이 아니라 팔뚝을 잡고 어깨에 손을 얹으면서 시선을 마주치는 태도가 일품이었다. 또한 그는 여러 다른 세상에 가교를 놓을 줄도 알았는데, 이는 민주당이라는 공통 집단으로 알려져 있지만 기실 분란이 많은 이질적인 정치 유권자들의 거대한 군집을 관리하려는 사람이라면 꼭 갖추어야 할 기술이었다. 그는 자신이 자라난 아칸소의 소도시를 아주 잘 알았고 일생 동안 애정을 가졌으며—그는 촌뜨기(Bubba)라고 불리는 것을 아주 즐겼다—선거운동 중에 그러한 장소들과 연결되는 기회가 있으면 이를 반겼다. 그는 조지타운, 옥스퍼드, 예일 등을 거치면서 특출난 동부 지식인 집단과도 어울릴 준비가 되어 있었으며, 또 한편으로는 워싱턴 수도의 여러 싱크 탱크를 통해 정치적으로 출세하려는 집단과 다음의 큰 기회를 노리는 로비 집단과도 어울릴 준비를 갖추었다. 그는 어떤 지식인들과의 논쟁에서도, 또 정책의 세부 사항으로 파고드는 어떤 집단들과의 논쟁에서도 자기 입장을 고수할 수 있었다. 실제로 그는 자신이 "정책의 디테일에 집착하는 태도"를 가졌다는 것을 자랑으로 여겼으며, 백악관에서도 아침에 짧게 진행되는 정책 토론에서도 빛을 발하는 것으로 명성을 (혹은 악명을) 얻었다.[30]

정치적으로 보면 클린턴은 신좌파의 외곽에서 정치의식을 쌓은 인물이었다. 1960년대 말 그는 머리를 기르고 대마초를 피웠으며, 특히 음악 분야의 반문화에 깊이 빠졌다. 베트남전쟁에 반대했으며 민권운동을 지지하는 굳은 태도를 보였고, 1972년 조지 맥거번(George McGovern)이 대통령으로 출마했을 때에는 텍사스 운동 본부의 공동 지휘자였다. 그가 1993년 1월 백악관에 들어섰을 때 많은 미국인이 가진 의구심에는 신좌파 인물이라는 걱정도 있었다. 따지고 보면 그는 좌파 성향이고 대마초를 피우면서 자유연애를 즐기는 베이비붐세대로는 미국의 가장 높은 권좌에 오른 첫 번째 인물이었다. 하지만 클린턴은 그의 여자 친구이자 부인이 되는 힐러리 로댐(Hillary Rodham)이나 동료 로즈장학생으로서 이후 인생 친구가 (그리고 노동부 장관이) 되는 로버트 라이시(Robert Reich)만큼 철저한 규율을 가진 운동권은 결코 아니었다. 클린턴은 처음부터 정치적 출세를 위한 훈련에 관심을 가졌고, 어려운 경쟁 속에서 승리하는 데에 필요한 타협들에 항상 열려 있는 자세를 취했다. 아칸소주의 정치에서 일어서려다 보니 그에겐 보수적인 민주당원, 공화당원 들에게 귀를 기울이고 몸을 낮추는 태도가 항상 필요했다. 그가 가진 가장 큰 정치적 야심은 특정한 프로젝트—이를테면 린든 존슨 대통령처럼 뉴딜을 완성한다든가—를 달성하는 것보다는 미국인들의 삶에 큰 변화의 충격을 가져오는 것이었다. 그의 이러한 정치적 탄력성으로 인해 현실 정치의 요구가 있을 때마다 이데올로기적 장치를 필요에 따라 옮겨 갈 수 있는 자유를 가질 수 있었다. 그는 1982년의 아칸소 주지사 선거에서, 또 1995년 선거에서 민주당이 대패했을 때에도 그렇게 했다. 그가 정치적으로 일관성이 없다는 것 때문에 어떤 이들은 그를 "둔갑술의 귀재(shapeshifter)"라고 비난했다. 그를 싫어하는 이들은 아예 "뺀질이 윌리(slick Willie)"라고 깔보기도 했다.[31]

이러한 변신을 좀 더 관대하게 평가한다면, 클린턴은 다른 이들보다 신호들을 빠르게 받아들이거나 해독할 수 있는, 정치적 안테나를 세밀하게 맞출 줄 아는 이였다고 할 수 있다. 이러한 맥락에서 본다면, 클린턴이 1984년 월터 먼데일 후보가 레이건에게 패배한 뒤 조직된 새 (아타리) 민주당원들의 집단에 합류했던 것도 놀라운 일이 아니었다. 클린턴은 레이건 시대에는 민주당이 정치적 중도로 옮겨 가는 수밖에 없다는 이 새 민주당의 신념을 받아들였다. 그는 뉴딜 민주당원들의 전통적 신념에 비해 시장의 자유를 더욱 받아들이고 정부의 규제를 줄여야 한다고 주장했다. 또 북미자유무역협정을 지지하고 전 세계를 자유무역과 여타 신자유주의 정책들에 개방해야 한다는 운동에 합류했다.

하지만 클린턴이 1993년 1월에 대통령으로 취임했을 때만 해도 신자유주의적 정치를 결연하게 집행하려고 하지는 않았다. 대신 그는 야심 찬 전국의료보험을 첫 번째 임기의 대표 프로젝트로 계획하고 있었다. 이 프로그램을 의회에서 밀어붙인다면 1960년대 이후, 그리고 아마도 1930년대 이후로도 최대의 복지국가 확장으로 이어질 것이라고 그는 믿었다. 프랭클린 루스벨트와 린든 존슨이 처절하게 실패했던 일을 성공함으로써 20세기의 양대 민주당 개혁가들과 나란히 자신의 이름을 올릴 수 있을 것이라고 생각했던 것이다. 하지만 클린턴의 의료보험 개혁은 완전히 실패하고 말았다. 그의 행정부가 정책 설계와 전개를 크게 잘못했을 뿐만 아니라 그것을 요구하는 대중적 지지도 없었기 때문이었다.[32] 그다음으로 두 번째의 경악스러운 실패가 찾아왔다. 빌 클린턴에 (그리고 그가 의료보험 개혁 태스크포스의 수반으로 임명했던 힐러리 클린턴에) 대해서도 대중적 분노가 일어난 틈을 타서 공화당이 1994년 의회 선거에서 우위를 잡았던 것이다. 반항적이고 맹렬한 달변의 애틀랜타 의원인 뉴트 깅그리치의 지휘 아래에 공화당은 양원 모두를 다시 되찾았는데, 이는 클린턴이 8세 때인 1954년 이후로 처음 있었던 일이었다. 백악관의 주인이 민주당원일 때에 양원 모두에서 패배한 것은 1946년 트루먼 대통령 이래로 처음 있는 일이었다. 현직 대통령이 이러한 저항에 맞부닥치는 것은 아주 드문 일이기도 했다.[33]

1994년 패배의 아픔이 그토록 컸던 이유는, 클린턴이 다른 패배의 사례를 떠올리게 됐기 때문이기도 했다. 우선 1972년 대통령선거에서 맥거번 후보의 운명이 떠올랐다. 또 1980년 아칸소 주지사 선거의 패배, 그리고 1984년에 레이건이 먼데일 후보를 털어 버렸던 경험이 떠올랐다. 그리고 이번의 패배가 찾아온 것이다. 클린턴은 이런 대패를 절대 다시는 겪지 않겠다고 굳게 결심한다. 그리하여 1982년 주지사 선거에서 부활의 선거운동을 이끈, 신뢰할 수 있는 오랜 자문인 딕 모리스(Dick Morris)를 다시 불러들였다. 모리스는 정치적 원칙에 따라 움직이는 사람이 아니었다. 그는 선거의 승리를 모든 것으로 여기는 정치 기술자였다. 모리스는 클린턴의 권력과 영향력을 되찾기 위해 자신의 팀을 데려왔다.[34]

모리스는 자신이 "삼분지계(triangulation)"라고 부른 전략을 고안해 냈다. 클린턴이 공화당의 아이디어들을 흡수하여 민주당의 정책 제안으로 다시 만들어 낸다는 것이었다. 그렇게 해서 생겨나는 정치는 공화당의 정치도 아니지만 전통적인 민주당의 것도 아니라 독자적인 위치를 점하는 것으로서, 말하자면 삼각형의 세 번째 변을 이루는 것이었다. 1995년에서 1996년의 기간 동안 모리스가 만들어 낸 것은 "삼분지계"보다는 "묵종"이라고 부르는 것이 더 좋은 이름이다. 클린턴과 모리스는 경제에 대한 공화당의 핵심 아이디어들이 너무나 큰 힘을 발휘하여 어떤 민주당 후보도 여기에 맞섰다가는 결코 성공할 수 없다고 결론지었다. 나는 이 책에서 계속하여 어떤 형세가 하나의 정치 질서를 이루었다고 볼 수 있는 진정한 잣대는 반대 세력이 그 질서의 이데올로기적이고 정책적인 지상 과제들을 그대로 묵묵히 받아들이는 것이라고 말해 왔다. 클린턴은 바로 이러한 묵종을 빠르게 받아들였다. 1994년 이후로 그는 민주당의 아이젠하워가 됐고, 미국의 탁월한 신자유주의 대통령이 됐다.

1994년 이후 클린턴 정부가 신자유주의 원칙들을 실행한 정도는 상당히 놀랄 만한 것이었다. 1993년에 이미 클린턴은 북미자유무역협정에 서명하여 북미 대륙 전체를 한 공동시장으로 전환함으로써 앞으로 다가올 일들을 암시했다. 1994년에 그는 세계무역기구(World Trade Organization, WTO)를 지지했고, 그 기구를 통해 신자유주의 원칙들을 국제적으로 실행에 옮기겠다는 계획을 뒷받침했다. 이 프로젝트는 "워싱턴컨센서스"라고 불리게 된다. 1996년에 클린턴은 의회와 함께 당시 폭발적으로 성장하던 원거리통신 산업의 탈규제에 들어간다. 이제 원거리통신에는 전화와 TV뿐만 아니라 케이블TV 및 위성 TV 등의 하위 산업들도 새로운 정보 경제에서 아주 중요한 위치를 차지하게 됐다. 그 직후 클린턴은 이 신경제를 (글자 그대로) 지탱했던 전력발전 산업에도 탈규제를 행한다. 그리고 1999년에는 글래스·스티걸법을 철폐하는 의회의 결정도 지지한다. 이 법은 뉴딜 시대에 만들어진 법으로서, 미국의 금융 부문에서 투기, 부패, 호황 불황 순환(boom-bust cycle)을 종식시키는 데에 그 어떤 것보다도 큰 기여를 했던 법이었다.[35]

클린턴은 시장을 자연법칙과 비슷한 무언가로 보게 됐다. 1993년 북미자유무역협정에 서명하면서 그는 이 문제에서 미국은 선택의 여지가 없다고 말했다. "우리는 지구적 변화를 막을 수가 없습니다"라고 그는 천명했다. "우리는 지구 도처에서 벌어지고 있는 경제적 경쟁을 막을 수 없습니다. 오로지 우리가 할 수 있는 일은 우리에게 이득이 되도록 그 힘에 올라타는 것뿐입니다." 클린턴이 공산주의의 붕괴에서 배운 교훈은 한 나라가 시장의 힘에 저항하는 것으로는 미래를 맞을 수 없다는 것이었다. "트루먼과 애치슨, 마셜과 반덴버그(Vandenberg)가 구축한 제도들은 이제 그 임무를 완수"했다고 그는 말했다. 이제는 공산주의를 억제하기 위해 고안된 제도들을 뒤로하거나 새로운 목적에 맞게 바꿀 때가 됐다고 한다. "냉전이 끝났습니다. 공산주의와의 경쟁은 엄혹하고 확실한 것이었지만, 그 대신 이제 국제적인 경제적 경쟁이라는 대단히 역동적인 불확실성이 들어섰습니다."[36] 정부가 경제에 개입하게 된다면 이는 어디까지나 시장을 개선하고 방향을 인도하기 위한 것이지 시장을 억제하는 것이 되어서는 안 된다는 게 그의 주장이었다. 두 임기 동안 클린턴은 시장을 규제에서 풀어 주는 일에 심지어 레이건보다도 더 많은 역할을 했다고 볼 수 있다.

클린턴 정부에서 경제를 신자유주의로 바꾸는 일을 총괄하고 지휘한 인물은 월 스트리트의 중추적인 투자 기관 중 하나인 골드만삭스(Goldman Sachs)의 공동 회장 출신 로버트 루빈(Robert Rubin)이었다. 클린턴은 1993년 당시 새로 만들어진 국가경제위원회(National Economic Council)의 위원장으로 루빈을 영입했다. 루빈은 이미 1994년 클린턴의 의료보험 개혁이 무너지기 이전부터 부상하고 있었다. 루빈이 볼 때에 경제성장의 힘을 풀어내는 열쇠는 미국 정부의 재정을 정비하는 것이었으니, 이게 제대로 고쳐지면 월 스트리트도 민주당 정부에 품은 불신을 걷어 내고 폭포수처럼 투자를 쏟아부을 것이라는 생각이었다. 그리하여 루빈은 재무장관 로이드 벤슨(Lloyd Bentsen, 텍사스주 상원의원 출신), 그리고 에인 랜드가 키워 낸 인물이자 레이건과 부시 정권에서 연방준비제도 의장으로 임명된 앨런 그린스펀과 함께 힘을 모아 재정적자를 줄이고 균형

재정을 이루기 위해 노력했다. 이들이 고안해 낸 계획은 5년에 걸쳐 연방정부의 적자를 5000억 달러만큼 줄이는 것이었으며, 이를 위해 지출을 삭감하고, 또 한편으로 법인세(법인세 최상위 한계세율을 1퍼센트 증가)와 부자들(연 소득 25만 달러 이상의 소득자에게 개인소득세를 39.6퍼센트로 증가)의 증세를 결합하는 것이었다. 이 계획으로 의원들을 설득하기란 아주 어려운 일이었다. 레이건식의 공급자 측 경제학을 신봉하는 공화당 의원들은 그 어떤 형태의 증세에도 반대했으며, 민주당의 뉴딜식 진보파들은 16년 만에 겨우 당선된 민주당 대통령이 민주당의 소중한 프로그램들을 실현하기 위해 재정을 늘릴 것이라고 기대하고 있었기에 이를 되레 축소한다는 것을 받아들이기 힘들었다. 1993년 8월, 루빈의 계획은 의회에서 아주 미미한 차이로 겨우 통과했다. 하원에서는 218 대 216이었고 상원에서는 51 대 50으로서, 부통령 앨 고어가 캐스팅보트를 행사한 덕분이었다.[37]

처음에는 이 예산을 둘러싸고 이루어진 협정이 얼마나 중요한 것인지가 분명치 않았다. 당시는 여전히 클린턴의 의료보험 개혁이 진행 중이었으며 언론의 관심은 대부분 이쪽으로 쏠려 있었기 때문이다. 하지만 1994년 8월에 의료보험 개혁이 수포로 돌아가고, 이와 동시에 경제가 좋아지기 시작하면서 루빈의 재정적자 축소 계획이 사후적으로 큰 박수를 받기 시작했다. 1994년에서 2000년 사이에 연방정부의 지출은 GDP의 17.6퍼센트까지 줄어들었는데, 이는 1960년대 말 이후 가장 낮은 비율이었다. 그러는 가운데 일자리가 늘어나고 세율이 올라간 덕에 연방정부의 세수는 꾸준히 늘어나서 연방 재정이 흑자가 되었으니, 이 또한 1960년대 이후로 처음 있는 일이었다.[38] 경제적 차원에서 보면 이러한 재정의 균형이 성장의 엔진임이 입증됐다. 1994년에서 2000년 사이에 주식시장의 시가총액은 크게 증가했으며, 수백만 가지 새 일자리들이 창출됐다.

이러한 경제적 확장의 성공 덕분에 클린턴 팀 내의 신자유주의 군단은 정권에서 지배적 위치로 올라섰고, 그들은 차지한 자리를 절대 놓으려 하지 않았다. 클린턴은 1995년에 루빈을 재무장관에 임명했으며, 신자유주의자 공화당원 그린스펀을 1996년에 세 번째 임기의 연방준비제도 의장으로 다시 임명했다. 또한 1994년에는 한때 공화당원으로서 오래도록 균형재정의 강경론을 취해 온 리언 패네타(Leon Panetta)를 비서실장으로 임명했다. 클린턴 정권 내에도 로버트 라이시와 조지프 스티글리츠(Joseph Stiglitz)와 같이 신자유주의에 반기를 든 이들도 있었지만, 이 정권의 고위직 삼인방이 경제정책에 휘두르는 영향력을 극복하지는 못했다. 클린턴 정권을 움직이게 하는 정신은 시장의 힘을 자유롭게 한다는 것이었다. 그리고 이 점에서는 모든 이가 보조를 맞출 것으로 예상됐다. 루빈의 동료 중 한 사람이던 로런스 서머스(Lawrence Summers, 그는 후에 오바마 정권 초기에 다시 핵심 인물로 부상한다)는 클린턴 정권 기간 동안 민주당의 경제학자를 자처하는 이들이 걸었던 행보를 이렇게 묘사했다. "얼마 전까지만 해도 우리는 모두 케인스주의자들이었다. …… 마찬가지로 이제 정직한 민주당원이라면 누구든 우리 모두 프리드먼주의자라는 점을 인정할 것이다."[39]

이러한 대변화에서 클린턴은 총지휘자이기도 했지만 또 그만큼 도구의 역할을 맡기도 했다. 민주당을 신자유주의의 방향으로 재정립하려는 움직임은 오래전부터 진행되어 왔다. 그 1부는 위대한사회 및 신좌파 활동가들이 모두 뉴딜 질서의 국가주의에 반대하는 쪽으로 기울었던 1960년대까지 거슬러 올라간다. 지역사회행동프로그램(Community Action Program, 1964년 린든 존슨 대통령의 '위대한사회' 계획의 일환으로 생겨난 프로그램으로서, 지역공동체의 빈민과 실업자 들이 마을 활동을 통하여 스스로 자치를 일구는 것을 장려했다. 이 때문에 도시와 지자체의 기성 권력과 많은 충돌을 빚기도 했다—옮긴이) 쪽에서는 대도시의 무자비한 행정을 공격했고, 신좌파 활동가들은 (민간기관이든 공공기관이든) 관료제에 반감을 가지고 있었으니, 이들 모두가 민주당으로 하여금 시장에 기초한 사회정책들에 관심을 갖도록 만들었다.[40] 랠프 네이더와 그 지지자들은 정치학자들이 발전시킨 "포획 명제(capture thesis)"를 받아들인 바 있다. 이 명제에 따르면, 대기업 이해관계 세력들이 바로 그들을 규제하도록 되어 있는 정부 기관들을 "포획"해 버렸다고 했다. 네이더 추종자들은 대기업 통제에서 정부의 규제 기관들을 해방시키기 위해 싸우는 대신 소비자주권을 향상시키는 쪽에 초점을 두었다. 이렇게 되면 대기업 기성 권력으로부터 정부 보호 특권을 빼앗을 수 있으며, 선택의 자유와 품질 좋은 제품을 원하는 소비자들의 열망에 시장이 더욱 잘 호응할 수 있다는 것이었다. 네이더 추종자들은 규제보다는 탈규제를 선호할 때가 많았으며, 최소한 경쟁의 압력에 질식당하여 제품과 서비스의 질이 형편없으면서 가격만 높은 산업들에는 분명히 그런 입장을 취했다. 이것은 네이더가 1970년대에 지미 카터에게 전달한 메시지이며, 또 민주당 내의 중도좌파 일부 세력에게 전한 메시지이기도 했다. 네이더와 그 추종자들은 신자유주의자들만큼 시장의 완벽성을 신봉한 것은 아니었다. 이들은 여전히 자본주의의 비판자들이었다. 그럼에도 불구하고 그들이 산업가들이나 정부의 규제 기관들보다도 소비자주권을 우위에 놓으려 했던 노력으로 인해 공화당이 자유로운 시장의 미덕을 찬양했던 것과 공통된 명분을 만들어 내게 됐던 것이다.[41]

민주당이 새롭게 방향을 설정하게 된 2부는 일련의 정치적 고육지계에서 서서히 시작된 것으로서, 공화당이 내건 시장근본주의를 최소한 일부라도 받아들이지 않는다면 대통령선거에서 다시는 승리하지 못할 것이라는 확신이 그들 내부에서 점차 확산됐기 때문이다. 1972년에 맥거번 후보가 리처드 닉슨에게 대패했던 것은 민주당원들의 등골을 오싹하게 만든 첫 번째 충격이었다. 두 번째로 현실을 파악한 순간은 1984년이었다. 레이건이 민주당 후보 월터 먼데일에게 대승을 거두었던 것이다. 그다음으로 1988년 대선에서도 민주당의 마이클 듀카키스가 공화당의 약체 후보라고 널리 여겨진 조지 H. W. 부시에게 패배하는 일이 벌어졌다. 이러한 패배들이 누적되면서 민주당 출신의 공직자들은 민주당지도자협의회를 세워 민주당이 뉴딜의 과거와 거리를 두고 공화당에 가까운 길을 미래로 택해야 한다고 주장했다. 클린턴은 이러한 논의의 핵심에 있었으며, 당의 방향 재정립 계획에서도 중심적인 인물이었다.[42]

민주당의 방향 재정립을 가져온 3부는 선거 패배에서 나온 고육지계가 아니라 반대로 IT 혁명이 가져온 열광에서 시작됐다. 1990년대는 IT가 놀라울 만큼 찬란한 승리를 거두었던 10년이었다. 최초의 웹브라우저인 모자이크(Mosaic)가 1993년에 시판됐고, 구글의 전신인 넷스케이프(Netscape)는 1994년에 첫선을 보였다. 제프 베이조스(Jeff Bezos)는 1994년에 아마존을 설립했고, 피터 틸(Peter Thiel)과 동료들은 1998년에 페이팔(PayPal)을 설립했으며, 같은 해에 구글도 생겨났다. 또한 돌아온 탕아 스티브 잡스가 1996년 애플에 복귀하여 21세기 초 전 세계적으로 군림하게 되는 행보를 시작했다. 클린턴이 1993년 1월 대통령에 취임했을 당시 스타트업 기업들의 주식시장인 나스닥은 지금 말한 기업들을 포함한 여러 기술 기업들에 큰 힘을 실어 주고 있었으며, 당시의 나스닥지수는 670정도였다. 그런데 클린턴의 임기 마지막 해인 2000년에는 나스닥지수 평균이 4100에 도달했으니, 불과 7년 만에 무려 여섯 배 이상으로 뛴 것이다. 그러는 가운데에 실업률은 3.8퍼센트로 줄어들어 한 세대 이상의 기간 동안 가장 낮은 수준으로 떨어졌다.[43] 클린턴은 2000년 연두교서에서 기쁨이 가득 차 이렇게 말한다. "우리나라가 이러한 번영과 사회적 진보를 구가하는 동시에 내부적인 위기와 외부의 위협이 이렇게 적었던 적은 한 번도 없었습니다."[44] 스튜어트 브랜드와 그의 하이테크 힙스터족은 마약에 취해 헤매던 "신나는 장난꾼들"에서 벗어나 사이버 세계의 지배자들로 완전히 변신한 상태였으며, 애스펀(Aspen)과 다보스(Davos)에서 열리는 전 세계의 경제 전문가, 정부 엘리트 들이 모이는 자리에서 술잔을 함께 부딪치고 있었다.[45] 이 인터넷 혁명은 시장의 자유라는 비전과 이데올로기적으로 긴밀하게 결부되어 있었다.

에스터 다이슨(Esther Dyson), 조지 길더, 조지 키워스(George Keyworth), 앨빈 토플러(Alvin Toffler) 등 사이버스페이스를 열렬히 지지하는 네 인물은 1994년에 IT에 대한 비전을 담아 「사이버스페이스와 아메리칸드림: 지식시대의 대헌장(Cyberspace and the American Dream: A Magna Carta for the Knowledge Age)」이라는 선언문을 작성하여 회람했다. 이 문서의 내용은 제목이 암시하듯, 사이버스페이스야말로 "아메리칸드림"을 새롭게 다시 시작하고, 오랫동안 숭앙받은 영미식 자유의 전통을 새로운 세기에 맞게 적용해 나갈 수 있는 기회라는 것이었다. 이 선언서는 사이버네틱 혁명(cybernetic revolution)이야말로 인류를 과거의 속박들에서 자유롭게 하여 새로운 세계를 출범시킬 수 있는 기회라는 유토피아적 확신에 차 있었다. 그들 중에서도 높이 평가되는 미래학자인 앨빈 토플러의 저작을 활용하여 이들은 "제3의 물결" 혁신이라는 관점으로 이를 제시했다.[46] 첫 번째 물결은 토지와 노동을 "주요한 '생산요소'

로 만들었고, 두 번째 물결은 기계와 큰 공장 산업으로 [노동을] '대규모화(massify)'한 바 있다. 그리고 이 세 번째 물결의 경제에서는 중심적 자원이…… 행동에 옮길 수 있는 지식"이라는 것이었다.[47]

경제의 원천이 물질적 자원에서 두뇌 자원으로 이동하는 이 사태는 인류 역사의 근본적 이행이라는 대사건이라고 이들은 선언했다. 사회와 문명의 모든 것을 처음부터 다시 생각해야 하며, 그 대상에는 "자유의 의미, 자치 정부의 구조, 소유의 정의, 경쟁의 본성, 협동의 조건, 공동체 정서, 진보의 본성" 등이 들어간다고 했다.[48]

이러한 과장된 수사는 오래전부터 거의 모든 정치적 선언문에 특징적으로 나타나는 것이었다. 선언문 작성자들은 자신들이 내건 운동이 혁명적 열정을 끌어낼 수 있기를 바라기 때문이다. 하지만 이러한 과장된 수사를 제쳐 둔다면, 이 선언서는 신자유주의 혁명이 우파뿐만 아니라 좌파도 거부할 수 없는 매력을 갖도록 했으며, 또한 시장의 자유와 깊게 결부된 개인의 자유라는 비전을 명료하게 제시하고 있다. "우리는 산업 시대의 거대한 제도 및 기관들이 지배하던 20세기의 끝에 서 있다." 저자들의 이러한 언사는 신좌파가 1962년에 내놓았던 「포트휴런 성명서」에서 그대로 따온 것 같은 느낌을 주며, 앨빈 토플러가 좌파에 뿌리를 두고 있음을 반영하고 있다. 이 시대는 "순응성을 조장했고 표준화에 의존했다. 대기업과 정부 관료제, 거대한 민간기관과 군부 행정기관, 여러 형태의 학교 등 오늘날 존재하는 기관 및 제도 들은 바로 그 순응성과 표준화를 최우선으로 반영하는 것들이다". 이러한 제약은 "두 번째 물결"에 기초한 사회에서는 필연적인 것이었다. 하지만 선언서는 이렇게 주장한다. "개인의 자유는 큰 시련을 겪었다."[49]

「사이버스페이스와 아메리칸드림」에는 공산주의에 (그리고 소련에) 대한 언급은 없지만, 정부 계획, 순응성, 표준화의 세계가 나타나도록 만든 가장 중요한 원동력은 무엇보다도 공산주의와 소련이었다고 한다. 뉴딜을 혐오했던 미국인들 중 많은 경우 그 동기는 (조지 길더도 여기에 포함된다) 소련에서 오랫동안 찬양받아 온 5개년 계획(Five-Year Plans)에 묻어 있는 중앙 경제계획이라는 악몽으로 가는 첫걸음이 바로 뉴딜이라고 생각한 것에 있었다. 소련 체제와 뉴딜 체제 모두가 개인의 자유를 파괴할 것이라는 주장이었다. 그런데 이제 사이버네틱 혁명이 벌어졌으니, 미국과 전 세계는 이러한 자유 파괴의 체제들로부터 단절할 수 있는 기회뿐만 아니라 그 기술적 수단까지 얻게 됐다는 것이었다.

다이슨 등의 저자들은 미국은 태생적으로 이 혁명의 본고장이 될 수밖에 없다고 주장했다. 미국이야말로 국가주의적 폭정에 가장 철저하게 반대해 온 나라로서, "메이플라워서약(Mayflower Compact, 1620년 영국의 청교도들은 영국 내에서의 종교개혁의 불완전성에 불만을 품고 메이플라워호를 타고 북미로 이주한다. 하지만 풍랑으로 처음의 목적지가 아닌 보스턴에 도착하게 됐으며 식량도 바닥이 났기에 이곳에 정착하기로 하고 배에서 내리려고 했다. 하지만 배 안에 타고 있던 비청교도인들은 본래의 목적지로 갈 것을 주장하면서 하선을 거부한다. 이에 청교도들은 배에 타고 있던 모든 이에게 영국 왕에 대한 충성을 전제로 이제부터의 모든 의사결정은 다수결로 하며 이에 전원이 따르기로 한다는 일종의 계약을 맺는다. 이에 전원 하선하여 정착촌 건설을 시작한다. 이 문서는 필사본이 지금도 전해지고 있으며, 사회계약과 미국헌법의 가장 원초적인 문서라고 여겨지기도 한다—옮긴이)에서 미국헌법에 이르기까지 인민을 자유롭게 하려는 일념에서 만들어진 문서들은 150년 이상 지적·정치적 동요 속에서 단련된 굳은 결의"라는 것이었다. 따라서 이 선언서의 저자들이 한 걸음 나아가 [컴퓨터] 해커들이라는 존재가 "미국의 독특한 현상"이라고 주장했던 것도 우연은 아니었다. 이들은 자유를 사랑하는 옛날의 개척자들이 다시 환생한 존재들로서, 이 사이버 황야를 탐험하고 길들일 수 있는 "일련의 기술들을 발전시키기 위해 모든 사회적압력을 무시하고 또 모든 규칙을 어기는" 이들이라는 것이었다. 해커들은 "좀 더 형식화되고 규제되는 유럽과 일본의 민주주의국가들에서는" 번성할 수 없을 것이라고 한다. 이들은 오로지 미국만이 "경제성장과 무역의 지도력에 없어서는 안 될 존재가 될 수 있다. 어째서인가? 미국인들은 아직도 순응성보다 개인성을 찬양하고, 합의보다는 성취에 높은 보상을 내리며, 서로 다른 모습이 될 수 있는 권리를 전투적으로 보호하기 때문이다".[50]

사이버 시대에 가장 근본적으로 원점에서 다시 생각해야 하는 제도는 바로 정부 자신이라고 한다. "'두 번째 물결'에서 생겨난 대중 기관들은 그 시스템이 '작동'하게 만들기 위해 자유를 [정부에] 양도할 것을 우리에게 요구했다." 하지만 "제3의 물결"은 모든 대규모 관료제 조직에 도전장을 던지고 있다는 것이다. 특히 취약하게 노출된 것이 정부다. 왜냐하면 정부야말로 "지상 위에 존재하는 최후의 거대한 관료제 권력의 보루이기 때문이며, 다가오는 변화는" 이미 정부의 일거수일투족에 위협을 가하고 있다는 것이었다.[51]

이 선언서는 정부가 이제 퇴물이 되었음에 초점을 맞추고 있지만, 그 본질적 성격을 제대로 보아야 한다. 이는 입증된 사실이 아니라 이념적인 주장이었을 뿐이다. 이렇게 정부에 대해 이데올로기적인 동기가 깔린 관점을 집요하게 고집하는 데에서 이 저자들의 관점이 얼마나 깊게 자유시장 지상주의를 반영하고 있는지를 알 수 있다. 길더와 키워스는 이 사이버네틱스라는 놀라운 세상을 발견하기 오래전부터 시장지상주의자들이었다. 길더는 레이건 시절 시장근본주의의 교과서가 되는 책 『부와 빈곤』을 1981년에 출간했으며, 키워스는 레이건의 과학 자문직을 역임했다. 이렇게 이들은 공화당을 신자유주의 시대로 밀고 나가는 데에 누구보다도 큰 역할을 한 공화당원들로서 입지를 굳힌 인물들이었다. 에스터 다이슨은 스타트업 기술 자유지상주의를 표방하면서 "제3의 물결"의 신탁 성전을 자처하는 잡지 《와이어드》에서 핵심적인 인물이었다. 토플러는 미국의 가장 유명한 미래학자로서, 인간성 자체의 큰 변화가 임박했다

는 예언자 역할을 오래 해 왔던 인물이었다. 이는 실로 누구도 감히 무시할 수 없는 집단이었다.[52]

게다가 이들은 정치적 지지까지 얻어 냈다. 뉴트 깅그리치는 그 초기부터 후원자 역할을 했다. 그는 「사이버스페이스와 아메리칸드림」의 저술에 자금을 댄 기관인 진보와자유재단(Progress and Freedom Foundation, PFF)을 조직하는 데에 도움을 주었으며, 이 문서를 활용하여 공화당이 기술혁명을 지지하고 나서도록 움직이고자 했다. 이 선언서를 논의하는 학술회의가 1994년에 열린 장소도 깅그리치의 정치적 텃밭인 애틀랜타였으며 여기에 깅그리치도 참석했다.[53] 그 이전까지만 해도 사이버 분자들은 깅그리치에게 의구심을 품고 있었다. 1995년 《와이어드》에 그를 인터뷰한 글을 게재했던 다이슨만 해도, 자신과 다른 사이버 분자들이 그를 "적그리스도"로 여겼다고 털어놓았다. 깅그리치가 종교단체 도덕적다수와 가까운 데다가 필요하다면 여러 차례에 걸친 정부 규제를 동원해서라도 문화적 규범을 개인에게 강제해야 한다는 의향을 밝혔기 때문이었다. 그러한 도덕적 규제 따위는 다이슨과 같은 기술 자유지상주의자들에게는 극도의 혐오 대상이었다. 하지만 깅그리치는 오랫동안 미래주의자였던 인물(다이슨은 이를 인터뷰 과정에서 알게 된다)로서, 사이버스페이스의 해방적 가능성을 자신의 신조로 삼고 그것을 실현하려면 반드시 규제가 없는 사이버스페이스를 구현해야 한다는 열렬한 믿음을 가진 이였다. 그는 1995년에 하원의장이 됐고 잠깐이었지만 의회에서 가장 영향력 있는 인물로 떠올랐다. 그러자 깅그리치는 미국에 규제 없는 사이버스페이스를 선사하는 것을 자신의 임무로 삼았다.[54]

클린턴과 깅그리치는 수많은 쟁점에서 서로 적수의 위치에 있었다. 깅그리치는 1994년 총선에서 승리를 거두어 의회를 장악하게 되었는데, 그가 선거운동에서 활용했던 프레임은 클린턴 대통령의 권력과 영향력을 견제하고 누를 필요가 있다는 것이었다. 하지만 사이버스페이스에 대해서는 이 두 적수가 공통의 기반을 공유하고 있었다. 클린턴과 그의 핵심 부관이던 부통령 앨 고어도 깅그리치와 마찬가지로 IT의 진보가 온 세계를 기술적·경제적·정치적 혁명의 변곡점으로 밀어 넣고 있다고 믿었다. 이 세 사람 모두가 당대의 열광적 분위기가 담고 있는 가능성과 불확실성으로 크게 들뜬 상태에 있었다. 이들은 IT 혁명이 앞으로 모든 것을 쓸어 버릴 것이며, 따라서 미국인들이 이 기차(고어 부통령의 표현으로 좀 더 정확히 말하면 "정보 고속도로"로 들어가는 진입로)에 올라타지 못한다면 뒤처지게 될 것이라는 확신을 가졌던 것이다.[55]

처음 실리콘밸리가 끌렸던 쪽은 클린턴이 아니라 깅그리치였다. 시장경제의 창조적 정신을 풀어놓고 사이버스페이스가 규제에서 자유롭도록 해야 한다고 더 요란한 언사를 구사했던 쪽이 깅그리치였기 때문이다. 하지만 큰 성공으로 고공 행진을 하던 실리콘밸리의 하이테크 거물들은 공화당원들이 도덕을 강조하고, 이를 강제하기 위해 정부를 활용하려 드는 것에 불편함을 가지고 있었다. 개인은 자신의 종교, 성, 오락 등을 자유롭게 결정해야 하며, 제리 폴웰과 같이 도덕의 지배자로 군림하는 자들에게서 굳이 허가 쪽지를 얻을 필요가 없도록 해야 한다는 게 이들의 생각이었다. 또한 이는 일부 해커들의 신조이기도 했다. 이러한 개인의 자유는 클린턴이 말하는 "각자의 방식을 인정해야 한다(live and let live)"라는 식의 태도와 겹치는 것이었고, 이로 인해 서해안의 하이테크 전위 집단은 공화당보다 민주당 쪽이 좀 더 문화적으로 깃들기에 편안한 곳으로 여겼다.[56]

하지만 민주당은 여전히 일반적으로 정부 규제의 정당으로 인지되고 있는 상태였다. 따라서 자연스럽게 따라오는 질문이 있었다. 과연 경제 전선에서 행한 약속을 이행할 것인가? 신경제를 만들려고 애쓰는 기업가, 혁신가, 대기업 등에서 손을 뗀 상태를 과연 계속 유지할 것인가? 1994년부터 1995년까지 클린턴이 관리하는 민주당의 대답은 확고하게 그렇다는 것이었다. 첫째, 클린턴과 그의 정부는 재정 기율 체제를 실현하여 월 스트리트를 만족시켰으며, 월 스트리트는 이미 하이테크 호황을 적극 지지하는 방향으로 깊이 들어와 있었다. 둘째, 민주당은 부통령 고어의 지도 아래에 정부를 더 작고 덜 개입적이며 더 탄력적인 존재로, 즉 제3의 물결 경제에 더 적합한 형태로 다시 만들겠다는 장기적인 캠페인을 뚝심 있게 진행하고 있었다.[57] 그리고 마지막으로 가장 중요한 점이 있었으니, 1996년의 원거리통신법(Telecommunications Act)을 통과시켜 실리콘밸리가 그들이 이뤄 낸 기술혁신을 충분히 자본화할 수 있도록 하는 개혁 입법을 행했다는 것이다. 이 원거리통신법은 클린턴이 주도한 다른 법안들, 예를 들어 복지 개혁 등보다 관심을 덜 받을 때가 많다. 하지만 반드시 이 법에 주목해야 한다. 1990년대의 경제에서 가장 역동적인 부문을 규제에서 풀어내고, 또 신자유주의 원리에 기초한 신경제의 구축을 크게 가속화하는 데에 가장 크게 기여했던 것이 바로 이 법이었기 때문이다.

원거리통신 개혁

오래전 1934년의 통신법은 미국에서 대중매체 규제의 틀을 확립한 바 있었다. 비록 당대에는 민간 상업방송국들에 공중파의 통제권을 지나치게 넘겨주었다고 비판을 하는 이들도 있었지만, 사실 이 법은 전화 및 공중파를 확고한 공공의 통제 아래로 두는 내용을 담고 있었다. 이 법은 뉴딜 질서를 구성하는 한 요소로서 공중파가 민간 대기업들이 아닌 미국 국민들의 재산임을 분명히 했다. 즉 방송산업은 그야말로 공공선을 향상시키는 방식으로 규제되어야만 한다는 것이었다. 이 법을 통해 연방통신위원회가 대기업 방송사들을 감독하고, 필요할 때마다 접근권, 경쟁, 서비스 등에 규칙들을 만들 수 있는 권한을 확보하게 된 것이다. 연방통신위원회는 특히 방송에 독점체들이 생겨나지 않도록 막는 것에 관심을 두었다. 따라서 한 기업이 소유할 수 있는 라디오방송국의 (그리고 나중에는 TV 방송국의) 숫자를 제한했다. 또 당시에 지배적이던 전화·전보와 방송의 구분을 그대로 받아들여 어느 쪽이든 다른 쪽의 영역으로 들어가지 못하게 막았다. 해당 기업들도 이러한 분리를 기꺼이 받아들였다. 양쪽에서 사용하는 물리적 장비와 기간시설이 당시만 해도 아주 달랐기 때문이었다. 그 예로 전화 산업에 쓰이는 구리선과 라디오 전기신호를 방송으로 송출하는 장비는 전혀 달랐다.[58]

전화·전보를 방송 부문과 분리한다는 조치의 저변에는 단지 기술적인 문제만 있던 것이 아니라 정치적인 지상 과제도 있었다. 그것은 어떤 방송 기업도 지나치게 큰 권력을 갖지 않게 해야 한다는 확신이었다. 경제적 권력이 과도하게 집중되는 것은 미국이라는 공화국을 잠식하는 것이라고 여겼다. 20세기 초에 대기업 방송사들이 특별한 감시를 받기 시작한 것은, 이 기업들이 시민들을 "프로파간다"의 범람에 빠뜨릴 수 있으며, 이로 인해 개별 시민들은 민주주의의 작동에 필요한, 정보에 근거한 의사결정을 내릴 수 없을 것이라고 믿었기 때문이다. 실제로 1920년대에 들어 대기업 방송사들의 영향력이 치솟게 되자 민주주의의 위기가 심화됐다는 생각이 팽배하게 됐다.[59] 따라서 이러한 기업들의 권력은 방송 요금과 내용 규제를 통해서, 혹은 경쟁환경 속에서 운영하도록 만드는 규칙들을 통해서 제한되어야만 한다고 생각했던 것이다.

연방통신위원회는 AT&T(American Telephone and Telegraph)에 이 첫 번째 방향의 규제를 가했으며, AT&T는 "자연적 독점체"이므로 경쟁이 필요 없는 업체임을 분명히 했다.

AT&T는 이러한 특권적 위치를 부여받은 대가로 믿을 수 있는 서비스를 합리적인 요금으로 모두에게 공급해야 했다. 그래서 비록 소유권은 민간에 있지만 사실상으로는 공공시설이었던 것이다. 한편 연방통신위원회는 라디오 분야에는 경쟁환경을 조성하고자 했는데, 그리하여 양차세계대전 사이의 기간 동안 수백 개 지방 라디오방송국들이 생겨나도록 산업의 구조를 짜 나갔다. 1930년대와 1940년대에 3대 전국 방송 네트워크(NBC, CBS, ABC)가 방송산업의 거물로 입지를 굳히게 되자, 연방통신위원회는 각 네트워크가 직접 소유할 수 있는 지역 라디오방송국의 숫자를 규제함으로써 이들의 영향력에 제한을 가했다. 지역 방송국들은 세 네트워크 중 하나를 선택하여 연계를 맺고 거기에서 제공되는 풍부한 프로그램들에 접근할 수 있었다. 하지만 그 와중에서도 자율성을 보유했기에 자신들이 방송하는 일부 내용에서는 통제력을 가지고 있었을 뿐만 아니라 전국 방송사들과의 협상에서도 위치를 개선할 수 있었다. 1950년대와 1960년대에 라디오 네트워크들에서 자라난 TV 네트워크들에도 똑같은 규칙들이 적용됐다. 공평성 원칙은 1940년대 말에서 1980년대 말까지 영향력을 미쳐 정치적 논쟁의 양쪽 입장에 방송사들이 똑같은 시간을 배분하도록 하였으니, 이 또한 연방통신위원회가 방송매체 시장을 규제하고자 했던 열망을 드러내는 것이다.[60]

그런데 1970년대와 1980년대에는 이러한 규제 체제에 불만이 높아졌다. 새로운 기술들을 설계하는 제안들이 점차 원거리통신 산업에도 스며들게 됐고, 이에 AT&T는 갈수록 혁신의 속도가 느리다는 비판을 받게 됐다. 1980년대 초에는 법정에서 국가의 재가를 받은 이 독점체에 분할 명령을 내리기도 한다. 이와 동시에 케이블TV가 나타나서 세심한 규제 아래에 놓여 있던 네트워크TV와 3대 주요 공급자들의 세상에 채널 수백 개를 범람시키는 위협을 가하게 된다. 레이건 정권 아래에서 연방통신위원회는 1980년대 말 공평성 원칙을 폐기하게 되는데, 이들은 이제 방송 통신의 새로운 시대가 열렸으며 모든 사람이 말할 수 있을 뿐만 아니라 자기 목소리를 들을 수 있는 일이 가능해졌다고 주장했다. 여기에서 의미심장한 일은 1993년에 클린턴 정권이 출범한 뒤에도 공평성 원칙을 복구하기 위한 노력을 전혀 기울이지 않았다는 점이다. 오히려 그 반대로 1934년의 통신법을 현대화함으로써 이미 진행 중이던 IT 혁명에 더욱 가속도를 붙였다.

부통령 앨 고어는 1980년대에 이미 하이테크의 가능성을 받아들인 이로서, 원거리통신 개혁을 위한 백악관의 고위층 워킹 그룹을 이끌었다. 1994년 선거 이후 개혁 과정의 통제권은 공화당으로 넘어갔다. 하지만 깅그리치 집단과 클린턴 집단은 똑같이 탈규제에 열정적이었으므로, 어느 정당이 개혁을 추진하느냐는 그렇게 중요하지 않았다. 이들 모두가 뉴딜의 규제 사슬을 없앨 필요가 있다고 동의했다. 심지어 그것이 1934년 통신법의 반독점 조항을 없애는 것을 의미한다고 해도 이들은 개의치 않았다. 케이블TV 채널이 곧 수백 개가 될 터인데 한 케이블 기업이 소유하거나 내놓을 수 있는 채널의 숫자를 제한할 이유가 무엇인가? 전화, 공중파 TV, 케이블TV, 위성 TV, 영화 중 한 부문만으로 통신 기업들의 영역을 제한할 것이 아니라, 전체 원거리통신 분야의 최전선에서 통신 기업들이 장벽을 넘어 서로 상대하고 경쟁하도록 내버려두는 게 옳지 않은가? 그렇게 폭넓은 경쟁이 특히 중요하다고 여겨진 이유는, IT 혁명이 어디로 갈지, 또 그 와중에 어떤 협업과 시너지로 어떤 편익이 생겨날지에 대해 아무도 정확히 모른다는 것이었다. 따라서 원거리통신 분야의 기업들을 서로 경쟁할 수 있도록 내버려두어야만 한다는 것이었다. 스타트업 기업들이 미친 듯이 생겨나 자라나고 있었고, 이는 원거리통신 기업들을 제약 없이 경쟁하도록 내버려두어야 할 더 큰 이유였다. 해커들과 그들을 거느린 벤처 자본 투자가들이 만들어 내고 있던 혁신을 미디어 경제의 구석구석까지 파급되도록 할 것이며, 그중 사람들을 가장 기쁘게 하는 새 제품과 서비스가 무엇인지는 미국의 소비자들이 스스로 구매를 통하여 결정하도록 하자는 것이었다.[61]

인터넷에 대한 열광이야말로 미국을 비롯해 전 세계가 시장의 등에 올라탄 변화의 기로에 서 있다는 느낌을 더욱 강화시켰다. 이런 통신 혁명에 맞먹는 전례를 찾으려 했던 이들은 500년 전 활자 인쇄의 발명에 이를 견주었다. 또 어떤 이들은 인터넷이 서적 인쇄의 발명이 이룬 것보다 더 큰 일을 이룰 것이라고 주장했다. 냉철한 매체 비평가로 정평이 있는 퍼트리샤 오프더하이드(Patricia Aufderheide)마저도 1990년대에는 인터넷이 "정보를 보내고 받는 것에서 어떤 방향으로든 똑같이 훌륭하게 처리하며, 이에 모든 사용자가 잠재적 소비자인 동시에 잠재적 생산자가 된다"라는 것에 놀라움을 표했다. "이는 어느 시점에서든 연결을 원하는 신규 사용자와 서비스제공자를 끊임없이 새롭게 조합하는 역할을 할 수 있다"라는 것이었다.[62] 이토록 역동적인 플랫폼은 생산자인 동시에 소비자인 무수한 사용자에게 그것도 24시간 열려 있으므로 어떤 기업도 감히 이를 통제할 수는 없었다. 인터넷은 태생적으로, 쉬지 않고, 인정사정없이 민주주의적이었다. 한때 독점체들이 세상을 지배했던 시절도 있었지만, 카를 마르크스의 말을 흉내 내자면, 그들의 굳건했던 시장의 통제력은 이제 분해되어 공기 중으로 사라지고 있었던 것이다.

이러한 놀라운 디지털플랫폼을 최대한 활용하자는 것이 1996년 원거리통신법을 추동한 원동력이었다. 2월에 서명된 이 법은 그동안 오래도록 기업들이 이 산업의 한 부문에서 다른 부문으로 넘어가지 못하도록 막았던 규칙들을 싹 쓸어버렸다. 전화 회사, 케이블TV 회사, 위성 TV 회사, TV 네트워크, 영화 스튜디오, 데이터 제공자 등이 이제 모두 서로서로 경쟁을 벌일 수 있게 됐다. 한 기업이 소유할 수 있는 방송국이나 자회사 숫자의 제한은 크게 약화됐다. 다양한 부문에서 이렇게 많은 기업이 서로 경쟁하도록 내몰게 되면 어느 한두 기업이 산업 전체를 지배하는 일은 불가능할 것이라는 생각이었다. 설령 행운이나 비정함 등에 힘입어 일시적으로 시장의 일부분을 독점하는 기

업이 생긴다고 해도 인터넷의 혁신 때문에 금세 무너질 것이라고 여겼다.[63]

일부 비평가들은 인터넷 시대의 모든 것이 새롭고 아름답지만은 않을 것이라고 경고했다. 도금시대(Gilded Age, 1870년대에서 1890년대의 기간)는 놀라울 만한 기술적 혁신과 산업의 창의성이 곧 독점, 부패, 불평등으로 넘어가게 된다는 교훈을 안겨 주었다는 것이다. 1990년대에 이러한 경종을 울리고자 했던 이들 중 하나가 당시 뉴욕시-롱아일랜드의 주요 일간지인 《뉴스데이》의 미디어 칼럼니스트 마틴 키트먼(Martin Kitman)이었다. 1995년 여름 의회에서 구체화되던 복잡한 법안과 씨름하는 가운데에 그는 자신이 학교에서 배웠던, 한 세대의 혁신가들이 미국을 (앨빈 토플러의 용어를 쓰자면) 농업의 첫 번째 물결에서 도시-산업의 두 번째 물결 경제로 변화시키려 했던 도금시대를 계속해서 떠올리게 됐다고 한다.[64] 당시의 혁신가들이 철도산업의 우두머리들, 전화·전보 서비스의 영주들, 철강·정유·전기기계·화학 등의 산업을 지배하는 이들이었던 것만 다른 점이었다. 이 대기업 혁신가들은 자본, 일자리, 신제품을 만들어 내는 데에 놀라운 능력을 보여 주었지만, 경제 권력 그리고 나중에는 정치 권력을 추구하는 데에서도 가차 없고 냉혹했다. 당시에도 아이다 타벨(Ida Tarbell), 링컨 스테펀스(Lincoln Steffens), 그리고 "추문 폭로(muckraker)" 저널리스트들은 존 D. 록펠러(John D. Rockefeller), 코닐리어스 밴더빌트(Cornelius Vanderbilt), 그 밖의 "날강도 귀족들(robber barons)"의 추잡한 행태를 지칠 줄 모르고 폭로했다. 이 언론인들은 그들이 가진 권력과 이윤에 대한 탐욕이 하늘을 찌르는 데다가, 모든 경쟁을 다 부수어 버리겠다는 결연한 의지를 가진 자들임을 모두가 알 수 있게 폭로한 바 있었다.

키트먼은 1990년대의 원거리통신 산업의 거물들도 사람들이 생각하는 것보다 훨씬 더 "아이다 타벨 시절의 조니 록펠러와 앤디 카네기와 또 다른 날강도 귀족들"과 공통점이 많다고 주장했다. 그는 "이제 또다시 땅따먹기 게임이 시작됐다"라고 선언했다. "다들 새로운 원거리통신의 시대가 왔다고 돌아가면서 이야기하고 있다. 이는 전혀 새로운 시대가 아니다. 공공의 자원을 도둑질해 가는 지겨운 옛날이야기일 뿐이다. 다른 점이 있다면 이번에는 우스꽝스러운 모습의 부동산, 눈으로는 전혀 볼 수 없는 부동산이 등장했다는 것뿐이다."[65]

1996년 초에 의회를 통과한 법안은 실제로 키트먼이 걱정했던 바를 해소하는 내용이 전혀 담겨 있지 않았다. 따라서 키트먼은 이렇게 선언한다. 여러 매체를 거느린 소수의 거물들이 "모든 것을 다 소유하는 것으로 끝장이 날 것이다. 안 될 게 무언가? 이는 실제로 타임(Time)과 워너(Warner)가 [1990년에] 합병을 이루면서 했던 말이기도 하다. 타임워너(Time Warner)의 CEO 제리 레빈(Jerry Levin)은 이미 이렇게 예언했다. '언젠가 장래에는 지구상의 모든 매체를 다섯 기업들이 소유하는 날이 올 것입니다. 그중 하나가 되는 것이 우리의 계획입니다.'"[66] 공중파를 모두에게 개방한다는 것은 멋진 생각인 듯했지만, 막상 미디어기업들은 전혀 경쟁할 생각이 없었다. 이미 원거리통신법이 통과되기 전부터 이러한 상황을 예측하고 미디어기업들 사이에 인수합병의 물결이 일어났다. 키트먼은 이 물결이 계속될 것이라고 완벽히 예상했다. 통과된 법안이라는 것은 100년 전에 일어났던 것과 마찬가지로, 핵심 산업에서 바로 이런 방식의 대기업 합병이 벌어지는 것을 촉진하는 내용을 담고 있다고 그는 공격했다.

키트먼은 원거리통신 대기업들의 권력 문제를 계속해서 다루었다. 그가 볼 때에 법안에는 그러한 권력을 제한할 만한 내용이 전혀 없었다. 오히려 그 반대로, 대기업들이 자기들 이익에 맞는 쪽으로 법안의 내용을 마련하는 데에 성공했다는 게 그의 주장이었다. 100년 전에는 그래도 대기업의 권력에 맞서 사람들의 대응을 마련하는 데에 규제 명령이 큰 역할을 했지만, 이제는 그런 것이 전혀 존재하지 않는 것으로 보인다는 것이었다. 이제 이 산업 전체가 전면적인 인수합병 쪽으로 들어섰지만, 현존하는 연방통신위원회는 이를 막을 도구도 권한도 없을 것이라고 그는 생각했다.[67]

대기업들 말고도 이 법안에서 무언가를 얻어 낸 세력들은 분명히 있었다. 도덕적 전통주의자들은 인터넷에서 포르노그래피의 확산을 막기 위해 통신품위유지법(Communications Decency Act)을 통과시키기도 했다(하지만 곧 위헌판결을 받았다). 그리고 진보주의자들은 보편적 서비스—통신 산업 전체가 모든 가정, 모든 학교, 모든 공공장소의 인터넷 연결을 의무화한다—뿐만 아니라 케이블 공급자들에게 세금을 매겨 재원까지 마련했다. 클린턴, 고어, 그리고 그 동맹 세력들은 이것을 큰 승리로 여겼으며 실제로 그러했다. 이로써 사용자들에게 무제한의 정보를 제공하는 인프라를 발전시켜서 소비자주권이라는 랠프 네이더의 비전을 구현하는 것이었다. 빌 클린턴은 1996년에 이렇게 선언했다. "모든 이가 자신의 삶을 최대한 실현하는 기회를 얻게 될 것입니다." 기술이 "미국인들을 해방시켜 하나로 뭉치게 할 것입니다."[68] 하지만 대기업 권력에 제동을 걸 수 있는 장치는 법안에 아무것도 없었다. 그저 시장 자체가 그러한 제한을 가할 능력이 있다는 눈먼 맹신뿐이었다. 그리고 필요하다면 연방통신위원회가 나설 것이며, 또 의회가 민간 부문에 공공의 의지를 강제할 새로운 권한을 연방통신위원회에 부여할 것이라는 맹목적인 믿음뿐이었다.[69]

1996년 원거리통신법에는 또 한 가지 중요한 내용이 있었다. 이제 원거리통신 네트워크를 통제하는 대기업들은 독립적 사용자나 광고주가 만든 도메인들에 흘러 다니는 콘텐츠를 감시해야 할 의무에서 풀려나게 된 것이었다. 그 콘텐츠가 설령 혐오, 오류, 불온한 선동을 담는 것이라고 해도 마찬가지였다. 인터넷 제공자들은 이제 그러한 콘텐츠가 개인, 집단, 제도 및 기관에 입힐 손상에 대해 고소당하지 않을 폭넓은 특권을 얻게 된 것이다. 이는 원거리통신법의 509조로 후에 개정된 1934년 통신법의 230조로 통합된다.[70]

원거리통신을 개혁하는 입법 과정 전반에 걸쳐, 공화당이나 민주당의 영향력 있는 인물이 나서서 방송·케이블·위성 스펙트럼이 미국 국민들이 소유하는 공공재라거나 그것에 접근하려는 기업들은 공공시설로 간주해야 (그리고 규제해야) 옳다는 생각을 감히 제안하지도 못했다. 1990년대 상황에서 그런 주장을 했다가는—심지어 대중매체가 추구해야 할 가치로서 "공정성"을 제기하는 것조차—당시의 혁명적 잠재력을 전혀 받아들이지 못하는, 심각하게 퇴물이 된 꼰대로 찍힐 수밖에 없었다. 공화당 및 민주당 의원 대부분은 정부가 원거리통신 산업의 발전을 성공적으로 관리하는 일이 불가능하다고 믿고 있었다. 민간 부문의 힘을 풀어 주어야 하고, 경쟁을 강화해야 하며, 인터넷의 자유를 확산시킬 기회를 장려해야 한다는 것이었다. 이것이 제3의 물결의 본성이라고 이들은 믿었다. 결국 탈규제의 가치에 대한 신념, 아니 그것을 지상명령으로 받아들이는 신념이 헤게모니의 위치를 갖게 됐다.

노벨상을 수상한 경제학자이자 많은 저작을 내놓은 조지프 스티글리츠는 자신과 비슷한 생각을 가진 진보주의자들이 1990년대에 자유시장이라는 이념에 얼마나 마약처럼 취해 있었는지를 폭로하는 글을 쓴 바 있다. 그는 당시 경제자문위원회(Council of Economic Advisers)의 일원이자 위원장을 맡았을 뿐만 아니라 앨 고어가 이끄는 원거리통신 개혁 모임에도 참가하는 등 클린턴 정권에서 중요한 역할을 맡은 바 있었다. 그는 후에 이렇게 회고한다. 자신과 같은 민주당원들은 "아무 생각 없이 무조건 탈규제를 밀어붙이는 쪽으로 항상 올인했다. 이제 우리도 레이건이 시작한 자유시장의 전투에 뛰어들어 어떨 때에는 레이건 정부보다 더 멀리 밀고 나가기도 했다". 1961년 케네디 대통령은 냉전으로 분단된 베를린을 방문했을 때에 "'우리 모두 베를린 사람입니다'라는 정서를 천명했다". 스티글리츠는 분명히 밝힌다. "그로부터 30년 후, 우리는 모두 탈규제주의자들이 됐다. …… 우리 [스스로가] 탈규제의 언어를 채택함으로써 사실상 전투에서 항복한 셈이었다."[71] 이러한 항복, 즉 1990년대에 민주당의 진보주의자들마저 시장이라는 술에 흠뻑 취했던 사실은 곧 신자유주의가 지배적인 위치를 확보했고, 그 옹호자들이 모든 정치 행위자들로 하여금 자신의 이데올로기적 틀 안에서 놀도록 만들었다는 또 하나의 방증이었다.

클린턴과 고어는 원거리통신 개혁 법안에 서명하고 한 달 뒤 캘리포니아로 날아가서 실리콘밸리의 지도자들과 함께 자신들의 승리를 축하했다. 하이테크 기업들은 이 날을 "넷데이(Netday)"라고 칭했고, 캘리포니아주의 모든 공립학교에 기술자들을 보내어 케이블을 깔고 라우터를 설치하는 기회로 삼았다. 클린턴과 고어는 샌프란시스코만 동쪽에 위치한 소도시 콩코드(Concord)로 가서 "1일 기술자"가 되어 학교 교실의 천장 안으로 케이블 선을 까는 일을 도왔다(클린턴은 군복 차림의 작업 준비를 하고 학교에 도착했다). 말할 것도 없이 클린턴은 재선을 염두에 두고 있었다. 1996년의 후보 지명전이 이미 본격적으로 시작된 상태였으며, 클린턴 정권이 원거리통신법을 통하여 이쪽 산업을 위한 신념을 과시한 바 있으므로, 이제 민주

당은 실리콘밸리의 지지를 확보할 수 있게 됐다.[72]

클린턴은 그날 바로 하이테크산업 로비 세력의 지지를 성사시키고 매듭지으려고 하지는 않았다. 하지만 5개월 후 그는 다시 캘리포니아에 돌아와 하이테크 지도자들에게 자신이 캘리포니아주의 법률 개정안 211조를 반대하는 쪽에 지지를 보냈다고 말했다. 이 법률 개정안이 주민투표에서 통과될 경우, 투자자들은 부적절하게 자원을 낭비한 스타트업 기업들의 경영진과 이사진 들을 고소할 수 있었다. 1996년 시점에서 이 법률 개정안 211조의 패퇴는 원거리통신법의 통과 다음으로 실리콘밸리가 바라는 우선순위를 차지하는 문제였다. 그런데 클린턴이 이들의 손을 들어 주었던 것이다. 클린턴이 방문한 지 한 달도 채 되지 않아 하이테크산업 지도자들은 클린턴-고어 체제에 자신들이 만족하고 있음을 천명한다. 스티브 잡스는 이를 말로 잘 표현했다. "지난 4년간은 실리콘밸리가 겪었던 최상의 기간이었습니다."[73] 그 메시지는 분명했다. 실리콘밸리는 클린턴-고어 체제가 4년 더 계속되기를 원한다는 것이었다. 1996년 민주당 선거운동에 하이테크 쪽에서 내놓은 기부금의 액수가 하늘로 치솟았다. 클린턴은 11월에 승리를 거두었으며, 캘리포니아주의 법률 개정안 211조도 실패로 끝났다.

그러는 가운데 미디어산업에서의 인수합병은 가속도가 붙었다. 타임워너는 1996년에 TBS(Turner Broadcasting System)를 인수했고, 이를 통해 최초의 뉴스 전문 케이블방송인 CNN을 관리하게 됐다. 또한 두 독립영화 회사인 캐슬록엔터테인먼트(Castle Rock Entertainment)와 뉴라인시네마(New Line Cinema)도 인수했으며, 최초의 디지털 방식의 영화 채널인 HBO도 소유했다. 2000년에는 타임워너가 AOL과 합병했고, 2016년에는 이 거대한 괴수가 더 큰 괴물에게 잡아먹히는 일이 벌어졌다. 그것은 공공시설이라는 제약에서 풀려난 지 오래된 AT&T였다.

디즈니 또한 타임워너를 바짝 뒤쫓고 있었다. 클린턴이 1996년 원거리통신 개혁 법안에 서명한 지 불과 며칠 만에 디즈니는 캐피털시티즈/ABC(Capital Cities/ABC)와 합병했고, 이에 따라 최고의 스포츠 방송국 ESPN이 디즈니의 소유로 들어갔다. 놀이공원, 프로스포츠 팀들, 크루즈 여객선 노선들, 그 밖에 엔터테인먼트산업의 여러 부문도 디즈니라는 거대한 제국의 일부로 매일같이 사들여 왔다가 팔려 나가는 일이 일상이 됐다. 오랜 기간 미국의 가장 저명한 전기제품 제조업체인 제너럴일렉트릭까지도 NBC와 RCA를 인수하여 이 미디어산업의 땅따먹기에 뛰어들었다. 또 다른 거대 전기제품 회사인 웨스팅하우스(Westinghouse)는 1995년 CBS를 매입했고, 그 뒤 1999년 바이아컴(Viacom)과 합병했다. 1996년의 법안은 실제로 매체의 영향력과 돈을 좇는 대기업들에 거의 아무런 제약 없이 움직일 수 있는 기회를 조성해 주었던 것이다. 이것이 인터넷 시대에 탈규제라는 말이 갖는 의미였다.[74]

물론 합병만 벌어진 것은 아니었다. 스타트업들도 탈규제에서 중요한 초점이었고, 실제로 1996년과 2001년 사이에 실리콘밸리를 (그리고 월 스트리트를) 놀라게 한 스타트업들이 많이 있었다. 구글도 이 기간에 출현했고, 페이스북과 트위터도 그 뒤를 따랐다. 전 지구적인 사이버네틱 산업의 핵심 혁신기업들이 미국에 너무나 집중되어 나타났다. IT 혁명이 꽃피도록 해준 미국의 경제적·정치적 환경에는 **분명히** 특별한 것이 있었다. 하지만 그렇다고 해도 혁신과 경쟁이 결국은 기업합병과 독점체로 이어진다는 케케묵은 자본주의의 원리 또한 여전히 작동하고 있었다. 그리하여 구글 검색엔진의 놀라운 성공은 2016년에 결국 시장의 90퍼센트를 통제하는 상황으로 이어지게 됐다. 3억 명이 넘는 미국인이 단 한 기업, 그것도 규제를 받지 않는 미디어 대기업으로부터 정보를 얻는다는 것이 바람직한 것인가에 대해 거의 아무런 질문도 제기되지 않았던 것이다.[75] 1996년의 원거리통신법이 새로운 세대의 날강도 귀족들을 낳게 될 것이라는 키트먼의 예언은 정확했다. 또 다섯 미디어기업이 언젠가 전 세계를 지배하게 될 것이라는 제리 레빈의 예언 또한 크게 빗나가지 않았다. 클린턴 정부는 이 예언이 실현되는 것을 가능하게 했던 것이다.

월 스트리트 개혁

원거리통신의 족쇄를 풀자는 운동은 금융의 족쇄를 풀자는 운동과 손을 잡고 함께 벌어졌다. 그렇게 해야만 진정한 자유시장 자본주의를 달성할 수 있다는 것이었다. 클린턴 정권 기간 동안 이러한 족쇄 풀기 운동은 "금융 현대화"의 이름으로 진행됐다.[76] 미디어산업과 마찬가지로 금융산업 또한 양대 정당 모두 뉴딜 질서의 평온한 초기 시절에 수립된 낡아 빠진 규제 체제로 절뚝거리고 있다고 여겼다. 이 경우 관련법은 1933년의 글래스·스티걸법이었는데, 이는 1929년의 주식시장 대폭락을 촉발시켰던 거친 투기 및 거래가 재발하는 것을 막기 위해 월 스트리트에 규제 체제를 강제하는 내용을 담고 있었다.

글래스·스티걸법의 핵심은 상업은행업과 투자은행업을 분리하는 것이었다. 투자은행들은 사업을 확장하려는 대기업들의 채권인수, 신주발행, 증권 거래, 인수합병 진행 등의 업무를 맡아보게 되어 있었다. 이들은 소매은행업무 혹은 상업은행 업무, 즉 일반인들이 당좌예금과 저축예금 계좌를 만들고 주택담보대출을 받는 업무는 하지 못했다.

또한 투자은행들은 상업은행들의 경영권을 갖는 것도 명시적으로 금지됐으며, 대기업 투자와 채권인수 등을 위해 상업은행의 대출을 받는 것도 금지되어 있었다. 연방준비제도는 상업은행업을 규제할 권한을 가지고 있었으며, 연방예금보험공사가 세워져 상업은행 고객들의 예금을 보장해 주었다. 상업은행들은 특정한 주정부에서 허가장을 얻어야 했고, 다른 주에서는 영업이 금지됐으며, 이 규제로 인해 상업은행업 부문에서 기업 병합과 독점체 출현은 생겨날 수가 없었다. 게다가 상업은행들이 민간기업들의 증권에 투자할 시에 그 투자액은 지급준비금의

10퍼센트로 상한선이 정해져 있었다. 이들은 정부가 발행한 유가증권은 거래할 수 있었다. 이것들은 연방정부의 보증이 붙어 안전한 상품들로 여겨졌기 때문이다. 당좌예금 계좌에는 이자가 붙지 않았으며, 저축예금 계좌의 이자도 낮았다. 단기 화폐시장을 위한 자금은 존재하지 않았다.

1930년대에 글래스·스티걸법은 다른 규제 입법과 함께 미국 은행업에 신뢰를 가져다주었고, 안정적인 발판을 마련했다. 이 법안들은 뉴딜 질서가 존속했던 전 기간에 걸쳐 금융체제의 구조를 마련했다. 이 시대에는 경제를 추동하는 주도권을 제조업 대기업들—제너럴모터스, 포드, 유에스스틸(US Steel), 오하이오의 스탠더드오일[Standard Oil of Ohio, 훗날의 엑손(Exxon)], 듀폰(DuPont), 보잉(Boeing), 록히드마틴(Lockheed-Martin) 등—이 맡았고 은행은 그 뒷자리를 지켰을 뿐이었다. 물론 은행은 이 대기업들에 꼭 필요한 서비스를 제공했지만 경제의 칼자루를 쥔 쪽은 아니었다. 이 시절이 바로 "은행의 칼퇴근(banker's hours)"의 시대—10-4, 즉 주 5일 오전 열 시에서 오후 네 시까지의 신사적인 근무시간—였고, 대기업들의 주식상장과 채권인수 등의 업무를 맡은 다양한 월 스트리트 회사들 사이에 따뜻하고도 진심 어린 관계가 존재했던 시대였다. 주택담보대출의 원천이었던 저축은행업(savings and loan)에서 직장 생활을 지배하는 "알고리즘"은 대부분 10-4가 아니라 3-6-3이었다. 예금주들에게는 이자 3퍼센트를 주고, 그 예금을 기반으로 주택 구입자들에게 6퍼센트로 대출을 해 주

고, 오후 세 시에는 골프장에 도착한다는 의미였다. 참으로 안락하고도 비교적 여유로운 삶이었다.[77]

하지만 1970년대가 되면 원거리통신업과 마찬가지로 여기에서도 이러한 규제 체제에 대한 불만이 침투한다. 금융 탈규제의 개혁이 처음으로 큰 성공을 거둔 것은 연금업에서였다. 사실 연금업 자체가 뉴딜 질서의 부산물이었으니, 노조가 고용주들로 하여금 직원들이 퇴직한 이후에 나누어 줄 돈을 따로 비축하도록 강제한 결과로 생겨난 산업이었다. 성공적인 노조들이 이러한 연금 계획을 갈수록 더 많은 산업부문에서 강제하는 일이 확산되었을 뿐만 아니라, 노조가 없는 사업장의 고용주들은 노조 설립을 미연에 막기 위해 자발적으로 노동자들에게 노조가 있는 사업장 수준의 연금 계획을 제공해 주었다. 그 결과 투자가 가능한 거대한 자금이 조성됐다.

그러자 상업은행과 투자은행을 가리지 않고 갈수록 더 많은 은행이 이 거대한 자금에 손을 대고자 했으며, 그 과정에서 금융의 탈규제를 요구하는 압력이 높아졌다. 그리고 1970년대에 또 한 가지 결정적인 변화가 일어났으니, 고용주들이 의회에 압력을 넣어 "확정급여형" 퇴직연금을 "확정기여형" 퇴직연금으로 대체하는 법을 통과시킨 것이었다. 전자는 모든 직원에게 퇴직한 직후부터 매달 일정한 액수를 죽을 때까지 지급하도록 되어 있었다. 그런데 후자는 내용이 전혀 달랐다. 직원들 개인마다 개인퇴직계좌(Individual Retirement Account, IRA)를 두게 하고 매달 월급과 함께 그 계좌에 얼마씩 추가금을 넣어 주는 것이었다. 그리하여 직원이 퇴직하면 그 추가금이 그의 연금으로 작용하는 것이다. 퇴직자는 사망하거나 기금이 소진될 때까지 매년 생활비로 최소액을 인출하도록 의무화되어 있었다. 고용주들 입장에서는 확정급여형보다 확정기여형을 훨씬 더 선호했다. 전자의 경우 고용주들이 매달 지불해야 할 퇴직연금이 20년에서 30년 혹은 40년까지도 계속될 수 있지만, 후자의 경우에는 연금 수령자들이 자기들의 자금으로 살아가도록 되어 있기 때문이었다.

이러한 1970년대의 여러 변화로 인해 미국의 무수한 노동자는 개인퇴직계좌 자금을 비축하기 시작했다. 이러한 자금의 크기는 수백만에서 수십억으로 또 수조로 비약적으로 증가했다. 상업은행도 투자은행도 이 거대한 투자자금 금고에 군침을 흘렸으며, 이에 글래스·스티걸법을 때려치우자는 목소리가 거세지기 시작했다. 레이건 정부는 앞에서 보았듯이 상업은행업의 일부(저축은행업 부문)를 그 이전의 제약에서 해방시켜 이러한 함성에 호응했다. 그런데 연방예금보험을 제거하지 않은 상태에서 그렇게 했던 게 문제였다. 1930년대에 연방정부는 은행이 붕괴할 경우 모든 개인 예금자를 구제해 주도록 되어 있었던 것이다. 저축은행들은 일이 잘못되어도 연방정부가 구제해 줄 것을 알고 있었기에 과도하게 위험한 투자를 행했고, 이것이 1987년과 1988년 사이에 일어난 금융 붕괴의 한 원인이 된다.

하지만 이는 일시적인 후퇴였을 뿐, 이것으로 금융 탈규제의 운동이 종식된 것은 전혀 아니었다. IT 혁명으로 인해 금융 탈규제 운동을 재개해야 한다고 확신하게 된 이들이 다수였다. 이러한 기술적 전환은 리스크와 보상의 관계를 근본적으로 바꾸어 놓았다고 여겼기 때문이었다. (저축은행업이나 하는 "아마추어들"이 아닌) 고도로 훈련된 금융 전문가들은 이전에는 전혀 불가능했던 새로운 방식으로 리스크를 관리할 수 있는 능력을 얻게 됐다는 주장이 횡행했다. 컴퓨터들이 순식간에 완전한 정보를 제공했으므로 완벽한 시장이라는 것도 인간이 달성할 수 있는 범위로 들어오게 됐다고 여겼다. 새로운 정보기술 덕분에 리스크를 줄일 수 있고 심지어 제거할 수도 있게 됐고, 경기순환의 고점과 저점을 부드럽게 만드는 것도 가능해졌다고 생각했다. 따라서 현존하는 정부 규제 대부분은 불필요하거나 심지어 경제성장에 장애물이 될 뿐이라는 것이었다. 정부가 그냥 손을 떼고 사라져 주는 게 최상이라고 시장 전도사들은 주장했다. 글래스·스티걸법은 20세기 전반에는 민주당 정치의 필수적인 일부였지만 이제는 더 이상 필요가 없다는 것이었다. 사실 이 법은 이제 경제성장을 장려하는 게 아니라 방해하는 역할이 더 커졌다고 한다. 은행업의 "현대화"는 바람직한 일일 뿐만 아니라 반드시 필요한 일이라는 것이었다. 그리하여 금융공학이라는 새로운 학과가 미국 최고의 대학에서 가장 뛰어난 학생 다수를 끌어가기도 했다. 1990년대가 되면 이 학생들이 월 스트리트에 넘쳐 나면서 한편으로는 복잡한 금융 도구들을 설계하는 도전으로, 또 다른 한편으로는 거액의 연봉을 받는 기회로 신나는 나날을 보냈다.[78] 이런 힘들이 합쳐져서 많은 학자가 경제의 "금융화"라고 이름 붙인 현상을 낳았으니, 투자 기관들과 중개 기업들의 크기, 자산, 권력이 엄청나게 커지면서 자본 생성, 혁신, 이윤의 주된 추동력으로 여겨지게 된 것이었다.[79]

그런데 이곳의 개혁 플랜은 원거리통신의 경우보다 좀 더 느리게 진행됐다. 극복해야 할 저항이 더 많았으며 게다가 1980년대에는 저축은행업 사태까지 겹쳐져서 힘든 일들이 많았다. 클린턴은 상업은행과 투자은행을 분리하는 글래스·스티걸법을 철폐하도록 하는 그램·리치(Gramm-Leach)법안에 서명했다. 미디어 회사들이 시장의 전역을 맘껏 누비면서 경쟁할 수 있게 된 것처럼, 이제 모든 은행은 금융시장 전체를 뛰어다니면서 자유롭게 경쟁할 수 있게 된 것이다. 한때 뉴딜 질서를 떠받치는 필수불가결의 규제 기둥으로 여겼던 것이 또 하나, 그것도 민주당 정권의 대통령 손에서 뽑혀 나간 것이다. 주식시장이 계속 치솟는 가운데, 글래스·스티걸법의 철폐야말로 클린턴의 "내일로 가는 다리"를 건설하는 또 하나의 이정표라고 널리 환영받았다.[80]

원거리통신 개혁과 금융 현대화를 통해 서해안 지역의 실리콘밸리와 샌프란시스코가 동해안 지역의 월 스트리트 및 뉴욕과 한데 묶였다. 양쪽 해안 모두, 두 산업 모두, 두 거대도시 모두가 클린턴이 다시 정비한 민주당의 필수적 일부로 통합됐다. 하지만 미국이 21세기를 성공적으로 진입하는 것은 단지 서해안과 동해안의 엘리트들을 한데 엮는 것만으로 되는 일이 아니었다. 이는 또한 미국이 국제 무대에서 지속적으로 우월한 위치를 유지하는 것에 달려 있었다. 1990년대에 전 세계에 걸쳐 벌어졌던 일들이 미국의 힘을 더 강화시켜 주었다. 미국 경제학과 경제사상의 명성을 높여 준 것은 소련의 붕괴만이 아니었다. 1980년대에 마거릿 대처가 영국 수상이 되면서 미국이 했던 것보다 더욱 단호한 탈규제 프로젝트를 영국에서 추진했던 것 또한 중요한 계기였다. 1990년대에는 노동당 지도자 토니 블레어(Tony Blair)가 수상이 되지만, 그 또한 레이건이 시작했던 혁명을 클린턴이 계속 수행해 나갔던 것과 마찬가지로 탈규제 프로젝트를 계속 지지했다.[81]

한편 독일 수상 헬무트 콜(Helmut Kohl)은 먼저 독일을, 그 다음에는 유럽을 통일해 나갔으며, 그것도 미국이 만족할 만한 조건으로 이루어 냈다. 유럽연합(European Union, EU)은 회원국들이 통제하는 영토 전역에 재화, 서비스, 사람, 자본이 자유롭게 이동하는 것을 허용하는 단일시장으로 1993년에 출현했다. 이것이 확립된 것은 탈규제를 추진하는 운동에서 한 가지 큰 성과라고 해석할 수 있다. 또한 유럽연합은 1999년까지 단일의 통화 연합을 이룬다는 계획을 1990년대 초에 수립했고, 통화 연합이 이루어진 뒤에는 유럽연합 회원국 다수를 하나로 묶는 단일 통화 유로의 창설을 계획했다. 독일의 강력한 주장에 따라서 이러한 통화의 통일을 지지하기 위해 재정 기율이 의무화됐다. 회원국 정부는 예산의 균형을 맞추어야 하며, 회원국들에 대한 대출은 그 나라들이 갚을 수 있을 것이라고 합리적으로 예상되는 한도 내로 제한되어야 한다는 것이었다. 이러한 원칙들은 로버트 루빈이 미국 내에서 1993년에 이룬 예산 협정에 나오는 내용일 뿐만 아니라 훗날 세계무역기구와 국제통화기금의 정책들로 표출되는 이른바 워싱턴컨센서스의 내용과도 수렴하는 것이었다. 미국은 자신의 신자유주의 혁명에 유럽도 끌어들여 견인하고 있다고 주장할 수 있게 된 셈이었다. 콜 수상은 “유럽 합중국(United States of Europe)”이 태어날 날을 생각하면서 이를 그대로 말로 표현한 적도 있었다. 1990년대의 미국 공화국을 전범으로 삼아 시장의 자유와 기율을 지혜롭게 혼합하여 정치와 경제를 통합한다는 생각이었다.[82]

하지만 영국과 유럽연합에서 신자유주의가 진전하는 것은 또한 미국의 국제금융 지배력에 위협이 되는 것이기도 했다. 이미 대처 수상은 1986년에 영국의 은행업 규제를 철폐하여 지역적, 전국적 단위의 규제를 일소하면서 전 세계의 투자가들과 중개 기관들에 영국의 금융서비스에 갈수록 큰 매력을 느끼도록 했던바, 이는 당시 미국에서 이루어지고 있었던 탈규제의 수준을 훌쩍 넘는 것이었다. 유럽과 미국의 은행들이 영국에 지점을 세우려고 달려들었고, 런던은 빠른 속도의 혁신적 금융거래를 위한 최고의 장소로서 뉴욕의 자리를 위협하게 됐다. 1997년 블레어가 이끄는 노동당이 권력을 되찾았을 때에도 이러한 경향을 더욱 가속화시켰다. 아홉 개에 달했던 규제 기관들을 하나로 축소하고 그나마 “영국의 경쟁적 위치”에 손상이 갈 만한 짓은 아무것도 하지 말라는 훈령까지 내려 영국의 규제 체제를 더욱 속 빈 강정으로 만들었다.[83] 또한 콜 수상이 분단된 독일을 다시 통일하여 유럽의 무시무시한 경제대국으로 전환시키면서 미국의 우위에 위협을 가했다. 이제 프랑크푸르트는 자체적으로 세계적 금융허브로 떠올랐고, 그곳의 은행들은 런던과 뉴욕에 가서 자기들 자금을 홍수처럼 풀어놓으면서 힘과 위세를 보란 듯이 과시했다. 뉴욕주 상원의원 찰스 슈머(Charles Schumer) 같은 이들도 런던과 프랑크푸르트와의 경쟁을 의식해 루스벨트 대통령의 금융 규제를 없애려 했다. 신자유주의는 누구도 막지 못할 힘이었다. 클린턴과 슈머 등 금융 탈규제 주창자들로 민주당은 신경제 엘리트들의 품에 안기게 되었다.[84]

1997년, 클린턴 정권의 노동부 장관 자리를 막 사임한 로버트 라이시는 이러한 금융의 득세가 어떠한 정치적 함의를 갖는지에 날카로운 질문을 던진다. 그는 1995년 말 클린턴의 백악관에서 열렸던 멕시코의 세디요(Zedillo) 대통령 환영 오찬을 상세하게 묘사한 뒤, 본래 국가 정상의 환영 오찬에 초대되는 손님들이 "외교관, 예술가, 노벨상 수상자 들"이었던 옛날과 비교했다. 이제는 그 자리를 "월 스트리트 은행가와 세계적인 대기업경영자 들"이 차지해 버렸다는 것이다. 국가 정상들은 이제 큰돈을 가진 이들이면 아무한테나 달라붙어서 자기 나라를 팔지 못해 안달이 난 "떠돌이 세일즈맨"이 되어 버렸다는 것이다. "지구적 자금이 새로운 군주"가 되었다고 그는 나직하게 읊조린다.[85] 이제 갈수록 각국 중앙은행과 그들이 주재하는 민간 금융기관들의 방대한 네트워크가 전 세계를 지배하는 것으로 보였다.

신자유주의 시대의 문화와 정치적 반대

클린턴과 라이시는 옥스퍼드대학교에서 로즈장학생으로 지내던 당시부터 좋은 친구 사이였지만, 라이시가 노동부 장관직을 수행할 때에는 그다지 행복한 기간이 아니었다. 그가 당시를 회상하며 쓴 비망록 『캐비닛에 갇혀서(Locked in the Cabinet)』를 읽어 보면, 이 재능 있고 혁신적이면서도 원칙을 고수하는 전통적 민주당원인 라이시가 경제문제들에서 루빈, 벤슨, 패네타, 그리고 말할 것도 없이 절대 권위의 재상 앨런 그린스펀 등에 의해 계속해서 밀려나는 쓰라린 경험의 기록을 읽을 수 있다. 이들은 모두 클린턴 정권에서 라이시에게는 허용되지 않았던 방식으로 으뜸가는 정책입안자들의 역할을 맡았던 것이다. 라이시는 연방준비제도이사회에 있는 그린스펀의 개인 응접실에서 그린스펀과 일대일로 점심 식사를 하도록 소환되었던 이야기를 풀어놓는다. 라이시가 묘사하는 그 분위기는 자랑스러운 민주공화국의 동등한 두 공직자가 함께 마주 앉아 식사를 하는 자리라기보다는 신하가 임금님을 알현하는 장면에 더욱 가깝다.[86]

라이시가 노동부 장관이었다는 것도 불리함을 더했다. 국무부 장관이나 재무부 장관과 같은 명예가 전혀 주어지지 않는 자리였으므로. 게다가 그의 관할 영역에서 주된 세력이라 할 노동운동이 쇠퇴하면서 어지러운 상태였다는 것도 불리하게 작용했다. 라이시는 초기에 노동계 지도자들과 만나기 위해 노력을 기울였지만 실패했다. 라이시의 부친은 상점 주인이었으며 루스벨트와 뉴딜이 세금만 올리고 사회복지를 잔뜩 늘려 놓은 데다가 노조만 키워 주었다고 해서 혐오했던 사람이었다. 라이시는 학계의 슈퍼스타였으며, 그가 집을 떠난 이후에 접한 여러 대학과 공공정책 싱크 탱크 등의 세상에서도 노조란 협소한 시야에다가 자기들 몫을 지키는 데에만 혈안이 된 세력으로 의심하는 관점이 지배적이었다. 라이시도 지구적 자유무역을 주장했던 초기 인물 가운데 하나였다. 그는 노동자들에게 외국과의 경쟁에서 버텨 낼 수 없는 일자리를 지켜 줄 것이 아니라 교육과 재훈련을 제공하여 도움을 주고자 했다. 미국의 노동력은 지구적 경제의 지상명령에 적응해 나가야만 한다는 것이 그의 오랜 주장이었다.[87]

하지만 라이시는 학습이 빠른 사람이었다. 그는 노동계 지도자들과 만나면서 곧 교육과 훈련이 다가 아니라는 것을 깨닫게 된다. 노동자들은 파업의 권리를 보장받아야 하며, 그 권리가 만족스럽게 보호받으려면 파업에 참가한 노동자들이 그것 때문에 해고될 것이라는 걱정을 하지 않을 수 있어야 했다. 그런데 북미자유무역협정이 체결되면서 노동자들 사이에 이러한 걱정이 크게 늘어났다. 라이시는 클린턴에게 고용주들이 노동자들을 파업 관련으로 해고하는 행위를 금지화하는 법안을 지지해 달라고 간청했다. 이에 클린턴도 입장을 선회했지만, 그래도 그 법이 의회를 통과하기에는 충분하지 않았다.[88]

라이시가 제안했던 조치들은 아주 온건한 것들이었으며, 노동의 조직화와 관련된 법안들을 전면적으로 개혁할 때에 고용주들에게 요구되었을 것에 비하면 훨씬 미치지 못하는 것들이었다. 그러한 법률 개혁을 꾀하는 중요한 법률 패키지가 지미 카터 정부 시절에 나왔지만 패배로 끝났으며, 클린턴 정부 시절에도 전혀 소생하지 못했고 라이시 본인도 이를 되살리지 못했다. 클린턴이 이끄는 민주당은 갈수록 월 스트리트와 실리콘 밸리 쪽으로 얼굴을 돌리면서 1930년대와 1940년대에 민주당을 권좌로 올려 주었던 노동운동을 외면했던 것이다.[89]

하지만 라이시는 저항활동을 포기하지 않았다. 이제 그는 노동과는 다르지만 한편으로 이와 관련된 명분을 잡아 새로운 거점으로 삼는다. 신자유주의 시대에 미국의 특징이 되어 버린 부자와 가난한 이들 사이의 권력 불평등의 심화를 해소한다는 것이었다. 클린턴은 깅그리치가 이끄는 공화당과 또 하나의 초당적 협력을 이루어 이미 1994년에 복지 수급자의 폭을 줄이고, 개인이든 가족이든 복지를 받을 수 있는 햇수를 제한하고, 가난한 이들을 복지 수급에서 노동시장으로 옮겨 가게 하는 좀 더 효과적인 메커니즘들을 개발하는 법안을 설계하고 있었다. 이러한 초당적 협력의 결과로 1996년에 개인책임및노동기회조정법(Personal Responsibility and Work Opportunity Reconciliation Act)이 나오게 되었으니, 이는 뉴딜 질서의 원리에 타격을 가하는 또 하나의 입법이었다.[90]

라이시는 이 법안의 초안을 마련하는 작업에도 또 그것을 둘러싼 협상 과정에도 깊이 관여하지 않았지만, 이렇게 복지 이슈가 불거진 틈을 타서 고통 분담의 형평성을 이야기할 기회로 십분 활용했다. 만약 가난한 이들에게 그들이 받는 복지를 포기하도록 요청한다면, 대기업에도 똑같은 것을 요구해야 하지 않느냐는 게 그의 주장이었다. 그는 1994년 말에 열린 민주당지도자협의회의 연설에서 이렇게 말했다. "불리한 위치에 처한 이들을 복지 수급에서 노동시장으로 옮겨 갈 수 있게 하는 것이 우리의 신념이라면, 대기업이 받는 복지 또한 타깃으로 삼아 거기에서 절약한 돈으로 모든 미국인이 더 나은 일자리를 갖도록 도와야 하지 않을까요?"[91] 라이시는 이 두 문장의 어조를 상당히 조절했기에 전투적인 언사로 보지는 않았지만, 막상 다음 날 미국의 전국 매체에서는 일종의 전투 신호처럼 인용한 기사들로 폭탄이 터졌다. 대기업 지도자들은 짜증이 치밀어 올랐다. 전미제조업협회의 회장은 TV 토론 프로그램인 〈크로스파이어(Crossfire)〉의 진행자인 마이클 킹즐리(Michael Kingsley)에게 으르렁거리며 소리를 질렀다. "대기업들이 복지 수급을 노리고 애들이나 낳아 젖히는 엄마들(welfare mothers)인 줄 아시나 본데, 장관이라는 사람이 그딴 식으로 미국의 기업들을 비판할 권리는 없소." 그다음 두 주에 걸쳐서 라이시는 이 발언 때문에 루빈, 벤슨, 패네타라는 권력 삼인방에게 반복해서 질책을 당해야만 했다.[92]

그런데 라이시는 클린턴 대통령으로부터 오히려 긍정적인 반응을 얻었고, 대통령은 노동부 장관에게 그 방향으로 계속 나가 보라고 권장했다. 라이시는 "대기업 복지"라는 부정적인 구절 대신 "대기업 책임"이라는 긍정적인 언사로 바꾸었다. 라이시는 이 후자를 슬로건으로 외치면서 대기업들이 주주들뿐만 아니라 직원들, 나아가 공장이 자리한 공동체 마을들에도 책임을 다할 것을 요청했다. 그는 1996년 초 당시 인기가 높았던 심야 TV 뉴스쇼 〈나이트라인(Nightline)〉에서 "대기업 책임"이라는 말을 내놓았지만, 또다시 호된 질책을 당할 뿐이었다. 이번에는 루빈이 단독으로 나서서 질책을 쏟아 놓았다. 라이시는 그 대화가 표면적으로는 온화했고 루빈이 언성을 올리는 일도 거의 없었다고 했다. 하지만 루빈이 구사하는 말들은 험악했다. 그는 라이시가 "계급 전쟁"에 불을 지를 "선동적인" 언사를 사용했으며, 이로써 월 스트리트를 민주당 쪽으로 끌어오려는 클린턴의 노력에 찬물을 끼얹었다고 했다.[93]

이번에는 클린턴이 라이시를 구출해 주지 않았다. 당시 월 스트리트의 지지를 얻기 위한 클린턴의 노력은 강도를 높여 가고 있었다. 게다가 그는 얼마 전에 원거리통신법에 서명을 했던 상황이었다. 이제 막 캘리포니아로 떠나 실리콘밸리를 자신의 1996년 대통령선거 운동에 합류시킬 참이었다. 그러니 정부의 각료인 라이시가 대기업 책임 운동을 이끌도록 내버려둘 수는 없는 일이었다. 클린턴은 자신의 오랜 친구를 해고하지는 않았다. 하지만 그다음 6개월 동안 라이시는 클린턴 정부 내에서 자기가 원하는 정치가 전혀 이루어질 가능성이 없다는 것을 알게 됐다. 클린턴이 11월에 재선에 성공한 직후 라이시는 대통령에게 자신의 사임 결정을 알렸다. 클린턴 정부의 또 다른 좌파 인

사인 조지프 스티글리츠도 그 직후에 사임했다.[94]

대기업 복지의 이슈는 계속 논란을 일으켰다. 랠프 네이더는 이 문제를 자신의 단골 주제 중 하나로 삼았다. 1999년 의회 청문회에 출석한 네이더는 연방정부가 대기업들에 얼마나 다양하고 광범위한 수당들을 내주고 있는지에 대해 아찔할 정도의 길고 자세한 보고서를 내놓았다.[95] 하지만 네이더 또한 진전을 보지는 못했다. 그는 클린턴과 클린턴이 그 자신의 후임자로 기름을 부은 앨 고어에, 그리고 그 두 사람이 건설한 신자유주의 질서에 좌절과 분노를 느꼈고, 이 때문에 네이더는 2000년 대통령 선거에서 제3후보로 출마하기로 결정하게 된다. 그때 네이더가 가져간 표가 선거에서 고어가 패배하게 된 요인으로 작용했다.

공화당원들은 클린턴을 혐오했다. 클린턴이 민주당의 아이젠하워가 되어 신자유주의 질서의 승리를 공고히 하기 위해 그렇게 많은 일을 이루었음에도 불구하고 그러한 혐오는 변함이 없었다. 부분적으로 그들의 증오는 여러 번의 경합에서 클린턴에게 패배했다는 좌절감을 반영한 것에 불과했다. 공화당의 시각에서 보면 1990년대는 공화당의 정치적 승리로 수놓일 10년이었던 것이다. 따지고 보면 레이건의 정당이야말로 소련의 무릎을 꿇리고 그 해체 작업까지 감독했던 정당이 아닌가. 이러한 승리를 거둔 정당에게 응분의 보상이 돌아가야 옳지 않은가. 하지만 공화당원들의 입장에서는 1990년대에 들어서 모든 것이 삐딱하게 돌아가기 시작했다. 첫째, 트럼프의 원조라고 할 만한 로스 페로가 1992년 대선에서 우익 포퓰리즘을 들고 나와 놀라울 정도의 성공을 거두면서 조지 H. W. 부시의 재선이 실패했고, 아칸소주의 주지사랍시고 이름도 들어 보지 못한 민주당의 한 인물이 언감생심 백악관에 입성하는 사태가 벌어졌다. 공화당이 1992년 대선 패배에서 회복하여 1994년 총선에서 클린턴과 그 불같은 페미니스트 부인에게 대패를 안겨 주었더니, 이 교활한 아칸소 놈이 본래 공화당의 것인 탈규제라는 (그리고 균형예산이라는) 프로그램을 훔쳐 가서는 그걸 신나게 휘둘러 대면서 1996년의 대통령선거에서 재선까지 이루어 냈다. 그러자 공화당 정권이 대법원판사 자리에 앉혀 준 샌드라 데이 오코너(Sandra Day O'Connor)와 데이비드 수터(David Souter) 같은 판사들까지 말을 안 듣고 1980년대에 이미 미즈와 여타 레이건 선동가들이 내놓은 헌법 원전주의 비전에 미적지근한 태도를 보이기 시작했다. 그래서 본래 공화당 승리의 기간이 되어야 마땅한 10년이 끝날 줄 모르는 공화당 악몽의 10년이 되었다는 것이었다.

게다가 클린턴은 이러한 쓰라린 상처에 염장을 지르기나 하듯, 신자유주의 질서라는 것이 다양한 인종, 종교, 신념의 다문화주의 공화국과 얼마든지 양립이 가능하다는 것을 보여 주기까지 했다. 1970년대와 1980년대의 다문화주의는 미국 사회에서 인종주의를 뿌리 뽑는 것이 불가능하다고 고집하는 급진적인 신념이었지만, 클린턴의 손에서 다문화주의는 전혀 다른 것으로 바뀌게 됐다. 이제는 다문화주의가 인종 간의 화해와 미국에 대한 애국심의 메시지가 된 것이다. 다양성이야말로 미국적인 정신의 본질이라고 높게 상찬받게 됐다. 클린턴은 자기가 만들어 낸 버전의 다문화주의 신념이라면 국경 없는 세계라는 신자유주의의 비전과 완벽하게 맞아떨어질 것이라는 점을 파악했다. 즉 여러 다른 나라의 여러 민족이 자유롭게 서로 섞이면서 모두가 자신이 타고난 인종, 종교, 국적의 위계질서와 완전히 무관하게 하나가 되는 세상이라는 것이었다. 클린턴이 볼 때 다문화주의란 세계시민주의와 동의어이며, 인종, 민족, 종교, 국적 등 다양한 분리의 선을 넘어 재화뿐만 아니라 문화도 왕성하게 교류되는 것을 높이 찬양하는 생활 방식이었다.[96] 클린턴은 세계시민주의를 국제 무대에서도 내세웠고, 화해가 도저히 불가능할 정도로 다른 집단이라고 여겼던 오랜 적대세력들(북아일랜드의 개신교도들과 가톨릭 신자들, 중동의 유태인들과 아랍인들)을 한자리에 모으기도 했다.[97]

클린턴은 미국 안에서도 이러한 삶의 방식을 높게 찬양했다. 다양성과 거기에서 생겨나는 혼종성이 이 나라를 더욱 강하게 해 준다고 확신했던 것이다. 따라서 IT 혁명의 중심지인 캘리포니아가 이러한 세계시민주의를 이끄는 조종석이 됐던 것도 놀라운 일이 아니었다. 클린턴은 2000년 연두교서에서 미국에서 가장 인구가 많은 캘리포니아주가 미국을 다문화주의의 미래로 이끌어 줄 것이라고 치켜세웠다. "10년, 불과 10년 안에 우리의 가장 큰 주인 캘리포니아에서는 다수 인종이라는 것이 없어질 것입니다. 그리고 50년 조금 넘게 기다리면 미국 전체에 다수 인종이라는 것이 사라지게 될 것입니다." 클린턴은 이러한 발전이야말로 미국에 최상의 이익이라고 높게 찬양했다. "더욱이 서로 연결된 세계에서 우리의 이러한 다양성이야말로 최대의 강점이 될 것입니다. 이 방을 한번 둘러보십시오. 우리 의회는 사실상 모든 종교, 모든 민족, 모든 인종 출신의 사람들로 이루어져 있습니다. 그리고 저는 미국이 강한 나라인 것이 바로 이것 때문이라는 제 생각에 여러분도 동의하실 것이라고 믿습니다."[98]

세계적인 도시들은 바로 이러한 다양성과 그것을 길러 내는 세계적인 신자유주의 네트워크들이 자연스럽게 깃드는 집이라고 할 수 있다. 캘리포니아에는 사방으로 퍼져 나간 그런 거대도시가 두 개나 있다. 샌프란시스코는 남쪽으로 실리콘밸리와 새너제이(San Jose)까지 그리고 북쪽으로는 버클리와 머린 카운티(Marin County)까지 펼쳐져 있으며, 로스앤젤레스는 무수한 경제의 촉수들과 세계시민주의적 문화를 캘리포니아 남부 전체에 뻗치고 있다. 이 도시들은 미국 전역으로는 시애틀, 시카고, 보스턴, 뉴욕, 마이애미, 애틀랜타, 휴스턴 등과 긴밀히 연결되어 있으며, 국제적으로는 런던, 파리, 프랑크푸르트, 홍콩, 싱가포르, 뭄바이, 토론토 등과 연결되어 있다. 이 도시들은 여러 문화의 꽃가루가 서로 접합되는 예외적인 장소로서, 여기에서 생기를 얻어 삶을 즐기고 높은 소득도 올리고자 전 세계에서 모여든 사람들로 붐비는 장소로 매력을 뽐내고 있었다. 이러한 장소들에서는 문화, 정체성, 규범적 성 따위의 주요한 제약 요소들을 간단히 무시할 수가 있었다. 정체성 정치는 떠오르고 있던 신자유주의 질서의 도시적 도덕 규율과 얼마든지 양립이 가능하다는 것이 입증됐고, 나아가 그러한 도덕적 분위기에서 양분을 흡수할 때가 많았다.

정체성 정치와 신자유주의를 연결시킨다고 해서 정체성 정치를 폄하하려는 것은 아니다. 정체성 정치는 개인의 자유, 나아가 심지어 해방에까지 이르는 깊은 열망을 구현하는 것이었다. 여기에서는 그저 신자유주의 질서의 긍정적 차원을 강조하고자 하는 것이며, 또 그 질서가 어떻게 그러한 열망을 지탱해 나갔는지를 이해하고자 하는 것이다. 미국 신자유주의의 양대 신경 중추인 실리콘밸리와 월 스트리트가 미국에서도 가장 문화적으로 리버럴한—문화적으로 급진적이라고까지도 할 수 있을 것이다—샌프란시스코와 뉴욕시에 둥지를 틀고 있다는 것은 결코 우연이 아니다.

이러한 번쩍거리는 세계시민주의의 메카들이 출현했던 것의 뒷면에는 어두운 측면도 있었다. 이 도시들에서 인구와 일자리가 크게 늘어나자 미국의 다른 지역, 특히 소도시들과 농촌 지역에서 인적자원과 물적자원이 빠져나갔던 것이다. 신자유주의 질서의 대표적인 특징이라 할 경제적 불평등에는 공간적 차원이 있었다. 일자리와 부는 거대도시들, 그리고 그 도시들을 이어 주는 세계시민주의의 회랑에 집중되는 반면, 그러한 거대도시들의 가장자리 너머에 거주하는 이들 다수는 갈수록 경제적 기회가 사라진다는 것이었다.[99]

이 불평등에는 인종적인 차원도 있었다. 1980년대에 공화당 정권에서 시작되었던바, 수백만에 달하는 미국의 흑인들을 도시 거리에서 쓸어 담아 대량으로 감옥에 집어넣는 일은 1990년대 클린턴 정권에서도 계속됐다. 클린턴은 범죄에 강경하게 대처하고 경찰 10만여 명을 추가적으로 거리에 내보낼 자금을 모았다는 것을 자랑스럽게 여기고 있었다. 그러는 가운데에 국방부에서는 이제 남아돌게 된 냉전시대의 군사 장비들을 아주 적은 비용 혹은 무료로 지역 경찰들에게 나누어 주어 경찰력의 군사화에 속도를 더했다. 또한 1990년대에는 도시의 경찰력이 1980년대 초 사회과학자 제임스 Q. 윌슨(James Q. Wilson)이 구체화한 이른바 "깨진 유리창" 이론을 받아들여 갈수록 현실에 적용해 나갔다. 이 이론에 따르면 기물 파손, 범죄적 배회, 지하철 무임승차 등의 가벼운 범법 행위도 중대한 범법 행위와 똑같이 심각하게 다루어야 한다고 했다. 작은 범죄라고 해서 처벌 없이 넘어가게 되면, 법을 가볍게 여기는 문화로 이어지고, 이것이 큰 범죄를 조장하게 된다는 것이었다.[100]

똑같은 철학이 마약과의 전쟁에 대한 접근법에도 적용됐다. 소량의 마약 소지도 형량이 갈수록 무거워져서 예전에 대량의 마약 소지와 거래에 떨어졌던 형량과 똑같이 됐다. 경찰은 "불심검문(stop and frisk)"을 발동하여 저인망과 같은 포위 수사망을 이루어 도시 전체를 샅샅이 훑어 낼 수 있는 허가장을 얻었으며, 이에 오만가지 "범죄자들"을 감옥으로 처넣었다. 예전에는 검사들이 초범이나 가벼운 범법자에게는 수감 기간을 줄이거나 그냥 훈방으로 내보내는 등 재량껏 가볍게 처리하는 일이

가능했지만, 양형 기준에 개혁이 단행되면서 이 또한 불가능해졌다. 이제는 일단 체포되면 바로 감옥으로 가는 일이 점점 많아졌고, 수감 시설들은 수감자로 꽉 차 마침내 미국은 절대적 숫자로나 상대적 숫자로나 지구상 어떤 나라보다 수감 인구가 많은 나라가 되고 말았다.[101]

이 범죄와의 전쟁 덕분에 도시들은 1970년대와 1980년대보다 더 안전해졌고, 젊은이들은 금융과 여러 창의적 산업으로 끌려갔으며, 그다음에는 계속 늘어나 번창하던 레스토랑 및 문화 지역들로 끌려가게 됐다. 도시지역의 부동산 가격도 하늘로 치솟았다.[102] 뉴욕시에서는 법과 질서를 강조하는 공화당의 루돌프 줄리아니(Rudolph Giuliani)가 1994년에서 2001년 사이에 시장이 되어 도시 전체를 지구적 금융과 세계시민주의의 중심지로 우뚝 서게 만들었다. 줄리아니는 시장이 되기 전에 뉴욕시의 강력한 뉴욕남부지검(Southern District)의 연방 검사였으며, 그는 여기에 재직하는 동안 월 스트리트의 사기꾼, 마피아 두목, 마약범죄자 들을 감옥으로 보내면서 미국 최고의 강력 검사로 명성을 쌓았던 인물이었다. 그는 시장으로 재직하는 동안 경찰총장 윌리엄 브래튼(William Bratton)과 함께 윌슨의 깨진 유리창 이론을 가장 열성적으로 실천에 옮기는 인물로 전국에 이름을 날렸다. 줄리아니가 검사와 경찰의 권력을 과도하게 강화했다는 비판도 높았지만, 동시에 그는 뉴욕시 주민들에게 가장 인기 있는 인물이기도 했기에 재임에 성공하게 된다.[103]

자유의 개념은 앞에서 보았듯이 19세기 고전적 자유주의자들의 상상력에서도, 또 20세기 신자유주의자들의 상상력에서도 질서의 개념과 긴밀히 결부되어 있었다. 이러한 연관성은 질서가 없다면 아무도 자유를 향유할 수 없다는 확신에서 비롯됐다. 이미 1930년대에 월터 리프먼이 말한 바 있듯이 자연은 시장의 작동을 보장하지 않는다. 시장을 구축하고 관리하고 다스리는 것은 인간의 법과 계약이다. 이렇게 질서의 중요성을 강조했던 자유주의자와 신자유주의자 들은 이미 오래전부터 시장경제의 엄격한 규칙을 견디는 데에 필요한 지성과 기율이 결여된 집단들을 잡아내곤 했다. 그리고 이렇게 확인된 집단들은 정치에서 배제되어야 하고, 권리에 제한을 두어야 하며, 최악의 경우에는 나라 안에 들어오지 못하도록 가두어 두거나 몰아내야 한다는 것이었다.

자유주의나 신자유주의의 역사를 보면 이렇게 질서에 대한 관심이 지나쳐서 자유의 추구 자체가 완전히 무너지는 순간들이 있었다. 1990년대는 그런 순간은 아니었다. 오히려 이 시기는 시장경제에 적합하지 않은 자들을 가두어 버려야 한다는 생각과 미국 경제와 국민들을 자유롭게 풀어놓아야 한다는 열망이 강력하고 긴밀하게 결부되어 공존했던 시기였다. 클린턴 정권 시기의 경제적·사회적 정책들에서는 질서와 자유의 모순이 특징적으로 드러났지만, 클린턴은 거기에 크게 구애받지 않았다. 이는 민주당이든 공화당이든 모두 마찬가지였으며, 대도시의 경제적 기회와 세계시민주의적 문화를 향유하기 위해 몰려든 젊은 전문직 종사자들도 마찬가지였다. 이 젊은 전문직 집단은 "여피족(Yuppies)"으로 불리게 (혹은 조롱당하게) 된다.[104] 1990년대는 신자유주의가 신나게 기세를 올리던 시기였으니, 미국의 젊은 흑인 남성들이 집단적으로 감옥으로 보내졌다는 사실은 그 시기에 놀라울 정도로 주목을 끌지 못했다.

그렇지만 집단 수감의 규모가 너무나 컸기에 신자유주의 질서 자체에 긴장감을 가져왔다. 모든 정치 질서는 내부에 여러 모순이 내장되어 있게 마련이며, 또한 여러 취약점을 안고 있기에 마땅히 관리해야만 한다. 신자유주의자들도 1990년대에 걸쳐 이 집단 수감의 문제를 "관리"했다. 하지만 어떤 모순을 관리하는 것은 그 모순을 해소하는 것과는 전혀 다른 것이다. 자유시장의 삶에서 배제되는 사람들의 숫자가 늘어나다 보면 그러한 시장 자유에 대한 찬양 또한 빛이 바래 아마도 정면으로 논박을 당하게 될 것이다. 그런데 그렇게 되지 않으려면 배제되는 사람들의 숫자는 어디까지 늘어나야 하는 것일까?

1990년대 내내 클린턴이 찬양하는 세계시민주의라는 것이 (그리고 그와 연관된 정체성 정치라는 것이) 미국 문화에 심각한 손상을 가져왔다는 주장이 끊이지 않았으며, 이 때문에 분통이 터졌던 것은 공화당뿐만 아니라 일부 민주당원들도 마찬가지였다. 공화당의 주요 신자유주의 세력은 무역과 자본의 자유로운 이동을 반겼던 것이지 사람들까지 자유롭게 이동하면서 섞이는 것을 바란 것은 아니었다. 따라서 클린턴의 다문화주의적 세계시민주의를 보면서 이들은 두려움을 느꼈다. 이러한 두려움은 클린턴이 복지 부정수급자들과 시시한 범죄자들을 때려잡으려고 노력한다고 해서 가라앉힐 수 있는 게 아니었다. 또 클린턴이 아무리 신빅토리아주의적 도덕을 표방한다고 해도 이들은 그것을 진심으로 보지 않았다. 자기책임과 자조라는 오래된 원칙을 되살리는 데에 정말로 믿을 수 있는 이들은 오직 공화당 정치가들뿐이라는 게 이들의 믿음이었다. 또한 이들이 볼 때에 미국은 항상 전통적인 사회적 위계 구조에 기반할 때에 위대함을 발휘할 수 있었거니와, 이러한 전통적 질서를 다시 수립하는 작업은 오로지 공화당 정치가들에게만 믿고 맡길 수 있다는 것이었다. 이들은 클린턴 부부를 대표적인 자유연애주의자들이고, 도덕적 상대주의자들이며, 미국 전체를 도덕적 파탄으로 몰고 간 뺏속들이 거짓말쟁이들이라고 묘사했다. 또한 이들은 클린턴 부부를 권좌에서 밀어내기 위해서라면 무슨 일이든 할 준비가 되어 있었다.[105]

클린턴의 대통령 재직 기간은 그가 연루된 여러 스캔들로(진짜든 가짜든) 얼룩지게 됐다. 제니퍼 플라워스, 폴라 존스(Paula Jones), 그 밖에 아칸소 주지사 시절부터 얽힌 여성들과의 추문, 클린턴 부부가 1980년대에 투자했다가 사달이 난 부동산 개발 사태[화이트워터(Whitewater) 사건으로 알려지게 된다], 경찰에서는 자살이라고 발표했지만 많은 공화당원이 클린턴 체제의 상부 명령이었다고 믿었던 대통령 비서관 빈스 포스터(Vince Foster)의 죽음, 백악관 인턴 모니카 르윈스키(Monica Lewinsky)와의 정사에 대해 클린턴이 거짓말을 했다가 미국 역사상 두 번째로 탄핵당한 대통령이 되었던 사건(이는 상원 재판에서 무죄로 끝난다) 등이 줄줄이 이어졌다. 이러한 추문들이 불거지고 그로 인해 지독한 적개심이 나타났던 탓에 많은 관찰자와 1990년대 연대기 작가들은 이 10년간을 문화전쟁이 지배하고 좌파와 우파의 깊은 양극화가 지배하던 기간이라고 보게 됐다. 물론 이 10년간 벌어졌던 문화전쟁은 현실이었고, 그로 인해 정말로 심각한 갈등들이 생겨났던 것도 사실이었다. 하지만 1990년대를 바라보는 초점을 여기에 맞추다 보면, 그 기간 동안 민주당과 공화당 모두가 정치경제 질서의 문제에서 이루었던 폭넓은 합의가 시야에서 사라지게 된다.[106]

이제는 양당 모두에서 다수가 신자유주의 질서를 지지하게 됐다. 비록 양당이 신봉하는 문화는 서로 대조되는 것—민주당원들은 세계시민주의, 공화당원들은 신빅토리아주의—이었지만, 어느 쪽이든 당시 막 떠오르고 있던 신자유주의적 정치경제 질서와 양립이 가능하다는 것이 분명했다. 민주당은 세계적 시장경제가 장려하는 다양성, 교류, 혼종성, 탄력적인 정체성 등을 찬양했다. 공화당은 시장에서의 삶이 요구하는 여러 유혹으로부터 절제와 엄격함을 다루기 위해서는 기율 있는 개인들을 창출하는 게 중요하다고 강조했다. 클린턴은 전자의 문화를 대표했고, 깅그리치는 후자의 문화를 대표했다. 물론 이들은 서로 적수였지만, 미국에서 신자유주의 질서가 승리의 개가를 올리도록 보장했다는 점에서는 협력자이기도 했다. 이러한 세계시민주의적 도덕 규율과 신빅토리아주의적 도덕 규율 사이의 모순은 장차 신자유주의 질서 자체를 약화시키고 그 존속마저 위태롭게 할지도 몰랐다. 하지만 최소한 1990년대에는 그런 것은 현실과 무관한 이야기였다.

문화전쟁은 한 정치체 내부로 사람들의 주의를 돌리게 만든다. 하지만 1990년대의 미국 정치를 움직였던 가장 중요한 사건은 아마도 내부적인 것이 아니라 공산주의와 소련의 몰락이라는 외부적인 사건이었다고 해야 할 것이다. 따라서 신자유주의 질서가 승리의 개가를 올리게 된 과정에 대한 우리의 이야기도 다시 원점으로 돌아가 소련의 개혁가 미하일 고르바초프가 촉발한 변화가 얼마나 큰 것이었는지에 대해 좀 더 살펴보는 것으로 마무리하겠다. 이 기간 동안에 일어난 중부 및 동부 유럽의 역사를 잠시만 다르게 상상해 보자. 고르바초프가 중국의 덩샤오핑처럼 좌파가 아니라 우파의 공산주의 개혁가에 가까운 사람이었다고 상상해 보자. 이 우파 버전의 고르바초프를 "다른 고르바초프"라고 부를 수 있을 것이다. 만약 이것이 사실이었다고 해도 1985년에는 글라스노스트와 페레스트로이카를 내세웠을 것이지만, 1989년과 1990년이 되어 민주주의에 계속 신념을 갖고 나아갔다가는 공산당의 권력이 무너지고 그다음엔 소련까지 해체될 것이라는 게 분명해졌을 때에는 분명히 글라스노스트만큼은 거부했을 것이다.

따라서 다른 고르바초프였다면 1990년과 1991년이 되면 덩샤오핑이 중국해서 했던 것처럼 권위주의적인 정치의 틀 안에서 자본주의를 발전시키는 쪽을 선택했을 것이다. 소련의 민주주의 저항 세력은 중국의 톈안먼 광장에서처럼 철저히 분쇄되었을 것이며, 소련도 무사히 유지되었을 것이다. 또한 소련은 동유럽의 식민지들도 계속 보유할 수 있었을 것이다. 그리고 다른 고르바초프는 독일의 통일을 용납하지도 않았을 것이며 당시 동독에 진주해 있던 젊은 푸틴 또한 이를 기쁘게 받아들였을 것이다. 러시아인들은 나치와의 전쟁에서 너무나 많은 피를 흘렸으므로, 언젠가 제4제국을 형성하는 디딤돌이 될 수도 있는 독일 통일 따위는 용납할 수 없는 일이었기 때문이다. 그래도 유럽연합은 진전을 보았겠지만, 서유럽에 국한되고 오직 독일의 서쪽 부분만 참여하게 되어 지구적 규모에서의 중요성으로 보면 훨씬 더 작은 사건이 되었을 것이다. 자본주의가 전 세계로 손을 뻗치는 것에도 전 세계 많은 곳에서 국제적인 반대가 훨씬 거세었을 것이다. 1990년대와 그 이후의 지구적 정치경제를 너무나 크게 규정했던 월 스트리트, 런던 금융가, 프랑크푸르트로 이어지는 기축 또한 그 힘이 훨씬 약했을 것이다. 신자유주의 혁명은 좀 더 천천히 진행되었을 것이며 또 그 과정에서 훨씬 더 큰 국내의 저항에 부닥쳤을 것이다. 공화당 세력은 수십 년에 걸친 공산주의와의 싸움에 발목이 잡혀 문화전쟁뿐만 아니라 냉전 또한 벌여야 했을 것이며, 클린턴도 민주당의 아이젠하워 노릇을 해야 할 압력을 훨씬 덜 느꼈을 것이다. 한마디로 전혀 다른 미래가 미국에 펼쳐졌을 것이다. 하지만 실제로 펼쳐진 미래의 중심에는 신자유주의 질서가 승승장구했으니, 이런 일이 가능했던 것은 무엇보다도 소련과 공산주의가 예기치 않게 갑자기 무너졌기 때문이었다. 그러한 사건의 결과는 오늘날까지도 계속 영향을 미치고 있다.

6장 —— 기고만장*

21세기에 들어선 뒤 미국에서는 큰 혼란이 줄지어 나타났다. 첫 번째는 극심한 갈등을 낳았을 뿐만 아니라 많은 미국인이 부정선거라고 믿었던 2000년의 대통령선거였다. 두 번째는 실제로 보고도 믿을 수 없었던 2001년 9월 11일의 테러 사건이었는데, 이로 인해 미국은 도저히 승리할 수 없는

* 원서의 6장 제목은 'hubris'이다. 이 말은 보통 '만용'이나 '교만' 등으로 옮겨지지만 그 말들로 다 담을 수 없는 복잡한 어감을 가지고 있다. 고대 그리스의 신화 세계에서 이 말은 '인간이 분수를 모르고 제 잘난 맛에 들떠서 신의 자리를 침범하는 오만'을 뜻하며, 그 결과 신들의 징벌로 비참한 최후를 맞이하게 되는 치명적 결과를 낳는다. 아킬레우스나 이카로스 같은 인물들이 그 전형적인 경우다. 클린턴 민주당 정권을 거쳐 탄탄히 자리를 잡은 신자유주의 질서가 부시 정권 기간에 함부로 과도한 짓들을 벌이다가 결국 몰락의 길로 들어가게 된다는 이야기를 담고 있는 제목이다. 고심 끝에 신중함과 절제를 잃고 과도하게 굴다가 몰락으로 간다는 어감을 담은 '기고만장'으로 옮겼다.

아프가니스탄, 이라크와의 두 전쟁으로 휘말려 들어간다. 세 번째는 2008년에 나타난 대공황 이후 최악의 경제 붕괴였다. 그리고 네 번째는 마찬가지로 2008년에 벌어진 대통령선거였으니 이때 미국 역사상 최초로 흑인 대통령이 탄생했다. 이 사건 하나하나가 10년의 세월을 규정짓다시피 할 만큼의 대사건들이었다. 이 사건들은 미국 전체를 근본부터 뒤집어 놓게 됐다. 그런 사건들이 계속 누적되면서 미국의 신자유주의 질서도 더 빠르게 해체될 수밖에 없었을 것이다. 하지만 2000년대의 10년간에는 이러한 해체가 선연하게 나타난 것은 전혀 아니었다. 신자유주의 질서는 강한 회복력을 보였으며, 클린턴 정권과 그 뒤를 이은 부시 및 오바마 정권은 강력한 연속성을 보여 주었다. 미국의 신자유주의 질서가 조용히 사라지는 일은 벌어지지 않았다.

이 10년의 시작은 상당히 순탄했다. 미국의 디지털 인프라가 위협에 처했다는 걱정—즉 미국의 IT시스템에 "Y2K" 버그가 있어서 1999년 12월 31일 자정이 되어 새천년이 열리는 순간 미국을 비롯해 전 세계의 모든 컴퓨터가 먹통이 될 것이라는 걱정—은 과장되고 빗나간 예언이 됐다. 모든 컴퓨터는 이전과 똑같이 작동했다.[1] 한편 대통령선거는 전혀 활력이 없었다. 민주당 후보였던 앨 고어는 별다른 특징 없이 그저 클린턴의 정책을 계승하려는 이로 보였으며, 공화당원이자 텍사스 주지사였던 조지 W. 부시는 예전 대통령의 귀공자 도련님일 뿐 무엇을 하려고 하는지도 불분명한 데다가 백악관에 도전할 만한 무언가를 이룬 인물도 아니라는 게 많은 이의 인식이었다. 양쪽 후보 모두 그다지 열띤 호응을 얻어 내지 못했다. 선거 당일의 투표 참가율은 유권자의 50퍼센트를 겨우 넘는 정도였다. 하지만 그 선거 당일 밤, 상상도 하기 힘든 대혼란이 터져 나왔다.

처음에는 미국의 방송사들이 고어 후보가 승리했다고 보도했지만, 그 뒤에 보도를 뒤집고 부시 후보의 승리를 선언했다. 그러고 나서 또다시 그들은 보도를 번복하여 양 후보의 표차가 너무 적어서 가늠할 수가 없다고 보도했다. 문제는 플로리다주였다. 고어도 부시도 선거인단에서 승리의 관문이 되는 270표를 얻어 내려면 이 햇빛 넘치는 주에서 승리를 거두어야만 했다. 선거 다음 날 아침이 되자 두 후보 모두 거의 600만 표를 얻은 가운데 부시가 고어를 불과 500표가 조금 넘는 차이인 지독한 박빙으로 누른 것으로 나타났다. 하지만 투표가 엉망이었다는 공격이 여기저기서 너무 많이 터져 나왔다. 투표 과정에서 이상한 일이 너무나 많았고, 개표 과정도 엉망이었으며, 심지어 고어 쪽 표를 뭉텅이로 폐기했다는 주장까지 나왔다. 따라서 고어 후보 측 선거운동 본부에서는 즉각 부시 후보의 승리를 놓고 법원에 소송을 제기했다.

하지만 법적인 경로를 통해 플로리다주의 최초 개표 결과를 뒤집는 것은 쉬운 일이 아니었다. 플로리다주의 양원 모두를 공화당이 잡고 있던 데다가 공화당 후보 부시의 친동생인 젭 부시(Jeb Bush)가 주지사로 있었기 때문이다. 즉 플로리다주의 선거 과정 전체를 공화당원들이 맡고 있었던 것이다. 그리고 공화당원들은 전국적으로나 또 플로리다주에서나 무슨 일이 있어도 이번에는 공화당 사람을 백악관으로 보내 저 8년간의 클린턴 세상을 끝장내겠다는 의지로 가득 차 있었다. 플로리다주에서도 민주당 성향을 가진 몇몇 카운티에서 재검표가 이루어지면서 부시의 아슬아슬한 표 차이도 무너지기 시작했다. 그러자 공화당은 선거 관련 소송이 여전히 진행 중이던 법원들에 공화당 요원들을 무더기로 급파했다. 그때 미국 대법원이 나서서 개입했다. 공화당 정권 시절에 임명된 대법원판사 다섯 명은 2000년 12월 12일에 충격적일 만큼 편파적이고 독단적인 결정을 내리는데, 플로리다주 일곱 개 카운티에서 선별적으로 진행되던 재검표를 중지시켜 버린 것이다. 대법원에서 다수였던 공화당 편의 판사들은 민주당 편의 판사들과 함께 뜻을 모아 모종의 만장일치 판결에 가까운 것을 만들어 낼 수도 있었을 것이다. 이를테면 플로리다주의 모든 표를 재검표할 것을 명령하는 것도 한 방법이었다. 하지만 공화당 편이 다수인 판사들은 그냥 재검표 자체를 완전히 중지할 것을 명했고, 이로써 부시 후보는 승리를 굳건히 보존했다. 고어 후보는 순탄한 정권교체를 위해 통 크게 패배를 인정했다. 하지만 무수한 민주당원이 이를 도둑맞은 선거라고 보았으며 대통령으로서 부시의 정당성도 인정하지 않았다. 하지만 그렇다고 해서 대통령선거인단 투표를 중지하기 위해 국회의사당을 습격하는 짓을 벌일 수도 없는 일이었다.[2]

이미 악화 일로에 있던 양당의 관계는 이 선거에서 비롯된 분노로 인해 더욱 악화됐다. 양쪽은 전쟁에 대비하고 있었다. 첫 번째 전쟁은 부시 정부가 클린턴 대통령이 1994년에 들여온 증세 정책을 일소하기 위해 도입한 대규모 감세정책을 둘러싸고 터져 나왔다. 승자는 부시였다. 하지만 양쪽이 그다음 전쟁에 돌입하려던 찰나에 테러 공격이 터졌다.

탑들이 무너지다

2001년 9월 11일, 미국 북동부의 날씨는 화창했다. 공기도 맑았고 하늘은 유달리 파랬다. 오전 아홉 시경 맨해튼 남쪽의 세계무역센터 두 빌딩 중 하나로 비행기 한 대가 날아들었다는 모호한 소식이 나돌기 시작했다. 처음에 돌았던 소문은 충돌한 것이 작은 비행기였으며 조종사의 실수나 미숙련 혹은 둘 다가 원인이었고, 비록 비극적인 일이지만 인명 피해는 크지 않을 것 같다는 내용이었다. 하지만 두 번째 비행기가 다른 세계무역센터 빌딩에 충돌했다는 소식이 나오자 온 미국인들은 TV 앞으로 달려갔다. 미국에 모종의 공격이 감행된 것이 틀림없었다.

그 이전 18개월에 걸쳐 중동의 테러 조직인 알카에다 단원 열아홉 명(대부분은 사우디 국적이었다)이 미국으로 잠입했고, 평범한 이민자 행세를 하며 네다섯 명씩 세포조직을 이루어 잠복하고 있었다. 그중 일부는 비행기 조종 교습을 받았다. 다른 이들은 집에 처박혀 컴퓨터에서 비행 시뮬레이션프로그램들로 기량을 다듬었으며, 몇몇은 그냥 끝도 없이 비디오게임만 하고 있었다. 그러다가 알카에다 지도자인 오사마 빈라덴(Osama bin Laden)이 행동 개시의 신호를 보내자 이들은 뉴욕과 보스턴으로 가서 9월 11일을 기하여 비행기 네 대에 각각 탑승한다. 오직 커터 칼과 나이프만으로 무장한 이들은 조종석으로 들이닥쳐 조종사들을 죽이고 조종간을 손에 넣는다. 그렇게 크고 조종이 복잡한 비행기를 몰아 본 이는 이들 중 아무도 없었다. 하지만 이들은 비행기를 계속 몰고 갔을 뿐만 아니라 뉴욕의 세계무역센터 빌딩들로, 또 워싱턴 수도 외곽에 위치한 국방부 건물까지 운전하는 데에 성공했다. 표적(아마도 국회의사당 건물이었던 것으로 보인다)을 때리는 데에 실패한 비행기는 한 대뿐이었다. 비행기에 타고 있던 용감한 승객들이 가족 친지들과의 전화 통화를 통해 앞선 테러 공격들에 대해 듣고 조종석을 덮쳐서 강제로 비행기를 펜실베이니아주의 동떨어진 평원에 추락시켰기 때문이었다. 탑승하고 있던 모든 이는 사망했다.

세계무역센터 두 빌딩과 충돌한 비행기들은 연료를 가득 채운 상태였으므로 엄청난 규모의 화재를 일으켰고, 그 열이 너무 높아서 건물의 철골구조가 녹아내리기 시작했다. 충돌로 인한 피해보다 위쪽 층에 갇혀서 끝까지 나오지 못한 사람들이 다수였으며, 어떤 이들은 화재로 죽는 것을 피하려다가 추락사했다. 뉴욕시의 용감한 소방수들이 불타고 있는 빌딩들로 들어가 한 사람이라도 더 대피시키려고 결사적으로 노력했다. 하지만 100층이 넘는 건물을 올라갔다가 내려올 정도의 시간은 없었다. 빌딩들이 붕괴되기 시작하자 순식간에 무너졌다. 마치 두 건물 내부에 폭발물들을 장치하여 버튼 하나로 동시에 터트린 것 같았다. 두 건물이 붕괴되는 시간은 불과 몇 분이었다. 오전 열 시 반이 되자 두 빌딩은 간데없이 사라졌고 오직 잔해물 더미들만 남았으며, 아직도 타고 있는 불에서 엄청난 양의 짙은 유독성 연기가 올라오고 있었다. 이 공격을 설계하고 주도한 빈라덴은 실로 역사에 남을 만한 파괴 공작을 이끌었던 셈이다. 이 공격의 성공은 그가 상상했던 바를 훨씬 뛰어넘었을 것이다.[3]

알카에다의 9·11 공격은 진주만공격 사건 이래 미국 국토에 벌어진 최악의 공격이었다. 단 하루에 살해당한 민간인의 숫자로 볼 때에는 미국 역사상 최악이었을 것이다. 미국인들은 냉전에서 소련에 승리를 거둔 이래로 미국은 난공불락이며 감히 누구도 침범할 수 없다는 감정을 가지고 있었지만, 이제 그러한 감정은 박살이 나 버렸다. 테러 공격 분자들이 미국을 완전히 뒤집어 놓은 것이다. 이들은 어느 나라를 대표하는 것도 아니었으며, 중동과 그 밖의 지역에 걸친 여러 나라에 기반한 이슬람 급진주의자 네트워크에 소속된 이들이었다. 이들은 전장에서 전투를 벌일 수 있는 재래식 군대와도 전혀 닮은 점이 없었다. 또 점령할 수 있는 수도가 있는 것도 아니었다. 이런 공격자들로부터 국토를 방어한다는 것도 문제였다. 적의 전투 요원들은 군복을 입지도, 군단을 이루어 행군하지도 않고서 미국 안으로 침투해 들어왔다. 이들은 개인, 민간인, 게릴라 전사 등의 모습을 하고서 미국 영토 안에서 전혀 눈에 띄지 않게 돌아다니다가 공격을 감행하는 것이었다. 또한 여객기를 가미카제 미사일로 바꾸고 자폭용 폭탄 조끼를 입고 붐비는 사람들 속에서 화학무기를 사용할 준비가 되어 있는 자들이었으므로 각별히 위험했다. 9·11의 충격으로 이제 미국 정부의 공직자들은 매일 아침마다 정보기관 보고서를 뚫어지게 살피면서 혹시라도 테러분자들의 세포조직이 운반용 핵무기에 손을 대거나 미국의 대기 및 상수도에 마찬가지로 치명적인 독극물을 풀어놓지 않는지를 끊임없이 걱정하게 됐다.[4]

이렇게 눈에 보이지도 예측할 수도 없는 적군의 존재 때문에 미국인들은 뉴욕 및 워싱턴 수도에서 멀리 떨어진 지역에서도 9·11 이후 몇 달 며칠을 공포에서 헤어 나오지 못했다. 사람들은 공공장소에 나오기를 꺼리고 집에서 꼼짝하지 않았다. 그다음 자살테러가 어디서 벌어질지 아무로 몰랐다. 사람들이 이러한 공포에 사로잡혀 있었기에 대통령, 대통령 자문들, 의회 등이 훗날 국토방위(homeland security)라고 불리게 되는 것을 보호하기 위해 정부가 시민들의 자유를 거의 무제한으로 침범하는 것을 합리화해 주는 가혹한 법을 밀어붙였다.[5] 그리고 이러한 강력한 공포와 더불어서 똑같이 강력한 복수의 욕망이 나타났으니, 이러한 욕망으로 인해 미국 정부의 최고 의사결정과정은 불안정해지고 심각하게 위태로워진다.

그 복수의 타깃으로 처음부터 분명한 곳은 아프가니스탄이었다. 이곳에 깃든 탈레반이라는 이슬람 급진주의 집단은 국토 대부분을 통제하고 있었을 뿐만 아니라 빈라덴과 알카에다가 사우디아라비아에서 추방당한 뒤 그 피난처를 제공하고 있었기 때문이다. 9월 말 미국 의회는 9·11 공격에 가담한 자들 모두에 대해 군사력 사용을 승인한다. 또한 미국은 북대서양조약기구의 폭넓은 동맹으로부터 지지를 얻어 10월에는 아프가니스탄의 탈레반 요새들을 공격한다. 2001년 12월 말에는 탈레반이 궤멸 상태에 이르러 그 전투원들은 아프간의 산악 지역으로 혹은 파키스탄으로 도주한다. 하지만 이 최초의 공격에서 빈라덴을 죽이는 것도 잡는 것도 실패했다.[6]

하지만 부시 대통령과 그의 자문들에게는 이 정도의 승리로는 충분치 않았기에 이들은 이 위기를 활용하여 이라크의 국가수반인 사담 후세인도 끌어내리기로 결정한다. 사담 후세인은 자국 국민들 수만 명을 감옥에 넣고 살해한 잔인한 지배자였다. 그는 이미 10년 전에 아무런 명분도 없이 쿠웨이트를 침략했다가 조지 H. W. 부시 대통령의 지휘 아래에 서방세계의 단결된 총공격을 받아 패퇴하기도 했다. 후세인은 또한 북부 이라크의 쿠르드족을 학살했을 뿐만 아니라, 남부 지역에서 다수를 이루는 시아파 이슬람인들 일부 세력이 쿠웨이트 전쟁의 여파로 반란을 일으키자 그들도 잔인하게 학살했다. 그는 또 화학무기를 가지고 있었으며 1980년대 이란과의 전쟁에서뿐만 아니라 자국 국민들에게도 이를 사용했다. 부시와 그의 자문들은 후세인이 이 금지된 화학물질들을 대량살상무기(Weapons of Mass Destruction, WMD)로 사용하여 중동지역과 그 너머의 지역에 무수한 인명 살상을 가져올 것을 두려워했다. 부시의 자문들은 후세인이 핵무기를 긁어모을 수도 있다고 염려했다. 미국인 대다수는 후세인을 국제적인 범죄자로 보았다. 아무런 행동 규칙도 최소한의 인간적인 원칙도 갖고 있지 않은 인물이었으며, 따라서 어떤 자비나 존중도 받을 자격이 없는 자로 보았다.[7]

하지만 후세인이 9·11 공격에 기여했다는 것은 허울뿐인 이야기였다. 이라크와 알카에다는 태생적으로 동맹 세력이 될 수 없었다. 후세인은 신을 두려워하지 않는 세속주의자였다. 그가 이끄는 바트당(Baathist Party)은 소련에서 공산당이 이룬 것과 비슷한 종류의 국가사회주의로 이라크를 지배하고 있었다. 코란의 우위를 회복한다든가, 칼리프 왕국이라든가, 이슬람의 근본 교리라든가 하는 것 따위는 후세인의 안중에도 없었다. 그는 세계무역센터나 펜타곤을 향한 공격을 설계하지도 사주하지도 않았다.

물론 후세인도 알카에다와 마찬가지로 미국에 악심을 품고 있었다. 하지만 그는 이미 1990년대 초 미국과의 전쟁뿐만 아니라 그 뒤에 이어진 가혹한 제재로 심각하게 약화된 상태였고 1990년대 내내 조용히 웅크리고 있었다. 그 제재로 인해 이라크는 세계시장에 원유를 팔 수 있는 능력이 제한되어 빈곤을 겪고 있었다. 또한 그러한 제재로 후세인은 새로운 무기와 예비부품들을 조달할 능력도 막혀 군사력까지 침식된 상태였다. 이미 1990년대 어느 시점에 후세인은 그가 가진 화학무기의 거의 전량을 조용히 폐기한 상태였다. 그는 이러한 행동을 알리지 않았으며 되레 위협적인 자세를 취하면서 원수들에게 불벼락을 안겨 주겠다는 험악한 수사를 남발하는 쪽을 택했다. 이러한 그의 입장은 내부와 외부의 적들을 혼란시키는 것이 목적이었다. 2001년 당시 그는 전쟁을 준비하지도 않았으며 또 그럴 만한 의지도 없었다. 그는 알카에다의 동맹이 아니었다.[8]

그럼에도 불구하고 부시와 그의 핵심 비서관들은 9·11 공격에 대한 미국의 보복으로서 후세인과 그의 체제를 무너뜨려야 한다고 강력하게 주장했다. 부시는 2002년 연두교서에서 이라크, 이란, 북한을 “악의 축(Axis of Evil)”의 세 나라로 지목했다. 그리고 후세인이 그 축을 관통하는 핵심이라고 주장했다. 따라서 이번에 후세인을 무너뜨리는 데에서도 1940년대에 독일, 이탈리아, 일본으로 구성된 본래 추축국들을 무너뜨렸을 때와 같은 종류의 전 지구적 동맹이 필요하다는 것이었다.

부시의 주장에 대해 유럽의 반응은 회의적이었다. 프랑스와 독일은 후세인이 대량살상무기를 가지고 있는지, 그리고 설령 가지고 있다고 해도 정말 무모하게 그걸 사용할지에 의구심을 품고 있었다. 이 나라들은 후세인이 정말로 그런 무기를 쌓아두고 있다는 증거와 그걸 사용할 의도가 있다는 증거 모두를 원했다. 이에 따라 후세인의 대량살상무기 집적 장소들에 대한 감사가 필요했다. 후세인은 유엔의 지도 아래에 이루어질 그러한 감사에 마지못해 동의했다. 부시 정부 또한 이 계획에 동의했다. 이라크 공격에 대한 폭넓은 국제적 지지를 얻어 내려면 그 길밖에 없다는 것을 이해했기 때문이었다.

이라크에 파견된 유엔 감사단은 농촌지역까지 뒤졌지만 그러한 무기 집적은 전혀 발견하지 못했다. 그러자 부시 정부는 전쟁 계획을 살려 내기 위해 오랫동안 정직한 인격으로 존경받아 온 국무부 장관 콜린 파월(Colin Powell)에게 2003년 초 유엔안전보장이사회에서 거짓증언을 하도록 압력을 넣는다. 그리하여 파월은 후세인이 유엔 감사단을 속였다는 미국의 정보를 가지고 있다고 주장했다. 부시는 "기꺼이 싸우려는 이들의 동맹(The Coalition of the Willing)"을 이야기하기 시작했고, 영국의 토니 블레어 수상도 여기에 합류했다. 하지만 프랑스와 독일은 전혀 움직이지 않았다.[9]

이렇게 이라크에서 대량살상무기도 발견되지 않았고, 프랑스와 독일이 미국의 지도력에 도전을 감행했으며, 부시 정부의 주장이 진실이 아니라는 신빙성 있는 공격이 나와도 부시는 전혀 물러서지 않았다. 유럽 전역에서 반전시위가 거세게 일어났으며, 미국 국내에서도 규모는 작아도 의미 있는 시위들이 열리고 있었다. 부시는 이러한 도전들에 자신의 목적을 고고한 수사학으로 포장하면서 아예 귀를 막아 버렸다. 그는 우드로 윌슨 대통령의 제1차세계대전 전술을 그대로 따라 하여, 미국이 전쟁을 하려는 것은 권력이나 전리품 등을 얻기 위함이 아니라 민주주의의 원리를 전 세계로 확산시키는 것이 목적이라고 주장했다. 아랍인들도 세계의 다른 민족들과 마찬가지로 자유와 민주주의를 원한다는 것이 그의 주장이었다. 만약 미국이 이라크 인민들을 도와 후세인을 내쫓고 민주주의를 이식한다면 그와 비슷한 자유의 물결이 바그다드에서 시리아, 요르단, 이집트, 그리고 아마도 튀르키예 및 사우디아라비아까지 밀어닥치게 될 것이라고 했다. 이라크에서 민주주의가 승리를 거둔다면 어쩌면 이란 사람들마저도 봉기하여 신정체제 독재자들을 몰아낼 수도 있을 것이며, 여기에 미국뿐만 아니라 서방 전체가 결코 놓칠 수 없는 기회가 있다는 것이었다. 이번 전쟁은 부시 비판자들이 주장하듯이 권력, 석유, 보복 따위를 위한 무책임한 모험적 전쟁이 아니라는 것이었다. 이는 민주주의를 전 세계로 보편화하기 위한 고귀한 명분을 가진 전쟁이라는 것이었다. 부시는 전쟁을 반대하는 비판자들은 이번 기회가 어떤 것인지를 전혀 파악하지 못하고 있으며, 중동 사람들의 민주주의 열망을 지역의 지정학적 안정성이라는 목표의 뒷전으로 보내는 거만한 태도를 취하고 있다고 공격했다. 이라크에서 민주주의가 성공을 거둔다면, 이는 "자유가 모든 나라의 미래라는 소식을 다마스쿠스에서 테헤란까지 보내게 될 것입니다. 중동지역의 중심부에 자유 이라크를 수립한다면, 이는 지구적인 민주주의 혁명에서 분수령에 해당하는 사건이 될 것입니다".[10]

부시는 민주주의와 자유시장이 함께 손잡고 행진해야 한다고 생각했다. 이라크에서의 민주주의 승리는 자유시장 자본주의의 승리라는 것이었다. 부시가 이렇게 생각하도록 부추긴 것은 그를 둘러싼 자문들이었으며, 그중에서도 국방부 차관이던 폴 울포위츠(Paul Wolfowitz)가 앞장섰다. 부시와 그 자문들은 모두 레이건과 똑같은 확신을 가지고 있었다. 즉 미국이 민주주의의 원칙, 군사력, 시장 자본주의를 뽐내기만 하면 미국의 적들은 추풍낙엽처럼 무너지게 될 것이라는 생각이었다. 그들은 2003년 당시 이라크전쟁을 반대하는 "전문가들"이라는 사람들도 오래전 공산주의가 전복될 수 없고 소련을 이길 수 없다고 주장했던 반대론자들과 다를 바가 없다고 보았다. 이들이 볼 때, 옛날 소련 전문가들이나 이번의 중동 문제 반대론자들이나 모두 틀린 생각을 하는 이들이었다. 중동지역의 민족들도 기회만 주어진다면 들고일어서서 독재자를 몰아내 자유를 받아들이고, 자기 지역을 민주주의의 무덤이 아니라 그 중심지로 만들 수 있다는 것이었다. 오로지 미국의 지지만 있으면 이런 일이 가능하다는 것이었다.

부시는 미국이 내거는 이상들이 전 지구로 뻗어 나갈 것이며 미국의 권력은 모두에게 혜택을 가져다줄 것이라는 반석같은 믿음을 가지고 있었다. 그는 이라크전쟁이 시작된 뒤 9개월 후에 다음과 같은 생각을 이야기했다. 억압받는 민족들도 "최소한 한 군데—빛나고 희망찬 나라—에서만큼은 자유가 소중히 여겨지며 확고하다는 것을 알았습니다. 그리고 그들은 미국이 결코 자신들을 버리지 않기를, 또 전 세계에 자유를 증진시키는 임무를 저버리지 않기를 기도했습니다".[11]

또한 부시는 신자유주의로 개종했다. 자유시장은 경제의 활력과 정치적 힘과 미덕을 풀어놓지만, 큰정부는 양쪽 모두를 가로막는다는 것이었다. 말할 것도 없이 전쟁을 치르려면 정부는 필요하다. 따라서 부시는 국방부 장관인 도널드 럼즈펠드(Donald Rumsfeld)에게 이라크 침공의 세밀한 계획을 작성하는 임무를 지시했다. 하지만 이라크전쟁이 끝나고 나면 이라크 경제와 사회를 어떻게 재건할 것인지의 진지한 계획을 세우는 작업은 전혀 지시하지 않았다. 부시가 볼 때에 그런 재건 과정을 미국 정부가 떠맡을 이유는 없었던 것이다. 일단 시장이 제대로 작동하게 된다면 그 일을 시장이 알아서 해 줄 것이라고 생각했다. 나아가 부시 정부의 공직자들은 사실상 그런 계획을 수행하는 데에서 정부보다 시장이 더 우월하다고 주장했다. 2000년 대통령선거 운동 당시에도 부시는 고어와의 논쟁에서 미국이 전쟁과 기아로 고통받는 세계의 여러 지역에 국가 건설 계획을 수행할 준비를 해야 한다는 민주당의 주장을 일축했다. 그러한 계획을 정부가 지휘하여 효과를 본 일이 거의 없으며, 되레 미국 군대가 그 군사적 목표에 집중하지 못하게 되어 병사들 사이에 사기 문제만 일으킨다는 것이 부시의 주장이었다.[12] 부시가 볼 때에 이라크의 재건 또한 정부 관료들이 나설 것이 아니라 민간의 이해관계자들이 다루도록 하는 게 훨씬 낫다는 것이었다.

2003년 3월 말, 이라크를 향한 공격이 시작됐다. 바그다드를 필두로 군사 주둔지와 정부 조직 들에 며칠 동안 대규모 폭격이 이루어졌다. 3월 20일에서 5월 2일 사이에 미국은 이라크에 3만 파운드의 폭탄이라는 아찔한 물량을 쏟아부었고, 이라크 지역의 여러 타깃에 크루즈미사일 2만 기를 발사했다. 이러한 공습과 더불어 이라크 인접 국가들, 특히 쿠웨이트에서 17만 명을 거느린 군대가 놀랍도록 신속한 속도로 이동하는 소규모

자동차화 부대들을 구성하여 이라크 전역으로 번개처럼 진군했다. 후세인의 군대는 이미 장기간의 제재로 인해 고갈 상태에 있었으며, 명목적인 저항 이상을 내놓지 못했다. 미국 군대는 며칠 만에 바그다드에 도착했고, 후세인과 고위 공직자들은 모두 도주했다. 미국은 승리를 선언했다. 부시의 승리를 선언하기 위해 샌디에이고에 정박했던 항공모함의 깃발에는 이렇게 쓰여 있었다. "임무 완수(Mission Accomplished)."[13]

하지만 사실상 임무는 이제 막 시작된 것이었다. 후세인 이후의 이라크를 만들어 내려면 어떤 개인이든 어떤 집단이든 어떤 제도 및 기관이든 있어야만 했다. 부시는 미국 국무부가 항상 "국가 건설(nation-building)"의 성향을 벗어나지 못한다는 혐의를 갖고 있었기에 럼즈펠드의 국방부에 재건 임무를 넘겼다. 하지만 럼즈펠드는 아무런 계획이 없었고, 그저 이 임무를 국방부에 신설된, 성격이 모호한 부서인 재건및인권지원청(Office of Reconstruction and Humanitarian Assistance)에 넘겼다. 그러고는 신참 장성인 제이 가너(Jay Garner)를 바그다드로 파견하여 책임을 맡겼다. 가너는 과거에 인권 문제에 관한 작은 임무 몇 개를 성공적으로 이끈 바 있었다. 또한 그는 선의를 가졌을 뿐만 아니라 정감 있고 따뜻한 인물이었다. 하지만 이라크 정도의 규모를 가진 임무에서는 전혀 준비되어 있지 못했다.[14]

후세인이 도주함에 따라 중앙집권에 크게 기대고 있던 바트당 체제는 기능을 멈추었다. 도시들마다 법과 질서가 무너졌다.

민간기관과 공공기관 도처에서 노략질이 벌어졌다. 노략질이 기승을 부리는데도 미국 병사들은 그것을 그냥 방관하라는 명령을 받았다. 럼즈펠드는 자신의 군대가 점령 지역의 경찰 병력으로 변질되는 것을 원하지 않았기 때문이다. 그는 이러한 무질서를 독재에서 인민들을 해방시키는 데에 필연적으로 따라오는 귀결이라고 무시했다. "자유는 단정한 모습이 아니며, 사람들은 범죄를 저지르고 잘못을 저지르고 나쁜 짓을 벌일 자유도 있습니다. …… 이런저런 일들은 항상 일어나는 법입니다."[15] 설령 럼즈펠드가 질서를 회복하라는 명령을 내렸다고 해도 그렇게 할 만한 충분한 지상 병력이 없었다. 이러한 작업을 위해서는 미국이 이라크에 실제로 배치했던 병력의 거의 세 배에 해당하는 50만 정도가 필요했을 것으로 추산됐다.

좀 더 근본적인 문제는 이라크의 전반적인 상태였다. 10년간의 국제 제재로 인해 이 나라의 경제적 기초와 인프라는 크게 악화된 상태였다. 전기와 상하수도는 작동하지 않거나 간헐적으로 작동할 뿐이었다. 또 원유 채굴 및 정유산업은 거의 붕괴 직전이었다. 악화 일로 상태의 건물과 도로는 부지기수였지만, 후세인은 이것들을 수리할 자금과 의지가 (혹은 둘 다) 없었다. 거기에 미국의 공습이 겹치면서 가뜩이나 망가져 있던 이라크의 상태가 더욱 복잡해졌다. 한 예로 이라크의 전화 시스템은 거의 파괴됐다. 이라크의 경제를 정돈하고, 인프라를 재건하고, 민주주의를 지탱할 만한 정치적 제도들을 발전시키기 위해서는 오랜 세월이 필요했다.[16]

국방부도 이 임무가 어떤 규모인지를 깨닫고 정신을 차렸으며, 역량이 달리던 가너를 신속하게 해임하고 그 대신 폴 브리머(Paul Bremer)를 임명했다. 그는 평생 외교관을 지낸 인물로서 한때는 헨리 키신저(Henry Kissinger)의 수행 비서였고, 네덜란드 대사를 역임했으며, 당시에는 대기업 고객들에게 반테러리즘 자문 활동을 하고 있었다. 하지만 그의 이력을 보면 그가 가너보다 이 임무에 더 적합한 인물이라고 볼 만한 근거가 전혀 없었다. 럼즈펠드와 부시는 개의치 않는 듯했다. 그저 이 긴급한 임무를 다른 누군가에게 넘겨야만 했기 때문이다. 브리머가 이 일을 기꺼이 맡는 것을 보면서 부시는 고마워하는 (그리고 상당히 놀라워하는) 모습까지 보였다.[17]

부시 정부는 브리머를 더글러스 맥아더(Douglas MacArthur) 장군처럼 보이도록 만들고 싶어 했던 듯하다. 맥아더는 제2차 세계대전 이후 일본의 재건을 아주 효과적으로 주재했던 장군이었다. 브리머 또한 연합국임시행정당국(Coalition Provisional Authority, CPA)이라는 새로운 기구를 통하여 맥아더 장군과 비슷한 광범위한 권력을 부여받았다. 그러나 브리머는 맥아더가 아니었다. 그는 이 지역에 대한 사전 경험이 거의 없었다. 이라크 사회와 정치에 대해서도, 과거든 현재든 아무것도 아는 것이 없었다. 또 그를 교육시켜 주고 그의 명령을 실행할 능력과 경험을 갖춘 스태프도 없었다. 그는 부시, 럼즈펠드, 그 밖에 워싱턴의 누구에게서 어떤 지도도 받지 못했다. 그에게 배분된 자금은 심각할 정도로 부족했다. 2003년 7월에 브리머는 자신에게 필요한 자금이 50억 달러 정도라고 추산했다. 그런데 8월이 되자 그는 그 액수를 네 배인 200억 달러로 늘렸다. 이렇게 한 달 만에 액수가 뛰어오른 것을 보면 한마디로 부시 행정부가 제대로 된 계획을 거의 하지 않았다는 것을 아주 분명하게 알 수 있다.[18]

하지만 브리머는 후세인이 세웠던 바트당 국가에 대한 혐오감만큼은 분명히 가졌고, 이를 소련과 나치의 폭정을 21세기로 끌고 온 것이라고 보았다. 그는 신자유주의 원리에 굳은 신념을 가진 이였으므로 이라크에도 옛 소련 위성국가들에 시행됐던 충격요법을 시행하고자 했다. 훗날 브리머가 쓴 글에 따르면, "바트당이 채택한 경제 '시스템'은 최악의 사회주의 요소로서, 관료적 지도 및 국영기업에 대한 유토피아적 신앙을 모든 폭압적 정치에 나타나는 부패와 결합시킨 것이었다. 그 결과 이라크의 자본은 기가 막힐 정도로 잘못 배분됐다. 새로운 이라크는 현대적 경제를 필요로 했다". 그것도 아주 빠르게 필요로 했다는 것이다.[19]

브리머가 볼 때, 개선할 수 있는 유일한 길은 바트당 체제를 신속하고도 총체적으로 뿌리 뽑는 것이었다. 1990년대 옛 소련과 동유럽의 위성국가들에서 공산주의 시스템을 뿌리 뽑았던 것처럼. 여기에는 두 가지 방향의 조치가 필요했는데, 첫째는 바트당원들을 경제와 정치에 참여하지 못하도록 숙청하는 것이며, 둘째는 모든 경제활동 및 기관들을 즉각 사유화하는 것이었다. 그러면 바트당의 명령 경제가 순식간에 붕괴할 것이며 자유시장 이라크가 하룻밤 만에 태어나게 될 거라는 것이었다. 물론 이는 아주 고통스러운 처방이지만, 이미 심각한 중병에 걸린 환자를 구하기 위해서는 어쩔 수 없다고 했다. 부시 행정부에는 공산주의에 맞선 승리를 20세기 미국이 거둔 최대의 승리라고 보는 레이건 혁명의 병사들로 가득했으며, 이들은 브리머의 계획에도 환영을 표했다. 하지만 냉전의 교훈을 이라크에 적용하는 것은 전혀 먹혀들지 않았다.

바트당 당원들을 모두 경제와 정치에서 숙청한다는 것은 곧 군대를 해산한다는 것을 의미했다. 군인들은 모두 바트당에 충성 서약을 해야 했기 때문이다. 또한 엔지니어, 교사, 의사, 전기공 등 전문 기술을 보유하여 바트당 체제에서 높은 지위를 얻었던 다수의 전문직 및 기술자도 해고된다는 것을 뜻했다. 이들도 명목상으로는 후세인에 충성을 표한 이들이었기 때문이다. 하지만 이러한 충성 서약이란 그저 개인들이 제대로 된 직장을 얻기 위해 어쩔 수 없이 입에 발린 소리로 했던 것에 불과한 게 아니었을까? 하지만 브리머는 이런 질문 자체를 하려고 들지 않았다. 이러한 숙청에서 마땅히 구제해야 할 개인들이 있는지를 알아보려고 하지도 않았다. 또한 군대를 해산하여 젊은이 40만 명을, 그리고 내무부 산하 경찰을 해산하여 젊은이 28만 명을 실업자로 만든다는 게 어떠한 경제적·정치적 결과를 가져올지에 대해서도 거의 생각하지 않았다.[20] 이라크의 망가진 경제에서 이들이 어떻게 다시 일자리를 잡는다는 것일까? 무기 사용 기술을 지닌 이들 개개인이 만약 일자리를 잡지 못한다면 결국 무슨 일을 하게 될까?

또한 브리머는 전문직 종사자들의 일자리를 빼앗아 이들을 적으로 돌렸다. 이들도 군대와 경찰에서 하루아침에 실직당한 젊은이들과 마찬가지로 다른 일자리를 얻을 전망이 거의 없었다. 게다가 이 전문직 사람들 중에는 수니파 무슬림이 훨씬 더 많았는데, 이들은 이라크에서 오랫동안 특권층 소수집단이었다. 후세인도 수니파 교도였다. 시아파 무슬림들은 더 가난하고 숫자도 많았으므로 수니파가 숙청당하는 것에서 이득을 취하고자 했다. 하지만 수니파와 시아파 사이에 권력 균형을 다시 이룬다는 것은 이들 사이의 긴장을 고조시킬 가능성이 높았다. 또한 시아파가 다수인 인근의 이란에게 이라크 문제에 대해 간섭할 기회를 더 늘려 주게 될 가능성도 높았다. 브리머는 이라크 무슬림들의 이 분파적 대립을 전혀 의식하지 못했으므로 그것을 관리할 필요도 이해하지 못했다. 그뿐만 아니라 워싱턴의 지도층도 이라크 내부의 사회적 혼란과 여차하면 내전까지 나타날 조건이 무르익고 있다는 사실을 전혀 알지 못했다.[21]

또한 이라크 경제의 핵심을 이루고 있던 200개 국영기업 다수를 폐쇄하거나 사유화하겠다는 브리머의 결정도 마찬가지로 불길한 그림자를 드리우고 있었다. 만약 이 기업들이 국영기업의 성격을 고수한다면 전기, 수리, 자원 등이 모두 끊길 가능성이 높았으며, 그렇다면 브리머가 만들어 내려고 했던 자유시장 경제에서 경쟁력을 발휘할 수도 없게 될 것이었다. 브리머는 이 국영기업들이 국가가 운영하는 비효율적 기업들이라는 역사로 얼룩진 존재들이라고 생각했다. 따라서 이들을 빠르게 제거해 버리는 것이 새롭게 태어날 이라크 경제에 더 좋다고 여겼던 것이다. 그래서 브리머는 자본주의경제에서 기업을 운영하는 게 어떤 것인지를 잘 알고 있는 외국 대기업들을 이라크에 들여오는 데에 열성이었고, 그 대부분은 미국에 본부를 두고 미국인들이 소유한 것들이었다. 브리머가 볼 때에 이러한 미국의 다국적 기업들이 이라크가 시장 기반 시스템으로 전환하는 것에 가속도를 붙이고 또 이라크인들에게 자본주의가 어떻게 작동하는지를 보여 줄 것이라고 생각했다.[22]

그리하여 핼리버튼(Halliburton)과 벡텔(Bechtel)과 같은 거대 미국 기업들이 이라크의 재건을 위해 연합국임시행정당국에서 내건 거액의 사업들을 모조리 수주해 갔다. 각종 인프라, 상하수도, 전기, 석유산업, 학교, 병원 등 끝도 없었다. 이 기업들은 이런 프로젝트를 수행하는 데에 이라크인들을 고용해야 할 의무조차 없었으며, 외국 노동자들을 선호할 때가 많았다. 그래서 미국 본토뿐만 아니라 이라크인들보다 더 믿을 만하고 말도 잘 듣는다고 여겼던 쿠웨이트와 사우디아라비아 등의 인근 중동 국가들에서 무수한 노동자가 밀려들어 왔다. 이라크인들은 또다시 대형 실업 사태를 맞았고, 후세인을 몰아내고 미국 점령군이 들어와 봐야 자신들이 얻게 되는 건 아무것도 없다는 느낌을 갖기 시작했다.[23]

이렇게 이라크에 자유기업을 도입한다는 브리머의 계획에는 여러 이해하기 힘든 아이러니가 있었는데, 그중 하나는 이라크에 불러들인 미국 대기업들이 진정한 자유시장의 환경에서 굴러가도록 하는 조치가 전혀 없었다는 점이다. 연합국임시행정당국은 그 거액의 수주 사업 다수를 미국 기업에다가 쏟아 주었고, 많은 경우 아예 경쟁입찰조차 없었다. 이 대기업들은 리스크라고 할 만한 것이 거의 없었다. 수익이 불확실한 민간의 벤처사업에 자본을 투자하는 그런 사업이 전혀 아니었기 때문이다. 이들은 철저하게 보호받는 시장의 특권적 행위자들이었으며, 미국 정부가 이라크에 퍼부은 돈을 고스란히 받아 챙겨 살쪄 갔다.

점령 후 처음 2년간 이 기업들은 이라크의 인프라 시스템들을 신속하고 효율적으로 재건하고 운영하겠다는 약속을 어길 때가 많았다. 하지만 그래도 여전히 큰돈을 지불받고 있었다. 후세인이 정실 사회주의였다면 미국인들은 정실 자본주의에 몰두하고 있었다. 그리고 이제 일자리를 잃고 할 일도 없어진 이라크인들은 이라크 재건이라는 속임수 놀음에 철저한 방관자로 전락했을뿐더러 이러한 과정을 똑똑히 눈여겨보았다. 그러니 미국 점령자들과 그들의 민간 하청업자 떼거리를 몰아내기 위해 많은 이가 남은 자원이라도 모아 진지하게 반란을 고려하기 시작했다는 것도 당연한 일이었다.

나오미 클라인(Naomi Klein)은 저서 『쇼크 독트린(Shock Doctrine)』에서 이라크에서 벌어진 사태는 시카고대학교 경제학과의 세미나에서 요리된 신자유주의 원리들이 이 불운한 아랍의 이라크에 곧이곧대로 적용된 것이 직접적인 원인이라고 말한다. "이라크의 '재앙'은 고삐 풀린 시카고학파 이데올로기가 충실하게 또 세심하게 적용돼서 생겨난 사건이다."[24] 하지만 이는 너무 단순한 사태 진단이다. 부시 정부의 이라크 재건 작업에는 세심한 측면이 전혀 없었다. 세심한 데가 없었다는 게 오히려 더욱 충격적으로 두드러졌던 측면이며, 이는 애초에 이 과업에 전혀 걸맞지 않거나 준비가 없었던 두 사람을 지명한 데서 뚜렷이 나타난다. 또한 골조만 간신히 갖춘 연합국임시행정당국의 앙상한 구조에서도 잘 드러나고 있는데, 클라인도 이 기관이 "스태프의 인원수도 자원도 너무 부족하여 스스로가 짠 야심 찬 계획도 진행할 수가 없었다"라고 인정하고 있다.[25]

연합국임시행정당국에서 일했던 이들은 숙련된 행정가도 아니었고, 보스니아나 소말리아에서 재건 작업의 경험자들—60년 전 독일과 일본에서 미국이 행했던 성공적 재건 작업을 오래 연구한 전문가들은 더욱 아니었다—도 아니었으며, 그저 의무적으로 바그다드에 파견 나온 공화당의 젊은 정치 공작원들이었다. 그래서 그 체류 기간은 불과 몇 개월이 될 때도 있었다.[26] 이 공작원들은 예전에 후세인과 그의 가족 그리고 엘리트 공직자들이 거주하던 왕궁 지역인, 이제는 중무장으로 수비되는 이른바 그린 존(Green Zone)에만 처박혀 있었다. 그렇기 때문에 그들은 진짜 도시에서 일어나는 삶의 흐름과는 완전히 단절된 채로 살았다. 그린 존에 거주하던 미국인 7000명 중 아랍어를 할 줄 알거나 이라크의 역사나 문화를 조금이라도 아는 이는 거의 전무했다. 이러한 결함을 보충하려는 노력조차 별로 없었다. 오히려 미국의 자원봉사자들을 위해 그린 존에 쇼핑 지역과 엔터테인먼트까지 갖추어 가급적 미국과 똑같은 환경을 만들기 위해 심혈을 기울이는 일까지 있었다. 그리고 전기가 들어오는 지역에 한해서 유프라테스강 유역에 미국 교외 지역을 만들어 보려는 노력도 어느 지점까지 진행되기도 했다.[27]

그린 존의 공작원 중 한 사람이 앤드루 어드먼(Andrew Erdmann)이었다. 그는 뉴욕주 로체스터 출신의 36세 젊은이로서, 2003년 여름 이라크의 사실상 고등교육 담당 장관이 되어 바그다드로 간 것이었다. 그가 이 일을 맡게 된 것은 신념 있는 공화당원이며 하버드에서 역사학으로 박사학위를 받았다는 이유였다. 그의 첫 번째 임무는 이라크의 대학들에 안전 서비스를 제공하는 것이었는데, 수많은 박물관과 마찬가지로 이라크 대학들은 노략질에 노출되어 완전히 털린 상태였다. 그가 이라크의 고등교육에 대해 아는 게 있었을까? 거의 없었다. 그런데 그가 가진 자원이 모든 고등교육기관을 지킬 수 있는 정도가 아니었으니 우선적으로 어디부터 보호해야 할까? 어드먼은 이 질문에 답하기 위해, 또 이라크의 고등교육을 공부하기 위해 이라크의 교육인프라에 관한 신뢰할 만한 안내서 문헌을 뒤적였다. 바로 『론리 플래닛 여행 지침서(Lonely Planet Guide Book)』였다.[28] 부시가 임명하여 여기에 온 어드먼과 같은 이들은 사실 여행자와 다를 바가 없었다. 미국에서 공화당 선거운동 본부의 "진짜" 일로 돌아가기 전에 바람을 쐬며 세상 구경을 한번 하러 여기 온 것뿐이었다. 이들에게나 또 부시 및 럼즈펠드에게나 이라크의 점령과 재건이라는 것은 그저 나중에 부닥쳐서 어쩔 수

없이 하게 된 일이지 본래부터 진지하게 공들여 노력해 온 작업이 아니었다.[29]

이게 정말로 신자유주의였을까? 만약 그렇다고 한다면 이는 아주 성급하게 형편없이 착상된 버전의 신자유주의였다. 애초에 신자유주의를 설계한 이들은 시장이라는 것이 법에 의해 창출되는 것이며 여러 제도 및 기관들에 의해 유지되는 것임을 잘 알고 있었다. 그런데 부시 정부는 이라크를 신자유주의 원리에 따라 재건하겠다고 하면서도 그 정책이 가져올 결과들에는 아무런 준비도 하지 않은 상태였고, 그러면서 아무렇지도 않다는 듯 태연할 수 있었다. 어떻게 이런 일이 가능했을까? 이는 이들이 부주의하기 짝이 없었다는 것을 보여 주는 동시에 한편으로는 마침내 신자유주의 프로젝트가 기고만장한 태도를 띠기 시작했음을 드러내는 일이었다. 부시 정부의 신자유주의자들은 자기 선배들이 미국에서 권력에 오르기까지 얼마나 길고 세심하게 설계된 경로를 밟아 왔는지를 완전히 망각한 것이었다. 이들에게 시장의 교환은 공기로 숨 쉬는 것이나 마찬가지였다. 이들은 두 가지 모두 자연적인 활동이라고 믿었다. 이들은 신자유주의 체제를 수립하는 작업에는 경제문제에서 정부를 제거하는 것 말고는 거의 아무런 노력도 필요없다고 보았다. 정부를 제거하면 자동적으로 시장의 힘이—즉 애덤 스미스가 사람들의 타고난 본성이라고 생각했던 "교환, 교역, 물물교환"의 성향이—발현되어 나머지 작업을 완성할 것이라고 생각했던 것이다.

당연하게도 이런 일은 전혀 벌어지지 않았다. 무수한 이라크인이 일자리를 잃어버렸고, 다시 고용될 전망도 전혀 없는 상태에 빠졌다. 이들은 갈수록 분노를 미국 점령자들에게 돌리게 됐고, 이들에 대항하는 게릴라 작전을 수행하기 시작했다. 이러한 게릴라전에서 주목을 끌었던 것은 단순하지만 무시무시한 신무기의 출현이었는데, 그것은 급조폭발물(Improvised Explosive Device, IED) 즉 조잡하지만 치명적인 수제 폭탄이었다. 미군 병사들이나 하청업체들이 자주 다니는 장소나 도로에 이러한 폭발물을 심어 놓으면 차량 바퀴나 병사의 군홧발에 눌려 폭발하기도 했고, 또 원거리에서 전화 신호로 폭발하는 것들도 있었다. 급조폭발물로 죽고 다치는 미군의 숫자는 수백 명에서 곧 수천 명으로 늘어났다.[30]

이러한 행동을 조직한 반란자들은 민병대도 만들어서 미군이 내팽개친 안전 서비스를 제공한다. 이들은 갈수록 미국인들이 실패하는 다른 과제들도 떠맡아 간다. 전화망을 수리하고, 긴급한 상황에서는 발전기도 돌려 주었으며, 기초적인 사회서비스의 요구도 해결해 주었을 뿐 아니라 심지어 교통정리까지 해주게 된다. 이 민병대들은 서로 간에 동맹관계가 전혀 없었고, 수니파와 시아파의 심한 반목으로 이들도 분열되어 있는 상태였다. 수니파 사람들은 오랫동안 누려 왔던 특권을 미국인들이 모두 없애 버린 상태에 처했으며, 여기에 재건된 이라크를 시아파가 지배할 경우 더 큰 고통을 받을 것을 두려워했다. 이들의 반란 행위는 미국의 점령에 저항하는 동시에 시아파의 지배력을 미연에 방지하고자 하는 것이었다. 시아파 사람들도 조직을 결성했고, 특히 바그다드에서는 성직자 무크타다 알사드르(Moqtada al-Sadr)의 지도 아래에 모여들었다. 그는 전투적 반미주의와 함께 이라크 수도의 여러 지역에서 질서와 안전을 되살리는 기술을 겸비하여 갈수록 더 큰 추종자 집단을 거느리게 됐다. 그는 시아파였으므로 이란의 지배자들과 가까워졌으며, 이란 쪽에서는 자금과 무기까지 대어 그를 지원하기 시작했고, 이 때문에 이라크의 수니파 쪽에서는 깊은 경각심을 느끼게 된다. 미국이 아무 생각 없이 착상한 신자유주의적 재건이라는 것 때문에 분파 갈등의 씨앗이 심어졌으며, 이는 앞으로도 수십 년간 이라크 사람들의 삶을 어지럽히게 될 일이었다.[31]

부시의 이라크 점령은 형편없이 계획된 것이었으므로 그 목적을 달성할 가능성도 거의 없었다. 점령이 성공을 거두려면 부시가 무시했던 바로 그런 것이 필요했다. 즉 이라크 사회에 맞춤형으로 미국 정부의 감독하에 설계된 단호하고도 총체적인 사회공학 프로그램이 그것이었다. 미국은 불과 반세기가 조금 넘는 과거에 독일과 일본에서 이러한 재건을 달성한 바 있었다. 이번에도 이라크를 위해 마련된 이런 계획들이 없는 게 아니었다. 그중 하나는 국무부에서 이력을 닦은 공직자 토머스 워릭(Thomas Warrick)이 작성한 계획이었다. 하지만 이는 국무부의 컴퓨터와 파일 서랍에 꼭꼭 잠긴 채로 사장됐다.[32] 신자유주의의 명성이 워낙 높았기에 이런 종류의 조심스러운 정부의 감독조차 과거 시대의 유물로 여겨졌던 것이다. 부시는 큰정부의 시대가 끝났다는 신념에서만큼은 클린턴보다도 더 열성적이었다. 그가 볼 때 정부는 사람의 재능을 질식시켜 버리고 혁신적인 시장의 에너지를 죽이는 것 말고는 별로 하는 일이 없다고 생각했다. 골치 아픈 경제문제의 해법은 국가가 아닌 시장이라는 것이었다. 따라서 이라크에 절실히 필요했던 국가 건설 및 민주주의 건설 작업은 결코 이루어질 기회를 찾지 못했다. 계획 그 자체를 거부하는 바람에 엄청난 양의 인적자원과 자본이 헛되이 낭비되고 말았다.

이라크전쟁과 이라크 점령에 들어간 비용은 아찔할 정도였다. 무장갈등에서 죽어 간 이라크인들의 숫자만 거의 20만 명에 달했으며, 이 전쟁에 따라오는 다른 결과들 즉 방랑, 질병, 영양실조, 의료 부족 등으로 죽어 간 것으로 추산되는 이들이 추가적으로 65만 명이었다. 2008년에 피난을 떠난 이라크인들의 숫자는 (전 인구 2700만 명 가운데) 470만 명으로서, 이들은 외국에서 난민이 되거나 혹은 자기들 땅에서 망명자 신세가 되고 말았다. 이 갈등에서 죽어 간 미국 공직자들의 숫자는 5000명에 달했으며, 부상자들은 3만 2000명을 넘었다. 한편 미국 정부가 이라크의 경제 재건에 600억 달러라는 돈을 퍼부었음에도 불구하고 그 속도는 기대보다 훨씬 느렸다. 그리고 그중 200억 달러가 핼리버튼이라는 기업 하나가 가져간 몫이었다.[33]

제대로 된 재건 계획을 세우지 못했고 또 여러 프로젝트를 시행하도록 계약한 수주 업체들에도 충분한 감독을 행사하지 않았던 결과, 작업은 속도가 너무 느렸고 결과도 볼품없었으며,

엄청난 액수의 돈이 뇌물, 착복, 기타 형태의 부패로 줄줄 새어 나갔다. 2005년과 2006년이 되면 부시 행정부 안에서든 밖에서든 감히 이라크가 자유시장 자본주의의 최상의 모범이라고 치켜세우는 이는 사실상 아무도 없었다. 그 반대로 이라크 재건은 하나의 걷잡을 수 없는 산사태가 되고 말았다. 미국은 게다가 이라크 반란 분자들을 수감했던 아부그라이브(Abu Ghraib)와 같은 수감 시설에서 고문까지 자행하면서 그 평판에 더욱 먹칠을 했다. 게다가 군사점령 임무를 갈수록 더 많이 민간 용역업체에 맡겼으며, 이 용병 조직들은 전투에 숙련돼 있을 뿐, 국가 건설에 따르는 정치적 도전들을 다루는 데에는 전혀 준비가 없었다. 이렇게 미국 육군 병사들을 용병 부대로 바꾼 것은 부시 정부가 창출하고자 했던 신자유주의 세계에서 민간 부문이 공공부문보다 우월하다는 것을 입증하려는 의도가 담긴 또 하나의 조치였다.[34]

2006년에서 2007년 사이가 되면 미국인들은 전쟁이 잘 진행되고 있다는 부시의 확언에 신뢰를 잃는다. 이라크 재건으로 부시가 내놓은 계획이 실패해 버렸다는 것은 신자유주의 원리가 현실성이 있는지에 아주 불편한 질문들을 내놓았다. 그리하여 미국의 신자유주의 질서의 권위가 침식당하기 시작한다.

미국 내에서의 신자유주의 정치

미국 내에서는 부시가 나서서 미국인들에게 이라크전쟁 때문에 당신들의 삶이 부당하게 침해받을 일은 없다고 설득했다. 럼즈펠드가 작성한 공격 계획은 소수의 병력으로 강하게 때려 금방 승리를 거두는 작전이므로 미국의 자원을 세금으로 거두지 않고도 수행할 수 있는 전쟁이라고 했다. 또한 이라크 재건은 적은 비용으로 신속하게 이루어질 것이라고 했다. 부시는 전쟁이 시작될 때부터 미국인들은 살던 대로 계속 살아갈 수 있도록 보장하겠다고 강력하게 주장했다. 하지만 그는 전쟁 희생자들의 문제를 우습게 보았다. 미국에서 전쟁의 명분으로 군대로 끌고 가거나 경제적 기회를 뺏거나 자유를 뺏는 일은 가능하지 않았다. 비록 전쟁 비용이 미국 정부에 큰 적자를 안겨 주었지만, 부시 정권은 감세정책을 뒤집을 생각이 없었다. 부시는 미국인들이 쓰고 싶은 대로 돈을 쓰는 방식을 계속해야 한다고 강조했다. 시장 자본주의의 엔진에 풀무질이 멈추어서는 안 된다는 것이었다.

징병제가 사라졌기 때문에, 미국인들은 잘못 시작된 전쟁에 사랑하는 자기의 아들딸을 내보내 죽음을 감수할 의지가 있느냐라는 질문을 피해 갈 수 있었다. 1960년대와 1970년대에 신좌파는 베트남전쟁 와중에 징병제를 종식시키는 투쟁을 이끈 바 있었다. 하지만 이제 징병제 대신 직업적 모병제가 들어섰기 때문에 이것이 좌파에게 부메랑으로 되돌아왔다. 군인들이 징집된 시민들이었다면, 그들은 이 전쟁이 무슨 소용이 있는가 그리고 생명을 희생할 가치가 있는가라는 질문을 던졌을 가능성이 높았을 것이다. 하지만 자발적으로 군대에 온 직업군인들은 워싱턴의 정책결정자들이 훨씬 용이하게 마음대로 전장에 배치할 수 있었다. 미국이 국민개병의 전통을 유지했더라면, 사실상 2003년의 이라크전쟁 자체가 불가능했을 것임이 거의 확실했다.[35]

그렇지만 "먼 곳의" 전쟁이라고 해도, 부시는 미국을 그 충격에서 완전히 고립시킬 수 없었다. 대외정책과 국내 정책이 여러 전선에서 동시에 펼쳐졌다. 가장 주목할 만한 것으로, 부시는 신자유주의 정책을 이라크만큼이나 미국 내에서도 강경하게 펼쳐 나갔다. 부시가 탈규제의 신념을 내보일 때마다 신자유주의의 모습이 명확하게 드러났다. 그가 행했던 2001년의 감세는 곧 정부가 사회공학과 재분배에 쓸 수 있는 자금 원천을 완전히 제거하겠다는 의도를 가지고 있었다. 그는 퇴직자와 그 배우자에게 지급하는 정부의 종신연금인 사회보장(Social Security) 수당의 관행적인 형태를 없애고, 대신 노동자들은 고용주들이 내놓은 기여금을 받아 월 스트리트 금융기관에 예치해 놓고 퇴직 전이나 퇴직 기간에 알아서 모으고 관리하는 방향으로 밀어붙이려고 무척 힘을 썼다. (결국은 실패했다.) 이 "모든 퇴직자를 위한 투자 계정"의 계획은, 개인의 도덕적 정직성을 "침식하는" 종신 복지 "현금배당(handouts)"을 제거하고자 하는 신자유주의의 욕망을 그대로 담고 있는 것이었다. 부시는 자신의 계획을 통해서 신자유주의 사상이 높게 칭송하는 자급자족의 기업가적 개인을 확산시킬 수 있다고 주장했다.

또한 클린턴 정부에서 진전을 보았던 월 스트리트에 대한 탈규제 접근도 부시는 그대로 간직했다. 아버지 부시 정권과 클린턴 정권에서 금융 문제를 지휘했던 신자유주의의 대스승 앨런 그린스펀은 여전히 연방준비제도 의장으로 앉아 있었다. 2001년에는 주식 투기 거품이 터져 무수한 실리콘밸리 스타트업들이 무너졌고, 특히 나스닥을 비롯한 시장지수들이 급락하여 하이테크 주식들이 타격을 받았지만, 그린스펀과 부시는 개의치 않았다. 그러다가 2003년에서 2004년 사이에 다시 주식시장이 회복하여 놀랄 만한 IT 스타트업 붐이 두 번째로 일어나 주가가 다시 치솟게 된다. 이로써 시장이 스스로 바로잡을 수 있는 힘을 가졌다고 믿는 그런스펀과 부시의 신념도 정당화되는 듯 보였다. 2004년에는 페이스북이, 2006년에는 트위터가 출현한다. 애플은 더 이상 스타트업이 아니었지만 여전히 그런 것처럼 행동했고, 2007년에는 혁명이라고 할 만한 아이폰을 출시한다. 주머니 속에 쏙 들어가면서 아찔할 정도의 디지털인터페이스를 갖춘 이 편리한 컴퓨터가 나오자 많은 사람이 어디에서나 밤낮없이 언제든 인터넷을 쉽게 사용할 수 있게 됐다. 또한 전화기에 손가락만 몇 번 갖다 대면 사용할 수 있는 새로운 앱들이 나오면서 사람들은 여기에 더욱 빠져들게 됐다. 아이폰은 세계 도처에서 IT 혁신가와 벤처 투자자 들에게 엄청난 추동력을 제공했다. 한편 구글은 인터넷의 접근과 활용을 빠르게 보

편화하고 있었다.[36]

《뉴욕타임스》의 저명한 칼럼니스트 토머스 프리드먼(Thomas Friedman)은 이라크 점령이 한창이던 2005년에 출간된 베스트셀러 『세계는 평평하다(The World Is Flat)』에서 부시 시대를 풍미했던 낙관적인 IT 붐과 그 정신을 포착해 냈다. 이 책에 담긴 기술유토피아는 클린턴 시대의 사이버스페이스 열성론자들이던 에스터 다이슨, 조지 길더, 앨빈 토플러 등의 이야기를 다시 담아내고 있었다. 하지만 후자의 집단이 사이버네틱 혁명을 대개 미국적 사건으로 초점을 두었던 데에 반하여, 프리드먼은 이것이 전 지구적인 반향을 일으키는 것에 충격을 받았다. 그는 인도 남부의 도시 벵갈루루(Bangalore)가 실리콘밸리에 맞먹을 정도로 세련된 하이테크 지대가 되었을 뿐만 아니라 미국식 가치와 기술들을 그대로 받아들인 것을 목격하고 기술한다. “콜럼버스는 아메리카 대륙에 우연히 닿았지만 그는 자신이 인도의 한 부분을 발견한 것이라고 믿었다. 나는 실제의 인도를 발견했지만” 그 인도는 미국과 똑같은 모습을 하고 있었다고 그는 말한다. 인도의 남아시아인들이 “미국식 이름을 가지고 있었고”, 미국식 영어 악센트를 흉내 내고 있었으며, 무엇보다도 “소프트웨어 연구실에서 미국식 비즈니스 기법들을” 사용하고 있었다는 것이다.[37]

프리드먼이 볼 때 인도는 침투가 불가능할 만큼 단단한 껍질의 문화와 반동적인 사회적 위계도 존재하는 나라다. 그런 인도가 미국의 기술혁명에 의해 이렇게 환골탈태하고 있다면, 미국 기술혁명의 유혹을 버텨 낼 재간이 있는 나라가 세상에 어디에 있겠는가? 이미 IT의 발흥은 공산주의를 잠식하는 데에도 비록 간접적이지만 중요한 역할을 했으며, 한국, 대만, 싱가포르, 인도네시아, 베트남, 중국 등의 동아시아 국가들을 경제 강국으로 키워 이제는 일본과 경쟁하도록 만들었다는 것이다. 물론 아랍 세계는 좀 더 저항이 심할 것이라고 프리드먼도 인정한다. 하지만 이 지역도 결국 변화의 기로에 서 있기는 마찬가지라고 그는 믿는다.

프리드먼의 하이테크 "단일 세계주의(one-worldism)"에는 다양성과 차이에 대한 존중이 기초가 되어 있다. 프리드먼의 핵심어는 다원주의로서, 그에게 이 말은 서로 다른 국적, 인종, 종교, 이데올로기의 사람들이 기꺼이 평화롭게 함께 살아간다는 뜻을 함축하고 있다. 비록 그는 다원주의라는 것을 하나의 윤리적 신조로서 받아들이고 있지만, 단순히 그것만은 아니라고 한다. 그가 볼 때 이는 경제적 혁신과 성장의 열쇠이기도 하다는 것이다. "혁신은 어디에서 오는가?" 그는《뉴욕타임스》에 쓴 한 칼럼에서 이렇게 묻는다. "이는 여러 다른 관점, 생각, 사람이 서로 완전히 하나로 뭉그러지면서 나온다. 구글은 래리 페이지(Larry Page)와 러시아 이민자인 세르게이 브린(Sergey Brin)이 하나로 융합되어 나온 결과물이다." 그래서 그는 이렇게 단언한다. "한 사회가 다양성과 다원주의를 삶의 원칙으로 더 깊게 신봉할수록 서로 다른 배경의 많은 사람이 더욱 서로를 신뢰할 것이며, 이들이 더 많이 협업하여 새로운 아이디어들과 사업의 불꽃을 만들어 낼 것이고, 전 지구 어디에든 최상의 공동 창조자를 만나기 위해 편안하게 손을 뻗을 수 있을 것이다." 프리드먼은 노골적으로 신자유주의 편을 들지는 않지만, 시장의 자유를 신봉하는 이들의 세계관에서 중심을 차지하는 생각인 사람과 아이디어의 자유로운 혼합에 대한 신념을 계속 반복하여 표현하고 있다. 제약 없는 상업 사회란 다양성이 꽃피는 사회라는 게 그의 관점이다.[38] 이런 생각은 클린턴이 대통령 시절에 표출했던 바와 대단히 비슷하다.

부시도 프리드먼과 클린턴의 다원주의 신념을 공유했으며, 이는 세계시민주의라고도 부를 수 있는 것이었다. 그런데 부시의 세계시민주의는 "신앙적"인 것이었다는 점에서 프리드먼 및 클린턴과는 달랐다. 부시는 깊은 신앙심을 가진 이였으며, 또 전 세계의 모두가 그러한 신앙을 공유하기를 원했다. 그는 1980년대에 종교적으로 각성하면서 그의 집안에서 오래 내려온 성공회를 떠나 침례교로 옮겨 갔지만, 다른 사람들이 믿는 신앙에 대해 까다롭게 굴지는 않았다. 그가 볼 때 개신교의 수많은 지파도 자기가 믿는 교파와 똑같이 유효한 것이었고, 가톨릭, 정교회, 유태교, 이슬람교도 마찬가지였다. 신에게 이르는 길은 많으면 많을수록 좋다는 게 그의 생각이었다. 그래서 이러한 생각을 미국인들뿐만 아니라 미국 국경 너머에 살고 있는 모든 종교인에게 똑같이 적용하고자 했다.[39]

부시는 종교적 다원주의를 존중하였으므로 미국의 민족적 다양성도 높이 존중했다. 그는 1997년 미국 상공회의소에서 행했던 연설에서 이렇게 천명했다. "우리는 미합중국(United States of America)이지 분열된 국가들이 아닙니다. 우리가 가진 힘 중 하나는 바로 우리가 다르다는 점입니다." 다른 곳에서는 텍사스가 "수많은 문화와 유산으로 풍요해진 다양성을 갖춘 주"라고 말했다. 그리고 2000년 8월, 대통령선거 운동 중 마이애미에서 라틴계 미국인들에게 했던 연설에서는 새로운 다문화주의 미국에 대해 아낌없는 찬사를 내놓았다.

> 미국의 국민적 신조는 하나지만, 악센트는 모두 다릅니다. 이제 미국은 전 세계에서 가장 큰 스페인어 사용 국가입니다. 라틴 계통의 음악, 저널리즘, 문화 등에서 우리는 가장 큰 원천을 이루고 있습니다. 마이애미, 샌안토니오, 로스앤젤레스, 시카고, 뉴욕 서부, 뉴저지 등으로 가서…… 그냥 눈을 감고 소리를 들어 보십시오. 산토도밍고, 산티아고, 산미겔데아옌데에 와 있는 것과 똑같은 느낌일 것입니다. 이러한 변화에 대해 미국에서는 오랫동안 논쟁이 있었으며, 어떤 이들은 이를 찬양하기도 했고 어떤 이들은 분개심을 느끼기도 했습니다. 하지만 우리 공화당은 저를 후보로 지명함으로써 이 새로운 미국을 환영하는 쪽으로 선택을 한 겁니다.[40]

부시는 9·11 테러 이후 아랍 및 무슬림 이민자들을 다루었던 데에서 낮은 점수를 받은 것이 보통이다. 하지만 도널드 트럼프가 조장하려고 기를 썼던 혐오에 기반한 인종민족주의 포퓰리즘과 비교해 볼 때, 이러한 부시에 대한 평가는 재고해 볼 필요가 있다.

부시 정권이 무슬림 및 아랍 공동체와 이민자 들에 고강도로 개인의 자유를 침해하는 감시를 벌였던 것은 사실이지만, 동시에 이슬람 세력의 주변부 급진파들과 주류 이슬람을 구별해야 한다고 강력하게 촉구했던 것도 사실이다. 부시는 9·11 사건 이후 첫 번째 공개연설에서 미국인들로 하여금 이슬람의 정당성과 그것을 따르는 준법적인 무슬림들을 존중할 것을 촉구했다. 프랭클린 루스벨트 대통령은 1941년 12월 7일 자로 일본계 미국인들을 집단 수용소로 집어넣은 바 있지만, 부시는 무슬림 미국인들을 그렇게 한다는 것은 생각조차 한 적이 없다. 부시는 일본계 미국인들이 겪어야 했던 전례를 너무나 잘 알고 있었고, 그 이유는 내각에서 교통부 장관을 역임했던 노먼 미네타(Norman Mineta)가 1942년에 "수용당했던(relocated)" 일본계 미국인이기 때문이기도 했다. 2001년 9월 12일의 각료회의에서 부시는 자신의 정부가 아랍 및 무슬림 미국인들에게 "노먼이 1942년에 겪었던 일을 다시 겪는 일"을 절대로 허용하지 않을 것이라고 천명했다.[41]

부시의 세계시민주의 그리고 다양성을 갖춘 사회 가치에 대한 신념으로 인해 9·11 이후에도 미국은 이민자들에게 계속 문호를 개방하기로 결정한다. 특히 라틴계 미국인들은 부시를 자기들의 벗이라고 여겼으며 2004년 선거에서 그에게 투표의 40퍼센트를 던짐으로써 그의 호의에 답했는데, 이는 1996년에 공화당 후보 로버트 돌(Robert Dole)에게 던졌던 표 비율의 두 배이며, 아마도 공화당 대선후보가 얻는 최고의 득표로서 전무후무할 것이다. 부시는 두 번째 임기 중에 미국에 거주하는 무수한 멕시코 불법 이민자가 시민권을 얻을 수 있는 탄탄한 경로를 포함한 이민 관련 개혁 계획을 강하게 밀어붙이기도 했다. 그는 다양한 출신의 새로운 미국인들을 공화당 쪽으로 다수 끌어온다면, 이들이 기반이 되어 당이 이후 몇 세대에 걸쳐 미국의 다수당이 될 수 있을 것이라는 확신을 가지고 있었다.[42]

부시는 다원주의의 힘에 대한 토머스 프리드먼의 신앙을 그대로 공유했다. 그리고 프리드먼과 마찬가지로 그는 다원주의 및 사람의 자유로운 이동이야말로 혁신, 경제성장, 역동적 자본주의의 열쇠라고 믿었다. 2003년의 발언을 보면, 그는 사람들이 이동하고, 서로 섞이고, 소통하고, 혁신하는 모든 형태의 자유가 "인간의 창의성을 자유롭게 풀어놓게 되며, 창의성이야말로 국가의 힘과 부를 결정하는 요소"라고 말하고 있다.[43] 하지만 독재자들 혹은 과거 지향적인 엘리트들이 이러한 신자유주의의 힘을 차단해 버린 사회에 대해서는 어떻게 할 것인가? 부시도 프리드먼처럼 중동의 아랍 및 무슬림 사회들이 안고 있는 난제를 심각한 형태로 제기했다. 프리드먼은 이런 상황에서는 미국의 무력을 방편으로 다원주의를 사회 전체에 강제할 수도 있다고 주장한 바 있었다. 프리드먼은 부시의 이라크전쟁을 초기부터 열렬히 지지했던 인물이기도 하다. 아랍 나라들이 "단일세계주의"를 거부하도록 두어서는 안 된다는 게 그의 믿음이었다. 미국의 침공은 부분적으로 개방적인 아이디어의 흐름, 다원주의, 기회 및 혁신으로부터 폐쇄된 무슬림 나라들의 여러 제도 및 엘리트들을 날려 버리는 목적으로 설계되어야 한다는 게 그의 주장이었다.

프리드먼은 전쟁으로 아랍인들 및 무슬림들을 처벌하는 한편 동시에 그들을 그 폐쇄된 사회에서 해방시키고자 하는 이중의 욕망이 과연 유효한 것인지를 전혀 고려하지 않았다. 미국의 점령이 실패하여 시리아에 재앙적인 파급효과들이 넘쳐 나고, 잿더미가 된 이라크와 시리아에서 짐승 같은 이슬람 국가(ISIS) 세력이 발호했지만, 그래도 프리드먼은 이라크전쟁이 실수였다는 가능성을 인정하려 들지 않았다. 이라크전쟁이 벌어진 지 15년 이상이 지난 뒤에도 그는 이렇게 말했다. "나는 그 지역에서 다원주의의 문호를 개방할 수 있는 기회라고 생각되기만 하면 항상 지지했다." 조금이라도 개방의 여지가 있다면, 설령 그 과정에서 숱한 사람이 죽어 나간다고 해도 마땅히 해야만 할 일이라는 것이다. "왜냐하면 만약 아랍 세계가 다원주의, 교육의 다원주의, 정치의 다원주의를 일으킬 방법을 스스로 찾지 못한다면, 그 세계가 사멸할 것이기 때문"이라고 그는 2019년에 천명했다. 부시도 프리드먼과 마찬가지로 이라크전쟁이 중동지역에 다원적이면서 세계시민주의적인 세계를 탄생시킬 기회라고 믿었다.[44]

하지만 이러한 전쟁을 통한 다원주의라는 생각은 중동에서는 잘 먹히지 않았다. 그런데 다원주의 신념이라는 것이—그리고 그러한 신념에는 반드시 기업가정신, 상업, 풍요 등이 따라오게 될 것이라는 주장—과연 공화당이 이끌던 미국에서는 그나마 잘 먹혔을까? 부시의 대답은 그렇다였다. 사회정책을 통해 돈을 펑펑 나누어 주는 복지국가의 틀을 버리고, 자기책임을 우선시하며 단단하게 자신의 힘으로 일어선 개인들이 시장에 참여하여 독립적이고 자신 있는 시민들로서 서로 관계 맺도록 한다는 신빅토리아주의적 틀로 전환하기만 하면 그렇게 될 수 있다는 것이었다. 부시 시대의 많은 정책이 이러한 방향으로 기울어져 있었다. 자가 소유자들로 가득한 무지갯빛 나라를 만들겠다는 부시의 노력이야말로 그 점에서 가장 흥미로운 구상이었다. 이는 자세히 들여다볼 만한 이야기다.

자가 소유자들의 무지갯빛 나라

부시가 대통령으로서 국내에 가졌던 야심은 미국을 "소유자 사회"로 만들겠다는 것이었다. 즉 미국인들이 자신의 퇴직 계좌를 스스로 통제하고, 의료비 저축 계좌를 (병원비를 낼 수 있도록) 스스로 관리하고, 자기 집도 가질 수 있도록 하겠다는 것이었다. 부시가 볼 때에 소유권이란 "더 많은 기회, 더 많은 자유, 삶에 대한 더 많은 통제력"을 모든 미국인에게 가져다주는 "길"이었다.[45]

자가 소유는 부시의 비전에서 중심이었다. 이미 조지 H. W.

부시 정권 때부터 정책입안자들은 주택시장이 불황이라는 점을 걱정했다. 임금인상의 정체와 주택 가치의 상승이 겹치면서 많은 노동계급 및 중산층 가정이 주택시장의 가격을 견디지 못하고 빠져나왔다. 또한 정책입안자들 사이에서는 이 잠재적 주택 소유자들의 다수가 소수자들, 특히 흑인 및 라틴계라는 점을 점점 인식하게 됐다. 이들은 이미 수십 년간 주택담보대출 관행에서 차별을 겪어 온 이들이었다.[46] 자가 소유권을 소수자집단에 확장하는 것은 신자유주의자들에게 특히 호소력을 갖는 정책이었다. 이들은 기존의 연방정부 직업 프로그램, 최저임금 인상, 공공주택 건설, 노동자들이 임금인상을 이룰 수 있도록 단체협상에서의 노조 강화 등의 정책을 경멸했고, 이런 것들을 밀어내면서도 인종 간의 평등을 추구할 수 있는 방식이 바로 주택담보대출 정책이라고 생각했다. 예전의 프로그램들은 민간 시장과 민간의 주도성에 너무나 많은 정부개입을 가져오는 것이라고 여겼다. 그리하여 공화당이 가장 높은 가치로 여기는 독립성, 자기 의존, 기업가적 열망 등의 개인성 요소를 잠식하는 것이라고 보았다.

반면 자가 소유는 이러한 가치들을 잠식하는 게 아니라 증진하는 것이라고 여겼다. 이는 미국인들이 인종을 떠나 모든 시민에게 평등의 약속을 이행할 수 있는 훌륭한 방법이었다. 미국사회의 다양성 속에서 모든 이가 경험의 공통분모를 구축할 수 있는 우월한 전략으로서, 이를 통해 인종과 민족을 넘어서 교류가 늘어나고 차이에 대한 상호 존중도 깊어진다는 것이었다. 게

다가 모든 미국인이 자유시장의 여러 미덕에 믿음을 갖게 될 것이라고 생각했다. 부시에게 자가 소유란 자유를 뜻하는 것이었다. "이는 사람들에게 자부심을 가져다주며, 자산에 기초한 사회의 일부입니다." 그는 2002년에 이렇게 말했다. "아버지나 어머니가 자식에게 무언가를 넘겨줄 수 있는 기회를 제공합니다." 그는 피부색과 무관하게 모든 미국인이 집을 소유할 수 있는 기회를 주고자 했다. 이는 곧 소수자들의 자가 소유 비율을 올리기 위해 단결된 노력을 벌이겠다는 이야기였다.[47]

이미 아버지 부시 정권에서 이를 위한 준비가 시작된 바 있었다. 정부가 보증하는 양대 주택담보대출 기관인 연방주택담보대출협회[Federal National Mortgage Association, 패니메이(Fannie Mae)]와 연방주택담보금융공사[Federal Home Loan Mortgage Corporation, 프레디맥(Freddie Mac)]로 하여금 저소득가정과 중위소득 가정에도 주택담보대출을 더욱 적극적으로 해 주는 정책이었다. 이 두 기관은 상업은행들이 가진 주택담보대출을 사들여서 주택산업에 안정과 성장을 이루게 하기 위한 권한을 가진 정부보증기관(Government Sponsored Enterprises, GSE)이었다. 1930년대에 주택시장이 붕괴했을 때, 평범한 미국인들이 저축 대부분을 주택담보대출 변제에 퍼부었던 큰 곤욕을 치른 일이 있었기 때문에, 다시는 그런 일이 벌어지지 않도록 민간에서 이루어지는 무수한 주택담보대출 계약을 사실상 정부가 나서서 인허를 해 주는 것이었다. 또 민간의 상업은행들이 가지고 있던 주택담보대출 포트폴리오를 그렇게 패니메이와 프레디맥에 매각하고 나면, 그들은 자본 자원이 늘어나 또다시 새로운 주택담보대출을 해 줄 수 있게 됐다.[48]

클린턴 정부는 소수자집단에 자가 소유자가 늘어날 수 있게 패니메이와 프레디맥에 20퍼센트의 계약금 의무 기준을 없애도록 조직했다. 이 계약금 20퍼센트는 보통 가난한 가정에서는 도저히 마련할 수 없는 돈이었기 때문이다. 이렇게 계약금 요건이 완화되면서 많은 이가 이제 주택담보대출을 받을 수 있게 됐지만, 주택담보대출은 점점 더 리스크가 큰 사업이 됐다. 신용평가가 좋지 못한 이들을 대상으로 한 주택담보대출을 일컫기 위해 "서브프라임 주택담보대출(subprime mortgage)"이라는 말이 주택산업에서 일상적으로 쓰이게 된 것도 이 시기였다. 한편 이렇게 리스크가 더 커졌으니 서브프라임 주택담보대출에는 더 높은 금리를 매기는 것이 정당화됐고, 또 대출 초기에는 입맛이 당길 정도로 낮은 금리를 제시했다가 시장이 "요구하는" 경우에는 은행 측에서 금리를 올릴 수 있는 권리를 갖는 형태도 정당화됐다. 또한 대출을 받은 이가 대출 원금이 아닌 대출이자만 매달 내도록 하는 거치식 주택담보대출 또한 1990년대에 선보였다.[49]

은행들은 서브프라임 주택담보대출의 리스크에서 자기들 돈을 지키기 위해 자산유동화(securitization) 기법을 사용했다. 먼저 기존의 주택담보대출 계약들을 큰 숫자로 한데 모아 여러 뭉치를 만든다. 이 뭉치들 안에는 원리금 상환을 믿을 수 있는 대출과 위험한 대출이 한데 섞여 있으며, 거기에서 안전한 것과 위험한 것을 분리하여 그에 따라 등급을 매긴다. 그다음으로 이 뭉치들을 모두 작은 크기의 트랑슈(tranche)들로 잘게 썰어서 그 각각을 전 지구의 광범위한 투자자들에게 뿌린다. 설령 서브프라임 주택담보대출로만 구성된 트랑슈라고 해도, 말하자면 저 넓디넓은 각종 유가증권 시장의 바다에 널리 방류해 놓은 셈이니 비교적 안전한 것이 된다고 여겼다. 이렇게 하여 리스크가 큰 것들도 리스크가 작은 것들로 둔갑을 하게 된다는 것이었다. 이런 것이 금융공학의 이론이었다.[50]

민간은행들은 이러한 자산유동화에 열성적으로 동참했고, 패니메이 및 프레디맥과 경쟁하면서 서브프라임 트랑슈를 모든 곳의 투자자들에게 팔아 댔다. 은행업에서 이렇게 서브프라임 주택담보대출로 만들어진 유가증권[점차 파생상품(derivatives)이라고 불리게 된다]들을 취급하는 부분에는 규제가 별로 없었다. 클린턴 시절에 단행된 신자유주의적인 조치 중 하나인 상품선물현대화법(Commodity Futures Modernization Act)의 일부로 2000년에 이러한 자율권이 주어진 것이었다. 많은 사람이 쉽게 주택담보대출을 받을 수 있게 하기 위해 1990년대에 행해진 다양한 조치가 누적되면서 1990년대 동안 전체 가계에서 자가 소유의 비율은 64퍼센트에서 67퍼센트로 늘었는데, 이는 그 전 30년 동안의 전체 증가율보다도 높은 것이었다. 클린턴 정권 시절에는 흑인 및 라틴계 미국인들의 자가 소유자가 250만 명으로 늘어났다.[51]

조지 W. 부시는 그 문을 더 활짝 열고자 했다. 그는 2002년에 그가 발행한 보고서 「당신 소유의 집: 모든 미국인에게 기회를 확장한다(A Home of Your Own: Expanding Opportunities for All Americans)」에서 종합적인 자가 소유 확장 프로그램의 계획을 대략적으로 제시했다. 또 같은 해 조지워싱턴대학교에서 소수자자가소유회의(Minority Homeownership Conference)를 열고 주재하여 자신의 주택정책 구상의 주된 수혜자는 유색인종 및 저소득자들이 될 것임을 강조했다. 2003년에는 생애 최초 주택 구입에 나선 저소득가정들을 돕기 위해 아메리칸드림계약금법(American Dream Downpayment Act)에 서명하기도 했다.[52]

하지만 부시의 많은 국내 정책 프로그램과 마찬가지로 그의 주택정책 또한 자금 지원이 거의 없었다. 이라크전쟁의 비용이 막대했을 뿐만 아니라, 그가 2001년에 도입한 감세정책을 끝내 철회하지 않았기 때문에 큰돈을 지출하는 것은 애초에 불가능했다.[53] 하지만 이렇게 자가 소유 정책에 자금의 기초가 부실했다고 해도 부시와 그의 정책입안자들은 별로 개의치 않았다. 그 정책을 실현하는 주역은 정부가 아니라 시장이며, 정부의 역할은 어디까지나 시장이 그렇게 하도록 활성화하는 것일 뿐이라고 보았기 때문이다. 그래서 부시 정권은 주택시장의 취약한 부분에 직접 각종 보조금을 제공하는 대신, 민간은행들과 패니메이 및 프레디맥에 저소득자들에게 더 많은 주택담보대출을 해주도록 압력을 넣었던 것이다. 패니메이와 프레디맥은 담보대출을 받기 힘들었던 이들에게 대출포트폴리오를 40퍼센트에서 55퍼센트로 올려 여기에 부응했다. 이 주택담보대출의 다수는 서브프라임 주택담보대출로서, 전체 주택담보대출에서 차지하는 비중은 부시 정권 첫 임기 동안 10퍼센트에서 20퍼센트로 늘어났다.[54]

이러한 정황 속에서 부시는 미국의 자가 소유자 비율을 2004년에 69퍼센트라는 초유의 숫자로 끌어올렸다. 2004년에서 2006년 사이에 흑인 및 라틴계의 자가 소유자 비율도 사상 최고로 올라 두 집단 모두가 50퍼센트에 달했다.[55] 1990년대 중반에서 2000년대 중반 사이에 흑인의 자가 소유자는 25퍼센트가 증가했으니, 이는 전체 자가 소유자 증가율(14퍼센트)의 거의 두 배였고, 백인 소유자 증가율(7퍼센트)의 세 배였다. 같은 기간 동안 라틴계 자가 소유자는 60퍼센트가 폭증했다. 클린턴과 부시 기간에 걸쳐서 새로 생겨난 자가 소유자 증가의 40퍼센트가 소수자집단이었다.[56] 이 새로운 소유자들은 자기 집의 가치가 늘거나 유지만 된다고 해도 재산의 큰 증가를 기대할 수 있었다.

부시와 그의 정책입안자들은 이러한 성과를 자랑스러워했다. 그들은 인종 간 평등을 달성하는 데에 사회복지 그리고 소수집단우대정책 프로그램들보다 더 좋은 방법을 찾아냈다고 믿었다. 부시가 그토록 원했던 바, 모든 인종의 미국인이 똑같이 자가 소유자가 되는 미국이 이제 출현하기 시작했다는 것이다. 이 자가 소유자들은 자신의 경제적 독립성에 자신감을 가지고 인종과 민족의 경계선을 마음껏 넘어서 미국의 자연적 다양성이 꽃피게 만들 것이라고 그들은 믿었다. 이 부시의 정책은 신자유주의 질서를 떠받치는 두 가지 도덕적 규율, 즉 세계시민주의적 다양성과 신빅토리아주의적 자기책임을 하나로 결합시키려 했다. 신자유주의 질서는 이제 최고의 강력함에 도달했다는 것이 부시 정권 인물들의 생각이었다.

하지만 2006년이 되면 문제가 터질 것이라는 증후가 사방에서 나타나고 있었다. 주택담보대출을 얻기 쉽게 만들었던 덕에 수요가 폭발했다. 그러자 주택 가격도 위로 치솟았다. 부시 정권과 연방준비제도는 이에 대출기관들에게 서브프라임 주택담보대출을 갈수록 더욱 늘리도록 장려했다. 그렇게 대출을 받은 가정들 중에는 대출을 갚을 능력이 불확실한 집들이 많았다. 그 결과 은행들은 대출을 받아 가는 과정에 온갖 종류의 거래수수료들을 붙이기 시작했다. 그리하여 단기간에 상당한 수익의 흐름을 재무제표에 올릴 수 있었고, 처음부터 잘못 결정됐으니 언젠가는 분명히 변제에 실패할 수많은 주택담보대출에 대한 여러 종류의 안전장치를 마련해 두게 됐다.

그러는 가운데에 집값이 치솟게 되자 신규 주택 구매자들뿐만 아니라 기존 주택 소유자들도 주택의 가격 상승에서 이윤을 취하려 들게 됐고, 이에 주택 구매 광풍이 이들로까지 확산된다. 어떤 집들은 더 큰 집을 구매했고, 두 번째 주택, 심지어 세 번째 주택까지 구매한다. 은행들은 주택담보대출을 한 건이라도 더 성사시키려고 혈안이 되어 있었으므로 이러한 과정을 크게 촉진했다. 어떤 가정들은 주택담보대출—그것도 제2순위 담보대출—을 자가용과 트럭, HD 텔레비전, 주택 증축과 리모델링,

아이들 대학 학비, 외국 여행 경비 등 큰돈이 드는 온갖 종류의 소비를 위해 아무 때에나 현금을 뽑아 쓸 수 있는 자동 인출기처럼 사용했다. 만일 이 신규 담보대출이 부담스러워질 경우에는 언제든 자기 집을 비싼 값에 팔아 작은 집으로 옮기고 그 차액으로 빚을 갚아 버리면 되는 일로 여겼다. 다시 말해서 주택담보대출 때문에 소비지출의 수준이 큰 가속도로 올라가게 된다. 1990년대만 해도 미국인들이 주택담보대출을 받는 액수는 그들의 부동산 가치의 2~3퍼센트에 불과했다. 하지만 2004년과 2006년 사이에 그 비율은 거의 10퍼센트에 육박하도록 불어나 경제에 자금 수조 달러가 투입된다.[57]

앨런 그린스펀이 이끄는 연방준비제도는 부시 정권 첫 번째 임기 내내 저금리를 유지하여 이렇게 달아오른 주택시장에 풀무질을 해 댄다. 그린스펀은 주택시장에 거품이 생겨나고 있다는 것을 알고 있었지만, 여기에 걱정하는 기색이 없었다. 그는 금융화를 통해 새롭게 나타난 경제의 여러 제도 및 기관들에 자신감—과도한 자신감이었다는 것이 나중에 판명된다—을 가지고 있었으며, 리스크를 전 지구로 분산시키는 신종 금융 기법과 도구 들이 있으므로 금융 부문에 어떤 풍랑이 닥친다고 해도 다 뚫고 나갈 수 있다고 믿었다.

그런데 그린스펀이 입으로 담으려고 하지는 않았지만, 이러한 자신감 아래에는 걱정 하나가 도사리고 있었다. 2001년에 하이테크 주식 거품붕괴의 대응으로 그가 펼쳤던 저금리정책이 원하는 결과를 내지 못하고 있었다는 점이었다. 2005년이나

2006년이 되면 이 정책들로 탄탄한 경제성장, 일자리창출, 임금 상승 등이 나타나야만 했다. 하지만 이 세 가지 모두에서 성과는 신통치 않았다. 또한 인플레이션이 슬슬 나타나기 시작해야만 했고, 실제로 그린스펀은 이러한 가능성을 미연에 방지하기 위해 2004년에 연방준비제도를 완만한 금리 상승 기조로 돌리기도 했다. 그리고 이렇게 금리가 높아지면서 소비와 주택 구매 등도 수그러들어야 했다. 그런데 그렇게 되지 않았다. 장기 금리는 계속 낮은 상태로 멈추어 있었다. 인플레이션 압력 또한 거의 변동이 없었다. 그리고 가계부채 및 소비자 부채는 계속해서 치솟았다.

클린턴 정부에서 두각을 나타냈던 경제학자이자 이후 버락 오바마의 첫 번째 임기 당시에도 중요한 역할을 했던 로런스 서머스는 훗날 2005년과 2006년 당시 그린스펀이 무슨 생각을 했을지에 대한 자신의 의견을 피력했다. 그는 국제통화기금에서 2013년에 행했던 연설에서, 새천년의 첫 10년간 미국을 휩쓴 "거대한 [금융] 거품조차도" 완전고용과 유의미한 인플레이션을 자극하는 데에는 충분치 못했음을 시사했다. 어째서였을까? 돈이 그렇게 많이 풀렸지만 전 지구적 차원의 총수요가 너무 약해서는 아니었을까? 소비를 진작시키려면, 소비자들에게 그들 소득과 저축의 한계보다 훨씬 더 크게 구매력을 늘려 주려면 이제 가계부채를 늘리도록 장려하기 위해 거품이 필요했던 게 아니었을까? 서머스의 가설로 보자면, 이제 엄청난 생산설비를 갖추게 된 지구적 생산 시스템을 유지하는 데에 충분한 수요를 창출하기 위해서라도 지구적 경제가 미국인들에게 그들이 가진 것보다 더 많이 지출하는 것을 "필요로 했던" 것이라는 결론이 도출되지 않는가?[58]

그린스펀은 2008년 금융 붕괴 이전에도 또 이후에도 이러한 주장에 결코 동의하지 않았다. 하지만 그는 분명코 미국의 소비자들이 지구적 경제에서 불비례적으로 큰 역할을 맡고 있었음을 알고 있었다. 미국인들이 2007년 당시 전체 지구적 생산에서 구매하던 비중은 무려 16퍼센트나 되었으므로.[59] 지구적 경제는 정말로 구조적 불균형의 상태에 이르게 된 것이 아닐까? 한편으로는 생산설비가 지나치게 많은 반면 다른 한편으로 소비자 수요는 지나치게 적은 상태가 아닐까? 만약 이게 사실이라면 소비자 수요를 증가시키는 방향으로 해법을 찾아야 했을 것이다. 아마도 그린스펀은 실제로 전 세계에서 가장 중요한 소비자 집단인 미국인들로 하여금 자신의 소득 및 자산보다 더 많이 지출하도록 허용하는 전략을 찾고 있었을 것이다. 그가 주택시장 거품을 적절한 시기에 예방적으로 처리하기를 꺼렸던 이유가 이것으로 설명될 것이다.[60]

부시도 그린스펀과 마찬가지로 경제가 문제를 일으키고 있다는 경고 신호음을 무시했다. 그가 이라크전쟁을 수행하는 방식에서 잘 드러난바, 그는 야망도 지나치지만, 그렇게 큰 목표를 달성하기 위한 정책들을 부주의하게 마구 짜는 경향이 있었다. 그가 내놓은 소유자 사회라는 계획도 똑같이 말할 수 있을 것이다. 부시는 정말로 소수자집단에서 자가 소유자들이 늘어나길 원했으며, 그 부문에서 그때까지 자신이 성취한 것을 자랑스럽게 여기고 있었다. 하지만 이라크의 경우와 마찬가지로, 여기에서도 단기적인 성과를 장기적인 것으로 굳혀 낼 수 있는 방안을 행정부에 잘 물으려고 하지 않았다. 부시라는 인물은 지나친 특권을 물려받은 상속자라는 느낌이 강한 사람이었고, 무언가를 정말로 책임지는 위치에 있어 본 적이 전혀 없는 인물이었다. 저명하고 부유한 정치 명가의 도련님으로서 권력가 친구를 다수 거느리고 있었으므로, 그는 자신의 행동이 최악의 결과들을 낳는다고 해도 항상 보호받는 조건에서 오랫동안 살아온 이였다. 거기에다가 신자유주의적 사고방식까지 지니게 되면서 경제문제에 더욱 부주의한 버릇을 증폭시키게 되었는데, 정부가 옳은 일을 하는 법이 거의 없다는 신자유주의적 오만을 휘두르면서 "세부적" 정책을 무시하는 자신의 태도를 멋대로 정당화시켰다. 어차피 정부가 무엇을 할 수 있는 게 별로 없으므로 대통령까지 나서서 공공정책 프로그램의 세부 사항을 신경 써서 생각할 필요가 없다는 것이었다. 필수적인 규제들을 강제하기 위해 정부 공직자들에게 권한을 부여할 것인가, 아니면 시장이 자유롭게 알아서 하도록 이 공직자들을 밀어낼 것인가라는 선택에 서게 되면, 부시 정부 사람들은 항상 후자를 선택했다.[61]

서브프라임 주택담보대출 시장을 주의 깊게 감독했더라면 무언가 달라졌을 수 있었을 터였지만, 부시 정권의 정책 팀이 은행업에 공공 규제를 무시하게 된 것은 이러한 사정이었다. 2008년 12월에 《뉴욕타임스》의 취재 팀이 조사한 바에 따르면, 부시가 처음으로 지명했던 증권거래위원회 위원장은 투자은행가들에게 "더 부드럽고 친절한" 기관으로 거듭나겠다고 약속하면서 마음껏 사업을 펼치도록 했다. 부시가 임명했던 두 번째 증권거래위원회 위원장은 "너무 공격적인" 규제를 펼치는 바람에 자리를 잃게 됐다. 부시 정권하의 다른 은행 규제 기관 책임자들 또한 "은행업의 부담을 덜어 주려는" 결심을 보여 주기 위해서 "9000페이지에 달하는 각종 규제 서류에 전기톱을 휘둘러" 댐으로써 자기들의 뜻이 자유방임에 있음을 신나게 과시했다.

또한 부시 정권의 규제 책임자들은 개별 주정부들이 "소비자보호법을 활용하여 약탈적 대출을 엄중 단속"하려고 했던 노력을 가로막았다.[62] 부시의 오랜 동맹군이자 텍사스주 상원의원이던 필 그램(Phil Gramm)은 2002년 상원을 떠나기 전에 이미 파생상품들을 연방정부나 주정부가 감독하지 못하도록 꽁꽁 봉인해 놓았다. 이렇게 관대한 환경이었으니 무디스(Moody's), 스탠더드앤드푸어스(Standard and Poors), 피치(Fitch) 등 핵심 신용평가기관들까지도 스스로의 신용을 위태롭게 만들었던 것은 놀라운 일이 아니었다. 금융업에 오래도록 금본위 화폐와 동일한 위치를 누려 온 AAA라는 신용등급도 이제는 더 이상 채권의 가치를 가늠하는 믿을 만한 길잡이가 되지 못했다. 부시가 자가 소유 사회의 비전에서 채권을 어떻게 다룰 것인지에 부주의했던 모습은 브리머가 이라크의 재건을 감독하면서 보여 준 부주의함과 대단히 공통점이 많았다.[63]

여기에 또 패니메이와 프레디맥은 부시의 리스크 감수 접근법에 더욱더 날개를 달아 주었다. 민간은행들이 발행한 각종 주택담보대출 증권들을 쥔 이들은 이를 의심쩍게 여기다가도 명칭만 협회일 뿐 사실 준공공 은행인 이 두 기관들도 비슷한 증권들을 발행했다는 것에서 안심할 수 있었다. 또한 파생상품 업계에서는 아무리 큰 규모의 사태가 터진다고 해도 결국에는 연방정부가 나서서 깔끔히 정리해 줄 것이라는 믿음이 투자자들 사이에 팽배해 있었다. 그리고 이러한 믿음이 옳았다는 것이 나중에 판명됐다. 이리하여 큰 낭패가 생겨나고 있었고, 그 계산서도 곧 밀어닥치게 됐다.

폭락

주택 가격은 2006년 여름을 정점으로 하락하기 시작한다. 처음에는 이것이 그저 호황 뒤에 반드시 따라오는 보통의 바닥 다지기 정도로 여겨졌다. 하지만 2007년 가을과 2008년 봄이 되면 문제가 심각하다는 증후들이 나타난다. 2007년 9월에는 주택담보대출 자산유동화에 깊숙이 뛰어들었던 영국 은행 노던록(Northern Rock)이 파산한다. 2008년 3월에는 미국의 투자은행 베어스턴스(Bear Stearns)도 벼랑 끝에 몰렸다가 제이피모건체이스(J. P. Morgan Chase)에 최저의 헐값으로 매각되면서 겨우 구출된다. 베어스턴스의 재무제표는 너무나 끔찍했기에 제이피모건체이스는 미국 재무부에 대출 160억 달러를 요구하여 받아 냈고, 베어스턴스의 최고 악성 자산들 중 300억 달러를 매입해 주겠다는 연방준비제도의 약속을 받아 냈다.[64]

그 직후 재무장관 헨리 폴슨(Henry Paulson)에게 패니메이와 프레디맥이 곧 베어스턴스와 같은 운명에 처할 수 있다는 소식이 전해졌다. 공화당의 강성 신자유주의자들은 공적자금 투입의 구제금융은 절대 없다고 반대했지만, 폴슨은 이를 뚫고서 7월 말 의회로부터 이 두 거대 대출기관들을 구제하기 위해 필요한 것은 무엇이든 할 수 있다는 권한을 부여받는다. 2008년 9월 초, 폴슨은 패니메이와 프레디맥의 조사 결과를 보고 놀라 입을 다물지 못하게 된다. 이 두 기관이 부채와 자산의 차이를 메꾸려면 각각 1000억 달러씩이 필요하다는 것이었다.

공화당원들 중에는 패니메이와 프레디맥을 오랫동안 경멸해 온 집단들이 있었다. 이것들이 공공기관인 주제에 자유시장 경제의 기구들인 것처럼 행세하는 "잡종견" 조직이라는 시각이었다. 그런데 부시가 패니메이와 프레디맥에 서브프라임 주택담보대출을 통해 소수자들에게까지 손을 내밀도록 임무를 부여하자 이 공화당원들은 더욱더 분노했다. 이들은 부시의 세계시민주의나 미국의 다양성을 통해 미국을 강화한다는 비전 따위에는 전혀 관심이 없었다. 그리하여 이들은 부시와 폴슨 장관이 의회에서 구제금융 패키지를 통과시키기 위해 "세계시민주의적" 민주당원들의 표를 구걸하려고 무릎을 꿇는 꼴을 보면서 이들까지 경멸하게 된다.[65]

하지만 막상 폴슨 장관에게 닥친 문제는 따로 있었다. 베어스턴스의 구제금융이나 패니메이, 프레디맥 구제금융 패키지도 침몰 직전에 몰린 미국 금융을 제자리로 돌릴 수는 없을 것으로 보였다. 9월 중순이 되자 미국의 두 주요 투자은행인 리먼브라더스(Lehman Brothers)와 메릴린치(Merrill Lynch)가 붕괴 직전으로 몰렸던 것이다. 월 스트리트에서는 리먼브라더스가 미국에서 네 번째로 큰 투자은행이니 아마도 뱅크오브아메리카(Bank of America) 정도가 나서서 매입할 것이라고 예상했다. 그리고 메릴린치는 좀 더 최근에 창업한 투자은행인 데다가 투자 행태가 엉망일 때가 잦다는 평판을 가지고 있었으므로 아마도 파산할 가능성이 높다고 여겨졌다. 그런데 뱅크오브아메리카는 마지막 순간에 리먼브라더스가 아닌 메릴린치에 자원을 투자하기로 결정한다. 그리하여 메릴린치는 비록 주주들이 큰 손실을 입기는 했지만 어찌어찌하여 구출된다. 하지만 리먼브라더스는 9월 15일, 자원이 모두 고갈되어 영구적으로 문을 닫는다고 공표한다. 세계 금융시장에서 리먼브라더스의 도산은 작은 핵폭탄이 터진 것과 동일한 사건이었다. 모든 곳의 주식시장 지수가 붕괴했다.[66]

리먼브라더스의 소식이 나오기가 무섭게 더욱 파멸적인 사태가 덮쳐 왔다. 미국 최대의 보험회사인 AIG(American International Group) 또한 주택담보대출 유동화증권에 심하게 노출되어 있으며, 리먼브라더스보다 더욱더 지구적 금융시스템에 결부되어 있다는 것이었다. AIG가 무너진다는 것은 한 월 스트리트 내부자의 표현을 빌리자면 "멸종 수준"의 사건이었다.[67] 이런 일은 절대로 벌어지게 내버려둘 수 없는 것이었다. 2008년 9월 16일 화요일, 그린스펀 대신 연방준비제도 의장이 된 벤 버냉키(Ben Bernanke)는 구제금융 패키지 850억 달러를 들고 달려왔으니, 이는 3월에 베어스턴스에 제안했던 것과 같은 액수였다.[68]

이렇게 극적인 개입이 이루어진 덕에 시장은 잠시 가라앉았지만, 버냉키와 폴슨 그리고 그들의 긴밀한 협업자인 뉴욕 연방준비은행 총재 티머시 가이트너(Timothy Geithner)는 이걸로 끝난 게 아니라는 것을 알고 있었다. 전 지구적으로 수백만의 소비자와 사업체가 자금을 현금으로 보관하기 위해 저축 계좌로 사용하는 MMF(Money Market Funds)들이 파산으로 몰려가고 있었기 때문이다. 이들이 파산한다면 유동성은 완전히 말라붙게 될 것이었다. 그러면 전 세계의 금융기관들은 휘발유가 떨어진 엔진처럼 부르르 떨다가 멈추어 서고 말 것이었다.

리먼브라더스 파산과 AIG의 위기를 시작으로 미국 금융시스템 최정상의 관리자들은 그들 인생의 가장 무시무시한 18일을 견뎌 내야만 했다. 이 정도의 심각성과 긴장감에 견줄 만한 사건은 1962년 10월에 13일간 벌어졌던 쿠바미사일위기 정도뿐이었을 것이다. 두 사건 모두에서 미국의 소수 엘리트 정책입안자들이 전 세계의 운명을 손에 쥐고 있었기 때문이다. 1962년의 경우 그 위협은 핵전쟁으로 인한 인류 멸종이었다. 2008년의 경우 그 위협은 전 지구적인 금융의 멸망이었다. 이 2008년의 순간을 쥐고 흔들었던 이들이 훗날 생사의 투쟁에서 느꼈던 당시 감정을 어떤 말로 묘사했는지를 보면 그 아찔함을 느낄 수 있다. 가이트너는 자신의 경험을 이라크전쟁을 다룬 캐서린 비글로(Katherine Bigelow) 감독의 섬찟한 영화 〈허트 로커(The Hurt Locker)〉에서 제러미 레너(Jeremy Renner)가 맡았던 폭탄 제거 전문가에 비유했다. 한 걸음만, 그것도 아주 조금이라도 잘못 디뎠다가는 죽음과 폭발이 확실한 그런 상황이었다는 것이다. 폴슨은 그 순간을 자신에게 터진 9·11 사태라고 보았다. 벤 버냉키는 워낙 차분한 사람이고 남들 앞에서 감정을 공공연하게 드러내는 법이 없는 인물인지라 그저 당시 미국에 터진 경제위기가 미국 역사상 최악이며 1930년대 대공황보다도 심각했다고만 말했다.[69] 하지만 벤 버냉키는 학자로서 1930년대 대공황이야말로 미국 역사상 가장 심각한 위협이었다고 오랫동안 주장해 왔던 이였으므로, 이는 아주 무서운 말이었다.

9월 20일, 폴슨은 의회에 아주 특별한 요청을 내놓았다. 의회가 금융시스템의 파국을 피하기 위해서 당시 어마어마한 거액이던 예산 총액 7000억 달러를 마련하여 이 용도로만 써야 한다는 것이었다. 폴슨은 이 돈을 재무장관인 자신에게 모두 넘겨 달라는 요구를 하는데도 불구하고 놀라울 만큼 권위적인 언어로 이야기하고 있다. 그가 쓴 각서는 이렇게 선언하고 있다. "법적 권한으로 재무장관이 내리는 결정은 의회의 검토 및 논평이 불가하고, 온전히 기관의 재량에 맡겨지게 되며, 어떤 법정이나 행정기관도 검토 및 논평을 할 수 없다." 다시 말해서 재무부가 이 7000억 달러를 스스로 적합하다고 판단하는 대로 쓸 완전한 권한을 갖는다는 말이었다. 폴슨은 어떤 제한도 받지 않고 조치를 취할 수 있으며, 그 어떤 조치도 의회의 승인을 필요로 하지 않는다는 말이다.[70]

폴슨이 이런 수준의 비상대권을 자기 손에 쥐겠다고 나서자 공화당 의원들의 분노도 폭발했다. 그런데 이들이 분노를 터뜨리는 와중에 또 다른 은행 워싱턴뮤추얼(Washington Mutual)이 2440억 달러어치의 주택담보대출 문제로 침몰했다. 이 파산은 미국 역사상 최대의 은행 파산이었지만, 그래도 공화당 하원의원들의 3분의 2 정도는 폴슨의 요청을 요지부동으로 거부하고 있었다. 그 결과 이 조치는 결국 2008년 9월 29일에 228 대 205로 부결되고 만다. 그러자 다우존스산업평균지수가 778포인트 급락했는데, 이는 하루의 하락 폭으로는 역사상 최대였다. 미국 기업 세계에서 부 1조 달러가 몇 시간 만에 공중으로 사라진 것이다.[71] 이 정도의 주가 폭락이 벌어졌으니 공화당 의원들도 겁을 집어먹지 않을 수 없었고, 결국 투표의 방향을 바꾸어 폴슨 장관의 수정된 7000억 달러 패키지를 통과시키는 데에 합류한다. 그리하여 오늘날 부실자산구제프로그램(Troubled Asset Relief Program, TARP)으로 알려진 프로그램이 통과됐다. 뒤늦게나마 부실자산구제프로그램이 승인을 얻었지만 월요일에 주식시장이 개장하자 또다시 800포인트가 하락한다.[72] 그래도 이를 통해 폴슨은 목숨과도 같은 자원을 얻어 낸다. 그리고 1930년대 대공황의 원인에 대한 세계 최고의 전문가인 버냉키는 옛날의 위기가 반복되는 것을 막기 위해 연방준비제도를 공격적이고 혁신적으로 활용할 준비가 되어 있었다. 이들의 지도력과 민주당의 의회 지원에 힘입어 미국은 전 세계의 금융시스템이 사라지는 것을 막을 수가 있었다.[73]

그래도 피해는 막심했다. 2009년 3월이 되어 주식시장은 6600에서 겨우 바닥을 치게 되지만, 이는 1년 반 전 정점에 달했을 때의 50퍼센트도 되지 않는 수준이었다. 또한 이때가 되면 주택 가격은 3분의 1로 떨어진다. 2007년에서 2009년 사이에 미국의 가계 순자산의 손실액은 가계 부동산, 주식, 연금 등의 가치하락을 모두 합쳐 볼 때 11조 달러에서 20조 달러 사이에 이르렀다.[74] 2011년에는 미국 전체의 주택담보대출 4500만 건 가운데에 25퍼센트 이상이 주택 시세가 주택담보대출액에 미치지 못하는 상태가 됐다. 2007년과 2010년 사이에 가계 자산 중간값은 절반으로 떨어졌다.

이러한 재산의 소실이 인구 전체에 고르게 나타난 것이 아니었다. 부자들보다 가난한 이들이 겪은 고통이 컸고, 젊은이들이 노인들보다, 유색인종의 사람들이 백인들보다 더 큰 고통을 겪었다. 2005년에서 2009년 사이에 백인들의 가계 순자산이 16퍼센트 감소한 반면 흑인들의 가계 순자산은 절반 이상(53퍼센트)으로 감소했고, 라틴계 미국인들의 가계 순자산은 거의 3분의 2가 줄어들었다. 2010년이 되면 흑인들 중 자가 소유자의 비율은 40퍼센트로 떨어져, 그 이전 20년간 25퍼센트 증가했던 것을 완전히 다 갉아먹고 말았다.[75]

가계 자산의 감소와 긴밀히 연관된 소비의 감소도 나타났다. 미국에서 판매된 자동차의 숫자는 2007년에는 1600만 대였지만 2009년에는 900만 대가 되고 말았다. 2008년 말, 매달 지급해야 할 인건비가 거의 5억 달러에 달하는 제너럴모터스는 이대로 가면 2009년 여름에 파산을 맞게 될 것이라고 했다. 곧이어 도요타(Toyota)도 심각한 상태라고 밝혔다. 원유 가격이 폭락했다. 그리고 경제 침체가 히타치(Hitachi), 소니(Sony), 파나소닉(Panasonic) 등 동아시아의 거대 전자제품 기업들로 확산됐다. 실업률은 하늘로 치솟았으며, 미국의 경우 2008년 초 4.7퍼센트였던 숫자가 2009년 5월에는 9.4퍼센트로 두 배가 됐다. 전 세계적으로도 사라진 일자리의 숫자가 2700만 개에서 4000만 개 사이로 추산됐다.[76] 빠른 속도로, 이렇게 동시성을 강하게 띠면서 전 세계를 휩쓴 경제위기는 처음이었다.

오바마가 승리하지만 엄청난 짐을 지다

이 금융위기로 공화당은 거대한 철퇴를 맞아 박살이 나며, 공화당을 영구적으로 미국의 다수당으로 만들겠다는 부시의 꿈도 산산조각이 난다. 그는 대통령 임기를 마칠 무렵 1932년의 후버와 마찬가지로 사람들의 매도를 받으며 자리에서 내려오게 된다. 그는 이미 이라크전쟁을 엉망으로 만들었던 전력이 있었다. 게다가 2005년 허리케인 카트리나로 인해 뉴올리언스가 심한 고통을 받았을 적에 그의 정부가 끔찍할 정도의 무능력을 보여 주는 바람에 여론은 더욱 급격히 악화됐다. 부시가 속수무책으로 지켜보는 가운데에 터져 나온 2008년의 금융위기는 세 번째의 타격으로서, 거의 모든 미국인은 이제 부시 정권이 더 이상 통치에 적합하지 않다고 확신하게 된다.[77] 그해 11월 민주당은 백악관은 물론 국회의 양원 모두(하원은 257 대 187, 상원은 59 대 41)를 석권한다. 1992년 이후 최초의 3연승이었다.

이 새 정부의 수반은 젊고 카리스마 넘치는 아프리카계 미국인 버락 후세인 오바마였다. 그는 거의 하늘에서 뚝 떨어진 듯 나타나 민주당 대선후보 경쟁에서 거물급 힐러리 로댐 클린턴을 물리치고, 그다음 대통령선거에서는 공화당의 베테랑 상원의원 존 매케인(John McCain)에 승리를 거둔다. 오바마는 백악관에 입성한 최초의 아프리카계 미국인으로서, 흑인 남성이나 여성이 미국 대통령이 되려면 훨씬 오랜 시간이 걸릴 것이라는 모든 사람의 예상을 깨고 대통령 자리에 오른다.

인종적 핸디캡을 이겨 낸 오바마의 승리는 특별한 희망과 꿈을 자아냈다. 많은 이가 오바마의 승리를 드디어 미국이 인종주의의 어두운 과거와 단절하고 "인종주의 이후(post-racial)" 미래를 품게 될 준비가 되었음을 뜻하는 것으로 받아들였다. 오바마는 백인 어머니와 흑인 아버지를 둔 이로서, 흑인의 미국과 백인의 미국 모두를 종합적으로 이해하고 자신의 가족이 했던 것처럼 두 부족들을 통합할 방법을 찾아낼 만반의 준비가 되어 있는 인물로 자신을 내세웠다. 그가 취임 연설을 하던 날 워싱턴 수도에서는 걷잡을 수 없는 환호가 터져 나왔다. 뼛속까지 얼어붙는 추위에도 불구하고 미국 전역에서 사람들이 모여들어 그 취임 행사를 미국 역사에서 가장 크고 즐거운 잔치의 장으로 만들었다. 《텔레그래프(The Telegraph)》의 보도를 보자. "200만 명에 달하는 사람들이 국회의사당에서 링컨 기념관에 이르는 2마일에 걸친 잔디밭에 거의 발 디딜 틈 없이 채워졌다. …… 살을 에도록 추운 새벽부터 해 질 녘까지 붉은색, 흰색, 푸른색 깃발의 물결이 쉬지 않고 일렁였다." 이때만 하더라도 미국이 안고 있는 가장 깊은 문제들의 해결책이 금방 손에 잡힐 것처럼 보였다.[78]

하지만 오바마도 당시의 난국에 포로가 되어 버렸다. 무엇보다도 금융위기와 그 결과들이 그를 옥죄었다. 선거기간 동안에는 희망의 메시지로 수백만 명에게 영감을 주었던 그였지만, 막상 대통령에 취임하고 난 뒤에는 역사상 가장 냉정한 연설을 내놓는다. 그는 무거운 어조로 말한다. "우리가 지금 위기의 한가운데에 있다는 사실은 모두가 잘 알고 있습니다. 우리의 경제는 심하게 약화되어 있습니다. 많은 이가 집을 잃었고, 일자리를 잃었으며, 사업체를 잃었습니다." 다음과 같은 현실을 직시해야 한다고 한다. "우리에게 닥친 역경들은 현실적인 것들입니다. 이들은 심각할 뿐만 아니라 가지가지입니다. 짧은 시간 안에 쉽게 대처할 수 있는 것들이 아닐 것입니다."[79]

물론 오바마는 미국이 결국은 승리할 것이며, 예전에 항상 그러했듯 "공포가 아닌 희망"을 선택할 것이라고 선언한다. 그는 조지 워싱턴의 미국군(Continental Army)이 밸리포지(Valley Forge)에서 1777년과 1778년 사이의 끔찍한 겨울을 견뎌야 했던 이야기로 거슬러 올라간다. 그리하여 워싱턴의 군대와 그가 이끄는 신생국가가 얼마나 패배에 가까이 갔었는지를 청중에게 힘주어 말한다. "미국의 지도자들은 수도를 버렸습니다. 적군이 다가옵니다. 땅에 쌓인 눈은 핏빛으로 물들었습니다. …… 우리 혁명의 결과가 어찌 될지는 심히 의심스러웠습니다." 오로지 "꽁꽁 얼어붙은 강가의 사그라드는 모닥불 옆에서 웅크리고 있던 소수의 애국자 집단 하나만이" 이 사산의 위기에 처한 공화국을 구출하고자 남아 있었다는 것이다.[80] 오바마는 취임식 이전의 몇 주 동안 자신이 바로 그 고립된 애국자들 중 하나라고 느꼈다. 그와 그의 동지들은 2008년의 미국 금융 및 경제 위기의 깊이를 드러내는 통계수치를 들여다보면서 몸서리를 쳤다. 이 나라를 경제회복의 길로 돌리는 것은 결코 쉽지 않아 보였다.

또한 오바마는 자신의 경험 부족과 거기에서 나오는 지나친 노심초사에 포로가 되고 말았음이 드러난다. 그는 1996년에 일리노이주 의회의 상원의원으로 선출되어 공직에 들어섰으며, 미국 상원의원으로 선출된 것은 불과 2002년이었다. 2008년 당시 그는 아직 임기를 한 번밖에 지내지 못한 초보 상원의원이었으니, 워싱턴 정가가 어떻게 돌아가는지에 지식이 많지 않은 이른바 "뒷줄에 앉은 평의원(back-bencher)"이었다. 그는 공공이건 민간이건 대규모 기관이나 사업체를 운영해 본 적도 전혀 없었으며, 상원의원으로서 의회에서 중요한 법안을 통과시켜 본 적도 없었다. 그가 상원의원 임기 동안 했던 가장 유명한 행적은 2003년 이라크전쟁에 반대표를 던진 것이었다. 훗날 이라크전쟁 및 그 뒤의 이라크 점령이 재앙으로 변했다는 점을 볼 때, 이는 원칙이 분명하면서도 선견지명이 있는 입장이었다. 힐러리 클린턴은 뉴욕주 출신의 상원의원으로서 2003년 당시 이라크전쟁에 찬성표를 던졌으므로, 오바마가 민주당 대선후보 지명전에서 힐러리와 맞섰을 당시 이 전쟁 반대표로써 명예와 지지를 얻어 낼 수 있었다. 오바마는 원칙을 가진 정치인이었을 뿐만 아니라 학습이 아주 빠른 정치인이기도 했다. 하지만 그는 2009년 1월, 그가 대통령직을 시작하자마자 눈앞에 밀어닥쳤던 무수하고도 거대한 도전들에는 거의 아무런 준비도 되어 있지 않았다.

경제위기가 워낙 심각했으므로 오바마가 정부의 경제정책과 관련하여 핵심 인사를 어떻게 구성할지는 최소한 단기적 차원에서 그의 가장 중요한 의사결정이었다고 할 수 있다. 오바마는 여기에서 신중한, 심지어 보수적이기까지 한 기질을 발휘하여 클린턴 정권에서 경제를 성공적으로 이끌었다고 상찬받았던 월 스트리트 출신 인사들로 구성된 경험 있는 자문 집단을 인재풀로 선택한다.[81] 로버트 루빈은 다시 정부 공직에서 현역으로 뛸 생각이 없었다. 하지만 재무부 장관 시절 자기 밑에서 일했던 이들, 또 (클린턴 백악관을 떠난 뒤 안착했던) 시티그룹에서 자기를 위해 일했던 이들에게 오바마 정권에서 일하라고 강하게 압력을 가했다. 재무부 장관으로 임명된 가이트너는 루빈과 친분이 아주 깊었고, 경제자문위원회 위원장이 된 서머스도 마찬가지였으며, 관리예산처의 새 수장이 된 피터 오재그(Peter Orszag)도 그러했다. 클린턴 시절 루빈 재무장관의 수석보좌관이던 마이클 프로먼(Michael Froman)은 오바마의 비서실장 부보좌관(deputy assistant chief of staff)이자 국제경제 담당의 국가안보 부보좌관이 됐다.[82]

이렇게 루빈 집단이 권력의 자리로 되돌아오면서 클린턴이 미국 월 스트리트 엘리트들과 형성했던 유대가 얼마나 강력하게 남아 있는지가 그대로 드러났다. 오바마는 루빈의 사람들이 "클린턴 정부의 중도적이며 시장친화적인 경제철학에 뿌리박고 있음"을 잘 알고 있었다.[83] 탈규제에 열성을 갖고 주도권을 행하여 2008년 경제위기로 가는 길을 닦은 사람들이 바로 루빈 팀이라는 사실을 오바마는 옆으로 제쳐 두기로 했던 것으로 보인다. 워싱턴 장군이 밸리포지에 있었을 당시 최우선 목표를 자기 군대가 살아남을 방법을 찾는 것이라고 생각했던 것처럼, 오바마 또한 자신의 최우선 임무는 지금 금융의 겨울 속에 얼어 죽고 있는 미국의 은행들 그리고 그 은행들로 떠받쳐지는 지구적 경제 시스템을 살려 내는 것이라고 믿었다. 훗날 오바마는 이렇게 설명한다. "저는 그 어떤 섣부른 행동도 할 수 없다는 압박 아래에 있었습니다."[84] 그러니 은행들과 긴밀하게 일한 경험이 있는 월 스트리트 팀이야말로 미국이 위기를 넘길 수 있는 최상의 전략이라고 그는 믿었다. 이것이 오바마의 선택이었으니, 이로 인해 그는 의식했든 하지 못했든 1990년대식 민주당 경제정책의 인질로 붙들릴 가능성이 높아지게 됐다.[85]

대안으로 일정 기간 은행들을 국유화하거나 거대한 은행들을 작은 단위로 분할하거나 혹은 두 조치를 모두 취하는 등의 좀 더 급진적인 경제계획도 있을 수 있었다. 실제로 오바마의 경제 자문들 중 다수가 이런 계획들을 가지고 대통령의 주의를 환기시킨 바 있었지만, 오바마는 이 두 가지 정책의 가능성을 모두 기각해 버린다. 대신 19개 은행들을 대상으로 "스트레스테스트(stress test)"를 행한다는 가이트너의 좀 더 제한적인 계획을 채택한다. 이 계획에 따르면 연방준비제도의 지휘 아래에 있는 은행 감사관 200명으로 이루어진 팀이 출동하여, 가상으로 경제위기가 닥친 상황을 상정한 뒤, 은행들의 모든 기록을 다 열람할 수 있는 상태에서 각각의 은행이 그 위기에 어떻게 대처할 것인지의 모델들을 구축하도록 되어 있었다. 여기서 핵심 질문은 각각의 은행이 그 가상의 위기를 넘길 만한 충분한 자본 준비를 갖추고 있는지의 여부였다. 만약 그렇지 못하다면 이 은행들은 민간자본 시장에서 얼마의 자본을 조달해야 하는지를 통보받게 되어 있었다. 만약 자본시장에서 그러한 자금을 조성하지 못하게 되면 국민들의 혈세로 조성되어 아직 쫄슨 장관의 부실자산구제프로그램 기금에 남아 있는 돈에서 자본을 취하도록 했으며, 이 경우 부실자산구제프로그램 기금의 엄격한 조건에 복종하도록 했다.[86]

이는 영리한 계획이었고, 거대 은행의 신뢰를 신속하게 회복하는 데에 성공을 거두었다. 1월 말이 되면 은행 아홉 지점이 필요한 자본을 조성하여 정부의 감시에서 벗어났다. 2009년 12월이 되면 나머지 은행들도 모두 빠져나간다. 은행의 이사장과 정부 규제 책임자 들은 조달해야 할 자본의 액수와 조건을 놓고 연방준비제도의 회계사들과 흥정을 벌였으며, 민간은행들은 정부가 자기들의 사적인 업무에 끼어든다는 불평을 끊임없이 늘어놓았다. 하지만 거대 은행들의 수뇌들은 입이 쭉 찢어질 수밖에 없었다. 정부의 계획이 내놓은 조건이라는 게 그들이 충분히 충족시킬 수 있는 것이었던 데다가 정부개입의 범위와 지속 기간도 명시적으로 밝혀져 있었기 때문이다. 게다가 은행들은 스트레스테스트를 통과하고 필요한 민간자본을 조달하기만 하면 당시 절체절명으로 중요했던 연방정부의 승인 도장을 받아낼 수가 있었다. 그렇게 되면 자본시장에서 위치가 올라가게 되며, 크기가 작아 스트레스테스트 대상이 아니어서 연방정부의 인증서라는 상장을 기대할 수도 없던 다른 상업은행들에 비해 크게 유리한 위치를 점할 수 있었던 것이다. 오바마의 스트레스테스트 계획은 이러한 과정을 거치면서 "대마불사(too big to fail)"로 여겨진 소수의 거대 금융기관들에 권력과 자원의 집중을 더욱 크게 만들어 주고 끝나 버린다.[87]

그런데 실물경제(Main Street) 쪽에서는 오바마가 이렇게 금융 엘리트들과 그들이 거느린 금융기관들에 매우 유리하게 되어 있는 경제회복 패키지에 힘을 실어 준 것을 달가워하지 않았다. 수백만 미국인이 경제적 재앙의 결과로 삶이 파탄 난 상황에서 이 재앙의 원흉인 주택담보대출을 뿌려 댄 은행가들은 아무런 대가도 치르지 않는 것으로 보였기 때문이다. 오바마 정권이 감옥으로 보낸 은행가는 단 한 사람도 없었으며, 잘못된 운영의 책임을 지고 청산 명령을 받은 금융기관도 하나도 없었다. 게다가 이 은행들은 경제가 바닥으로 추락하여 실업률이 10퍼센트에 이르고 주택 수백만 채가 압류되던 2009년 4월 시점에 그 최고경영자들에게 수억 달러에 달하는 보너스를 지급하는 일까지 벌였으니, 오바마 정권도 이를 곱게 보지 않았다. AIG에서 2009년 3월에 금융상품부(Financial Products Division)의 경영진에게 무려 1억 6500만 달러에 달하는 상여금을 지급하기로 한 결정에 오바마는 자신이 "격노"했다는 것을 공공연히 알렸다. 이번 금융 폭락 사태의 중심은 거대한 파생상품 부문이 주저앉은 것이었던바, 이 상여금을 받은 "두뇌들"이라는 자들은 바로 그 사태의 배후에 있던 이들이었다. 오바마가 AIG를 공개적으로 꾸짖은 것에 월 스트리트도 잠깐 겁을 집어먹었다. 하지만 오바마는 실제로 벌금을 매긴다거나 기소한다거나, 혹은 대중 여론의 비난으로 은행 경영진이 의회 청문회에 끌려 나가 망신을 당하게 한다든가 하는 그 어떤 후속 조치도 취하지 않았다.[88]

오바마 정권이 금융 엘리트들의 요구에 맞추어 주는 일만 한 건 아니라고 말하는 게 공정할 것이다. 일반 노동자와 소비자 들의 손에 정부 돈을 직접 쥐여 주어 그들의 고통을 경감시켜 주려고 했던 2009년 2월의 7000억 달러 경기부양 패키지를 의회에서 통과시키는 조치도 있었다.[89] 또한 명민하고도 성공적인 조치를 통해 미국의 자동차산업을 재조직하여 경제적 기반을 훨씬 탄탄하게 만듦으로써 일자리 수십만 개를 지켜 내기도 했다.[90] 하지만 이러한 노력들은 이미 자신감을 회복한 금융계만큼 산업계와 실물경제 쪽에도 자신감을 가질 수 있도록 하기에는 부족했다. 많은 경제학자 그리고 심지어 대통령이 귀를 기울이는 경제학자들도 경기부양 패키지의 크기가 두 배에서 세 배는 되었어야 한다고 주장했다.[91] 자동차 회사들을 위한 구제금융은 설계는 좋았지만 그 효과가 제한적이었다. 게다가 그 와중에 집을 차압당하거나 팔려고 해도 팔리지 않는 상황에 처한 900만으로 추산되는 가정경제들에는 거의 아무런 도움도 주지 않았다.[92] 광대한 전국적 의료보험 계획을 마련하여 가난한 이들을 돕겠다는 것은 오바마 선거공약의 핵심이었고 실제로 정권에서 추진되기도 했다. 오바마가 금융 회복 조치에서 기성 금융기관들에 가능한 한 충격을 주지 않는 선에서 빨리 접어 버리려고 애를 썼던 이유는 바로 의료보험 개혁에 힘을 쏟기 위함이기도 했다. 하지만 그렇게 조속히 끝내 버리려고 했던 것이 전략적인 실수였을 것이다. 사회복지 확장에 신경을 쓰는 것보다 차라리 미국 국민에게 경제의 공정함과 평등을 보여 주기 위해 싸우는 쪽이 훨씬 더 지혜로운 일이었을지도 모른다.

오바마 정권은 부담적정보험법(Affordable Care Act)을 2010년 4월에 의회에서 통과시켜지만, 그것의 효과를 사람들이 느끼게 되는 데에는 오랜 시간이 걸렸다. 하지만 그 사이에 경제적 불평등은 크게 악화됐다. 2012년이 되면 다우존스산업평균지수는 2008년과 2009년 사이 대침체 기간 동안의 하락을 완전히 만회하게 된다. 반면 실업률은 2007년에 비해 크게 높은 상태에 머물러 있었다. 일자리의 숫자가 침체 이전의 수준을 회복하는 데에는 무려 8년이라는 긴 시간이 걸린다. 오바마의 첫 번째 임기 동안 상위 1퍼센트의 소득은 30퍼센트 이상 증가했던 반면 아래 99퍼센트의 소득은 0.4퍼센트 상승으로 끝났다.[93] 청년 노동자들은 오랜 기간 실업이나 불완전취업 상태를 겪으면서 경력개발의 길도 막혔으며, 생애 전체의 소득 창출 능력에도 큰 손상을 입게 된다. 서브프라임 주택담보대출에서 특히 많은 숫자를 차지했던 소수자집단이 겪어야 했던 고통에는 아무런 대책이 없었다. 백인 노동자 집단에서도 고통이 쌓여 갔으며, 알코올중독, 마약중독, 자살률 등이 하늘로 치솟았다. 이러한 조건 속에서 경제적 불평등에 대한 분노가 끓어오르기 시작했다. 신자유주의 헤게모니 아래에서 미국 정치는 오랫동안 이 경제적 불평등의 문제를 항상 주변부에 가두어 놓을 수 있었지만, 이제 중점 문제로서 전면에 등장하기 시작한다.[94]

경제회복을 위한 오바마 정권의 접근법은 신자유주의 헤게모니를 더욱더 크게 손상시켰다. 신자유주의의 핵심 명제는 정부의 감독에서 "시장을 자유롭게" 해 주면 모든 이들에게 기회와 번영이 찾아온다는 것이었다. 그런데 은행들을 정부의 규제에서 풀어 주었더니 처음에는 주택시장 거품이 생겨나고 그다음에는 금융의 붕괴, 그리고 경제의 붕괴가 터지지 않았는가? 그리고 금융 붕괴의 폐허 위에서 이 무너져 버린 금융시장이 스스로를 복구할 수 있을 것이라고 믿는 이는 거의 아무도 없었다. 시장이란 결국 정부의 개입과 규제를 필요로 한다는 것이 판명되고 말았던 것이다. 하지만 정부개입이라고 해도 다 똑같은 것은 아니다. 그럼 어떤 종류의 개입일까? 오바마 정권이 금융 회복 계획에서 은행들에 특권을 안겨 주었던 것은 옳은 일이었을까? 의료보험 개혁의 설계에서 민간 보험회사들에 중심적 역할을 부여한 것은 적절한 것이었을까? 혹시 이러한 결정들은 이미 미국인들의 삶을 옥죄고 있는 대형 금융기관들의 지배력을 약화시키기는커녕 더욱 강화시키고 있음을 적나라하게 보여 주는 것이 아닐까? 좌파 쪽에서는 사회주의자들이 뉴딜 질서에 있었던 강한 규제 기구들을 정부가 재건해야 한다고 주장하기 시작한다. 우파 쪽에서도 곧 "전문가(pundit)"라는 이들이 나와 대중의 민주적 통제 너머에 있는 "깊이 숨은 국가(deep state)"라는 게 암약하면서 부자와 권력자 들에게 유리하도록 모든 결과를 조종하고 있다고 주장하기 시작한다. 2008년에 터진 대침체가 낳은 정치적 반향이 이제 미국 내에서 폭발 직전이었고, 이로 인해 신자유주의 질서는 그 뿌리까지 흔들리게 된다.

2009년이 되면 그 이전 10년간 미국이라는 나라가 겪어야 했던 여러 퇴보의 후과가 거의 압도적이라는 것이 분명해진다. 일이 다르게 풀릴 수는 없었을까? 2000년 12월로 되돌아가 보자. 2000년 대선에서 대법원이 플로리다주의 투표함을 전수 재검표하라고 명령했다고 가정하고, 그 결과 부시가 아닌 고어가 백악관의 주인이 되었다고 해 보자. 고어 정권이라면 설령 9·11이라는 파국이 터졌다고 해도 사담 후세인과 전쟁을 개시하는 식으로 대응했을 가능성은 훨씬 낮다. 그러면 이라크, 시리아, 그리고 전 세계가 미국의 이라크 점령 그리고 거기에서 생겨난 난민 위기 등의 재앙을 피해 갈 수 있었을 것이다.

또한 고어 정권은 감세를 최우선 정책으로 삼지도 않았을 것이다. 또 이라크 전쟁과 점령으로 인한 재원 압박도 없었을 것이니 국내의 여러 정책 프로그램에 더 많은 자원을 쓸 수 있었을 것이다. 아마도 고어 정권이 들어섰다면 미국은 부시 정권 시절의 특징이 되는 공공 및 민간의 폭발적인 부채 증가도 피해 갈 수 있었을 것이다.

아마 그랬을 것이다. 하지만 금융의 탈규제 그리고 위험한 금융 도구들의 실전 배치가 공화당만큼이나 민주당의 작품이었다는 점을 기억해야만 한다. 위험할 정도로 부실한 경제정책들에 지지를 얻어 내기 위해 인종 간 평등과 다원주의에 대한 신념을 표방했던 것은 양쪽 모두 똑같았다. 그린스펀이 마법사라고 믿었던 것도 똑같았다. 시장의 리스크란 이제 옛날이야기가 되었다는 신자유주의의 낡은 주문을 신봉했던 것도 똑같았다. 기술 발전 덕분에 이제 인간들이 얼마든지 완벽한 시장을 이룰 수 있게 됐다는 믿음도 똑같았다. 완벽한 시장이 온다면 그 결과로 많은 이가 풍요를 얻게 될 것이다. 이것이 신자유주의의 약속이었다. 이 약속을 이행하는 데에 자기들의 명운을 걸었던 것도 민주당과 공화당이 똑같았다. 고어도 오랫동안 민주당의 신자유주의 진영에 있었던 터줏대감이었으며, 클린턴이 신뢰하는 기술유토피아의 부관이었다.

대침체의 결과로 이제 지구화와 신자유주의를 모든 이를 풍요하게 만들어 주는 정책이라고 광고하는 일은 불가능하게 됐다. 지구적 경제 안에 심각한 구조적 불균형이 내재하고 있으므로 경제의 붕괴뿐만 아니라 여러 나라의 사회구조까지 갈가리 찢어 놓을 위협이 존재한다는 진실을 기술유토피아로 감추는 일도 이제는 불가능하게 됐다. 금융 붕괴로 야기된 경제적 고통과 어려움은 오랜 시간 동안 지속될 터였다. 정치적인 분노가 잠시 동안은 시뻘건 숯불로 남아 있다가, 곧 극도로 격앙된 백열의 반란들로 줄줄이 폭발하게 된다. 신자유주의 질서는 그 반란의 열기를 견뎌 낼 수 없게 된다.

7장 —— 해체

2008년과 2009년 사이의 대붕괴 이후 미국에서는 아주 상이한 여러 집단이 경제적 고통을 정치적 분노와 저항으로 변화시키기 시작했다. 신자유주의 질서를 통해 번영을 누리던 지역에서 (경제적으로나 문화적으로) 소외됐다고 느낀 백인들은 티파티운동을 시작하여 미국을 되찾겠다고 나섰다. 한편 자기들에게 돌아올 것으로 기대했던 경제적 기회가 대침체로 공중분해된 것을 알게 된 청년들은 인종을 불문하고 맨해튼 남쪽의 작은 공원에 모여들어 월 스트리트를 점령했다고 선포했다. 이들은 몇 달 동안 거기에 머물면서 경제적 불평등에 반대하는 전국적인 저항을 촉발시켰다. 마지막으로 주택 거품붕괴가 가져온 가혹한 후과, 그리고 흑인 거주지역에서 벌어지는 경찰 폭력에 대한 흑인들의 분노는 "흑인의 목숨도 소중하다"

라는 도전적인 구호와 저항으로 굳어지게 된다.

이러한 반란들 하나하나를 따로 떼어 놓고 보면 1960년대의 베트남전 반대운동이나 민권운동만큼 (또는 1930년대의 노동운동만큼) 크지도 큰 파장을 불러오지도 못했다. 하지만 미국 정치에서 보자면 이 세 가지가 결합되면서 심각한 격변이 찾아오게 된다. 이 운동들이 도화선이 되어 도널드 트럼프와 버니 샌더스가 일어나게 되며, 미국 역사상 가장 주목할 만한 선거운동 가운데 하나인 2016년 대선 국면이 열리게 된다. 이때가 미국의 신자유주의 질서가 해체되기 시작한 순간이었다. 하지만 이를 정치적 혹은 이념적 반란의 이야기로 삼을 것이 아니라, 10년간 지속된 여러 정치적 폭발이 어떠한 경제적·인간적 고통의 기초에서 생겨났는지로 이야기를 시작하고자 한다.

백인 노동계급의 곤핍

지구화의 흐름과 신자유주의 질서에서 혜택을 보는 이들과 그렇지 못한 이들 사이의 경제적 불평등은 이미 수십 년 전부터 심화되고 있었으며, 2008년과 2009년 사이의 대침체로 야기된 곤핍과 경제적 혼란은 그 급소를 건드린 것뿐이었다. 1990년대와 2000년대 초에 뚜렷한 특징으로 나타났던 제조업 일자리의 유출로 인한 빈혈 상태는 대침체의 여파로 계속되어 200만 가지 일자리가 추가적으로 사라지게 된다.[1] 해고됐다가 운이 좋아 새로운 일자리를 잡은 이들도 그전보다 낮은 임금을 감수해야 했다.[2] 하지만 소득이 더 높은 쪽에서는 이러한 불운을 피해 갈 수 있었다. 2012년이 되면 주식시장은 2008년과 2009년 사이의 손실을 모두 만회했다. 미국의 부자들 손에는 어마어마한 부가 하늘 높은 줄 모르고 쌓여만 갔다. 1980년대 이후 미국 경제의 결정적 특징이 되어 버린 경제적 불평등은 계속해서 더 악화되어 갔다. 그리고 이러한 균열이 가져오는 결과들은 갈수록 더욱 분명하게 드러났다.

신자유주의자 사회과학자인 찰스 머리는 미국 백인 노동계급에 나타나는 그러한 결과들을 갈수록 우려하게 됐다. 2010년 무렵 그는 이 어려운 시기를 백인 노동계급이 어떤 상태로 버텨내고 있는지를 알아보기 위한 연구 프로젝트를 시작한다. 그는 사회적 실험실로 오랜 세월 노동계급의 주거 구역이던 노스필라델피아(North Philadelphia)의 피시타운(Fishtown)을 택했다. 2012년, 머리는 저서 『해체(Coming Apart)』를 통해 자신이 찾아낸 심각한 상태를 알렸다.

머리는 사회적 곤핍의 핵심 지표로서 결혼율의 저하에 관심을 쏟는다. 피시타운의 결혼 적령기에 있는 백인들의 결혼율은 1960년과 2010년의 50년 사이에 84퍼센트에서 48퍼센트로 급강하한다. 이는 부분적으로 이혼율의 증가도 반영하고 있었다. 머리를 더욱 경악하게 했던 것은 한 번도 결혼한 적이 없는 피시타운 주민들의 비율이었다. 30세에서 49세 사이의 사람들에서 이 비율은 1960년의 8퍼센트에서 2010년의 25퍼센트로 증가했다. 피시타운의 백인 노동계급 남성 중에서는 그 비율이 무려 3분의 1에 달했다. 그런데 결혼율이 하락한 만큼 출생률도 하락한 것은 아니었는데, 이는 곧 피시타운의 백인 아이들이 갈수록 혼외 관계에서 출생하여 한부모가정에서 살고 있다는 것을 의미했다.[3]

머리의 보고에 따르면, 미국 전체로 보았을 때에 미혼 백인 어머니에게서 태어난 아이들의 비율은 1960년에 3퍼센트였지만 2010년에는 거의 30퍼센트로 뛰어올랐다. 고졸 이하 학력의 경우에는 이 비율이 10퍼센트에서 60퍼센트로 증가했다. 성인 남녀가 모두 있는 가정에서 자라나는 아이들의 숫자가 갈수록 줄어들고 있는 것이었다. 그리고 어머니의 동거인이 바뀌면서 아버지가 다른 아이들을 낳았을 가능성이 높아지므로, 양쪽 성인이 모두 함께 사는 가정이라고 해도 생물학적 아버지가 아이와 함께 살고 있을 확률은 시간이 가면서 계속 줄어들었다고 밝혔다.[4]

머리는 피시타운의 모든 사회악이 사회적 삶의 기둥이 되어야 할 결혼과 가정이 이렇게 해체된 데에서 기인한다고 주장했다.[5] 동료 신자유주의자 조지 길더와 마찬가지로, 그는 안정된 결혼이야말로 남자들을 "길들이는(domesticate, 이 단어에는 '가정적으로 만든다'라는 뜻도 있다—옮긴이)" 데에 필수적이며, 결혼하지 않은 남성들은 직장과 여가 생활에서, 또 관계에서도 무책임하게 행동하게 된다고 보았다.[6] 이렇게 길들여지는 남성들이 줄어들게 되면서 노동에 대한 책임감도 감소하게 됐다고 머리와 길더는 주장했다. 가정을 갖지 않은 남성들은 자발성을 보이는 법이 거의 없으며, 취직하려고 들지도 않고, 취직한다고 해도 오래가지 못하며, "빈둥거리고(goofing off)", 술 마시고, TV 보고, 잠이나 자는 데에 시간을 다 써 버린다는 것이었다. 머리의 이야기에 따르면, 피시타운의 대다수 남성이 일이 아니라 TV를 보는 게 (그리고 비디오게임이나 인터넷을 하는 게) 주요 일과가 되어 버렸다고 한다.[7] 다소 도가 지나친 이야기지만, 머리는 그렇게 남자들의 근면성이 줄어들면서 정직성, 성실성, 공공 생활 참여의식, 종교 생활 등도 함께 감소했다고 주장한다.

다른 말로 하자면, 1980년대에 두려움을 자아냈던 "언더클래스"가 피시타운에서 또다시 생겨나고 있다는 이야기였다. 그 "언더클래스"의 영혼을 가진 흑인들만큼 이번에는 백인들도 그러하다는 것이었다. 머리는 흑인 문화를 한 문화로 볼 수 있는지에 의문을 던지는 바람에 일각에서 악명을 떨쳤던 이였다. 하지만 2012년의 저작에서는 "사회가 결딴나는 이 사태"에서도, 또 그가 피시타운에서 관찰했던 미국 전역에 창궐하고 있다고 생각한 "각종 악한 결과들"에서도 인종과는 아무런 관련이 없다고 마지못해 결론을 내린다.[8] "백인들의 미국이 가는 방향과 유색인종들의 미국이 가는 방향이 다르지 않다"라는 것이 머리의 우울한 보고였다. 양쪽 모두가 재난으로 치닫고 있다는 것이었다.[9]

가정생활과 그 각종 역기능의 양상에 대해 머리가 행했던 분석은 남성과 여성의 본성에 대한 본질론적 관점에 입각하고 있다. 남자들은 결혼으로 길들이지 않는 한 거칠고 대책 없는 존재들이며, 여성들의 으뜸 목적은 아이들을 낳고 기르는 것이라는 것이었다. 머리는 남성과 여성이 맡는 젠더 역할, 그리고 가정을 조직하고 아이들을 양육하는 방식이 시대와 장소에 따라 상이했다는 사실을 완전히 무시하고 있다. 그리고 머리의 분석은 인종주의로 오염되어 있다. 백인 마을이 사회적으로 저질화되는 사실을 흑인 마을에서 펼쳐지고 있는 비슷한 과정보다 더 가슴 아파하고 있는 것이다.[10]

비록 이러한 편향은 있지만, 백인들의 삶을 집어삼키고 있는 곤핍과 절망을 지적한 머리의 글은 틀린 말이 아니었다. 오히려 그는 그것들이 낳는 결과들을 과소평가했을 수도 있다. 그가 연구를 진행하고 있던 바로 그 시점에, 30세에서 49세 사이의 미국 백인 남성 노동계급 가운데 자해행위 비율이 크게 치솟고 있었다. 사실 미국은 사람들이 목숨을 잃을 정도의 폭력을 가하는 비율에서 보자면 오랫동안 예외적이라고 할 만큼 높은 나라였다. 하지만 백인 노동계급에서 자해와 죽음의 비율이 올라간다는 것은 새로운 현상이었다. 이 집단에서 알코올과 약물 중독으로 죽음에 이르는 숫자는 1999년에서 2013년 사이에 네 배가 늘어났고, 자살로 죽은 사람의 숫자는 같은 기간 거의 40퍼센트가 증가했다. 이 기간 동안 자해행위의 비율 증가로 보면 미국 내의 다른 어떤 집단—부유한 백인 집단, 소득과 교육 수준을 불문한 흑인 및 라틴계 집단 등—도 이 집단과 비슷한 추세를 보이지 않았다. 이러한 죽음이 너무나 두드러지게 증가했으므로, 그 이전 수십 년간 계속 감소해 왔던 중년 백인 노동계급의 전체 사망률까지 다시 오르게 됐다. 북미와 유럽의 선진 산업국 집단에서도 인구학적 추세가 이런 방식으로 역전된 것은 전쟁, 팬데믹, 인종청소 등의 상황에서만 벌어졌던 일이었다. 이런 점에서 볼 때 21세기 초 미국의 백인 남성 노동계급의 삶에 드리워진 상황은 유례가 없는 것이었다. 만약 머리가 이렇게 백인 남성 노동계급에 자해행위가 만연해 있다는 것을 알았더라면 분명히 이 또한 백인들 미국의 한 귀퉁이가 정말로 해체되는 중이라는 자신의 주장을 뒷받침하는 논거로 사용했을 것이다.[11]

그런데 머리는 이러한 백인들의 절망이 어떤 물질적 근원에서 나오는 것인지에는 전혀 관심을 두지 않는다. 지구화, 경제적 불평등의 누적, 수백만 개에 달하는 안정된 블루칼라 일자리의 소멸 등이 이미 몇십 년에 걸쳐 진행된 낯익은 패턴이었음에도 그의 저서 『해체』는 여기에 전혀 주의를 기울이지 않는다. 2008년과 2009년 사이의 대침체는 그의 저서에서 거의 나오지도 않는다. 머리가 21세기 미국 위기의 주범으로 지목하는 것은 백인 지배엘리트였다. 이 엘리트 집단의 성원들은 튼튼한 가정, 근면, 기율, 자조 정신 등의 제대로 된 도덕적·문화적 가치들을 자기들만큼 잘살지 못하는 젊은이들에게 심어 주는 데에 실패했다는 것이다. 머리는 거트루드 히멀파브의 주장을 되풀이하여 그러한 가치들을 심어 주는 것이야말로 19세기 빅토리아시대의 영국인들이 아주 효과적으로 성취한 바였다고 주장한다. 반면

21세기의 미국은 "공존공영(live and let live)" 철학—이는 내가 앞에서 긍정적인 관점에서 세계시민주의 버전의 신자유주의 도덕 규율이라고 불렀던 것을 부정적으로 표현한 말이다—에 너무 젖어 든 나머지 국민적 차원의 도덕적 지도력을 발휘하지 못했다는 것이다. 그가 볼 때, 이렇게 엘리트들이 역할을 하지 못한 결과로 같은 백인 종족 내에서 사회적 위계 아래로 사회문화적 재앙이 나타나게 되었다는 것이다.[12]

미국의 백인 노동계급이 사회적으로 더 우위에 있는 이들로부터 버림을 받게 되자 모종의 룸펜프롤레타리아와 같은 존재로 내려앉고 말았다는 것이 머리의 관점이며, 여기에는 교만함과 우월감, 조야한 마르크스주의적 분석을 넘어서는 무언가가 묻어 있다. 그는 이들을 스스로 움직일 힘이 전혀 없는 무리로 보았으며, 그들에게서 무언가 정치적인 확고한 역량이 나올 것이라고는 전혀 생각하지 않았다. 당시 이미 백인 노동계급 사이에서는 정치적인 분노가 꿈틀대며 타오르고 있었고, 이것이 티파티운동을 낳고 나중에 도널드 트럼프를 백악관으로 밀어 올리는 인종민족주의 포퓰리즘을 통해 절정을 이루게 되지만, 머리의 2012년 저서에는 이러한 정치적 분노에 관해 일언반구도 없다. 하지만 머리가 피시타운의 가난한 백인들을 통해 보여 주는 놀라운 데이터는 어째서 정치적 폭풍의 먹구름이 밀려들고 있었는지를 이해하는 데에 도움이 된다.

흑인들이 겪어야 했던 것

대침체로 인해 흑인 공동체에서 벌어졌던 경제적 고통은 실로 넓고 깊은 것이었고, 단기적으로 보면 백인들이 경험했던 것보다 더 컸을 확률이 높다. 클린턴과 부시 시절의 자가 소유 붐으로 소수인종들 중에서 집을 가진 이들의 비율도 40퍼센트에서 50퍼센트로 늘었으며, 백인 가정과 흑인 가정을 갈라놓는 크나큰 부의 격차도 줄어들 희망을 보여 주었다.[13] 하지만 앞에서 보았듯이 대침체로 소수인종들 중 자가 소유자들의 비율은 격감하고 말았다. 매달 지급해야 할 주택담보대출 원리금을 갚지 못하게 된 이들이 많았다. 대출기관들은 재빨리 주택 압류에 착수했다. 셀 수 없이 많은 가정이 집을 잃게 됐으며, 그 과정에서 자신이 가진 얼마 되지 않는 재산까지 모두 날리고 말았다.[14] 대침체가 2009년에 종식된 후에도 주택문제에 휘말린 흑인 자가 소유자들의 비율은 계속 올라 14.2퍼센트에 달했으니, 이는 백인들보다 세 배가 높은 비율이었다. 백인들과 흑인들의 가계 자산의 격차는 더욱 벌어졌다. 2010년 기준으로 볼 때, 백인 가계 자산의 평균은 흑인 가계 자산 평균의 여덟 배였다. 2013년이 되면 백인 가계 자산이 흑인 가계 자산의 열세 배가 된다.[15]

또한 미국 경제에서 공공부문과 민간 부문의 경제회복 속도가 큰 차이를 보였던 것도 흑백 인종 간 경제 격차를 벌리는 원인이 됐다. 성인 아프리카계 미국인들 가운데 다섯 명 중 한 명꼴로 연방정부, 주정부, 지자체 정부의 일자리에서 일하고 있었는데, 이는 백인들보다 훨씬 높은 비율이었다. 하지만 대침체가 공공부문에 큰 타격을 가져왔다. 지자체 정부의 경우 주요한 세수의 원천이 재산세이므로 주택 가격의 폭락과 압류 주택의 폭증으로 인해 재원이 바닥나고 말았다. 그런데 이러한 지자체들과 그들이 속한 주들에서는 정부가 적자재정으로 운영되는 것이 법 혹은 헌법으로 금지됐기 때문에 경기침체가 벌어지는 시기에는 크게 불리한 위치에 있게 됐다. 따라서 2008년과 2009년 사이의 경제 붕괴로 인해 이 정부들은 무수한 노동자를 해고할 수밖에 없었다. 많은 지자체 정부 및 주정부가 이러한 공공부문의 대량 해고로 인해 기능부전에 빠지게 됐고, 그나마 2009년 오바마 정부는 구제금융 계획을 통해 연방정부의 자금을 이러한 도시와 주 여럿으로 돌려서 잠시 동안 대량 해고의 물결을 완화할 수 있었다. 하지만 연방정부의 지원은 재산세의 세수가 침체 이전의 수준을 회복하기도 전에 바닥나고 말았다.[16]

주정부들은 지역 내에서 몸살을 앓고 있는 지자체 정부들을 도울 수 있는 재원을 마련하기 위해 주 차원에서 소득세율과 소비세율을 더 올릴 수도 있었을 것이다. 하지만 많은 주에서는 증세를 무조건 반대하는 교조적인 반증세 동맹 세력이 주 의회를 장악하고 있었다. 이 또한 정부는 그 자체가 문제일 뿐 해법이 될 수 없다는 신자유주의적인 흐름의 일부였다. 정부의 권한과 자원을 빼앗는 것이 사회에 가장 큰 이익이 되는 일이며, 이에 따라 자유시장이 알아서 작동할 수 있는 영역이 더 확장된다는 것이었다. 공화당원들 중에서도 특히 위스콘신주의 스콧 워커(Scott Walker)와 같은 주지사들이 정부의 낭비 및 부패를 공격하고, 공공부문 노동조합을 이 문제의 근원으로 지목하면서 명성을 쌓았고, 경기침체 이후의 시대에 대표적 얼굴로 부각됐다. 워커와 그의 동맹 세력은 위스콘신에서 공공부문 노조의 협상력을 후퇴시켰고, 공공부문의 임금 하락은 물론 공공부문에서 마음에 들지 않는 노동자들을 솎아 내기까지 했다. 따라서 백인들보다 더 많이 공공부문 일자리에 의존하고 있던 아프리카계 미국인들은 이러한 움직임들로 인해 당연히 더욱 큰 피해를 볼 수밖에 없었다.[17]

상황이 이렇게 되면서 도심지역 흑인 공동체에서 오랫동안 일자리와 소득의 원천 노릇을 했던 마약 거래의 지하경제가 다시 기승을 부리게 됐다. 이 불법적 경제는 항상 큰 위험을 안고 있었다. 마약 거래상들 그리고 이들과 결부된 폭력 조직들은 무기를 가지고 뜻대로 안 되면 서슴없이 폭력을 쓰는 자들이었다. 젊은 흑인 남성들 사이에서의 살인율(rates of homicide)은 1970년대 이후 계속 감소하기는 했지만 전체 인구 중 다른 집단에 비해 여전히 가장 높았고, 25세에서 34세 사이의 흑인 남성 10만 명 중 76명꼴에 달하고 있었다.[18] 이러한 죽음의 다수는 마약 경제 내부에서 벌어진 것이지만, 그중 일부는 젊은 흑인 남성들과 도시 경찰력 사이의 충돌에서 벌어진 것이었다. 1980년대와 1990년대에 사소한 마약 관련의 위반도 가혹하게 처벌했던 체제가 계속됐고, 1990년대 뉴욕시 시장이던 루돌프 줄리아니와 그의 동맹자들이 내놓았던 범죄에 대한 무관용이라는 이데올로기도 계속되고 있었다. 그러는 사이에 경찰 집단은 스스로를 완전히 군사화했고, 해외 적군에 맞서는 파병 육군과 해병대의 교전 수칙과 비슷하게 규칙을 계속 바꾸어 갔으며, 무장 또한 그 수준에 맞추어 올려 나갔다. 이는 책에 나오는 점잖은 영국 순경처럼 시민들의 평화를 유지하는 기능과는 거리가 먼 것이었다.[19] 2013년뿐만 아니라 2014년에도 경찰이 흑인 남성들을 살해하는 사건들이 벌어져 온 나라를 뒤흔들었다. 하지만 그보다 훨씬 이전인 1980년대 말 이후로 미국 신자유주의 질서의 일부였던 대량 투옥 체제에 대해서도 심판이 시작된 상태였다.

이를 촉발시킨 계기는 오하이오주립대학교의 법학과 교수로서 그다지 유명세가 크지 않던 미셸 알렉산더(Michelle Alexander)가 2010년에 『새로운 짐 크로(The New Jim Crow)』를 출간했던 것이다. 미국의 범죄 처벌 체제에 의해 체포된 미국인들에 대해 알렉산더가 수집한 수치는 참으로 충격적이었다. 미셸의 계산에 따르면, 미국에서는 700만 명 이상(이는 전체 미국 인구에서 31명 중 1명꼴이다)이 수감, 보호관찰, 가석방 상태에 있다고 했다. 수감 인원은 200만 명 이상이었다. 독일의 경우 수감 인구는 10만 명 중 93명꼴이었다. 하지만 미국은 그 수치가 10만 명 중 무려 750명에 달했던 것이다. 러시아, 중국, 이집트, 이란, 북한과 비교해 보아도 미국의 인구당 수감된 기결수의 숫자는 더 많았다. 게다가 미국의 수감자들 중에는 흑인과 라틴계가 압도적으로 많았다. 미국의 몇몇 도시에서는 젊은 흑인 남성 중 전과기록을 가진 이들의 비율이 무려 80퍼센트에 달했다고 한다. 남아프리카공화국에서 인종 분리 체제가 절정에 달했을 때보다 오히려 미국에서 흑인들이 수감되는 비율이 더 많았던 것이다.[20]

『새로운 짐 크로』가 미국 사회에 큰 힘을 발휘할 수 있었던 것은 이 충격적인 수치들을 제대로 보여 주었기 때문이었다. 자유와 민주주의—그리고 신자유주의적인 여러 자유까지—를 자랑하는 나라가 21세기 세계에서 가장 큰 규모의 감옥 체제를 어떻게 용인할 수 있을까? 알렉산더의 충격적인 분석에서 도출되는 또 한 가지 문제가 있었다. 아버지들이 감옥으로 가면서 한부모가정이 된 흑인 가정에서 자라난 아이들이 어떤 대가를 치러야 하는가였다. 알렉산더는 흑인 남성들이 감옥에서 오랫동안 수형 생활을 한 뒤에도 그걸로 처벌이 끝나지 않는다는 점을 보여 주며 많은 흑인 독자로부터 강한 공감을 얻었다. 감옥에서 나온 이들이 취직을 하려고 하면 전과와 형량을 보고하도록 의무화되어 있었기에 일자리를 잡을 수가 없었다. 또한 감옥에 다녀온 이들은 영구적으로 투표권 그리고 시민권과 결부된 다른 권리들을 영구적으로 박탈하는 주들도 많았다. 형기를 마친 이들이 공동체 생활에서 경제적·정치적·사회적으로 온전히 일원이 될 수 있도록 회복 장치를 가진 주정부는 거의 없었다. 이 소수자집단 출신이 아닌 의원들 중에는 복역이 끝난 사람에게 딱지를 붙여 배제하고 주변부로 밀어내서 무력감으로 일생을 보내도록 하는 것이 얼마나 부당한 일인지를 생각해 본 이들이 거의 없었다. 하지만 소수자집단 안에서 삶을 꾸려 온 이들은 전과자라는 딱지를 벗지 못한다는 것이 개인이나 가족에게 어떤 고통이 쌓이는지를 너무나 잘 알고 있었다.[21] 대침체와 그로 야기된 경제적 고통으로 인해 수감과 가석방 생활은 더욱 심각한 결과를 가져오게 됐다. 미셸 알렉산더의 책은 소수자집단 내부의 사람들에게나 그 밖에 있는 이들에게 미국이 아주 오랫동안 무시해 왔던 심각한 사회적·윤리적 문제를 새롭게 생각할 수 있는 기회를 제공했다. 이제 저항의 씨앗이 뿌려지고 있었던 것이다.

프레카리아트

대침체의 여파로 전혀 다른 사회적 집단 하나가 큰 어려움을 겪고 있었다. 이들은 "프레카리아트(precariat)"라는 이름을 얻게 되는데, 이는 처음에는 "프롤레타리아트"라는 말을 살짝 꼰 것으로 고안됐다. IT 혁명은 일자리, 기회, 풍요의 세상을 열어 냈고 사람들은 이를 "임시 계약 경제(gig economy)"라고 찬양했지만, 이 불안정 노동자들은 그 어두운 면을 겪은 이들이었다. 새로운 디지털 도구와 프로그램 덕분에 개인들도 자기 사업을 열거나 최소한 자신의 노동조건을 통제할 수 있다는 주장이 횡행했다. 사업가 정신을 가진 개인들은 이제 월급을 받는 직원이나 시간제임금을 받는 노동자가 되지 않고서도 회계사, 변호사, 출판 편집인, 사진작가, 도예가, 온라인 판매상 등으로 일을 할 수 있게 됐다. 또한 이러한 일은 파트타임과 전일제를 스스로 조절할 수 있기에, 예전에 주 5일 정규적으로 직장에 출근하던 때보다, 학교에 다니거나 아이들과 연로한 부모를 돌보는 등의 다른 활동을 병행하기도 더 쉬워졌다고 했다. 이제는 집에서 일을 할 수도, 또 인터넷이 가능한 근처의 카페에서 일을 할 수도 있게 됐다. 그래서 임시 계약 경제는 누구나 자영업자가 되어 매일 자유를 만끽하면서도 돈을 번다는, 아메리칸드림을 삶에 실현하게 된다는 희망으로 점철되어 있었다. 또한 이전에는 너무나 중요한 의료보험 때문에 사람들이 취직을 하려고 했지만, 오바마의 부담적정보험법 덕분에 프리랜서들과 소상공인들도 합리적인 비용으로 의료보험을 얻을 수 있게 되어 이러한 경제의 성장이 더욱 촉진됐다.

또한 신자유주의는 누구나 자신의 물질적·인격적 자산을 새로운 방식으로 화폐화하여 사업가로 전환시킬 수 있는 방법을 이론화했는데, 이는 임시 계약 경제의 개념적 기초를 제공했다. 이러한 새로운 사고방식의 한 예를 보자. 사람들은 대개 소득과 저축의 큰 몫을 자동차와 주택에 쓰고 있지만, 이러한 자산들은 충분히 활용되지 못하고 있다고 한다. 자동차는 매일 오랜 시간 동안 그저 주차장에 머물러 있으므로 쓸모를 만들어 내는 것도, 소득을 만들어 내는 것도 아니다. 주택이나 아파트는 그런 식으로 방치되는 것은 아니지만, 다주택자의 경우 두 번째 주택과 아파트는 자동차와 마찬가지로 방치되어 있다. 그렇다면 이 자산들을 자신과 가족을 위해 소득을 낳는 자산으로 전환할 방법을 찾아내는 게 어떨까? 에어비앤비(2008년)와 우버(2009년)가 창업되었을 때에 그 창업자들이 던졌던 질문이 바로 이것이었으며, 이들은 무수한 주택 소유자 및 자동차 소유자에게 자기 회사에서 개발한 기발하게 설계된 컴퓨터프로그램을 통해 그 자산을 화폐화하도록 설득하여 그 결과를 보여 주었다. 그러자 단기 임대로 나온 자동차와 아파트 들이 금세 넘쳐 났다. 집과 자동차를 빌리는 이들은 이제 더 낮은 요금을 내게 됐고, 또 이들을 빌려주는 사람들은 탄탄한 새로운 소득원을 갖게 될 전망이 생겨났으며, 대신 도시교통과 주택 임대 산업은 몸살을 앓게 된다.[22]

물론 이 새로운 임시 계약 경제에는 어두운 측면이 있었다. 피고용인이 아니라 시장경제의 개인으로서 우버 운전사로 일하는 임시 계약 사업자들의 경우, 자신의 노동에서 결정적으로 중요한 측면들에서는 거의 통제권을 갖지 못했다. 이들이 서비스를 행하고 받은 요금으로는 연금이나 의료보험의 비용을 충당하기 쉽지 않았다. 또한 취직했을 때 고용주가 내주는 몫의 사회보장 기여분도 이들은 스스로의 힘으로 마련해야 했다. 병으로 일을 못 하게 될 경우에도 그 비용을 감당해 주는 이가 없었다. 물론 임시 계약 노동자 시장이 탄탄하고, 또 임시 계약 노동자들이 젊어서 질병이나 퇴직연금 등을 크게 걱정할 필요가 없을 때에는 이런 것들이 큰 문제가 되지 않을 수 있다. 하지만 경제호황이 끝나고 그 결과 임시 계약 노동자들이 서비스 요금으로 받을 수 있는 액수가 줄어들며 또 대기업들이 불황을 맞아 대규모 해고를 행하여 임시 계약 노동자들이 시장에 쏟아지게 된다면 어떻게 될까? 시장은 갈수록 작아지고 적대적이 되어가고 있는데, 갑자기 무수한 프리랜서가 더 밀고 들어와 서비스를 내놓으며 경쟁하는 일이 벌어지게 된다.

이러한 순간에는 임시 계약 경제라는 것이 경제학자들이 오랫동안 비정규직 노동시장(casual labor market)이라고 불렀던 것과 닮아 가기 시작한다. 구할 수 있는 노동 형태라는 게 언제나 충분치 못하고 영구적이지 못하기 때문이다. 비정규직 노동시장은 고용주들에게 유리하게 작동한다. 이 시장에 우글거리는 구직자들은 필요한 것만큼 충분한 일을 얻지 못하며 따라서 적은 임금의 임시 계약으로라도 기꺼이 일을 하려고 들기 때문이다.[23]

2008년과 2009년 사이의 대침체 기간과 그 이후에 출현한 비정규직 노동시장은 마르크스에 친숙한 좌파들이 오랫동안 "무산계급(proletariat)"이라고 부르던 이들과 달랐다. 이 집단에는 영구적인 빈민들만 포함되는 게 아니었다. 여기에는 대학 졸업자들도 많았고, 탄탄한 중산층 심지어 중상류층도 상당수 포함되어 있었다. 이들은 경제위기 이후 정규직 일자리를 잡지 못한 경우도 있었지만, 자신이 임시 계약 경제의 주인으로 우뚝 설 수 있다고 확신하여 아예 구직을 포기한 경우들도 있었다. 또한 이 집단은 인종적으로도 다양하여 백인, 흑인, 라틴계, 그 밖의 인종들도 섞여 있었다. 이들의 연령은 젊은이인 경우가 많았다. "프레카리아트"라는 말은 1980년대에 프랑스 사회학자들이 만든 말이었지만, 2010년대까지만 해도 영미권에서는 잘 쓰지 않는 어휘였다.[24] 하지만 그 이후로 노동조건이 만성적으로 불안하고 시장 상태와 고용주의 입맛에 휘둘리면서 아무런 통제력을 갖지 못하게 된 노동자 집단이 급속히 불어나면서 이 말이 널리 쓰이게 된다.

풍요한 가정의 젊은이들이 이 프레카리아트의 상당 부분을 차지했고, 이는 정치적으로 큰 중요성을 갖는 일이었다. 역사적으로 볼 때에 한 사회의 엘리트 혹은 장래의 엘리트들 중 일부가 지배적인 정치 질서에 신뢰를 버리고 자기들보다 불운한 이들과 운명을 함께하겠다고 나설 때 저항운동이 엄청나게 불어날 때가 많았기 때문이다.[25] 이들 사이에 공동의 물질적 이익을 공유한다는 인식이 확산되면 그들의 동맹도 강화되는 것이 역사의 선례였고, 이 일이 이제 곧 또다시 벌어지게 된다.

티파티가 터져 나오다

대침체 이후 최초의 정치적 혼란은 우파에서 터져 나왔다. 21세기의 티파티는 2009년 3월, 시카고상품거래소(Chicago Mercantile Exchange)에서 보도하던 CNBC 기자 릭 샌텔리(Rick Santelli)가 생방송 도중 마구 흥분하여 떠들어 댄

이야기에 사람들이 호응하면서 시작됐다. 샌텔리가 떠들어 댔던 장면은 당시에는 별로 중요하지 않아 보였지만 이후 대규모의 정치운동을 촉발시키게 된 셈이다.[26]

샌텔리는 오바마 정부가 또다시 미국인들에게 공짜 "경품(giveaway)"을 내준다는 소식을 전하면서 이를 무책임한 재정운영이라고 공격했고, TV 생방송에서 정부의 너무나 헤픈 구제금융에 이제는 신물이 난다고 소리를 질렀다. 반쯤은 분노로, 또 반쯤은 농담으로 그는 원자재 상품 거래자들에게 파생상품이 예전에는 금융 부문을 지탱해 주는 것이었지만 이제는 그것을 무너뜨리는 것이 됐으니, 모든 파생상품을 깡그리 모아 시카고강에 던져 버리자고 외쳤다. 1773년 보스턴 항구에서 보스턴 티파티(Boston Tea Party) 사람들이 원치 않던 영국산 차를 모조리 바다에 던져 버렸듯이 말이다. 샌텔리의 돌격 명령이 일파만파를 일으키자 도처에서 스스로를 티파티라고 자처하는 집단들이 생겨나면서 정치 조직화의 물결이 촉발된다. 그중에는 풀뿌리에서 직접 생겨난 것들도 있었지만, 코크 형제가 자금을 대서 만든 것들도 있었다. 코크 형제는 방만한 정부지출을 미국의 장래에 가장 심각한 위협으로 보았으며, 여기에 제동을 걸고자 그 어느 때보다도 기를 쓰고 있었다.[27]

코크 형제는 미국의 강력한 산업 기업집단 중 하나를 통제하고 있었다. 이들이 일부 티파티 집단들을 지원했다는 사실은 곧 엘리트들이 이 저항운동의 방향을 통제하려 들고 있었음을 드러낸다. 하지만 티파티에 모인 일반 군중 중에는 연방정부의 지출을 단순히 방만한 과다 지출의 문제로 보기보다는 일반 미국인들을 희생시켜서 거액의 부를 모은 집단을 더욱 부자로 만들어 주려는 음모로 보는 포퓰리즘의 흐름도 있었다. 이들은 텍사스주의 괴짜 국회의원 론 폴(Ron Paul) 같은 이들에게서 영감을 얻어, 정부의 구제금융 자금 중 상당량이 베어스턴스와 AIG처럼 미국에 대침체를 가져오는 데에 결정적 역할을 했던 바로 그 돈과 권력이 넘치는 금융기관들에 흘러간다는 것에 초점을 두었다. 이렇게 미국의 부자들을 애지중지하는 짓은 그만두어야 하며, 그 유일한 방법은 연방정부가 미국인의 혈세로 망해 가는 대기업들의 생명을 연장하기 위해 퍼붓고 있는 자금줄을 끊어 내는 것뿐이라는 것이었다. 만약 그 과정에서 1945년 이후로 굳어진 연방정부의 형태를 뒤집어엎어야 한다면 이 또한 피하지 않겠다는 것이었다. 폴과 그의 추종자들은 비록 여기에서 엄청난 대학살이 벌어지겠지만, 거기에서 더 나은 미국이 출현할 것이라고 믿었다.[28]

티파티의 세 번째 흐름은 경제적 불평등에 대한 분노와 민족적·인종적 분노가 결합된 것이었다. 티파티에 모인 이들 중 일부는 정치경제 엘리트들과 미국 국민 중 도움을 받을 자격도 없는 (그리고 대부분 비백인) 빈민들이 불경한 동맹을 맺었으며, 이들이 작당하여 미국에 최악의 해악을 가져온 것이라고 공격하기 시작했다. 사실 이러한 불경한 동맹에 대한 억측과 주장들은 이미 존슨 대통령의 위대한사회와 민권운동 시절부터 미국 사회에 스며들어 있었다. 당시 민주당의 진보 엘리트들이 선거에서 이기기 위해 흑인 빈민들과 동맹을 맺었고 정권을 잡은 뒤에는 연방정부를 이용하여 유색인종들을 도왔던 반면 미국의 “가장 뛰어난” 시민들, 즉 하나님을 섬기고 법을 준수하며 헌법을 존중하는 백인들의 절박한 요구는 무시하거나 아예 대놓고 짓밟았다는 것이었다. 그런데 대침체의 결과로 인종민족주의에 입각한 새로운 세대의 포퓰리스트들이 전면에 등장하여 찰스 머리가 연구했던 피시타운과 같은 지역에서 오랫동안 부글거리고 있던 불만의 불씨에 부채질을 했던 것이다. 그러한 선동가 중 하나인 앤드루 브라이트바트(Andrew Breitbart)는 2005년 브라이트바트닷컴(Breitbart.com)이라는 사이트를 연다. 이는 (백인) 서민들 편에 서서, 자기주장에 의하면 기득권 진보 엘리트들과 동맹 관계에 있는 미국의 흑인 및 라틴계 빈민 집단을 공격 대상으로 삼아 신나게 막말을 퍼붓는 우파 디지털 뉴스 서비스였다.[29]

티파티가 전국적으로 부상하여 영향력을 갖게 된 것은 2009년 8월의 일이었다. 당시 논란이 많던 오바마의 부담적정보험법을 두고 미국 곳곳에서 많은 국회의원이 지역구 주민들의 의견을 듣기 위해 타운홀미팅(town hall meeting, 미국 민주주의의 독특한 전통으로, 영국 식민지 시절부터 중요한 일들이 있으면 주민들이 마을에 모여서 기탄없이 자기 생각을 이야기하고 장시간 토론을 벌이곤 했다. 오늘날에도 정치인들이 ‘풀뿌리’와의 접촉을 강화하고 싶을 때에 자주 사용하는 방식이다—옮긴이)을 열었는데, 여기에 티파티 성원들이 떼로 몰려갔던 것이다.[30] 티파티 성원들 다수는 "오바마케어(Obamacare)"를 진보파 엘리트들이 흑인 및 라틴계 빈민들과 손을 잡고서 미국의 선량한 (즉 백인) 시민들이 원치도 않는 의료보험 시스템을 강제하려는 음모의 최근 사례라고 보았다. 또한 티파티 활동가들은 오바마케어 반대를 아예 오바마 대통령의 정당성까지 부인하는 논리로 사용하기 시작했다.[31]

이러한 오바마 퇴진 운동은 아주 거짓되고 심각한 비난에 기반하고 있었다. 즉 오바마는 백악관에 들어앉을 자격이 없으며 사실 아예 대통령으로 출마할 자격조차 없는 인물이라는 것이었다. 미국헌법은 대통령이 "미합중국에서 출생한 시민"이어야 한다고 명기했다. 오바마가 이 범주에 속한다는 것은 쉽게 증명할 수 있는 일이었다. 그는 하와이가 미국의 한 주로 편입된 1960년 이후에 그곳에서 출생했으므로 미합중국의 시민이었다. 하지만 이미 2008년 당시에도 오바마의 반대자들 중에는 그가 외국에서 태어났다는 주장을 퍼뜨리기 시작했다. 가장 흔한 주장은 다음과 같았다. 그의 부친은 하와이대학교에 경제학을 공부하러 온 케냐의 유학생이었는데, 미국 여성과 결혼했고 오바마를 잉태하자 재빨리 그의 모친을 케냐로 데려가서 오바마의 할아버지와 할머니 집에서 낳도록 했다는 것이었다.[32]

이는 사실과 전혀 달랐지만, 이런 터무니 없는 공격은 2009년에 티파티 성원 7만 5000명이 오바마의 부담적정보험법을 반대하기 위해 워싱턴으로 행진했을 때에 아주 추악한 형태로 불거져 나왔다. 시위자들은 오바마를 향한 악감정을 표현하기 위해 무수한 팻말을 들고 나왔으며, 그중 다수는 그를 히틀러로 혹은 낫과 망치를 든 사회주의자로 비유했다. 그리고 계속해서 또 다른 주제 하나가 나왔는데, 오바마가 아프리카인이라는 억측이었다. 이 팻말들은 오바마의 부친 쪽인 아프리카의 혈통을 향해 심한 막말을 퍼부었다. "동물원에 가도 아프리카 것들이 (사자 이미지가 그려져 있다) 있고 백악관에 가도 거짓말쟁이 아프리카 놈이 있다!" 또 이런 구호도 나왔다. **"오바마야, 네 고향 케냐로 돌아가라! 네 빨갱이 좌파 친구들도 함께 데려가라!"** 또 다른 구호다. "케냐의 한 마을에서 집 나간 멍청이를 찾습니다." 이 구호에 호응이라도 하듯 어떤 포스터에는 이 "미국에서 길 잃은 멍청이"와 **"케냐로 돌아가는 무료 티켓"**이 그려져 있기도 했다.[33]

물론 오바마를 멍청이 아프리카인이라고 공격하는 것은 그냥 흑인에 대한 편견이라고 해석할 수도 있다. 하지만 이는 좀 더 복잡한 형태의 인종주의라고 분석하는 것이 더 지혜로울 것이다. 다시 말해, 단순히 오바마가 흑인이라서가 아니라 그 이전 몇십 년간 미국의 신조로서 세계시민주의를 내세웠던 흐름이 이제 완전히 꽃피웠고, 그 상징으로 오바마를 설정하고 공격하는 것이다. 오바마는 이전의 어느 미국 대통령보다도 세계적인 다양성을 경험한 이로서 수많은 문화를 능숙하게 이해하고 겪었던 사람이었다. 그가 태어난 하와이는 미국에서 소수인종이 다수를 차지하는 유일한 주였다. 그의 아버지는 아프리카인이며 무슬림이었다. 또한 그는 모친이 인류학 박사논문 연구를 수행했던 인도네시아에서 어린 시절의 상당 기간을 보냈다. 그렇게 세상 경험이 많은 그가 대통령이 됐으므로 그에게 표를 던진 이들은 기대에 가득 찼으며, 그가 대통령이 되었으니 다양성과 다문화적 성격이 빛을 발하는 새로운 미국이 동터 오게 될 것이라고 보았다. 하지만 수많은 백인은 자신에게 돌아오는 기회가 사라지고 있을 뿐만 아니라 미국에서도 해외에서도 유색인종들의 지위가 올라가고 있다고 느꼈고, 이것이 자기들이 계속 뒤처지는 이유라고 생각했다. 이들의 눈에는 오바마가 백악관에 입성한 것도 그렇지만, 다문화 미국 그리고 다문화 세계의 모든 이가 찬사를 하는 것이 더욱더 배가 아플 수밖에 없는 일이기도 했다.[34]

따라서 오바마에 대한 인종주의자들의 반대는 단지 그가 "아프리카" 출신의 멍청이 대통령이라는 공세에 그치는 것이 아니었다. 이는 또한 미국이 세계시민주의로 전환했던 것, 그래서 다양성을 찬양하고 비백인들을 미국의 권력과 특권의 자리에 합류시키고자 열성을 보였던 시대의 흐름에 공격을 가하는 것이기도 했다. 이렇게 보자면 오바마에 대한 증오심은 여전히 미국인들의 삶을 지배하고 있던 신자유주의 체제를 향한 저항으로 해석할 수 있다. 티파티 지지자들의 눈으로 볼 때, 이 체제는 미국을 전 세계의 비백인들에게 빗장을 풀어 버렸을 뿐만 아니라 "열등한" 유색인종들이 우글거리며 미국 백인들을 몰아내도록 만든 원죄가 있었다.

개방된 국경에 항의하다 보면 곧 신자유주의 체제의 다른 측면, 즉 미국을 "메이드 인 차이나" 제품들이 무한정 밀려드는 곳으로 만든 지구적 자유무역에 대한 신념까지 비난하게 되는 것은 자연스러운 수순이었다. 이러한 관점에서 보면 중국은 미국인들의 일자리와 경제적 지배력을 위협하는 무시무시한 제조업 기계일 뿐만 아니라 세계 최대의 비백인 인구의 모국이기도 했다. 또한 그들 중 일부는 미국의 엘리트들이 중국에 개방된 태도를 취하는 것이야말로 미국 "최상의 시민들"—즉 백인들—의 미래에 무관심하다는, 그리고 그 백인 시민들을 얼마든지 뒷전으로 보내거나 아예 완전히 포기해 버릴 수 있다는 한 신호라고 보았다. 티파티 성원들 다수는 오바마가 다양성을 찬양하면서 중국과 긴밀한 경제 관계를 추구하는 것이야말로 그가 미국의 "최상의 시민들"(백인들)을 궁지에 몰아넣는 지구적인 다문화 엘리트 집단의 일부임을 보여 주는 것이라고 여겼다.[35]

도널드 트럼프의 흥기

이러한 인종민족주의와 인종주의로 편향된 포퓰리즘이 갖는 정치적 잠재력을 누구보다도 잘 파악한 이가 있었으니, 뉴욕시의 부동산 거물이자 TV 리얼리티쇼 스타인 도널드 트럼프였다. 트럼프가 2010년과 2011년에 티파티 정치로 걸어들어갔던 것은 간을 보려는 목적도 있었고, 또 자신의 무너져가는 명성과 사업 기회에 안전판을 마련하고자 하는 의도도 있었다. 그는 오랫동안 자신을 세계 최고의 부자이며 가장 세련된 남자로 내세웠고, 최고의 부동산중개인으로 성장하는 과정에서 돈과 권력은 물론 숱한 여성들을 성적으로 정복했다고 주장해 왔다. 하지만 2010년대에 들어오면서 트럼프는 경제적 어려움에 처하게 된다. 그가 애틀랜틱시티에 세우려고 했던 카지노 등 여러 부동산 프로젝트가 실패로 돌아가면서 새로운 프로젝트를 위해 은행에서 돈을 빌리기가 힘들어졌던 것이다. 그래서 그는 주요 업종을 부동산개발에서 브랜드 판매로 조용히 옮겨 갔으며, 호텔, 골프장, 대학, 와인 및 보드카 병, 심지어 스테이크에 이르기까지 도처에 트럼프라는 이름을 붙이기 시작했다. 그의 브랜드 장사는 그런대로 잘나갔다. 하지만 그가 가장 성공을 거둔 새로운 직업은 바로 방송 예능인이었다.[36]

트럼프는 2004년 NBC 방송의 리얼리티쇼 〈어프렌티스(Apprentice)〉[나중에는 〈셀러브리티어프렌티스(Celebrity Apprentice)〉]의 진행자로 무려 11년을 장수하게 된다. 이 쇼는 두 팀이 등장하여 창업을 하고 거래선을 확보하고 새로운 마케팅전략을 구사하고 제품을 판매하는 과정을 보여 주면서 서로 무자비한 경쟁을 펼치는 모습을 담아낸다. 매회 방송마다 승부에서 진 팀은 TV 스튜디오에서 트럼프와 만나 실패의 원인을 분석한다. 그 클라이맥스는 트럼프가 팀 성원들을 탈탈 털어 실패의 주범을 찍어 내는 장면이다. 그리하여 트럼프가 그 지목된 개인에게 "너 해고야!"라고 외치며 퇴출시키는 것을 보는 게 시청자들의 재미 포인트였다. 트럼프는 이 최고경영자의 역할을 수행하는 데에 아주 능한 것으로 판명됐다. TV 방송용으로 만들어진 여러 거래들을 놓고 그 장점과 단점 들을 재어 보는 모습이나 또 결단력 있게 행동하는 모습 등으로 어필했던 것이다. 이 역할 덕분에 그는 수입 수억 달러와 전국적인 명성을 얻게 된다. 하지만 2012년과 2013년이 되면 이 프로그램의 공식이 식상해져 시청률도 떨어지게 된다.[37] 그래서 트럼프는 뭔가 새로운 것을 찾아 나선다.

트럼프는 당대의 이슈들에 확고한 신념 체계가 있는 인물로 보이지는 않았지만, 정치에 뛰어들고자 하는 생각은 오래도록 품고 있었다.[38] 트럼프를 아는 많은 이는 그가 정치가로 변신한 것에 놀라지 않았고, 이는 그저 그의 얄팍한 정치적 신념과 기회주의적 성격을 그대로 보여 주는 것이라고 해석했다.

하지만 트럼프는 이미 1980년대부터 티파티가 품은 여러 불만과 이에 수렴하는 몇 가지 신념만큼은 굳건히 보여 주어 왔다. 첫째, 그는 사람과 제품들이 여러 나라를 쉽게 오가는 국경 없는 세계라는 신자유주의의 약속을 결코 신봉한 적이 없었다. 그는 자유무역의 여러 미덕이라는 것을 전혀 믿지 않았다. 공정한 경쟁을 위한 최상의 규칙을 마련한다고 해 봐야 권력에 굶주린 나라, 대기업, (트럼프 본인과 같은) 개인들은 이에 아랑곳하지 않고 무슨 수단을 써서라도 상대적 우위에 서려고 한다는 것이었다. 산업 관계에서나 국제관계에서 좋은 결과를 얻을 수 있는 유일한 방법은 똑똑한 협상가들이 각자의 이익에 입각하여 직접 만나서 맺는 양자 간의 합의뿐이라는 것이었다. 그래서 트럼프는 오랫동안 북미자유무역협정이 북미 지역을 자유무역지대로 만든다고 공격했으며, 중국을 세계무역기구에 받아들인 것이 잘못이라고 주장해 왔다. 그가 볼 때에 멕시코, 중국과 열린 국경을 유지하게 되면 아무런 좋은 결과도 얻을 수 없다는 것이었다.[39]

둘째, 트럼프는 미국이 신께서 점지한 백인들의 나라라고 믿는 인종민족주의자의 입장을 항상 견지했다. 그의 부친과 마찬가지로 그는 미국에서 최상의 인간은 모두 유럽인의 후손들이라고 주장했다. 그리고 아프리카계 미국인들과는 (자기 브랜드의 매출에 도움이 될 만한 흑인 셀럽 소수를을 빼고는) 전혀 관계를 맺고 싶어 하지 않았다. 그는 1970년대 초 뉴욕 퀸스(Queens) 지역에서 트럼프주택 프로젝트를 진행할 적에 부친과 공모하여 흑인들은 아예 입주하지 못하게 만들기도 했다. 1989년에는 뉴욕 센트럴파크에서 조깅을 하던 한 백인 여성이 무참하게 공격과 강간을 당하고 사망에 이르도록 방치되는 사건이 있었는데, 이때 트럼프는 뉴욕의 여러 신문에 피의자로 지목된 다섯 명에게 저주를 퍼붓는 전면광고를 게재했다. 이 다섯 명은 모두 흑인 및 라틴계의 10대 소년들이었다. 트럼프는 이 소년들을 처형할 수 있도록 뉴욕주에 사형제를 부활시켜야 한다고 주장하면서, "저는 이 강도살인범들을 증오합니다. 이 자들은 강제로 고통을 당해야 합니다"라고 말했다.[40] 이 다섯 피의자들은 유죄가 확정됐지만(그리고 장기 형량을 선고받았다), 그 증거라는 것이 워낙 부실하여 나중에 판결이 뒤집히게 된다. 하지만 트럼프는 자신이 게재한 1989년의 광고에 관해 사과한 적도 없었고, 자기가 내놓은 잘못된 정보가 애꿎은 소년들을 마구잡이로 범죄자로 모는 데에 기여했을 수 있다는 점도 전혀 인정하지 않았다. 그는 "위험한" 그리고 "분수도 모르는 건방진" 소수인종들에 맞서 백인들의 미국을 지켜 내는 것을 자신의 임무로 삼아 왔으며, 이를 앞으로도 계속하고자 했다.[41]

트럼프가 볼 때에 버락 후세인 오바마라는 인물 자체가 바로 그 분수도 모르는 건방진 유색인종의 대표자였으며, 게다가 심히 위험하기까지 한 이였다. 오랫동안 트럼프의 법률 자문을 맡았던 마이클 코언(Michael Cohen)의 회상에 따르면, 2008년과 2009년 사이 동안 트럼프는 "누가 보더라도 명석한 두뇌를 가진 잘생긴 젊은 흑인 남성이 [백악관을] 차지하는 것을 보면서, 그리고 단순히 미국의 최고지도자일 뿐만 아니라 도덕적 지도자로서 미래를 인도하는 등불이 되는 것을 보면서 글자 그대로 미쳐 날뛰었다". 그는 한때 자신의 보스였던 트럼프와의 오랜 관계를 모조리 폭로한 책 『배신(Disloyal)』에서 다음과 같이 털어놓는다. 트럼프는 "모조품 오바마(Faux-Bama)를 고용했다. 그를 오바마의 대역으로 삼아 이 최초의 흑인 대통령을 깔보고 모욕한 뒤 해고해 버리는 쇼를 벌이고, 이를 모두 영상으로 남겨 놓았다. 이런 식의 자기 판타지를 현실에서 구현해 보겠다고 큰돈을 마구 쓰는 일은 사실 제정신인 성인이라면 상상조차 하기 힘든 일이다".[42] 2011년, 트럼프는 오바마가 "아프리카 출생자"이므로 당장 백악관에서 내쫓아야 한다고 주장하는, 티파티 내부의 "출생의 비밀(birther)" 운동의 지도자로 올라선다. 트럼프가 정말로 오바마가 아프리카에서 태어났다는 유언비어를 믿었을지는 의문이다. 하지만 흑인이 감히 백악관의 집주인이 되는 일은 있을 수 없다고 믿었던 것은 분명하다.[43]

트럼프가 볼 때에 오바마가 위로부터의 인종적 위협이라면, 미국으로 밀려드는 이민자 수천만 명의 흐름은 아래로부터의 인종적 위협을 이루는 요소였다. 그는 2015년 7월, 대통령선거 운동을 시작하는 연설에서 멕시코 이민자들을 향한 공격을 중심 테마로 삼았다. 그는 멕시코 이민자 무리가 강간범들로 가득하다고 공격했다. "멕시코가 그 나라의 가장 뛰어난 사람들을 미국으로 보낼 리는 만무하죠. 여러분 같은 뛰어난 이들을 다른 나라로 보낼 리가 있겠습니까. 멕시코에서 넘어오는 자들은 각종 문젯거리들이고, 이 자들이 넘어오면서 그 문제들도 고스란히 넘어오는 겁니다. …… 이놈들은 마약을 들여옵니다. 또 이놈들은 범죄도 들여옵니다. 이놈들은 강간범들입니다." 또한 그는 중국도 겨냥했지만, 이민 문제가 아니라 통상 문제였다. 여기에서도 트럼프는 인종문제를 자기 정치의 중심으로 삼았다. 멕시코의 유색인종들이 이민을 통해 미국을 무너뜨리는 것처럼 중국의 비백인들은 제품으로써 미국을 무너뜨리고 있다는 것이었다. 그러니 그는 멕시코 이민자들을 막기 위해서도, 중국산 제품을 막기 위해서도 장벽을 세워야 한다고 했다. 그렇게 해야만 미국의 제조업 능력과 인종적 건강성을 회복할 수 있다는 것이었다.[44]

트럼프가 오랫동안 견지해 온 세 번째 신념은 어떤 면에서 보면 뉴욕시의 억만장자로서는 참으로 놀라운 것이었는데, 미국의 선량한 백인 국민들이 나라를 팔아넘기려 하는 세계시민주의적 엘리트들로부터 미국을 되찾아와야 한다는 것이었다. 트럼프는 뉴욕시의 외곽 지역인 퀸스에서 자라났다. 그의 부친인 프레드 트럼프(Fred Trump)는 부유한 부동산개발업자로서 퀸스와 브루클린 전반에 걸쳐 땅을 가지고 있었지만, 막상 맨해튼의 부동산을 소유하는 데에는 전혀 관심이 없었고 맨해튼의 사회적 엘리트들과 섞이는 것도 결코 원하지 않았다. 반면 도널드 트럼프는 맨해튼의 상류층에 합류하기를 간절히 원했다. 그는 아버지의 돈과 영향력을 사용하여 맨해튼에 부동산을 구입하고, 이를 통해 엘리트들에게 접근할 수 있을 것이라고 생각했다. 하지만 도널드는 돈을 가진 티를 내는 데에나 능했지 돈을 버는 재주는 뛰어나지 않았다. 또한 황색저널리즘의 시선을 끄는 데에는 아주 탁월한 재주가 있다는 것도 드러났다. 그의 망해 버린 사업 이야기, 섹스 스캔들, 여러 번의 이혼 사건 등은 모두《뉴욕포스트》와《뉴욕데일리뉴스》 같은 신문들의 1면을 장식하기 일쑤였다.[45] 맨해튼의 부동산 거물과 문화계 거물 들은 트럼프를 허풍쟁이, 바람둥이, 실속 없는 관심 종자 등으로 비웃었다. 또한 이들은 트럼프가 부동산중개업자로서 사업 수완을 가졌다는 것은 허상이며, 돈이 궁해질 때마다 아버지 트럼프가 주기적으로 구해 준 덕에 대중의 눈에 그렇게 비치는 것뿐이라는 것을 누구보다도 잘 알고 있었다. 이들은 아들 트럼프를 자기 집단에 절대로 들일 수 없는 어릿광대 정도로 여겼다.[46]

트럼프는 이러한 거부에 큰 상처를 입었다. 이후 그는 서서히 자기가 맨해튼의 엘리트 집단에서 배제됐다는 것을 오히려 자랑거리로 삼기 시작했다. 그는 자기 회사를 아이비리그 명문대학 출신의 똘똘한 학생들이 아니라, 매슈 캘러머리(Matthew Calamari)와 앨런 와이슬버그(Allan Weisselberg) 등과 같이 허줄한 이탈리아계나 유태계 출신으로, 또 본인처럼 뉴욕의 외곽 지역 출신자들로 채웠다.[47] 또한 저녁 식사로는 스테이크, 감자튀김, 토마토케첩 등을 게걸스럽게 먹어 대는 모습을 자랑스럽게 과시했고—그리고 숱한 날을 맥도날드 햄버거로 점심을 때웠다—동부 및 서부 해안 지역 엘리트들이 갈수록 몸매 가꾸기와 다이어트 식단에 광적으로 집착하는 것에 노골적으로 경멸을 표했다. 대신 트럼프는 미학적으로도 완전히 다른 쪽으로 나아가기 시작했는데, 빈스 맥마혼(Vince McMahon)이 건설한 미국 프로레슬링 WWE(World Wrestling Entertainment)의 제국을 지배하던 과장된 허풍 연기에 빠져들었던 것이다. 트럼프는 프로레슬링 세계의 과격함, 과도함, 폭력, 멜로드라마 등을 대단히 즐겼다. 그리하여 자신도 그 세계의 스타들이 구현하는 공격적이고 심지어 위협적인 남성성을 익히고 개발하고자 했다.[48]

WWE 팬들의 숫자는 엄청났다. 그리고 그들 사이에는 세계시민적이고 "여자 같은" 모습으로 꾸미는 서부와 동부 해안 지역 엘리트들이 들어설 자리가 없었다. 프로레슬링 팬들은 레슬링 스타들이야말로 미국의 엘리트들처럼 출신이 좋은 것도, 돈이 많은 것도, 정치권력의 중심에 있는 것도 아니라 그저 자기 재능 하나로 뚫고 나가는 진정한 민중의 남자라고 보았다. 레슬링 세계의 우상들은 오로지 의지력과 깡다구로, (그리고 스테로이드 약물 주사로) 바윗돌처럼 단단한 육체로 자신을 만들어 낸 이들이다. 아무런 변명도 주저함도 없는 이 프로레슬링 선수들의 당당한 권력의지야말로 미국의 위대함이 깃들어 숨 쉬는 곳이 아닌가. 레슬링 팬들은 주인공들이 상대편 선수를 강제로 굴복시키기 위해 정당한 방법이든 비겁한 방법이든 뭐든 주저없이 행사하는 모습에 열광했다.

트럼프 스타일의 포퓰리즘 정치는 이 무대 위에서 펼쳐지는 남자들의 맞짱이라는 공격적인 세계에서 형성됐다. 이 세계는 언제 폭력이 터져 나올지 모르는 일촉즉발의 세상이며, 많은 지지자가 그렇게 폭력이 터져 나올 순간만 이제나저제나 기다리는 세상이다. 다문화 미국이 자잘한 규모의 공격 행위들을 추적하는 데에 집착하는 사이에, 프로레슬링이라는 평행우주에 빠져 있는 이들은 어이없을 정도로 과도한 대규모 공격 행위들의 공연을 즐기고 있었던 것이다. 이것이 트럼프가 사랑했던 세계였다. 마이클 코언에 따르면, 트럼프는 이 프로레슬링 세계와 깊이 관계를 맺은 덕에 "본래대로라면 트럼프가 애지중지하는 초금수저의 세상과는 전혀 달라서 만날 일도 없었을, 야구모자를 쓰고 픽업트럭을 모는 서민 남성들과" 친밀해질 수 있었다고 한다.[49]

트럼프의 세 가지 신념—즉 자유무역과 열린 국경은 미국에 해를 끼친다, 미국은 유럽계 국민들에게 특권을 주어야 한다, 미국의 진정한 힘은 서부와 동부 해안 지역의 엘리트들의 열망에서 나오는 게 아니라 프로레슬링에 열광하는 내륙지역에서 나온다—하나하나에 미국의 신자유주의 질서를 향한 공격이 맹아적으로 잠재해 있음을 볼 수 있다. 트럼프의 정치는 사람과 재화가 자유롭게 국경을 넘나들 수 있어야 한다는 신념, 여러 다른 집단에 기반한 다양성 찬양, 고도의 교육과 교양을 갖춘 지구화된 엘리트들의 지혜에 대한 신뢰 등 신자유주의적인 사고에 위협을 가했다. 그는 점점 신자유주의의 대척점으로 인종민족주의 포퓰리즘을 내놓고 있었다. 이는 미국의 정체성을 백인들의 나라로 다시 맞추고, 제조업을 되살리며, 이 나라의 "잘난 척하는 사회 지도층(social betters)"의 비위를 일부러 건드리도록 맞추어진 평민 문화 스타일로 도배하자고 일어난 티파티 운동과 궤를 같이하는 것이었다.

트럼프와 그의 정치를 희화화하고 무시했던 이들은 그가 가진 힘들을 빠르게 파악하지 못했다. 그는 이 뉴미디어 시대에 대중의 관심을 장악하는 법을 찾아내는 데에 거의 초자연적인 촉을 가지고 있었다.[50] 그는 트위터의 지배자가 되어 끊임없이 어그로를 끌고 낚시질을 했으니, 트위터라는 매체가 본래부터 진리를 추구하거나 중대한 사안을 논하는 장이 아니라 관심을 끌고 재미를 추구하는 곳이라는 점을 처음부터 잘 알고 있었다. 그리고 레슬링을 통해 배운 교훈에 따라 최고의 엔터테인먼트는 막나가는 행동과 말이라는 점도 잘 알고 있었다. 그래서 멕시코인들을 강간범이라고 부르고, 기자들의 신체장애를 가지고 놀려 대고, 도전적인 질문을 던진 여성 기자들에게는 매달 생리 때마다 피나 질질 흘리는 히스테리 환자라고 내뱉고, 남성 경쟁자들에게는 성기가 쪼끄만 놈들이라고 공격하여 얼어붙게 만드는 등의 기행을 일삼았다. 2015년과 2016년 사이에 펼쳐진 선거운동에서 그의 지지율은 오르기 시작했다. 게다가 공화당 대통령 후보로 출마한 이들—가장 많을 때에는 무려 열여섯 명—은 트럼프가 일으킨 돌풍이 금세 사그라들 것으로 확신했기 때문에 자기들끼리 각축전을 벌이느라 시간을 보내어 오히려 트럼프에게 어부지리를 만들어 주었다.

트럼프는 2015년과 2016년에 여러 집회를 조직했는데, 그 집회가 가진 힘과 성격을 트럼프의 비판자들은 유난히 늦게 알아차렸다. 그 집회 대부분은 본 집회가 열리기 전에 인접한 주차장이나 빈터 이곳저곳에서 사람들이 모여 사전 행사를 여는 것으로 시작됐다. 미식축구 시합이 열리기 전에 팬들이 자기들끼리 모여 사전 행사를 여는 것을 모델로 삼은 것이었다. 주차장과 빈터에 모인 지지자들은 서로 술과 음식을 나누고 또 자신이 최근에 구입한 트럼프 굿즈들을—"미국을 다시 위대한 국가로!(Make America Great Again, MAGA)"라고 새겨진 모자, 티셔츠, 남방셔츠, 그리고 픽업트럭에 꽂은 여러 깃발 등—뽐내었다. 그 와중에 스피커에서는 록이나 팝 음악이 쾅쾅거리며 울려 퍼졌다. 이 모임들이 정치 집회였음에도 불구하고 노래들의 내용은 그 성격과 전혀 맞지 않는 것들이었다. 특히 트럼프 집회의 집회장 안에서나 바깥에서 단골로 나왔던 노래는 1970년대 남성 동성애자들로 이루어진 디스코 그룹이 불렀던 〈YMCA〉였다. 이 사전 집회들의 분위기는 언제나 신나는 잔치판 같은 것이었다.

이렇게 모인 군중—운 좋게 입장권을 구한 이들—은 천천히 집회장으로 들어가면서 분위기를 띄우는 사전 연사들의 연설을 듣는다. 그러다가 트럼프가 등장하는 순간이 되면 좌중은 흥분으로 들썩인다. 실제로 트럼프가 입장하는 과정은 WWE 프로레슬링의 극적장치들과 아주 흡사하게 설계됐다. 분위기를 띄우는 예비 과정이 길게 펼쳐지고, 트럼프를 둘러싼 무리의 행렬이 중앙 무대로 연결된 통로를 천천히 쓸고 가면서 트럼프가 연단에 오르게 된다. 그 사이에 록 음악이 시끄럽게 울려 퍼지고, 팬들은 발을 쿵쿵 구르며 박수를 치며 환호성을 지른다. 트럼프는 챔피언처럼 의기양양하게 이 열광의 분위기에 한껏 도취된다.

트럼프의 연설이라는 것은 언제나 이런저런 아이디어, 공격, 중상모략 등이 잡다하게 뒤섞인 내용이었다. 비판자들의 눈으로 볼 때에는 그의 연설은 짜임새도 없는 이 소리 저 소리가 오가는 것으로 도무지 일관성을 찾아볼 수 없는 것일 때가 많았다. 하지만 이런 비판은 포인트를 잘못 잡은 것으로, 트럼프의 연설 기법이 갖는 "선창과 후창(call and response)"의 성격을 이해하지 못한 것이었다. 그가 외쳐 대는 허풍이나 옆길로 새는 이야기들에 별 호응이 없을 때도 있었다. 하지만 그중 어떤 것들은 청중의 마음에 정통으로 적중했다. 그래서 누군가가 흥분한 목소리로 후창을 해 주면 트럼프는 오히려 두 배로 더 강도를 올린다. 이야기를 더욱 자세히 꾸며 대면서 자기가 공격하는 정적을 더 심하게 조롱하고 놀리며, 자기의 의도와 야심을 더 과장되게 (그리고 호전적으로) 부풀려 나갔다. "늪지대의 물을 빼라!(Drain the Swamp, 1980년대 이후 미국 정치가들이 과도한 로비를 행사하는 재계나 이익집단에 단호한 조치를 연방정부에 요구하는 구호로써 많이 사용됐다. 트럼프는 특히 트위터에 이 구호를 무수히 사용했다—옮긴이)"와 같은 영리한 구호를 외치거나 정적에게 "사기꾼 힐러리!"와 같은 별명을 붙일 경우에는 이를 반복해서 외쳤다. 또 자신의 연설과 연기에 청중의 참여를 유도하여 그들 스스로가 "멕시코 국경에 장벽을 세워라!" 또는 "힐러리를 감옥으로!" 등의 그럴듯한 구호를 만들어 내도록 장려하고, 이를 모두의 후렴구로 삼아 전체를 들썩거리게 만들었다. 트럼프는 군중을 흥분시키는 법을 알았다. 그의 임기응변하는 재주는 눈부실 정도였다. 트럼프의 연설에서 청중이 얻는 재미 중 하나는 그가 무슨 말을 할지 도저히 알 수가 없다는 것이었다. 트럼프의 입에서 전혀 예상치 못한, 충격적인, 혹은 부적절한 언사들이 튀어나올 것이라고 기대하는 것이 당연한 일이었다. 이렇게 점잖지 못하고 규칙 따위를 무시해 버리는 파격적인 언행은 특히 그의 집회에서 큰 환영을 받았다. 집회에 오는 이들은 WWE 프로레슬링 시합의 오랜 팬들이 많았기 때문이다. 트럼프는 레슬링에서 "악역(heel)"에 해당하는 역할을 맡는 것을 아주 즐거워했다.

트럼프는 이런 집회에서 그에게 쏟아지는 갈채의 물결을 즐기는 맛으로 살았다. 그는 군중과 교감하는 것을 즐겼다. 모린 다우드(Maureen Dowd)는 2016년 3월에 《뉴욕타임스》에 게재한 칼럼에서 트럼프의 이러한 측면을 정확히 포착했다. 당시는 트럼프의 인기가 일반 공화당원들 사이에서 하늘로 치솟고 있을 때였다. "힐러리 클린턴은 선거운동을 귀찮게 여기는 인물이며, 버락 오바마는 정치를 경멸하는 사람이었다. 그런데 그 뒤로 정치를 정말로 즐기는 인물이 나타난 것은 보는 재미가 있다. 트럼프는 빌 클린턴과 마찬가지로 군중을 향해 끊임없이 이야기를 쏟아 놓는다. 군중은 그의 나르시시즘을 부채질하며, 그러면 그는 심지어 대형 체육관에서조차 군중과의 친밀함을 만들어 내어 양쪽 모두 즐거움에 빠져들게 된다."[51] 이러한 집회의 특징들은 오바마와 그가 선택한 후임자 힐러리 클린턴의 우아하고 품위 있는 세계시민주의적 특징을 조롱하는 성격을 띠는 것이었다.

또한 트럼프 집회의 분위기와 기풍은 특히 공화당 지지자들이 중요시했던 신자유주의 질서의 중심적인 도덕률을 표적으로 삼았다. 이는 미국인들이 자유시장의 삶이 요구하는 엄격한 기율을 감당할 만큼 단단한 책임과 규율을 갖춘 개인이 되어야 한다는 도덕률이었다. 이러한 도덕적 입장에서 보자면 튼튼한 가정을 육성하고 젊은이들에게 도덕을 심어 주어야 한다는 것이 똑같이 중요한 과제였다. 찰스 머리, 조지 길더, 그 밖의 수많은 신자유주의 지식인이 그토록 공격적으로 외쳐 댔던 이러한 도덕 규율을 미국의 가정들이 고수한다면 올바른 인격과 정직성을 갖춘 시민들이 생겨날 것이라는 생각이었다. 제대로 기능하는 가족 단위는 자신의 재산과 분수에 맞추어 사는 법을 익히고 (정부에게도 똑같이 할 것을 강력하게 요구하며) 또 자유시장의 삶을 정면으로 받아들이는 데에 필요한 엄격한 태도를 가진 사람들을 사회에 내보내게 된다는 것이었다.

트럼프는 이러한 공화당식의 설교를 지루할 뿐만 아니라 현실 세계와 동떨어진 것이라고 보았다. WWE 프로레슬링 시청자들과 마찬가지로 그는 인격과 기율보다는 짜릿한 흥분과 권력에 더 큰 관심을 두었다. 규칙을 준수하는 것보다는 적수에게 자기 의사를 강제로 관철시키는 것이 더 중요했던 (그리고 재미있었던) 것이다.[52] 그는 균형재정, 부채 축소, 복지 감축, 공무원 감원 등을 요구하는 공화당식의 신자유주의에는 아무런 관심이 없었다. 코크 형제처럼 부자들의 자금 운용에 정부당국이 간섭하여 민간인의 재산에서 더 많은 세금을 뜯어내는 것에 트럼프도 적대감을 가지고 있었다. 그런 이유에서 그는 탈규제를 지지했다. 하지만 그는 자유시장이 상업적 교환에 참여하는 이들에게 윤리적 행동의 영감을 내려 주는 미덕 넘치는 제도라고 전혀 생각하지 않았다. 그는 시장이란 서로가 서로를 속이고 조종하기 위해 생겨난 곳이며, 계약이란 원래부터 깨어지게 되어 있는 것이라고 보았다.

공화당의 지도층 인사들은 트럼프의 포퓰리즘과 인종민족

주의, 그리고 초도덕적인 "권력의지"라는 코드가 가진 호소력을 심하게 과소평가했다. 공화당 대선후보 지명전에서 트럼프가 압도적인 표를 얻어 후보로 떠오르자 공화당의 유명 인사들은 한 사람씩 트럼프의 뒤로 줄을 서기 시작했다. 이들은 모두 트럼프를 길들일 수 있고, 따라서 이 뉴욕의 부동산 거물이 신자유주의 질서를 뒤집어 버리는 일은 벌어지지 않을 것이라는 쪽으로 승부를 걸었다. 실제로 과거 미국 정치에 나타났던 반란자 대부분이 이런 방식으로 얌전하게 길들여져 왔다. 하지만 트럼프라는 인물은 과거의 경험을 바탕으로 그렇게 미래를 조직할 수 있는 인물이 아니라는 것이 드러났다. 트럼프는 미국 전역에 걸쳐 노동계급과 중간계급의 상상력에 불을 질렀다. 자신이 신자유주의 질서에서 뒤처졌다고 믿는 이들, 교육이라고 해야 고등학교 졸업장이 고작이며 지구화 때문에 직업이 불안정했던 수많은 이가 트럼프에게 표를 던지기 위해 투표장에 몰려나왔으며, 그것도 수십 년 동안 아니 아마도 몇 세대에 걸쳐 볼 수 없었던 숫자가 쏟아져 나왔다. 트럼프는 미국 정치, 공화당, 신자유주의 질서를 모조리 때려 부수는 놀라운 파괴력을 풀어놓은 것이다.

월 스트리트를 점령하라

이렇게 인종민족주의의 우파 쪽에서 천둥이 치

는 가운데 여러 인종으로 구성된 좌파 진영에서도 갈수록 새로운 일들이 터져 나오기 시작한다. 이 반란의 경우 티파티를 촉발시킨 샌텔리와 같은 역할을 했던 인물은 에스토니아 출신의 캐나다인 칼레 라슨(Kalle Lasn)으로서, 그는 밴쿠버 외곽에 자리를 잡고서 20년 이상 반자본주의 잡지인 《애드버스터스(Adbusters)》를 출간해 오고 있었다. 격월간지 《애드버스터스》는 자본축적이라는 자본주의의 지상명령으로 인해 무한한 소비 욕망이 계속 생겨나면서 세계 전체가 붕괴하는 모습을 포착해 내고 있었다. 2008년과 2009년 사이의 경제위기가 터지자, 저항운동을 일으키고자 하는 《애드버스터스》의 결의에는 시급함까지 더해지게 된다. 2011년 6월에 라슨은 《애드버스터스》의 공동 작업자인 캘리포니아주 버클리의 마이카 화이트(Micah White)와 함께 어떤 형태의 반란이 가능할지 의견을 나누었다. 이들은 거의 장난처럼 월 스트리트를 점령하는 것이 가장 좋은 방법이라는 데에 의견 일치를 보았다. 2011년 6월 9일, 라슨은 OccupyWallStreet.org라는 웹사이트를 개설한다.[53]

막상 뉴욕에서는 월 스트리트를 "접수"하는 것은 고사하고 공격하고자 하는 정치운동도 없었고, 심지어 그런 계획을 하는 이들도 아직 없었다. 하지만 라슨과 화이트는 이러한 불리한 조건에 전혀 개의치 않았으며, 자기들이 맨해튼에서 수천 마일 떨어진 곳에 살고 있다는 것도 전혀 신경 쓰지 않았다. 라슨은 점거 행동을 개시하는 날로 그의 사랑하는 어머니 생일인 9월 17일을 골랐다. 아마도 아직 상상 속에만 있는 행동에 행운과 좋은 느낌을 불어넣기 위해서였을 것이다. 《애드버스터스》의 디자인 팀은 눈길을 확 잡아끄는 포스터를 만들어 냈다. 뉴욕증권거래소 입구에 있는 포효하는 거대한 황소상을 놓고, 그 위에 우아하게 균형을 잡으며 춤추는 발레리나를 그려 넣은 포스터였다. 이 포스터에 적힌 글자 수는 적었지만 그 메시지는 아주 직설적이었다. 지면 맨 위에 그려진 깃발에는 "우리가 요구하는 단 하나는 무엇인가?"라고 쓰여 있었다. 그 대답은 지면 맨 아래에 그려진 깃발에 쓰여 있었다. "#월 스트리트를 점령하라, 9월 17일. 텐트 지참."[54] 7월 13일에 《애드버스터스》는 이 행동 지침을 온라인 구독자 7만 명에게 발송했다. 이것이 그전 70년 동안 미국의 집중된 부와 권력에 맞서 일어났던 가장 중요한 반란 행동에 댕겨진 불꽃이었다.

때가 무르익었다는 라슨의 직감은 옳았다. 수백만의 일자리가 공중으로 증발했지만 다시 생겨날 조짐은 없었고, 임금수준은 제자리였다. 직업 경력을 쌓고 싶은 수많은 젊은이가 희망의 날개가 꺾인 채 프레카리아트의 대열로 전락하여 푼돈을 받으며 불규칙적으로 일하는 신세가 됐다. 이들은 갈수록 더 정치적인 조직화에 의지하게 됐다. 지자체 정부의 예산 삭감과 싸우고, 자본의 과도한 정치 로비를 몰아내고, 학자금대출로 허리가 휘는 젊은이 수백만을 구하고, 금융시장에 다시 규제를 강제할 방법을 찾기 위해 일어서게 된 것이다. 이 전투적인 활동가들 가운데 조직책들이 8월에 뉴욕에서 회합을 가지고 행동을 계획했으며, 행동의 간판이 되는 구호를 만들어 냈다. "우리가 99퍼센트다"라는 구호를 채택했던 것이다. 이 구호는 부유한 1퍼센트에 맞서 기꺼이 싸우겠다는 의지를 천명한 것이었다. 이 구호를 만든 이들은 미국인들의 생활에서 경제적 불평등이 심화되어 마침내 기괴할 정도의 상태에 도달했다고 공격했다. 이러한 흐름은 중지되어야 하며, 그다음에는 다시 거꾸로 되돌려야 한다는 것이었다.[55]

"99퍼센트"라는 구호에 모여든 이들 중에는 정치라는 것 자체가 낯선 이들이 다수였다. 하지만 이미 1990년대에 짧지만 격렬하게 타올랐던 세계무역기구 반대 시위를 겪은 아나키스트들과 경험 많은 운동가들이 이 집단에 생기를 불어넣었다. 이들 중 한 사람은 시카고대학교에서 학위를 받은 인류학자이자 아나키즘 사상가로서 당시 골드스미스런던대학교에서 교수로 재직하던 데이비드 그레이버(David Graeber)였다. 그는 인류 역사에서 부채라는 게 보통 사람들을 빈곤과 종속 상태로 묶어두기 위해 엘리트들이 사용한 핵심 도구였다는 과감한 주장을 담은 저서를 펴낸 바 있었다. 그는 모든 부채를 즉각 탕감할 것을 원했으며, 이것이야말로 사람들을 억압에서 해방시키고 권력을 가진 세계의 금융기관들을 굴복시킬 가장 확실한 방법이라고 주장했다. 2011년에 나온 그의 저서 『부채, 첫 5000년의 역사(Debt: The First 5,000 Years)』는 점거 운동의 바이블이 됐다.[56] 그는 점거 운동에서 인정받는 지도자의 위치에 가장 근접했던 인물이었다.

그런데 정말 믿기 힘든 일이지만 "월 스트리트를 점령"하겠다고 동원된 세력이 9월 17일 아침이 될 때까지도 어디에 진을 칠 것인지를 결정하지 못한 상태였다. 하지만 오후가 되자 이들은 주코티공원(Zuccotti Park)으로 서서히 집결했다. 이는 월 스트리트의 세계무역센터가 있던 자리에서 몇 블록 떨어져 있는 작은 광장이었다. 경찰들도 주코티공원은 굳이 지키고 있을 만큼 중요한 공간이 아니라고 여겼기에 울타리를 치거나 통제 시설을 설치하지 않았다. 오후가 되자 시위자 약 1000명이 여기에 모였다. 그리고 이후에 무수히 열리게 될 "일반 총회(General Assemblies)"라는 첫 번째 회의를 열어 앞으로 며칠 몇 주가 될지 모를 기간 동안의 생활과 행동을 위한 참가자들의 자치 규율을 논의했다. 시위자들 중 여기에서 밤을 보낼 준비를 하고 온 이들은 300명 정도였다. 드디어 월 스트리트 점령이 시작된 것이다.

점거 운동은 결국 뉴욕 시장 마이클 블룸버그의 명령으로 뉴욕시 경찰이 11월 15일에 마지막 점거 운동가를 공원에서 내보냄으로써 종결될 때까지 2개월간 지속된다. 9월 17일 이후 월 스트리트 점거 운동은 순식간에 무수한 텐트와 그 사잇길이 복잡하게 얽힌 야영지로 변한다. 공동 부엌도 있었고, 무선 인터넷도 있었으며, 좌파의 고전 서적들로 가득 찬 도서관도 있었다. 참가자 대다수는 젊은이—뉴욕시의 가을밤 추위는 나이가 많은 이들이 참아 낼 만한 것은 아니었다—였고, 대부분 백인 중산층이었지만 상당한 숫자의 비백인 청년 파견대도 참가하고 있었다. 이들은 50년 전의 민권운동과 똑같은 방식으로 비폭력 원칙을 공식적으로 내걸었던 것은 아니었지만, 아주 평화로웠으며 심지어 누구든 따뜻하게 맞아 주는 분위기였다. 이를 구경하러 수십만 명이 몰려왔으며 그중 다수는 직장으로 출퇴근하는 뉴욕 사람들이었다. 뉴욕 바깥에서도 많은 방문자가 몰려왔다. 이 여행객들은 뉴욕시 한복판에서 벌어진 이 희한한 구경거리를 하나라도 놓칠세라 입을 벌린 채 바라보았다. 이 구경꾼과 활동가 들이 서로 대화를 나누는 일이 흔했다. 현장으로 특별히 파견된 소수의 경찰 분대가 이 대화에 참여하는 일도 빈번했다. 즉흥 음악연주와 타악기 연주회가 곳곳에서 열렸다. 실로 진지하면서도 동시에 잔치 같은 분위기였다.[57]

신자유주의의 전성시대에는 "계급 전쟁"이라는 말이 금칙어였던 나라가 미국이었다. 그런데 이제는 "우리가 99퍼센트다"라는 구호가 놀라울 정도의 호소력을 가진 말이 되어 버렸다. 그 호소력은 이 구호의 온건한 성격과 일부분 관련이 있었다. 사실상 미국인들 누구나 자기도 99퍼센트의 일원이라고 내세우면서 경멸 대상이 된 1퍼센트에서 빠져나올 수 있기 때문이었다. 하지만 이 구호의 호소력은 그 정반대 방향에도 있었는데, 많은 이가 느끼고 생각하지만 말로 토해 내기를 두려워했던 이야기, 즉 경제적 불평등이 심화되고 있으며 이 때문에 부자와 가난한 이가 삶의 기회에 큰 격차가 생겨 미국적 삶이 심하게 훼손되고 있다는 말을 당당하게 외치는 집단이 나타났다는 것이다.[58]

주코티공원에서 일어난 시위는 매체의 관심을 끌었다. 점거

운동의 스타일을 모방한 시위와 야영지가 미국 전역에 걸쳐 무수히 많은 도시에서 생겨났다. 런던, 마드리드, 도쿄, 시드니, 부에노스아이레스 등 외국의 도시들에서도 지지자들이 이 운동에 모여들어 집회를 열었다. 어떤 관찰자들은 심지어 1848년, 1917년, 혹은 1968년 규모의 전 지구적 봉기가 진행되는 것이 아닌지 묻기 시작했다. 물론 월 스트리트 점거 운동은 전혀 그러한 위상을 얻지는 못했다. 단기적으로 보자면, 이 운동은 아나키즘 성향으로 인해 공식적인 지도자들을 내세우는 데에 어려움이 있었으며, 이 때문에 조직적인 혼돈을 면치 못했고 제대로 된 결정을 내릴 수도 없었다. 또한 예전에 신좌파가 내놓았던 「포트휴런성명서」와 같은 효과적인 선언문도 전혀 내놓지 못했으며, 함께 합의한 구체적인 요구사항들을 내놓고 확산시키지도 못했을 뿐만 아니라 그 요구들을 달성할 전략을 수립하는 일은 더더욱 하지 못했다. 하지만 장기적인 관점에서 보았을 때, 이 저항운동은 미국의 정치와 지적 세계에서 분명한 전환점이 됐다. 특히 이 운동은 경제적 불평등에 대한 사유, 그리고 자유시장 자본주의의 미덕이나 여타 신자유주의적 신념에 도전할 수 있는 정치적 공간을 크게 확장해 주었다. 그리하여 그 후 5년 동안 좌파 성향의 지식인과 정치가 들이 뉴딜 질서의 전성시대였던 1930년대와 1940년대를 방불케 하는 영향력을 획득하게 됐다.[59]

점거 운동이 불러온 좌파 선회의 흐름을 보여 주는 증후는 여러 가지가 있었다. 우선 좌파적 입장을 담은 이른바 소책자 잡지들이 번성해 나갔다. 오래전부터 나오던 《디센트(Dissent)》뿐만 아니라 《n+1》과 《자코뱅(Jacobin)》과 같은 새로운 잡지들에는 급진적이고 대안적인 미래를 건설할 방법에 대한 아이디어가 넘쳐 났다. 또한 미국민주사회주의자(Democratic Socialists of America) 단체의 회원이 폭발적으로 증가했다. 또 불평등을 다룬 무려 800페이지 책 『21세기 자본(Capital for the Twenty-First Century)』 같은 서적들이 인기를 얻었다. 프랑스 경제학자 토마 피케티(Thomas Piketty)가 2013년에 출간한 이 책은 미국과 그 밖의 지역에서 하드커버 양장본으로만 거의 300만 부가 판매됐다. 또한 좌파 성향의 작가 및 활동가인 (그리고 반신자유주의 투사인) 나오미 클라인, 노엄 촘스키(Noam Chomsky), 데이비드 그레이버 등의 명성이 하늘로 치솟게 됐다. 그리고 자유시장 자본주의와 그에 수반되는 부와 권력의 집중을 비판하고 이를 주요 메시지로 삼았던 이들이 갑자기 의회정치에서도 출현하게 된다. 엘리자베스 워런(Elizabeth Warren)은 2012년 매사추세츠주에서 거대 은행들의 지배력과 책임에 공격을 퍼붓는 것을 주요 메시지로 선거운동을 펼쳐서 마침내 상원의원으로 당선됐다. 빌 더블라지오(Bill de Blasio)는 1990년에 니카라과의 산디니스타(Sandinista) 좌파 정권에서 일했으며, 1991년에는 카스트로의 쿠바에서 신혼여행을 즐겼던 좌파 인사였다. 2014년 뉴욕 시장 선거에서 그는 주코티공원의 점거 운동 참가자들을 내쫓도록 뉴욕시 경찰에 명령을 내린 마이클 블룸버그를 밀어내고 새로이 시장으로 선출됐다. 그다음에는 버니 샌더스가 나타났다. 그는 미국 상원의원 가운데 유일한 사회주의자로 꿋꿋하게 버텨 온 인물로서, 2016년 민주당 대선후보 지명전에서 오바마 대통령의 상속자임이 분명한 신자유주의의 기수 힐러리 클린턴에 도전하여 놀라울 정도의 성공을 거둔다.[60] 샌더스는 좌파의 큰 인물이 되어 미국 역사상 유진 빅터 데브스 다음 두 번째로 중요한 사회주의자가 된다. 이는 우파에서 트럼프가 일어선 것 만큼이나 깜짝 놀랄 만한 일이었다. 샌더스와 트럼프의 반란이 보여 주었던 규모와 성공은 신자유주의 질서가 얼마나 심하게 해체되고 있었는지를 보여 주고 있었다.

"필링 더 번(Feeling the Bern)"

샌더스는 트럼프와 마찬가지로 뉴욕시의 외곽 지역(그의 경우 브루클린)에서 자라났다. 또한 트럼프와 마찬가지로 신자유주의 질서의 전성기에는 전국 차원의 정치에서 기회를 얻을 수 없었다. 두 사람 모두 오바마처럼 우아함을 가진 스타일이 아니었다. 또한 둘 다 뉴욕의 비음 섞인 악센트와 연설 패턴을 벗어나지 못했다. 두 사람 모두 미국의 으뜸가는, 하지만 거친 거대도시 뉴욕에서 자라나며 험한 경쟁 속에서 살아야 했고, 거기에서 생겨난 거칠고 난폭한 카리스마를 가지고 있었다. 샌더스도 트럼프도 점잖은 청중이 듣고 싶어 하는 말만 하는 성향이 아니라 하고 싶은 말은 기필코 다 하는 길거리 싸움꾼 스타일이었다.

하지만 계급과 인종이라는 관점에서 보면 샌더스의 성장환경은 트럼프와 전혀 다른 세계였다. 그는 1941년에 중하층 유태인 가정에서 태어났다. 그의 모친은 줄곧 생계 걱정을 하다가 일찍 세상을 떠났다. 샌더스는 브루클린의 제임스매디슨고등학교에 다녔는데, 이 학교는 다섯 노벨상 수상자(그중에는 신자유주의 경제학자 게리 베커도 있었다), 대법원판사[루스 베이더 긴즈버그(Ruth Bader Ginsberg)], 세 미국 상원의원[샌더스, 척 슈머(Chuck Schumer), 노먼 콜먼(Norman Coleman)]을 배출한 유명한 학교였다. 그다음에는 시카고대학교에 입학했다. 여기에서 그는 학과 성적은 나빴지만 대학도서관 서가를 오가며 좌파 정치사상에 대해 많은 공부를 했다. 샌더스는 시카고 지역에 있는 사회주의자, 노동조합 활동가, 민권운동가 들과 끊임없이 대화했다. 졸업 후에는 이스라엘에 머물면서 실제로 사회주의적 삶의 실험이 이루어지고 있던 샤르 하아마킴(Sha'ar HaAmakim) 키부츠에서 일정 기간 활동하기도 했다. 그는 이스라엘 전역에 있던 키부츠가 노동의 집산화, 아이 돌봄 등 삶의 여러 측면뿐만 아니라 의사결정의 민주화에서도 큰 진전을 이루었다고 믿었다. 이러한 키부츠의 경험을 거치면서 그는 사회주의가 더 우월하고도 인간적인 삶의 방식이라는 확신을 갖게 됐다. 미국으로 돌아온 샌더스는 뉴욕에서 잠깐 머물다가 1968년에 서둘러 버몬트주로 떠났다. 버몬트는 농촌지역이었는데, 아마도 이스라엘에서 그가 경험했던 집산주의적이고 민주적인 생활 형태를 여기에서 새로이 만들어 보려는 희망을 가졌을 것이다. 그리고 버몬트주의 수도인 벌링턴(Burlington)은 이미 당시에 신좌파 중에서도 반문화와 공동체 지향성을 가진 집단들이 모여드는 전초기지가 되고 있었다.[61]

하지만 샌더스는 히피 생활이나 공동체의 고립된 삶과는 잘 맞지 않았다. 그의 진정한 천직은 정치였다. 그는 논쟁을 즐겼고, 선거 경쟁을 좋아했으며, 권력자들에 맞서 당당히 진실을 말하기를 좋아했다. 그는 1970년대에 버몬트주에서 벌어진 몇 번의 상원의원 및 주지사 선거에 제3당으로 출마하여 자신의 좌파적 정치 원칙들을 솔직하고 과감하게 내세웠다. 그의 그러한 관점은 표를 얻는 데에 실패했고, 1970년대 중반에는 그도 다른 일을 찾아보려고 했다. 하지만 그의 열정적인 지지자들이 포기하지 말라고 부탁했고, 몇몇 영향력 있는 지지자들은 1980년 벌링턴 시장 선거에 독자 후보로 출마하도록 그를 설득했다. 그는 그렇게 하여 정말로 아슬아슬한 박빙(열두 표 차이)으로 승리했다. 그는 시장 임기 동안 급진적인 정치 원칙뿐만 아니라 효율적인 행정 그리고 선거구 주민들의 일상생활을 개선하는 구체적인 프로그램들을 결합시켜서 인기 있는 시장이 됐다. 또한 샌더스는 놀랍게도 벌링턴의 기업 세계와도 아주 효과적인 협력관계를 이루었다. 그리하여 시장으로 세 번이나 재선됐고, 1990년부터는 계속 하원의원으로 선출됐으며, 마침내 2006년에는 미국 상원의원으로 선출됐다.[62]

벌링턴은 환경문제에 관심이 많으면서 건강한 음식을 가려

먹는 진보파들이 많이 모여 사는 곳으로서, 샌더스의 핵심적인 정치적 기반이 되었다. 또한 그는 버몬트주의 농촌에 사는 가난한 공화당 성향 유권자들에게도 좋은 반응을 얻었다. 버몬트주 농촌의 공화당 지지자들은 독립성과 자유지상주의의 열렬한 신봉자로 잘 알려져 있었다. 이들은 자신의 삶을 통제하려고 드는 거대 기관들이라면 민간이든 공공이든 모조리 의심의 눈초리로 쏘아보았다. 그래서 선거 때마다 대기업의 정치자금이 넘쳐 나면서 미국의 민주주의가 부패하게 됐다는 샌더스의 주장에 이들은 긍정적으로 호응했고, 또 신자유주의적인 세계 자유무역 체제란 한 복합체로 유착된 정부와 대기업 엘리트들의 작품으로서 이 때문에 너무나 많은 보통 사람들의 삶이 악화되고 있다는 그의 주장에도 긍정적이었다. 샌더스는 이 농촌지역 유권자들의 지지를 얻기 위해 여러 가지 사항을 양보했으며, 특히 두드러진 것은 그들이 주장하는 총기 소지의 권리를 샌더스도 기꺼이 존중했다는 점이었다. 그는 이러한 양보 덕분에 버몬트주의 선거 때마다 그를 지지해 주는 확고한 연합 세력과 함께 이 유권자들을 끌어들일 수 있었다.

하지만 샌더스는 공직 생활 30년 동안 전국 차원의 정치에서는 거의 주목을 받지 못한 인물이었다. 버몬트주는 크기도 작고 인구도 많지 않은 주였다. 이곳에서 어떤 흐름이 생겨난다고 해도 그것이 미국 전체에 영향을 주는 경우는 벤앤드제리스(Ben and Jerry's) 아이스크림을 빼면 거의 없다. 의회에서 샌더스는 사회주의자를 자처하는 독립 정치인이었고, 보통은 민주당 쪽으로 표결에 임했다. 그와 자연스럽게 동맹을 맺을 수 있는 세력은 없었으며, 정책에 대해서는 사실상 영향력이 전무했고, 특히 신자유주의 질서가 기승을 부리던 시대에는 더욱 그러했다. 빌 클린턴과 조지 W. 부시에게 샌더스는 그저 성가신 존재일 뿐이었으며, 너무 귓가에 가깝게 와서 앵앵거린다 싶으면 그냥 모기처럼 쫓아 버리면 되는 일이었다.

하지만 2011년의 월 스트리트 점거 운동 이후에는 모든 것이 변화했다. 수백만 명이 갑자기 경제적 불평등의 문제에 달려들어 이를 어떻게 할 것인가를 이야기하기 시작했고, 그러자 이들은 지난 수십 년간 한결같이 이를 직설적이고 열정적으로 이야기해 온 사람에게 의지하게 됐다. 샌더스는 자신의 주장도 선거유세 연설도 전혀 바꿀 필요가 없었다. 신자유주의 질서에 균열이 생기면서 그전에는 전혀 통하지 않던 그의 이야기가 큰 반향을 일으킬 공간이 열리게 된 것이다. 이러쿵저러쿵 말하는 정치인들, 내용이 얄팍하기 그지없는 정치인들, 쉽게 돈으로 움직일 수 있는 정치인들만 넘쳐 나던 시대에, 몇십 년을 두고 자기 정치를 일관되게 밀고 나간 그의 모습은 이제 갑자기 괴짜 정치인이 아니라 정직함과 진실성을 갖춘 정치인으로 보이게 된 것이다.

특히 젊은이들 사이에서 샌더스는 구약성경에 나오는 예언자의 지위를 획득하게 된다. 즉 진실을 말하고 권력자들을 괴롭히라고 오랜 기간 버몬트주의 황야에서 시련을 겪도록 신께서 보낸 사람으로 여겼던 것이다. 백발의 머리는 항상 헝클어져 있으며, 마대 자루나 다름없는 허름한 옷을 걸치고, 웃는 법도 없이 항상 무서운 표정을 하고 있는 샌더스의 모습은 이 역할에 완전히 들어맞았다. 2015년과 2016년에 열린 여러 선거운동 집회에서 샌더스는 옛날 예언자 이사야와 예레미야가 했던 것처럼 사회의 여러 해악이 얼마나 끔찍하며 이를 속죄하기 위해 얼마나 급진적인 작업이 필요한지를 천둥처럼 꾸짖었으며, 결코 부드럽게 말을 하는 법이 없었다. 샌더스의 지지자들은 그의 이야기를 끝없이 열광적으로 경청했다. 2016년 대통령선거 당시 선거운동 집회의 크기, 강도, 참여도를 따져 볼 때에 트럼프 진영의 적수가 될 수 있는 것은 샌더스뿐이었다.

2016년 1월, 샌더스는 뉴욕시에서 월 스트리트 은행가들과 대면했고, 그때에도 이들의 행동을 인정사정없이 비판하고 꾸짖었다. "월 스트리트의 탐욕, 방조, 불법적 행태"로 인해 2008년과 2009년에 "미국 경제와 세계경제가 거의 파괴"됐다고 그는 공격했다. 그 이후 8년간 미국이 한때 자랑하던 중산층은 무너졌으며, 그들이 일자리를 잃고 집을 잃고 저축을 잃었음에도 거의 아무 보상도 주어진 게 없다고 그는 말했다. 그러는 와중에 월 스트리트는 "국민의 혈세로 역사상 최대의 구제금융을 받아 냈다"라는 것이다. 이렇게 월 스트리트와 대기업의 지배가 "우리 미국의 골간 구조를 파괴하고" 있다고 그는 선언했다.[63]

그의 연설을 듣는 월 스트리트 금융가들에게 샌더스는 분명한 경고장을 날렸다. "여러분이 스스로 탐욕을 끊지 못한다면, 우리가 여러분을 위해 끊어 드릴 것입니다."[64] 한 달 후, 그는

2016년 대선후보 지명전의 시작인 아이오와주 경선에서 승자로 떠올랐으며, 그 후 "정치적 혁명이 오고 있습니다"라고 선언했다.[65] 그는 자신이 후보로 지명되어 대통령에 당선된다면 더 이상 은행을 위한 구제금융은 없을 것이며, 금융에 특혜를 주는 일도 없을 것이고, 아무런 규제도 받지 않고 마음껏 돌아가게 허용된 그림자금융 부문도 용납하지 않을 것이며, 스스로 "대마불사"를 외치면서 구제금융을 요구하는 은행들도 결코 용납하지 않을 것이라는 점을 분명히 했다.

말할 것도 없이 월 스트리트는 빌 클린턴이 1990년대의 여러 선거를 승리로 이끌었던 민주당 연합의 일부였다. 당시에는 골드만삭스 출신의 로버트 루빈이야말로 클린턴 내각에서 가장 힘 있고 지혜로운 인물로 간주하는 분위기였다. 한편 오바마 또한 2009년 경제회복의 과제를 루빈이 키운 월 스트리트의 제자들인 로런스 서머스, 티머시 가이트너, 피터 오재그 등에 맡긴 바 있었다. 이러한 역사로 볼 때 샌더스가 옹호한 정치적 길—민주당에게 실질적으로 월 스트리트와 단절할 것을 요구하는 것—은 당시 민주당을 지배하던 정치노선에서 근본적으로 이탈하는 것이었다.

또한 민주당 지도부는 2016년 선거운동 기간에 샌더스가 자유무역에 공격을 가하는 것에서도 똑같이 충격을 받았다. 샌더스는 북미자유무역협정을 그 시작 때부터 반대해 왔다. 또한 중국과의 자유무역에도 반대 입장이었고, 이것이 미국의 노동계급에게는 도움보다 해악이 더 크다고 믿었다. 전 세계의 모든 무역장벽을 제거한다면 모든 곳에서 다 같이 부와 풍요가 나타날 것이라는 생각은 샌더스가 볼 때에는 신자유주의의 환상에 불과한 것이었다. 그는 지구화가 모든 나라에서 승자와 패자들을 낳았다고 보았다. 미국에서의 승자는 대기업, 은행, 그리고 주식시장에 큰돈을 투자한 이들이었다. 패자는 미국의 산업 노동자들로서, 이들의 일자리가 멕시코와 중국으로 날아가면서 이미 그 숫자가 격감했다고 보았다. 운 좋게 일자리를 보전할 수 있었던 이들 또한 임금 및 수당의 삭감을 받아들여야 하는 끊임없는 압력에 시달리게 됐다고 한다. 2016년 3월 초 힐러리 클린턴과 가진 논쟁에서 샌더스는 힐러리가 "대기업의 포로가 된 미국이 내놓은 재앙적인 무역협정들을 사실상 하나도 빼놓지 않고 지지"함으로써 선량한 미국인들의 생계를 위협했다고 공격했다.[66]

그런데 샌더스와 트럼프 사이에는 주요한 차이점들이 있었다. 샌더스는 트럼프가 선거운동에서 무기로 썼던 중상모략, 인신공격, 위장된 폭력 선동 등 어떤 것도 사용하지 않았다. 샌더스도 국경 개방에 오랫동안 불만을 품고 있었던 것은 사실이다. 너무 많은 미숙련 이민자가 미국에 들어올 경우 기존 미국 노동자들의 임금이 하락하고 노동조건이 악화될 것을 염려했기 때문이다. 하지만 그는 트럼프의 인종민족주의를 단호히 거부했다. 그는 유럽계 미국인들에게 남미, 동아시아 및 남아시아, 아프리카에 뿌리를 둔 미국인들보다 우월한 특권을 부여하려는 마음이 전혀 없었다. 트럼프의 호소력에 중심을 이루던 미국의

"우월한" 유럽인들에 대한 찬양이나 소수인종의 희생양 전략 같은 것은 전혀 취하지 않았다.

하지만 자유무역과 지구화의 문제에서는 샌더스와 트럼프의 입장이 사실상 차별점이 없었다. "펜실베이니아 철강 노동자들의 유산은 우리 미국의 위대한 풍경을 이루는 교량, 철로, 마천루에 살아 숨 쉬고 있습니다." 트럼프가 피츠버그 근처에서 노동자들에게 연설할 때 했던 말이다. 충직함을 가진 이들에게 미국은 "완전한 배신으로" 보답했다고 트럼프는 주장한다. "우리 정치가라는 자들은 우리의 일자리, 우리의 부, 우리의 공장을 멕시코 등의 해외로 옮기는 정책인 지구화라는 것을 공격적으로 추진했습니다. 이 지구화 덕분에 정치가들에게 정치자금을 납부한 금융 엘리트들은 아주아주 큰 부자가 되었습니다." 하지만 미국 노동자들에게 미친 충격은 재앙이었다고 한다. "한때 번창하고 사람들로 북적였던 펜실베이니아 소도시 다수가"— 여기서 트럼프가 말하는 도시는 피시타운이었을 수도 있다— "이제는 완전히 절망 상태에 빠져 있습니다. 이 지구화의 물결이라는 게 우리 중산층을 완전히, 완전히 쓸어버렸습니다. 이렇게 되어야 할 이유는 없습니다. 이것은 아주 빠르게 반대로 되돌릴 수 있습니다."[67]

트럼프의 피츠버그 연설에서 나오는 이야기의 많은 부분은 샌더스의 연설에서 직접 가져온 것이라고 해도 될 정도였다. 두 사람 모두 말을 정제해서 하는 스타일이 아니었다. 이들의 연설을 직접 듣지 않고 눈으로 읽으면 별로 감흥이 오지 않는다. 하지만 두 사람 모두 그 이야기를 말이나 연설로 쏟아 낼 때는 찬란히 빛을 낸다. 둘 다 힘 있게 온몸을 던져 말하고, 거센 표현이 들어간 직설적인 선언들을 내놓으며, 어떨 때에는 힘주어 말하기 위해 손가락으로 하늘을 마구 찔러 대기도 한다. 지구화 및 자유무역 그리고 이런 정책들 때문에 일반 노동계급이 입게 됐다고 여기는 피해는 곪을 대로 곪아 온 문제였으니, 이들이 이 문제를 이렇게 건드린 것은 정곡을 찌르는 셈이었다.

이들의 주장이 큰 반향을 일으켰다는 것은 곧 신자유주의 질서가 얼마나 큰 균열이 벌어지고 있는지를 그대로 드러내는 것이었다. 신자유주의가 헤게모니적 위치에 있었을 때에는 자유무역과 지구화의 여러 미덕은 감히 공격해서는 안 될 대상이었다. 신자유주의 전성기에 만약 이런 정책들을 공격하는 이가 있었다면 곧바로 비현실적인 인물로 찍혀 주변으로 밀려났을 것이며, 최악의 경우에는 망상에 빠진 위험 인물로 치부됐을 것이다. 그런데 2016년 대통령선거에서 가장 역동적이었던 두 사람 모두가, 그것도 한 사람은 좌파에서 한 사람은 우파에서 신자유주의의 정통 교조에 직격탄을 날리며 도전을 가했던 것이다. 이는 신자유주의 질서 자체가 얼마나 큰 난관에 처해 있는지, 그리고 아마도 조만간 권좌에서 밀려날 것이라는 점을 그대로 드러내는 사건이었다.

클린턴주의와 오바마주의는 힘을 잃다

이러한 신자유주의에 맞선 우익과 좌익의 협공 사이에 끼어 십자포화를 맞은 인물이 힐러리 클린턴이었다. 힐러리는 민주당의 대통령후보 지명자로 예정되다시피 했을 뿐만 아니라 오바마를 이어 백악관의 주인이 될 것으로 기대되던 인물이었다. 서면상으로 보면 힐러리는 최고의 자격을 갖추고 있었다. 뉴욕주의 상원의원과 국무부 장관을 역임하면서 오바마 정권의 고참이자 영향력 있는 이로 군림했던 인물이었다. 두뇌도 뛰어나고, 능력도 있고, 신뢰감을 주며, 경험도 많았다. 하지만 약점들도 있었다. 힐러리가 전국 선거에 뛰어든 유일한 경험은 2008년 민주당 대선후보 지명전이었는데, 당시 오바마와 겨루어 거둔 성적은 그다지 좋지 못했다. 힐러리는 빌 클린턴의 정치적 수완을 갖추지 못했을 뿐만 아니라, 게다가 여성 비하 성향을 가진 일부 남성 집단들에서는 대통령으로서 자격이 없다고 인식되는 불이익까지 겪어야 했다. 그리고 민주당 내부에서 반기를 든 좌파 측은 힐러리를 정통 신자유주의 세력의 기둥으로 간주했으므로 자신들이 원하는 정치적 전환을 가로막는 장애물이라고 여겼다. 게다가 공화당 측에서 클린턴 부부를 부패 세력으로 끊임없이 공격했기에, 민주당 내의 보수적인 세력들에게도 지지가 줄어들게 됐다. 힐러리의 선거운동 진영은 자금도 풍부했고 뛰어난 재능을 갖춘 인물들도 넘쳐 났지만, 상층만 너무 무거워서 확고한 결정을 내리지 못하고 또 내부 총질도

종종 벌어졌기에 이 또한 발목을 잡았다.

또한 힐러리는 시대의 변화를 따라잡지 못하고 있었다. 힐러리도 1990년대에 남편 빌이 신자유주의에 무릎을 꿇던 과정에 전면적으로 참여했던 인물이었으며, 지금도 여전히 민주당이 선거에서 승리를 가져올 수 있는 정치적 힘이 여기에 있다고 믿었다. 따라서 샌더스가 힐러리를 향해 자유무역과 여타 신자유주의 원칙들을 신봉하고 있다고 맹렬히 공격하는 것에 깜짝 놀랐다. 또 자신이 국무부 장관으로서 전 세계를 돌아다니며 열심히 일하면서 쌓아 올린 국제적인 명성과 신뢰가 어째서 되레 부채로 보이게 됐는지 이해하지 못했다. 또한 자신이 전 세계의 지도자들과 긴밀한 관계를 맺은 것과 그들이 클린턴재단에 돈을 기부했던 것이 이해관계의 상충에 해당된다는 것을 이해하지 못하는 듯했다.[68] 골드만삭스에서 연설한 강연료로 30만 달러를 받았던 것을 두고 왜들 그렇게 난리를 친단 말인가? 월 스트리트에 애정을 표시하고 그 대가로 두둑한 보상을 받는 것은 20년 이상 민주당 정치의 특산물이었으니까. 민주당과 월 스트리트의 동맹은 선거 승리에 충분한 자금을 모으는 데에 필수적이라고 힐러리는 믿었다. 힐러리는 월 스트리트에서 돈을 받는다고 해서 이것이 가난한 이들을 위해, 또 다양한 형태의 인종 및 성적 차별에서 고통받는 이들을 위해 자신이 하고자 했던 선한 사업을 깎아내리는 것이라고 보지 않았다. 힐러리는 젊은 시절 급진적이고 저항적인 정신에 충실한 삶을 살았고 그 정신이 여전히 자신의 신념 속에 불타고 있다고 믿었기 때문에, 사람들이 자신을 전 지구적으로 활개를 치는 특권적 엘리트의 세계에 완전히 갇혀 버린 인물로 보고 있다는 사실을 이해하는 데에 어려움을 겪었다.[69]

힐러리 클린턴은 샌더스 쪽의 도전을 가라앉히려고 애를 쓰는 과정에서 2016년 대선후보 지명전 기간에는 상당히 왼쪽으로 포지션을 이동했다. 하지만 그래도 자신의 정치 기본 원칙들을 원점에서 다시 고려할 생각은 없었다. 2016년 6월이 되면, 이미 충분히 많은 주들에서 승리를 거두어 샌더스가 경선을 포기하도록 만들었고, 7월에는 민주당의 대선후보로 지명된다. 게다가 여론조사에서는 힐러리가 트럼프에 맞서 한참 우위를 점하고 있었다. 힐러리는 오바마가 그랬던 것처럼, 새로운 미국을 만들고자 하는 동맹 연합을 모아 11월 대선에서 승리할 것으로 기대했다. 힐러리 세대의 여성주의자들은 한 명도 남김없이 그 자신을 찍을 것이라고 생각했다. 도시의 교외 지역에 사는 공화당 지지 여성들 또한 트럼프의 여성혐오에 진력이 났는지라 기꺼이 공화당을 버리고 그 자신을 찍을 것으로 보았다. 힐러리는 동성애 운동을 샌더스나 트럼프보다 훨씬 더 전투적으로 지지했다. 또한 이민자들의 권리에 대해서도 당당하고 강력하게 지지했다. 그리고 흑인 유권자들에게도 강력한 지지를 얻을 것이라고 확신하고 있었는데, 이들은 남편 빌 클린턴이 대통령으로 재직하던 8년간 충직한 민주당 지지 세력이었으며, 그 자신이 8년간 열심히 일하며 섬겼던 대통령 또한 아프리카계 미국인이었기 때문이다.[70]

하지만 위험신호가 사방에서 날아들었다. 한 예로 힐러리를 향한 흑인 집단의 지지는 예상만큼 강하지 못한 것으로 드러났다. 특히 흑인 젊은 층은 힐러리에—그리고 오바마에게도—반대하는 쪽으로 집결하고 있었다. 대침체의 결과로 흑인들이 겪어야 했던 고통이 얼마나 광범위한 것이었는지를 도무지 알아채지 못한다는 불만이었다. 미국의 공식 경제 부문에서 기회가 줄어들면서 아프리카계 미국인들은 갈수록 불법적인 마약 경제에 의존하고 있었다. 이러한 변화의 결과로 이들은 갈수록 경찰력과 갈등을 빚게 됐고, 경찰관들은 공공질서의 위협이라고 여겨지는 자라면 누구에게든 무력을 사용할 수 있는 폭넓은 권한을 얻게 된다.[71] 2012년에서 2014년 사이에 경찰이 (그리고 민간 자경단이) 젊은 흑인 남성들을 공격하는 사건은 급격히 증가하게 된다. 이러한 사건들로 인해 아프리카계 미국인들은 격분했고, 그 집단의 내부에서는 새로운 형태로 저항의 불꽃이 일어나게 된다.

2012년 2월, 흑인들의 끓어오르는 분노가 하나로 뭉치게 되는 사건이 플로리다에서 벌어진다. 흑인 10대 소년 트레이본 마틴(Trayvon Martin)이 살해당한 것이다. 그는 편의점에 들렀다가 아버지의 약혼녀가 살고 있는 집으로 돌아가는 길이었다. 백인 자경단 중 한 사람인 조지 지머먼(George Zimmerman)은 소년 마틴이 무언가 나쁜 짓을 하려는 것 같다는 의심만으로 그를 공격하여 살해한다. 플로리다의 법정에서 재판이 열렸지만 배심원들은 전원 백인이었고, 2013년 7월 지머먼에게 무죄를 선고한다. 1년 후에는 뉴욕주 스태튼섬(Staten Island)의 경찰이 길거리 행상인 에릭 가너(Eric Garner)의 목을 조르고 힘으로 짓눌러 호흡을 못하게 만들어 버림으로써 그를 살해한다. 2주 후 미주리주 퍼거슨(Ferguson)에서는 18세 마이클 브라운(Michael Brown)이 대런 윌슨(Darren Wilson)이라는 경찰관과 실랑이를 벌이다가 여섯 발의 총격을 당하고 만다. 2014년 10월에는 한 시카고 경찰관이 또 다른 흑인 10대 소년 라콴 맥도널드(Laquan MacDonald)를 총으로 살해했다. 맥도널드가 이미 죽어 땅에 쓰러져 있는데도, 그 위에서 탄창을 바꾸어 가며 계속 총탄을 퍼부은 것이었다. 2015년 4월에는 찰스턴(Charleston)에서 월터 스콧(Walter Scott)이 사소한 자동차 규정 위반으로 (브레이크등이 작동하지 않았다) 경찰관에게 추격을 당하여 뛰어서 도망치다가 결국 총을 맞고 사망했다. 그로부터 일주일도 채 지나지 않아서 볼티모어에서는 프레디 그레이(Freddie Gray)가 손이 묶인 채 경찰차에 실려 감옥으로 이송되던 중에 딱딱한 쇠로 된 벽과 날카로운 모서리에 계속 던져지다가 온몸이 상처투성이가 된 채로 사망했다.[72]

이러한 살해 사건들은 새로운 저항운동인 "흑인의 목숨도 소중하다(BLM)"가 터져 나오게 만들었다. 마이클 브라운이 살해당한 현장인 미주리주 퍼거슨이 이 운동의 발원지가 됐다. 그 이후로 열렬한 저항 시위, 경찰과의 대치, 월 스트리트 점거 운동 등의 투쟁이 일어나면서 전국에서 활동가들이 모여들었고 미국뿐만 아니라 전 세계적인 관심을 끌게 됐다.

BLM 시위자들은 젊고 전투적이며 비타협적이었다. 2016년 전반기 내내 20세에서 35세 사이의 흑인 밀레니얼세대는 힐러리보다 샌더스를 더 많이 지지했고, 그 표차도 무려 44퍼센트 대 32퍼센트나 되어 민주당 여론 조사자들에게 충격을 안겨 주었다.[73] 이들은 샌더스가 경제 엘리트에 집중된 부를 강하게 비판한 것을 지지했고, 그가 요구하는 재분배의 정의를 지지했다. 또한 이들을 끌어당긴 요인으로 샌더스의 반군사주의도 있었으며, BLM 운동의 성원들 중 다수는 스스로를 사회주의자라고 여겼다.

또한 BLM 활동가들은 옛날 세대의 흑인 지도자들에 대해 가혹할 정도로 비판적이었다. 이 지도자들은 흑인 집단 내에 참혹한 가난을 낳게 했으며, 게다가 흑인의 목숨을 위협하는 공격을 용인하는 백인의 권력구조에 편안하게 안착했다는 주장이었다. 또한 BLM 운동은 남성들의 특권과 이성애자 중심주의를 멋대로 휘둘렀다는 이유에서 그들을 공격했다. 한때 민권운동의 영웅이던 제시 잭슨 목사가 2014년 여름 퍼거슨에서 연단에 오르자 활동가들은 야유를 보냈다. "흑인 설교자들이 사람들을 약속의 땅으로 이끈다는 식의 모델은 이제는 전혀 통하지 않습니다." BLM 운동 창시자인 얼리샤 가자(Alicia Garza)가 2016년《뉴요커》의 필자 젤라니 코브(Jelani Cobb)와의 인터뷰에서 날카롭게 쏘아붙였던 말이다. 가자는 성소수자이며 트랜스젠더 남성과 결혼한 이로서, 과거의 흑인 자유 투쟁들에 "과장된 남성성(hyperbolic masculinity)"이 내재되어 있어 운동을 왜곡했다는 점에 특히 비판적이었다. 오바마는 남성 특권에 대한 BLM의 비판에서는 벗어날 수 있었지만, 워싱턴의 권력구조에 포섭당해 가난한 흑인들의 삶을 개선하는 일에서는 거의 한 것이 없다는 공격을 받았다. 시카고의 마을 활동 조직가이자 BLM 운동의 일원이던 에이슬린 풀리(Aislinn Pulley)는 2016년 2월에 민권운동의 미래를 논하기 위해 백악관으로 와 달라는 오바마의 초대를 날카롭게 거부했다. 풀리는 온라인의 팔로워들에게 이렇게 글을 썼다. 자신은 "경찰의 폭력과 그 원동력인 제도화된 인종주의를 종식시키고자 마치 정부가 노력하고 있다는 식의 가짜 서사를 만드는 데에 복무할 수 없다"라고.[74]

오바마를 겨냥한 BLM 성원들의 비판은 2016년 내내 거세게 일어났다. 정치평론가 키앙가야마타 테일러(Keeanga-Yamahtta Taylor)가 미국판《가디언》에 실은 유명한 글에서 테일러는 오바마가 두 번의 대통령 임기 동안 했던 약속을 저버렸다고 주장했다. "BLM의 발흥은 인종 간 불평등이 지속되는 문제를 그가 직접적으로 솔직담백하게 대처하려는 능력이나 의사가 없었다는 데에서 상당 부분 생겨난 것이다." 오바마는 "인종주의와 부정의에 직면하자…… 아무것도 못하고 마비"되어 버렸으며, 테일러는 오바마의 이런 모습을 받아들이기 힘들었다고 했다. 테일러와 많은 흑인 청년은 오바마의 대통령선거운동에 큰 희망을 걸었다는 것이다. 하지만 오바마는 흑인들의 고통과 박해 등 근본적인 문제들을 다루는 데에 너무나 한 일이 없다고 쓰디쓴 어조로 결론을 내린다.[75]

오바마가 한 일이 없다면, 그의 후임으로 지명된 힐러리 클린턴은 어떨까? 2016년 2월에 사우스캐롤라이나주에서 민주당 대선후보 경선이 벌어지기 3일 전, 힐러리가 열었던 한 선거자금 모금 집회에서 두 BLM 활동가들이 바로 이 질문을 던졌다. 항의하러 간 이 두 사람 중 하나인 애슐리 윌리엄스(Ashley Williams)는 힐러리가 1990년대에 남편 빌 클린턴이 내놓았던 대규모 수감 정책을 지지했던 것에, 또 젊은 흑인 남성들에게 "초상위 포식자(super-predators)"라는 낙인을 찍었던 것에 사과를 요구했다.[76] 하지만 힐러리의 연설을 듣기 위해 수천 달러를 낸 기부자 청중은 그에게 야유를 쏟아 냈다. 비밀 경호 팀이 재빨리 윌리엄스와 동료 활동가들을 집회에서 쫓아냈다. 하지만 힐러리의 모금 집회에 BLM 활동가가 뛰어들어 물의를 빚었던 사건은 전국적인 뉴스가 됐고, 다른 이들도 윌리엄스가 힐러리에게 내놓았던 그 불편한 질문을 다시 묻기 시작했다. 훗날 테일러는 이를 회상하면서 "이는 힐러리가 아프리카계 미국인들과 맺었던 복잡한 관계의 역사를 전혀 모르고 있었던 새로운 세대의 [흑인] 유권자들에게 중요한 교육의 계기가 됐다"라고 말했다.[77]

그 "복잡한 관계의 역사"는 후보 경선 기간 내, 그다음에는 대통령선거 본선에서도 계속해서 힐러리를 따라다녔다. 물론 흑인 유권자들이 대규모로 트럼프 쪽으로 이탈한다는 것은 결코 벌어질 수 없는 일이었다. 문제는 이들이 힐러리에게 전적인 지지를 보이지 않고 있다는 점, 그리고 빌 클린턴과 오바마가 세우기 위해 그토록 노력을 기울였던 정치 질서가 이제 무너지고 있기 때문에 2016년 대통령선거 투표 당일에도 흑인 유권자들이 투표장으로 향하지 않을 수 있다는 점, 그래서 힐러리가 트럼프를 이길 확률도 줄어들고 있다는 점이었다.

트럼프의 승리

2016년 11월 8일, 트럼프는 승리를 거두었으며 이는 미국 정치사에서 충격의 순간이었다. 미국을 지배하는 정치엘리트 집단과 이토록 거리가 먼 후보가 대통령이 되는 사건의 선례를 찾으려면 1828년 앤드루 잭슨(Andrew Jackson)의 선출까지 거슬러 올라가야 한다. 하지만 잭슨은 결코 트럼프처럼 미국 정부와 공화당 상속 세계의 외부인이 아니었으므로, 이러한 비교도 아주 애매한 것이었다.[78]

트럼프가 승리를 거둔 표수 차이는 초박빙이었다. 전체 투표수는 1억 3000만 표였다. 그런데 승부는 펜실베이니아주, 미시간주, 위스콘신주 등 중서부의 세 군데 격전지에서 나온 불과 7만 표로 결정됐다. 선거의 승리를 힐러리 쪽으로 끌어올 수 있는 요인들은 얼마든지 있었다. 만약 힐러리 클린턴이 이 중서부 격전지 주들에서의 승리를 너무 장담하지 않았더라면, 그래서 선거운동 막판 몇 주 동안 여기에 좀 더 힘을 쏟아 더 많은 표를 모았더라면 이야기는 달라졌을 것이다. 2008년과 2012년에 오바마가 나왔을 당시 필라델피아, 디트로이트, 밀워키에서 흑인 유권자들이 보여 준 놀라운 투표 참여가 한 번 더 나타났다면 펜실베이니아주, 미시간주, 위스콘신주가 모두 힐러리 쪽으로 충분히 넘어올 수 있었다. 2016년 10월 초에는 여성에 대한 트럼프의 막가는 태도가 최악의 과시하는 막말로 표현된 "액세스 할리우드(Access Hollywood)" 음성파일이 공개됐다. 이로 인해 교외 지역의 공화당 여성 유권자들은 무더기 몰표를 힐러리에게 던지겠다는 단호한 태도를 보이기 시작했으므로, 잠깐 동안은 트럼프가 선거에서 질 것처럼 보이기도 했다. 하지만 바로 그때 FBI의 제임스 코미(James Comey) 국장이 선거를 불과 12일 남겨 놓고서, 힐러리가 국무부 장관으로 재직하던 시절에 사적인 이메일 서버로 공식 업무를 처리했다는 옛날 사건을 재수사하겠다고 선언했다. 이 바람에 유권자들의 머릿속에는 여성을 성적으로 약탈하는 포식자 트럼프의 이미지가 가려지게 된다. 사적인 메일 서버를 사용하는 것은 엄밀하게 보면 불법이지만, 민주당과 공화당을 가리지 않고 무수한 공직자가 마구 행하고 있는 일이기도 했다. 트럼프는 곧바로 이러한 코미 국장의 발표를 두고 이것이야말로 자신이 지난 몇 달 동안 "사기꾼 힐러리"에 대해 내놓은 모든 혐의점에 대한 "확증"이라는 식으로 이용해 먹는다. 결국 선거를 겨우 이틀 남겨 놓고 코미 국장은 힐러리의 개인 이메일에서 문제 될 만한 것은 아무것도 찾지 못했으므로 수사를 종결한다고 발표하지만, 이때가 되면 이미 그의 수사 활동으로 인해 힐러리의 명성과 평판에 심각한 손상이

가해진 뒤였다.[79]

코미 국장이 선거가 임박한 시점에 이메일 사건 재수사를 명령하는 일만 삼갔어도 어떻게 되었을까? 힐러리가 격전지인 중서부 세 주에서 자기가 위험에 처해 있다는 것을 이해하고 그 결정적인 10월 내내 그곳에 머물면서 유권자들을 공략했다면 어떻게 되었을까? 아프리카계 미국인들이 만약 오바마 때처럼 투표 당일에 무더기로 투표장으로 나와 주었다면? 이런 시나리오들 중 어떤 것만 실현됐어도 힐러리는 대통령선거에서 승리했을 것이다.

하지만 힐러리 클린턴의 승리가 가능한 일이었다고 인정하더라도 이 때문에 트럼프가 거둔 성취를 깎아내리는 것이 되어서는 안 된다. 거칠 것 없는 좌충우돌의 정치 신인 한 사람이 모든 이의 예상보다 훨씬 더 많은 표를 얻어 낸 것이다. 그는 공화당을 자신의 의지대로 좌지우지했다. 미국 사회에서 홀대받던 지역에서 그가 일으켜 낸 투표 참여는 사실상 그 어떤 여론조사나 전문가도 가능할 것이라고 상상조차 하지 못하던 것이었다. 트럼프가 자기 지지자들에게 일으킨 흥분과 에너지는 힐러리가 자기 지지자들 사이에서 만들어 낸 것을 훨씬 능가했다. 투표 독려를 위해 호별방문의 수고를 아끼지 않았던 힐러리 지지자들은 물론 그 운동원들조차도 힐러리를 백악관으로 보내기보다는 트럼프를 막기 위해 그렇게 했던 경우가 다수였다.[80]

열성적인 트럼프 지지에 비해 힐러리를 향한 지지가 미지근했던 것은 미국의 유권자들 전반에 걸쳐서 기존 질서에 대한 불만이 얼마나 깊게 자리 잡고 있는지를 드러내고 있었다. 트럼프 지지자들은 그를 모종의 미친 황소쯤으로 이해하고 있었다. 그는 몇 개월에 걸친 선거운동 기간 동안 아무것도 숨기지 않았다. 자신의 나르시시즘도, 적수를 향한 경멸도, 여성과 소수자에 대한 폭력적인 자세도, 미국 정치의 관례에 대한 무관심도, 폭력에 대한 매료도 전혀 숨기지 않았다. 트럼프 지지자들은 워싱턴을 흔들어 놓고, 그 규칙을 깨 버리고자 하는 사람에게 자신이 표를 던진다는 것을 이해하고 있었다. 트럼프는 프로레슬링 게임에서 이제부터 화끈하게 모두 작살내 버리겠다고 안달하는 "악역"이었고, 지지자들은 그런 그를 사랑했다. 포토맥(Potomac, 워싱턴시를 가로지르는 강—옮긴이) 늪지대에서 물을 빼내어 거기에 똬리를 틀고 득실거리던 온갖 흉측한 생물들을 수도에서 살 수 없게 만들 수 있으려면 그런 정도의 힘과 배짱과 고집과 못돼 먹은 기질을 가진 사람이 있어야 한다고 그들은 믿었던 것이다.

트럼프운동에서 사회의 온갖 불만과 허무주의가 보기 흉한 형태로 불거지기는 했지만, 그와 무관하게 그 운동의 기초가 되는 오래도록 부글거리며 끓어오른 깊은 좌절감이 어떤 것인지는 잘 짚어 보아야 한다. 이는 미국에 보상도 없이 그토록 큰 어려움을 안긴 주범이라고 여겨진 정치 질서 및 정치엘리트에 대한 좌절감이었다. 이들 엘리트와 그들이 이끄는 질서는 공화당과 민주당 양당 모두에 뿌리를 두고 있었다. 그전 30년 동안 이 엘리트들이 지지했지만 이제 와서 보면 심각하게 잘못된 정책들이 너무나 많았다. 자유무역과 지구화를 신봉하고, 월 스트리트에 규제를 풀어 주고, 높은 수준의 경제적 불평등을 용인할 뿐만 아니라 더 팽창시키고, 지구상 그 어떤 나라보다도 자국민을 높은 비율로 감옥에 처넣고, 말도 안 되는 전쟁에 미국을 밀어 넣었을 뿐만 아니라 그 전쟁으로 무너진 나라들을 재건한답시고 벌이는 말도 안 되는 시도들에 미국을 밀어 넣고 등등. 힐러리는 이런 정책들 모두와 연관이 되어 있었다. 힐러리가 스스로 펼친 활동을 통해서 (2003년 이라크전쟁에 상원의원으로서 지지표를 던졌고, 국무부 장관으로서는 자유무역과 지구화를 증진했다) 연관되기도 했고, 또 그의 남편이 대통령이던 시절 도입했던 월 스트리트 탈규제화, 감옥 국가의 확장, 경제적 불평등의 강화 등과도 관련이 있었다. 이러한 관점에서 볼 때, 힐러리를 향한 적대감은 단순히 힐러리라는 개인에 대한 반감과 여성혐오만이 아니라, 미국의 위대성을 유지하는 데에 보기 좋게 실패했던 정치 질서에 대한 분노, 그리고 그 질서를 통제하는 정치엘리트들을 향한 분노에 뿌리를 두고 있는 것으로 보아야 한다.

분노와 좌절은 우파뿐만 아니라 좌파에서도 부풀어 오르고 있었다. 이는 샌더스의 놀라운 선거운동에서도 나타났으며, BLM이 흑인들의 심각한 불만을 가볍게 여기는 쪽을 택한 오바마와 함께하기를 거부했던 데에서도 드러난다. 이는 미국 정치의 지각변동이 벌어지고 있음을 확증해 주는 증거가 된다. 새로운 정치가 출현하고 있었으며, 아마도 새로운 정치 질서가 태어나고 있는 중이었을 것이다.

하지만 지배적 위치에서 군림하던 기존 정치 질서의 손아귀에서 풀려나오는 일은 쉬운 것이 아니었다. 그러한 질서의 쇠퇴에는 모순, 갈등, 심지어 혼돈까지 특징적으로 나타나게 되어 있다. 그리고 혼돈이라는 점에서는 트럼프 정권을 따를 만한 것이 없었다.

8장 —— 종말

2016년의 선거 결과를 보고 가장 놀란 이는 바로 도널드 트럼프 본인이었다. 그는 사실 자기가 정말로 대통령이 될 것이라고 생각하지 않았다. 그가 공공부문이나 민간 부문에서 통치자가 된다는 것은 아주 낯선 일이었다. 트럼프기업(Trump Organization)은 주식회사였지만 소유 구조가 폐쇄적이며 이를 운영하는 것도 비교적 소수의 사람들이었으므로, 트럼프가 여기에서 연방국가처럼 광범위하고 복잡한 조직을 이끄는 훈련을 할 수는 없었다. 더욱이 트럼프는 정부를 어떻게 구성할지 계획해 놓은 것도 거의 없었다. 대통령은 스스로 지명해야 하는 자리도 무수히 많은 데다가 익혀야 할 정책과제들도 많게 마련이며, 따라서 정부를 어떻게 구성할 것인가는 결정적으로 중요한 문제가 된다. 트럼프는 뉴저지 주지사 출신의 트럼프 충성파로서 정권 인수 팀을 이끌던 크리스 크리스티(Chris Christie)를 선거가 끝난 후 불과 3일 만에 해고해 버린다. 이렇게 크리스티가 털렸던 사건은 이제부터 어떤 일이 벌어질 것인지를 예고하는 신호였다.

트럼프는 충동적이고 참을성이 없었다. 그는 주의력을 오래 유지하지 못하는 이였다. 또한 워싱턴 전체에 의구심을 품고 있었는데, 민주당과 오바마 정권의 공직자들뿐만 아니라 공화당의 기성세력에도 마찬가지였다. 그는 미국헌법과 그 원칙들, 즉 삼권분립, 법의 통치, 사법부의 독립성 등에 대해서도 아는 바가 없었다. 그는 자신이 준수해야 하는 규칙들이 많다는 것에 짜증을 냈고, 특히 그 규칙들 때문에 자기 권력이 제한당할 때에 더욱 그러했다. 그는 의회와 협력하는 방법도 이해하지 못했다. 그가 대통령으로 재임하던 4년간, 심지어 그중에서도 공화당이 상원과 하원을 모두 장악했던 2년간(2017~2019년)에도 미국 의회에서 처리된 입법이 적었던 이유가 부분적으로 여기에 있었다.

트럼프는 비록 통치행위에는 무관심했지만, 정치 무대를 주름잡고 온 나라의 관심을 집중시키는 데에는 여전히 최고의 장인이었다. 그는 8000만 명 이상으로 불어난 트위터 팔로워들에게 끊임없이 메시지를 날려 댔으며, 여기에서 자신의 위대성과 뛰어난 업적을 떠들어 대거나 또 한편으로는 적들을 도발하고 비난했다. 2016년 선거에서 많은 미국인이 트럼프에 반대표를 던졌으며, 그들 대부분은 선거 이후에도 한결같이 트럼프를 혐오했다. 대통령 재임 기간 처음 3년 동안에는 어떻게 해서든 그를 사임하도록 압력을 넣어야 하며 끝까지 그가 사임을 거부할 경우에는 탄핵으로 권좌에서 밀어낼 수 있다는 희망이 여기저기에서 넘쳐 났다.[1]

트럼프는 선거법을 어겼다는 심각한 혐의에 맞서 자신을 변호해야 하는 상황에 여러 번 부닥쳤다. 그중 하나는 2016년의 대통령선거 운동과 관련되어 있었는데, 당시 그가 외국 정부(러시아)와 공모하여 유권자들이 힐러리 클린턴에서 자기 쪽으로 돌아서도록 공작을 꾸몄다는 혐의였다.[2] 또 다른 건은 2019년의 일로서, 트럼프가 2020년 대통령선거에서 자신과 맞설 것으로 예상했던 조 바이든의 평판에 손상을 입히기 위해서 또 다른 외국 정부(이 경우에는 우크라이나)를 동원하려고 들었다는 것이다.[3] 트럼프가 러시아와 음모를 꾸몄다는 혐의로 인해 특별검사 로버트 뮬러(Robert Mueller)가 2년에 걸친 수사를 벌이게 되고, 그 과정에서 트럼프와 가까운 몇 인물이 감옥으로 가게 되지만 트럼프 본인은 결국 살아난다. 트럼프가 우크라이나 대통령에게 힘을 쓰려고 했다는 혐의로 또다시 조사가 진행됐고, 이때는 그 주체가 하원의 사법위원회였다. 그 조사 결과로 하원이 트럼프를 "중대한 범죄들과 경범죄들"로 탄핵하는 사태가 일어났다. 하지만 트럼프는 이 시련에서도 버티고 살아남았다. 헌법상 대통령의 탄핵이 벌어질 경우 배심원 및 판사 역할은 상원이 맡게 되어 있는데, 상원은 트럼프에게 유죄 선고를 내리고 대통령직에서 끌어내리는 것을 거부했다. 트럼프는 이렇게 자신을 꼼짝 못 하게 때려잡으려던 두 번의 조사가 모두 실패한 것이 바로 자신이 아무런 잘못이 없음을 증명하는 것이라고 선언했다. 그의 대담한 행동은 다시 한번 비판자들을 극도의 분노로, 또 지지자들을 극도의 흥분과 재미로 몰아넣었다.[4] 그의 공개재판 자체가 또다시 그가 두 번째 임기를 향하여 출마하도록 힘을 불어넣어 준 셈이었다.

그의 핵심 지지자들은 전체 유권자의 약 3분의 1정도를 차지했으며, 이들은 트럼프에 대해 묻지 마 지지의 입장이었다. 이들은 트럼프가 무슨 말을 하든 떠받들었고, 그의 트위터에서 자신의 입장을 취했다. 이들은 트럼프가 아무리 존중받고 존경받는 개인이나 기관—CIA, FBI, 연방법원 판사, 상원의원 및 하원의원, 심지어 자기 정부의 고위 인사까지 포함하여—이라도 누구든 기꺼이 공격하려는 태도에 환호했으며, 그 결과에는 아무런 신경도 쓰지 않았다. 이들이 볼 때에는 트럼프와 같이 불쑥 찾아와 다 때려 부수는 불청객이야말로 현실과 동떨어져서 잘난 체하는 워싱턴 세계에 꼭 필요한 존재였다.

한편 트럼프를 지지하든 반대하든 사실상 모든 미국인이 그에게서 눈을 뗄 수가 없었다. 좀 더 정확히 말하면, 그가 SNS에 올리는 글들로 인해 실시간으로 소란이 벌어지는 화면에서 눈을 뗄 수가 없었다. 이전의 그 어떤 대통령도 그렇게 많은 미국인의 그렇게 많은 시간을 지배하다시피 한 이는 없었다. 트럼프는 매일매일 미국의 매체와 대중을 자신의 버전으로 마련된 "지상 최대의 쇼"로 끌고 들어갔다. 적들을 창밖으로 내던지고, 명

예를 수호하고, 빛나는 성취에 갈채가 터지고, 트럼프를 지지하는 외국 지도자들(권위주의적 성향을 가진 이들이면 더 좋다)이 그를 찬양하는 등의 볼거리가 끝없이 펼쳐졌던 것이다. 이렇게 매일매일 매주 매년 벌어지는 트럼프의 어릿광대짓에 미국인들은 처음에는 눈을 동그랗게 뜨고 바라보다가 그다음에는 자기들끼리 분열되어 싸움을 벌였으며 나중에는 모두 기진맥진하게 됐다.

트럼프가 일으키는 이 불바람 속에서 일관된 정치적 프로그램을 식별하는 것이 어려울 때가 많았다. 하지만 트럼프 정부에서 나오는 두 가지 프로그램이 분명히 존재했다. 하나는 신자유주의 질서의 유지를 지향했고, 또 하나는 그것의 해체를 지향하고 있었다. 이 중 두 번째가 더 중요하며, 장기적으로 볼 때 이는 더욱 중요한 결과를 가져올 것으로 보인다.

뼛속까지 신자유주의자인 코크 형제는 공화당 대선후보 경선 기간 동안 트럼프를 경멸했다. 하지만 트럼프가 인디애나 주지사인 마이크 펜스(Mike Pence)를 부통령 후보로 선택하면서 두 진영이 화해할 가능성이 열렸다. 코크 형제는 펜스를 전국적인 지도자로 키워 내려 하고 있었다. 그래서 펜스는 백악관으로 들어오면서 코크 형제가 원하는 탈규제 의제들을 가지고 들어왔다. 이를 통해 그는 연방정부 기관들의 감독권을 빼앗는 운동을 시작할 수 있고, 이에 따라 민간경제를 규제하는 연방정부의 능력에 제한을 가할 수 있을 것이라는 희망을 품고 있었다.[5]

트럼프는 시장이라는 것이 교환의 도구로서 완벽해질 수 있다고 믿은 것이 결코 아니었다. 하지만 그는 어쨌든 연방정부를 약화시켜야 한다는 생각에는 동의했다. 그는 CIA, FBI, 여타 국가안보 기관들에서 똬리를 틀고 대통령 권력을 무너뜨리려 하는 이른바 "깊이 숨은 국가"가 존재한다고 믿고 있었거니와, 연방정부의 권력을 도려낸다면 그것을 까발려 내고 무력화시킬 수 있을 것이라고 믿었던 것이다.[6] 또한 트럼프는 상원의 다수당인 공화당 원내대표 미치 매코널(Mitch McConnell)과 긴밀히 협조하여 경제문제에서 탈규제의 입장, 가족적 가치에서는 가부장적 입장이 확고한 이들이라고 연방주의자협회에서 인증해 준 이들을 수백 명씩 연방법원의 판사로 임명했다.[7] 마지막으로 트럼프는 국가경제위원회 위원장으로 임명한 게리 콘(Gary Cohn)으로 하여금 세법에 큰 수정을 가하도록 했는데, 이를 통해 법인세가 급격하게 떨어졌고 최고 소득 구간의 개인 소득세도 완만하게 줄어들었다. 이 패키지는 트럼프의 대통령 재임 기간에 이루어진 으뜸가는 주요 입법이었으며, 이를 통해 매코널 등 공화당의 신자유주의 정치가들도 계속 트럼프 진영에 머물게 됐다. 콘은 지난 20년간 신자유주의 질서를 건설하고 유지하는 데 주역이었던 골드만삭스와 월 스트리트 금융 집단에서 파견한 또 다른 대사였던 것이다.

이러한 탈규제, 판사 임명, 감세 등의 정책은 신자유주의 질서의 유지를 가리키고 있었지만, 한편으로 자유무역과 이민에 대한 공격적인 정책은 그 질서의 파괴를 겨냥하고 있었다. 트럼프가 볼 때에 국가 간의 자유무역은 미국에 해를 끼치고 있었고, 국경을 자유롭게 넘나드는 사람들의 이동도 마찬가지였다. 트럼프는 양쪽 모두에 맞서 장벽을 세우고자 했으며, 오로지 미국이 원하는 재화와 개인 들만 그것도 미국이 내놓는 조건 아래에서 국경 안으로 들여놓고자 했다.

미국이 지구화 및 자유무역 세계의 지도자로서 오랫동안 보유해 온 국제적 지위를 제거하기 위해 트럼프는 모든 기회를 활용했다. 그는 유럽이 무역에서는 미국을 이용해 먹으면서 북대서양조약기구의 유지비용에는 합당한 몫을 지불하려 들지 않는다고 비판했다. 그는 이 기구의 가치뿐만 아니라 다국적 방위기구를 통해 유럽과 북미의 긴밀한 관계를 유지해야 한다는 생각에 처음으로 공공연하게 의문을 던졌던 대통령이었다. 또한 그는 영국의 유럽연합 탈퇴, 즉 브렉시트도 지지했다. 이는 영국의 완전한 독립에 무슨 열성을 가져서라기보다는 유럽연합이 한 방 먹는 꼴을 보고 싶은 마음에서 나온 것이었는데, 트럼프는 유럽이 표방하는 세계적이면서도 세계시민주의적인 연방체라는 것을 멸시했다. 또한 그는 한국, 중동, 그 밖의 곳에서 미군을 철수할 수도 있다는 생각을 혼잣말처럼 매체에다 흘리기도 했다.[8]

미국 내로 돌아오면, 트럼프는 북미자유무역협정을 미국의 이익에 좀 더 유리하게 만들기 위해 캐나다, 멕시코와 재협상을 이루려고 무역 전쟁으로 협박했다. 또한 태평양 연안(Pacific Rim) 열두 국가들을 자유무역지대로 묶기 위해 생겨난 환태평양경제동반자협정(Trans-Pacific Partnership, TPP)에 미국도 참여하도록 했던 오바마의 결정을 뒤집어 아시아 국가들과의 무역 관계도 바꾸어 버렸다.

환태평양경제동반자협정의 목적 중 하나는 동아시아에서 중국을 견제하기 위한 것이었다. 트럼프도 중국에 유화적으로 접근할 생각은 없었다. 오히려 그는 중국을 미국의 최고 적수로 보아 경쟁의 압력을 올리고자 했다. 하지만 그는 미국이 여러 국가 중 하나에 불과한 존재로 참여하는 국제기구를 통해 미국의 무역정책이 정해지는 꼴을 볼 수 없었던 것이다. 그는 모든 무역 협상은 오로지 두 국가만이 조인하는 양자 간 협정의 형태를 띠어야 한다고 믿었다. 이것이 트럼프가 항상 사업을 행해왔던 방식이기도 했다. 그는 민간 영리 부문에서 이러한 "협상의 기술(The Art of the Deal, 이는 트럼프를 유명하게 만든 그의 저서 제목이기도 하다—옮긴이)"로 항상 재미를 보았기에 그가 추진했던 국가 간 협상에서도 똑같이 멋진 결과를 가져올 것이라고 믿어 마지않았던 것이다.

트럼프가 중국을 공격하는 데에 선호한 무기는 관세였다. 그는 국가안보에 도움이 된다고 주장하기만 하면 의회의 협조가 없이도 일방적으로 관세인상을 명령할 수 있다는 것을 알게 됐다.[9] 물론 중국 제품에 엄청난 액수의 관세를 강제할 경우 중국의 보복이 따를 수 있고, 이렇게 눈에는 눈, 이에는 이라는 식으로 주고받다가는 전면적인 무역 전쟁으로 비화되어 두 나라 모두 해를 입을 수 있다는 것도 그는 잘 알고 있었다. 하지만 트럼프는 그런 전쟁이 벌어진다고 해도 자신이 이길 수 있다고 확신했으므로 기꺼이 위험을 무릅쓰고자 했다.[10] 2019년 9월, 그는 중국 수입품에 관세 1120억 달러를 매겼으며, 후속 조치로 관세 5000억 달러를 더 매기겠다고 위협했다.[11] 트럼프는 중국으로부터 마침내 양보와 항복을 끌어냈던 것으로 보였으며, 중국은 미국과 종합적인 무역 협상의 첫 번째 부분을 합의하는 형태로 공물의 일부를 선납했다. 두 나라는 2020년 1월에 그 협정에 조인했고, 트럼프는 이것이 자신의 정부와 미국의 커다란 승리라고 치켜올렸다.

하지만 협정의 첫해부터 중국이 명시된 목표만큼 미국으로부터의 수입을 늘리려는 노력을 거의 하지 않고 있다는 보고서들이 연달아 나왔다. 트럼프가 추동했던 다른 것들도 마찬가지였으며, 도무지 후속 조치라든가 일관성 같은 것이 보이지 않는다는 것이었다. 게다가 무역협정이 조인된 바로 그 순간에 코로나19 팬데믹이 터지는 바람에 미국과 중국의 무역협정과는 전혀 무관하게 전 지구적 무역이 뒤집히는 일이 벌어졌다.[12]

하지만 트럼프는 한사코 자유무역의 여러 해악에 대해 가만히 두지 않겠다고 엄포를 놓았다. 그가 반복해서 관세 강제를 위협했던 데다가 또 미국과의 무역에서 유리한 이득을 취하고 있다고 보았던 많은 나라의 대통령이 적대감을 대놓고 표현하자, 오랫동안 유지된 신자유주의 세계의 신념과 전략 들을 냉철하게 재평가하지 않을 수 없게 됐다. 세계적인 대기업들은 트럼프가 국제무역에 여러 가지 불확실성과 일촉즉발의 불안정성을 주입하는 와중에서 장기적인 계획을 수립하는 데에 갈수록 어려움을 겪게 됐다. 이 기업들의 전략은 전 세계에 걸쳐 공급사슬을 넓게 펼치는 것이었는데, 이는 국경선을 넘어 재화의 이동이 신속하고 용이하게 이루어지는 것을 전제로 삼는 것이었다. 하지만 이러한 세상이 사라져 갈 가능성이 높아지게 되자, 이제는 관계가 좀 더 안정적인 인근 나라들로 공급사슬을 단축시키든가, 아니면 아예 국내의 제조업을 늘리는 식으로 좀 더 가까운 곳에서 제품을 생산하는 것이 더 현명한 전략이 될 수 있었다. 이러한 사고방식은 사실 코로나19 팬데믹이 덮치기 이전부터 대기업들의 계산 속에 영향을 주기 시작한 것이었다. 그런데 코로나바이러스까지 세상을 덮치자, 아예 생산을 자국 내로 전환하는 움직임이 가속도가 붙게 됐다. 자국 내의 제조업과 물류 조건이 국제 무대에 비해 훨씬 안정되어 있다고 여겼기 때문이다.[13]

국제무역을 연구하는 경제학자들은 이러한 사태 진전에 놀라지 않았다. 이들의 데이터는 국제상품 무역의 총액, 즉 "원자재 및 공산품의 수출과 수입 총액"이 2008년에 정점에 도달하여 전 세계 총 생산의 51퍼센트에 달했다는 것을 보여 준다. 그 후 이 수치는 2008년과 2009년 사이의 대침체 동안 뚝 떨어졌다가 다시 회복을 시작한다. 하지만 2020년이 되어도 2008년의 수준에는 필적할 수가 없었다.[14] 달리 말하자면, 21세기의 지구화는 이미 트럼프가 대통령이 되기 이전에 절정에 달하고 퇴조하기 시작했던 것일 수 있다. 국경이 없는 세상, 그래서 어디에서나 재화가 생산되어 판매되고 마찰은 최소한에 머무는 세상이라는 것이 신자유주의 질서의 으뜸가는 원칙이었다. 그런데 이러한 신념이 영향력을 잃게 되자 그 신념이 만들어 낸 질서 또한 힘을 잃게 된 것이었다. "보호주의"라는 말은 30년 동안 정치경제학의 세상에서는 욕으로 쓰이는 말이었다. 하지만 이제 상황이 바뀌었고, 공화당이나 민주당도 더 이상 그렇게 말하지 않았다. 여러 나라의 생산자와 소비자 들이 국경 없는 세계를 추구한다는 것에 의문을 던지기 시작했다. 그러한 목소리를 내는 정치인들은 이미 전 세계 어디에나 다수가 존재했으며, 트럼프는 단지 이렇게 이미 존재하던 의구심을 증폭시키고, 또 보호주의의 미래를 약속함으로써 권좌에 오른 첫 번째 인물이었을 뿐이다.

트럼프가 핏대를 올리며 이야기한 것 중 하나가 자유무역으로 덕을 본 것은 오로지 "지구화주의자들(globalists)"뿐이라는 것이었다. 2016년 대통령선거 운동 막바지에 나온 한 선거 광고에서 트럼프는 다음과 같이 선언했다. "세계적 권력구조"라는 것이 존재하여 "우리 노동계급을 강탈하고 우리 미국의 부를 벗겨 가서 그 돈을 한 줌도 안 되는 대기업과 정치체 들의 주머니로 집어넣고 있습니다".[15] 트럼프는 자신이 대통령이 되면 그 권력구조를 뒤집어엎고 대신 보통 사람들에게 이익을 주는 권력구조를 구축하겠다고 약속했다. 대통령이 된 처음 2년 동안 트럼프는 노동자들의 편이라는 상징적인 쇼를 펼쳤다. 할리(Harley) 오토바이 옆에서 포즈를 취하기도 하고, 장거리 화물 트럭의 운전석에 오르기도 하고, 또 일자리를 외국으로 옮기려던 몇몇 고용주에게는 험악한 인상을 써서 계획을 연기시키기도 했다. 하지만 막상 노동자들의 경제적 상태를 개선하기 위해 실질적으로 한 일은 거의 없었다. 그의 조세개혁으로 최소한 단기적으로는 일자리창출이 일어나고 일부는 임금이 상승되기도 했다. 하지만 전반적으로 보면, 이 조치는 미국의 경제적 불평등을 줄이기는커녕 오히려 늘리는 결과를 낳았다.[16]

트럼프가 선호한 방식은 경제적 논리가 아니라 인종민족주의에 근거하여 "국민"에게 호소하는 것이었다. 그가 평균적인 미국인들의 안녕에 가장 큰 위협이라고 지목했던 것은 "날강도 귀족들(본래 중세 유럽의 노상강도로 전락한 귀족들을 일컫는 말이었지만, 미국에서는 19세기 말과 20세기 초에 어마어마한 부를 거머쥐었던 독점 대자본가들을 이르는 말로 굳어지게 된다—옮긴이)"이 아니라 이민자들이었다. 만약 미국 국경에 대한 통제력을 되찾고 국경에 거대한 장벽을 세운다면, 그래서 미국 국민이 될 자격이 없는 이민자들의 입국을 막을 수만 있다면 미국은 다시 위대해질 것이라고 트럼프는 반복해서 주장했다. 트럼프는 대통령이 된 뒤에도 멕시코 이민자들에게 험악한 소리를 계속 쏟아 놓았다. 중미, 카리브해, 아프리카 등의 "똥창(shithole)" 국가들에서 이민자 물결이 계속 새어 들어오는 것을 늦추는 게 자신의 바람이라고 공공연히 말하고 다녔다.[17] 또한 이란, 이라크, 리비아, 소말리아, 수단, 시리아, 예멘 등과 같은 주요 무슬림 국가들에서 이민자들이 들어오지 못하도록 여러 번의 행정명령을 내리기도 했다. 이 조치들은 이른바 "무슬림 금지(Muslim Ban)"로 알려지게 된다.[18] 그리고 남쪽 국경에서는 허가장 없이 미국 국경을 넘어 들어오는 멕시코 및 중미 나라 사람들에게 "무관용" 정책을 시행했다. 서류를 갖추지 못한 이민자들은 모두 경범죄 혐의로 투옥되어 조사, 재판, 추방을 기다려야 했다. 또한 트럼프 정부는 망명 신청자들까지도 이렇게 가혹한 취급을 받도록 조치했다. 원래 미국의 정책은 난민법에 따라 망명 신청자가 미국의 이민 법정에서 스스로 이야기할 기회를 얻을 때까지 미국에—감옥에 들어가지 않는다—머물도록 허용하는 것이었는데, 이를 거꾸로 뒤집은 것이었다. 트럼프 정부는 미국 남서부를 저인망식 수사로 싹싹 긁어서 서류를 제대로 갖추지 못한 이민자들을 모조리 잡아들였다. 그게 끝이 아니었다. 이들 중 미성년자들을 부모로부터 떼어 내어 부모들이 수감되어 있는 곳에서 수백 마일씩 떨어진 감호 시설로 보낼 때가 많았다.

이 정책은 금세 행정 부문에서 대혼란 사태를 빚었다. 부모와 아이들을 담당하는 미국 정부 기관이 서로 달랐던 데다가 이 기관들이 서로 협조하지 않았으며 어느 아이가 어느 부모의 아이인지를 기록해 두지도 않았기 때문이다. 부모들은 아이들이 어디에 수감되어 있는지도 전혀 모른 채 추방당할 때가 많았고, 그래서 아이들을 데려올 방법을 전혀 알 수가 없는 경우가 너무 많았다. 트럼프 정부는 사실상 아이들 수천 명을 고아로 만들어 버렸다. 그리고 그들 중 다수는 중미 나라들 출신으로서 박해를 피해 미국으로 온 난민 가정의 아이들이었다.

부모에게서 떨어진 아이들은 몇 주씩이나 감호 시설에 잡혀 있었으며, 음식, 물, 위생, 어른들의 돌봄도 충분히 주어지지 않았다. 트럼프 행정부는 남쪽 국경을 싹쓸이하면서 잡아들인 이들에게 행해진 이 잔인한 조치에 관심이 없는 듯했다. 이런 취급을 받은 이민자들이 중미 나라들에서 온 유색인종이었다는 점은 우연이 아니다. 트럼프가 볼 때에 이들은 미국 국민이 될 자격이 없는 이들이었기 때문이다.[19]

출입이 가능한 국경은 신자유주의가 베풀어 준 시혜의 일부였다. 1970년대에서 2010년대 사이에 미국에 들어온 이민자는 3000만 명이 넘었다.[20] 공화당 정권도 민주당 정권도 이민을 지지했다. 로널드 레이건은 서류를 갖추지 못한 이민자 수백만 명에게 시민권을 따는 경로를 만들어 주었다. 조지 W. 부시는 유럽연합과 비슷한 북미연합(North American Union)을 만들어서 서반구의 북쪽 절반 지역 전체에서 재화와 사람이 자유롭게 이동할 수 있도록 하는 구상까지 한 바 있었다.[21] 《월스트리트저널》은 사람들의 자유로운 이동과 자유시장경제를 자유로운 사회의 필수 요소로 보는 입장을 오래도록 견지했다. 그런데 트럼프는 이러한 공화당의 전통과 단절했으며, 그 과정에서 신자유주의의 핵심을 이루는 원칙들을 거부했던 것이다.

트럼프가 볼 때에 미국은 유럽 혈통의 사람들로 채워져야 마땅했다. 미국이라는 나라는 백인들, 그것도 대개 기독교를 믿는 백인들의 나라로 생겨난 곳이라는 생각이었다. 따라서 미국의 인종적 성격을 보호하기 위해서는 국경에 장벽을 세워야만

한다는 것이었다. 그리고 국내적으로는 백인들의 특권을 복구해야만 했다. 백인 민족주의 집단들은 트럼프를 하나의 동맹자로 여겼다. 그는 이 집단들을 비판하는 법이 없었다. 2017년 8월, 버지니아주 샬러츠빌(Charlottesville)에서 백인 민족주의자들과 신나치주의자들이 폭력시위를 벌이다가 사망자까지 나오는 일이 일어났다. 그 여파로 이 사태에 대한 입장을 밝히라는 강력한 압력이 쏟아졌을 때조차도 트럼프는 이들을 거의 비난하지 않았다.[22]

트럼프의 인종민족주의는 항상 계급적 차원을 품고 있었다. 트럼프는 지구화에 올라탄 엘리트들에 의해 주변부로 밀려난 미국의 내륙지방에 사는 서민 (백인) 남성들을 자신이 대변한다고 생각했다. 그가 볼 때에 이 엘리트들이 자유무역을 추구한 결과 미국은 제조업 일자리를 싹 빼앗겼으며 그나마 남은 블루칼라 노동자들은 임금 삭감을 겪어야만 했다는 것이다. 이민자들이 국경을 넘어 들어오는 것을 엘리트들이 지지한 결과 미국에 많은 유색인종이 들어오게 됐고, 이 때문에 미국은 갈수록 더 볼품없어졌다는 것이다. 트럼프와 그의 지지자들이 볼 때에 다양성의 미국이라는 것은 곧 미국의 쇠퇴를 보여 주는 증후였다.

얼마간은 감세와 탈규제라는 신념과 미국을 외국 제품과 이민자들로부터 "보호"하겠다는 욕망이 트럼프의 내부에서 공존하는 것이 가능했다. 하지만 2017년 여름과 2018년 봄 사이의 어느 시점에 트럼프 정부는 티핑포인트에 도달했는데, 이를 상징하는 사건이 최고의 신자유주의 정책입안자였던 게리 콘이 계속 불만을 품다가 마침내 정권을 떠난 일이었다. 콘은 2017년 샬러츠빌에서 백인 민족주의자 시위대가 벌인 혐오 연설과 폭력 행동을 트럼프가 비난하기를 거절했던 것에 화가 나 있었다(콘은 유태인이었다). 2017년 12월에 예정된 세법 개혁을 완결 짓기 위해 콘은 계속 자리를 지켰다. 하지만 트럼프가 2018년 3월, 수입 철강에 무거운 관세를 매기는 조치를 했을 때 콘은 더 이상 참을 수 없는 지점에 도달했다. 신자유주의자인 그로서는 더 이상 인종민족주의자이자 보호주의자인 트럼프를 위해 일을 할 수는 없는 일이었다.

트럼프의 인종민족주의는 그의 보호주의와 마찬가지로 전 세계적으로 나타나는 경향이었다. 헝가리의 빅토르 오르반(Victor Orbán), 러시아의 블라디미르 푸틴, 인도의 나렌드라 모디(Narendra Modi), 중국의 시진핑 등은 모두 자기 나라에서 인종이나 종교, 혹은 둘 다로 규정되는 특정한 민족문화(ethnocultural) 집단들에 특권을 부여하고자 했다. 헝가리에서는 가톨릭과 개신교, 러시아에서는 정교회, 인도에서는 힌두교, 중국에서는 한족 등이었다. 이러한 인종민족주의 지도자들은 하나로 뭉쳐—그리고 트럼프와 연결하여—이슬람을 혐오했고, 무슬림들을 자국으로 들이지 않거나 혹은 종속된 2등 시민의 위치에 두고자 했다. 또한 무슬림 나라들에도 이에 짝이 되는 국가수반들이 있었는데, 특히 튀르키예의 레제프 에르도안(Recep Erdoğan)과 사우디아라비아의 지배 왕족들이 그 예였다. 무슬림이나 그 반대쪽이나 이 지도자들은 신자유주의 질서의 일부인 다원주의 및 세계시민주의에 깊은 적개심을 가지고 있었다. 부시 대통령과 오바마 대통령은 방법은 달라도 서로를 보완하는 방식으로 세계시민주의가 미국 전역에 (그리고 미국을 넘어서) 확산되도록 만들고자 했다. 트럼프는 이러한 가치들을 미국이라는 땅에서 씻어 내고자 했다.[23]

트럼프를 포함해서 이 인종민족주의 지도자들은 권위주의적 성향도 가지고 있었다. 이들은 의회, 독립적인 사법부, 그 밖의 신자유주의적 통치 시스템과 관련된 자유민주주의의 여러 측면을 참아 내지 못했다. 그들은 스스로를 그리고 서로를 올바른 사람들만을 돌보고 그렇게 하기 위해 아주 어려운 결정도 단호히 내릴 줄 아는 "스트롱맨(strongmen)"이라고 여겼다. 이들은 이 세상을 국제법과 다국적 비정부기구들이 아니라 힘으로 다스리기를 원했다. 또한 동아시아, 북미, 북방 유라시아, 중동, 남아시아 등의 여러 블록으로 나누어진 세계를 추구했으며, 각각의 블록은 그 지역의 패권자가 통치하는 세상을 추구했다. 이러한 세상은 결코 토머스 프리드먼이 말하는 "평평한" 지구가 아니었다. 높게 삐죽이 솟아 기어오를 수 없는 장벽으로 그 블록들이 (그리고 종종 그 블록들 내부의 여러 국가가) 갈라져 있는 지구였다.[24] 이러한 상상의 미래 세계에서는 미국이 지난 75년간 맡아 왔던 역할, 즉 자유주의적이고 신자유주의적인 세계질서의 규칙들을 집행하는 경찰관이자 책임자로서의 역할을 포기하게 되어 있다. 트럼프는 이러한 비전을 현실로 만드는 여러 조치를 말과 행동으로 취하고 있었던 것이다.

트럼프의 동료 "스트롱맨"들 중 일부는 무역과 이민자들의 자유로운 흐름뿐만 아니라 정보의 흐름까지 가로막기 시작했다. 인터넷은 본래 신자유주의 질서의 승리에 핵심을 이루는 한 부분으로서, 인터넷이 무제한의 데이터를 즉각적으로 전 세계에 제공하는 덕분에 시장이 경제적 교환, 발전, 번영의 완벽한 도구로 거듭날 수 있다고 보았다. 하지만 정보의 자유로운 흐름은 사상의 자유로운 흐름까지 허용하므로, 권위주의적 통치를 위협하고 어느 지점에 이르면 전복시킬 수도 있는 것이다. 그리하여 중국의 시진핑 체제는 중국이라는 국가를 위해서 구글, 페이스북, 트위터가 아니라 중국의 당국자들 특히 중국공산당이 통제하는 별개 IT시스템을 만들기로 결정했다. 푸틴도 러시아에서 똑같은 일을 하기로 결심했다. 트럼프는 시진핑과 푸틴보다 뒤처졌는데, 그럴 만한 이유가 있었다. 트럼프 본인이야말로 미국의 소셜미디어 플랫폼들의 자유로운 공개성 덕분에 정치적으로 뜰 수 있었기 때문이다. 하지만 그도 대통령 임기 말이 되면 공화당의 포퓰리즘 세력과 함께 미국의 소셜미디어 기업들이 누리는 사적 권력에 적대적인 태도를 갖게 되며, 이 기업들을 해체하거나 아니면 더 엄격한 규제를 가해야 한다는 목소리를 내기 시작한다.[25]

좌파의 소생

트럼프가 신자유주의 질서의 해체를 원했던 것은 권위주의적 우파를 이롭게 하기 위해서였다. 하지만 이러한 해체에서 덕을 본 세력은 버니 샌더스, 엘리자베스 워런 등이 새로운 생명을 불어넣은 사회민주주의적 좌파였다. 수입품에 관세를 부과하고, 국경을 넘는 사람들의 자유로운 이동을 막고, 미디어기업들에 도전하겠다는 말을 트럼프가 줄창 이야기하다 보니, 경제생활에서 정부가 차지하는 적절한 역할에 대해서도 정치가들이 좀 더 자유롭게 (그리고 야심적으로) 생각할 수 있게 된 것이다. 정부가 관세와 이민 제한 등의 조치로 시장의 모습을 바꾸어 나갈 수 있다면, 정부가 경제에 권력을 행사할 수 있는 다른 방식들도 얼마든지 가능하지 않겠는가? 소셜미디어 기업들을 규제하거나 분할하는 게 가능하다면, 더욱 큰 권력을 가진 다른 대기업들에도 똑같이 할 수 있지 않겠는가?

2010년대는 점점 1930년대와 1970년대를 닮아 가고 있었다. 즉 오래도록 미국 정치의 주변부로 밀려나 있던 사상과 아이디어 들이 지배적 정치 질서가 쇠퇴함에 따라 주류로 옮겨 오는 일이 벌어졌던 것이다. 주류 이데올로기를 통제할 수 있는 능력이 어떤 정치 질서가 승리를 거두었다는 신호라고 한다면, 그 능력의 상실은 한 정치 질서가 몰락하고 있다는 신호였다. 트럼프가 한 일은 버니 샌더스가 했던 일과 함께 신자유주의 헤게모니의 기반을 잠식했으며, 그러는 가운데에 한때 주변으로 밀려났던 정치적 아이디어와 구상이 더욱 꽃피는 기회가 만들어졌다.

2010년대에 좌파는 그 아이디어와 구상을 광범위하게 알릴 수 있는 제도적 인프라를 구축했다. 워싱턴균형성장센터(Washington Center for Equitable Growth)(2013)와 뉴컨센서스(New Consensus)(2018) 같은 새로운 싱크 탱크들이 나타났고, 정의파민주당(Justice Democrats)(2017), 선라이즈운동(Sunrise Movement)(2017, 기후위기 문제에 초점을 둠), 모멘텀(Momentum)(2014) 등의 새로운 운동 조직들이 나타나 미국 정치를 왼쪽으로 끌고 가기 위해 열성적인 노력을 벌였다.[26] 정치적인 가능성을 새롭게 감지하게 되자 미국진보센터(Center for American Progress), 데일리코스(Daily Kos)(블로그), 《네이션》, 《애틀랜틱》과 같은 예전의 좌파와 진보파 집단 및 출간물들도 다시 힘을 찾게 됐다. 버클리대학교의 교수가 된 로버트 라이시는 리버럴/진보파[liberal/progressive, 미국 정치에서 '리버럴(liberal)'은 애매하고 독특한 의미를 갖는다. 주지하다시피 자유방임주의를 기본으로 삼는 유럽식 자유주의자들과 달리 미국의 '리버럴'은 20세기 초 시어도어 루스벨트 등의 진보주의 운동(Progressive Movement)에서 시작되어 프랭클린 루스벨트의 '뉴딜', 존 F. 케네디 등을 거치면서 민권, 평등, 국가에 의한 사회개혁 등을 강조하는 '진보파'로 해석된다. 이러한 미국의 독특성으로 인해 '자유주의자'로 해석할 수도 없고, 또 '리버럴'이라고 쓰기도 어려우며(이 말은 일본의 '리버럴'이라는 또 다른 의미와 섞일 위험이 있다), 결국 이 책에서는 특별한 경우를 제외하고는 '진보(파)'라는 용어로 번역했다. 하지만 세부적으로 보면 '진보파(progressives)'라고 불리는 흐름과 인물들은 따로 존재하는 게 사실이다. 이들은 루스벨트의 뉴딜 전통에서 특히 사회경제 정책에서의 보다 급진적인 변화 그리고 대자본에 대한 견제의 입장이 강하여 유럽의 사회민주주의 혹은 사회주의 정당과 비슷한 성향을 띤다. 모두 '진보파'로 통칭되는 이 두 흐름을 굳이 구별할 때에 흔히 통속적으로 이루어지는 방식 중 하나는《뉴리퍼블릭》이 리버럴의 입장을, 그리고《네이션》이 진보파의 입장을 대변하는 것으로 보는 방법이 있다—옮긴이] 저널《아메리칸프로스펙트(American Prospect)》의 편집진에 합류한다. 한편 2017년에는 좌파적 성향의 〈레이철매도쇼(Rachel Maddow Show)〉가 스포츠를 제외하고 케이블TV프로그램들 중에서 정상에 오르기도 한다. 좌파 성향을 가진 부자들은 미국에서 하나의 정치 질서가 되고자 열망하는 운동마다 필요한 재원을 얻을 수 있도록 모금 활동을 조직하고 부양했다.

2018년 선거에서 좌파는 이렇게 새로이 획득한 제도적 역량을 바탕으로 상당한 정치권력을 획득한다. 알렉산드리아 오카시오코르테스(Alexandria Ocasio-Cortez, 뉴욕주), 일한 오마(Ilhan Omar, 미네소타주), 아이아나 프레슬리(Ayanna Pressley, 매사추세츠주), 러시다 털리브(Rashida Tlaib, 미시간주) 등 4인의 좌파/진보파 민주당원들이 하원에서 의석을 얻게 된다. 그리고 이들의 성공은 다시 (또다시) 버니 샌더스와 엘리자베스 워런을 2020년 민주당 대통령 후보 경선의 전면으로 나설 수 있도록 밀어 준다. 워런은 2008년과 2009년 사이 금융 붕괴의 여파 속에서 은행들이 일반 대출자들을 갈취하기 위해 어떤 약탈적 대출 행태를 벌였는지를 폭로하여 전국적인 명성을 얻은 바 있었다. 나중에 특히 2020년 경선기간 동안에 워런은 구글, 아마존, 페이스북, 트위터, 애플, 마이크로소프트 등 미국의 전국적 소셜미디어 및 전자상거래 대기업들이 지나치게 큰 권력과 부를 축적한 것을 타깃으로 삼기 시작했다. 워런의 스태프들은 독점에 반대하는 미국 고유의 전통을 되살리는 작업에 착수했다. 100년 전, 이러한 전통으로 온 미국인들이 들고일어나 진보적 정치운동을 이루어 대기업들을 작은 기업들로 분할했고, 또 여기서 살아남은 기업들에는 실질적인 공공의 규제를 가함으로써 사적인 경제 권력을 견제했던 적이 있었다. 샌더스도 워런과 마찬가지로 대기업 권력에 적대감을 가지고 있었다. 그는 미국의 삶에 사회민주주의적인 비전을 실현시키려고 했던 사람이었으니, 분명코 그의 계획이 오히려 워런보다 훨씬 더 야심적이었을 것이다.[27]

팬데믹

2020년 대통령선거에 맞추어 코로나19 팬데믹이 엄습해 왔고, 이러한 상황 때문에 신자유주의 비판자들이 꾸준히 제기해 왔던 문제들이 더욱더 급박한 것으로 대두됐다. 정치경제의 관점에서 보자면, 신자유주의 질서가 쇠퇴함에 따라 이미 작동하고 있던 상황들이 팬데믹으로 인해 더욱 가속화됐다. 즉 심각한 경제적·사회적 고통이 존재할 경우 이를 해결할 자원을 가진 유일의 기관은 정부뿐임을 사람들이 더욱 확신하게 된 것이다. 전쟁, 자연재해, 공중보건 위기 등의 비상시에는 미국의 중앙정부가 항상 그 관습적인 테두리를 넘어서 큰 역할을 하는 것이 허용됐다. 바이러스가 워낙 엄청난 크기의 위기를 가져왔는지라 공화당과 민주당은 초당적으로 대응하는 드문 모습을 연출했다. 그리하여 2020년 3월에는 양당이 2조 4000억 달러에 달하는 구호 재정 패키지를 통과시켰는데, 이는 개인과 가정을 돕고 또 한편으로는 작은 사업체와 대기업을 돕기 위한 여러 조치를 아우르는 것이었다.[28] 이 패키지는 2008년과 2009년 사이의 대침체 당시 오바마 정권에서 통과된 패키지의 두 배가 넘었다. 하지만 그 엄청난 크기에도 불구하고 양당 어느 쪽에서도 거의 아무런 반대가 없었다. 또한 이 패키지는 대기업에 배분한 것과 (액수로 측정했을 때) 똑같은 양의 수당을 개인과 작은 사업체에도 배분했으니, 이는 대침체 당시 오바마의 구제 계획이 충격적으로 무시해 버렸던 공평의 원칙에 입각한 것이었다. 트럼프가 임명한 연방준비제도 의장 제롬 파월(Jerome Powell)도 이전의 앨런 그린스펀 시대 동안 연방준비제도가 보인 관행에서 완전히 이탈하여 공격적인 정부의 시장개입을 지지했다.[29]

한편 트럼프 정부는 이 거대 패키지에서 병원과 의료보험 회사로 배분된 몫 중 100억 달러를 따로 떼어 제약 회사 쪽으로 돌렸다. 이를 통해 제약 회사들이 신속한 백신 개발에 투자할 수 있도록 인센티브를 제공하겠다는 것이었다. 초광속작전(Operation Warp Speed)이란 이름으로 알려진 이 프로젝트는 결국 바이러스와 맞서는 싸움에서 트럼프 정부의 가장 중요한 기여가 됐지만, 정작 트럼프는 이를 자신의 공으로 돌리는 것을 꺼렸다. 공화당 당원 다수가 어떤 새로운 백신도 맞지 않겠다고 반대하고 있었으므로 트럼프는 이들의 심기를 거슬릴까 봐 두려워했던 것이다.[30]

트럼프는 팬데믹 기간 동안 자신의 권력을 충분히 이용하지 못했다. 1950년의 국방물자생산법(Defense Production Act)이 있었으므로, 그는 민간경제의 어떤 부문이든 국가안보에 필요한 물자를 생산하도록 명령할 권한을 가지고 있었다. 그는 코로나바이러스와 싸우기 위해 제조업체들에 산소호흡기, 마스크, 그리고 병원 인력에게 절박하게 필요했던 개인보호장비 등을 생산하라고 명령할 수 있었다. 또한 민간의 운송업 네트워크를 이용하여 이 물자를 대도시, 소도시 그리고 농촌지역 등 필요한 곳으로 급히 우송하도록 명령할 수도 있었다. 또한 1944년의 공중보건법(Public Health Act)을 통해 트럼프는 병이 심하게 창궐한 지역은 봉쇄를 명령할 수도 있었고, 심지어 미국 내부의 모든 이동을 금지할 수도 있었다.[31]

그런데 트럼프는 이러한 권한을 행사하기를 주저했는데, 그가 무소불위의 권력을 가진 군주처럼 보이고 싶어 했다는 점에 비추어 보면 납득하기 어려운 입장이었다. 그가 이렇게 주저했던 이유는 이 질병의 위협을 별것 아닌 것으로 치부하고자 하는 바람 때문이기도 했다. 그는 바이러스 따위에 미국이나 자신이 겁을 먹고 지배당하지 않는다는 메시지를 말과 행동을 통해 전달하고자 했던 것이다. 트럼프는 마스크를 거부했다. 또한 여러 회의장에서도 사회적 거리 두기를 실천하거나, 집회에서 공중보건의 안전조치를 취하거나, 대다수가 자신의 지지자인 무수한 기독교인에게 교회당에 예배하러 갈 때 보호조치를 취하도록 장려한다거나 하는 노력을 거의 기울이지 않았다. 그 반대로 트럼프는 이 병이 위험한 것이 아닌 것처럼 행동했고, 감염자와 중환자 들을 대개 무시해 버렸으며, 미국 경제와 나라 전체가 힘차게 건강을 회복하여 곧 예전처럼 굴러갈 것이라고 국민들에게 반복하여 말했다. 그 과정에서 그는 신종 질병의 확인과 치료 계획 수립에서 그 솜씨와 효율성으로 오래전부터 찬사를 받은 연방정부 기관 질병통제예방센터(Centers for Disease Control, CDC)의 임무 수행까지 위태롭게 만들었다. 트럼프의 임기 동안 이곳은 다른 연방정부 기관들과 마찬가지로 예산 책정이 삭감되고, 핵심 간부들이 실적이나 과학적 전문성이 아니라 정치적 연줄 때문에 임명되는 일을 겪었으며, 의사들과 여타 전문가들의 사기는 땅에 떨어졌다(그리고 많은 사람이 질병통제예방센터에서 빠져나가게 된다).

트럼프는 질병통제예방센터가 제 할 일을 할 수 있도록 역량을 강화해 주기는커녕 소셜미디어나 친구들 혹은 지지자들에게 배운 돌팔이 치료법을 홍보하는 데에 더 열성을 보였다. 실제로 트럼프는 과거에 자기가 제쳐 버렸던 무수한 적수처럼, 비록 인간은 아니지만 이 바이러스도 자기가 제칠 수 있을 것이라고 생각했던 것 같다. 트럼프가 무정하게 그저 지켜보는 가운데 무려 미국인 50만 명이 사망했다.

코로나바이러스의 공격 앞에서 트럼프 정부가 보여 준 너무나 명백한 무능함 때문에 그 또한 정치적인 손상을 입었고, 특히 도시 외곽의 중산층 공화당 지지자들, 그리고 2016년에 트럼프를 선택했던 중도층으로부터 민심을 잃게 됐다. 이 집단들에서 표를 잃었던 것이 아마도 그가 2020년 대통령선거에서 패배하게 된 원인이었을 것이다.

새로운 정치 질서가 나타날 것인가?

조 바이든은 전직 상원의원이자 부통령까지 지낸 인물이지만, 2019년과 2020년의 1분기까지는 그가 대통령 후보로 떠오를 것이라고 진지하게 생각한 이가 거의 없었다. 그는 47년에 이르는 공직 이력 중 대부분을 델라웨어주의 상원의원으로 보낸 이였으며, 위기에 빠진 미국을 구출할 인물이라고 여길 만한 일은 거의 한 것이 없었다. 그는 경륜 있고 충직하며 한편으로 수다스러운 면도 있는 사람이었지만, 특출나게 눈에 띄는 것도 또 대단한 웅변가인 것도 아니었다. 그가 제출한 중요한 입법이라든가, 또 기억에 남을 만한 명연설이 무언지 물으면 딱히 기억해 내는 이들도 거의 없었다. 그는 외모에서 분명히 드러나듯 나이가 많았다. 처음 몇 번의 경선 후보자 토론도 형편없었으며, 무대에 오른 더 젊고 힘이 넘치는 경쟁자들에게 도저히 적수가 될 것 같지 않았다. 트럼프는 그를 "핵 졸림 조(Sleepy Joe)"라고 놀렸다. 그가 어린 시절부터 가지고 있던 연설 장애를 치매가 온 것으로 해석하는 논평가와 유권자가 상당히 많았다. 민주당 대선후보 출마자들이 처음으로 거치는 시험장인 2020년 1월의 아이오와주 경선에서 바이든이 거둔 실적은 참으로 김빠지는 것이었으며, 이 때문에 많은 이가 그가 전혀 대통령감이 못 된다는 생각을 굳히게 된다.

하지만 바이든은 2020년 2월의 사우스캐롤라이나주의 경선에서는 굉장한 실적을 거두면서 후보 지명의 가능성을 살려낸다. 이는 아프리카계 미국인 유권자들의 지지가 큰 원인이었다. 이곳에서의 승리로 탄력을 받아 3월 초 남부의 여러 주에서 연달아 벌어지는 슈퍼화요일(Super Tuesday) 경선에서도 승리를 거두게 된다. 이제 후보 지명은 떼어 놓은 당상이었다. 하지만 사람들이 그를 지지한 이유는 그의 카리스마, 재능, 정책 결단 등이 아니라 그가 트럼프를 막을 수 있는 유일한 민주당 후보라는 것 때문이었다. 만약 민주당 후보로 사회주의자, 유색인, 여성 등이 나왔다면 절대로 찍지 않고 차라리 트럼프를 찍을 유권자들이 있으므로, 바이든 같은 온건파가 안전하다는 생각이었다.

이렇게 낮은 기대 수준으로 시작한 것을 감안하면, 바이든이 당선되고 나서 2020년 3월부터 2021년 3월까지 보여 준 모습은 깜짝 놀랄 만한 것이었다. 그는 2020년 11월 3일, 일반 투표와 선거인단 투표 모두에서 트럼프를 패배시켰다. 정치적인 흐름을 휘어잡는 데에 놀라운 장악력을 보여 준 것이다. 또한 그는 트럼프와 달리 팬데믹으로 고통을 겪고 있는 무수한 미국인에게 직접 다가가는 화법을 구사했다. 바이든은 그의 개인사에서 큰 비극을 겪었던 사람이었다.[32] 그는 자신의 상실과 아픔에 대해서도, 또 그러한 상실을 사랑과 인간관계뿐 아니라 신앙과 시(詩)로 이겨 낼 수 있었던 것에 대해서도 이야기하는 법을 알았다. 성경 그리고 그의 조상들이 떠나온 아일랜드의 시들은 그가 세상을 바라보는 시금석이 됐다. 그는 자기 삶에 들어오는 이들에게 성경 말씀과 아일랜드 시들을 함께 나누기를 좋아했다. 바이든은 슬픔에서 회복하는 일을 여러 번 겪으면서 공감 능력과 경험을 엄청나게 축적했고, 이제 그와 마찬가지로 사랑하는 이들을 잃고 고통스러워하는 이들을 위로하기 위해 그 능력과 경험을 십분 활용했다.[33] 그리하여 그는 코로나19 팬데믹 시기에 사람들이 삶을 계속 이어 나갈 수 있도록 돕는 데에 정서적으로 아주 적합한 인물임이 입증됐다.[34]

또한 바이든은 미국이 중요한 변곡점에 있다는 것을 이해하고 있었다.[35] 그는 클린턴과 오바마에게 물려받은 민주당식 정치로는 더 이상 충분치 않다는 결론을 내렸다. 오바마가 2008

년 승리한 이후 12년 동안 미국은 너무나 큰 충격을 겪었다. 대침체와 그로 인해 흑인과 백인 모두가 장기적으로 겪어야 했던 고통, 공화당 내 우익 포퓰리즘의 발흥, 트럼프라는 인물이 미국 정부와 민주주의에 입힌 손상, 그리고 이제는 팬데믹이 앗아 간 인명까지. 바이든이 신자유주의 질서가 무너지고 있다고 정확하게 말한 것은 아니었다. 하지만 그는 미국 정치의 한 시대가 끝나고 있으며 새로운 시대가 출현하고 있다는 결론을 내렸다. 그는 이러한 순간에 큰 생각과 과감한 행동이 필요하다고 생각했다.

바이든은 2021년 집무를 시작하면서 스태프들에게 프랭클린 루스벨트가 1933년 대통령에 취임한 직후 100일 동안 발의하고 통과시킨 것에 맞먹는 야심으로, 또 그에 맞먹는 숫자로 굵직한 새로운 구상과 프로젝트 등을 제안하도록 지시했다. 바이든이 구상한 프로젝트 중에는 미국 성인 대다수에게 백신을 접종하는 운동도 들어 있었고, 팬데믹으로 인한 경제 붕괴로 무너져 가는 개인과 사업체를 원조하기 위해 무려 1조 9000억 달러 규모의 구제 계획도 있었으며, 미국의 물리적·사회적 인프라를 개선하기 위한 큰 규모의 계획들(그 액수를 다 합치면 4조에서 5조 달러에 이른다)도 있었다. 또한 유색인종 유권자들이 투표하기 힘들게 만드는 주정부의 개입을 예방하는 주요한 투표권 관련 입법, 불법 이민자 수백만 명에게 시민권을 부여받을 길을 열어 준 종합적인 이민법 개혁, 인권 우선주의를 미국 이민정책의 핵심 원칙으로서 확립하고 미국의 삶에서 구조적 인종주의를 근절하기 위한 다양하고 굵직한 노력들 등이 포함되어 있었다.

물론 바이든은 100일 동안 무려 15개 주요 법안들을 통과시켰던 루스벨트의 기록에는 근접하지 못했다. 하지만 루스벨트의 기록은 그 어떤 대통령도 가까이 간 적이 없고 또 앞으로도 없을 것이다. 그래도 바이든은 강력한 백신접종 조치를 시작했으며, 의회에서 거의 2조 달러에 이르는 미국구조계획(American Rescue Plan)을 통과시켜 냈다. 또한 2021년 여름과 가을에 걸쳐 바이든은 미국의 유형 기간시설을 개선하기 위한 양당이 함께 준비한 1조 달러 계획 통과를 이끌어 냈다. 2021년 11월에는 민주당이 잡고 있는 하원에서 "사회적 인프라"를 개선하기 위한 바이든의 1조 7500억 달러 계획을 통과시켰다. 이 계획은 직장에 다니는 부모에게 충분한 보육 서비스를 제공하기 위한 세액공제, 미국 인구의 다수를 차지하는 노인에게 돌봄 노동자들을 지원하는 각종 보조금, 미국을 탄소 배출 없는 미래로 이끌기 위한 녹색기술 투자 등을 포함한 종합적 패키지였다.[36]

그가 대통령으로 취임한 첫해에 승인된 연방정부 지출은 국내총생산의 비중으로 볼 때 뉴딜 때보다도 더 컸으며, 거의 제2차 세계대전 당시의 수준에 육박하고 있었다.[37] 또한 오바마 정부는 지출을 수입과 맞추어 재정적 책임을 기하는 데에 항상 신경을 썼지만, 바이든의 여러 제안들을 종합해 보면 이러한 오바마 정부의 태도에서 대담하게 이탈하는 모습을 보이고 있다.

이렇게 확장적이고 공격적인 프로그램은 부분적으로는 바이든 정부가 되살아난 좌파를 끌어안아 통합했다는 것을 나타냈다. 2020년 여름, 바이든은 민주당의 중도파와 좌파를 함께 모으기 위해 여섯 개인 바이든-샌더스 공동 "단결 태스크포스"를 만드는 데에 합의했다.[38] 이 태스크포스들은 경제, 기후 위기, 인종적 정의 등의 문제에서 계획들을 마련했고, 이것으로 2020년 8월에 열린 민주당 전당대회에서 채택된 강령을 만들어 냈으며, 또한 2021년 1월에 바이든이 취임하자마자 내보인 여러 입법안의 기초가 됐다. 이 태스크포스들에서는 뉴스쿨대학교의 데릭 해밀턴(Darrick Hamilton)과 스토니브룩대학교의 스테퍼니 켈턴(Stephanie Kelton) 등의 독특한 비주류 경제학자들의 목소리도 허용됐다. 이들은 인종과 경제학의 문제에서 또 한편으로는 통화 이론에서 새로운 접근법을 내놓아 새로 들어서는 정부에 영향을 주었다.

이렇게 중도파와 좌파가 화의를 이루면서 바이든은 진보적인 정치적 입장을 가진 사람들을 자문단에 포함시키기로 결정한다. 그는 헤더 부셰이(Heather Boushey, 워싱턴균형성장센터 의장 출신이었다)와 재러드 번스틴[Jared Bernstein, 진보적 싱크 탱크인 경제정책연구소(Economic Policy Institute)의 고참]을 경제자문위원회에 임명했고, 아마존 기업의 비판자인 리나 칸(Lina Khan, 컬럼비아 로스쿨)을 연방공정위원회의 위원장으로 임명했다. 2021년 9월에는 코넬 로스쿨의 급진적인 교수인 사울 오마로바(Saule Omarova)를 통화감독청장

(Comptrollership of Currency)으로 임명했다. 이러한 민주당 중도파와 좌파의 대화는 뉴딜의 전성기에도 비슷하게 나타났던 특징이었다. 물론 1930년대와 마찬가지로 좌파의 목소리는 무시당할 수도, 심지어 제거당할 수도 있었다. 실제로 오마로바가 취임하려고 하자 공화당과 온건파 민주당이 손을 잡고 상원에서 그 지명을 철회시키는 일도 있었다. 오마로바 사건처럼 후퇴는 있었지만, 샌더스와 워런 지지자들은 분명히 정권에 참여하게 됐다. 그리고 저명한 인물이자 큰 영향력을 가졌던 신자유주의 경제학자 로런스 서머스는 참여하지 못했다.[39]

새로운 정책 아이디어들과 싱크 탱크가 확산되며 긴밀한 네트워크를 형성한 정치활동가 집단들이 부상하고, 또 좌파-진보파 블록의 신문, 잡지, 케이블TV 진행자, 블로거, 팟캐스트, 소셜미디어 인플루언서 등이 출현한다는 것은 새로운 진보적인 정치 질서가 형성되고 있음을 시사하는 일이었다. 하지만 이는 아직도 형성 단계에 있었으며, 따라서 여러 면에서 깨어지기 쉬운 것이었다. 만약 그 지도자들이 정말로 월 스트리트와 실리콘밸리의 권력과 부를 타깃으로 위협을 가하는 단계로까지 갈 경우, 그러한 정치 질서가 계속 힘을 얻을 수 있도록 돈 많은 기부자들이 충분히 나타나 줄 것인지는 아직 불확실했다. 또한 바이든이 이 중도좌파 연합 내부에 분열이 일어나거나, 그가 목표로 삼은 핵심 정책들에 충격을 줄 외생적인 국내외 사건들이 벌어질 경우에도 그 중도좌파 연합을 단결시킬 수 있을 만큼 강한 카리스마가 있을 것인지도 불분명했다. 바이든은 물론 자신이 그러한 용기를 가지고 있다고 믿었다. 하지만 2021년 8월, 아프가니스탄의 미군 철수 문제를 엉망으로 다루면서 많은 미국인은 바이든이 그럴 만한 인물이 못 된다고 의심하게 된다.[40]

게다가 바이든이 2020년의 대선 승리를 좀 더 지속적인 무언가로 전환시키려면 최소한 세 과제를 극복할 필요가 있었다. 그 첫 번째 과제는 기후 위기였다. 기후 위기는 가뭄과 산불 그리고 태풍과 홍수를 일으키고 있었을 뿐만 아니라 더 이상 살 수 없게 된 지역에서 떠나는 난민들의 흐름을 급속하게 증폭시키고 있었다. 바이든은 그린뉴딜(Green New Deal)의 달성을 자신의 우선적인 정책의제로 삼고 있었다. 하지만 기후 위기를 막으려면 사람들의 여러 생활 방식을 완전히 바꾸어야만 하며, 여러 산업을 뿌리째 뒤흔들어야만 했다. 민주주의로 선출된 지도자들이 과연 이런 과제를 수행할 만큼 충분히 대중적 지지를 받을 수 있는지는 아직 분명치 않았다. 뉴딜의 경우에는 이런 종류의 인류 존속의 문제가 전혀 대두되지 않았다. 오히려 뉴딜은 화석연료 에너지자원이야말로 완전고용과 고임금 경제를 영구화할 것이라는 전제에 기초한 정치 질서를 구축한 바 있었다.[41]

바이든의 두 번째 과제는 인종문제였다. 바이든은 2020년 2월에 있었던 사우스캐롤라이나 민주당 대선후보 경선에서 흑인 유권자들을 대거 참여하게 함으로써 패색이 짙던 경선을 극적으로 전환시킬 수 있었다. 총선 때에는 유권자 운동 활동가이자 조지아주 하원의 소수당 원내대표였던 스테이시 에이브럼스(Stacey Abrams)가 조지아주에서 바이든이 승리하여 미국 상원에 의원 둘을 배출하는 데에 결정적인 역할을 한 바 있었다. 이 조지아주 상원의원 두 사람이 없었더라면 바이든은 민주당을 상원에서 다수당으로 만들 수가 없었을 것이며, 그의 야심적인 입법 의제들도 공화당의 반대로 좌절되고 말았을 것이다.

바이든은 카멀라 해리스(Kamala Harris)를 러닝메이트로 삼아 미국 역사상 최초의 흑인 부통령이 될 기회를 줌으로써 아프리카계 미국인들에게 진 빚을 어느 정도 갚았다고 믿었다. 하지만 이것으로는 전혀 충분하지 않았다. 특히 2020년 5월 25일에 미니애폴리스에서 경찰이 조지 플로이드(George Floyd)를 살해한 사건으로 촉발된 인종 정의를 요구하는 봉기의 규모를 볼 때 더욱 그러했다. 아프리카계 미국인 플로이드는 편의점에서 20달러짜리 위조지폐를 건넸다는 혐의로 그날 체포됐다. 경찰관 네 명이 현장에 도착하여 플로이드를 붙잡고는 땅바닥에 짓눌렀다. 현장에 있던 경찰관 데릭 쇼빈(Derek Chauvin)은 9분간 플로이드의 뒷덜미를 무릎으로 짓누르는 살인적인 폭력을 행사했고, 숨을 쉴 수 없다는 플로이드의 반복된 절규도 무시해 버렸다. 플로이드는 그렇게 폭력이 가해지던 9분경인 어느 시점에 의식을 잃고 사망했다. 구경하던 이들은 플로이드의 뒷덜미를 쇼빈이 무릎으로 짓누르고 있는 장면, 그리고 플로이드가 마지막으로 살려 달라고 애원하는 장면까지 모두 동영상으로 담았다.[42]

쇼빈-플로이드 동영상은 소셜미디어에서 순식간에 퍼져 수십만 명이 참여하는 시위를 폭발시켰다. 그 뒤로 남부와 북부,

동부와 서부, 대도시와 소도시 할 것 없이 시위대가 몇백만 명으로 불어났다. 시위대에는 흑인뿐만 아니라 백인과 라틴계 미국인들도 있었으며, 미국 역사상 인종 폭력과 부정의에 저항하는 운동 가운데 가장 다양한 인종적 시위를 형성했다. 도처에서 "흑인의 목숨도 소중하다"라는 팻말이 무수한 주택의 잔디밭과 아파트의 창문에 나타났으며, 많은 도시의 길바닥에 이 구호가 분필이나 페인트로 아로새겨졌다. 시위는 몇 주간이나 계속됐다. 대부분은 평화시위였지만, 시위대의 분노는 손으로 만져질 듯이 분명했다. 이들은 미국의 삶에서 인종주의를 근절하기 위해서는 온건한 개혁만으로 부족하다고 확신했다. 이를 위해서는 "경찰 재정을 끊어라(defunding the police)"와 같은 단호한 조치가 필요하다는 것이었다.[43] 오리건주의 포틀랜드와 같은 일부 지역에서는 폭력시위로 변하기도 했다.

바이든은 "경찰 재정을 끊어라"라는 요구는 결코 승인하지 않았다. 그는 이러한 해법은 위험할 뿐만 아니라 현실에서 작동할 수 없다고 보았다.[44] 하지만 그는 전임 민주당 출신 대통령들이 반복해서 해 왔듯이 인종 간 정의 문제를 다른 더욱 "절박한" 혹은 "중요한" 문제들에 종속시키는 식으로 피해 갈 수 없다는 것 또한 잘 알고 있었다. 프랭클린 루스벨트는 흑인을 위한 민권 입법 지지를 거부했는데, 자신이 구축한 뉴딜 동맹의 결정적인 부분인 남부의 백인들을 화나게 할 수 없었기 때문이다. 오바마 또한 이유와 방식은 달랐지만, 흑인 차별의 문제를 각별히 다루도록 되어 있는 입법을 지지하는 데 주저했다.

바이든은 다른 길로 나아가기로 결심한다. 그는 미국 역사상 "구조적 인종주의(structural racism)"라는 말을 연설에서 처음으로 사용한 대통령이 됐고, 자신의 정부는 이를 근절하기 위해 모든 권한을 발동하겠다고 서약했다. 그가 최초로 서명한 입법안은, 은행과 투기꾼의 약탈적 행태로 인해 여러 세대에 걸쳐 땅과 집을 잃게 된 흑인 농민 가정들을 지원하는 프로그램이었다. 이는 흑인들이 노예제 시대와 그 이후에 감내해야 했던 수탈에 대해 "배상"해야 한다는 요구를 실천에 옮기는 노력 중 하나였다.[45]

하지만 바이든이 인종문제에 초점을 맞춘 입법안을 통과시키면서 그동안 빈곤과 착취를 겪은 모든 미국인(여기에는 백인 노동계급 및 트럼프 지지자들도 들어간다)의 상황을 개선하는 법률(이를 통해 이들을 다시 민주당 지지자로 되돌리고자 했다)도 통과시키는 데에 성공할지는 아직 미지수였다. 이 두 전선 모두에서 동시에 진전을 이룬다는 것은 항상 풀기 어려운 민주당의 과제였다. 나이와 경륜이 많은 바이든은 린든 존슨 대통령 시절에 위대한사회 프로그램이 백인보다 흑인의 요구를 우선한다는 비난 때문에 어떤 반발을 겪었는지를 기억하고 있었다. 2010년대 이후 우후죽순으로 새로 생겨난 좌파적 싱크 탱크와 간행물 들은 계급과 인종의 문제를 동시에 풀기 위한 여러 아이디어와 소망으로 가득 차 있었다.[46] 하지만 바이든이 이제 막 건설에 착수한 새로운 정치 질서에서 백인의 반발은 여전히 큰 위협일 수밖에 없었다.

바이든이 맞닥뜨린 세 번째 과제는 의회가 두 쪽으로 갈라져 있고, 또 미국 민주주의 자체가 점점 위기를 맞고 있는 상황에서 대담하고도 성공적인 통치를 이루어야 한다는 것에 있었다. 바이든이 낸 여러 성과에 비해 2020년 총선에서 민주당이 받아 든 성적표는 실망스러웠다. 2018년에 비해 하원에서 의석을 많이 잃어 비록 다수당 위치는 유지했지만 의석수 차이는 한 자릿수로 떨어졌다. 상원의 경우 조지아주에서 두 석을 얻어 다수당 위치를 뺏기지는 않았으나 의석수는 공화당과 똑같이 50석 대 50석이었다. 여기에 표결이 동수가 나올 경우 부통령 카멀라 해리스가 캐스팅보트를 행사할 수 있기 때문에 겨우 50 대 51의 우위를 점한 것이다. 따라서 어떤 입법안이든 공화당 상원의원 전원이 반대할 경우 바이든은 민주당 상원의원 전원의 지지를 얻어 내야만 했다. 반면 프랭클린 루스벨트는 그의 임기 처음 2년간(1933~1935년) 하원에서 313 대 122, 상원에서는 58 대 37이라는 엄청난 차이로 다수당의 위치를 누렸다. 그리고 1934년 총선에서는 의회 의석수를 더욱 늘리기까지 했다. 결국 바이든은 자신이 프랭클린 루스벨트가 활동했던 정치적 세계와는 전혀 다른 세계에 처해 있음을 알게 됐다. 말을 안 듣는 상원의원이 한두 사람 있다고 해도 루스벨트는 무시해 버릴 수 있었다. 바이든은 그럴 수 없었고, 또 그에게 맞서는 상원의원이 두 사람이나 있었다. 조 맨친(Joe Manchin, 웨스트버지니아주)과 키어스틴 시너마(Kyrsten Sinema, 애리조나주)는 바이든과 그의 정치 프로그램에 발목을 잡는 업보 같은 존재로 떠올랐다.

게다가 도널드 트럼프가 선거 패배를 인정하지 않겠다고 들면서 바이든이 직면한 정치적 도전은 더욱 심각해졌다. 트럼프는 선거가 끝난 뒤 며칠, 몇 주, 심지어 몇 달이 지난 뒤에도 항복하지 않았다. 이에 그는 당선자에게 평화로운 권력이양을 수행한다는, 19세기 후반기까지 거슬러 올라가는 유구한 미국 정치의 전통을 깨어 버린 셈이었다.

트럼프는 실제로 자신이 선거에서 지지 않았다고 확신하고 있었다. 가짜 표 수백만이 바이든의 득표수에 더해진 반면 자신의 득표수에서는 "진짜" 표 수백만이 사라져 버렸다는 것이었다. 11월 3일의 선거 결과의 이면에 이러한 배신이 벌어졌다고 우기는 것에 트럼프는 계속 집착했다. 자신이 아직 대통령이라는 것을 일깨우기라도 하듯, 그는 여러 주정부를 상대로 총 득표수에 시비를 걸면서 재검표를 요구하는 말도 안 되는 소송을 하나씩 벌여 나갔다.[47] 소송에서 사실상 모조리 패배하게 되자, 이번에는 지지자들에게 50개 주 대통령선거인단이 모여 의회의 추인을 받는 2021년 1월 6일에 워싱턴 수도에 집결하여 의회를 습격하도록 부추겼다. 이날 의회의 자리는 순전히 절차상의 형식에 불과한 것이었다. 이는 그저 대통령선거인단에서 선출된 대통령 후보의 당선에 공식적인 확인 인장을 찍는 자리일 뿐으로, 이러한 전통은 미국의 모든 대통령선거에서 200년 이상 지켜져 온 관행이었다. 하지만 트럼프는 지지자들뿐만 아니라 공화당 상원의원 및 하원의원 상당수에게 이 자리에서도 여전히 의회가 선거 결과에 개입하는 것이 가능하며, 이를 통해 자신에게 응당 돌아와야 할 두 번째 임기를 가져다줄 수 있다고 확신하게 만들었다.

그리하여 트럼프 지지자 수만 명이 1월 6일에 워싱턴 수도에서 집회를 열었으며, 그중 몇천 명은 트럼프의 강력한 촉구에 응하여 국회의사당을 습격했다. 국회 경찰은 방심하고 있었으며, 무슨 수를 쓰더라도 국회의사당 안으로 쳐들어가겠다는 결의에 찬 트럼프 지지자들에게 금방 제압당하고 말았다. 트럼프는 안전한 백악관에 들어앉아 폭력으로 난장판이 된 국회의사당 모습을 TV 화면으로 보았다. 그가 대통령으로서 구상하고 실행한 일 대부분이 그렇듯이 그의 쿠데타 또한 계획이 형편없었다. 쿠데타는 실패했고, 질서가 회복됐으며, 그날 저녁 의회는 선거 결과를 확증했고, 트럼프는 1월 20일 아침에 백악관을 나와 비행기를 타고 플로리다로 떠났다. 몇 시간 후 바이든이 취임 연설을 행했다.[48]

의회 지도부는 이런 시련의 상황에서도 정권 이양을 완수하려는 용기와 결단을 보여 주었다. 하지만 1월 6일의 사건에서 터져 나온 개인적·정치적 트라우마는 쉽게 극복되지 않았다. 현직 대통령의 지지자들이 국회의사당에 난입하는 사건은 미국 역사에서 전례가 없는 일이었다. 일부 트럼프 지지자들은 미친 듯 날뛰면서 건물을 파손하고, 경찰들의 머리를 소화기로 내리치고, 창문들을 깨부수고, 사무실을 싹 털어 갔다. 바이킹 복장을 한 사람이 포함된 폭동자 집단은 상원 회의장을 점령했다.

또 다른 무리는 경멸의 대상인 하원의원들과 상원의원들 그리고 부통령까지 사냥하러 다녔고, 그중 누군가를 붙잡았더라면 아마도 해를 가했을 것이다. 트럼프는 자신이 풀어놓은 이 폭력 난동에 대해 아무런 유감도 표하지 않았다. 오히려 그는 1월 6일 사건으로 더욱 대담해진 듯했으며, 자신의 권좌를 되찾기 위한 첫 조치로 마러라고(Mar-a-Lago)에 망명정부 비슷한 것을 세우기도 했다.

이러한 사건들을 통해 어떤 정치 질서가 깨진다는 게 얼마나 위험한 일인지가 부각됐다. 이 쿠데타의 여파로 무수한 미국인은 그전에는 생각조차 할 수 없었던 일을 생각하기 시작했다. 즉 트럼프가 살아 활동하는 동안 미국의 민주주의가 사멸할 것이라는 가능성이었다. 1월 6일의 쿠데타는 비록 실패했지만, 그다음 쿠데타는 성공할지도 모른다는 게 이들의 두려움이었다. 만약 어떤 새로운 정치 질서라는 게 일어난다면, 그 질서는 아마도 우파로부터 나타날 것이며 속속들이 권위주의적 성격을 띤 질서일 수 있다는 생각이었다.[49] 그 질서는 아주 근본적으로 반자유주의적이며, 비록 민주주의를 표방한다고 해도 이는 그저 얄팍한 겉치장일 뿐으로, 러시아와 튀르키예에서 말하는 민주주의와 다를 바가 없는 것일 수 있다는 두려움이었다.

그런데 이렇게 온 미국에 민주주의가 무너져 내리는 사태를 아주 흐뭇하게 지켜보는 사람이 최소한 한 사람 있었다. 미국인들에게는 냉전이라는 게 잊힌 추억이었지만, 블라디미르 푸틴에게는 그렇지 않았다. 푸틴은 트럼프가 그렇게 기를 쓰고 무너뜨리려고 했던 신자유주의 질서라는 것이 1980년대와 1990년대 초에 일어나면서 소련의 해체를 촉발했던 주범이라는 것을 잘 알고 있었다. 그러니 러시아에 최악의 치욕을 안겼던 정치 질서가 그로부터 30년이 지난 후 해체되고 있는 것을 보면서 얼마나 흐뭇하게 느꼈겠는가? 그는 미국에 암울한 미래가 드리우도록 자신도 한몫을 했다는 사실—푸틴은 2016년 미국 대통령선거에서 트럼프가 승리를 거두도록 개입하기까지 했다—에 그저 더욱더 흐뭇할 수밖에 없었다.

물론 트럼프라는 대통령을 푸틴이 만든 것도 아니었고, 트럼프의 '미국을 다시 위대하게' 운동을 그가 만든 것도 아니었다. 트럼프는 기존의 정치 질서가 좌파 우파를 넘어서 미국인 다수가 보기에 분명히 실패한 것이기 때문에 자생적으로 생겨난 인물이었다. 세계적인 자유시장과 사람들의 자유로운 이동을 숭상하는 신자유주의 질서에서 너무나 많은 사람이 낙오되고 말았던 것이다. 그 질서는 산업계보다는 금융계를 편애했고, 극단적인 수준의 불평등도 용납했으며, 다수 인구가 대량으로 감옥에 수감되는 문제도 무시했을 뿐만 아니라 대침체의 여파로 소수인종 자가 소유자들이 겪어야 했던 엄청난 재산 손실도 무시했다. 또한 싸울 이유도 없는 이라크와 전쟁을 벌이면서 이를 정당화했고, 그다음에는 이라크의 재건에서도 엉망으로 엄벙덤벙 손을 대다가 나라를 다 망쳐 버렸으며, 그로 인한 빈곤과 참상이 여러 중동지역 국가로 확산되게 만들었다. 미국이 그야말로 궁지에 몰렸다는 것은 이미 트럼프가 미국의 정치 무대를 장악하기 오래전부터 분명한 사실이었다. 그러니 이 조건에서 사람들이 품은 불만과 분노를 능숙하게 조종할 줄 아는 선수가 등장하게 된 것은 전혀 놀라운 일이 아니었다.

트럼프가 신자유주의 질서를 해체하는 업적을 이룬 덕분에 되살아난 좌파를 포함한 다른 이들도 이제는 자신이 원하는 미국의 정치적 미래가 가능해졌다고 믿게 됐다. 바이든은 미국의 미래에 큰 희망을 가지고 있었다. 그는 미국이나 전 세계가 당시 결정적인 이행의 지점에 서 있다는 점을 이해하고 있었다. 그리고 임기 첫해인 오랜 기간 동안 그 시점이 요구하는 대담하고도 역동적인 지도력을 자신이 보여 줄 수 있다고 생각했다.

하지만 바이든의 정치권력은 그 기초가 아슬아슬할 정도로 위험했다. 향후 몇 년 아니 몇십 년 동안 미국을 이롭게 할 정치 질서를 구축하기 위해서는 최소한 그가 2020년에 하원과 상원에서 달성한 정도의 아슬아슬한 다수 의석이라도 2022년과 2024년에 유지해야 하며, 또 2024년의 대통령선거에서는 본인 혹은 본인의 후임자를 당선시켜 정권을 재창출해야만 한다.[50] 불가능한 일일까? 결코 그런 것은 아니다. 미국 정치의 역사를 보면 전문가들이나 내기꾼들을 무색하게 만드는 지도자, 사상, 정책, 동맹, 선거의 예를 얼마든지 찾을 수 있다. 하지만 새로운 정치 질서라는 것을 수립한다는 것은 결코 간단하거나 쉬운 작업이 아니다. 따라서 미국인들은 한때 엄청난 허세를 부렸던 신자유주의 질서의 폐허 속에서 앞으로도 오랫동안 살아가게 될 것이라는 가능성을 분명히 고려해야만 할 것이다.[51]

사실 모든 몰락한 정치 질서가 그러하듯, 신자유주의도 여러 이데올로기적이고 제도적인 구조가 있어서 수명을 연장해 줄 것이며, 또 수명이 다한 뒤에도 그 구조들은 살아남을 것이다. 플로리다주의 론 디샌티스(Ron DeSantis)와 같은 공화당 주지사들은 탈규제의 기치를 여전히 드높이려는 굳은 결단을 보여 주고 있으며, 이것이야말로 개인의 자유를 소중히 지켜 줄 미래로 가는 최고의 길이라고 주장한다. 하지만 2024년 선거에서 설령 디샌티스든 누구든 대통령이 된다고 해도 신자유주의 질서가 곧바로 복구되는 일이 일어날 가능성은 낮다. 오히려 신자유주의의 여러 요소가 트럼프 스타일의 공화당 포퓰리즘의 여러 성격과 융합하는 정치적 지형이 뿌리를 내리게 될 가능성이 더 높다.

금융화가 미국 경제에 단단히 자리를 잡았다고 해도, 마찬가지로 이것이 신자유주의 질서가 곧바로 복구되는 것을 보장하는 것은 아니다. 대침체의 여파로 미국과 다른 나라들에서도 중앙은행이 더욱 커지고 더 큰 권력을 갖게 됐고, 이들은 경제를 이끄는 데에 계속해서 핵심적인 역할을 맡고 있다. 연방준비제도 의장의 자리에 트럼프는 재닛 옐런(Janet Yellen)의 후임으로 제롬 파월을 지명했는데, 파월은 2020년 팬데믹으로 야기된 경제 붕괴에 대처하기 위해 연방준비제도의 권력을 확실하게 행사했다. 그가 보여 준 대응의 속도와 폭은 대침체에 대응했던 벤 버냉키에 필적할 정도였다. 두 사람 모두 시장의 "자연적" 작동에 개입하기를 꺼리는 그린스펀의 스타일과는 확실하게 단절한 것이었다.

연방준비은행과 같은 중앙은행들은 엘리트 통치의 한 형태로 간주될 때가 많다. 즉 일반 시민들보다는 자본과 주주들의 이익을 보호하는 쪽으로 훨씬 더 기울어진 기관이라는 것이다. 과연 이러한 관점이 옳은지를 판별하는 시금석은 2020년과 2021년에 연방준비제도가 보여 준 행동일 것이다. 연방준비제도가 코로나19 팬데믹 기간에 저금리로 돈을 풀었던 정책이 미국의 부유한 기관과 개인 들의 자산만 더 크게 불려 주고, "산업경제"에 종사하는 미국인들은 그렇지 못하여 빈부격차만 더욱 늘려 놓은 것으로 판명이 날지는 지켜볼 일이다. 하지만 파월의 2020년 경제 개입 조치들은 연방준비제도의 기존 행보에서 분명히 이탈한 모습이었다. 이는 정부가 소규모 사업체, 실업자, 육아 도움이 필요한 가정, 집세를 내지 못하는 개인 등에 지원하는 것을 연방준비제도가 지지했던 것에서 분명히 나타난다.

물론 이런 정책을 만들어 낸 곳은 연방준비제도가 아니라 의회였다. 하지만 파월은 이런 조치가 미국의 경제적 안녕에 필수불가결이라는 메시지를 분명히 던졌던 셈이다. 그는 의회에 신속한 행동을 취하도록 촉구했다. 이렇게 연방준비제도 의장의 부추김까지 받은 덕에 연방정부는 대침체 때에 비해 팬데믹의 여파에서 보통의 미국인들을 돕는 데에 훨씬 큰 역할을 할 수 있었다. 이러한 지원에서 구호를 받게 된 이들의 숫자만 몇천만 명에 달했다. 그것만이 아니었다. 미국 사회의 부자들과 가난한 이들 사이의 세력균형까지 바꾸어 놓기 시작했다. 서민층과 빈민층 다수가 팬데믹이 시작된 지 18개월 만에 일자리를 그만두었으며, 이에 여전히 일자리에 남아 있는 이들 중 상당수는 대담하게 변하면서 임금인상 및 여타 노동조건의 개선을 요구하게 된다. 그러면서 지난 수십 년간 절망적 상태에 빠져 있던 미국의 노동운동 또한 힘찬 회생의 신호를 보이기 시작했다. 2021년 말이 되면 저소득층의 임금이 고소득층 임금보다 빠른 속도로 상승하게 된다. 이는 지난 40년간 벌어지지 않았던 일이었다.[52]

그렇다면 이러한 연방준비제도의 여러 움직임을 새롭게 민주화된 공공 재정의 정치학이 출현하고 있는 것으로 읽어 내는 것도 가능할까? 만약 그렇다면 이는 연방준비제도의 권한을 줄이는 것이 아니라 늘리는 것으로써 일어나고 있으며, 또 그 권한을 여러 부문에 훨씬 광범위한 미국인들에게 혜택이 가도록 활용하는 방법으로 이루어지고 있는 셈이다. 이러한 연방준비제도의 목표 수정이 과연 앞으로도 계속될지는 지금으로서는 예단할 수 없다. 장래에는 연방준비제도가 금융 엘리트 지배의 버팀목이라는 전통적 역할로 되돌아갈 수도 있으며, 인플레이션에 대한 강경파들은 분명히 연방준비제도를 이러한 방향으로 바로잡아야 한다고 촉구하고 있다. 하지만 그렇게 회귀된다고 해도 이러한 흐름의 의미가 줄어드는 것은 아니다. 단지 제도의 연속성으로 인해 잘 보이지 않을 뿐, 연방준비제도라는 핵심적인 정부 기관에서 정치적 성격의 중요한 변화가 일어나고 있는 것이다.[53]

신자유주의의 문화적 요소들이 아직 존속하고 있는 것 또한 사실이지만, 이것이 신자유주의 질서 자체가 여전히 건재하다고 보장할 수 있는 것은 아니다. 개인의 자아를 "사업가"가 되도록 개발하는 것은 신자유주의 질서의 으뜸가는 특징으로 오래도록 자리 잡아 왔으며, 지금도 이러한 문화가 사그라들 것이라는 징후는 보이지 않는다. 실리콘밸리의 사업가들과 월 스트리트 헤지펀드 매니저들이 "이 우주의 지배자들"인 듯 행세하고 다니는 데에서도 이러한 특징은 그 모습을 드러내고 있다. 또 우버 및 리프트(Lyft)가 자가용 소유자들에게 언제, 얼마 동안 자신의 차를 택시로 쓸지를 결정하는 "선택의 자유"를 가지고 각자 "사업가"가 되라고 유혹하고, 또 거기에 사람들 수십만이 호응하는 데에서도 나타난다. 야구 경기나 다른 스포츠 경기에서도 선수들의 실적을 투입 대비 산출로서 그 어느 때보다도 체계적으로 연구하여 평가하려 드는 "애널리틱스(analytics)" 행태에서도 나타난다. 또 일상에서 몇 보를 걸었는지 몇 마일을 뛰었는지 몇 칼로리를 섭취했는지 에너지를 얼마나 썼는지를 하루 종일 계측하려는 무수한 개인의 집착에서도 나타난다. 또 트위터, 페이스북, 인스타그램 등에서 자신의 인기가 얼마나 되는지 (혹은 안 되는지)를 보려고 끝없이 계산을 해 대고, 이와 같은 행동에 몰두하는 사람들 수천만 명에게도 나타난다. 이렇게 많은 사람이 끊임없이 자기관찰에 집착했던 적은 한 번도 없었다.

이 끝도 없는 숫자 세기와 측량은 신자유주의 질서의 또 한 가지 핵심적 특징인 IT 혁명으로 가능해진 것이다. 유토피아주의가 횡행하던 1990년대만 해도 이 IT 혁명이 가져올 자기 인식은 해방적인 것으로, 즉 개인의 자유와 해방이라는 신자유주의의 약속을 실현시켜 주는 것으로 치켜올려졌다. 1990년대와 2000년대의 기술유토피아주의가 사라진 지금, 남은 것은 무엇이든 측량해야 한다는 지상명령뿐이다. 그리고 이는 사람이 저마다 가진 여러 가능성을 최고로 실현시키는 메커니즘이 되었을 뿐만 아니라 사람이 스스로를 폭군처럼 마구 부리는—"더 잘하고 있어" 아니면 "더 못하고 있어"—메커니즘이 되어 있기도 하다. 하지만 지금 만약 스튜어트 브랜드와 같은 상상력을 가진 인물이 나타난다면, 기술로 옥죄어 오는 각종 족쇄들로부터 인간의 의식을 해방하라고 외칠 것이다.

그러므로 어떤 질서를 구성하던 몇몇 요소가 아직 존속하고 있다는 것만 가지고서 그 질서가 살아남았다고 오해해서는 안 된다. 뉴딜 질서가 만들어 낸 사회보장제도는 여전히 미국에서 인기 있고 대중적인 복지정책이지만, 뉴딜 질서가 그것을 만들어 냈던 것은 까마득한 90년 전 일이다. 즉 사회보장제도를 핵심 요소로 삼았던 뉴딜 질서 자체는 지금 사라진 지 오래라는 것이다. 신자유주의 질서의 여러 잔재도 당분간 아니 어쩌면 오랫동안 우리 옆에 머물 것이다. 하지만 신자유주의 질서 자체는 무너졌다.

무릇 정치 질서란 정치 생활에서 작동하는 핵심 아이디어들을 형성할 수 있는 능력을 발휘해야만 한다. 어느 한 정당의 열광적인 지지자들뿐만 아니라 정치적 스펙트럼을 폭넓게 포괄하여 사람들로부터 지지를 받을 수 있어야만 하는 것이다. 뉴딜 질서는 미국인 대다수에게 자본주의는 역동적이지만 위험하기도 한 것이며, 강력한 중앙정부만 있다면 이를 공공의 이익에 맞게 관리할 수 있다는 생각을 갖도록 만들었다. 신자유주의 질서는 미국인 대다수에게 자유시장을 도입한다면 자본주의를 불필요한 국가 통제로부터 해방시켜 번영 그리고 개인의 자유를 모든 계층의 미국인에게, 그다음에는 전 세계로 확산시킬 수 있다고 설득해 냈다. 이 두 명제 그 어느 것도 오늘날에는 예전과 같은 권위를 갖지 못하며 또 사람들의 지지를 누리지도 못한다. 현재를 지배하는 것은 정치적 무질서와 기능부전일 뿐이다. 이제 다음으로 나타날 질서는 무엇일까? 이것이 지금 미국 그리고 전 세계가 직면한 가장 중요한 질문이다.

감사의 말

이 책의 아이디어는 『뉴딜 질서의 흥망 1930-1980』 출간 25주년을 기념하기 위해 캘리포니아대학교 샌타바버라캠퍼스에서 열린 학술회의에서 착상됐다. 그 뒤 2016년과 2017년 사이에 케임브리지대학교, 옥스퍼드대학교, 하버드대학교에서 열린 노동과 불평등에 대한 일련의 워크숍을 통해 더욱 구체적인 형태를 갖추게 됐다. 이 책이 깊이를 얻게 된 것은 2018년과 2019년 사이에 케임브리지대학교에서 있었던 대학원생들과 교수진의 신자유주의 연구 그룹에서였다. 그리고 2018년에 시애틀에서 신자유주의 시대 너머의 정치를 상상하는 대담한 학술회의가 열렸는데, 그때 결정적인 영감을 얻게 됐다. 이 행사를 조직했던 사람들은 넬슨 릭턴스타인(Nelson Lichtenstein), 앨리스 오코너(Alice O'Connor), 제니퍼 훅실드(Jennifer Hochschild), 데즈먼드 킹(Desmond King), 대니얼 콜먼(Daniel Coleman), 리처드 세이크(Richard Saich), 앵거스 버긴, 스티븐 텔리스(Steven Teles), 헤더 부셰이(Heather Boushey)이며, 나는 이들에게 [그리고 균형성장센터(Center for Equitable Growth)에] 큰 빚을 지고 있다.

나는 이 책에 담긴 내 생각을 2017년에 왕립역사학회(Royal Historical Society)의 강의에서 처음 선보였으며, 그 뒤로 옥스퍼드대학교, 시카고대학교에서 열린 두 기조연설에서 다듬었다. 이 두 강연과 출판물에 대해 사람들이 내게 공유해 준 의견들은 너무나 큰 도움과 격려가 됐다. 특히 스벤 베커트(Sven Beckert), 마고 캐너데이(Margot Canaday), 리즈 클레먼스(Liz Clemens), 리즈 코언(Liz Cohen), 낸시 콧(Nancy Cott), 개러스 데이비스(Gareth Davies), 스티브 프레이저, 아트 골드해머(Art Goldhammer), 조엘 아이작(Joel Isaac), 알렉스 제이컵스(Alex Jacobs), 아이라 캐츠넬슨(Ira Katznelson), 러스 커절(Russ Kazal), 데즈먼드 킹, 로버트 커트너(Robert Kuttner), 조너선 리어(Jonathan Lear), 존 레비(Jon Levy), 넬슨 릭턴스타인, 피터 맨들러(Peter Mandler), 리사 맥거(Lisa McGirr), 윌리엄 노백(William Novak), 앨리스 오코너, 크리스토퍼 펠프스(Christopher Phelps), 대니얼 로(Daniel Rowe), 바버라 새비지(Barbara Savage), 스티브 소여(Steve Sawyer), 스티븐 스코로넥(Stephen Skowronek), 애덤 스미스, 짐 스패로(Jim Sparrow) 등에게 감사를 드린다. 또한 2018년 《왕립역사학협회지

《왕립역사학회보(Transactions of the Royal Historical Society)》에 처음 게재됐던 한 논문이 이 책에 수록되도록 허용해 준 케임브리지대학교 출판부의 호의에 감사드린다.

나는 이 책의 한 핵심 장(3장)을 2020년 미국역사학회(Organization of American Historians)의 연차 총회에서 첫선을 보이고자 했다. 하지만 팬데믹으로 인해 발표할 수 없었고, 나의 세션에 토론자로 참여하기로 했던 세 사람이 친절하게도 줌으로 나와 워크숍을 진행할 수 있었다. 앵거스 버긴, 멀린다 쿠퍼(Melinda Cooper), 퀸 슬로보디언 등은 학식과 혜안이 담긴 논평을 남겨 주었다. 마고 캐너데이와 아이라 카츠넬슨 또한 나중에 이 장에 대해 자신들의 혜안이 담긴 논평을 전해 주었다. 이 글을 읽어 준 이들이 염려했던 바를 내가 모두 해결했는지는 모르지만, 이들의 논평은 자유주의와 신자유주의의 계보에 대한 나의 사유를 더 높은 수준으로 끌어올려 주었다.

내가 재직하는 케임브리지대학교는 대단히 탄탄하고 열정적인 미국 연구자들이 포진하고 있어 내게 큰 도움이 되고 있다. 앤드루 프레스턴(Andrew Preston), 세라 피어솔(Sarah Pearsall, 최근 존스홉킨스대학교로 떠났다), 닉 구이엇(Nick Guyatt), 줄리아 가네리(Julia Guarneri), 보비 리(Bobby Lee), 존 톰슨(John Thompson) 등이다. 또 피트 방문교수(visiting Pitt professor)로는 마거릿 제이컵스(Margaret Jacobs), 배리 아이컨그린(Barry Eichengreen), 아이라 캐츠넬슨, 헤더 톰슨(Heather Thompson), 나오미 래모러(Naomi Lamoreaux), 캐슬린 브라운(Kathleen Brown), 테리사 싱글턴(Theresa Singleton) 등이 있고, 멜런 펠로로는 스티븐 모즐리(Stephen Mawdsley), 세스 아처(Seth Archer), 에마 타이틀먼(Emma Teitelman), 에밀리 스나이더(Emily Snyder) 등이 있다. 그리고 우리 교수진에 에너지와 생기를 불어넣는 재능 있는 젊은 연구 펠로들도 잊을 수 없으며, 팬데믹, 폭풍, 파업을 거치면서도 기백 있게 버텨 낸 케임브리지 미국사세미나(Cambridge American History Seminar)를 잊어서는 안 된다.

미국사 연구자들 말고도 케임브리지의 동료 교수들에게 감사를 표하고 싶다. 나의 든든한 친구이자 동지인 피터 맨들러. 그리고 이 책과 비슷한 주제들을 다루는 프로젝트의 편집자 및 저자들도 있다. 조엘 아이작(지금은 시카고대학교에 있다), 사울 듀보(Saul Dubow), 유지니오 비아지니(Eugenio Biagini). 내가 미국 정치의 수많은 미스터리와 패러독스를 뚫고 나가기 위해 헤매던 시간을 함께해 준 〈토킹폴리틱스(Talking Politics)〉의 데이비드 런시먼(David Runciman), 헬렌 톰슨(Helen Thompson), 캐서린 카(Catherine Carr). 또 지난 8년간 나를 공동체의 일원으로 따뜻하게 맞아 준 시드니서식스대학(Sidney Sussex College)의 교수들과 직원들에게 감사하고자 한다.

또한 내가 가르치는 케임브리지의 학부생들 및 석사과정 대학원생들은 미국사에 대해 까다로운 질문과 세련된 글로 나를 쩔쩔매게 만들었으며, 이들도 기억하고 싶다. 케임브리지에서 나와 함께한 모든 빛나는 박사과정 대학원생들도 마땅히 언급되어야 한다. 스빈 조해너슨(Sveinn Johannesson), 캐서린 밸런타인(Katherine Ballantyne) 에릭 처비니(Eric Cervini), 머브 페줄라(Merve Fejzula), 루스 롤러(Ruth Lawlor), 후 배츠(Huw Batts), 롭 베이츠(Rob Bates), 클레먼시 힌턴(Clemency Hinton), 루이스 디프레이츠(Lewis Defrates), 지닌 퀘네(Jeanine Quené), 여스민 두알레(Yasmin Dualeh), 리처드 세이크, 대니얼 콜먼, 크리스틴 디캐트리스(Kristian Dekatris), 마리 퓌세귀르(Marie Puységgur), 롭 오설리번(Rob O'Sullivan), 사이빌 첸(Sybill Chen), 퍼거스 게임스(Fergus Games), 휴 우드(Hugh Wood) 등이다. 이 소장 역사학자들 중 일부는 학계에서 벌써 분명한 자리를 차지하기 시작했고, 조만간 더 많은 이가 동참할 것이다. 특히 리처드 세이크는 출판사의 마감 시한을 지키는 데에 결정적인 도움을 주었다는 것에 특별히 감사를 표하고자 한다.

오랫동안 조력자로 일해 온 조너선 굿윈(Jonathan Goodwin)은 이 프로젝트에 꼭 필요한 다년간의 연구와 논평을 맡아 주었다. 조너선, 크고 작은 무수한 방식으로 나를 도와준 데에 무한한 감사를 드립니다.

앵거스 버긴은 이 책이 쓰이는 동안 몇 번이나 아주 중요한 순간에 개입하여 자신의 전문성, 혜안, 그리고 명민하고 비판적인 관점으로 큰 도움을 주었다. 국제 문제의 전문가인 앤드루 프레스턴의 도움은 6장에 나타나 있다. 클린턴 정권에 대해 조지프 스티글리츠와 오랫동안 토론했던 것이 1990년대 미국 정치에 대한 나의 이해를 더욱 깊게 해 주었다. 또한《가디언》의 어맨다 포튜넬라(Amanda Fortunella)와《뉴요커》의 앤드루 매런츠(Andrew Marantz)는 신자유주의 및 정치 질서라는 개념에 대한 나의 작업을 많은 이에게 알려 주었기에 이에 감사를 표한다. 그렇게 해서 나온 값진 논평이 이 책에 중요한 밑거름이 됐다.

나의 에이전트인 세라 챌펀트(Sarah Chalfant)에게 감사를 표한다. 그의 전문적 기술은 무서울 정도다. 내가 쓴 여러 장에 대해 그가 날카롭고도 사려 깊은 논평을 전해 준 덕에 내 글과 내가 목표한 책 사이의 괴리를 줄일 수 있었다. 이 책의 모든 문장은 그에게 큰 도움을 얻었다. 또한 와일리(Wylie)에서 일하는 그의 동료인 리베카 네이글(Rebecca Nagel)과 에마 스미스(Emma Smith)에게도 감사를 전한다.

데이브 맥브라이드(Dave McBride)는 최고의 편집자다. 그의 학식은 끝이 없고, 판단은 분명하며, 편집자로서 개입하는 지점은 항상 적확하다. 이 책을 구상하고 발전시키는 동안 핵심적인 순간들에서 그는 결정적이고 효과적으로 움직였다. 그 덕분에 이 책은 훨씬 더 나은 책이 될 수 있었다.

옥스퍼드 출판부에서 일하는 나머지 팀에게도 큰 감사를 전한다. 제작 조정자 에밀리 베니테즈(Emily Benitez), 제작 편집자 제러미 토인비(Jeremy Toynbee), 카피 에디터 페터슨 램(Patterson Lamb), 선임 아트디렉터 브레이디 맥너마라(Brady McNamara), 광고 및 마케팅 감독 조슬린 코도바(Jocelyn Cordova), 홍보 담당 에이미 패커드 페로(Amy Packard Ferro)

와 케이트 셰퍼드(Kate Shepherd) 등이다.

옥스퍼드 출판부를 통해 내게 논평을 전해 준 익명 비평자 일곱 명(네 명은 최초의 책 제안서에 대하여, 세 명은 완성된 전체 초고에 대하여)에게도 감사를 표하고 싶다. 비평자분들은 이 완성된 책에서 본인들의 논평이 어떻게 원고를 바꾸어 놓았는지를 알아볼 수 있을 것이다.

스티브 프레이저와 나는 1986년에 맨해튼 한복판의 한 레스토랑에서 처음 만났다. 우리가 만든 퀸스야구팀(결국에는 망했지만)이 잠깐 반짝 성공을 거두던 시점에 이를 축하하기 위해 두 시간 동안 점심 식사를 함께했다. 그때 우리가 나누었던 대화에서 『뉴딜 질서의 흥망 1930-1980』이 태어났다. 그 만남이 없었다면, 그 책이 없었다면, 그리고 둘로 시작된 수십 년간의 협업과 우정이 없었다면, 이 책은 착상하기도 쓰기도 훨씬 더 어려웠을 것이다.

또한 오랜 친구 몇 명이 이 책에 주목할 만한 기여를 해 주었다. 데이비드 케이시(David Casey), 척 레인(Chuck Lane), 마이클 케이진(Michael Kazin)은 이 책의 핵심 아이디어들에 대해 논평을 해 주었고, 창피를 당할 뻔한 오류를 잡아 주었으며, 이 책의 초고를 끝까지 완성할 수 있도록 북돋아 주었다. 수십 년 동안 지속된 그들과의 우정, 그들의 엄청난 지성, 또 나와 함께한 미국사와 미국 정치에 대한 논의 등에 무엇보다도 감사를 드린다.

내가 가장 큰 빚을 진 것은 나의 가족, 즉 "나와 함께하는 저녁 식사 팀(Gary's Dinner Crew)"이다. 내 평생의 사랑 리즈(Liz, 힘이 넘치는 팀장님), 아들 대니(Danny)와 샘(Sam), 며느리인 에이미(Aimee)와 앨리자(Aliza), 우리 강아지 올리버(Oliver)에게 감사를 드린다. 팬데믹의 끔찍했던 첫 번째 해에 그 여름 오두막이 우리 가족의 도피처였으며, 우리는 거기에 모여 함께 살고, 일하고, 이야기하고, 산책하고, 영화 보고, 책 읽고, 글 쓰고, 자전거 타고, 요리해서 먹고, 또다시 요리해서 먹으며 살았다. 이 팀의 모든 이가 내게 준 사랑, 에너지, 정열, 혜안 등에 감사드린다. 그리고 매일매일 나에게 더 나은 세상, 더 나은 미국의 미래가 다가오고 있음을 일깨워 준 데에 감사드린다. 이 책은 그들을 위한 책이며, 미래를 위한 책이다.

옮긴이의 말

우리가 아는 '어제의 세상'은 어떻게 끝나게 되었나

게리 거스틀의 저서 『뉴딜과 신자유주의』의 원제와 부제는 'The Rise and Fall of the Neoliberal Order: America and the World in the Free Market Era'이고 이를 번역하면 '신자유주의 질서의 흥망: 자유시장 시대의 미국과 세계'이다. 게리 거스틀은 케임브리지대학교의 역사학과에서 폴 멜런 교수(Paul Mellon Professor)로 재직하면서 20세기 미국사를 담당하고 있다. 특히 이민, 인종, 계급 등을 중심으로 미국의 정치와 사회의 구조를 해명하는 작업을 해 오면서 여러 중요한 저서와 논문을 집필하고, 또 학술지를 비롯한 여러 연구물의 편집을 통해 학계 권위자로서 입지를 굳힌 바 있다. 여기에 번역해 내놓은 저서는 오래전 1989년에 그가 다른 동료와 함께 저술하고 편집한 『뉴딜 질서의 흥망 1930-1980』의 속편이라고 할 수도 있을 것이다.

'정치 질서(political order)'라는 독특한 개념을 통해 반세기에 가까운 기간 동안 미국 사회 전체를 지배한 정치경제 및 문화적 질서의 성격이 무엇인지를 해명하는 방법론을 이제 신자유주의 질서의 흥망이라는 주제로 옮겨 확장한 것이라고 볼 수 있기 때문이다.

신자유주의라는 주제를 다룬 저서들은 차고 넘친다. 그리고 최근에는 신자유주의의 몰락이나 종말 등을 명시적으로 이야기하는 책들도 쏟아지고 있다. 하지만 이 책은 지난 40년간의 미국 신자유주의를 하나의 '정치 질서'로 파악한다는 점에서 대단히 각별한 이채를 띠고 있다. 단순한 경제 사조나 경제정책의 틀과 담론으로 국한하는 것이 아니라, 정치·경제·사회·문화를 통틀어서 진보와 보수를 모두 아우르는 현실의 질서, 안토니오 그람시(Antonio Gramsci)의 용어를 쓰자면 '역사적 블록(il blocco storico)'에 해당하는 것으로 파악하는 것이다. 그 결과 신자유주의는 제도나 정책 몇 가지가 아니라 우리가 살아가는 생활세계 전체, 그야말로 우리가 친숙하게 알고 있는 세상 전체로까지 확장된다. 이 책은 그러한 세상이 어떻게 해서 나타나게 됐고, 어떻게 해서 무너지고 몰락하게 됐는가를 풍부하게 그려내고 있다. 물리적으로는 적은 분량이 아니지만 담고 있는 이야기의 폭과 깊이를 생각하면 놀라울 정도로 압축적인 저서라고 할 수 있다.

책의 구성과 문제 제기가 모두 명징하고 알기 쉬우므로, 이 글에서는 저자의 논지를 요약하거나 해설하는 일은 하지 않으려고 한다. 대신 저자의 접근 방법에서 핵심을 차지하는 '정치 질서'의 개념을 중심으로 삼아 저자가 내놓는 독특한 혜안이 무엇인지, 그래서 지금 벌어지고 있는 상황 전개가 왜 우리에게 익숙하던 '어제의 세상'이 송두리째 바뀌고 있는 것으로 보아야 하는지를 생각해 보겠다.

지적·도덕적 개혁으로서의 신자유주의

기존의 많은 신자유주의 연구자, 특히 진보좌파의 시각에서 이루어진 연구는 신자유주의를 '금융을 중심으로 한 자본과 지배엘리트의 반란'으로 보는 경우가 많았다. 즉 1960년대 서구 각국에서 이루어진 민권운동, 반전운동과 맞물린 반체제운동이 거세게 이루어지면서 궁지에 몰린 지구적 지배계급이 반격을 가하여 노골적인 금융자본의 수탈이 가능해지는 정치·경제 체제를 수립하게 된 것이 신자유주의이며, 이것이 전 지구적으로 강제되는 과정이 지구화(globalization)였다는 시각이다.

이러한 시각은 분명히 현실의 특정한 측면들을 확연하게 밝혀 주는 장점이 있지만, 짧은 시기나 좁은 지역이 아니라 반세기에 가깝게 전 지구를 아울러서 수립되고 작동했던 거대한 질서를 설명하는 데에는 분명한 한계가 있다. 이러한 '음모'가 일시적으로나 국지적으로 성공을 거둘 수는 있지만, 이는 필연적으로 그에 상응하는 반작용과 사회적반동(backlash)을 불러오게 마련이다. 설령 그것이 '지배계급'의 의도이자 계획이었다고 하더라도, 그것이 장구한 기간 동안 온 사회와 전 계층에 걸쳐서 일정한 동의를 얻어 내어 '헤게모니'를 행사하게 되는 힘은 어떻게 설명해야 할 것인가? 이 책은 여기에서 '정치 질서'의 개념을 도입하여 그 과정을 설명하고자 한다.

이에 따르면 신자유주의는 그러한 좁은 차원의 '음모'가 아니라 고전적 자유주의를 계승하여 그 명맥을 유지해 오다가 미국에서 뉴딜 질서의 위기가 본격화된 1960년대와 1970년대에 본격적으로 공세를 취하게 된 한 가지 '지적·도덕적 개혁'으로 접근해야 한다고 본다. 고전적 자유주의는 본래 개인의 자유라는 것을 지고의 가치로 삼아 이를 가로막는 여러 사회적·정치적·경제적 '억압 기제'들을 해체해 나가는 '해방의 프로젝트'였다. 프랭클린 루스벨트가 '새로운 자유주의'를 앞세우면서 이를 사회민주주의의 방향으로 해석하고 끌어 나갈 적에, 그 본연의 '개인의 가치'를 중심으로 한 '자유와 해방의 프로젝트'로서의 자유주의를 고집하려던 세력이 낳은 사상이 바로 초기의 신자유주의였다는 것이다. 따라서 신자유주의는 일부 지배 집단의 수탈과 특권이라는 협소하고 '치사스러운' 특수이익만이 있는 것이 아니라, 모든 사회 성원에게 설득력을 가질 수 있는 보편적이고 일반적인 이익의 내용을 담고 있었다는 것이다.

그렇기 때문에 신자유주의 담론은 보수적인 우파 버전뿐만 아니라 진보적인 좌파 버전도 얼마든지 생성시킬 수 있는 힘과 폭을 가지고 있다는 것이다. 1960년대 초까지만 해도 신자유주의 담론은 배리 골드워터와 같은 극단적인 우파들에게만 호소력을 갖는 것이었지만, 1960년대와 1970년대를 경과하면서 국가와 관료적 통제에 반기를 들었던 신좌파 세력과 그 담론의 상당 부분이 신자유주의 담론과 친화력을 가지게 되면서 후자의 외연을 크게 확장시킨다. 스티브 잡스와 같은 인물의 행적에서 '히피' 등과 같은 초기 반문화(counterculture) 운동이 어떻게 해서 '해방의 무기'로서의 IT 혁명과 금융 혁명 그리고 시장의 자유 등을 지지하는 흐름으로 연결되는지를 읽어 낼 수 있다. 이 책은 이러한 과정을 흥미롭게 추적해 나가고 있다.

신자유주의 담론에는 이성애 중심적이고 가부장적인 가족의 가치를 강조하는 '신빅토리아주의'만 있는 것이 아니다. 인종, 계급, 종교 등을 넘어서 모든 개인이 자신의 자율성과 독자적 정체성을 견지하면서 마음껏 각자의 역량을 발휘하여 그것으로 정당한 대접을 받는 '세계시민주의'도 있다. 사람들은 전자는 보수적인 것으로 후자는 진보적인 것으로 보는 경향이 있지만, 이 책의 분석에 따르면 두 가지 모두 '지적 · 도덕적 개혁으로서의 신자유주의'가 지닌 두 얼굴일 뿐이다.

'좌파 신자유주의' 세력의 중요성

오래전 노무현 정권 당시 고 노무현 전 대통령은

자신의 노선을 설명하면서 '좌파 신자유주의'라는 어휘를 사용한 적이 있었다. 이 참신한(!) 표현을 두고 당시에는 거부감을 가진 이들이 많았고, 특히 신자유주의는 그 자체로 보수우파의 것이라고 보는 단면적인 사고방식을 가진 이들은 그 말을 두고 형용모순이라고 비판할 뿐만 아니라 조롱의 대상으로 삼기까지 했다. 하지만 시간이 지나면서 '좌파 신자유주의'라는 말은 그저 '참신한' 표현 정도가 아니라 전 세계적인 신자유주의 역사적 블록의 구성과 성격을 적확하게 파악한 용어로 판명되었다. 신자유주의 질서를 구축하고 유지할 뿐만 아니라 적극적으로 확장하는 역할에서 중도좌파로 분류되는 제도권 내의 진보세력이 결정적인 일익을 담당했던 것이다. 이러한 패러독스가 극명하게 드러난 것은, 2008년 세계 경제위기 이후 미국과 유럽에서 정권을 잃는 등 위기에 처하고 '제3의 길' 등을 표방했던 정당들이 바로 중도좌파 정당들이었다는 사실이다.

정당정치에서 정치 질서는 어느 한쪽 정당의 독주로 나타나지 않는다. 오히려 야당의 입장에 있는 정당과 정치인들이 지배적 정당의 노선과 이념을 받아들여 '묵종'할 때에, 그야말로 '헤게모니'가 관철될 때에, 비로소 성립한다고 말할 수 있다. 그런 의미에서 뉴딜 질서가 진정으로 확립되었던 때는 민주당의 프랭클린 루스벨트 정권 시기가 아니라 공화당의 아이젠하워 정권이 뉴딜의 기본 원리를 받아들이고 따랐을 때였다. 마찬가지로 신자유주의가 비로소 확고한 정치 질서로 자리를 잡게 된 것은 공화당 레이건 대통령의 시대가 아니라 민주당의 클린턴 후보가 더욱 적극적으로 시장의 자유를 외치고 나섰을 때였다는 것이다.

진보좌파 혹은 중도좌파 정당의 이러한 변신은 사실상 신자유주의 우파 정당의 성장보다 어떤 면에서는 더욱 극적인 변화라고 할 수 있다. 오랜 세월 동안 노동조합을 옹호하고 폭넓은 재분배에 기초한 사회적 포용 정책을 노선의 기초로 삼았던 뉴딜 이후의 민주당이 기존의 지지 세력들과의 단절을 감수해 가면서 새로운 원리와 이념으로 당의 노선을 완전히 새롭게 바꾼 것이다. 좁은 의미의 경제뿐만 아니라, 모든 사회 영역의 (재)조정 또한 그 핵심 원칙은 '시장의 자유'가 되어야 하며, 전통적으로 진보좌파 혹은 중도좌파 세력이 추구해 왔던 (사회)민주주의적 가치를 달성하는 것 또한 오히려 그러한 시장의 힘을 최대한 끌어내어 활용할 때에 달성이 가능하다는 것으로 이념과 노선의 환골탈태를 이루었던 것이다.

새는 좌우의 날개로 날아간다. 신자유주의 질서 또한 보수주의 우파 정당의 힘만으로 성립한 것이 결코 아니다. 좋은 의미이든 나쁜 의미이든, 신자유주의 질서는 중도좌파와 중도우파의 합의와 협력에서 생겨난 질서다. 이를 오로지 보수주의 우파의 책동과 음모로만 바라보는 것은 사태의 절반에 대해 완전히 눈을 감는 행위가 된다.

공산주의의 몰락과 미국 주도의 세계질서

이 책이 신자유주의 역사에 접근하는 특징적인 시각 세 번째는, 국제적 질서 변화의 중요성에 초점을 두는 것에 있다. 자본주의에 맞서 실질적인 위협을 구성했던 국제적 세력이었던 공산주의가 1980년대 말에 몰락한다. 그리고 1990년대 이후로는 미소 양대 세력의 냉전체제에서 초강대국 미국을 단일의 중심으로 삼아 동심원을 그리면서 지구적 거버넌스 체제가 구성되는 세계질서로 넘어간다. 이러한 세계질서의 변화야말로 신자유주의가 한 정치 질서로서 전 지구적으로나 미국 내에서 확고하게 자리를 잡는 데에 결정적인 동력이 된다. '시장의 자유'에 기초한 미국식 자본주의는 이제 다른 모든 정치경제 질서보다 우월성을 가질 뿐만 아니라 초역사적인 절대적 규범의 위치까지 오르게 된다. 이러한 조건에서 미국에서 체현되고 있는 대의제민주주의라는 정치적 틀과 자유시장 자본주의라는 경제적 틀을 거부하는 것은 극단적인 좌파와 우파 세력을 제외하면 받아들일 수 없는, 선택지 이외의 문제가 되어 버린다.

총체적 위기: '몰락'이 아닌 '해체'

방금 말한 것처럼, 또 이 책이 제시하는 것처럼 신자유주의라는 것이 하나의 정치 질서였다고 한다면, 현재의 해체는 '총체적 위기'라는 암울하고 비관적인 상황을 암시하고 있음을 알 수 있다. 흔히 '몰락(fall)'이라고 표현하는 것들은 어떤 특정한 개인이나 집단과 같은 주체가 위기에 휩싸이는 것을 암시한다. 이 경우에는 그 개인·집단 등의 주체와 대극을 이루는 반대자들이 떠오르는 등의 기회를 갖는다는 것을 뜻한다. 그야말로 시소 놀이처럼, 어느 한쪽의 '몰락' 혹은 '하강'은 곧 그 반대쪽의 '흥기' 혹은 '상승'을 뜻하는 것이기 때문이다. 만약 양당제의 정당정치처럼 두 정당이 호각을 이루고 있는 가운데 한 정당에서 지지율이 떨어지고 표를 잃는다는 것은 반대쪽 정당에서는 곧 '반사이익'을 누리게 된다는 것, 즉 지지율이 올라가고 표를 얻는다는 것을 뜻한다.

하지만 '질서의 해체'는 어느 한쪽의 위기를 말하는 것이 아니다. 현존하는 정치적·사회적 세력 대부분이 기반하고 있는 기초가 사라진다는 의미의 위기이다. 이렇게 되면 우리 사회에서 상식처럼 합의된 담론과 생각이 근본적인 위기에 처하게 되며, 거기에 기반한 모든 사회·정치세력도 존립의 위기에 처하게 된다. 체제의 지배적 논리를 수용하는 중도에 속하는 우파와 좌파는 모두 사람들에게서 신뢰를 잃게 되며, 그러한 논리를 거부하거나 의문시하던 극좌와 극우가 사람들의 관심을 얻게 된다. 위의 시소의 비유를 들자면, 어느 한쪽이 내려앉으면서 다른 반대쪽이 올라가는 상황이 아니다. 시소 장치 전체, 땅속에 박아 놓은 기초가 더 아래로 가라앉으면서 시소의 이쪽이든 저쪽이든 함께 땅으로 가라앉는 사태다.

새로운 정치세력들의 등장

이 책이 2016년 미국 대통령선거를 바라보는 시각이기도 하다. 2008년의 대통령선거에서는 아들 조지 부시가 이끌던 공화당 우파 정권이 몰락하고 민주당의 젊고 진보적인 버락 오바마에게 표가 쏠리면서 미국 안팎의 엄청난 기대가 쏟아지기도 했다. 하지만 오바마 정권 8년간 벌어졌던 일은 보수뿐만 아니라 진보 정권 쪽도 신자유주의적 정치 질서의 기초를 고수하는 것은 마찬가지라는 실망이었다. 이는 2016년 대선에서 힐러리 클린턴 후보의 실패로 나타났고, 대신 신자유주의 질서의 중도 합의를 암묵적 혹은 체계적으로 거부하는 도널드 트럼프와 버니 샌더스 등의 후보들이 오른쪽과 왼쪽 각각에서 선풍을 일으키는 현상으로 드러났다.

우리가 흔히 쓰는 극우와 극좌라는 용어로 이 두 후보가 2016년에 보여 주었던 정치적 방향을 재단하면 곤란한 이유가 여기에 있다. 냉전 이후의 대의제 정치에서는 흔히 정치적 스펙트럼을 왼쪽에서 오른쪽까지 극좌파-중도좌파-중도우파-극우파라는 연속선을 상정해 놓고 마치 전선 위의 참새들처럼 이런저런 정치세력들을 한 줄로 세워서 비교하는 일차원적 사고방식이 지배해 왔고, 그러한 연장선에서 선거 때마다 정당이나 정치세력들이 이 일차원의 직선 위에서 왼쪽이나 오른쪽으로 이동한다는 의미의 '좌클릭' '우클릭' 등의 비유가 아무렇지도 않게 사용되고는 했다. 하지만 이 샌더스와 특히 트럼프의 경우에서 보듯, 이러한 일차원적 틀은 실제의 다양한 정치세력을 분석하고 이해하는 데에 큰 한계를 노정한다.

대신 이 책에서 저자가 제시하는 정치 질서의 개념에서 보게 되면 전혀 다른 다면적이고 입체적인 분석의 틀을 얻을 수가 있다. 일정한 정치 질서의 핵심 원리를 (즉 신자유주의 정치 질서의 경우 '시장 자유의 중심성') 전제로 받아들이고 그 위에서 진보와 보수를 추구하는 것을 제도권 내의 우파와 좌파라고 볼 수 있으며, 그러한 전제 자체를 받아들이지 않는 세력들은 그 가외의 존재들로 포진하게 된다. 이 '가외의 존재들'이 전선 위의 참새들처럼 일렬종대로 서 있을 이유는 없다. 어떤 정책에서는 (기존 체제 내의 제도권 정치의 틀로 볼 때) 좌파적일 수도 있고, 어떤 정책에서는 우파적일 수도 있다. 한마디로 이들은 '전선 위에 앉아 있지 않고' 천방지축으로 날아다니는 세력이다. 트럼프 세력의 주장을 보면 기존의 좌파들처럼 극소수 상위 슈퍼리치들, 대기업 권력, 그리고 그들의 '깊이 숨은 국가'에 대한 공격적인 수사학을 발견할 수 있으며, 버니 샌더스에게서는 기존의 민족주의 우파들과 마찬가지로 자유무역과 지구화에 대한 깊은 회의를 발견할 수 있다. 그리고 2024년 대선에 '독립 세력'으로 출마한 로버트 케네디 주니어에 이르면 전통적인 좌파와 우파의 시각으로는 도저히 성격을 판별할 수 없을 정도로 복합적인 성격을 보이고 있다. 한마디로, 이들은 '전선 위의 참새들'이 아니다.

정말로 위기에 처하고 몰락하는 것은 진보파, 혹은 중도좌파이다. 2016년의 대선에서 오바마-힐러리로 이어지는 기존 민주당 주류의 노선은 사실상 완전한 패배를 맞게 됐다. 2020년에 벌어진 대선에서는 4년간 축적된 트럼프 정권의 '갈팡질팡'에 대한 국민적 피로감과 팬데믹의 대혼란이 겹치면서 민주당 주류의 조 바이든 후보가 당선되는 일이 벌어지기는 했지만, 바이든은 대통령으로 당선된 직후 버니 샌더스 상원의원 및 당내 좌파 세력들의 요구를 대폭 받아들여 상당히 유의미한 '좌 선회'를 꾀하기도 했고 이것이 일정한 반향을 얻기도 했다.

하지만 이 글을 쓰고 있는 2024년 3월의 시점에서는 다시 도널드 트럼프가 공화당의 대선후보로서 승승장구하고 있으며 바이든의 재선 가능성은 의문에 처하고 있다. 실제의 대선 결과가 어떻게 되든, 미국 민주주의를 위협한 '공공의 적'으로까지 몰렸던 도널드 트럼프가 이렇게까지 화려하게 정치적으로 재기했다는 것만으로도, 저자의 지적처럼 근 40년을 이어온 신자유주의 정치 질서는 완전히 해체된 것으로 보아야 할 것이다.

새로운 '질서'의 수립은 언제일 것인가

따라서 이 책이 암시하는 바, '우리가 알던 바의 세상'은 끝이 났고, 새로운 세상이 나타나려면 상당한 시간이 걸리고 진통이 수반될 수 있다. 앞에서 말했듯 '몰락'과 '하강'은 곧 반대세력의 발흥으로 직접 연결되므로 질서 자체의 공백으로 이어

지지 않는다. 하지만 '우리가 알던 바의 세상'이 해체된다면, 이는 '새로운 세상의 질서'가 나타날 때까지 혼란 상태, 심할 경우에는 질서 자체의 위기와 공백으로까지 이어질 수 있다는 것을 뜻한다. 안토니오 그람시의 유명한 말대로 위기란 '옛것은 사라졌지만 새로운 것은 아직 나타나지 않은' 시기, 즉 공위기(interregnum)인 것이다.

뉴딜 질서와 신자유주의 질서를 이어서 21세기의 산업기술과 국제 정세 그리고 사회적 요구에 조응할 수 있는 새로운 질서의 출현은 언제 어떻게 가능할 것인가? 앞의 역사적 경험을 반추해 볼 때, 이러한 새로운 질서의 출현은 프랭클린 델러노 루스벨트나 로널드 레이건과 같은 걸출한 대중적·국민적 정치인의 출현을 요구할 가능성이 크다. 하지만 이러한 그릇과 역량의 정치인들은 쉽게 보이지 않는다. 이렇게 걸출한 정치인의 출현은 필자가 과문해서인지는 몰라도 최소한 2024년의 시점에서는 비단 미국 정치에서뿐만 아니라 세계 어느 나라에서도 보이거나 들리지 않는다.

이는 놀라운 일이 아니다. 이러한 정치인의 출현은 단순히 뛰어난 정치가 개인의 출현으로 가능한 것이 아니기 때문이다. 먼저 무엇보다도 새로운 정치 질서를 설계할 수 있는 대안적인 정치경제학이 필요하며, 이는 루스벨트와 레이건의 경우에서 극명하게 드러나는 바다. 루스벨트의 경우 그전 20년간 꾸준히 발전해 왔던 미국 제도주의 경제학과 영국의 케인스주의 경제학이 있었기에 뉴딜의 정치경제 정책 및 제도가 가능했다는 것은 자명한 사실이다. 그리고 이 책에서 강조되듯이 레이건의 경우에서도 1940년대의 하이에크와 폰 미제스 그리고 시카고대학교 경제학자들 이후 수많은 싱크 탱크와 연구소에서 축적된 신자유주의적인 정치경제 사상, 이론, 정책 아이디어들이 필수불가결의 준비 요소로 자리 잡고 있음을 볼 수 있다.

이 점에서 볼 때, 신자유주의 질서 이후의 세상을 만들어 낼 정치 집단과 정책 및 제도의 아이디어가 마련되는 일은 최소한 아직 요원하다고밖에 볼 수 없다. 정치경제학 분야에서 사상, 이론, 정책 및 제도에 이르도록 신자유주의 정치경제학을 완전히 비판하고 대체할 수 있는 대안적인 정치경제학이 아직 나타나지 않았기 때문이다. 그러한 대안적 정치경제학을 구성할 여러 아이디어의 요소들이 이미 존재하고 있기는 하지만, 이를 꿰어 일관된 하나의 정치적 이념과 세계관으로 구성하는 일도 요원하며, 그러한 이념과 세계관으로 신자유주의 블록과 같은 강고한 사회·정치세력의 핵을 조직하는 일은 더욱 요원하며, 그러한 정치세력이 국민들 다수, 나아가 전 세계 인류의 다수를 전취할 수 있을 정도의 대중적 정치운동으로 자라나는 일은 더더욱 요원한 상태이기 때문이다.

하지만 이 모든 불확실성에도 불구하고, 이 책이 주장하는 바, 지난 40년간의 신자유주의적 정치 질서가 종말을 고했다는 것만큼은 확실한 일이다. 따라서 새로운 21세기의 조건하에서 자유와 평등과 보편적 연대가 실현되는 새로운 질서를 수립하기 위해 힘을 기울여야 한다는 것은 선택의 여지가 없는 당위이며, 이를 위해서 새로운 정치경제학의 수립, 새로운 정치세력과 새로운 정치운동의 구축이 필요하다는 것도 분명한 일이다. 필자는 2020년 미국 대통령선거에서 바이든 후보가 승리한 직후의 한 방송 인터뷰에서 "트럼프는 4년 후에 반드시 돌아온다"라고 예언한 바 있었고, 그 예언은 적중될 확률이 아주 높다. 올해에 열릴 미국 대통령선거에서 정말로 트럼프 후보가 당선이 될 경우, 이것이 미국에서의 권위주의 정치의 시작이자 미국식 대의 민주주의의 종말이 될 것으로 보는 비관론자들이 적지 않으며, 심지어 미국 내에 내란을 방불케 하는 극심한 사회분열이 현실화될 것이라고 보는 이들도 있다. 또한 이는 단순히 미국 내의 정치 변동을 넘어서 전 세계적으로 민주주의의 후퇴와 극우파 권위주의 체제의 확장으로 이어져 1930년대의 세계질서를 방불케 하는 결과를 낳을 것으로 보는 이들도 많다. 이는 지구화의 종말을 가져올 것이며, 그와 긴밀하게 연결되어 있는 세계적 금융 및 무역 질서, 그리고 다시 이와 연결되어 있는 세계적인 산업구조, 그리고 나아가 문화적·사회적 차원에서의 연계성에도 근본적인 변화를 가져올 것이다. 한마디로, '우리가 알던 바의 어제의 세계'는 완전히 사라지게 될 것이다. 그리고 지금대로라면 그러한 변화가 더 나쁜 방향을 향하게 될 가능성이 높다.

이러한 내일을 원하지 않는 이들은 미국에서 신자유주의 질서가 어떻게 나타나고 어떻게 해체되었는지를 냉철하고도 자세히 알 필요가 있다. 이 책을 번역한 이유, 또 많은 이에게 읽기를 권하는 이유다.

주석

서론

1 Steve Fraser and Gary Gerstle, eds., *The Rise and Fall of the New Deal Order, 1930-1980* (Princeton, NJ: Princeton University Press, 1989). 다음도 보라. Gary Gerstle, Nelson Lichtenstein, and Alice O'Connor, "Introduction," to Gerstle, Nelson Lichtenstein, and Allice O'Connor, eds., *Beyond the New Deal Order: US Politics and Society from the Great Depression to the Great Recession* (Philadelphia, PA: University of Pennsylvania Press, 2019), 1–16; Gerstle, "America's Neoliberal Order," in Gerstle, Lichtenstein, and O'Connor, eds., *Beyond the New Deal Order*, 257–278; Gary Gerstle, "The Rise and Fall (?) of the Neoliberal Order," *Transactions of the Royal Historical Society* 28 (2018), https://www.cambridge.org/core/journals/transactions-of-the-royal-historical-society/article/abs/rise-and-fall-of-americas-neoliberal-order/8A1A9D4E2E1ABBB04D39055D35F9AA51; accessed September 26, 2021. 미국의 정치적 시간 지평에 대한 우리의 생각을 더 넓히려는 차원에서는 다음을 보라. Stephen Skowronek, *Presidential Leadership in Political Time: Reprise and Reappraisal,* Third Edition (2008, Lawrence, Kansas: University of Kansas Press, 2020).

2 보수주의 사상에 대한 입문으로는 다음을 보라. Jerry Z. Muller, ed., *Conservatism: An Anthology of Social and Political Thought from David Hume to the Present* (Princeton, NJ: Princeton University Press, 1997); Andrew Bacevich, ed., *American Conservatism: Reclaiming an Intellectual Tradition* (New York: Library of America, 2020); and Corey Robin, *The Reactionary Mind: Conservatism from Edmund Burke to Donald Trump*, Second Edition (New York: Oxford University Press, 2017.

3 20세기 말의 경제적 변화를 전면에 부각하려는 연구는 이미 진행 중이다. 다음을 보라. Adam Tooze, *Crashed: How a Decade of Financial Crises Changed the World* (New York: Penguin Random House, 2018); Adam Tooze, *Shutdown: How Covid Shook the World's Economy* (New York: Viking, 2021); Binyamin Appelbaum, *The Economists Hour: How the False Prophets of Free Markets Fractured Our Society* (London: Pan Macmillan, 2019); Zachary D. Carter, *The Price of Peace: Money, Democracy, and the Life of John Maynard Keynes* (New York: Random House, 2020); Lawrence R. Jacobs and Desmond King, *Fed Power: How Finance Wins*(2016; New York: Oxford University Press, 2021); Jonathan Levy, *Ages of American Capitalism: A History of the United States* (New York: Random House, 2021); Margaret O'Mara,

The Code: Silicon Valley and the Remaking of America (New York: Penguin Books, 2019).

4 이러한 주장은 신자유주의를 다룬 많은 저작에서 나타난다. 예를 들어 윌리엄 데이비스(William Davies) 기사를 참조하라. "What is 'NeO' About Neoliberalism?" *New Republic,* July 13, 2017, https://newrepublic.com/article/143849/neo-neoliberalism, accessed June 10, 2021; "The New Neoliberalism," *New Left Review* 101 (September-October 2016), https://newleftreview.org/issues/ii101/articles/william-davies-the-new-neoliberalism, accessed June 10, 2021. 다음도 보라. William Davies, *The Limits of Neoliberalism: Authority, Sovereignty, and the Logic of Competition* (2015: London: SAGE Publications, 2017).

5 다음을 보라. William J. Novak, "The Myth of the Weak American State", *American Historical Review* 113 (June 2008), 752–772. 또한 노백의 이 글에 대한 원탁회의를 보라. John Fabian Witt, "Law and War in American History" *American History Review,* 115 (June 2010) 768–778; Gerstle, "A State Both Strong and Weak," *American Historical Review,* 115 (June 2010), 779–785; Julia Adams, "The Puzzle of the American State... and its Historians," *American Historical Review,* 115 (June 2010), 786–791; and Novak's response, William J. Novak, "Long Live the Myth of the Weak State? A Response to Adams, Gerstle and Witt," *American Historical Review* 115 (June 2010), 792–800; Novak, *The People's Welfare: Law and Regulation in Nineteenth-Century America* (Chapel Hill, NC: University of North Carolina Press, 1996); R.M. Bates, "Government by Improvisation? Towards a New History of the Nineteenth Century American State," *Journal of Policy History* 33 (2021), https://www.cambridge.org/core/journals/journal-of-policy-history/article/abs/government-by-improvisation-towards-a-new-history-of-the-nineteenthcentury-american-state/80DAFA991E456F52C82B224E5D2B5B40, accessed September 6, 2021; Gary Gerstle, *Liberty and Coercion: The Paradox of American Government from the Founding to the Present* (Princeton: Princeton University Press, 2015); Stephen Skowronek, *Building a New American State: The Expansion of National Administrative Capacity, 1877–1920* (New York: Cambridge University Press, 1982); Brian Balogh, *A Government Out of Sight: The Mystery of National Authority in the Nineteenth Century America* (New York: Cambridge University Press, 2009); James T. Sparrow, Stephen W. Sawyer, and William J. Novak, eds. *Boundaries of the State in US History* (Chicago, IL: University of Chicago Press, 2015).

6 그 예로 다음을 보라. F. A. Hayek, *The Constitution of Liberty: The Definitive Edition,* edited by Ronald Hamowy, vol. 17 of *The Collected Works of F. A. Hayek* (1960; Chicago, IL: University of Chicago Press, 2011), 529–530; and Milton Friedman, *Capitalism and Freedom,* 40th anniversary ed. (1962; Chicago, IL: University of

Chicago Press, 2002), 5–6.

7 최근까지도 20세기 후반을 연구하는 많은 역사가는 "신자유주의적"이라는 용어를 쓰기 꺼렸다. 이러한 태도는 이제 사그라들고 있다. 이 초기 회의론의 한 예로서, 그에 대한 논쟁으로서 다음을 보라. Daniel Rodgers, "The Uses and Abuses of 'Neoliberalism,'" *Dissent* (Winter 2018), https://www.dissentmagazine.org/article/uses-and-abuses-neoliberalism-debate; and "Debating the Uses of Abuses of 'Neoliberalism': A Forum," with comments by Julia Ott, Nathan Connolly, Mike Konczal and Timothy Shenk, and a reply by Daniel Rodgers, *Dissent*, January 22, 2018, https://www.dissentmagazine.org/online_articles/debating-uses-abuses-neoliberalism-forum, accessed 28 September 2021. 다음도 보라. Kim Phillips-Fein, "The History of Neoliberalism," in Brent Cebul, Lily Geismer, and Mason B. Williams, eds., *Shaped by the State: Toward a New Political History of the Twentieth Century* (Chicago: University of Chicago Press, 2019), 347–362; Rajesh Venugopal, "Neoliberalism as Concept," *Economy and Society* 44 (May 2015), 165–187; and Angus Burgin, "The Neoliberal Turn," unpublished essay in author's possession. 신자유주의에 대해 역사가들이 내놓은 최고의 저작은 다음을 보라. Angus Burgin, *The Great Persuasion: Reinventing Free Markets since the Depression* (Cambridge, MA: Harvard, 2012); Quinn Slobodian, *Globalists: The End of Empire and the Birth of Neoliberalism* (Cambridge, MA: Harvard University Press, 2018); and Amy C. Offner, *Sorting Out the Mixed Economy: The Rise and Fall of Welfare and Developmental States in the Americas* (Princeton, NJ: Princeton University Press, 2019). 정치이론가들과 사회과학자들이 신자유주의에 대해 내놓은 문헌은 대단히 풍부하다. 주요 저작으로는 다음을 보라. Michel Foucault, *The Birth of Biopolitics: Lectures at the Collège de France, 1978-1979* (2004, New York: Picador, 2008) trans. Graham Burchell; David Harvey, *A Brief History of Neoliberalism* (New York: Oxford University Press, 2005); Jamie Peck, *Constructions of Neoliberal Reason* (New York: Oxford University Press, 2010); Wendy Brown, *Undoing the Demos: Neoliberalism's Stealth Revolution* (New York: Zone Books, 2015); Melinda Cooper, *Family Values: Between Neoliberalism and the New Social Conservatism* (New York: Zone Books, 2017); Monica Prasad, *The Politics of Free Markets: The Rise of Neoliberal Economic Policies in Britain, France, Germany, and the United States* (Chicago: University of Chicago Press, 2006); Monica Prasad, *Starving the Beast: Ronald Reagan and the Tax Cut Revolution* (New York: Russell Sage Foundation, 2018); Greta R. Krippner, *Capitalizing on Crisis: The Political Origins of the Rise of the Finance* (Cambridge, MA: Harvard University Press, 2012); Mark Blyth, *Austerity: The History of a Dangerous Idea* (New York: Oxford University Press, 2013); Philip Mirowski and Dieter Plehwe, eds., *The Road from*

Mont Pelerin: The Making of the Neoliberal Thought Collective (Cambridge, MA: Harvard University Press, 2009); Loic Wacquant: *Punishing the Poor: The Neoliberal Government of Social Insecurity* (Durham: Duke University Press, 2009); Davies, *The Limits of Neoliberalism;* Pierre Dardot and Christian Laval, *The New Way of the World: On Neo-Liberal Society,* translated by Gregory Elliott (2009; New York: Verso, 2013); Jonathan Hopkin, *Anti-System Politics: The Crisis of Market Liberalism in Rich Democracies* (New York: Oxford University Press, 2020). Valuable recent anthologies on neoliberalism include Damien Cahill, Melinda Cooper, Martijn Konings, and David Primrose, eds., *The SAGE Handbook of Neoliberalism* (London: SAGE Publications, 2018); and Jamie Peck and Nik Theodore, eds., *Neoliberalism's Authoritarian (Re) Turns, South Atlantic Quarterly* 118 (April 2019), 240 pp.

8 Nancy MacLean, *Democracy in Chains: The Deep History of the Radical Right's Stealth Plan for America* (New York: Penguin Random House, 2017); Slobodian, *Globalists;* Wacquant, *Punishing the Poor; Jane Mayer, Dark Money: The Hidden History of the Billionaires Behind the Rise of the Radical Right* (New York: Anchor Books, 2016); Mirowski and Dieter Plehwe, eds., *The Road from Mont Pelerin;* Wolfgang Streek, *How Will Capitalism End?* (New York: Verson, 2016).

9 Goodman, *Growing Up Absurd: Problems of Youth in the Organized Society* (1960; New York: New York Review of Books Classics, 2012); "Port Huron Statement," 1962, Sixties Project, http://www2.iath.virginia.edu/sixties/HTML_docs/Resources/Primary/Manifestos/SDS_Port_Huron.html, accessed September 9, 2021 (Discussion of these statements and individuals can be found in Chapter 3). 신자유주의에 신좌파가 여러 가지 기여를 했다는 점은 대부분 간과됐다. 이러한 방향으로 나온 최근의 저작으로는 다음을 보라. Paul Sabin, "Environmental Law and the End of the New Deal Order," in Gerstle, Lichtenstein, and O'Connor, eds., *Beyond the New Deal Order* and Reuel Schiller, "Regulation and the Collapse of the New Deal Order, or How I Learned to Stop Worrying and Love the Market," in Gerstle, Lichtenstein, and O'Connor, eds., *Beyond the New Deal Order;* Paul Sabin, *Public Citizens: The Attack on Big Government and the Remaking of American Liberalism* (New York: W. W. Norton, 2021); Lily Geismer, "Agents of Change: Microenterprise, Welfare Reform, the Clintons, and Liberal Forms of Neoliberalism," *Journal of American History* 107 (June 2020), 107–131; Lily Geismer, "Change Their Heads: The National Homeownership Strategy, Asset Building and Democratic Neoliberalism," 2019 OAH paper, in author's possession. 또한 나는 미셸 푸코, 제이미 펙, 대니얼 로저스(Daniel T. Rodgers) 등의 저작에서 신자유주의 사상이 정치 지형 전체에 넓게 포진해 있음을 이해하는 데에 큰 도움을 받았다. 다음을 보라. Foucault, *The Birth of Biopolitics*, 215–289; Peck, *Constructions* *of Neoliberal Reason;* Daniel T. Rodgers, *Age of Fracture* (Cambridge, MA: The Belknap Press of Harvard University Press, 2011).

10 Burgin, *The Great Persuasion; Slobodian, Globalists; Harvey, A Brief History of Neoliberalism; Amy C. Offner, Sorting Out the Mixed Economy.* 다음도 보라. Chomsky, *Profit Over People: Neoliberalism and the Global Order* (New York: Seven Stories Press, 1999); Naomi Klein, *Shock Doctrine: The Rise of Disaster Capitalism* (New York: Penguin, 2008); Daniel Stedman Jones, *Masters of the Universe: Hayek, Friedman, and the Birth of Neoliberal Politics* (Princeton, NJ: Princeton University Press, 2012).

11 이는 에릭 홉스봄(Eric Hobsbawm)이 오랫동안 내놓았던 관점이다. 다음을 보라. Hobsbawm, *The Age of Extremes: A History of the World, 1914-1991* (New York: Vintage Books, 1994). 좀 더 최근에 들어서 이는 다음의 저작에서 중심 주제가 되었다. 그 예로 다음을 보라. Westad, *The Cold War: A Global History* (New York: Basic Books, 2017). 다음도 보라. Stephen A. Smith, ed., *The Oxford Handbook of the History of Communism* (New York: Oxford University Press, 2014).

12 한나 아렌트(Hannah Arendt)와 여러 사람이 자세히 다루었던 전체주의 이론은 이제 결함이 있는 것으로 간주되고 있다. 하지만 이러한 비판과 무관하게, 20세기 중반의 몇십 년간 수많은 이가 이 이론이야말로 공산주의 체제의 본성에 대해 가장 진리에 가까운 혜안을 제공하고 있다고 확신했다는 점을 간과해서는 안 된다. Hannah Arendt, *Origins of Totalitarianism* (New York: Schocken Books, 1951).

13 이러한 주장은 관련 문헌에 너무나 흔하게 발견되어 거의 하나의 공리처럼 받아들여지고 있다. 그 예로 다음을 보라. Ellen Schrecker, *Many Are the Crimes, McCarthyism in America* (Boston: Little Brown and Company, 1998), 그리고 나의 초기 저작인 다음도 보라. Gerstle, *Working-Class Americanism: The Politics of Labor in a Textile City, 1914-1960* (New York: Cambridge University Press, 1989). 인용된 문헌의 총 목록은 1장의 관련된 주석을 보라.

14 나는 이러한 주장을 다음의 글에서 처음으로 제시했다. *Liberty and Coercion: The Paradox of American Government from the Founding to the Present* (Princeton, NJ: Princeton University Press, 2015), chapter 8.

15 이러한 전 지구적 투쟁에 대해서는 다음을 보라. Hobsbawm, *An Age of Extremes,* and Westad, *The Cold War.*

16 이러한 도덕적 관점과 그것의 신자유주의와의 관계를 생각하는 데에는 멀린다 쿠퍼(Melinda Cooper)의 저작을 반드시 참조해야만 한다. 멀린다 쿠퍼의 *Family Values.* 다음도 보라. Nancy Fraser, *Fortunes of Feminism: From State-Managed Capitalism to Neoliberal Crisis* (New York: Verso, 2013), Nancy Fraser, *The Old Is Dying and the New Cannot Be Born: From Progressive Neoliberalism to Trump and Beyond* (New York: Verso, 2019).

17 예를 들어 다음을 보라. Andrew Hartman, *The War for the Soul of America: A History of the Culture Wars* (Chicago, IL: University of Chicago Press, 2015), and Kevin M. Kruse and Julian E. Zelizer, *Fault Lines: A History of the United States Since 1974* (New York: W. W. Norton, 2019).

18 Alan I. Abramowitz, *The Polarized Public: Why American Politics Is So Dysfunctional* (New York: Pearson, 2013); Abramowitz, *The Disappearing Center: Engaged Citizens, Polarization, and American Democracy* (New Haven: Yale University Press, 2010); Sam Rosenfeld, *The Polarizers: Postwar Architects of Our Partisan Era* (Chicago: University of Chicago Press, 2017); Daniel Schlozman and Sam Rosenfeld, "The Hollow Parties," in F. Lee and N. McCarty, eds., *Can America Govern Itself?* (New York: Social Science Research Council, 2019), 120–152.

19 이러한 증후를 보여 주는 계기들에 대해서는 다음을 보라. Skowronek, *Presidential Leadership in Political Time.*

1장 발흥

1 David E. Hamilton, "Herbert Hoover: Life in Brief," Miller Center, University of Virginia, https://millercenter.org/president/hoover/life-in-brief, accessed September 9, 2021. 후버에 대한 자세한 내용은 다음을 보라. Joan Hoff Wilson, *Forgotten Progressive* (1975, Long Grove, IL: Waveland Press, 1992); William E. Leuchtenburg, *Herbert Hoover: The American Presidents Series: The 31st President, 1929–1933,* (New York: Times Books, Henry Holt and Company, 2009); Glen Jeansonne and David Luhrssen, *Herbert Hoover: A Life* (New York: New American Library, 2016); Kenneth Whyte, *Hoover: An Extraordinary Life in Extraordinary Times* (New York: Knopf Doubleday, 2017).

2 대공황의 충격에 대해서는 다음을 보라. William Leuchtenberg, *Franklin D. Roosevelt and the New Deal, 1932–1940* (1963, New York: Harper Perennial, 2013); David M. Kennedy, *Freedom From Fear: The American People in the Depression and War, 1929–1945* (New York: Oxford University Press, 1999); Arthur M. Schlesinger Jr., *The Crisis of the Old Order: 1919–1933, The Age of Roosevelt, Volume I* (1957, New York: First Mariner Books, 2003); Robert S. McElvaine, *The Great Depression: America, 1929–1941* (1984, New York: Three Rivers Press, 2009).

3 이 어구는 1932년 루스벨트의 수락 연설에서 가져온 것이다. Franklin D. Roosevelt, "Address Accepting the Presidential Nomination, 1932," https://www.presidency.ucsb.edu/documents/address-accepting-the-presidential-nomination-the-

democratic-national-convention-chicago-1, accessed July 6, 2021.

4 Kristi Anderson, *The Creation of a Democratic Majority, 1928–1936* (Chicago: University of Chicago Press, 1979); Paul Kleppner, *Who Voted? The Dynamics of Electoral Turnout, 1870–1980* (New York: Praeger, 1982); Nancy J. Weiss, *Farewell to the Party of Lincoln: Black Politics in the Age of FDR* (Princeton, NJ: Princeton University Press, 1983); Steve Fraser, "The 'Labor Question,' in Steve Fraser and Gary Gerstle, eds., *The Rise and Fall of the New Deal Order, 1930–1980* (Princeton, NJ: Princeton University Press, 1989), 55–84; Thomas Ferguson, "Industrial Conflict and the Coming of the New Deal: The Triumph of Mulitnational Liberalism in America," in Fraser and Gerstle, eds., *The Rise and Fall of the New Deal Order,* 3–31; Michael Bernstein, "Why the Great Depression was Great: Toward a New Understanding of the Interwar Economic Crisis in the United States," in Fraser and Gerstle, eds., *The Rise and Fall of the New Deal Order,* 33–54; Bert Cochran, *Labor and Communism: The Conflict That Shaped American Unions* (Princeton University Press); Walter Deans Burnham, *Critical Elections and the Mainsprings of American Politics* (New York: Norton, 1970).

5 Jordan A. Schwarz, *The New Dealers: Power and Politics in the Age of Roosevelt* (New York: Knopf, 1993); McElvaine, *The Great Depression;* Arthur Schlesinger, Jr., *The Coming of the New Deal, 1933–1935,* vol. 2 of *The Age of Roosevelt* (1958, New York: First Mariner Books, 2003); Richard H. Pells, *Radical Visions and American Dreams: Culture and Social Thought in the Depression Years* (1973; Champaign, IL: University of Illinois Press, 1998); Michael Denning, *The Cultural Front: The Laboring of American Culture in the Twentieth Century* (New York: Verso, 1996); Barbara Melosh, *Engendering Culture: Manhood and Womanhood in New Deal Public Art and Theater* (Washington D.C.: Smithsonian Institution Press, 1991); Lauren Sklaroff, *Black Culture and the New Deal: The Quest for Civil Rights in the Roosevelt Era* (Chapel Hill, NC: University of North Carolina Press, 2009); Eric Rauchway, *Why the New Deal Matters* (New Haven, CT: Yale University Press, 2021).

6 Schlesinger, *The Coming of the New Deal;* Leuchtenberg, *Franklin D. Roosevelt and the New Deal;* Ira Katznelson, *Fear Itself: The New Deal and the Origins of Our Time* (New York: Liveright, 2013).

7 Zachary D. Carter, *The Price of Peace: Money, Democracy, and the Life of John Maynard Keynes* (New York: Random House, 2020); Timothy Shenk, "Inventing the American Economy" (PhD dissertation, Columbia University, 2016); Jonathan Levy, *Ages of American Capitalism: A History of the United States* (New York: Random House, 2021), 391–435.

8 Angus Burgin, *The Great Persuasion: Reinventing Free Markets Since the Depression* (Cambridge MA: Harvard University Press, 2015).

9 Irving Bernstein, *The Turbulent Years: A History of the American Worker, 1933–1941* (Chicago, IL: Haymarket Books, 2010); Jerold S. Auerbach, *Labor and Liberty: The La Follette Committee and the New Deal* (Indianapolis, IN: Bobbs-Merrill, 1966); Fraser, "The 'Labor Question'"; Nelson Lichtenstein, *State of the Union: A Century of American Labor* (Princeton, NJ: Princeton University Press, 2002); Jefferson Cowie, *The Great Exception: The New Deal and the Limits of American Politics* (Princeton, NJ: Princeton University Press, 2016); Bruce Nelson, *Workers on the Waterfront: Seamen, Longshoremen, and Unionism in the 1930s* (Chicago: University of Illinois Press, 1990).

10 Lichtenstein, *State of the Union*, 20–97; Gary Gerstle, *Liberty and Coercion: The Paradox of American Government from the Founding to the Present* (Princeton, NJ: Princeton University Press, 2015), chapter 7; Nelson Lichtenstein, *The Most Dangerous Man in Detroit: Walter Reuther and the Fate of American Labor* (New York: Basic Books, 1995); Lizabeth Cohen, *Making a New Deal: Industrial Workers in Chicago, 1919–1939* (New York: Cambridge University Press, 1990); Christopher L. Tomlins, *The State and the Unions: Labor Relations, Law, and the Organized Labor Movement in America, 1880–1960* (New York: Cambridge University Press, 1985); Steve Fraser, *Labor Will Rule: Sidney Hillman and the Rise of American Labor* (New York: Free Press, 1993); James A. Gross, *The Making of the National Labor Relations Board: A Study in Economics, Politics and Law, 1933–1937* (Albany: State University of New York Press, 1974); Nelson Lichtenstein and Howell Harris, eds., *Industrial Democracy in America: The Ambiguous Promise* (Washington, DC: Woodrow Wilson Center Press, 1993).

11 Sidney Fine, *Sit-Down: The General Motors Strike of 1936–1937* (Ann Arbor: University of Michigan Press, 1969); Lichtenstein, *The Most Dangerous Man in Detroit;* Eric J. Hobsbawm, *The Age of Extremes: A History of the World, 1914–1991* (New York: Pantheon Books, 1994), 9.

12 Lichtenstein, *The Most Dangerous Man in Detroit*, 288; Lichtenstein, *State of the Union.*

13 Gerstle, *Liberty and Coercion*, chapters 7 and 8; Thomas Piketty, *Capital in the Twenty-First Century* (Cambridge, MA: Belknap Press of Harvard University Press, 2014).

14 Paul Krugman, *The Conscience of a Liberal* (New York: W. W. Norton, 2007), 46–47.

15 이렇게 정부를 개인의 자유를 촉진하는 열쇠로 보는 쪽으로 전환이 벌어진 것은, 혹

날 정치철학자 아이제이아 벌린(Isaiah Berlin)이 "소극적 자유(negative liberty)"에서 "적극적 자유(positive liberty)"로의 전환이라고 이름 붙였던 것의 한 예라 할 것이다. 다음을 보라. Isaiah Berlin, "Two Concepts of Liberty," in *Liberty*, ed. Henry Hardy (New York: Oxford University Press, 2002).

16 *The Communications Act of 1934*, 47 U.S.C. § 151 et se, https://transition.fcc.gov/Reports/1934new.pdf, accessed July 6, 2021. 1934년의 통신법은 1927년의 라디오법(Radio Act)에서 마련된 원칙들을 고수하고 있다. 이 두 법에 대해서, 그리고 그 기초가 되는 "공공의 이익(public interest)"의 개념에 대해서는 다음을 보라. Willard D. Rowland Jr., "The Meaning of the 'Public Interest' in Communications Policy, Part I: Its Origins in State and Federal Regulation," *Communications Law and Policy 2* (1997), 309–328; Willard D. Rowland Jr., "The Meaning of the 'Public Interest' in Communications Policy, Part II: Its Implementation in Early Broadcast Law and Regulation," *Communications Law and Policy 2* (1997), 363–396; Erwin G. Krasnow, Lawrence D. Longley, and Herbert A. Terry, *The Politics of Broadcast Regulation*, 3rd ed. (New York: St. Martin's Press, 1982); Susan J. Douglas, *Inventing American Broadcasting, 1899–1922* (Baltimore, MD: Johns Hopkins University Press, 1987); and Patricia Auhferheide, *Communications Policy and the Public Interest: The Telecommunications Act of 1996* (New York: Guildford Press, 1999), 5–18.

17 소비라는 이상과 뉴딜에 대해서는 다음을 보라. Fraser, "The 'Labor Question'"; Cohen, *Making a New Deal;* Lizabeth Cohen, *A Consumers' Republic: The Politics of Mass Consumption in Postwar America* (New York: Knopf, 2003); Meg Jacobs, *Pocketbook Politics: Economic Citizenship in Twentieth-Century America* (Princeton, NJ: Princeton University Press, 2004); Robert M. Collins, *More: The Politics of Economic Growth in Postwar America* (New York: Oxford University Press, 2000).

18 1956년, 아서 슐레진저는 현대의 자유주의가 일구고자 하는 개성적 인격의 함양을 뜻하는 말로서 "질적 자유주의(qualitative liberalism)"이라는 개념을 만들었다. 그는 이러한 자유주의를 좋은 일자리, 탄탄한 소득, 일자리의 안정성, 미국 시장경제에 대한 완전한 참여 등을 지향하는 "양적 자유주의(quantitative liberalism)"와 대비시켰다. 이 "질적" 그리고 "양적" 자유주의라는 어구는 그다지 적절한 것이 아니며, 학계 안팎에서도 널리 받아들여지지 않았다. 하지만 이 말들은 웰빙에 대한 경제적 척도로는 파악되지 않는 방식으로 개인의 개성적 인격을 함양시키고자 했던 현대 자유주의의 열망을 분명히 보여 주고 있다. 다음을 보라. Arthur M. Schlesinger Jr., "The Future of Liberalism: The Challenge of Abundance," *Reporter 14*, May 3, 1956. 존 케네스 갤브레이스도 영향력이 컸던 그의 저서 *The Affluent Society* (Boston, MA: Houghton Mifflin, 1958)에서 비슷한 사유를 보여 주고 있다. 뉴딜이 사회과학에 의존했던 점에 대해서는 다음을 보라. Richard S. Kirkendall, *Social Scientists and Farm*

Politics in the Age of Roosevelt (Columbia: University of Missouri Press, 1966); Gene M. Lyons, *The Uneasy Partnership: Social Science and the Federal Government in the Twentieth Century* (New York: Russell Sage Foundation, 1969); Alice O'Connor, *Poverty Knowledge: Social Science, Social Policy, and the Poor in Twentieth-Century U.S. History* (Princeton, NJ: Princeton University Press, 2002); Romain D. Huret and John Angell, *The Experts' War on Poverty: Social Research and the Welfare Agenda in Postwar America* (Ithaca, NY: Cornell University Press, 2018); Michael A. Bernstein, *A Perilous Progress: Economists and the Public Purpose in Twentieth-Century America* (Princeton, NJ: Princeton University Press, 2001); Carter, *The Price of Peace;* Andrew Jewett, *Science, Democracy, and the American University: From the Civil War to the Cold War* (New York: Cambridge University Press, 2012); Wendy L. Wall, *Inventing the "American Way": The Politics of Consensus from the New Deal to the Civil Rights Movement* (New York: Oxford University Press, 2008); David Paul Haney, *The Americanization of Social Science: Intellectuals and Public Responsibility in the Postwar United States* (Philadelphia, PA: Temple University Press, 2008).

19 종교적 우익의 기원을 연구하는 많은 역사가는 최근 몇 년간 복음주의 종교가 1930년대, 1940년대, 1950년대에 미국 정치 생활에 차지한 위치가 우리가 이전에 생각했던 것보다 훨씬 더 중심적이었다는 주장을 내놓고 있지만, 나의 해석은 그러한 주장에 동의하지 않는다. 복음주의자들은 1970년대와 1980년대에 강한 영향력을 가진 정치 공세에 기초가 되었음은 분명하다. 하지만 이들의 정치적 영향력은 뉴딜 질서가 왕성하던 당시에는 부차적이었다. 이 기간 동안 신교와 구교의 갈등이 다시 들어섰더라면 1920년대에 민주당을 찢어 놓았던 문화전쟁이 재연되었을 것이며, 뉴딜 질서의 헤게모니 구축도 멈추었을 가능성이 크다. 실제로 1960년대와 1970년대에 양측 교도들은 서로의 적대감을 덮어 두었고, 그 이후에야 비로소 미국 정치에서 종교의 영향력이 다시 크게 늘어난다. 이 기간 동안 종교와 정치를 검토한 저작으로는 다음을 보라. Kevin M. Kruse, *One Nation Under God: How Corporate America Invented Christian America* (New York: Basic Books, 2015); Darren Dochuk, *From Bible Belt to Sunbelt: Plain-Folk Religion, Grassroots Politics, and the Rise of Evangelical Conservatism* (New York: W. W. Norton, 2011); Darren Dochuk, *Anointed with Oil: How Christianity and Crude Made Modern America* (New York: Basic Books, 2019); Kevin Schultz, *Tri-Faith America: How Postwar Catholics and Jews Held America to Its Protestant Promise* (New York: Oxford University Press, 2011); David A. Hollinger, *After Cloven Tongues of Fire: Protestant Liberalism in Modern American History* (Princeton, NJ: Princeton University Press, 2013); John T. McGreevy, *Catholicism and American Freedom: A History* (New York: W. W. Norton, 2004); Frances FitzGerald, *The Evangelicals: The Struggle to Shape*

America (New York: Simon and Schuster, 2017); Matthew Avery Sutton, *American Apocalypse: A History of Modern Evangelicalism* (Cambridge, MA: Belknap Press of Harvard University Press, 2014). 1960년대 이후 미국의 신교와 구교 사이의 화해와 그것이 미국 정치에 가져온 결과에 대한 저작은 아직 나오지 않았다.

20 Katznelson, *Fear Itself;* Ira Katznelson, *When Affirmative Action Was White: An Untold History of Racial Inequality in Twentieth-Century America* (New York: W. W. Norton, 2005).

21 Jean-Christian Vinel, *The Employee: A Political History* (Philadelphia: University of Pennsylvania Press, 2013); Lichtenstein, *State of the Union.*

22 Fraser and Gerstle, *The Rise and Fall of the New Deal Order*, introduction, ix–xxv.

23 나는 미국의 저명한 역사가 시어도어 드레이퍼(Theodore Draper)가 20세기를 공산주의의 세기라고 부르는 것을 들은 적이 있다. 그의 발언이 옳다.

24 공산주의의 충격에 대해서는 다음을 보라. Hobsbawm, *The Age of Extremes;* Tony Judt, *Postwar: A History of Europe Since 1945* (New York: Penguin, 2006); Ian Kershaw, *Europe: The Global Age, 1950–2017* (New York: Penguin, 2019); Odd Arne Westad, *The Cold War: A World History* (New York: Basic Books, 2017). 미국에서 반공주의가 가져온 충격에 대해서는 다음을 보라. Ellen Schrecker, *Many Are the Crimes: McCarthyism in America* (Boston, MA: Little, Brown, 1998); M. J. Heale, *American Anti-Communism: Combating the Enemy Within, 1830–1970* (Baltimore, MD: Johns Hopkins University Press, 1990).

25 그 예로 다음을 보라. Ellen Schrecker, *Many Are the Crimes;* Richard H. Pells, *The Liberal Mind in a Conservative Age: American Intellectuals in the 1940s and 1950s*, 2nd rev. ed. (Middletown, CT: Wesleyan University Press, 1989).

26 Westad, *The Cold War;* Hobsbawm, *The Age of Extremes;* Silvio Pons, *The Global Revolution: A History of International Communism, 1917–1991*, trans. Allan Cameron (2012; New York: Oxford University Press, 2014); Arno J. Mayer, *Wilson vs. Lenin: Political Origins of the New Diplomacy 1917–1918* (New York: Meridian Books, 1969); Thomas J. Knock, *To End All Wars: Woodrow Wilson and the Quest for a New World Order* (New York: Oxford University Press, 1992); Erez Manela, *The Wilsonian Moment: Self-Determination and the International Origins of Anticolonial Nationalism* (New York: Oxford University Press, 2007); Adom Getachew, *Worldmaking After Empire: The Rise and Fall of Self-Determination* (Princeton, NJ: Princeton University Press, 2019).

27 Westad, *The Cold War.*

28 Stephen Kotkin, *Stalin: Paradoxes of Power, 1878–1928*, vol. 1 (London: Penguin, 2014).

29 Adam Tooze, *The Deluge: The Great War and the Remaking of the Global Order,*

1916–1931 (New York: Penguin, 2014).

30 5퍼센트에서 18퍼센트로 늘었다. Hobsbawm, *The Age of Extremes*, 96.

31 David C. Engerman, *Know Your Enemy: The Rise and Fall of America's Soviet Experts* (New York: Oxford University Press, 2009); Michael David Fox, *Showcasing the Great Experiment: Cultural Diplomacy and Western Visitors to the Soviet Union, 1921–1941* (New York: Oxford University Press 2012).

32 Joshua B. Freeman, *Behemoth: A History of the Factory and the Making of the Modern World* (New York: W. W. Norton, 2018), 199–200, 205.

33 Lichtenstein, *The Most Dangerous Man in Detroit*, 36–46.

34 Kotkin, Stalin; Stephen Kotkin, *Magnetic Mountain: Stalinism as a Civilization* (Berkeley: University of California Press, 1995); Timothy Snyder, *Bloodlands: Europe Between Hitler and Stalin* (London: Vintage, 2010); Mark Mazower, *Dark Continent: Europe's Twentieth Century* (London: Allen Lane, 1998); Robert Conquest, *The Harvest of Sorrow: Soviet Collectivization and the Terror-Famine* (New York: Oxford University Press, 1986); Robert Conquest, *The Great Terror: A Reassessment* (London: Hutchinson, 1990).

35 Schrecker, *Many Are the Crimes;* Denning, *The Cultural Front;* Harvey Klehr, *The Heyday of American Communism: The Depression Decade* (New York: Basic Books, 1984); Irving Howe and Lewis Coser, *The American Communist Party: A Critical History, 1919–1957* (Boston, MA: Beacon Press, 1957); Irving Howe, *Socialism and America* (San Diego, CA: Harcourt Brace Jovanovich, 1985), chapter 10; Maurice Isserman, *Which Side Were You On?: The American Communist Party During the Second World War* (Middletown, CT: Wesleyan University Press, 1982); Gerstle, *Liberty and Coercion*, chapters 6–8.

36 Stephen Kotkin, *Armageddon Averted: The Soviet Collapse, 1970–2000* (New York: Oxford University Press, 2001), 32; Isserman, *Which Side Were You On?; Pons, The Global Revolution*, chapters 2–3; Hobsbawm, *The Age of Extremes*, chapter 5; Richard J. Evans, *The Third Reich at War* (New York: Penguin, 2009), chapters 1–2. 최근 필립 페이슨 오브라이언(Philip Payson O'Brien)은 1943년부터 연합국이 독일 본토에 공습을 시작했으며 이 서부전선을 독일이 방어하기 위해 전투기와 여타 자원들을 돌려야 했던 탓에 소련 공격에 발이 묶였다는 주장을 내놓았다. 그의 다음 책을 보라. *How the War Was Won: Air-Sea Power and Allied Victory in World War II* (New York: Cambridge University Press, 2019).

37 Westad, *The Cold War*, 74.

38 Gerald Horne, *Race War! White Supremacy and the Japanese Attack on the British Empire* (New York: New York University Press, 2004).

39 루스벨트, 월리스, 그 밖의 몇몇 고문은 설령 소련이 동유럽을 접수한다고 해도, 이

를 유럽 전체로 나아가 전 세계를 지배하기 위한 첫발자국이라고 보지는 않았다. 이들은 동유럽에 대한 소련의 계획을 독일의 침공에서 러시아 본토를 보호하기 위한 방어적 책략이라고 보는 쪽으로 기울어 있었다. 이러한 소련에 대한 관점으로는 다음을 보라. Daniel Yergin, *Shattered Peace: The Origins of the Cold War and the National Security State* (Boston, MA: Houghton Mifflin, 1977).

40 George Orwell, *Animal Farm: A Fairy Story* (London: Secker and Warburg, 1945), and *Nineteen Eighty-Four* (London: Secker and Warburg, 1949); Arthur Koestler, *Darkness at Noon* (London: Macmillan, 1940); Hannah Arendt, *The Origins of Totalitarianism* (New York: Schocken Books, 1951); Benjamin L. Alpers, *Dictators, Democracy, and American Public Culture: Envisioning the Totalitarian Enemy, 1920s–1950s* (Chapel Hill: University of North Carolina, 2003); Louis Menand, *The Free World: Art and Thought in the Cold War* (New York: Farrar, Strauss and Giroux, 2021), chapter 4.

41 Wilfried Loth, *The Division of the World, 1941–1955* (London: Routledge, 1988), 137–138에서 인용함. 다음도 보라. Joseph Marion Jones, *The Fifteen Weeks: An Inside Account of the Genesis of the Marshall Plan* (1955; Boston, MA: Mariner Books, 1965), 140 and passim; Dean Acheson, *Present at the Creation: My Years in the State Department* (New York: W.W. Norton, 1969), 226–235. 다음도 보라. Yergin, *Shattered Peace*.

42 *The Division of the World*, 137에서 인용함. 상무부 차관이던 윌리엄 클레이턴(William L. Clayton)은 트루먼 행정부에 서유럽이 "기아, 경제적 비참과 좌절"로 가득한 상태라고 보고했다. 그는 계속해서 유럽 국가 대다수가 "언제라도 무너질 수 있는 직전의 순간"에 서 있으며, "다른 나라들도 심각한 위협에 처한 상태"라고 말했다. 경제적 붕괴가 벌어진다면 그 직후에는 공산주의자들이 권력을 쥐는 사태가 이어질 거라고 말했다. 미국이 원조를 엄청난 규모로 제공하지 않는다면 "이러한 상황이 완전히 절망적으로 변하여 제3차세계대전의 씨앗이 뿌려지는 사태를 피할 길이 없다"라는 것이었다. 다음을 보라. William L. Clayton, "Memorandum on the Creation of a National Council of Defense," March 5, 1947, https://www.marshallfoundation.org/library/documents/memorandum-creation-national-council-defense/, accessed July 22, 2021; and William L. Clayton, "The European Crisis Memorandum," May 27, 1947, https://www.marshallfoundation.org/library/documents/european-crisis-memorandum-secretary-economic-affairs-clayton/, accessed July 22, 2021.

43 Michael J. Hogan, *The Marshall Plan: America, Britain and the Reconstruction of Western Europe, 1947–1952* (Cambridge: Cambridge University Press, 1987); Thomas J. Schwartz, *America's Germany: John J. McCloy and the Federal Republic of Germany* (Cambridge, MA: Harvard University Press, 1991).

44 National Security Council, "NSC 68: United States Objectives and Programs for

National Security," April 14, 1950, https://www.mtholyoke.edu/acad/intrel/nsc-68/nsc68-1.htm, accessed July 2, 2021; Michael J. Hogan, *Cross of Iron: Harry S. Truman and the Origins of the National Security State, 1945–1954* (Cambridge: Cambridge University Press, 1998); John Lewis Gaddis, *Strategies of Containment: A Critical Appraisal of American National Security Policy During the Cold War* (1982; New York: Oxford University Press, 2005); Melvyn P. Leffler, *A Preponderance of Power: National Security, the Truman Administration, and the Cold War* (Stanford, CA: Stanford University Press, 1992); John Lewis Gaddis, *The United States and the Origins of the Cold War, 1941–1947* (New York: Columbia University Press, 1972); Katznelson, *Fear Itself*, Part IV; Schrecker, *Many Are the Crimes; David Caute, The Great Fear: The Anti-Communist Purge Under Truman and Eisenhower* (New York: Simon and Schuster, 1978); David Oshinsky, *A Conspiracy So Immense: The World of Joe McCarthy* (New York: Free Press, 1983); Heale, *American Anti-Communism; Landon R. Y. Storrs, The Second Red Scare and the Unmaking of the New Deal Left* (Princeton, NJ: Princeton University Press, 2013); Neal Gabler, *An Empire of Their Own: How the Jews Invented Hollywood* (New York: Crown, 1988), 351–386; Ellen Schrecker, *No Ivory Tower: McCarthyism and the Universities* (New York: Oxford University Press, 1986); Cochran, *Labor and Communism; Harvey A. Levenstein, Communism, Anticommunism, and the CIO* (Westport, CT: Greenwood Press, 1981); Stephen J. Whitfield, *The Culture of the Cold War*, 2nd ed. (Baltimore, MD: Johns Hopkins University Press, 1996); Menand, *The Free World.*

45 다음을 보라. Arthur M. Schlesinger Jr., *The Vital Center: The Politics of Freedom* (Boston, MA: Houghton Mifflin, 1949).

46 Alonzo Hamby, "The Vital Center, the Square Deal, and the Quest for a Liberal Political Economy," *American Historical Review 77* (June 1972), 653–678; Godfrey Hodgson, *America in Our Time: From World War II to Nixon* (New York: Doubleday, 1976); Pells, *The Liberal Mind in a Conservative Age; Schrecker, Many Are the Crimes;* Jonathan Bell, *The Liberal State on Trial: The Cold War and American Politics in the Truman Years* (New York: Columbia University Press, 2004); Iwan Morgan and Robert Mason, eds., *The Liberal Consensus Reconsidered: American Politics and Society in the Postwar Era* (Gainesville: University Press of Florida, 2019); Storrs, *The Second Red Scare and the Unmaking of the New Deal Left;* Vinel, *The Employee.*

47 이는 E. J. 디온(E. J. Dionne)이 그의 저서 *Why Americans Hate Politics*에서 내놓은 주장과는 조금 다른 주장이다. 이 저서에서 그는 윌리엄 버클리가 주류의 지지를 얻을 수 있는 보수주의를 만들어 나가기 위해서 자신이 펼치는 운동 내부의 우익 진영에서 군기를 잡는 중요한 역할을 했다고 강조한다. 나의 주장은 다르다. 공화당원 대

다수가 그 핵심적 정치경제 원리들에 항복했던 이유는 스스로 일정한 지점에서 공산주의에 맞서는 냉전을 성공적으로 치르려는 목적이었다는 것이다. 단기적으로 보면 이러한 항복은 버클리와 그 지지자들을 더욱더 주변화시키는 결과를 낳았다. E. J. Dionne Jr., *Why Americans Hate Politics* (New York: Simon and Schuster, 1991).

48 로버트 태프트에 대해서 더 알고자 한다면 다음을 보라. James T. Patterson, *Mr. Republican: A Biography of Robert A. Taft* (Boston, MA: Houghton Mifflin, 1972).

49 *Patterson, Mr. Republican*, 151–152에서 인용함.

50 *Patterson, Mr. Republican*, 157에서 인용함.

51 Geoffrey Matthews, "Robert A. Taft, the Constitution, and American Foreign Policy, 1939–1953," *Journal of Contemporary History* 17 (July 1982), 508–509.

52 Patterson, *Mr. Republican*, 216–217. 1941년에 태프트는 나치가 지배하는 세상이 이상적인 것이 못 된다는 것을 인정해야 했지만, 그래도 그쪽이 전쟁보다는 훨씬 나으며 미국이라는 "위대하고 번영하는 민주주의국가"가 그것 때문에 몰락하는 일은 없을 것이라고 강력하게 주장했다. Vernon Van Dyke and Edward Lane Davis, "Senator Taft and American Security," *Journal of Politics* 14 (May 1952), 182.

53 Robert A. Taft, *The Papers of Robert A. Taft*, vol. 3, 1945–1948, ed. Clarence E. Wunderlin (Kent, OH: Kent State University Press, 2003), passim.

54 1941년 9월까지도 태프트는 완고하게 "히틀러의 공격이라는 위협은 이전에도 또 지금도 항상 미국인들에게 겁을 주어 전쟁에 끌어들이는 데에 이용되는 허깨비"라고 주장했다. Van Dyke and Lane Davis, "Senator Taft and American Security," 179–180; Robert A. Taft, "Washington Report," August 3, 1949, John E. Moser, "Principles Without a Program: Senator Robert A. Taft and American Foreign Policy," *Ohio History* 108 (1999), 177–192에서 인용. 냉전 기간 동안 태프트의 대외정책의 입장에 대한 더 많은 논의로는 그의 *A Foreign Policy for Americans* (New York: Doubleday, 1951)을 보라.

55 Harold Lasswell, "The Garrison State," *American Journal of Sociology* 46 (1941), 455–468. 또한 다음을 보라. Aaron L. Friedberg, *In the Shadow of the Garrison State: America's Anti-Statism and Its Cold War Grand Strategy* (Princeton, NJ: Princeton University Press, 2000).

56 Dwight D. Eisenhower, Inaugural Address, January 20, 1953, https://www.presidency.ucsb.edu/documents/inaugural-address-3, accessed September 10, 2019.

57 Stephen E. Ambrose, *Eisenhower: Soldier and President* (New York: Simon and Schuster, 1990), 298에서 인용.

58 1947년부터 1960년까지 자동차산업의 실질임금은 거의 두 배로 늘어났다. Lichtenstein, *The Most Dangerous Man in Detroit*, 288; Lichtenstein, *The State of the Union*, 56.

59 Gerstle, *Liberty and Coercion*, 273.

60 Dwight D. Eisenhower, "Radio and Television Address to the American People on the Tax Program," March 15, 1954, *Public Papers of the Presidents of the United States: Dwight D. Eisenhower, 1954* (Washington, DC: Government Printing Office, 1960), 313–318. 다음도 보라. John F. Witte, *The Politics and Development of the Federal Income Tax* (Madison: University of Wisconsin Press, 1985), 146–150; and Iwan W. Morgan, *Eisenhower Versus "the Spenders": The Eisenhower Administration, the Democrats, and the Budget, 1953–60* (New York: St. Martin's Press, 1990).

61 Ambrose, *Eisenhower*, 545.

62 Federal-Aid Highway Act of 1956, Public Law 627, June 29, 1956; Tom Lewis, *Divided Highways: Building the Interstate Highways, Transforming American Life* (Ithaca, NY: Cornell University Press, 2013); Earl Swift, *The Big Roads: The Untold Story of the Engineers, Visionaries, and Trailblazers Who Created the American Superhighways* (Boston, MA: Houghton Mifflin, 2011); Owen D. Gutfreund, *Twentieth-Century Sprawl: Highways and the Reshaping of the American Landscape* (New York: Oxford University Press, 2004); David James St. Clair, *The Motorization of American Cities* (New York: Praeger, 1986); Dianne Perrier, *Onramps and Overpasses: A Cultural History of Interstate Travel* (Gainesville: University Press of Florida, 2009).

63 Elaine Tyler May, *Homeward Bound: American Families in the Cold War Era* (New York: Basic Books, 1988), 16–20.

64 Eisenhower to Edgar Newton Eisenhower, November 8, 1954, *The Papers of Dwight D. Eisenhower*, vol. 15, *The Presidency: The Middle Way* (Baltimore, MD: Johns Hopkins University Press, 1996), 1386.

65 초기 버클리에 대해서는 다음을 보라. Dionne, *Why Americans Hate Politics*, and *Carl T. Bogus, Buckley: William F. Buckley Jr. and The Rise of American Conservatism* (New York: Bloomsbury Press, 2011).

66 레이건에 대해서는 이 책의 3장과 4장을 보라.

67 Henry Hazlitt, "Ike's Semi New Deal," *Newsweek*, February 15, 1954, in Henry Hazlitt, *Business Tides: The Newsweek Era of Henry Hazlitt*, (Auburn, AL: Ludwig von Mises Institute, 2011), 343–344.

68 Henry Hazlitt, "Still More Inflation?," *Newsweek*, March 8, 1954, in Hazlitt, *Business Tides*, 346.

69 Henry Hazlitt, "The Policy Is Inflation," *Newsweek*, July 5, 1954, in Hazlitt, *Business Tides*, 352–353.

70 밀턴 프리드먼이 이 말을 사용한 바에 대해서는 그의 "The Economy: We Are All Keynesians Now," *Time*, December 31, 1965를 보라. http://content.time.com/time/subscriber/article/0,33009,842353,00.html, accessed July 10, 2019. 닉슨 대

통령 본인도 1968년과 그 이후에도 이 말을 사용했다. 다음을 보라. Daniel Stedman Jones, *Masters of the Universe: Hayek, Friedman, and the Birth of a Neoliberal Politics* (Princeton, NJ: Princeton University Press, 2014), 221.

2장 몰락

1 Ira Katznelson, *Fear Itself: The New Deal and the Origins of Our Time* (New York: Liveright, 2013); Ira Katznelson, *When Affirmative Action Was White: An Untold History of Racial Inequality in Twentieth-Century America* (New York: W. W. Norton, 2005); David A. Bateman, Ira Katznelson, and John S. Lapinski, *Southern Nation: Congress and White Supremacy After Reconstruction* (New York: Russell Sage Foundation and Princeton, NJ: Princeton University Press, 2020).

2 Gary Gerstle, *American Crucible: Race and Nation in the Twentieth Century* (Princeton, NJ: Princeton University Press, 2017), chapters 4–5.

3 Gerald Horne, *Race War! White Supremacy and the Japanese Attack on the British Empire* (New York: New York University Press, 2004); Odd Arne Westad, *The Cold War: A World History* (New York: Basic Books, 2019); Nico Slate, *Colored Cosmopolitanism: The Shared Struggle for Freedom in the United States and India* (Cambridge, MA: Harvard University Press, 2012); Penny M. von Eschen, *Race Against Empire: Black Americans and Anticolonialism, 1937–1957* (Ithaca, NY: Cornell University Press, 1997); Penny M. von Eschen, *Satchmo Blows Up the World: Jazz Ambassadors Play the Cold War* (Cambridge, MA: Harvard University Press, 2004); Merve Fejzula, "Negritude and Black Cultural Citizenship Across Senegal, Nigeria, and the United States, 1945–66" (PhD dissertation, University of Cambridge, 2019); Sarah C. Dunstan, *Black Activism in the French Empire and the United States from World War I to the Cold War* (Cambridge: Cambridge University Press, 2021); Adom Getachew, *Worldmaking after Empire: The Rise and Fall of Self-Determination* (Princeton, NJ: Princeton University Press, 2019).

4 Mary L. Dudziak, *Cold War Civil Rights: Race and the Image of American Democracy* (Princeton, NJ: Princeton University Press, 2000), chapters 2–5.

5 Dudziak, *Cold War Civil Rights*, chapters 2–5. Brief for the United States as amicus curiae, 7–8, *Brown v. Board of Education*, 347 U.S. 483 (1954). 다음도 보라. John David Skrentny, "The Effect of the Cold War on African-American Civil Rights: America and the World Audience," *Theory and Society* 27 (1998), 237–285; Brenda Gayle Plummer, *Rising Wind: Black Americans and U.S. Foreign Affairs, 1935–1960* (Chapel Hill: University of North Carolina Press, 1996); Jonathan Rosenberg, *How*

Far the Promised Land? World Affairs and the American Civil Rights Movement from the First World War to Vietnam (Princeton, NJ: Princeton University Press, 2006). 다음도 보라. Gerstle, *American Crucible*, 249–250 and passim.

6 미국 외교정책을 담당하는 기존 세력이 아프리카계 미국인들이 완전한 평등과 정의를 마땅히 누려야 한다는 확신보다는 냉전에 대한 이런저런 고려로 움직였다는 것을 감안한다면, 흑인 운동가들이 국제적인 미디어의 이목을 끌어 압력을 넣지 않는 한 그들이 민권운동을 전진시키는 데에 미적거리는 입장이었다는 사실도 설명할 수 있다.

7 케네디의 연설로는 다음을 보라. John F. Kennedy, "Radio and Television Report to the American People on Civil Rights," in *Public Papers of the Presidents of the United States, John F. Kennedy*, January 1 to November 22, 1963 (Washington, DC: Government Printing Office, 1964), 468–469. 민권운동에 대한 문헌은 방대한 양으로 존재한다. 그 예로 다음을 보라. Harvard Sitkoff, *The Struggle for Black Equality, 1954–1980* (New York: Hill and Wang, 1981); Robert Weisbrot, *Freedom Bound: A History of America's Civil Rights Movement* (New York: W. W. Norton, 1990); David J. Garrow, *Bearing the Cross: Martin Luther King, Jr., and the Southern Christian Leadership Conference* (New York: W. Morrow, 1986); Taylor Branch, *Parting the Waters: America in the King Years, 1954–63* (New York: Simon and Schuster, 1988), and Taylor Branch, *Pillar of Fire: America in the King Years, 1963–1965* (New York: Simon and Schuster, 1998); Clayborne Carson, *In Struggle: SNCC and the Black Awakening of the 1960s* (Cambridge, MA: Harvard University Press, 1981); George M. Fredrickson, *Black Liberation: A Comparative History of Black Ideologies in the United States and South Africa* (New York: Oxford University Press, 1995); William H. Chafe, *Civilities and Civil Rights: Greensboro, North Carolina, and the Black Struggle for Freedom* (New York: Oxford University Press, 1980); Aldon Morris, *The Origins of the Civil Rights Movement: Black Communities Organizing for Change* (New York: Free Press, 1984); Robert Korstad and Nelson Lichtenstein, "Opportunities Found and Lost: Labor, Radicals, and the Early Civil Rights Movement," *Journal of American History* 75 (December 1988), 786–811; Jacquelyn Dowd Hall, "The Long Civil Rights Movement and the Political Uses of the Past," *Journal of American History* 91 (March 2005), 1233–1263; Charles Payne, *I've Got the Light of Freedom: The Organizing Tradition and the Mississippi Freedom Struggle* (Berkeley: University of California Press, 1995); Carl M. Brauer, *John F. Kennedy and the Second Reconstruction* (New York: Columbia University Press, 1977); Arthur M. Schlesinger Jr., *A Thousand Days: John F. Kennedy in the White House* (Boston, MA: Houghton Mifflin, 1965).

8 Julian E. Zelizer, *The Fierce Urgency of Now: Lyndon Johnson, Congress, and the*

Battle for the Great Society (New York: Penguin, 2015); Robert Dallek, *Flawed Giant: Lyndon Johnson and His Times, 1961–1973* (New York: Oxford University Press, 1998); Robert A. Caro, *The Years of Lyndon Johnson: The Passage of Power* (New York: Knopf, 2012); Bruce J. Schulman, *Lyndon B. Johnson and American Liberalism: A Brief Biography with Documents* (Boston, MA: Bedford Books of St. Martin's Press, 1995).

9 Zelizer, *The Fierce Urgency of Now; Clay Risen, The Bill of the Century: The Epic Battle for the Civil Rights Act* (New York: Bloomsbury, 2014); Nancy MacLean, *Freedom Is Not Enough: The Opening of the American Workplace* (New York: Russell Sage Foundation and Cambridge, MA: Harvard University Press, 2006), part I. 1964년 민주당 전당대회에서는 미시시피주의 대표 자격이 누구에게 있는지를 놓고 싸움이 벌어졌다. 즉 미시시피주 민주당이 선출한 "백합처럼 하얀 백인" 대표자들인지 아니면, 당시 미시시피주의 민권운동에서 새로이 형성된 다인종 집단인 자유를위한미시시피민주당(Missipi Freedom Democratic Party)인지였다. 여기에서 존슨은 인종 평등에 대한 전국적 지지를 끌어내는 동시에 (실패했다.) 남부의 백인들을 민주당에 머물게 하려고 갖은 노력을 다했다. 이것이 존슨의 입장을 잘 보여 준다. 다음을 보라. Godfrey Hodgson, *America in Our Time: From World War II to Nixon – What Happened and Why* (New York: Doubleday, 1976), 213–218; Theodore H. White, *The Making of the President, 1964* (New York: Atheneum, 1965), 243–293; James Forman, *The Making of Black Revolutionaries: A Personal Account* (Washington, DC: Open Hand, 1985), 386–395; Len Holt, *The Summer That Didn't End: The Story of the Mississippi Civil Rights Project of 1964* (New York: Morrow, 1965), 149–183; John Lewis with Michael D'Orso, *Walking with the Wind: A Memoir of the Movement* (New York: Simon and Schuster, 1998), 283–299; Nelson Lichtenstein, *The Most Dangerous Man in Detroit: Walter Reuther and the Fate of American Labor* (New York: Basic Books, 1995), 392–395; Kevin Boyle, *The UAW and the Heyday of American Liberalism, 1945–1968* (Ithaca, NY: Cornell University Press, 1995), 193–196; Todd Gitlin, *The Sixties: Years of Hope, Days of Rage* (New York: Bantam Books, 1987), 151–162; Branch, *Pillar of Fire*, 456–476.

10 Fredrik Logevall, *Embers of War: The Fall of an Empire and the Making of America's Vietnam* (New York: Random House, 2012); William Appleman Williams, Thomas McCormick, Lloyd Gardner, and Walter LaFeber, eds., *America in Vietnam: A Documentary History* (New York: Anchor Books and Doubleday, 1985); Marilyn Young, *The Vietnam Wars, 1945–1990* (New York: HarperCollins, 1991); George C. Herring, *America's Longest War: The United States and Vietnam, 1950–1975* (New York: Knopf, 1979); Max Hastings, *Vietnam: An Epic History of a Divisive War, 1945–1975* (New York: HarperCollins, 2018); Mark Atwood Lawrence, *Assuming*

the Burden: Europe and the American Commitment to War in Vietnam (Berkeley: University of California Press, 2005); Mark Atwood Lawrence, *The Vietnam War: A Concise International History* (New York: Oxford University Press, 2008).

11 Fredrik Logevall, *Choosing War: The Lost Chance for Peace and the Escalation of War in Vietnam* (Berkeley: University of California Press, 1999); Andrew Preston, *The War Council: McGeorge Bundy, the NSC, and Vietnam* (Cambridge, MA: Harvard University Press, 2010); David E. Kaiser, *American Tragedy: Kennedy, Johnson, and the Origins of the Vietnam War* (Cambridge, MA: Belknap Press of Harvard University Press, 2000).

12 Gitlin, *The Sixties;* Maurice Isserman and Michael Kazin, *America Divided: The Civil War of the 1960s* (New York: Oxford University Press, 2000); Maurice Isserman and Michael Kazin, "The Failure and Success of the New Radicalism," in Steve Fraser and Gary Gerstle, eds., *The Rise and Fall of the New Deal Order, 1930–1980* (Princeton, NJ: Princeton University Press, 1989), 212–242; Simon Hall, *Peace and Freedom: The Civil Rights and Antiwar Movements in the 1960s* (Philadelphia: University of Pennsylvania Press, 2004); Elizabeth Hinton, *America on Fire: The Untold History of Police Violence and Black Rebellion Since the 1960s* (New York: Liveright, 2021). 남부가 공화당 쪽으로 돌아선 것에 대해서는 다음을 보라. Kevin P. Phillips, *The Emerging Republican Majority* (New York: Anchor Books, 1970). 남부와 북부 모두 민주당에 대한 지지가 잠식된 것에 대해서는 다음을 보라. Jonathan Rieder, "The Rise of the Silent Majority," in Fraser and Gerstle, eds., *The Rise and Fall of the New Deal Order, 1930–1980*, 243–268.

13 Daniel Sargent, "The United States and the Third Globalization," paper presented at the Annual Meeting of the American Historical Association, January 2020, Washington, DC, pp. 1–2, in author's possession. 다음도 보라. Daniel J. Sargent, *A Superpower Transformed: The Remaking of American Foreign Policy in the 1970s* (New York: Oxford University Press, 2015).

14 Colin Gordon, *Dead on Arrival: The Politics of Health Care in Twentieth-Century America* (Princeton, NJ: Princeton University Press, 2003), 210–260; Jennifer Klein, *For All These Rights: Business, Labor, and the Shaping of America's Public-Private Welfare State* (Princeton, NJ: Princeton University Press, 2003), 204–254; Jacob S. Hacker, *The Divided Welfare State: The Battle over Public and Private Social Benefits in the United States* (New York: Cambridge University Press, 2002). 디트로이트협약에 대해서는 다음을 보라. Nelson Lichtenstein, *State of the Union: A Century of American Labor* (Princeton, NJ: Princeton University Press, 2002), 123–128.

15 Michael J. Hogan, *The Marshall Plan: America, Britain and the Reconstruction of*

Western Europe, 1947–1952 (Cambridge: Cambridge University Press, 1987); Judith Stein, *Pivotal Decade: How the United States Traded Factories for Finance in the 1970s* (New Haven, CT: Yale University Press, 2010), 6; Quinn Slobodian, *Globalists: The End of Empire and the Birth of Neoliberalism* (Cambridge, MA: Harvard University Press, 2018); Barry J. Eichengreen, *Globalizing Capital: A History of the International Monetary System* (Princeton, NJ: Princeton University Press, 1998).

16 이 기간 전체에 걸쳐 수출과 수입은 미국 GDP의 10퍼센트에도 미치지 않았다. 1945년부터 1965년까지 20년간 유럽과 일본이 급속히 성장했지만 전 세계의 자본 스톡과 경제 생산에서 미국이 차지하는 몫에는 거의 영향을 주지 못했다. Stein, *Pivotal Decade*, 7.

17 다음에서 인용. *Pivotal Decade*, 7.

18 일본 제품 수입이 1967년과 1970년 사이에 무려 96퍼센트나 증가했다. 이 기간 동안 미국은 엄청난 자원을 군사 부문에 써야 했고, 게다가 베트남전쟁을 치르던 중이었으므로 그중에서도 다량이 외국에서 지출되어 미국의 국제수지를 크게 악화시켰다. Stein, *Pivotal Decade*, 7.

19 Daniel Rowe, "Beyond Reaganomics: The Long Economic Crisis and the Rebuilding of America, 1974–1988" (DPhil dissertation, University of Oxford, 2019), 136.

20 이러한 경향에 대한 초기의 평가로는 다음을 보라. Richard J. Barnet and Ronald E. Müller, *Global Reach: The Power of the Multinational Corporations* (New York: Simon and Schuster, 1974). 다음도 보라. Robert B. Reich, *The Work of Nations: Preparing Ourselves for Twenty-First-Century Capitalism* (New York: Vintage, 1991).

21 Stein, *Pivotal Decade*, 35, 37(37에서 인용).

22 텍사스에서 광활한 유전이 새로 발견되어 채굴을 시작했는데도 불구하고 이러한 격차가 나타났다. 텍사스의 석유 공급량이 크게 늘었지만 미국의 원유 수요는 공급을 압도했다. Meg Jacobs, *Panic at the Pump: The Energy Crisis and the Transformation of American Politics in the 1970s* (New York: Hill and Wang, 2016); Darren Dochuk, *Anointed by Oil: How Christianity and Crude Made Modern America* (New York: Basic Books, 2019).

23 Stein, *Pivotal Decade*, 74–100.

24 Stein, *Pivotal Decade*, 74–81 and passim.

25 Steven A. Schneider, *The Oil Price Revolution* (Baltimore, MD: Johns Hopkins University Press, 1983), 103.

26 케인스 경제학의 교리에 따르면 실업률과 물가상승률이 동시에 오를 수는 없다고 했다. 실업률이 올라 월급을 받는 노동자들이 적어지면 소비자들이 쓸 수 있는 돈도 줄어든다는 것이다. 따라서 이들의 지출이 줄어들고 가격은 하락의 경향을 보이며,

그렇게 되면 다시 새로운 소비와 더 많은 고용을 자극하여 경기확장으로 되돌아간다는 것이었다. 케인스주의 교리를 고수하는 행정가들은 통화정책(침체 시에는 이자율을 낮춘다)과 재정정책(침체 시에는 세금을 낮추어 소비자들의 수중에 더 많은 돈을 넣어 준다)을 통해서 경제를 관리할 수 있었고, 또 어떨 때는 회복에 가속도를 붙이기도 했다. 또한 이들은 경기순환을 위한 중기적 해결책으로 임금과 물가를 강제로 통제할 수도 있었다.

27 Jacobs, *Panic at the Pump;* David Farber, *Taken Hostage: The Iran Hostage Crisis and America's First Encounter with Radical Islam* (Princeton, NJ: Princeton University Press, 2005); Stuart E. Eizenstat, *President Carter: The White House Years* (New York: St. Martin's Publishing Group, 2018); Julian E. Zelizer, *Jimmy Carter: The American Presidents Series: The 39th President, 1977–1981* (New York: Henry Holt, 2010). 에너지 위기가 서구에 미치는 영향에 대한 세계적 관점은 다음을 보라. Helen Thompson, *Disorder: Hard Times in the Twenty-First Century* (Oxford: Oxford University Press, 2022).

28 Stein, *Pivotal Decade*, 244.

29 제너럴모터스는 1980년 7억 6300만 달러, 포드는 15억 달러(기업 세계의 역사에서 두 번째로 최악), 크라이슬러는 17억 달러(미국 역사상 기업의 손실로 최대 액수) 등이었다. Rowe, "Beyond Reaganomics," 107–108, 115–116.

30 Stein, *Pivotal Decade*, 252–253; Brock W. Yates, *The Decline and Fall of the American Automobile Industry* (New York: Vintage, 1984).

31 Stein, *Pivotal Decade*, 206.

32 *New York Daily News*, October 29, 1975, cover; https://www.google.com/url?sa=t&rct=j&q=&esrc=s&source=web&cd=&ved=2ahUKEwiw-PD8vfTxAhUHxBQKHZOTBikQFjADegQIEBAD&url=https%3A%2F%2Fwww.nydailynews.com%2Fnew-york%2Fpresident-ford-announces-won-bailout-nyc-1975-article-1.2405985&usg=AOvVaw0JpIWziHveHa3CJbYej1PB, accessed July 20, 2021; Kim Phillips-Fein, *Fear City: New York's Fiscal Crisis and the Rise of Austerity Politics* (New York: Henry Holt, 2017).

33 Barry Bluestone and Bennett Harrison, *The Deindustrialization of America: Plant Closings, Community Abandonment, and the Dismantling of Basic Industry* (New York: Basic Books, 1982).

34 스파이크 리(Spike Lee) 감독은 뉴욕을 배경으로 한 그의 영화들[〈똑바로 살아라(Do the Right Thing)〉(1989), 〈정글 피버(Jungle Fever)〉(1991)]에서 흑인들과 이탈리아인들 사이의 생생한 긴장감을 훌륭하게 포착했다. 도시 경제의 쇠퇴로 인해 백인과 흑인 사이에 고조된 갈등에 대해서는 다음을 보라. J. Anthony Lukas, *Common Ground: A Turbulent Decade in the Lives of Three American Families* (New York: Knopf, 1985); Ronald P. Formisano, *Boston Against Busing: Race, Class,*

and Ethnicity in the 1960s and 1970s (Chapel Hill: University of North Carolina Press, 1991); Jonathan Rieder, *Canarsie: The Jews and Italians of Brooklyn Against Liberalism* (Cambridge, MA: Harvard University Press, 1985); Jim Sleeper, *The Closest of Strangers: Liberalism and the Politics of Race in New York* (New York: W. W. Norton, 1990); Jerald E. Podair, *The Strike That Changed New York: Blacks, Whites, and the Ocean Hill–Brownsville Crisis* (New Haven, CT: Yale University Press, 2002); Thomas J. Sugrue, *The Origins of the Urban Crisis: Race and Inequality in Postwar Detroit* (1996; Princeton, NJ: Princeton University Press, 2005); Heather Ann Thompson, *Whose Detroit? Politics, Labor, and Race in a Modern City* (Ithaca, NY: Cornell University Press, 2001).

35 Stein, *Pivotal Decade*, 231.

36 워터게이트사건과 닉슨의 사임에 대해서는 다음을 보라. Rick Perlstein, *Nixonland: The Rise of a President and the Fracturing of America* (New York: Simon and Schuster, 2008).

37 Zelizer, *Jimmy Carter;* Eizenstat, *President Carter;* Kai Bird, *The Outlier: The Unfinished Presidency of Jimmy Carter* (New York: Crown, 2021); Lawrence Wright, *Thirteen Days in September: Carter, Begin, and Sadat at Camp David* (New York: Knopf, 2014).

38 Charles Mohr, "Carter, with a Long List of Campaign Promises, Now Faces the Problem of Making Good on Them," *New York Times*, November 15, 1976.

39 Bird, *The Outlier*, 185.

40 Eizenstat, *President Carter*, 384–387. 네이더류의 진보 정치가 뉴딜 질서의 규제 체제를 어떻게 잠식하기 시작했는지에 대한 혜안은 다음의 저작에서 얻을 수 있다. Reuel Schiller, "Regulation and Collapse of the New Deal Order, or How I Learned to Stop Worrying and Love the Market," and Paul Sabin, "Environmental Law and the End of the New Deal Order," both in Gary Gerstle, Alice O'Connor, and Nelson Lichtenstein, *Beyond the New Deal Order: U.S. Politics from the Great Depression to the Great Recession* (Philadelphia: University of Pennsylvania Press, 2019), 168–185, and 186–212. 다음도 보라. Paul Sabin, *Public Citizens: The Attack on Big Government and the Remaking of American Liberalism* (New York: W. W. Norton, 2021); Thomas K. McCraw, *Prophets of Regulation: Charles Francis Adams, Louis D. Brandeis, James M. Landis, Alfred E. Kahn* (Cambridge, MA: Belknap Press of Harvard University Press, 1984); and Stein, *Pivotal Decade*, 250–252.

41 James Carter, "State of the Union Address," January 19, 1978, https://millercenter.org/the-presidency/presidential-speeches/january-19-1978-state-union-address, accessed February 9, 2020.

42 Alfred E. Kahn, *Lessons from Deregulation: Telecommunications and Airlines After the*

Crunch (Washington, DC: Brookings Institution Press, 2003).

43 Jimmy Carter, "Economic Renewal Program Remarks," August 28, 1980, Public Papers of the Presidents of the United States: Jimmy Carter 1980–81, vol. 2, 1587 (Washington, DC: Government Printing Office, 1982). 케네디는 1980년의 대통령 후보 경선에서 카터와 대항하여 "미국을 위한 마셜플랜"과 "공공·민간의 '미국산업부흥공사(American reindustrialization corporation)'" 등을 주창했다. Rowe, "Beyond Reaganomics," 152; Bill Stahl, "Sen. Kennedy Calls for a New Partnership," *Los Angeles Times*, May 21, 1980; Sidney Blumenthal, "Drafting a Democratic Industrial Plan," *New York Times*, August 28, 1983, https://www.nytimes.com/1983/08/28/magazine/drafting-a-democratic-industrial-plan.html, accessed July 22, 2021; Jefferson Cowie, *Stayin' Alive: The 1970s and the Last Days of the Working Class* (New York: New Press, 2010).

44 볼커가 원한 것은 통화 공급을 줄여 인플레이션을 때려잡아 미국 기업들에 안정된 환경을 창출하는 것이었다. 볼커는 완전고용을 위해 연방준비제도의 권력을 사용하려고 하지는 않았다. 일자리창출은 연방준비제도의 사명에 들어가지 않는다고 보았던 것이다. Jonathan Levy, *Ages of American Capitalism: A History of the United States* (New York: Random House, 2021), 597–608.

45 Carl W. Biven, *Jimmy Carter's Economy: Policy in an Age of Limits* (Chapel Hill: University of North Carolina Press, 2002); Bruce J. Schulman, *The Seventies: The Great Shift in Culture, Society, and Politics* (New York: Da Capo Press, 2002); Stephen Skowronek, *The Politics Presidents Make: Leadership from John Adams to Bill Clinton*, 2nd ed. (1993; Cambridge, MA: Belknap Press of Harvard University Press, 1998), 361–406. 카터는 대외 문제에서도 결단력이 없어 보였으며, 특히 미국인 52인이 미국대사관에서 인질로 1년 이상 잡혀 있었던 이란혁명 당시 이 점이 불거졌다. 카터는 인권을 미국 외교정책의 으뜸가는 원칙으로 만드는 데에 훨씬 더 많은 확신과 일관성을 보여 주었다. 이란 위기에 대해서는 다음을 보라. David Farber, *Taken Hostage*. 카터의 인권에 대해서는 다음을 보라. David F. Schmitz and Vanessa Walker, "Jimmy Carter and the Foreign Policy of Human Rights: The Development of a Post–Cold War Foreign Policy," *Diplomatic History* 28 (January 2004), 113–143; Mary E. Stuckey, *Jimmy Carter, Human Rights, and the National Agenda* (College Station: Texas A & M University Press, 2009); Zelizer, *Jimmy Carter;* Samuel Moyn, *The Last Utopia: Human Rights in History* (Cambridge, MA: Harvard University Press, 2010); Eizenstat, *President Carter: The White House Years.*

46 Robert C. Allen, "The Rise and Decline of the Soviet Economy," *Canadian Journal of Economics / Revue Canadienne d'Economique* 34 (2001), 859–881; William Easterly and Stanley Fischer, "The Soviet Economic Decline," *World Bank Economic Review* 9 (September 1995), 341–371; Johanna Bockman, *Markets in the Name* of Socialism: The Left-Wing Origins of Neoliberalism* (Stanford, CA: Stanford University Press, 2011); Maurice Meisner, *MaO's China and After: A History of the People's Republic*, 3rd ed. (New York: Simon and Schuster, 1999), 449–454; Ezra F. Vogel, *Deng Xiaoping and the Transformation of China* (Cambridge, MA: Harvard University Press, 2011); Perry Anderson, "Two Revolutions," *New Left Review* 61 (January–February 2010), https://newleftreview.org/issues/ii61/articles/perry-anderson-two-revolutions, accessed July 10, 2021.

47 자유기업이라는 사상과 그것이 미국 정치 및 대중의 생각에서 차지하는 위치에 대해서는 다음을 보라. Lawrence Glickman, *Free Enterprise: An American History* (New Haven, CT: Yale University Press, 2019).

3장 시작점들

1 몽펠르랭협회의 야망을 "생각 집단"이라는 어구로 묘사하고 포착한 것은 다음의 저작이다. Philip Mirowski and Dieter Plehwe, eds., *The Road from Mont Pèlerin: The Making of the Neoliberal Thought Collective* (Cambridge, MA: Harvard University Press, 2009). 이 용어의 기원 자체에 대해서는 다음을 보라. Ludwick Fleck, *Genesis and Development of a Scientific Fact,* Thaddeus J. Trenn and Robert K. Merton, eds., trans. Fred Bradley and Thaddeus J. Trenn (1935; Chicago, IL: University of Chicago Press, 1979), 38–51.

2 Michel Foucault, *The Birth of Biopolitics: Lectures at the Collège de France, 1978–1979*, trans. Graham Burchell (2004; New York: Picador, 2008), 218.

3 Stephen W. Sawyer and Daniel Steinmetz-Jenkins, eds., *Foucault, Neoliberalism, and Beyond* (London: Rowman and Littlefield, 2019)는 신자유주의에 대한 푸코의 생각을 이해하는 데에 꼭 필요한 문헌이다. 특히 다음을 보라. Sawyer's and Steinmetz-Jenkins's "Introduction"; Michael Behrent, "A Liberal Despite Himself: Reflections on a Debate, Reappraisals of a Question"; and Daniel Zamora, "Finding a 'Left Governmentality': Foucault's Last Decade," vii–xxi, 1–32, and 33–52, all in *Foucault, Neoliberalism, and Beyond.* 다음도 보라. Daniel Zamora and Michael C. Behrent, eds., *Foucault and Neoliberalism* (Cambridge: Polity Press, 2016).

4 Jamie Peck, *Constructions of Neoliberal Reason* (New York: Oxford University Press, 2010), xiii. 시간과 (국제적) 장소에 따라 신자유주의라는 말이 다양한 의미들을 가졌던 점에 대해서는 다음의 뛰어난 에세이를 보라. Angus Burgin, "The Neoliberal Turn."(저자 소장).

5 Gary Gerstle, "The Protean Character of American Liberalism," *American Historical Review* 99 (October 1994), 1043–1073.

6 *Declaration of Independence*, July 4, 1776, https://www.archives.gov/founding-docs/declaration-transcript, accessed September 13, 2021; Bernard Bailyn, *The Ideological Origins of the American Revolution* (Cambridge, MA: Belknap Press of Harvard University Press, 1967); Gordon S. Wood, *The Creation of the American Republic, 1776–1787* (Chapel Hill: University of North Carolina Press, 1969); Eric Foner, *Tom Paine and Revolutionary America* (New York: Oxford University Press, 1976); Gordon S. Wood, *The Radicalism of the American Revolution* (New York: Vintage Books, 1993); Thomas Bender, *A Nation Among Nations: America's Place in World History* (New York: Hill and Wang, 2006), chapter 2; David Armitage, *The Declaration of Independence: A Global History* (Cambridge, MA: Harvard University Press, 2007); Joanna Innes and Mark Philp, eds., *Re-Imagining Democracy in the Age of Revolutions: America, France, Britain, and Ireland* (New York: Oxford University Press, 2013); Eric Hobsbawm, *The Age of Revolution: Europe, 1789–1848* (New York: New American Library, 1962).

7 Gary Gerstle, *Liberty and Coercion: The Paradox of American Government from the Founding to the Present* (Princeton, NJ: Princeton University Press, 2015), chapter 1.

8 Adam Smith, *An Inquiry into the Nature and Causes of the Wealth of Nations*, ed. Edwin Cannan (1776; reprint, New York: Modern Library, 1965), 13 and passim; Gerstle, *Liberty and Coercion*, chapter 1. 18세기 형태의 자유주의 사상이 갖는 해방적 성격은 과소평가될 때가 많다. 다음을 보라. Istvan Hont and Michael Ignatieff, "Needs and Justice in the Wealth of Nations: An Introductory Essay," in Istvan Hont and Michael Ignatieff, eds., *Wealth and Virtue: The Shaping of Political Economy in the Scottish Enlightenment* (New York: Cambridge University Press, 1983), 1–44; Gerstle, "The Protean Character of American Liberalism."

9 Helena Rosenblatt, *The Lost History of Liberalism: From Ancient Rome to the Twenty-First Century* (Princeton, NJ: Princeton University Press, 2018); the following four books by David Brion Davis: *The Problem of Slavery in Western Culture* (Ithaca, NY: Cornell University Press, 1966); *The Problem of Slavery in the Age of Revolution, 1770-1823* (Ithaca, NY: Cornell University Press, 1975); *The Problem of Slavery in the Age of Emancipation* (New York: Knopf, 2014); and *Inhuman Bondage: The Rise and Fall of Slavery in the New World* (New York: Oxford University Press, 2006); Thomas L. Haskell, "Capitalism and the Origins of the Humanitarian Sensibility, Part I," *American Historical Review* 90 (April 1985), 339–361, and "Capitalism and the Origins of the Humanitarian Sensibility, Part II," *American Historical Review* 90 (June 1985), 547–566; Christopher Leslie Brown, *Moral Capital: Foundations of British Abolitionism* (Chapel Hill: University of North Carolina, 2006); Sally G. McMillen, *Seneca Falls and the Origins of the Women's Rights Movement* (New

York: Oxford University Press, 2008); Sean Wilentz, *Chants Democratic: New York City and the Rise of the American Working Class, 1788–1850* (New York: Oxford University Press, 1984); Leslie Butler, *Critical Americans: Victorian Intellectuals and Transatlantic Liberal Reform* (Chapel Hill: University of North Carolina Press, 2007).

10 Walter Lippmann, *The Good Society* (1937; London: Billing and Sons, 1944), 192–193.

11 Adam Gopnik, *A Thousand Small Sanities: The Moral Adventure of Liberalism* (New York: Basic Books, 2019); Eric Foner, *Free Soil, Free Labor, Free Men: The Ideology of the Republican Party Before the Civil War* (New York: Oxford University Press, 1970); Eric Foner, *The Fiery Trial: Abraham Lincoln and American Slavery* (New York: W. W. Norton, 2010); John Vincent, *The Formation of the British Liberal Party, 1857–1868* (New York: Scribners, 1967); Jonathan Parry, *The Rise and Fall of Liberal Government in Victorian Britain* (New Haven, CT: Yale University Press, 1993); Eugenio F. Biagini, Liberty, *Retrenchment and Reform: Popular Liberalism in the Age of Gladstone, 1860–1880* (Cambridge: Cambridge University Press, 1992); John Stuart Mill, *On Liberty* (London: J. W. Parker and Son, 1859). 20세기 중반 프랑스 자유주의에 관해서는 다음을 보라. Aurelian Craiutu, *Liberalism Under Siege: The Political Thought of the French Doctrinaires* (Lanham, MD: Lexington Books, 2003); Stephen W. Sawyer, *Demos Assembled: Democracy and the International Origins of the Modern State, 1840–1880* (Chicago, IL: University of Chicago Press, 2018); Walter Dennis Gray, *Interpreting American Democracy in France: The Career of Édouard Laboulaye, 1811–1883* (Newark: University of Delaware Press, 1994); Stephen W. Sawyer, "Édouard Laboulaye and the Statue of Liberty: Forging the Democratic Experience," *La lettre du Collège de France* 4 (2008–2009), 55–57, https://journals.openedition.org/lettre-cdf/782, accessed September 8, 2021; Yasmin Sabina Khan, *Enlightening the World: The Creation of the Statue of Liberty* (Ithaca, NY: Cornell University Press, 2010); W. Caleb McDaniel, *The Problem of Democracy in the Age of Slavery: Garrisonian Abolitionists and Transatlantic Reform* (Baton Rouge: Louisiana State University Press, 2013).

12 Eric Foner, *Reconstruction: America's Unfinished Revolution, 1863–1877* (New York: HarperCollins, 1988); David W. Blight, *Race and Reunion: Civil War in American Memory* (Cambridge, MA: Harvard University Press, 2001); Steven Hahn, *A Nation Under Their Feet: Black Political Struggles in the Rural South from Slavery to the Great Migration* (Cambridge, MA: Harvard University Press, 2005); Gregory P. Downs, *After Appomattox: Military Occupation and the Ends of War* (Cambridge, MA: Harvard University Press, 2015); Gerstle, *Liberty and Coercion*, chapters 2–3;

C. Vann Woodward, *The Strange Career of Jim Crow* (New York: Oxford University Press, 1955).

13 크리스토퍼 톰린스(Christopher Tomlins)는 그의 책 *The State and the Unions: Labor Relations, Law, and the Organized Labor Movement in America, 1880–1960* (New York: Cambridge University Press, 1985)에서 "위조된 자유(counterfeit liberty)"라는 말을 쓰고 있다. 남부의 사회적 불만이 북부로까지 확산될 것이라는 두려움에 대해서는 다음을 보라. Heather Cox Richardson, *The Death of Reconstruction: Race, Labor, and Politics in the Post–Civil War North, 1865–1901* (Cambridge, MA: Harvard University Press, 2001). 19세기 말의 산업 쟁의에 대해서는 다음을 보라. Richard White, *The Republic for Which It Stands: The United States During Reconstruction and the Gilded Age, 1865–1896* (New York: Oxford University Press, 2017); William E. Forbath, *Law and the Shaping of the American Labor Movement* (Cambridge, MA: Harvard University Press, 1991); Gerstle, *Liberty and Coercion, chapter 7.* 파리코뮌으로 인해 미국에 나타났던 공포에 대해서는 다음을 보라. Stephan Thernstrom, *Poverty and Progress: Social Mobility in a Nineteenth-Century City* (Cambridge, MA: Harvard University Press, 1964). 파리코뮌에 더해 미국 내에서의 노동자 반란으로 인해 북부 도시들에서 촉발되었던 무기고 건설에 대해서는 다음을 보라. Robert M. Fogelson, *America's Armories: Architecture, Society, and Public Order* (Cambridge, MA: Harvard University Press, 1989). 급진주의의 호소력에 대해서는 다음을 보라. Nick Salvatore, *Eugene V Debs: Citizen and Socialist* (Urbana: University of Illinois Press, 1982); James Green, *Death in the Haymarket: A Story of Chicago, the First Labor Movement and the Bombing That Divided Gilded Age America* (New York: Pantheon, 2006).

14 미국의 저명한 정치인 우드로 윌슨과 시어도어 루스벨트는 미국 진보주의와 결부되며 현대 미국의 자유주의 선구자가 된다. 이들의 저작에는 질서, 즉 "질서 있는 자유"에 대해 관심을 갖고 몰두했다는 사실이 드러난다. 루스벨트에 대해서는 다음을 보라. Gary Gerstle, *American Crucible: Race and Nation in the Twentieth Century* (2001; Princeton, NJ: Princeton University Press, 2017), chapters 1–2. 윌슨에 대해서는 다음을 보라. Gary Gerstle, "Race and Nation in the Thought and Politics of Woodrow Wilson," in John Milton Cooper Jr., ed., *Reconsidering Woodrow Wilson: Progressivism, Internationalism, War, and Peace* (Baltimore, MD: Johns Hopkins University Press, 2008), 93–124. 사회적 다윈주의에 대해서는 다음을 보라. Richard Hofstadter, *Social Darwinism in American Thought, 1860–1915* (Philadelphia: University of Pennsylvania Press, 1944). 이러한 관점들이 국제적으로 갖는 함의에 대해서는 다음을 보라. Marilyn Lake and Henry Reynolds, *Drawing the Global Colour Line: White Men's Countries and the Question of Racial Equality* (Melbourne, Australia: Melbourne University Publishing, 2008); Paul A. Kramer,

The Blood of Government: Race, Empire, the United States, and the Philippines (Chapel Hill: University of North Carolina Press, 2006); Duncan Bell, *Reordering the World: Essays on Liberalism and Empire* (Princeton, NJ: Princeton University Press, 2016); Duncan Bell, *Dreamworlds of Race: Empire and the Utopian Destiny of Anglo-America* (Princeton, NJ: Princeton University Press, 2020); Jennifer Pitts, *A Turn to Empire: The Rise of Imperial Liberalism in Britain and France* (Princeton, NJ: Princeton University Press, 2005); Peter James Hudson, *Bankers and Empire: How Wall Street Colonized the Caribbean* (Chicago, IL: University of Chicago Press, 2017); Mae Ngai, *The Chinese Question: The Gold Rushes and Global Politics* (New York: W. W. Norton, 2021); Saul Dubow and Gary Gerstle, "Race, Ethnicity, and Nation," in Eugenio F. Biagini and Gary Gerstle, eds., *A Cultural History of Democracy in the Modern Age* (London: Bloomsbury, 2021), 149–170; Jane Burbank and Frederick Cooper, *Empires in World History: Power and the Politics of Difference* (Princeton, NJ: Princeton University Press, 2008).

15 Lippmann, *The Good Society*, 182. 리프먼의 사회주의로의 전환에 대해서는 다음을 보라. Ronald Steel, *Walter Lippmann and the American Century* (New York: Little, Brown, 1980), and Tom Arnold-Forster, *Walter Lippmann: An Intellectual Biography* (Princeton, NJ: Princeton University Press, forthcoming).

16 L. T. Hobhouse, *Liberalism* (New York: Henry Holt, 1911); J. A. Hobson, *Crisis of Liberalism: New Issues for Democracy* (London: P. S. King and Son, 1909); Taylor C. Boas and Jordan Gans-Morse, "Neoliberalism: From New Deal Philosophy to Anti-Liberal Slogan," *Studies in Comparative International Development* 44 (June 2009), 137–161; Herbert Croly, *The Promise of American Life* (1909; Boston: Northeastern University Press, 1989); Theodore Roosevelt, "The New Nationalism," in Roosevelt, *The New Nationalism* (New York: Outlook, 1910), 3–33; Gerstle, *American Crucible*, chapter 2; Gerstle, "The Protean Character of American Liberalism"; George E. Mowry, *Theodore Roosevelt and the Progressive Movement* (Madison: University of Wisconsin Press, 1946); Charles Forcey, *The Crossroads of Liberalism: Croly, Weyl, Lippmann, and the Progressive Era, 1900–1925* (New York: Oxford University Press, 1961); Louise W. Knight, *Jane Addams: Spirit in Action* (New York: W. W. Norton, 2010); Arthur S. Link, *Woodrow Wilson and the Progressive Era, 1910–1917* (New York: Harper, 1954); Thomas J. Knock, *To End All Wars: Woodrow Wilson and the Quest for a New World Order* (New York: Oxford University Press, 1992). 다음도 보라. Pierre Dardot and Christian Laval, *The New Way of the World: On Neoliberal Society*, trans. Gregory Elliott (2009; New York: Verso, 2013), chapter 1.

17 Roosevelt, "The New Nationalism," 23–24. 진보주의 일반에 대해서는 다음을 보라.

Michael McGerr, *A Fierce Discontent: The Rise and Fall of the Progressive Movement in America, 1870–1920* (New York: Oxford University Press, 2003); James T. Kloppenberg, *Uncertain Victory: Social Democracy and Progressivism in European and American Thought, 1870–1920* (New York: Oxford University Press, 1986); Daniel T. Rodgers, *Atlantic Crossings: Social Politics in a Progressive Age* (Cambridge, MA: Harvard University Press, 1998).

18 David Green, *Shaping Political Consciousness: The Language of Politics in America from McKinley to Reagan* (Ithaca, NY: Cornell University Press, 1987), 119에서 인용. 다음도 보라. *The Public Papers and Addresses of Franklin D. Roosevelt, 1938* (New York: Macmillan, 1941), xxix–xxx. 루스벨트와 자유주의에 대해서는 다음의 세 가지 아서 슐레진저 책을 보라. *The Crisis of the Old Order: 1919–1933, The Age of Roosevelt*, vol. 1 (1957; New York: First Mariner Books, 2003); *The Coming of the New Deal, 1933–1935, The Age of Roosevelt*, vol. 2 (1958: New York: First Mariner Books, 2003); *The Politics of Upheaval, 1935–1936, The Age of Roosevelt*, vol. 3 (1960; New York: First Mariner Books, 2003). 또한 다음을 보라. David M. Kennedy, *Freedom from Fear: The American People in Depression and War, 1929–1945* (New York: Oxford University Press, 1999); Ira Katznelson, *Fear Itself: The New Deal and the Origins of Our Time* (New York: Liveright, 2013); Steve Fraser and Gary Gerstle, eds., *The Rise and Fall of the New Deal Order, 1930–1980* (Princeton, NJ: Princeton University Press, 1989); Gerstle, *American Crucible*, chapter 4; Eric Rauchway, *Why the New Deal Matters* (New Haven, CT: Yale University Press, 2021).

19 Irving Howe, *Socialism and America* (San Diego, CA: Harcourt Brace Jovanovich, 1985); Steve Fraser, "The 'Labor Question,'" in Fraser and Gerstle, eds., *The Rise and Fall of the New Deal Order; Gerstle, Liberty and Coercion*, chapter 7.

20 다음을 보라. Gerstle, *American Crucible*, chapter 2; Gerstle, "Race and Nation in the Thought and Politics of Woodrow Wilson;" and Adom Getachew, *Worldmaking After Empire: The Rise and Fall of Self-Determination* (Princeton, NJ: Princeton University Press, 2019).

21 Herbert Hoover, "The Road to Freedom," *Speech to the Republican National Convention, Cleveland, Ohio* (June 10, 1936), in Hoover, *Addresses upon the American Road, 1933–1938* (New York: Scribner's Sons, 1938), 181.

22 Lippmann, *The Good Society*, 190.

23 Lippmann, *The Good Society*, 134.

24 Lippmann, *The Good Society*, 135–136.

25 Lippmann, *The Good Society*, 210–233; 다음도 보라. Arnold-Forster, *Walter Lippmann.*

26 Lippmann, *The Good Society*, 330.

27 이와 동시에 (그리고 좀 더 좌파적인 관점에서) 칼 폴라니(Karl Polanyi)는 여러 나라에서 시장의 구조를 만들고 지원한 것이 국가였다는 비슷한 논지를 전개하고 있었다. 이러한 논지는 영향력이 컸던 그의 1944년 저작 *The Great Transformation*에서 응집되어 나타난다. 폴라니는 리프먼집담회에는 참여하지 않았지만, 그의 동생인 마이클 폴라니(Michael Polanyi, 과학자, 경제학자, 철학자)는 참여했다. Karl Polanyi, *The Great Transformation: The Political and Economic Origins of Our Time* (New York: Farrar and Rinehart, 1944).

28 리프먼집담회에서 다루어진 토론의 기록은 다음에서 볼 수 있다. Jurgen Reinhoudt and Serge Audier, eds., *The Walter Lippmann Colloquium: The Birth of Neo-Liberalism* (London: Palgrave Macmillan, 2018). 막상 리프먼은 이 토론회에 거의 관심이 없었고, 파리에서는 자유주의의 새 길을 열어 가는 일보다는 정사(情事)에 시간을 더 많이 썼다. Angus Burgin, *The Great Persuasion: Reinventing Free Markets Since the Depression* (Cambridge, MA: Harvard, 2012) and Quinn Slobodian, *Globalists: The End of Empire and the Birth Of Neoliberalism* (Cambridge, MA: Harvard University Press, 2018). 이 두 저작에는 토론회들에 대한 뛰어난 설명이 담겨 있다. 1930년대의 리프먼에 대해서는 다음을 보라. Steel, *Walter Lippmann and the American Century*, 285–366, and Arnold-Forster, Walter Lippmann.

29 Mirowski and Plehwe, eds., *The Road from Mont Pèlerin.*

30 Burgin, *The Great Persuasion;* Slobodian, *Globalists.*

31 Foucault, *Birth of Biopolitics*, 215.

32 F. A. Hayek, *The Constitution of Liberty: The Definitive Edition*, ed. Ronald Hamowy (1960; Chicago, IL: University of Chicago Press, 2011), vol. 17 of The *Collected Works of F. A. Hayek.*

33 낸시 매클린(Nancy MacLean)은 자유주의에서 질서의 중요성을 강조하고 있다. 하지만 이는 낸시가 제시하고 있는 존 캘훈(John C. Calhoun)에서 제임스 뷰캐넌(James Buchanan)까지의 역사적 설명으로는 모두 담아낼 수 없는 훨씬 더 폭넓은 (그리고 음모성이 덜한) 현상이었다. Nancy MacLean, *Democracy in Chains: The Deep History of the Radical Right's Stealth Plan for America* (New York: Penguin Books, 2017).

34 Foucault, *Birth of Biopolitics*, 226.

35 Burgin, *The Great Persuasion*, and Slobodian, *Globalists.* 두 저작 모두 독일의 질서자유주의자들에 대해 좋은 정보를 주고 있다.

36 다음을 보라. Gary S. Becker, *Human Capital: A Theoretical and Empirical Analysis, with Special Reference to Education* (Chicago, IL: University of Chicago Press, 1964); and Gary S. Becker, *A Treatise on the Family*, enlarged ed. (Cambridge, MA: Harvard University Press, 1991). 다음도 보라. Foucault, *Birth of Biopolitics*, 215–

265; and Henri Lepage, *Tomorrow, Capitalism: The Economics of Economic Freedom* (La Salle, IL: Open Court, 1982; originally published as *Demaine le capitalism*, trans. Sheilagh C. Ogilvie [Paris: Librairie générale française, 1978]), 161–183.

37 Jean-Luc Migué, "Métholodogie économique et économie non-marchande," paper presented to the conference of French-language economists (Quebec, May 1976), and reproduced in *Revue d'économie politique* (1977), 44f. 인용된 부분은 다음에서 가져왔다. Henri Lepage, *Tomorrow, Capitalism*, 171.

38 Wendy Brown, *Undoing the Demos: Neoliberalism's Stealth Revolution* (New York: Zone Books, 2015), 10.

39 벤담에 대해서는 다음을 보라. Jeremy Bentham, *An Introduction to the Principles of Morals and Legislation* (1789; London: Andesite Press, 2015); Leslie Stephen, *The English Utilitarians* (Cambridge: Cambridge University Press, 2011); Charles Warren Everett, *Jeremy Bentham* (London: Weidenfeld & Nicolson, 1969); Frederick Rosen, "The Origins of Liberal Utilitarianism: Jeremy Bentham and Liberty," in Richard Paul Bellamy, ed., *Victorian Liberalism: Nineteenth-Century Political Thought and Practice* (London: Routledge, 1990), 58–70; Philip Schofield, *Utility and Democracy: The Political Thought of Jeremy Bentham* (Oxford: Oxford University Press, 2006); Michel Foucault, *Discipline and Punish: The Birth of the Prison* (New York: Pantheon, 1977).

40 다음에서 인용. Foucault, *Birth of Biopolitics*, 243. 원문은 Wilhelm Röpke, *The Social Crisis of Our Time* (1946; Chicago, IL: University of Chicago Press, 1950), part two, chapter 3, 238.

41 Slobodian, *Globalists*, 149–172은 특히 뢰프케가 남아프리카공화국과 인종주의 문제에 대해 취했던 입장을 잘 설명하고 있다.

42 미국의 도덕적 부패, 인종, 신자유주의의 교차점에 대한 유용한 관점은 다음에서 찾을 수 있다. Brown, *Undoing the Demos;* Peck, *Constructions of Neoliberal Reason; MacLean, Democracy in Chains;* Loïc Wacquant, *Punishing the Poor: The Neoliberal Government of Social Insecurity* (Durham, NC: Duke University Press, 2009); Melinda Cooper, *Family Values: Between Neoliberalism and the New Social Conservatism* (New York: Zone Books, 2017); and Kim Phillips-Fein, *Fear City: New York's Fiscal Crisis and the Rise of Austerity Politics* (New York: Metropolitan Books, 2017).

43 헨리 해즐릿의 《뉴스위크》 칼럼 전집은 다음을 보라. *Business Tides: The Newsweek Era of Henry Hazlitt*, Kindle ed. (Auburn, AL: Ludwig von Mises Institute, 2011).

44 Milton Friedman, *Capitalism and Freedom*, 40th anniversary ed. (1962; Chicago, IL: University of Chicago Press, 2002).

45 레이건이 1950년대에 제너럴일렉트릭을 위해 일했던 점은 다음을 보라. Jacob

Weisberg, *Ronald Reagan: The American Presidents Series: The Fortieth President, 1981–1989* (New York: Henry Holt, 2016), and Thomas W. Evans, "The GE Years: What Made Reagan Reagan," *History News Network*, January 8, 2007, https://historynewsnetwork.org/article/32681, accessed December 2, 2019. 골드워터의 초기 이력에 대해서는 다음을 보라. Elizabeth Tandy Shermer, *Sunbelt Capitalism: Phoenix and the Transformation of American Politics* (Philadelphia: University of Pennsylvania Press, 2013); Elizabeth Tandy Shermer, ed., *Barry Goldwater and the Remaking of the American Political Landscape* (Tucson: University of Arizona Press, 2013); Rick Perlstein, *Before the Storm: Barry Goldwater and the Unmaking of the American Consensus* (New York: Hill and Wang, 2001). 다음도 보라. Barry M. Goldwater, *The Conscience of a Conservative* (Shepherdsville, KY: Victor, 1960).

46 Barry Goldwater, "Acceptance Speech," the Republican Nomination for President, Cow Palace, San Francisco, July 16, 1964, www.washingtonpost.com/wp-srv/politics/daily/may98/goldwaterspeech.htm, accessed November 29, 2019.

47 William H. Whyte, *The Organization Man* (New York: Simon and Schuster, 1956); David Riesman, *The Lonely Crowd: A Study of the Changing American Character* (New Haven, CT: Yale University Press, 1950); C. Wright Mills, *White Collar: The American Middle Classes* (New York: Oxford University Press, 1951); Richard Hofstadter, *The American Political Tradition and the Men Who Made It* (New York: Knopf, 1948); Paul Goodman, *Growing Up Absurd: Problems of Youth in the Organized Society* (1960; New York: New York Review of Books Classics, 2012).

48 Ronald Reagan, "Commencement Address," Eureka College, June 7, 1957, http://www.shoppbs.pbs.org/wgbh/amex/reagan/filmmore/reference/primary/eureka.html, accessed September 9, 2021.

49 Richard White, *"It's Your Misfortune and None of My Own": A New History of the American West* (Norman: University of Oklahoma Press, 1991)는 이 서부 이야기를 잘 설명하고 있다.

50 Benedict Anderson, *Imagined Communities: Reflections on the Origin and Spread of Nationalism* (New York: Verso, 1983).

51 John F. Kennedy, "Acceptance Speech," Democratic Nomination for President, Memorial Coliseum, Los Angeles, July 15, 1960, The American Presidency Project, University of California, Santa Barbara, https://www.presidency.ucsb.edu/documents/address-accepting-the-democratic-nomination-for-president-the-memorial-coliseum-los, accessed September 9, 2021.

52 Hayek, *The Constitution of Liberty*, 286 and passim.

53 Hayek, *The Constitution of Liberty*. 그 예로 다음을 보라. 88–89, 111–112, 526–527.

54 Hayek, *The Constitution of Liberty*, 531.

55 Allen Ginsberg, "Howl," *Poetry Foundation*, https://www.poetryfoundation.org/poems/49303/howl, accessed September 9, 2021.

56 Goodman, *Growing Up Absurd*, 22–23.

57 Goodman, *Growing Up Absurd*, 41.

58 "Port Huron Statement," 1962, Sixties Project, http://www2.iath.virginia.edu/sixties/HTML_docs/Resources/Primary/Manifestos/SDS_Port_Huron.html, accessed September 9, 2021; Richard Flacks and Nelson Lichtenstein, ed., *The Port Huron Statement: Sources and Legacies of the New Left's Founding Manifesto* (Philadelphia: University of Pennsylvania Press, 2015); Todd Gitlin, *The Sixties: Years of Hope, Days of Rage* (New York: Bantam Books, 1987).

59 초기의 신좌파에 대해서는 다음을 보라. Maurice Isserman, *If I Had a Hammer: The Death of the Old Left and the Birth of the New Left* (New York: Basic Books, 1989); Rebecca Klatch, *A Generation Divided: The New Left, the New Right, and the 1960s* (Berkeley: University of California Press, 1999). 특히 자유발언운동에 대해서는 다음을 보라. W. J. Rorabaugh, *Berkeley at War: The 1960s* (New York: Oxford University Press, 1989); Robert Cohen and Reginald E. Zelnik, eds., *The Free Speech Movement: Reflections on Berkeley in the 1960s* (Berkeley: University of California Press, 2002); Neil J. Smelser, *Reflections on the University of California from the Free Speech Movement to the Global University* (Berkeley: University of California Press, 2010). 자유발언운동의 중심 인물로서 UC버클리 스프롤홀 밖의 계단에서 열정적인 연설을 했던 마리오 새비오의 다음 말은 신좌파의 정서를 그대로 담고 있다. "기계의 작동이 너무나 혐오스러워 그 일부가 된다고 생각하면 구역질이 날 때가 있습니다. 어쩌다 보니 그 일부가 되었다는 수동적인 일도 있어서는 안 됩니다! 그 톱니바퀴에, 레버에, 그 모든 장치에 온몸을 던져서 기계를 멈추어야만 합니다! 그리고 기계를 굴리는 자들과 소유한 자들에게 똑똑히 말해야 합니다. 내가 자유롭지 않다면 기계는 절대로 돌아가지 못하게 만들 것이라고요!" Mario Savio, "Sit-in Address on the Steps of Sproul Hall," University of California, Berkeley, December 2, 1964, https://americanrhetoric.com/speeches/mariosaviosproulhallsitin.html, accessed September 9, 2021. Robert Cohen, *Freedom's Orator: Mario Savio and the Radical Legacy of the 1960s* (New York: Oxford University Press, 2009); Robert Cohen, ed., *The Essential Mario Savio: Speeches and Writings That Changed America* (Berkeley: University of California Press, 2014).

60 Gitlin, *The Sixties;* Godfrey Hodgson, *America in Our Time: From World War II to Nixon—What Happened and Why* (New York: Doubleday, 1976), 288–305. 낸시 프레이저(Nancy Fraser) 또한 신자유주의, 즉 그가 "진보적 신자유주의"라고 부르던 것에 대한 좌파의 영향을 확인했다. 그 예로 다음을 보라. Nancy Fraser, *The Old*

Is Dying and the New Cannot Be Born: From Progressive Neoliberalism to Trump and Beyond (London: Verso, 2019).

61 Ayn Rand, *The Fountainhead* (1943; New York: Signet, 1993); Ayn Rand, *Atlas Shrugged* (1957; New York: Signet, 1992). 랜드에 대해서는 다음을 보라. Jennifer Burns, *Goddess of the Market: Ayn Rand and the American Right* (New York: Oxford University Press, 2009); Anne C. Heller, *Ayn Rand and the World She Made* (New York: Doubleday, 2009); and Lisa Duggan, *Mean Girl: Ayn Rand and the Culture of Greed* (Oakland: University of California Press, 2019).

62 Burns, *Goddess of the Market*, 68, 114.

63 Duggan, *Mean Girl*, 10–11; Cass R. Sunstein, "The Siren of Selfishness," *New York Review of Books*, April 9, 2020, https://www.nybooks.com/articles/2020/04/09/ayn-rand-siren-selfishness/, accessed September 14, 2021. 이렇게 1960년대와 1970년대 청소년들이 랜드의 문학과 조우했던 경험은, 훗날 신자유주의가 이미 대세가 되어 있던 시기에 폴 라이언(Paul Ryan), 피터 틸, 마이크 폼페이오(Mike Pompeo) 등이 경험했던 것과는 아주 달랐다. 이 훗날의 신자유주의자들에게 랜드가 미친 영향에 대해서는 다음을 보라. Jonathan Freedland, "The New Age of Ayn Rand: How She Won Over Trump and Silicon Valley," *The Guardian*, April 10, 2017, https://www.theguardian.com/books/2017/apr/10/new-age-ayn-rand-conquered-trump-white-house-silicon-valley, accessed December 17, 2021, and Corey Robin, "Metaphysics and Chewing Gum," in Robin, *The Reactionary Mind: Conservatism from Edmund Burke to Donald Trump* (New York: Oxford University Press, 2018), 167–187.

64 John Ganz, "The Forgotten Man," *The Baffler*, December 15, 2017, https://thebaffler.com/latest/the-forgotten-man-ganz, accessed July 21, 2021; Murray N. Rothbard, ed., *Left & Right: A Journal of Libertarian Thought* (Complete, 1965–1968) (Auburn, AL: Ludwig von Mises Institute, 2007).

65 Ronald Radosh and Murray N. Rothbard, eds., *A New History of Leviathan: Essays on the Rise of the American Corporate State* (New York: E. P. Dutton, 1972).

66 대기업 자유주의 학파의 주요 작품으로는 다음을 보라. Gabriel Kolko, *The Triumph of Conservatism: A Re-Interpretation of American History, 1900–1916* (Glencoe, IL: Free Press of Glencoe, 1963); Gabriel Kolko, *Main Trends in Modern American History* (1976; New York: Pantheon, 1984); James Weinstein, *The Corporate Ideal in the Liberal State, 1900–1918* (Boston, MA: Beacon Press, 1968); Ronald Radosh, "The Myth of the New Deal," in Radosh and Rothbard, eds., *A New History of Leviathan*, 146–187; Barton J. Bernstein, "The Conservative Achievements of Liberal Reform," in Barton J. Bernstein, ed., *Towards a New Past: Dissenting Essays in American History* (New York: Pantheon, 1968), 263–288; Martin Sklar, *The Corporate Reconstruction of American Capitalism, 1890–1916: The Market, the Law,*

and Politics (New York: Cambridge University Press, 1988).

67 키지와 신나는 장난꾼들에 대해서는 다음을 보라. Tom Wolfe, *The Electric Kool-Aid Acid Test* (1968; New York: Bantam Books, 1969).

68 Stewart Brand, *Whole Earth Catalog*, 1st ed. (Menlo Park, CA: Portola Institute, 1968).

69 Anna Wiener, "The Complicated Legacy of Stewart Brand's 'Whole Earth Catalog,'" *New Yorker*, November 16, 2018, https://www.newyorker.com/news/letter-from-silicon-valley/the-complicated-legacy-of-stewart-brands-whole-earth-catalog, accessed April 10, 2021; Fred Turner, *From Counterculture to Cyberculture: Stewart Brand, the Whole Earth Catalogue, and the Rise of Digital Utopianism* (Chicago, IL: University of Chicago Press, 2006), 61–62; Margaret O'Mara, *The Code: Silicon Valley and the Remaking of America* (New York: Penguin Press, 2019). 루얼 실러(Reuel Schiller)와 폴 세이빈(Paul Sabin)의 최근 글들 또한 신자유주의에 신좌파가 기여했던 것에 대해 흥미로운 것들을 가르쳐 주고 있다. Reuel Schiller, "Regulation and the Collapse of the New Deal Order, or How I Learned to Stop Worrying and Love the Market," and Paul Sabin, "Environmental Law and the End of the New Deal Order," both in Gary Gerstle, Nelson Lichtenstein, and Alice O'Connor, eds., *Beyond the New Deal Order: U.S. Politics from the Great Depression to the Great Recession* (Philadelphia: University of Pennsylvania Press, 2019), 168–185 and 186–203, respectively. 또한 다음을 보라. Paul Sabin, *Public Citizen: The Attack on Big Government and the Remaking of American Liberalism* (New York: W. W. Norton, 2021). 스티브 잡스에 대해서는 다음을 보라. Walter Isaacson, *Steve Jobs* (New York: Simon and Schuster, 2011). 또한 다음을 보라. Lily Geismer, "Change Their Heads: The National Homeownership Strategy, Asset Building and Democratic Neoliberalism," 2019 Organization of American Historians paper, in author's possession; and Lily Geismer, "Agents of Change: Microenterprise, Welfare Reform, the Clintons, and Liberal Forms of Neoliberalism," *Journal of American History* 107 (June 2020), 107–131.

70 이 강탈 행위의 온전한 계보학은 아직 쓰이지 않았다. 하지만 로런스 글리크먼(Lawrence Glickman)의 다음 시사적인 글을 보라. "Everyone Was a Liberal," *Aeon*, July 5, 2016, https://aeon.co/essays/everyone-was-a-liberal-now-no-one-wants-to-be, accessed September 28, 2021. 다음도 보라. Lawrence B. Glickman, *Free Enterprise: An American History* (New Haven, CT: Yale University Press, 2019).

71 Friedman, *Capitalism and Freedom*, 5–6.

72 Hayek, *The Constitution of Liberty*, 529–530.

4장 상승기

1 Lewis F. Powell Jr., "Confidential Memo [to Eugene B. Sydnor Jr., US Chamber of Commerce]: Attack on American Free Enterprise System," August 23, 1971, https://law2.wlu.edu/deptimages/Powell%20Archives/PowellMemorandumTypescript.pdf, accessed September 14, 2021; Kim Phillips-Fein, *Invisible Hands: The Making of the Conservative Movement from the New Deal to Reagan* (New York: W. W. Norton, 2009).

2 Phillips-Fein, *Invisible Hands*, 162에서 인용.

3 Phillips-Fein, *Invisible Hands*, 169.

4 Phillips-Fein, *Invisible Hands*, 169–173.

5 Jane Mayer, *Dark Money: The Hidden History of the Billionaires Behind the Rise of the Radical Right* (New York: Anchor Books, 2016).

6 Sidney Blumenthal, *The Rise of the Counter-Establishment: The Conservative Ascent to Political Power* (New York: Times Books, 1986).

7 Jefferson Cowie, *Stayin' Alive: The 1970s and the Last Days of the Working Class* (New York: New Press, 2010), 261–312; Benjamin C. Waterhouse, *Lobbying America: The Politics of Business from Nixon to NAFTA* (Princeton, NJ: Princeton University Press, 2014), 76–139.

8 정확히 말하면 89개에서 821개로 불어났다. Phillips-Fein, *Invisible Hands*, 185–188. 정치활동위원회의 역사에 대해서는 다음을 보라. Emily J. Charnock, *The Rise of Political Action Committees: Interest Group Electioneering and the Transformation of American Politics* (New York: Oxford University Press, 2020).

9 Phillips-Fein, *Invisible Hands*, 185–188. 또한 다음을 보라. Alice O'Connor, "Financing the Counter-Revolution," in Bruce Schulman and Julian E. Zelizer, eds., *Rightward Bound: Making America Conservative in the 1970s* (Cambridge, MA: Harvard University Press, 2008), 148–168.

10 Phillips-Fein, *Invisible Hands*, 245–246; William E. Simon, *A Time for Truth* (New York: Reader's Digest Press, 1978), xi, xv.

11 Phillips-Fein, *Invisible Hands*, 245–246. 이 시기에 나온 또 다른 신자유주의 선언문으로는 다음을 보라. George Gilder, *Wealth and Poverty* (New York: Basic Books, 1981). 또한 다음을 보라. Mayer, *Dark Money;* Nancy MacLean, *Democracy in Chains: The Deep History of the Radical Right's Stealth Plan for America* (New York: Penguin Books, 2017); Blumenthal, *The Rise of the Counter-Establishment.*

12 생산성의 감소에 대해서는 다음을 보라. Robert J. Gordon, *The Rise and Fall of American Growth: The U.S. Standard of Living Since the Civil War* (Princeton, NJ: Princeton University Press, 2017).

13 노동법 개혁 실패의 충격에 대해서는 다음을 보라. Cowie, *Stayin' Alive*, 288–296.

14 David Hamilton Golland, *Constructing Affirmative Action: The Struggle for Equal Employment Opportunity* (Lexington: University of Kentucky Press, 2011); Nancy MacLean, *Freedom Is Not Enough: The Opening of the American Workplace* (Cambridge, MA: Harvard University Press, 2006), Part I.

15 David A. Hollinger, *Post-Ethnic America: Beyond Multiculturalism* (New York: Basic Books, 1995), 19–50.

16 인사 부서의 역사에 대해서는 다음을 보라. Frank Dobbin and Frank R. Sutton, "The Strength of a Weak State: The Rights Revolution and the Rise of Human Resources Management Divisions," *American Journal of Sociology* 104 (September 1998), 441–476; MacLean, *Freedom Is Not Enough*, 302–314; Anne B. Fisher, "Businessmen Like to Hire by the Numbers," *Fortune*, September 16, 1985, 26–30.

17 Mayer, *Dark Money;* Phillips-Fein, *Invisible Hands*, passim; Elizabeth Tandy Shermer, *Sunbelt Capitalism: Phoenix and the Transformation of American Politics* (Philadelphia: University of Pennsylvania Press, 2013).

18 큰 석유 회사의 소유주였던 퓨 형제들(Pews) 또한 이렇게 회사를 자기 소유물로 바라보는 가문 중 하나였으며, 이들은 정치적 논쟁의 틀을 만들어 내기 위해 퓨 재단(Pew Foundation)을 설립한다. Michael Lind, "Conservative Elites and the Counterrevolution Against the New Deal," in Steve Fraser and Gary Gerstle, eds., *Ruling America: A History of Wealth and Power in a Democracy* (Cambridge, MA: Harvard University Press, 2005), 250–285. 다음도 보라. Darren Dochuk, *Anointed with Oil: How Christianity and Crude Made Modern America* (New York: Basic Books, 2019).

19 Steve Fraser, "'The Labor Question,'" in Steve Fraser and Gary Gerstle, eds., *The Rise and Fall of the New Deal Order, 1930–1980* (Princeton, NJ: Princeton University Press, 1989), 55–84.

20 레이건이 대통령이 되기 전에 밟았던 이력에 대해서는 다음을 보라. Lou Cannon, *President Reagan: The Role of a Lifetime* (New York: Simon and Schuster, 1991); Lou Cannon, *Governor Reagan: His Rise to Power* (New York: PublicAffairs, 2003); Rick Perlstein, *The Invisible Bridge: The Fall of Nixon and the Rise of Reagan* (New York: Simon and Schuster, 2014); Iwan Morgan, *Reagan: American Icon* (New York: Bloomsbury, 2016); Leo Sands, "Governor Ronald Reagan and the Assault on Welfare" (undergraduate dissertation, University of Cambridge, 2016).

21 Ronald Reagan, "Address Accepting the Presidential Nomination at the Republican National Convention in Detroit," July 17, 1980, https://www.youtube.com/watch?v=e8IWm8m2F8M, accessed September 2, 2020. 레이건은 이렇게 말했다. "저는 지금 미국에 살고 있는 우리 세대가 숙명과 조우했다고 믿습니다." 또한 다

음을 보라. Gil Troy, *Morning in America: How Ronald Reagan Invented the 1980s* (Princeton, NJ: Princeton University Press, 2013).

22 Garry Wills, *Reagan's America: Innocents at Home* (1987; New York: Penguin Press, 2000); Debora Silverman, *Selling Culture: Bloomingdale's, Diana Vreeland, and the New Aristocracy of Taste in Reagan's America* (New York: Pantheon Books, 1989); Michael Rogin, *Ronald Reagan the Movie and Other Episodes in Political Demonology* (Los Angeles: University of California Press, 1988).

23 공화당 출신의 부통령 제럴드 포드가 1974년에 닉슨 대통령의 자리를 승계하지만 1976년에 단 한 번 대통령에 출마했다가 패배했다.

24 Michael Kazin, *What It Took to Win: A History of the Democratic Party* (New York: Farrar, Straus and Giroux, 2022); Michael Kazin, *The Populist Persuasion: An American History* (New York: Basic Books, 1995), chapters 9–10; Dan T. Carter, *The Politics of Rage: George Wallace, the Origins of the New Conservatism, and the Transformation of American Politics* (New York: Simon and Schuster, 1995); Kevin P. Phillips, *The Emerging Republican Majority* (New York: Anchor Books, 1970); Dan T. Carter, *From George Wallace to Newt Gingrich: Race in the Conservative Counterrevolution, 1963–1994* (Baton Rouge: Louisiana State University Press, 1996); Elizabeth Hinton, *America on Fire: The Untold History of Police Violence and Black Rebellion Since the 1960s* (New York: Liveright, 2021); Gary Gerstle, *Liberty and Coercion: The Paradox of American Government from the Founding to the Present* (Princeton, NJ: Princeton University Press, 2016), chapter 9; Kevin M. Kruse, *White Flight: Atlanta and the Making of Modern Conservatism* (Princeton, NJ: Princeton University Press, 2005); Matthew D. Lassiter, *The Silent Majority: Suburban Politics in the Sunbelt South* (Princeton, NJ: Princeton University Press, 2006).

25 1952년, 아이젠하워는 모든 미국인에게 "[어떤 신앙]이라도 좋으니" 신에 대한 신앙을 가져 달라고 호소했다. Patrick Henry, "'And I Don't Care What It Is': The Tradition-History of a Civil Religion Proof-Text," *Journal of the American Academy of Religion* 49 (March 1981), 41. 아이젠하워에 대한 나의 해석은 다음의 글에 나오는 논지와 상당히 반대된다. Kevin M. Kruse in *One Nation Under God: How Corporate America Invented Christian America* (New York: Basic Books, 2015). 그리고 다음의 글이 나의 논지와 더 가깝다. Kevin Schultz, *Tri-Faith America: How Postwar Catholics and Jews Held America to Its Protestant Promise* (New York: Oxford University Press, 2011). 뉴딜 질서의 세속적 성격에 대한 더 많은 논의는 이 책의 1장을 보라.

26 *Engel v. Vitale*, 370 U.S. 421 (1962). 엥글에게 유리한 판례로는 다음을 보라. *Everson v. Board of Education*, 330 U.S. 1 (1947).

27 "The Inaugural Address of Governor George C. Wallace," January 14, 1963, Montgomery, Alabama, typescript, 6–7, Alabama Department of Archives and History, http://digital.archives.alabama.gov/cdm/ref/collection/voices/id/2952, accessed March 24, 2020.

28 Darren Dochuk, *From Bible Belt to Sun Belt: Plain-Folk Religion, Grassroots Politics, and the Rise of Evangelical Conservatism* (New York: W. W. Norton, 2011), 240에서 인용. 또한 다음을 보라. William Curtis Martin, *With God on Our Side: The Rise of the Religious Right in America* (New York: Broadway Books, 1996); Frances Fitzgerald, *The Evangelicals: The Struggle to Shape America* (New York: Simon and Schuster, 2017); Eric R. Crouse, *The Cross and Reaganomics: Conservative Christians Defending Ronald Reagan* (Lanham, MD: Lexington Books, 2013); and Kristin Kobes Du Mez, *Jesus and John Wayne: How White Evangelicals Corrupted a Faith and Fractured a Nation* (New York: Liveright, 2020).

29 기독교 계통 학교들 중에는 종교적 신념보다 민권법을 우선순위에 두는 것을 거부하는 바람에 세금 면제를 받지 못할 위협에 처한 곳들이 있었다. 훗날 레이건은 이 학교들의 명분과 운동을 거들게 된다. Joseph Crespino, *In Search of Another America: Mississippi and the Conservative Counterrevolution* (Princeton, NJ: Princeton University Press, 2007).

30 Jerry Falwell, *Listen, America!* (Garden City, NY: Doubleday, 1980), 13. 폴웰은 이 책에서 여러 번 프리드먼과 윌리엄 사이먼을 언급하고 있다. 다음도 보라. Jerry Falwell, *Strength for the Journey: An Autobiography* (New York: Simon and Schuster, 1987); Frances Fitzgerald, *The Evangelicals: The Struggle to Shape America* (New York: Simon and Schuster, 2017), 291–318; Beatrice Wong, "Jerry Falwell and American Politics, c. 1970–2000" (undergraduate dissertation, University of Cambridge, 2021); Susan Friend Harding, *The Book of Jerry Falwell: Fundamentalist Language and Politics* (Princeton, NJ: Princeton University Press, 2000).

31 보통 대선에서 양당 후보만이 맞붙었을 때에는 일반 투표에서 한쪽이 60퍼센트는 차지해야 대승리라고 말하지만, 레이건의 경우에는 세 번째 후보 존 앤더슨(John B. Anderson)도 있었으므로 레이건이 일반 투표에서 가져간 비중이 60퍼센트가 되지는 못했다. 하지만 그럼에도 레이건이 카터 대통령에 비해 10퍼센트를 더 얻었다는 것(50.7퍼센트 대 41퍼센트)은 엄청난 일이었다. 1980년의 대통령선거 결과의 분석으로는 다음을 보라. https://www.presidency.ucsb.edu/statistics/elections/1980, accessed September 14, 2021.

32 북부의 백인 집단들이 레이건 쪽으로 돌아선 것에 대해서는 다음을 보라. Jonathan Rieder, *Canarsie: The Jews and Italians of Brooklyn Against Liberalism* (Cambridge, MA: Harvard University Press, 1985); Samuel G. Freedman, *The Inheritance: How Three Families and the American Political Majority Moved from Left to Right* (New

York: Simon and Schuster, 1996); J. Anthony Lukas, *Common Ground: A Turbulent Decade in the Lives of Three American Families* (New York: Knopf, 1985); Ronald P. Formisano, *Boston Against Busing: Race, Class, and Ethnicity in the 1960s and 1970s* (Chapel Hill: University of North Carolina Press, 1991); Jim Sleeper, *The Closest of Strangers: Liberalism and the Politics of Race in New York* (New York: W. W. Norton, 1990).

33 항공관제사들의 파업과 그 결과들에 대해서는 다음을 보라. Joseph A. McCartin, *Collision Course: Ronald Reagan, the Air Traffic Controllers, and the Strike That Changed America* (New York: Oxford University Press, 2011). 비농업 부문에서의 노조조직률은 이 10년 동안 약 20퍼센트에서 15퍼센트로 감소했다. 게다가 이는 그나마 공공부문에서의 노조가 계속 탄탄하게 유지되어 나온 숫자일 뿐, 민간 부문에서의 노조조직률 감소는 훨씬 더 급격한 것이었다. Gerald Mayer, "Union Membership Trends in the United States," *Congressional Research Service* (Washington, DC: Congressional Research Service, 2004), https://hdl.handle.net/1813/77776, accessed March 27, 2020; Eric Morath, "U.S. Union Membership Hits Another Record Low," *Wall Street Journal*, January 22, 2020, https://www.wsj.com/articles/u-s-union-membership-hits-another-record-low-11579715320, accessed March 27, 2020.

34 W. Elliot Brownlee, *Federal Taxation in America: A Short History*, 2nd ed. (Washington, DC: Woodrow Wilson International Center for Scholars, 2004), 147–177; Cathie Jo Martin, "American Business and the Taxing State: Alliances for Growth in the Postwar Period," in *Funding the Modern American State, 1941–1995: The Rise and Fall of the Era of Easy Finance*, ed. W. Elliot Brownlee (Washington, DC: Woodrow Wilson Center Press, 1996), 353–406; Herbert Stein, *Presidential Economics: The Making of Economic Policy from Roosevelt to Clinton*, 3rd rev. ed. (Washington, DC: American Enterprise Institute for Public Policy Research, 1994), 235–411; John F. Witte, *The Politics and Development of the Federal Income Tax* (Madison: University of Wisconsin Press, 1985), 220–243; Sheldon D. Pollack, *The Failure of U.S. Tax Policy: Revenue and Politics* (University Park: Pennsylvania State University Press, 1996), 87–115; McCartin, *Collision Course;* Nelson Lichtenstein, *State of the Union: A Century of American Labor* (Princeton, NJ: Princeton University Press, 2013); Gerstle, *Liberty and Coercion,* chapter 10; Monica Prasad, *Starving the Beast: Ronald Reagan and the Tax Cut Revolution* (New York: Russell Sage Foundation, 2018); Sidney Blumenthal, "Defining 'Reaganomics,'" *Boston Globe*, November 2, 1980, H10.

35 Sean Wilentz, *The Age of Reagan: A History, 1974–2008* (New York: HarperCollins, 2008), 196–200.

36 Daniel Rowe, "Beyond Reaganomics: The Long Economic Crisis and the Rebuilding of America, 1974–1988" (DPhil dissertation, University of Oxford, 2019), 162.

37 Lee Edwards, *To Preserve and Protect: The Life of Edwin Meese III* (Washington, DC: Heritage Foundation, 2005); Charles Connor, "Rethinking the Robert Bork Affair" (undergraduate dissertation, University of Cambridge, 2018).

38 Laura Kalman, *The Strange Career of Legal Liberalism* (New Haven, CT: Yale University Press, 1996), 132.

39 Robert J. Bork, "Neutral Principles and Some First Amendment Problems," *Indiana Law Journal* 47 (1971), 1–35; Robert J. Bork, "We Suddenly Feel That the Law Is Vulnerable," *Fortune*, December 1971, 115–117, 136–138, 143; Robert J. Bork, *The Tempting of America: The Political Seduction of the Law* (New York: Free Press, 1990). 다음도 보라. Keith Whittington, "The New Originalism," *Georgetown Journal of Law and Public Policy* 2 (2004), 599–613; Jonathan O'Neill, "Shaping Modern Constitutional Theory: Bickel and Bork Confront the Warren Court," *Review of Politics* 65 (2003), 325–354; Daniel T. Rodgers, *Age of Fracture* (Cambridge, MA: Harvard University Press, 2011), 232–342; Steven M. Teles, *The Rise of the Conservative Legal Movement: The Battle for Control of the Law* (Princeton, NJ: Princeton University Press, 2008), chapter 5; Jeffrey Toobin, *The Nine: Inside the Secret World of the Supreme Court* (New York: Doubleday, 2007), 12–13. 다음도 보라. Charles Connor, "The Judges' Wars: Explaining the Battles over Judicial Nominations in Reagan's Second Term" (MPhil dissertation, University of Cambridge, 2019).

40 Richard A. Epstein, "The Proper Scope of the Commerce Power," *Virginia Law Review* 73 (November 1987), 1454, 1451. 이 헌법의 상업 조항이 의회에 부여한 권한에 대해 이렇게 제한적으로 바라보는 관점을 가진 이들에는 다음도 포함된다. Albert Abel, "The Commerce Clause in the Constitutional Convention and in Contemporary Comment," *Minnesota Law Review* 25 (1941), 432–494; Raoul Berger, "Judicial Manipulation of the Commerce Clause," *Texas Law Review* 74 (1995–96), 695–717; Grant Nelson and Robert Pushaw, "Rethinking the Commerce Clause: Applying First Principles to Uphold Federal Commercial Regulations but Preserve State Control over Social Issues," *Iowa Law Review* 85 (1999–2000), 1–173; Randy Barnett, "The Original Meaning of the Commerce Clause," *University of Chicago Law Review* 68 (2001), 101–147; Randy Barnett, "New Evidence on the Original Meaning of the Commerce Clause," *Arkansas Law Review* 55 (2003), 847–900; Bork, "We Suddenly Feel That the Law Is Vulnerable," 115–117, 136–138, 143; Grover Norquist, *Leave Us Alone: Getting the Government's*

Hands Off Our Money, Our Guns, Our Lives (New York: William Morrow, 2008). 다음도 보라. William Grieder, "The Right's Grand Ambition: Rolling Back the Twentieth Century," *Nation*, May 12, 2003, 2.

41 Teles, *The Rise of the Conservative Legal Movement.*

42 Julian E. Zelizer, "How Washington Helped Create the Contemporary Media: Ending the Fairness Doctrine in 1987," in Bruce J. Schulman and Julian E. Zelizer, eds., *Media Nation: The Political History of News in Modern America* (Philadelphia: University of Pennsylvania Press, 2017), 178에서 인용. 또한 다음을 보라. Anna Cardoso, "The Rise of the Right-Wing Media and the Repeal of the Fairness Doctrine in the USA" (undergraduate dissertation, University of Cambridge, 2019).

43 Cardoso, "Rise of the Right-Wing Media," 34–35, 43.

44 Ronald Reagan, "Veto—S. 742 Message from the President of the United States Returning Without My Approval S. 742, The Fairness in Broadcasting Act of 1987, Which Would Codify the So-Called Fairness Doctrine," June 19, 1987 (Washington, DC: Government Printing Office, 1987).

45 "Kucinich Revives 'Hush Rush' Movement," *Rush Limbaugh Show*, May 19, 2011, https://www.rushlimbaugh.com/daily/2011/05/19/kucinich_revives_hush_rush_movement/, accessed March 26, 2020.

46 〈폭스뉴스〉가 이 구호를 던진 것은 2017년이 되어서야 벌어진 일이었다. Michael M. Grynbaum, "Fox Drops Its 'Fair and Balanced' Motto," *New York Times*, June 14, 2017, https://www.nytimes.com/2017/06/14/business/media/fox-news-fair-and-balanced.html, accessed March 26, 2020.

47 Gabriel Sherman, *The Loudest Voice in the Room: How the Brilliant, Bombastic Roger Ailes Built Fox News—and Divided a Country* (New York: Random House, 2014).

48 Ronald Reagan, "Address to the Members of the British Parliament," June 8, 1982, *Public Papers of the Reagan Presidency* (Washington, DC: Government Printing Office, 1983), 742–748, https://www.reaganlibrary.gov/archives/speech/address-members-british-parliament, accessed 14 December 2021; Wilentz, *Age of Reagan*, 154, 206; Rachel Maddow, *Drift: The Unmooring of American Military Power* (New York: Crown, 2012), 64; Julian E. Zelizer, *Arsenal of Democracy: The Politics of National Security—from World War II to the War on Terrorism* (New York: Basic Books, 2010), 300–354; Michael Sherry, *In the Shadow of War: The United States Since the 1930s* (New Haven, CT: Yale University Press, 1995), chapter 8; John Lewis Gaddis, *Strategies of Containment: A Critical Appraisal of American National Security Policy During the Cold War*, rev. ed. (New York: Oxford University Press, 2005), 342–379.

49 감옥 국가의 발흥에 대해서는 다음을 보라. Ruth Wilson Gilmore, *Golden Gulag: Prisons, Surplus, Crisis, and Opposition in Globalizing California* (Berkeley: University of California Press, 2007); Heather Ann Thompson, "Why Mass Incarceration Matters: Rethinking Crisis, Decline, and Transformation in Postwar American History," *Journal of American History* 97 (December 2010), 703–734; Heather Ann Thompson, *Blood in the Water: The Attica Prison Uprising of 1971 and Its Legacy* (New York: Pantheon Books, 2016); Michelle Alexander, *The New Jim Crow: Mass Incarceration in the Age of Colorblindness* (New York: New Press, 2010); Robert Perkinson, *Texas Tough: The Rise of America's Prison Empire* (New York: Henry Holt, 2010); Marie Gottschalk, *The Prison and the Gallows: The Politics of Mass Incarceration in America* (New York: Cambridge University Press, 2006); Marie Gottschalk, *Caught: The Prison State and the Lockdown of American Politics* (Princeton, NJ: Princeton University Press, 2015); Elizabeth Hinton, *From the War on Poverty to the War on Crime: The Making of Mass Incarceration in America* (Cambridge, MA: Harvard University Press, 2016); Hinton, *America on Fire;* Julilly Kohler-Hausmann, *Getting Tough: Welfare and Imprisonment in 1970s America* (Princeton, NJ: Princeton University Press, 2017); Robert T. Chase, *We Are Not Slaves: State Violence, Coerced Labor, and Prisoners' Rights in Postwar America* (Chapel Hill: University of North Carolina Press, 2019); Loïc Wacquant, *Punishing the Poor: The Neoliberal Government of Social Insecurity* (Durham, NC: Duke University Press, 2009); Loïc Wacquant, *Prisons of Poverty* (1999; Minneapolis: University of Minnesota, 2009).

50 "The American Underclass," *Time*, August 29, 1977, 14–15.

51 Ken Auletta, *The Underclass* (New York: Random House, 1982). 1980년대 미국의 도시 빈곤과 범죄 문제에 대한 대안적인 이해 방식으로는 다음을 보라. Michael B. Katz, *The Undeserving Poor: From the War on Poverty to the War on Welfare* (New York: Pantheon Books, 1989); Michael B. Katz, ed., *The "Underclass" Debate: Views from History* (Princeton, NJ: Princeton University Press, 1993); William Julius Wilson, *The Truly Disadvantaged: The Inner City, the Underclass, and Public Policy* (Chicago, IL: University of Chicago Press, 1987); Thomas J. Sugrue, *The Origins of the Urban Crisis: Race and Inequality in Postwar Detroit* (1996; Princeton, NJ: Princeton University Press, 2014); Carl Nightingale, *On the Edge: A History of Poor American Children and Their American Dreams* (New York: Basic Books, 1993); and Walter Johnson, *The Broken Heart of America: St. Louis and the Violent History of the United States* (New York: Basic Books, 2020).

52 이 집단의 다른 이들로는 문학비평가인 앨런 블룸(Allan Bloom), 레이건 정부의 교육부 장관 윌리엄 베넷(William J. Bennett), 《코멘터리(Commentary)》의 편집

장인 노먼 포도레츠(Norman Podhoretz), 뉴욕주 상원의원 대니얼 패트릭 모이니핸(Daniel Patrick Moynihan), 사회과학자 프랜시스 후쿠야마 등이 있었다. 사회과학자 대니얼 벨(Daniel Bell)과 네이선 글레이저(Nathan Glazer)는 주변을 맴돌았고, 역사가이자 사회비평가 크리스토퍼 래시(Christopher Lasch)도 마찬가지였다. 이들은 "신보수주의자(neoconservative)"라는 이름으로 묶일 때가 많았다. 그 예로 그들의 글을 보라. Daniel Bell, *The Cultural Contradictions of Capitalism* (New York: Basic Books, 1976); Christopher Lasch, *The Culture of Narcissism: American Life in an Age of Diminishing Expectations* (New York: W. W. Norton, 1979); Allan Bloom, *The Closing of the American Mind: How Higher Education Has Failed Democracy and Impoverished the Souls of Today's Students* (New York: Simon and Schuster, 1987); William J. Bennett, *The Book of Virtues: A Treasury of Great Moral Stories* (New York: Simon and Schuster, 1993); Irving Kristol, *Neoconservatism: The Autobiography of an Idea* (New York: Free Press, 1995). 다음도 보라. Peter Steinfels, *The Neoconservatives: The Origins of a Movement: From Dissent to Political Power* (New York: Simon and Schuster, 1979); Murray Friedman, *The Neconservative Revolution: Jewish Intellectuals and the Shaping of Public Policy* (Cambridge, MA: Harvard University Press, 2005); Christopher Demuth and William Kristol, eds., *The Neoconservative Imagination: Essays in Honor of Irving Kristol* (Washington, DC: American Enterprise Institute for Public Policy Research, 1995); and Alexander Jacobs, *American Counter-Enlightenment: Social Critics and the Uses of Conservatism* (Cambridge, MA: Harvard University Press, forthcoming).

53 Gertrude Himmelfarb, *The De-Moralization of Society: From Victorian Virtues to Modern Values* (New York: Knopf, 1995), 256.

54 Thomas Sowell, *Ethnic America: A History* (New York: Basic Books, 1981); Thomas Sowell, *The Thomas Sowell Reader* (New York: Basic Books, 2011); Gilder, *Wealth and Poverty*.

55 Charles Murray, *Losing Ground: American Social Policy, 1950–1980* (New York: Basic Books, 1984); Richard J. Herrnstein and Charles Murray, *The Bell Curve: Intelligence and Class Structure in American Life* (New York: Free Press, 1994). 다음도 보라. Steve Fraser, ed., *The Bell Curve Wars: Race, Intelligence, and the Future of America* (New York: Basic Books, 1995); Quinn Slobodian and Stuart Schrader, "The White Man Unburdened: How Charles Murray Stopped Worrying and Learned to Love Racism," *The Baffler 40* (July 2018), https://thebaffler.com/salvos/the-white-man-unburdened-slobodian-schrader, accessed March 28, 2020. 뷰캐넌은 라틴계 이민자들을 반대하는 관점을 가지고 있었으며, 이는 1992년과 1996년의 공화당 대통령 후보 경선에서 부각되었을 뿐만 아니라 1992년의 공화당 전당대회에서 그가 행한 "문화전쟁 연설"에서 가장 충격적으로 드러났다. Patrick Buchanan, "1992

Republican National Convention Speech," August 17, 1992; http://buchanan.org./blog/1992-republican-national-convention-speech-148, accessed September 14, 2021. 뷰캐넌은 나중에 이 주제를 다음과 같은 저서들에서 더욱 상세히 전개하고 있다. *The Death of the West: How Dying Populations and Immigrant Invasions Imperil Our Country and Civilization* (New York: St. Martin's, 2001), and *State of Emergency: The Third World Invasion and the Conquest of America* (New York: Thomas Dunne Books, St. Martin's Press, 2006).

56 이렇게 자기 스스로를 개선한다는 메시지가 어떻게 여러 계급을 넘나들면서 강력한 자기 계발의 종교적인 어조를 가지게 되는지에 대한 흥미로운 탐구로는 다음을 보라. Jessica Burch, "'Soap and Hope': Direct Sales and the Culture of Work and Capitalism in Postwar America" (PhD dissertation, Vanderbilt University, 2015).

57 Melinda Cooper, *Family Values: Between Neoliberalism and the New Social Conservatism* (New York: Zone Books, 2019).

58 John A. Lawrence, *The Class of '74: Congress After Watergate and the Roots of Partisanship* (Baltimore, MD: Johns Hopkins University, 2018); John A. Lawrence, "How the 'Watergate Babies' Broke American Politics," *Politico*, May 26, 2018, https://www.politico.com/magazine/story/2018/05/26/congress-broke-american-politics-218544, accessed August 4, 2021; Kevin M. Kruse and Julian E. Zelizer, *Fault Lines: A History of the United States Since 1974* (New York: W. W. Norton, 2019), 128–129; Kenneth S. Baer, *Reinventing Democrats: The Politics of Liberalism from Reagan to Clinton* (Lawrence: University of Kansas Press, 2000); Al From, *The New Democrats and the Return to Power* (New York: Palgrave Macmillan, 2013); Kazin, *What It Took to Win;* Iwan Morgan, "Jimmy Carter, Bill Clinton, and the New Democratic Economics," *Historical Journal* 47 (2004), 1015–1039; and Nelson Lichtenstein, *A Fabulous Failure: Bill Clinton and American Capitalism* (forthcoming).

59 Charles Peters, "A Neo-Liberal's Manifesto," *Washington Post*, September 5, 1982, https://www.washingtonpost.com/archive/opinions/1982/09/05/a-neo-liberals-manifesto/21cf41ca-e60e-404e-9a66-124592c9f70d/, accessed July 26, 2021; Charles Peters and Philip Keisling, eds., *A New Road for America: The Neoliberal Movement* (Lanham, MD: Madison Books, 1985). 또한 다음을 보라. Randall Rothenberg, *The Neoliberals: Creating the New American Politics* (New York: Simon and Schuster, 1984); Corey Robin, "The First Neoliberals," *Jacobin*, April 28, 2016, https://www.jacobinmag.com/2016/04/chait-neoliberal-new-inquiry-democrats-socialism/, accessed August 1, 2021; and Brent Cebul, "Supply-Side Liberalism: Fiscal Crisis, Post-Industrial Policy, and the Rise of the New Democrats," *Modern American History* 2 (July 2019), 139–164.

60 이러한 것들을 "완전고용, 보편적 의료보험, 조세 형평성, 충분한 주거 공급, 도시 재생, 소수인종의 노동시장 통합, 소득·부·권력의 온건한 재분배 등과 같은 전통적이고 지극히 유서 깊은 진보주의자의 열망들과 혼동해서는 안 된다". Robert Lekachman, "Atari Democrats," *New York Times*, October 10, 1982, https://www.nytimes.com/1982/10/10/opinion/atari-democrats.html, accessed July 26, 2021.

61 Paul E. Tsongas, "Atarizing Reagan," *New York Times*, March 1, 1983, https://www.nytimes.com/1983/03/01/opinion/atarizing-reagan.html, accessed July 26, 2021.

62 Leslie Wayne, "Designing a New Economics for the 'Atari Democrats,'" *New York Times*, September 26, 1982, https://www.nytimes.com/1982/09/26/business/designing-a-new-economics-for-the-atari-democrats.xhtml, accessed March 20, 2019.

63 "뉴올리언스선언"의 문서는 다음을 보라. "Repost: The Manifesto of the Third Way Democrats—the New Orleans Declaration," *abiasedperspective, Luke Phillips Blog*, https://abiasedperspective.wordpress.com/2015/04/07/repost-the-manifesto-of-the-third-way-democrats-the-new-orleans-declaration/, accessed April 2, 2020. 다음도 보라. Robin Toner, "Eyes to Left, Democrats Edge Toward the Center," *New York Times*, March 25, 1990, https://www.nytimes.com/1990/03/25/us/eyes-to-left-democrats-edge-toward-the-center.html, accessed August 4, 2021; Baer, *Reinventing Democrats;* From, *The New Democrats and the Return to Power; Kazin, What It Took to Win;* Morgan, "Jimmy Carter, Bill Clinton, and the New Democratic Economics"; Jon F. Hale, "The Making of the New Democrats," *Political Science Quarterly* 110 (Summer 1995), 207–232.

64 "Repost: The Manifesto of the Third Way Democrats—the New Orleans Declaration," *abiasedperspective, Luke Phillips Blog.*

65 From, *The New Democrats and the Return to Power.*

66 1980년대 내내 민주당은 의회에서 상원과 하원 중 최소한 한 곳은 장악했다. 이러한 1980년대 민주당의 권력과 정치 지속에 대해서는 다음을 보라. Julian E. Zelizer, *Governing America: The Revival of Political History* (Princeton, NJ: Princeton University Press, 2012), and Julian E. Zelizer, "The Unexpected Endurance of the New Deal Order: Liberalism in the Age of Reagan," in Gary Gerstle, Nelson Lichtenstein, and Alice O'Connor, *Beyond the New Deal Order: U.S. Politics from the Great Depression to the Great Recession* (Philadelphia: University of Pennsylvania Press, 2019), 71–92.

67 로허튼에 대해서는 다음을 보라. Rowe, "Beyond Reaganomics," 166. 미국의 일부 개혁가들이 일본과 그 국가 지도형 산업정책에 가졌던 호감에 대해서는 다음을 보라. Ezra F. Vogel, *Japan as Number One: Lessons for America* (Cambridge, MA: Harvard University Press, 1979); Chalmers Johnson, *MITI and the Japanese*

Miracle: The Growth of Industrial Policy, 1925–1975 (Stanford, CA: Stanford University Press, 1982); Otis L. Graham Jr., *Losing Time: The Industrial Policy Debate* (Cambridge, MA: Harvard University Press, 1992); Waterhouse, *Lobbying America;* Jennifer A. Delton, *The Industrialists: How the National Association of Manufacturers Shaped American Capitalism* (Princeton, NJ: Princeton University Press, 2020), 237–290. 이러한 전개에 대한 문화적 관점으로는 다음을 보라. Andrew C. McKevitt, *Consuming Japan: Popular Culture and the Globalizing of 1980s America* (Chapel Hill: University of North Carolina Press, 2017).

5장 승리의 개가

1 Ian Kershaw, *The Global Age: Europe, 1950–2017* (New York: Viking, 2018), 391.

2 Vladimir Putin, *First Person: An Astonishingly Frank Self-Portrait by Russia's President Vladimir Putin* (New York: PublicAffairs, 2000), 78; Masha Gessen, *The Man Without a Face: The Unlikely Rise of Vladimir Putin* (New York: Riverhead 2012), 66–70.

3 Stephen Kotkin, *Armageddon Averted: The Soviet Collapse, 1970–2000* (New York: Oxford University Press, 2001), 63; Robert C. Allen, "The Rise and Decline of the Soviet Economy," *Canadian Journal of Economics / Revue canadienne d'économique* 34 (2001), 859–881; William Easterly and Stanley Fischer, "The Soviet Economic Decline," *World Bank Economic Review* 9 (September 1995), 341–371.

4 Kotkin, *Armageddon Averted; Robert Service, The End of the Cold War: 1985–1991* (London: Macmillan, 2015).

5 William Taubman, *Gorbachev: His Life and Times* (New York: W.W. Norton, 2017); Vladislav M. Zubok, *A Failed Empire: The Soviet Union from Stalin to Gorbachev* (Chapel Hill: University of North Carolina Press, 2009).

6 Ezra F. Vogel, *Deng Xiaoping and the Transformation of China* (Cambridge, MA: Belknap Press of Harvard University Press, 2013). 소련과 중국이라는 두 공산주의 제국들의 상이한 경로에 대한 매혹적인 탐구로는 다음을 보라. Perry Anderson, "Two Revolutions," *New Left Review* 61 (January/February 2010), https://newleftreview.org/issues/ii61/articles/perry-anderson-two-revolutions, accessed July 28, 2021.

7 Jeffrey A. Engel, *When the World Seemed New: George H. W. Bush and the End of the Cold War* (Boston: Houghton Mifflin, 2017), chapter 16.

8 Taubman, *Gorbachev*, chapters 14–19. 소련 실험의 종말에 대해서는 다음도 보라. Odd Arne Westad, *The Cold War: A World History* (New York: Basic Books, 2019);

Eric J. Hobsbawm, *The Age of Extremes: A History of the World, 1914–1991* (New York: Pantheon Books, 1994); and Tony Judt, *Postwar: A History of Europe Since 1945* (London: Penguin, 2005).

9 Don Oberdorfer, "Leaders Come to Grips with Post–Cold War Era," *Washington Post*, November 30, 1989, https://www.washingtonpost.com/archive/politics/1989/11/30/leaders-come-to-grips-with-post-cold-war-era/dc5c8ec3-1648-4afc-9bdd-9e580a53c866/, accessed July 28, 2021.

10 John Lewis Gaddis, *We Now Know: Rethinking Cold War History* (New York: Oxford University Press, 1997); John Lewis Gaddis, *The United States and the End of the Cold War: Implications, Reconsiderations, Provocations* (New York: Oxford University Press, 1992).

11 Marc Levinson, *Outside the Box: How Globalization Changed from Moving Stuff to Spreading Ideas* (Princeton, NJ: Princeton University Press, 2020), 121, 94; Joshua B. Freeman, *Behemoth: A History of the Factory and the Making of the Modern World* (New York: W. W. Norton, 2018), 270–313.

12 Nelson Lichtenstein, *State of the Union: A Century of American Labor* (Princeton, NJ: Princeton University Press, 2002), 213.

13 Leon Fink and Brian Greenberg, *Upheaval in the Quiet Zone: 1199/SEIU and the Politics of Health Care Unionism*, 2nd ed. (Champaign: University of Illinois Press, 2009).

14 한 연구에 따르면, 1990년대 동안 고용주들이 공장 폐쇄의 위협으로 맞설 경우 노조들은 선거에서 3분의 2 정도가 패배했다고 한다. Kate Bronfenbrenner, "We'll Close! Plant Closings, Plant-Closing Threats, Union Organizing and NAFTA," *Multinational Monitor* 18 (March 1997), 8–14; Kate Bronfenbrenner, "Raw Power: Plant-Closing Threats and the Threat to Union Organizing," *Multinational Monitor* 21 (December 2000), 24–30; Joshua B. Freeman, *American Empire: The Rise of a Global Power, the Democratic Revolution at Home, 1945–2000* (New York: Viking, 2012), Part III; Lichtenstein, *State of the Union;* chapter 6; Levinson, *Outside the Box; Godfrey Hodgson, More Equal Than Others: America from Nixon to the New Century* (Princeton, NJ: Princeton University Press, 2004), 45; Century Foundation, *What's Next for Organized Labor* (New York: Century, 1999).

15 Lawrence Mishel and Julia Wolfe, "CEO Compensation Has Grown 940% Since 1978," Economic Policy Institute, August 14, 2019, https://www.epi.org/publication/ceo-compensation-2018/, accessed September 8, 2020. 또한 다음을 보라. Kevin M. Kruse and Julian E. Zelizer, *Fault Lines: A History of the United States Since 1974* (New York: W. W. Norton, 2019), 234.

16 Nancy MacLean, *Freedom Is Not Enough: The Opening of the American Workplace*

(Cambridge, MA: Harvard University Press, 2006); Kruse and Zelizer, *Fault Lines*, 235; Robert D. Putnam, *Bowling Alone: The Collapse and Revival of the American Community* (New York: Simon and Schuster, 2000), 196–197; Jacob S. Hacker, *The Great Risk Shift: The New Economic Insecurity and the Decline of the American Dream* (New York: Oxford University Press, 2006); Godfrey Hodgson, *More Equal than Others; Steve Fraser, The Age of Acquiescence: The Life and Death of American Resistance to Organized Wealth and Power* (New York: Little, Brown, 2015), chapter 12.

17 Francis Fukuyama, *The End of History and the Last Man* (New York: Free Press, 1992). 이는 후쿠야마가 출간했던 다음의 글을 발전시킨 저서다. "The End of History?" published in National Interest 16 (Summer 1989), 3–18.

18 유럽의 사회민주주의 쇠퇴에 대해서는 다음을 보라. Tony Judt, Ill Fares the Land (New York: Penguin Books, 2010) and Judt, *Postwar;* Sheri Berman, *The Primacy of Politics: Social Democracy and the Making of Europe's Twentieth Century* (New York: Cambridge University Press, 2006); James T. Kloppenberg and John Gee, "Social and Economic Democracy," in Eugenio F. Biagini and Gary Gerstle, eds., *A Cultural History of Democracy: The Modern Age* (London: Bloomsbury, 2021), 81–106.

19 Howard Brick and Christopher Phelps, *Radicals in America: The U.S. Left Since the Second World War* (New York: Cambridge University Press, 2015); Robert O. Self, *All in the Family: The Realignment of American Democracy Since the 1960s* (New York: Hill and Wang, 2013); Michael Kazin, *American Dreamers: How the Left Changed a Nation* (New York: Random House, 2011), 252–278; Richard Rorty, *Achieving Our Country: Leftist Thought in Twentieth-Century America* (Cambridge, MA: Harvard University Press, 1998); Nancy Fraser and Axel Honneth, *Redistribution or Recognition: A Political-Philosophical Exchange* (New York: Verso, 2003); Nancy Fraser, *Fortunes of Feminism: From State-Managed Capitalism to Neoliberal Crisis* (New York: Verso, 2013).

20 Engel, *When the World Seemed New*, passim.

21 Jon Meacham, *Destiny and Power: The American Odyssey of George Herbert Walker Bush* (New York: Random House, 2015); Timothy Naftali, *George H. W. Bush: The American Presidents' Series: The 41st President, 1989–1993* (New York: Times Books and Henry Holt, 2007).

22 부시 집안이 텍사스로 이주했던 것과 그 여러 결과에 대해서는 다음을 보라. Gary Gerstle, "Minorities, Multiculturalism and the Presidency of George W. Bush," in Julian E. Zelizer, ed., *The Presidency of George W. Bush: A First Historical Assessment* (Princeton, NJ: Princeton University Press, 2010), 252–281.

23 Kruse and Zelizer, *Fault Lines*, 189.

24 모린 다우드(Maureen Dowd)는 칼럼에서 이러한 송개스의 쏘아붙임을 알리고

있다. "The 1992 Campaign: Campaign Memo; Voters Want Candidates to Take a Reality Check," *New York Times*, February 17, 1992, https://www.nytimes.com/1992/02/17/us/the-1992-campaign-campaign-memo-voters-want-candidates-to-take-a-reality-check.html, accessed July 29, 2021.

25 북미자유무역협정에 대해서는 다음을 보라. Engel, *When the World Seemed New;* Benjamin C. Waterhouse, *Lobbying America: The Politics of Business from Nixon to NAFTA* (Princeton, NJ: Princeton University Press, 2014), 243–247; Maxwell A. Cameron and Brian W. Tomlin, *The Making of NAFTA: How the Deal Was Done* (Ithaca, NY: Cornell University Press, 2000); Gwen Ifill, "The 1992 Campaign: The Democrats: With Reservations, Clinton Endorses Free-Trade Pact," *New York Times,* October 5, 1992, https://www.nytimes.com/1992/10/05/us/1992-campaign-democrats-with-reservations-clinton-endorses-free-trade-pact.html, accessed August 9, 2021; Bill Clinton, "Remarks at the Signing Ceremony for the Supplemental Agreements to the North American Free Trade Agreement," September 14, 1993, https://www.presidency.ucsb.edu/documents/remarks-the-signing-ceremony-for-the-supplemental-agreements-the-north-american-free-trade, accessed May 21, 2018; Bill Clinton, "Remarks on Signing the North American Free Trade Agreement Implementation Act," December 8, 1993, https://www.presidency.ucsb.edu/documents/remarks-signing-the-north-american-free-trade-agreement-implementation-act, accessed May 21, 2018.

26 Patrick Joseph Buchanan, "Culture War Speech: Address to the Republican National Convention, August 17, 1992," *Voices of Democracy: The U.S. Oratory Project*, https://voicesofdemocracy.umd.edu/buchanan-culture-war-speech-speech-text/, accessed May 19, 2020.

27 다음도 보라. Patrick Buchanan, *The Death of the West: How Dying Populations and Immigrant Invasions Imperil Our Country and Civilization* (New York: St. Martin's, 2001), and *State of Emergency: The Third World Invasion and the Conquest of America* (New York: Thomas Dunne Books, St. Martin's Press, 2006).

28 Gerald Posner, *Ross Perot: His Life and Times* (New York: Random House, 1996); Ken Gross, *Perot: The Man Behind the Myth* (New York: Random House, 2012).

29 Dave Maraniss, *First in His Class: A Biography of Bill Clinton* (New York: Simon and Schuster, 1996); Bill Clinton, *My Life* (New York: Knopf, 2004); William Chafe, *Bill and Hillary: The Politics of the Personal* (New York: Farrar, Straus and Giroux, 2012); Michael Tomasky, *Bill Clinton: The American Presidents' Series, The 42nd President, 1993–2001* (New York: Times Books, 2017).

30 클린턴이 자주 가졌던 심야 방담회 그리고 그의 복잡한 사적 세계에 대한 이야기들로는 다음을 보라. Taylor Branch, *The Clinton Tapes: Wrestling History with the*

President (New York: Simon and Schuster, 2009).

31 Maraniss, *First in His Class.*

32 Lawrence R. Jacobs and Theda Skocpol, *Health Care Reform and American Politics: What Everyone Needs to Know* (New York: Oxford University Press, 2010).

33 Steve Gillon, *The Pact: Bill Clinton, Newt Gingrich, and the Rivalry That Defined a Generation* (New York: Oxford University Press, 2008); Julian E. Zelizer, *Burning Down the House: Newt Gingrich and the Rise of the New Republican Party* (New York: Penguin Books, 2020); Sean Wilentz, *The Age of Reagan: A History, 1974–2008* (New York: HarperCollins, 2008).

34 Dick Morris and Eileen McGann, *Because He Could* (New York: HarperCollins, 2004).

35 Wilentz, *The Age of Reagan*, and Joseph E. Stiglitz, *The Roaring Nineties: A New History of the World's Most Prosperous Decade* (New York: W. W. Norton, 2003).

36 Clinton, "Remarks on Signing the North American Free Trade Agreement Implementation Act."

37 David E. Rosenbaum, "The Budget Struggle; Clinton Wins Approval of His Budget Plan as Gore Votes to Break Senate Deadlock," *New York Times*, August 7, 1993,https://www.nytimes.com/1993/08/07/us/budget-struggle-clinton-wins-approval-his-budget-plan-gore-votes-break-senate.html, accessed August 9, 2021; Eric Pianin and David S. Hilzenrath, "Senate Passes Clinton Budget Bill, 51–50, After Kerrey Reluctantly Casts 'Yes' Vote," *Washington Post*, August 7, 1993, https://www.washingtonpost.com/archive/politics/1993/08/07/senate-passes-clinton-budget-bill-51-50-after-kerrey-reluctantly-casts-yes-vote/e9c37591-86f5-4ca8-ad84-f6e8368999cb/, accessed August 9, 2021; Steven Greenhouse, "When Robert Rubin Talks . . . ," *New York Times*, July 25, 1993, https://www.nytimes.com/1993/07/25/business/when-robert-rubin-talks.html, accessed August 8, 2021; David E. Sanger, "Robert E. Rubin—Treasury Secretary," *New York Times*, December 14, 1996, https://www.nytimes.com/1996/12/14/us/robert-e-rubin-treasury-secretary.html, accessed August 8, 2021.

38 Kruse and Zelizer, *Fault Lines*, 210.

39 Lawrence H. Summers, "The Great Liberator," *New York Times*, November 19, 2006.

40 위대한사회의 마을만들기프로그램(Community Action Programs)으로부터 기계와 같은 대도시에 관한 여러 공격이 이루어졌다. 이에 대해서는 다음을 보라. Allen J. Matusow, *The Unraveling of America: A History of Liberalism in the 1960s* (New York: Harper and Row, 1984). 신자유주의의 출현에 대해 신좌파가 기여했던 바에 대해서는 다음을 보라. Reuel Schiller, "Regulation and the Collapse of the New

Deal Order or How I Learned to Stop Worrying and Love the Market," and Paul Sabin, "Environmental Law and the End of the New Deal Order," both in Gary Gerstle, Nelson Lichtenstein, and Alice O'Connor, eds., *Beyond the New Deal Order* (Philadelphia: University of Pennsylvania Press, 2019), 186–203 and 168–185. 다음도 보라. Paul Sabin, *Public Citizen: The Attack on Big Government and the Remaking of American Liberalism* (New York: W. W. Norton, 2021).

41 네이더 그리고 신자유주의의 신좌파적 기원에 대한 더 많은 논의는 이 책의 3장을 보라.

42 4장과 다음을 보라. Kenneth S. Baer, *Reinventing Democrats: The Politics of Liberalism from Reagan to Clinton* (Lawrence: University of Kansas Press, 2000; Al From, *The New Democrats and the Return to Power* (New York: Palgrave Macmillan, 2013); Michael Kazin, *What It Took to Win: A History of the Democratic Party* (New York: Farrar, Straus and Giroux, 2022); Iwan Morgan, "Jimmy Carter, Bill Clinton, and the New Democratic Economics," *Historical Journal* 47 (2004), 1015–1039; Lily Geismer, *Don't Blame Us: Suburban Liberals and the Transformation of the Democratic Party* (Princeton, NJ: Princeton University Press, 2015).

43 Kruse and Zelizer, *Fault Lines*, 232; Margaret O'Mara, *The Code: Silicon Valley and the Remaking of America* (New York: Penguin Press, 2019).

44 President William Jefferson Clinton, "2000 State of the Union Address," January 27, 2000, reprinted in the *New York Times*, January 28, 2000, https://www.nytimes.com/2000/01/28/us/state-union-president-clinton-state-union-strongest-it-has-ever-been.html, accessed July 14, 2020.

45 O'Mara, *The Code;* Fred Turner, *From Counterculture to Cyberculture: Stewart Brand, the Whole Earth Network, and the Rise of Digital Utopianism* (Chicago, IL: University of Chicago Press, 2008).

46 앨빈 토플러와 하이디 토플러는 세 가지 물결에 대한 이론을 그들의 1980년 베스트셀러 *The Third Wave* (New York: Bantam Books, 1980)에서 대략적으로 제시했다. 이미 앨빈 토플러는 자신의 이전 저서 *Future Shock* (New York: Random House, 1970)로 명성을 얻은 상태였다.

47 Esther Dyson, George Gilder, George Keyworth, and Alvin Toffler, "Cyberspace and the American Dream: A Magna Carta for the Knowledge Age," http://www.pff.org/issues-pubs/futureinsights/fi1.2magnacarta.html, accessed July 29, 2021.

48 Dyson et al., "Cyberspace and the American Dream."

49 Dyson et al., "Cyberspace and the American Dream." 앨빈 토플러는 1928년에 뉴욕의 유태인 이민자 가정에서 태어났으며, 어린 시절에 가족 전체의 분위기를 지배하던 좌파 사상에 노출된 바 있었다. 그는 1940년대에 민권운동가 및 노동운동가로서 활동하던 하이디[애들레이드 엘리자베스 패럴(Adelaide Elizabeth Farrell)]를 만

나 결혼하게 된다. 다음을 보라. Jill Leovy, "Alvin Toffler, Author of 1970 Bestseller 'Future Shock,' Dies at 87," *Los Angeles Times*, June 29, 2016, https://www.latimes.com/local/obituaries/la-me-alvin-toffler-20160629-snap-story.html, accessed July 29, 2021; Kenneth Schneider, "Alvin Toffler, Author of 'Future Shock,' Dies at 87," *New York Times*, June 29, 2021, https://www.nytimes.com/2016/06/30/books/alvin-toffler-author-of-future-shock-dies-at-87.html, accessed July 29, 2021; David Henry, "Alvin Toffler, Author of Best-Selling 'Future Shock' and 'The Third Wave,' Dies at 87," *Washington Post*, June 29, 2016, https://www.washingtonpost.com/business/alvin-toffler-author-of-best-selling-future-shock-and-the-third-wave-dies-at-87/2016/06/29/0d63748c-3e09-11e6-80bc-d06711fd2125_story.html, accessed August 10, 2021. 다음도 보라. Toffler's interview with Kevin Kelly, "Anticipatory Democracy," *Wired*, July 1, 1996, https://kk.org/wp-content/uploads/2010/06/Alvin-Toffier.pdf, accessed August 10, 2021.

50 Dyson et al., "Cyberspace and the American Dream." 다음도 보라. Jill Lepore, *These Truths: A History of the United States* (New York: W. W. Norton, 2019), Part IV.

51 Dyson et al., "Cyberspace and the American Dream."

52 George Gilder, *Wealth and Poverty* (New York: Basic Books, 1981). 다이슨에 대해서는 다음을 보라. Paulina Borsook, "Release," *Wired*, May 1, 1993, https://www.wired.com/1993/05/dyson-3/, accessed August 12, 2021; Claudia Dreifus, "The Cyber-Maxims of Esther Dyson," *New York Times*, July 7, 1996, https://www.nytimes.com/1996/07/07/magazine/the-cyber-maxims-of-esther-dyson.html?searchResultPosition=2, accessed August 10,

53 O'Mara, *The Code*, 325.

54 Esther Dyson, "Friend and Foe," *Wired*, August 1, 1995, https://www.wired.com/1995/08/newt/, accessed August 10, 2021.

55 스티브 길런(Steve Gillon)은 정치적으로 적수였던 클린턴과 깅그리치가 어떻게 해서 서로의 사고방식을 수렴하게 됐는지 파악한 바 있다. Gillon, *The Pact.*

56 실리콘밸리와 개인적 자유의 비전에 대해서는 다음을 보라. O'Mara, The Code, and Turner, *From Counterculture to Cyberculture.*

57 Vice President Al Gore, *The Gore Report on Reinventing Government: Creating a Government That Works Better and Costs Less* (New York: Times Books, 1993); Stephen Barr, "Reinventing Government Is an Idea Whose Time Has Come—Again," *Washington Post*, October 22, 2000, https://www.washingtonpost.com/archive/local/2000/10/22/reinventing-government-is-an-idea-whose-time-has-come-again/b52a1e17-d18a-438e-ab48-a9e5eabad6c8/, accessed August 9, 2021; Ronald C. Moe, "The 'Reinventing Government' Exercise: Misinterpreting the Problem, Misjudging the Consequences," *Public Administration Review* 54 (March–

April 1994), 111–122; William A. Galston and Geoffrey L. Tibbetts, "Reinventing Federalism: The Clinton/Gore Program for a New Partnership Among the Federal, State, Local and Tribal Governments," *Publius: The Journal of Federalism* 24 (Summer 1994), 23–48; Jonathan D. Breul and John M. Kamensky, "Federal Government Reform: Lessons from Clinton's 'Reinventing Government' and Bush's 'Management Agenda' Initiatives," *Public Administration Review* 68 (November–December 2008), 1009–1026; Charles C. Clark, "Reinventing Government—Two Decades Later," *Government Executive*, April 26, 2013, https://www.govexec.com/management/2013/04/what-reinvention-wrought/62836/, accessed August 9, 2021; Nelson Lichtenstein, *A Fabulous Failure: Bill Clinton and American Capitalism* (forthcoming). 클린턴 백악관에 대해 좀 더 일반적인 논의로는 다음을 보라. William C. Berman, *From the Center to the Edge: The Politics and Policies of the Clinton Presidency* (Lanham, MD: Rowman and Littlefield, 2001); Haynes Johnson, *The Best of Times: America in the Clinton Years* (New York: Harcourt, 2001); Joe Klein, *The Natural: The Misunderstood Presidency of Bill Clinton* (New York: Doubleday, 2002); Alex Waddan, *Clinton's Legacy? A New Democrat in Governance* (New York: Palgrave, 2002); Nigel Hamilton, *Bill Clinton: An American Journey—Great Expectations* (New York: Random House, 2003); John F. Harris, *The Survivor: Bill Clinton in the White House* (New York: Random House, 2005); Nigel Hamilton, Bill Clinton: *Mastering the Presidency* (New York: Public Affairs, 2007); Jack Godwin, *Clintonomics: How Bill Clinton Reengineered the Reagan Revolution* (New York: American Management Association, 2009).

58 1930년대 통신산업에 대한 규제 장치들과 20세기에 그것들이 진화해 온 바에 대해서는 다음을 보라. Patricia Aufderheide, *Communications Policy and the Public Interest: The Telecommunications Act of 1996* (New York: Guildford Press, 1999); Erik Barnouw, *A Tower in Babel: A History of Broadcasting in the United States to 1933* (New York: Oxford University Press, 1966); Erik Barnouw, *The Golden Web: A History of American Broadcasting, 1933–1953* (New York: Oxford University Press, 1968); Erik Barnouw, *The Image Empire: A History of American Broadcasting from 1953* (New York: Oxford University Press, 1970); Susan Douglas, *Inventing American Broadcasting, 1899–1922* (Baltimore, MD: Johns Hopkins University Press, 1989); Robert McChesney, *Telecommunications, Mass Media, and Democracy: The Battle for Control of U.S. Media, 1928–1935* (New York: Oxford University Press, 1995); James A. Baughman, *Same Time, Same Station: Creating American Television, 1948–1961* (Baltimore, MD: Johns Hopkins University Press, 2007); Julian E. Zelizer, "How Washington Helped Create the Contemporary Media: Ending the Fairness Doctrine in 1987," in Bruce J. Schulman and Julian E. Zelizer, eds., *Media Nation: The Political History of News in Modern America* (Philadelphia: University of Pennsylvania Press, 2017), 176–189; Anna Cardoso, "The Rise of the Right-Wing Media and the Repeal of the Fairness Doctrine in the USA" (undergraduate dissertation, University of Cambridge, 2019).

59 특히 다음을 보라. Walter Lippmann, *Public Opinion* (New York: Harcourt Brace, 1922) and *The Phantom Public* (New York: Harcourt Brace, 1925).

60 공평성 원칙에 대해서는 다음을 보라. Zelizer, "How Washington Helped Create the Contemporary Media," and Cardoso, "The Rise of the Right-Wing Media and the Repeal of the Fairness Doctrine in the USA."

61 이러한 비전을 홍보하고 다녔던 핵심 인물 중 하나는 사이버 유토피아주의자인 [그리고 록 그룹 그레이트풀 데드(Greatful Dead)에서 오랫동안 작사를 맡았던] 존 페리 발로(John Perry Barlow)였다. 그의 다음 글을 보라. "A Declaration of the Independence of Cyberspace," issued by Electronic Frontier Foundation, February 8, 1996, https://www.eff.org/cyberspace-independence, accessed July 29, 2021. 또한 발로는 당시 《와이어드》에 자주 기고했다. "Jack In?" *Wired,* February 1, 1993, https://www.wired.com/1993/02/jack-in/, accessed August 9, 2021; "The Economy of Ideas," *Wired*, March 1, 1994, https://www.wired.com/1994/03/economy-ideas/, accessed August 9, 2021; "Jackboots on the Infobahn," *Wired*, April 1, 1994, https://www.wired.com/1994/04/privacy-barlow/, accessed August 9, 2021; "Declaring Independence," *Wired*, June 1, 1996, https://www.wired.com/1996/06/independence/, accessed August 9, 2021; "The Powers That Were," *Wired*, September 1, 1996, https://www.wired.com/1996/09/netizen-10/, accessed August 9, 2021; "The Next Economy of Ideas," *Wired*, October 1, 2000, https://www.wired.com/2000/10/download/, accessed August 9, 2021.

62 Aufderheide, *Communications Policy and the Public Interest.*

63 이 입법 자체의 발전 과정과 그것에 담긴 야심에 대해서는 다음을 보라. Stiglitz, *The Roaring Nineties*, 87–114; 스티글리츠와 전화 인터뷰, May 19, 2020.

64 키트먼은 한 칼럼에서 이렇게 말한다. "이 새로운 원거리통신법이 1995년의 '그들 요구를 다 들어주라' 의회를 어떻게 통과해 나갔는지를 살펴보면서 나는 내가 꼭 1890년대 중반 스탠더드오일의 역사를 파헤치던 추문 폭로 전문 저널리스트가 된 것 같았다." Marvin Kitman, "The New Robber Barons Telecommunications Act Plays Monopoly with Our Money," *Newsday*, combined editions [Long Island, NY], August 10, 1995, B65.

65 Kitman, "The New Robber Barons." 이러한 관점은 또한 다음 저작의 기초가 된다. Fraser, *Age of Acquiescence and Richard White, The Republic for Which It Stands: The United States During Reconstruction and the Gilded Age 1865–1896* (New York: Oxford University Press, 2017).

66 Marvin Kitman, "Telecom 'Competition'?" *Newsday*, February 18, 1996, 19.

67 마빈 키트먼이 《뉴스데이》에 이 주제로 기고한 글들이 있다. "How to Block This Highway?" *Newsday*, October 18, 1993; "Telecom Act: No Contest Law's Passage May End Competition for Phone, Cable Firms," *Newsday*, August 14, 1995; "The Great Cable Caper," *Newsday*, August 20, 1995; "The Big Get Bigger," *Newsday*, September 3, 1995; "A Cable-Merger Monster," *Newsday*, October 1, 1995; "Octopus Inc. 'NewsHour,'" *Newsday*, October 15, 1995; "Dole's Tilting at TV Titans," *Newsday*, January 21, 1996; "Telecom 'Competition,'" *Newsday*, February 18, 1996; "Ratings Schmatings: It's a Hoax," *Newsday*, January 12, 1997; "Hold the Phone, Mr. Gore / Ever Hear of the Vice President in Hollywood?," *Newsday* October 27, 1997; "Phone and Cable Sharks Merge in a Feeding Frenzy," *Newsday*, June 29, 1998. 이 입법의 진화 과정에 대해서는 다음을 보라. "Telecommunication Talks," *New York Times*, January 6, 1994, D9; Mary Lu Carnevale, "Commerce Secretary Proposes Changes for Telecommunications Bill in Senate," *Wall Street Journal*, February 23, 1994, A2; "Toward a Free Market in Telecommunications," *Wall Street Journal*, April 19, 1994, A20; Edmund L. Andrews, "House Set to Pass Changes in Telecommunications Rules," *New York Times*, June 27, 1994, D1; Jube Shiver Jr., "Telecommunications Bill Faces Extinction in Senate," *Los Angeles Times*, August 5, 1994, D1; Mike Mills, "Meeting of the Media Giants: Executives and Republicans Trade Views on Telecommunications Law," *Washington Post*, January 21, 1995, C1; Daniel Pearl, "Telecom Deregulation Spawns Rival Bills," *Wall Street Journal*, May 3, 1995, B6; Daniel Pearl, "House Is Expected to Push for Radical Deregulation of Telecommunications," *Wall Street Journal*, June 19, 1995, B1; Jon Van, "'Devil in Details' Visits Deregulation," *Chicago Tribune*, August 8, 1995, C1; Edmund L. Andrews, "For Telecommunications Bill, Time for Some Horse Trading," *New York Times*, December 4, 1995, D1; Mike Mills, "From the Hill's Telecom Tales, a Few Holiday Honors," *Washington Post*, December 24, 1995, 81.

68 O'Mara, *The Code*, 332–333에서 인용.

69 입법안에 포르노그래피에 대한 통제 문제까지 삽입하고자 하는 시도에 대해서는 다음을 보라. "House Is Expected to Push for Radical Deregulation of Telecommunications"; Andrews, "For Telecommunications Bill, Time for Some Horse Trading"; Mike Godwin, *Cyber Rights: Defending Free Speech in the Digital Age* (Cambridge, MA: MIT Press, 2003), chapter 10. 연방통신위원회를 강화하여 새로운 법안을 위한 효과적인 규제 틀을 만들 수 있도록 하고자 했던 노력에 대해서는 다음을 보라. Leslie Cauley, "Telecom Law Faces Challenge in Court," *Wall Street Journal*, August 29, 1996, A3; Mike Mills and Paul Fahri, "This Is a Free Market?" *Washington Post*, January 19, 1997, H1; Mark Rockwell, "Gore, Hundt: Telecom Competition

Will Take Time," *CommunicationsWeek*, Manhasset 652, March 3, 1997, T21; John Rendleman and Salvatore Salamone, "Hundt Leaves Office—FCC Chairman Feels Satisfied with Telecom Rulings," *Communications Week*, Manhasset 666, June 2, 1997, 8; Bill Frezza, "Reed Hundt Leaves Mixed Legacy at FCC," *Network Computing*, August 1, 1997, 35.

70 *The Communications Act of 1934*, 47 U.S.C. § 151, Pub. L. 73-416, 48 Stat. 1064, https://transition.fcc.gov/Reports/1934new.pdf, accessed August 10, 2021; Jeff Kosseff, *The Twenty-Six Words That Created the Internet* (Ithaca, NY: Cornell University Press, 2019).

71 Stiglitz, *The Roaring Nineties*, 91; 스티글리츠와의 인터뷰.

72 O'Mara, *The Code*, 329–338.

73 O'Mara, *The Code*, 336에서 인용.

74 Lepore, *These Truths*, 729–738.

75 Lepore, *These Truths*, 737.

76 Nicholas Lemann, *Transaction Man: The Rise of the Deal and the Decline of the American Dream* (New York: Farrar, Straus and Giroux, 2019).

77 Ron Suskind, *Confidence Men: Wall Street, Washington, and the Education of a President* (New York: HarperCollins, 2011), 60.

78 Adam Tooze, *Crashed: How a Decade of Financial Crises Changed the World* (New York: Penguin Books, 2018); Dylan Gottlieb, "Yuppies: Young Urban Professionals and the Making of Postindustrial New York" (PhD dissertation, Princeton University, 2020).

79 예를 들어 다음을 보라. Greta R. Krippner, *Capitalizing on Crisis: The Political Origins of the Rise of Finance* (Cambridge, MA: Harvard University Press, 2011).

80 Stiglitz, *Roaring Nineties*, 158–167; Lemann, *Transaction Man;* Binyamin Appelbaum, *The Economists' Hour: False Prophets, Free Markets, and the Fracture of Society* (New York: Little, Brown, 2019), chapter 10; Zachary D. Carter, *The Price of Peace: Money, Democracy, and the Life of John Maynard Keynes* (New York: Random House, 2020), chapter 17.

81 마거릿 대처가 세상을 떠난 직후, 영국의 보수당 하원의원인 코너 번스(Conor Burns)는 오래전 자신을 위한 선거운동 디너파티에서 대처가 한 손님과 나누었던 대화를 회고했다. 디너파티가 시작되기 전에 한담을 나누던 중에 그 손님이 대처에게 그가 거둔 최대의 성취가 무엇이냐고 묻자 그는 아주 확실하게 대답했다. "토니 블레어와 신노동당입니다. 우리 적들의 변화를 강요하는 데에 성공한 것이죠." Conor Burns, "Conor Burns MP: My Fondest Farewell to Margaret Thatcher," *The Telegraph*, April 14, 2013, https://www.telegraph.co.uk/news/politics/margaret-thatcher/9991815/Conor-Burns-MP-My-fondest-farewell-to-Margaret-Thatcher.

xhtml, accessed August 10, 2021. 대처가 죽은 뒤에 블레어도 논평을 통해 거의 똑같은 내용을 인정한다. "저는 항상 제가 할 일은 그가 했던 일들을 뒤집는 것이 아니라 그것을 기초로 하여 더 발전시키는 것이라고 생각했습니다." "Tony Blair: 'My Job Was to Build on Some Thatcher Policies,'" *BBC News*, April 8, 2013, https://www.bbc.co.uk/news/av/uk-politics-22073434, accessed August 11, 2021. 2002년 (런던)《타임스》의 한 기사에서 신노동당의 핵심 자문인 피터 맨덜슨(Peter Mandelson)은 이렇게 주장했다. "이제 우리는 모두 대처주의자들입니다." Reported in Matthew Tempest, "Mandelson: We Are All Thatcherites Now," *The Guardian*, June 10, 2002, https://www.theguardian.com/politics/2002/jun/10/labour.uk1, accessed August 10, 2021.

82 Joseph Stiglitz, *The Euro: How a Common Currency Threatens the Future of Europe* (New York: W. W. Norton, 2016).

83 Tooze, *Crashed*, 81–82.

84 Tooze, *Crashed*, 80–84.

85 Robert B. Reich, *Locked in the Cabinet* (New York: Knopf, 1997), 282.

86 Reich, *Locked in the Cabinet*, 80–83.

87 예를 들어 다음을 보라. Robert B. Reich, *The Work of Nations: Preparing Ourselves for 21st-century Capitalism* (New York: Knopf, 1991).

88 Reich, *Locked in the Cabinet*, 95.

89 Lichtenstein, *State of the Union*, 212–276.

90 복지 개혁의 역사에 대해서는 다음을 보라. Michael D. Katz, *The Price of Citizenship: Redefining the American Welfare State* (Philadelphia: University of Pennsylvania Press, 2001).

91 Reich, *Locked in the Cabinet*, 211–212.

92 Reich, *Locked in the Cabinet*, 211–218.

93 Reich, *Locked in the Cabinet*, 303–306.

94 라이시는 정부를 떠나기 전에 대통령에게 미국의 빈민들을 돕는 일을 두 번째 임기에서 더 많이 해 줄 것을 당부했다. 클린턴이 할 수 있는 말은 이것뿐이었다. "나는 공화당 의원들을 상대해야 해." 클린턴은 이전에 이미 공화당에서 만들어 놓은 신자유주의 질서를 상대해야 했으며, 클린턴은 두 임기 내내 그 신자유주의 질서를 확고하게 지켜야 한다는 의무감을 느꼈다. Reich, *Locked in the Cabinet*, 347.

95 "Testimony of Ralph Nader Before the Committee on the Budget, U.S. House of Representatives," June 30, 1999, https://web.archive.org/web/20120204172344/http://www.nader.org/releases/63099.html, accessed April 27, 2020. 미국 의회에서 네이더가 행했던 항의는 마침내 1999년 시애틀에서 지구적 자본에 대한 대규모 시위가 벌어지면서 대중 투쟁의 형태를 띠게 된다. 시애틀 시위에 대해서는 다음을 보라. Richard Saich, "Social Movements and Resistance to Neoliberalism in America,

1979–2000" (PhD dissertation, University of Cambridge, 2022).

96 클린턴이 다문화주의를 자신의 신념으로 삼았던 것에 대한 좀 더 일반적인 논의는 다음을 보라. Gary Gerstle, *American Crucible: Race and Nation in the Twentieth Century* (2001; Princeton, NJ: Princeton University Press, 2017), chapter 9.

97 클린턴은 1993년 이스라엘 정부와 팔레스타인해방기구(Palestine Liberation Organization, PLO) 사이에 체결된 오슬로협정(Oslo Accords)과 1998년 북아일랜드의 개신교도와 가톨릭교도 사이에 이루어진 성금요일협정(Good Friday Accords)을 자신의 최대 치적 중 두 가지로 꼽았다. 그는 2000년에 이스라엘과 팔레스타인해방기구 사이를 연결하기 위해 시도했던 야심적인 평화 협상이 마지막 순간에 엎어진 것을 가장 실망스러운 일 중 하나로 꼽았다. Clinton, *My Life*, 882–945.

98 Clinton, "Address Before a Joint Session of the Congress on the State of the Union," January 27, 2000, https://www.presidency.ucsb.edu/documents/address-before-joint-session-the-congress-the-state-the-union-7, accessed August 12, 2021; 다음도 보라. Gerstle, *American Crucible*, chapter 9.

99 이러한 공간적 패턴과 그 정치적 파급 효과는 7장에서 더 자세히 논의할 것이다.

100 James Q. Wilson, *Thinking About Crime* (1975; New York: Basic Books, 2013). 1990년대에 더 많은 경찰관을 채용했을 뿐만 아니라 경찰력 자체가 군대화했던 것에 대해서는 다음을 보라. Michelle Alexander, *The New Jim Crow: Mass Incarceration in the Age of Colorblindness* (New York: New Press, 2010), 71–83; "Cops or Soldiers?," *The Economist*, March 20, 2014, https://www.economist.com/united-states/2014/03/20/cops-or-soldiers, accessed September 14, 2021; "How America's Police Became So Heavily Armed," *The Economist*, May 18, 2015, http://www.economist.com/blogs/economist-explains/2015/05/economist-explains-22, accessed September 14, 2021; Joshua Holland, "Cops, Gun Culture and Anti-Government Extremism," *Bill Moyers & Company*, August 26, 2014, http://billmoyers.com/2014/08/26/cops-gun-culture-and-anti-government-extremism/, accessed September 14, 2021.

101 Alexander, *The New Jim Crow*. 대량 투옥과 그 결과에 대한 더 자세한 논의는 4장과 7장을 참조하라.

102 Gottlieb, "Yuppies."

103 줄리아니의 시장직 수행과 권력 쟁취 과정에 관해 호의적으로 다룬 책으로는 다음을 보라. Fred Siegel, *The Prince of the City: Giuliani, New York, and the Genius of American Life* (New York: Encounter Books, 2006). 당시 뉴욕시 경찰총장 윌리엄 브래튼이 "깨진 유리창" 이론을 어떻게 활용했는지에 대해서는 다음을 보라. William Bratton and Peter Knobler, *Turnaround: How America's Top Cop Reversed the Crime Epidemic* (New York: Random House, 1998).

104 여피들에 대한 초기의 영향력 있는 (그리고 조롱하는) 묘사는 다음을 보라. David

Brooks, Bobos in Paradise: The New Upper Class and How They Got There (New York: Simon and Schuster, 2000).

105 이러한 클린턴 부부에 대한 공격의 사례로는 다음을 보라. David Brock, *The Seduction of Hillary Rodham* (New York: Free Press, 1996). 이 책의 저자 브록은 후에 자신의 공격을 철회했고 오히려 예전에 자신의 동맹이었던 공화당 쪽으로 당파적인 공격과 분노를 돌리고 있다. David Brock, *Blinded by the Right: The Conscience of an Ex-Conservative* (New York: Crown, 2002). 하지만 1990년대에 그가 했던 역할은 양당의 문화적 분열을 더 깊게 만든 것이었다.

106 문화전쟁에 대해서는 다음을 보라. Andrew Hartman, *A War for the Soul of America: A History of the Culture Wars* (Chicago, IL: University of Chicago Press, 2015); Robert Hughes, *Culture of Complaint: A Passionate Look at the Ailing Heart of America* (New York: Oxford University Press, 1993). 이러한 전쟁에서 생겨난 정치적 분열에 대해서는 다음을 보라. Zelizer and Kruse, *Fault Lines*, and Alan I. Abramowitz, *The Polarized Public: Why American Government Is So Dysfunctional* (1994; New York: Pearson, 2012). 어브래머위츠의 "양분화 명제"는 미국 정치 연구자들에게 주요한 연구 분야가 됐다.

6장 기고만장

1 "Watching for the Y2K Bug," *New York Times*, December 30, 1999, 26; Andy Beckett, "The Bug That Didn't Bite," *The Guardian*, April 24, 2000, https://www.theguardian.com/technology/2000/apr/24/y2k.g2, accessed August 12, 2021; Francine Uenuma, "20 Years Later, the Y2K Bug Seems Like a Joke—Because Those Behind the Scenes Took It Seriously," *Time*, December 30, 2019, https://time.com/5752129/y2k-bug-history/, accessed August 12, 2021. 밀레니엄버그에 대한 《뉴욕타임스》의 최신 보도는 다음을 보라. https://archive.nytimes.com/www.nytimes.com/library/tech/reference/millennium-index.html, accessed August 12, 2021.

2 Jeffrey Toobin, *Too Close to Call: The Thirty-Six-Day Battle to Decode the 2000 Election* (New York: Random House, 2001); Peter Baker and Susan Glasser, *The Man Who Ran Washington: The Life and Times of James A. Baker III* (New York: Doubleday, 2020); *Bush v. Gore*, 531 U.S. 98 (2000); Howard Gillman, *The Votes That Counted: How the Court Decided the 2000 Presidential Election* (Chicago, IL: University of Chicago Press, 2001).

3 Lawrence Wright, *The Looming Tower: Al-Qaeda's Road to 9/11* (New York: Knopf, 2006).

4 부시 정부가 장래의 테러리즘 공격 문제에 골몰했던 것에 대해서는 다음을 보라. Robert Draper, *Dead Certain: The Presidency of George W. Bush* (New York: Free Press, 2007); and Robert Draper, *To Start a War: How the Bush Administration Took America into Iraq* (New York: Penguin Press, 2020).

5 U.S. House, 107th Congress, 1st Sess., H.R. 3162, USA Patriot Act, Version 1, October 23, 2001. 이는 또한 테러 혐의자들을 기소도 재판도 하지 않은 상태에서 무한히 잡아 놓는 장소로서 관타나모에 시설을 세운 시점이었다. Jonathan M. Hansen, *Guantánamo: An American History* (New York: Hill and Wang, 2011). 또한 다음을 보라. Michael J. *Strauss, The Leasing of Guantanamo Bay* (Westport, CT: Praeger Security International, 2009), and Gary Gerstle and Desmond King, "Spaces of Exception in American History," in Gary Gerstle and Joel Isaac, eds., *States of Exception in American History* (Chicago, IL: University of Chicago Press, 2020).

6 Carter Malkasian, *The American War in Afghanistan: A History* (New York: Oxford University Press, 2021).

7 Draper, *To Start a War.*

8 후세인은 이란과 전쟁을 하던 1980년대에는 사실 미국과 동맹을 맺었다. Draper, *To Start a War;* James Mann, *The Rise of the Vulcans: The History of Bush's War Cabinet* (New York: Penguin Press, 2004).

9 Draper, *To Start a War.*

10 George W. Bush, "President Bush Discusses Freedom in Iraq and Middle East: Remarks by the President at the 20th Anniversary of the National Endowment for Democracy," address to the United States Chamber of Commerce, November 6, 2003, https://georgewbush-whitehouse.archives.gov/news/releases/2003/11/20031106-2.html, accessed September 2, 2021; George W. Bush, "President Addresses Nation, Discusses Iraq, War on Terror," June 28, 2005, https://georgewbush-whitehouse.archives.gov/news/releases/2005/06/20050628-7.html, accessed September 2, 2021. 중동에서 미국의 더 길고 광범위한 투쟁에 대해서는 다음을 보라. Andrew J. Bacevich, *America's War in the Greater Middle East: A Military History* (New York: Random House, 2016).

11 Bush, "President Bush Discusses Freedom in Iraq and Middle East." 부시에게 이라크전쟁을 촉구하는 울포위츠와 다른 행정부 사람들에 대해서는 다음을 보라. Draper, *To Start a War.*

12 The Commission on Presidential Debates, "Transcript of 3 October 2000 debate between George W. Bush and Albert Gore," https://www.debates.org/voter-education/debate-transcripts/october-3-2000-transcript/, accessed September 2, 20.

13 George Packer, *The Assassins' Gate: America in Iraq* (New York: Farrar, Straus and Giroux, 2005); Thomas E. Ricks, Fiasco: *The American Military Adventure in Iraq*

(New York: Penguin Press, 2006); Naomi Klein, *The Shock Doctrine: The Rise of Disaster Capitalism* (New York: Penguin Press, 2008), 419; Bob Woodward, *Bush at War* (New York: Simon and Schuster, 2002); Bob Woodward, *State of Denial: Bush at War, Part II* (New York: Simon and Schuster, 2006); Bush gave his carrier speech on May 1, 2003. Ricks, *Fiasco*, 145.

14 Packer, *Assassins' Gate*.

15 Sean Laughlin, "Rumsfeld on Looting in Iraq: 'Stuff Happens,'" CNN, April 12, 2003, https://edition.cnn.com/2003/US/04/11/sprj.irq.pentagon/, accessed September 26, 2021.

16 Klein, *Shock Doctrine*, Part 6; Lionel Beehner, "Iraq's Faltering Infrastructure," Council on Foreign Relations, June 22, 2006, https://www.cfr.org/backgrounder/iraqs-faltering-infrastructure, accessed February 18, 2021.

17 Draper, *To Start a War*.

18 L. Paul Bremer III, *My Year in Iraq: The Struggle to Build a Future of Hope* (New York: Simon and Schuster, 2006), 125.

19 Bremer, *My Year in Iraq*, 63.

20 Ricks, *Fiasco*, 158 and passim.

21 Ricks, *Fiasco*.

22 Klein, Shock Doctrine, 441–442 and passim.

23 핼리버튼이 받은 하청의 다수는 그 자회사인 켈로그브라운앤드루트(KBR: Kellogg, Brown and Root)를 통해서 얻어 낸 것이었다. Klein, *Shock Doctrine*, Part 6, passim; Packer, *Assassins' Gate*.

24 Klein, *Shock Doctrine*, 444.

25 Klein, *Shock Doctrine*, 447.

26 Ricks, *Fiasco*, 202.

27 Rajiv Chandrasekaran, *Imperial Life in the Emerald City: Inside Iraq's Green Zone* (London: Bloomsbury, 2006).

28 Packer, *Assassins' Gate*, 127.

29 마찬가지로 전혀 자격을 갖추지 못한 젊은 공화당원들이 똑같이 중대한 직책을 맡은 경우들이 있었다. 예일대학교에서 정치학과를 졸업한 스물네 살 젊은이가 바그다드의 주식시장을 재건하라는 명령을 받기도 했다. 다음을 보라. Yochi J. Dreazen, "How a 24-Year-Old Got a Job Rebuilding Iraq's Stock Market," *Wall Street Journal*, January 28, 2004, https://www.wsj.com/articles/SB107524435490013389, accessed September 16, 2021.

30 Ricks, *Fiasco*.

31 Ricks, *Fiasco*.

32 Packer, *Assassins' Gate*, 124.

33 전쟁 비용에 대해서는 다음을 보라. Michael B. Kelley and Geoffrey Ingersoll, "By the Numbers: The Staggering Cost of the Iraq War," *Business Insider*, March 20, 2013, https://www.businessinsider.com/iraq-war-facts-numbers-stats-total-2013-3?r=US&IR=T, accessed September 2, 2021; Roberta Cohen, "Iraq's Displaced: Where to Turn?," *Brookings Institute Report* (2008), https://www.brookings.edu/articles/iraqs-displaced-where-to-turn/, accessed September 2, 2021; Klein, *Shock Doctrine*, Part 6, passim; Beehner, "Iraq's Faltering Infrastructure"; Mohammed Hayder Sadeq and Sabah al-Anbaki, "Cell Phone Service Spotty, but Reception's Been Great," *USA Today*, March 3, 2005, https://usatoday30.usatoday.com/news/world/iraq/2005-03-03-cell-phones_x.htm, accessed September 6, 2021; "Lacking Water and Power, Iraqis Run Out of Patience in the Searing Summer Heat," *The Guardian*, August 16, 2003, https://www.theguardian.com/world/2003/aug/16/iraq, accessed September 6, 2021.

34 아부그라이브에 대해서는 다음을 보라. Mark Danner, *Torture and Truth: America, Abu Ghraib, and the War on Terror* (New York: New York Review of Books, 2004); Seymour M. Hersh, *Chain of Command: The Road from 9/11 to Abu Ghraib* (New York: HarperCollins, 2004); Philip Gourevitch and Errol Morris, *The Ballad of Abu Ghraib* (London: Picador, 2008); Karen J. Greenberg and Joshua L. Dratel, eds., *The Torture Papers: The Road to Abu Ghraib* (New York: Cambridge University Press, 2005). 민간 용병들과 용병 기업에 의존하게 된 것에 대해서는 다음을 보라. Jeremy Scahill, *Blackwater: The Rise of the World's Most Powerful Mercenary Army* (New York: PublicAffairs, 2007); and Jeremy Scahill, *Dirty Wars: The World Is a Battlefield* (New York: PublicAffairs, 2013).

35 모병제 전환에 대해서는 다음을 보라. Beth Bailey, *America's Army: Making the All-Volunteer Force* (Cambridge, MA: Harvard University Press, 2009).

36 부시의 신자유주의 정책에 대해서는 다음을 보라. John Robert Greene, *The Presidency of George W. Bush* (Lawrence: University Press of Kansas, 2021); Peter Baker, *Days of Fire: Bush and Cheney in the White House* (New York: Doubleday, 2013).

37 Thomas L. Friedman, *The World Is Flat: A Brief History of the Twenty-First Century* (New York: Farrar, Straus and Giroux, 2005), 5. 다음도 보라. Thomas L. Friedman, *The Lexus and the Olive Tree: Understanding Globalization* (New York: Random House, 1999).

38 Thomas L. Friedman, "Three Cheers for Pluralism over Separatism," *New York Times*, September 20, 2014, https://www.nytimes.com/2014/09/21/opinion/sunday/thomas-l-friedman-three-cheers-for-pluralism-over-separatism.html, accessed August 31, 2021.

39 Gary Gerstle, "Minorities, Multiculturalism, and the Presidency of George W. Bush," in Julian Zelizer, ed., *The Presidency of George W. Bush: A First Historical Assessment* (Princeton, NJ: Princeton University Press, 2010), 252–281; Jacob Weisberg, *The Bush Tragedy* (New York: Random House, 2008), 51–54. 부시가 9·11 테러 10주년 연설에서 보여 준 바와 같이 그는 계속해서 다원주의를 미덕으로 보는 신념을 견지했다. Amy B. Wang and Caroline Anders, "George W. Bush Compares 'Violent Extremists at Home' to 9/11 Terrorists in 20th Anniversary Speech," *Washington Post*, September 11, 2021, https://www.washingtonpost.com/politics/2021/09/11/george-w-bush-compares-violent-extremists-home-911-terrorists-20th-anniversary-speech/, accessed September 13, 2021.

40 John O'sullivan, "Bush's Latin Beat: A Vision, but a Faulty One," *National Review*, July 23, 2001, 35–36.

41 Draper, *Dead Certain*, 147.

42 부시가 볼 때, 미국과 멕시코 그리고 미국과 캐나다의 국경을 열어서 사람들이 자유롭게 미국으로 들어오게 만들면 서반구의 자유무역, 전문화, 무한한 저임금 노동의 공급 등을 통해 미국의 자본가들을 더 강화시킨다는 것이었다. 미국 기업들이 이끄는 서반구경제라는 부시의 비전에 대해서는 다음을 보라. Gerstle, "Minorities, Multiculturalism, and the Presidency of George W. Bush." 2004년 부시가 라틴계 미국인들로부터 얻은 표의 추산치는 35퍼센트에서 45퍼센트로 다양하게 나타나지만 한 지도적 집단의 정치학자들에 의하면 "표준적 통계수치는 40퍼센트가 되었다"라고 한다. David L. Leal, Stephen A. Nuno, Johngo Lee, and Rudolfo O. de la Garza, "Latinos, Immigration, and the 2006 Midterm Election," *PS: Political Science and Politics* 41 (April 2008), 309. 다음도 보라. David L. Leal, Matt A. Barreto, Jongho Lee, and Rodolfo O. de la Garza, "The Latino Vote in the 2004 Election," *PS: Political Science and Politics* 38 (January 2005), 41–49; Ruy Teixeira, "44 Percent of Hispanics Voted for Bush?" *AlterNet.org*, November 24, 2004, https://www.alternet.org/2004/11/44_percent_of_hispanics_voted_for_bush/, accessed September 2, 2021; and Roberto Suro, Richard Fry, and Jeffrey Passel, "Hispanics and the 2004 Election: Population, Electorate and Voters," *Pew Hispanic Center, a Pew Research Center Project*, June 27, 2005, https://www.pewresearch.org/hispanic/2005/06/27/hispanics-and-the-2004-election/, accessed September 6, 2021.

43 Bush, "President Bush Discusses Freedom in Iraq and Middle East"; Bush, "President Addresses Nation, Discusses Iraq, War on Terror."

44 Philip Weiss, "'I Would Do It Again'—Tom Friedman Stands by Support for Iraq War in 'Personal Crusade' to Change Arab World," *Mondoweiss*, November 22, 2019, https://mondoweiss.net/2019/11/i-would-do-it-again-tom-friedman-stands-by-support-for-iraq-war-in-personal-crusade-to-change-arab-world/, accessed

March 5, 2021. 2003년 미국이 이라크에 대한 전쟁 승리를 선언한 직후 프리드먼은 《뉴욕타임스》 칼럼에서 이를 인정했다. 미국으로서는 "아랍 및 무슬림 세계의 누군가를 때리는 것"이 중요했다는 것이다. 그게 꼭 이라크일 필요는 없었다. 이는 사우디아라비아 혹은 파키스탄일 수도 있었다. 하지만 "아프가니스탄만으로는 충분하지 않았다". 때려야 하는 대상이 좀 더 커야 했다는 것이다. 아랍 및 무슬림 세계가 테러리즘과 그와 동반되는 폐쇄적 사회를 고수하는 태도를 분쇄하고, 서방세계가 개방된 다원주의적 사회를 수호하는 데에 진심이라는 메시지를 전 세계인들에게 전달하기 위해서는 그 방법뿐이라는 것이 프리드먼의 주장이었다. 프리드먼은 여기서 자신이 복화술을 써서 부시를 대신하여 이야기를 하고 있다고 믿었다. "부시 팀은 전쟁의 진짜 이유를 말할 수 있는 대담함이 전혀 없으므로" 부시가 하지 못하는 이야기를 자신이 한다고 믿었던 것이다. Thomas L. Friedman, "Because We Could," *New York Times*, June 4, 2003, https://www.nytimes.com/2003/06/04/opinion/because-we-could.html, accessed July 28, 2021.

45 George W. Bush, "President's Remarks at the 2004 Republican National Convention," September 2, 2004, https://georgewbush-whitehouse.archives.gov/news/releases/2004/09/20040902-2.html, accessed September 1, 2021.

46 Thomas J. Sugrue, *Origins of the Urban Crisis: Race and Inequality in Postwar Detroit* (Princeton, NJ: Princeton University Press, 2014); David M. P. Freund, *Colored Property: State Policy and White Racial Politics in Suburban America* (Chicago, IL: University of Chicago Press, 2007); Ira Katznelson, *When Affirmative Action Was White: An Untold History of Racial Inequality in Twentieth-Century America* (New York: W. W. Norton, 2005); Richard Rothstein, *The Color of Law: A Forgotten History of How Our Government Segregated America* (New York: Liveright, 2017); Mechele Dickerson, *Homeownership and America's Financial Underclass: Flawed Premises, Broken Promises, New Prescriptions* (New York: Cambridge University Press, 2014); Keeanga-Yamahtta Taylor, *Race for Profit: How Banks and the Real Estate Industry Undermined Black Homeownership* (Chapel Hill: University of North Carolina Press, 2019).

47 George W. Bush, "President Hosts Conference on Minority Homeownership," George Washington University, Washington, DC, October 15, 2002, https://georgewbush-whitehouse.archives.gov/news/releases/2002/10/20021015-7.html, accessed September 10, 2021.

48 아버지 부시 대통령은 1992년 연방주택공사금융안전건전성법(Federal Housing Enterprises Financial Safety and Soundness Act)에 서명했다. 또한 그는 1989년 누구나자가소유자가될기회(Homeownership and Opportunity for People Everywhere, HOPE) 프로젝트를 출범했다. 이는 저소득가정 중에 자가 소유자가 늘어나도록 21억 달러를 교부하겠다는 내용을 담고 있었다. "White House

Fact Sheet on the HOPE Initiative: Homeownership and Opportunity for People Everywhere," November 10, 1989, https://www.presidency.ucsb.edu/documents/white-house-fact-sheet-the-hope-initiative-homeownership-and-opportunity-for-people, accessed September 8, 2021. 또한 다음을 보라. Dickerson, *Homeownership and America's Financial Underclass*, 72, and passim. 정부보증 기관(GSEs)에 관해서는 다음도 보라. Adam Tooze, *Crashed: How a Decade of Financial Crises Changed the World* (New York: Penguin Books, 2018), 46–49.

49 클린턴 정권 시기에 이루어진 주택담보대출의 거의 10퍼센트가 리스크가 큰 서브프라임으로 확인됐다. 하지만 이자율이 더 높았으므로 투자자들에게는 인기가 좋았다. 그중 다수는 패니메이와 프레디맥의 보증을 받고 있어서 투자자들은 정부가 자신의 투자를 지켜 줄 것이라는 확신을 가지고 있었다. Dickerson, *Homeownership and America's Financial Underclass*, 78, and passim.

50 Tooze, *Crashed*, chapter 2, passim.

51 Dickerson, *Homeownership and America's Financial Underclass*, 184; Tooze, *Crashed*, chapter 2; Nicholas Lemann, *Transaction Man: The Rise of the Deal and the Decline of the American Dream* (New York: Farrar, Straus and Giroux, 2019), chapter 4.

52 *American Dream Downpayment Act*, 2003, Pub.L. 108–186, https://www.congress.gov/congressional-report/108th-congress/house-report/164, accessed September 10, 2021; Brian Sullivan, "Bush Signs American Dream Downpayment Act," HUD News Release, December 16, 2003, https://archives.hud.gov/news/2003/pr03-140.cfm, accessed September 10, 2021. 부시 정권에서 이루어진 자가 소유에 대한 논의의 문서들 모음으로는 다음을 보라. the archived George W. Bush White House website's "Policies in Focus: Homeownership," webpage: https://georgewbush-whitehouse.archives.gov/infocus/homeownership/, accessed September 9, 2021. 다음도 보라. George W. Bush, "Radio Address by the President to the Nation," June 9, 2001, https://georgewbush-whitehouse.archives.gov/news/releases/2001/06/20010608-7.html, accessed September 10, 2021; Bush, "National Homeownership Month, 2002," June 4, 2002, https://georgewbush-whitehouse.archives.gov/news/releases/2002/06/20020604-23.html, accessed September 10, 2021; Bush, "President Focuses on Home-Ownership in Radio Address," June 15, 2002, https://georgewbush-whitehouse.archives.gov/news/releases/2002/06/20020615.html, accessed September 10, 2021; "Fact Sheet: President Bush Calls for Expanding Opportunities to Homeownership," https://georgewbush-whitehouse.archives.gov/news/releases/2002/06/20020617.html, accessed September 10, 2021; Bush, "President Calls for Expanding Opportunities to Home Ownership," St. Paul AME Church, Atlanta, Georgia, June 17, 2002, https://georgewbush-whitehouse.archives.gov/news/releases/2002/06/20020617-2.

html, accessed September 10, 2021; Bush, "President Reiterates Goal on Homeownership," Department of Housing and Development, Washington, DC, June 18, 2002, https://georgewbush-whitehouse.archives.gov/news/releases/2002/06/20020618-1.html, accessed September 10, 2021; Bush, "National Homeownership Month, 2003," June 13, 2003, https://georgewbush-whitehouse.archives.gov/news/releases/2003/06/20030613.html, accessed September 10, 2021; Bush, "President's Remarks to the National Association of Home Builders," Greater Columbus Convention Center, Columbus, OH, October 2, 2004, https://georgewbush-whitehouse.archives.gov/news/releases/2004/10/20041002-7.html, accessed September 10, 2021; Bush, "National Homeownership Month, 2005," May 25, 2005, https://georgewbush-whitehouse.archives.gov/news/releases/2005/05/20050525-14.html, accessed September 10, 2021; Bush, "President Discusses Education, Entrepreneurship & Home Ownership at Indiana Black Expo," RCA Dome, Indianapolis, IN, July 14, 2005, https://georgewbush-whitehouse.archives.gov/news/releases/2005/07/20050714-4.html, accessed September 10, 2021; Bush, "National Homeownership Month, 2006," May 24, 2006, https://georgewbush-whitehouse.archives.gov/news/releases/2006/05/20060524-6.html, accessed September 10, 2021; Bush, "President Pleased by House Passage of the 'Expanding American Homeownership Act of 2006,'" July 26, 2006, https://georgewbush-whitehouse.archives.gov/news/releases/2006/07/20060726.html, accessed September 10, 2021.

53 부시 대통령의 아동낙오방지(No Child Left Behind) 프로그램은 자금이 충분치 않아 문제를 겪었으며, 사회복지 서비스를 정부에서 교회로 이전하겠다는 그의 서약도 마찬가지였다. Gerstle, "Minorities, Multiculturalism, and the Presidency of George W. Bush."

54 Dickerson, *Homeownership and America's Financial Underclass*, 78, 108.

55 Dickerson, *Homeownership and America's Financial Underclass*, 184–185.

56 백인들의 자가 소유 비율은 여전히 높았지만(76퍼센트) 백인과 비백인의 비율 차이가 상당히 줄어들었다. Dickerson, *Homeownership and America's Financial Underclass*, 184.

57 Matthew C. Klein and Michael Pettis, *Trade Wars Are Class Wars: How Rising Inequality Distorts the Global Economy and Threatens International Peace* (New Haven, CT: Yale University Press, 2020), 207.

58 Laurence H. Summers, "Speech at IMF Fourteenth Annual Research Conference in Honor of Stanley Fischer," *Larrysummers.com*, November 8, 2013, http://larrysummers.com/imf-fourteenth-annual-research-conference-in-honor-of-stanley-fischer/, accessed September 2, 2021. 그린스펀이 어떤 생각을 가지고 있

는지를 알 수 있는 문헌으로서 다음을 보라. Binyamin Appelbaum, *The Economists' Hour: How the False Prophets of Free Markets Fractured Our Society* (New York: Little, Brown, 2019), 298–308.

59 애덤 투즈(Adam Tooze)에 따르면, 미국의 자가 소유자들은 "세계경제에서 최대 수요의 원천이었다". Tooze, *Crashed*, 43.

60 Sebastian Mallaby, *The Man Who Knew: The Life and Times of Alan Greenspan* (New York: Penguin Press, 2016); Robert D. Auerbach, *Deception and Abuse at the Fed: Henry B. Gonzalez Battles Alan Greenspan's Bank* (Austin: University of Texas Press, 2008).

61 Gerstle, "Minorities, Multiculturalism, and the Presidency of George W. Bush"; Weisberg, *The Bush Tragedy;* Draper, *Dead Certain;* Ron Suskind, *The Price of Loyalty: George W. Bush, the White House, and the Education of Paul O'Neil* (New York: Simon and Schuster, 2004).

62 Jo Becker, Sheryl Gay Stolberg, and Stephen Labaton, "Bush Drive for Home Ownership Fueled Housing Bubble," *New York Times*, December 21, 2008, https://www.nytimes.com/2008/12/21/business/worldbusiness/21iht-admin.4.18853088.htm, accessed September 2, 2021.

63 Kevin M. Kruse and Julian E. Zelizer, *Fault Lines: A History of the United States Since 1974* (New York: W. W. Norton, 2019), 292.

64 Tooze, *Crashed*, 171.

65 텍사스주의 하원의원 론 폴이 그들의 지도자 중 하나였다. 베어스턴스에 대한 구제금융은 공화당 내에서도 진정한 탈규제 신봉자들과 재계 엘리트들 사이에 균열을 가져왔다. 후자는 금융시스템의 전체적 건전성을 위해서 신자유주의 원칙들의 위반을 감수해야 한다고 주장했다. 패니메이와 프레디맥까지 구제금융 문제가 나오면서 그러한 균열은 깊은 분열로 확대됐다. Tooze, *Crashed*, 172–174.

66 오늘날까지도 부시 정부가 리먼을 구하기 위해 개입하지 않은 이유를 우리는 알지 못한다. 일반 공화당원들이 매우 화가 나 있었기 때문에 최고 경제관료들조차 민간은행을 하나 더 구제해 주자고 입을 열지 못했던 것이었을까? 혹은 리먼은 타격을 입어도 버틸 수 있으며, 오히려 금융기관들의 구제금융에 제한을 가하는 것이 쓸모 있다고 여겼던 것일까? 아니면 그냥 부시의 경제자문관들이 계산을 잘못한 것이었을까? 의도가 무엇이었든지 간에 개입을 거부했던 것은 큰 후과를 가져왔다. 2008년 9월과 10월에 펼쳐진 위기의 전개에 대해서는 다음을 보라. Andrew Ross Sorkin, *Too Big to Fail: Inside the Battle to Save Wall Street (London: Allen Lane, 2009);* David Wessel, *In FED We Trust: Ben Bernanke's War on the Great Panic* (London: Scribe, 2009); Ron Suskind, *Confidence Men: Wall Street, Washington, and the Education of a President* (New York: HarperCollins, 2011); Jonathan Levy, *Ages of American Capitalism: A History of the United States* (New York: Random

House, 2021), 702–732; Lawrence Jacobs and Desmond King, *Fed Power: How Finance Wins* (2016; New York: Oxford University Press, 2021); Ben S. Bernanke, *The Federal Reserve and the Financial Crisis* (Princeton, NJ: Princeton University Press, 2013); Ben S. Bernanke, Timothy F. Geithner, and Henry M. Paulson Jr., *Firefighting: The Financial Crisis and Its Lessons* (New York: Penguin Press, 2019).

67 Tooze, *Crashed*, 178; Congressional Oversight Panel, "The AIG Rescue, Its Impact on Markets, and the Government's Exit Strategy," *June Oversight Report*, June 10, 2010, https://fraser.stlouisfed.org/files/docs/historical/fct/cop_report_20100610.pdf, accessed September 2, 2021.

68 이러한 신용을 확보하기 위해서 AIG는 연방정부에 수백억 달러를 주권(share certificate)으로 넘겨주어야 했으며, 연방정부는 이로써 자기 자본의 80퍼센트를 갖게 된다(일시적 국유화에 해당). 그리고 그 주주들에게 배당금을 받을 생각은 잊어버리도록 강제했다. Tooze, *Crashed*, 178.

69 Henry M. Paulson Jr., *On the Brink: Inside the Race to Stop the Collapse of the Global Financial System* (New York: Grand Central, 2010); Ben S. Bernanke, *The Courage to Act: A Memoir of a Crisis and Its Aftermath* (New York: W. W. Norton, 2015); Timothy F. Geithner, *Stress Test: Reflections on Financial Crises* (New York: Crown, 2014).

70 David M. Herszenhorn, "Administration Is Seeking $700 Billion for Wall Street," *New York Times*, September 20, 2008, https://www.nytimes.com/2008/09/21/business/21cong.html, accessed September 6, 2021.

71 11월 말이 되면 다우지수는 7552.29가 되었으니, 이는 9월 수치의 거의 3분의 1에 해당했다.

72 이 시점이 되면 주식시장은 일주일 만에 시가총액의 거의 20퍼센트가 사라지게 된다.

73 Bernanke, *The Courage to Act; Bernanke, Federal Reserve and the Financial Crisis.*

74 "Great Recession," *Encyclopedia Britannica*, https://www.britannica.com/topic/great-recession, accessed September 8, 2021; Tooze, *Crashed*, 156.

75 Dickerson, *Home Ownership and America's Financial Underclass*, 15, 184, passim.

76 Tooze, *Crashed*, 157–160.

77 부시는 대통령 임기 마지막 달의 지지율이 20퍼센트였다. Suskind, *Confidence Men*, 124.

78 Tom Leonard, "Barack Obama Inauguration: Two Million Turn Out to Greet Their New President," *The Telegraph*, January 21, 2009. http://www.telegraph.co.uk/news/worldnews/barackobama/4300880/Barack-Obama-inauguration-Two-million-turn-out-to-greet-their-new-president.xhtml, accessed June 10, 2021. 오바마의 부상에 대해서는 다음을 보라. Barack Obama, *Dreams from My Father: A Story of Race and Inheritance* (New York: Crown, 2004); Barack Obama, *The Audacity of Hope:*

Thoughts on Reclaiming the American Dream (New York: Crown, 2006); David Remnick, *The Bridge: The Life and Rise of Barack Obama* (London: Pan Macmillan, 2010); James T. Kloppenberg, *Reading Obama: Dreams, Hope, and the American Political Tradition* (Princeton, NJ: Princeton University Press, 2011); Michael Tesler and David O. Sears, *Obama's Race: The 2008 Election and the Dream of a Post-Racial America* (Chicago, IL: University of Chicago Press, 2010); Fredrick Harris, *The Price of the Ticket: Barack Obama and the Rise and Decline of Black Politics* (New York: Oxford University Press, 2012); Gary Gerstle, "The Age of Obama, 2000–2016," in *American Crucible: Race and Nation in the Twentieth Century* (2001; Princeton, NJ: Princeton University Press, 2017), 375–426.

79 Barack Obama, "President Barack Obama's Inaugural Address," January 21, 2009, https://obamawhitehouse.archives.gov/blog/2009/01/21/president-Barack-obamas-inaugural-address, accessed June 10, 2021.

80 Obama, "Inaugural Address."

81 오바마는 회고록에서 자신의 "보수적 기질"과 그것이 자신의 의사결정에 끼친 영향을 언급한다. Barack Obama, *A Promised Land* (New York: Crown, 2020), 211. "세계경제가 자유낙하하고 있는 상황에서 나의 최우선 과제는 경제질서를 회복하는 것이었다. 그것이 더 이상의 재앙을 막는 길이었다. 이를 위해서라면 이전에 위기를 관리해 본 적이 있는 사람들이 필요했다."

82 Suskind, *Confidence Men.*

83 Obama, *A Promised Land*, 214.

84 Obama, *A Promised Land*, 297.

85 Suskind, *Confidence Men*, 124–196.

86 Tooze, *Crashed*, 291–307.

87 2013년이 되면 제이피모건, 골드만삭스, 뱅크오브아메리카, 시티그룹, 웰스파고, 모건스탠리 등이 2008년에 비해 37퍼센트가 더 커졌다. Tooze, *Crashed*, 316; Sorkin, *Too Big to Fail.*

88 Tooze, *Crashed*, 306, 292–293.

89 Tooze, *Crashed*, 277–290.

90 Steven Rattner, *Overhaul: An Insider's Account of the Obama Administration's Emergency Rescue of the Auto Industry* (Boston, MA: Houghton Mifflin Harcourt, 2010).

91 Joseph E. Stiglitz, *Freefall: Free Markets and the Sinking of the Global Economy* (New York: W. W. Norton, 2010). 오바마는 폴 볼커를 중심으로 경제 자문 팀을 짤 수도 있었다. 볼커는 이미 신자유주의 정통 교리와 단절하고 미국의 금융 부문을 완전히 재구조화하여 심지어 월 스트리트라는 부채 발행 기계를 해체하는 지점까지도 갈 의사가 있었다. 또한 오바마는 시카고대학교의 오스턴 굴즈비(Austan Goolsbee), 버

클리대학교의 로버트 라이시와 로라 타이슨(Laura Tyson), 또는 루빈의 피후견인이었지만 이제는 골드만삭스의 경제관리모델과 단절한 게리 겐슬러(Gary Gensler) 등을 중용할 수도 있었다.

92 Tooze, *Crashed*, 280; Dickerson, *Homeownership and America's Financial Underclass*, passim.

93 Tooze, *Crashed*, 463.

94 Martin Wolf, "The Rescue of Bear Stearns Marks Liberalisation's Limit," *The Financial Times*, March 25, 2008, https://www.ft.com/content/8ced5202-fa94-11dc-aa46-000077b07658, accessed August 31, 2021.

7장 해체

1 Anne Case and Angus *Deaton, Deaths of Despair and the Future of Capitalism* (Princeton, NJ: Princeton University Press, 2020), 160–161. 1990년에서 2015년 사이에 미국은 제조업 일자리의 4분의 1을 중국에 뺏겼다. Marc Levinson, *Outside the Box: How Globalization Changed from Moving Stuff to Spreading Ideas* (Princeton, NJ: Princeton University Press, 2020), 173.

2 임금 추세와 그 정체에 대해서는 다음을 보라. "Real Wage Trends 1979–2019," *Congressional Research Service*, December 28, 2020, https://fas.org/sgp/crs/misc/R45090.pdf, accessed June 28, 2021; Drew Desilva, "For Most U.S. Workers, Real Wages Have Barely Budged in Decades," *Pew Research Center Report*, August 7, 2018, https://www.pewresearch.org/fact-tank/2018/08/07/for-most-us-workers-real-wages-have-barely-budged-for-decades/, accessed June 28.

3 Charles Murray, *Coming Apart: The State of White America, 1960–2010* (New York: Crown Forum, 2012), 153–171.

4 Murray, *Coming Apart*, 153–171.

5 Murray, *Coming Apart*, 172–229.

6 물론 이러한 관점은 남성에 대한 본질론적 관점에 기초하고 있으므로 쉽게 논박할 수 있다. 여기에서 이를 언급하는 것은 피시타운에서 결혼 제도가 붕괴한 뒤에 따라온 사회적해체에 대한 머리의 서사를 그대로 옮기기 위한 것뿐이다. 이 문제들에 대한 조지 길더의 관점에 대해서는 다음을 보라. George Gilder, *Sexual Suicide* (New York: Bantam Books, 1975), and *Wealth and Poverty* (New York: Basic Books, 1981).

7 1960년에는 피시타운 가정의 구성원 중 누군가가 주당 40시간 이상 일하는 경우가 80퍼센트 이상이었다. 2010년이 되면 이러한 가정의 비율은 절반에도 미치지 못하게 된다. Murray, *Coming Apart*, 184–185.

8 Murray, *Coming Apart*, 273, 281.

9 Murray, *Coming Apart*, 281. 머리의 배경에 대해 잠깐 살펴보겠다. 그는 『퇴각(Losing Ground)』이라는 저서를 출간한 바 있다. 이는 빈민들의 잘못된 행태를 조장하는 모든 책임은 복지국가에 있다는 맹렬한 비판이었다(머리는 2000년에 몽펠르랭협회의 회원이 된다). 이 저서는 복지 프로그램들 때문에 빈민들이 일자리를 찾기보다는 복지에 머무르게 한다는 것, 자기 힘으로 일어서게 하는 인센티브가 아니라 정부 의존을 심화시킨다는 것, 안정된 노동계급의 삶을 구축하도록 동기를 제공하는 게 아니라 빈곤에 빠져 헤어 나오지 못하게 만든다는 것 등을 입증하겠다고 했다. 그가 관찰한 용납 못할 행태들은 소수자들의 빈곤 문화의 성격 때문에 (혹은 다른 결점 때문에) 생겨난 것이 아니라, 미국의 복지국가가 세워 놓은 인센티브 구조에서 생겨난 것이라는 게 그의 주장이었다. 하지만 막상 『퇴각』에서 초점이 되는 대상은 대부분 흑인 빈민이었다. 1980년대에 이미 위험한 비백인 "언더클래스"가 부상하고 있다고 믿고 있던 독자들은 이 책을 보면서 흑인 문화를 과연 문화라고 할 수 있는 것인지에 대해 더욱 큰 의구심을 갖게 됐다. 1994년 머리는 리처드 헌스타인(Richard J. Hernnstein)과 함께 『종형 곡선(The Bell Curve)』을 출간하여 그러한 회의론을 더욱 강화했을 뿐만 아니라 자신의 인종주의적 편향을 드러낸다. 이 저서는 흑인의 열등함에 대한 "과학적 증명"을 내놓고 있다고 주장했다. 이 기간 동안 머리는 말은 하지 않았지만 백인 문화가 강한 힘을 가지고 있으며, 따라서 백인 빈민들은 스스로 지탱하는 능력이 있다고 믿었다. 그렇기 때문에 2010년이 되어 백인 빈민들 또한 흑인 빈민들과 똑같은 문화의 "실패들"을 겪고 있다고 보고해야 했던 것이 그에게는 쓴 약이 되었을 것이다. Charles Murray, *Losing Ground: American Social Policy, 1950–1980* (1984; New York: Basic Books, 2015); Steven Fraser, ed., *The Bell Curve Wars: Race, Intelligence, and the Future of America* (New York: Basic Books, 1995); Quinn Slobodian and Stuart Schrader, "The White Man Unburdened: How Charles Murray Stopped Worrying and Learned to Love Racism," *The Baffler* 40 (July 2018), https://thebaffler.com/salvos/the-white-man-unburdened-slobodian-schrader, accessed September 8, 2021; and Quinn Slobodian, "Racial Science Against the Welfare State: Richard Lynn, Charles Murray, Thilo Sarrazin," unpublished paper presented to Modern Europe Colloquium, Yale University, April 2018, in author's possession.

10 『해체』에 흐르고 있는, 백인들의 미국이 사라진 것에 대한 애탄의 어조는 2016년 J. D. 밴스(J. D. Vance)가 출간한 베스트셀러 『힐빌리의 노래(Hillbilly Elegy: A Memoir of a Family and Culture in Crisis)』의 어조를 선취하고 있다. 이 두 책은 어째서 "빼앗겨 거지가 된" 백인 미국인들이 자신의 생활 방식을 되찾기 위해 도널드 트럼프에게 의지하게 되었는지에 대한 설득력 있는 설명을 찾을 수 있다. J. D. Vance, *Hillbilly Elegy: A Memoir of a Family and Culture in Crisis* (New York: Harper, 2016). 지난 몇 년간 이 주제에 대한 많은 사회과학 문헌이 출간된 바 있다.

예를 들어 다음을 보라. Arlie Hochschild, *Strangers in Their Own Land: Anger and Mourning on the American Right* (New York: New Press, 2016); Katherine Cramer, *The Politics of Resentment: Rural Consciousness in Wisconsin and the Rise of Scott Walker* (Chicago, IL: University of Chicago Press, 2016); Jonathan M. Metzl, *Dying of Whiteness: How the Politics of Racial Resentment Is Killing America's Heartland* (New York: Basic Books, 2019); Joan C. Williams, *White Working Class: Overcoming Class Cluelessness in America* (Boston, MA: Harvard Business Review Press, 2017); Nancy Isenberg, *White Trash: The 400-Year Untold History of Class in America* (New York: Viking, 2016); Jefferson Cowie, *Stayin' Alive: The 1970s and the Last Days of the Working Class* (New York: New Press, 2010).

11 이러한 증가는 교육 수준이 가장 낮아 소득 수준의 맨 아래쪽에 위치한 이들에게서 가장 두드러지게 나타난다. Anne Case and Angus Deaton, "Rising Morbidity and Mortality in Midlife Among White Non-Hispanic Americans in the 21st Century," *Proceedings of the National Academy of Sciences* 112 (December 2015), https://www.pnas.org/content/pnas/112/49/15078.full.pdf?source=post_page, accessed April 12, 2021. 다음도 보라. Case and Deaton, *Deaths of Despair and the Future of Capitalism;* Metzl, *Dying of Whiteness;* Patrick Radden Keefe, *Empire of Pain: The Secret History of the Sackler Dynasty* (New York: Doubleday, 2021). 고등학교 졸업장밖에 없는 미국인들의 삶이 힘들어지고 있다는 점에 대한 더 많은 논의는 다음을 보라. Raj Chetty, David Grusky, Maximilian Hell, Nathaniel Hendren, Robert Manduca, and Jimmy Narang, "The Fading American Dream: Trends in Absolute Income Mobility Since 1940," *Science* 356 (April 28, 2017), 398–406. 임금 추세와 정체에 대해서는 다음을 보라. "Real Wage Trends 1979–2019," *Congressional Research Service;* Desilva, "For Most U.S. Workers, Real Wages Have Barely Budged in Decades"; Thomas Piketty and Emmanuel Saez, "Inequality in the Long Run," *Science* 344 (May 2014), 838–843.

12 Murray, *Coming Apart*, 289–299.

13 이러한 자산의 격차는 소득의 격차보다 훨씬 큰 것으로, 그 부분적인 원인은 많은 흑인 가정이 여러 세대에 걸쳐서 부동산에 대한 접근이 막혀 있었다는 데에서 찾을 수 있다. 20세기 후반에 많은 미국인 가정에 가장 액수도 크고 수익도 좋은 투자는 집이었다. 백인 가정과 흑인 가정 사이의 자산 격차는 전자가 후자에게는 막혀 있는 자가 소유의 혜택을 오래전부터 배타적으로 누려 왔기 때문이었다. 이러한 비대칭에 대한 인식이 점차 확산되면서 클린턴과 부시 시절에는 소수인종의 자가 소유자 수치를 획기적으로 늘이고자 하는 움직임이 생겨난 것이었다. 6장을 보라.

14 6장에서 보았듯이, 흑인 가계의 순자산 중간값은 2005년에서 2009년 사이에 53퍼센트라는 아찔한 숫자로 떨어졌던 것에 반해, 백인 가계 순자산 중간값은 16퍼센트밖에 떨어지지 않았다. 대칭체의 여파로 가계소득 흐름의 불평등도 확대됐다. 흑

인 가계는 소득 흐름의 11.1퍼센트가 떨어졌음에도 백인 가계는 5.2퍼센트밖에 떨어지지 않았다. 이렇게 차이가 나는 이유는 실업률 자체가 확실하게 달랐기 때문이기도 한데, 2012년의 경우 흑인들의 실업률은 13.4퍼센트로서 전반적인 실업률 7.8퍼센트보다 거의 4분의 3이 더 높다. "Wealth Gap Rises to Record Highs Between Whites, Blacks, Hispanics," *Pew Research Center Report*, July 26, 2011, accessed June 28, 2021, https://www.pewresearch.org/social-trends/2011/07/26/wealth-gaps-rise-to-record-highs-between-whites-blacks-hispanics/; Mechele Dickerson, *Homeownership and America's Financial Underclass: Flawed Premises, Broken Promises, New Prescriptions* (New York: Cambridge University Press, 2014). 미국 노동통계국(Bureau of Labor Statistics)에서 발표한 백인 대 흑인의 실업률 숫자는 약간 다르다. 다음을 보라. "Labor Force Characteristics by Race and Ethnicity, 2012," *US Bureau of Statistics Reports*, Report 1044, October 2013, https://www.bls.gov/opub/reports/race-and-ethnicity/archive/race_ethnicity_2012.pdf, accessed June 28, 2021. 인종 간 부의 격차에 대한 더 많은 논의는 다음을 보라. Dawn Turner Trice, "Black Middle Class Economically Vulnerable," *Chicago Tribune*, October 7, 2012, https://www.chicagotribune.com/news/ct-xpm-2012-10-07-ct-met-black-middle-class-austerity-20121007-story.html, accessed June 28, 2021; "King's Dream Remains an Elusive Goal; Many Americans See Racial Disparities," *Pew Research Center Report*, August 22, 2013, accessed June 28, 2021; Edward Luce, "The Riddle of Black America's Rising Woes Under Obama," *Financial Times*, October 12, 2014, http://www.ft.com/cms/s/2/5455efbe-4fa4-11e4-a0a4-00144feab7de.html, accessed September 8, 2021; Rakesh Kochhar and Richard Fry, "Wealth Inequality Has Widened Along Racial, Ethnic Lines Since End of Great Recession," *Pew Research Center Report*, December 12, 2014, https://www.pewresearch.org/fact-tank/2014/12/12/racial-wealth-gaps-great-recession/, accessed September 8, 2021; Gillian B. White, "The Recession's Racial Slant," *The Atlantic*, June 24, 2015, https://www.theatlantic.com/business/archive/2015/06/black-recession-housing-race/396725/, accessed July 28, 2021; Neil Irwin, Claire Cain Miller, and Margot Sanger-Katz, "America's Racial Divide, Charted," *New York Times*, August 19, 2014, http://www.nytimes.com/2014/08/20/upshot/americas-racial-divide-charted.html, accessed September 8, 2021; Annie Lowrey, "Wealth Gap Among Races Has Widened Since Recession," *New York Times*, April 28, 2013, https://www.nytimes.com/2013/04/29/business/racial-wealth-gap-widened-during-recession.html, accessed September 8, 2013; Michael Fletcher, "A Shattered Foundation," *Washington Post*, January 24, 2015, https://www.washingtonpost.com/sf/investigative/2015/01/24/the-american-dream-shatters-in-prince-georges-county/, accessed September 8, 2021; Kimbriell Kelly, John Sullivan, and Steven

Rich, "Broken by the Bubble," *Washington Post*, January 25, 2015, http://www.washingtonpost.com/sf/investigative/2015/01/25/in-fairwood-dreams-of-black-wealth-foundered-amid-the-mortgage-meltdown/, accessed September 8, 2021; Patricia Cohen, "Public-Sector Jobs Vanish, Hitting Blacks Hard," *New York Times*, May 24, 2015, https://www.nytimes.com/2015/05/25/business/public-sector-jobs-vanish-and-blacks-take-blow.html, accessed September 8, 2021.

15 Kochhar and Fry, "Wealth Inequality Has Widened Along Racial, Ethnic Lines Since End of Great Recession."

16 Cohen, "Public-Sector Jobs Vanish, Hitting Blacks Hard."

17 스콧 워커와 위스콘신주의 정치에 대해서는 다음을 보라. Cramer, *The Politics of Resentment;* Dan Kaufman, *The Fall of Wisconsin: The Conservative Conquest of a Progressive Bastion and the Future of American Politics* (New York: W. W. Norton, 2018); Jason Stein and Patrick Marley, *More Than They Bargained For: Scott Walker, Unions, and the Fight for Wisconsin* (Madison: University of Wisconsin Press, 2013); Steven Greenhouse, "Scott Walker Woos CPAC Boasting About Crusade Against Wisconsin Unions," *The Guardian*, February 27, 2015, accessed September 8, 2021; Dan Kaufman, "Scott Walker and the Fate of the Union," *New York Times Magazine*, June 12, 2015, https://www.nytimes.com/2015/06/14/magazine/scott-walker-and-the-fate-of-the-union.html, accessed September 8, 2021; Nicky Woolf, "Scott Walker's 'Draconian' Labor Plan to Call for Ending Federal Workers' Unions," *The Guardian*, September 14, 2015, https://www.theguardian.com/us-news/2015/sep/14/scott-walker-union-plan-labor-laws, accessed September 8, 2021. 워커가 자신의 주지사직을 어떻게 보았는지에 대해서는 다음을 보라. Scott Walker and Marc Thiessen, *Unintimidated: A Governor's Story and a Nation's Challenge* (New York: Penguin Press, 2013).

18 Neil Irwin, Claire Cain Miller, and Margot Sanger-Katz, "America's Racial Divide: Charted," *New York Times*, April 19, 2014, https://www.nytimes.com/2014/08/20/upshot/americas-racial-divide-charted.html, accessed April 19, 2021 ; 다음을 보라. Centers for Disease Control and Prevention, "Table 29: Death Rates for Homicide, by Sex, Race, Hispanic Origin, and Age: United States, Selected Years, 1950, 2016" (Washington, DC: US Department of Health & Human Services, 2017), https://www.cdc.gov/nchs/data/hus/2017/029.pdf, accessed December 19, 2021.

19 "Cops or Soldiers?" *The Economist*, March 20, 2014, https://www.economist.com/united-states/2014/03/20/cops-or-soldiers, accessed September 8, 2021; "How America's Police Became So Heavily Armed," *The Economist*, May 18, 2015, http://www.economist.com/blogs/economist-explains/2015/05/economist-explains-22, accessed September 8, 2021; Joshua Holland, "Cops, Gun Culture and Anti-

Government Extremism," *Bill Moyers & Company*, August 26, 2014, http://billmoyers.com/2014/08/26/cops-gun-culture-and-anti-government-extremism/, accessed September 8, 2021.

20 Michelle Alexander, *The New Jim Crow: Mass Incarceration in the Age of Colorblindness* (New York: New Press, 2010), 6–7.

21 Alexander, *The New Jim Crow*. 인종, 신자유주의, 감옥에 대한 더 많은 논의로는 다음을 보라. Marie Gottschalk, *Caught: The Prison State and the Lockdown of America's Politics* (Princeton, NJ: Princeton University Press, 2015); Ruth Gilmore Wilson, *Golden Gulag: Prisons, Surplus, Crisis, and Opposition in Globalizing California* (Berkeley: University of California Press, 2007); Heather Ann Thompson, *Blood in the Water: The Attica Prison Uprising of 1971 and Its Legacy* (New York: Pantheon, 2016); Elizabeth Hinton, *From the War on Poverty to the War on Crime: The Making of Mass Incarceration in America* (Cambridge, MA: Harvard University Press, 2016); Julilly Kohler-Hausmann, *Getting Tough: Welfare and Imprisonment in 1970s America* (Princeton, NJ: Princeton University Press, 2017). Irwin, Miller, and Sanger-Katz, *America's Racial Divide: Charted.*

22 임시 계약 경제라는 새로운 현상에 대해서는 다음을 보라. Sarah Kessler, *Gigged: The Economy, the End of the Job and the Future of Work* (London: Random House Business, 2019); Jia Tolentino, "The Gig Economy Celebrates Working Yourself to Death," *New Yorker*, March 22, 2017, https://www.newyorker.com/culture/jia-tolentino/the-gig-economy-celebrates-working-yourself-to-death, accessed June 28, 2021; Nathan Heller, "Is the Gig Economy Working?" *New Yorker*, May 8, 2017, https://www.newyorker.com/magazine/2017/05/15/is-the-gig-economy-working, accessed June 28, 2021; Nicole Kobie, "What Is the Gig Economy and Why Is It So Controversial?" *Wired*, September 14, 2018, https://www.wired.co.uk/article/what-is-the-gig-economy-meaning-definition-why-is-it-called-gig-economy, accessed September 8, 2021; Jill Lepore, "What's Wrong with the Way We Work," *New Yorker*, January 11, 2021, https://www.newyorker.com/magazine/2021/01/18/whats-wrong-with-the-way-we-work, accessed June 28, 2021; E. Tammy Kim, "The Gig Economy Is Coming for Your Job," *New York Times*, January 10, 2020, https://www.nytimes.com/2020/01/10/opinion/sunday/gig-economy-unemployment-automation.html, accessed September 8, 2021; Aarian Marshall, "With $200 Million, Uber and Lyft Write Their Own Labor Law," *Wired*, April 11, 2020, https://www.wired.com/story/200-million-uber-lyft-write-own-labor-law/, accessed September 8, 2021. 우버와 에어비앤비의 구체적인 기원에 대해서는 다음을 보라. Brad Stone, *The Upstarts: Uber, Airbnb and the Battle for the New Silicon Valley* (London: Corgi, 2018); Leigh Gallagher, *The Airbnb Story: How to Disrupt an*

Industry, Make Billions of Dollars … and Plenty of Enemies (London: Virgin Books, 2018); Mike Isaac, *Super Pumped: The Battle for Uber* (New York: W. W. Norton, 2019).

23 비정규직 노동시장에 대한 고전적인 역사 연구로는 다음을 보라. Gareth Stedman Jones, *Outcast London: A Study in the Relationship Between Classes in Victorian Society* (1971; London: Verso, 2013). 이 주제에 대한 좀 더 최근의 저작으로는 다음을 보라. Guy Standing, *The Precariat: The New Dangerous Class* (London: Bloomsbury, 2011); Alexandrea J. Ravenelle, *Hustle and Gig: Struggling and Surviving in the Sharing Economy* (Oakland: University of California Press, 2019); Ruth Milkman and Ed Ott, eds., *New Labor in New York: Precarious Workers and the Future of the Labor Movement* (Ithaca, NY: Cornell University Press, 2014).

24 "프레카리아트"라는 용어의 기원에 대해서는 다음을 보라. https://www.macmillandictionary.com/buzzword/entries/precariat.html, accessed December 15, 2021, and Standing, *The Precariat.*

25 다음을 보라. Steve Fraser and Gary Gerstle, "Introduction," in Steve Fraser and Gary Gerstle, eds., *Ruling America: A History of Wealth and Power in a Democracy* (Cambridge, MA: Harvard University Press, 2005), 1–26.

26 릭 샌텔리가 고함을 지른 사건은 다음을 보라. https://www.cnbc.com/video/2015/02/06/santellis-tea-party-rant-february-19-2009.html, accessed June 22, 2021; Phil Rosenthal, "Rant Goes Viral, Raising Profile of CNBC's Rick Santelli," *Chicago Tribune*, February 23, 2009, https://www.chicagotribune.com/news/ct-xpm-2009-02-23-0902220319-story.html, accessed June 22, 2021.

27 티파티의 기원에 대해서는 다음을 보라. Theda Skocpol and Vanessa Williamson, *The Tea Party and the Remaking of Republican Conservatism* (New York: Oxford University Press, 2012); Jill Lepore, *The Whites of Their Eyes: The Tea Party's Revolution and the Battle over American History* (Princeton, NJ: Princeton University Press, 2011); Michael Leahy, *Covenant of Liberty: The Ideological Origins of the Tea Party Movement* (New York: HarperCollins, 2012). 코크 형제와 이들이 티파티에 개입했던 것에 대해서는 다음을 보라. Jane Mayer, *Dark Money: The Hidden History of the Billionaires Behind the Rise of the Radical Right* (New York: Anchor Books, 2016).

28 티파티의 포퓰리즘적 성격에 대해서는 다음을 보라. Dick Armey and Matt Kibbe, *Give Us Liberty: A Tea Party Manifesto* (New York: HarperCollins, 2010); Elizabeth Price Foley, *The Tea Party: Three Principles* (Cambridge: Cambridge University Press, 2012); Rachel M. Blum, *How the Tea Party Captured the GOP: Insurgent Factions in American Politics* (Chicago, IL: University of Chicago Press, 2020); Andrew J. Perrin, Steven J. Tepper, Neal Caren, and Sally Morris,

"Political and Cultural Dimensions of Tea Party Support, 2009–2012," *Sociological Quarterly* 55 (Fall 2014), 625–652; Rand Paul, *The Tea Party Goes to Washington* (Nashville, TN: Center Street, 2011); Liz Halloran, "What's Behind the New Populism?" *NPR.org*, February 5, 2010, https://www.npr.org/templates/story/story.php?storyId=123137382, accessed June 28, 2021; Walter Russell Mead, "The Tea Party and American Foreign Policy: What Populism Means for Globalism," *Foreign Policy*, March /April, 2011, https://www.foreignaffairs.com/articles/united-states/2011-03-01/tea-party-and-american-foreign-policy, accessed September 8, 2021. On Ron Paul, see Kelefa Sanneh, "Party Crasher: Ron Paul's Unique Brand of Libertarianism," *New Yorker*, February 19, 2012, https://www.newyorker.com/magazine/2012/02/27/party-crasher, accessed September 8, 2021; David Kirby and Emily Ekins, "Ron Paul and the Tea Party Playbook," August 10, 2012, *Cato.org*, https://www.cato.org/commentary/ron-paul-tea-party-playbook, accessed June 28, 2021. 론 폴은 자신의 정치적 신념의 개요를 제시한 책 몇 권을 출간했다. *The Revolution: A Manifesto* (New York: Grand Central, 2008) and *Liberty Defined: 50 Essential Issues That Affect Our Freedom* (New York: Grand Central, 2011).

29 도널드 트럼프는 Breitbart.com이 출범하자 곧 추종자가 됐고, 그곳의 "리포팅"을 자신의 연설과 트위터로 증폭시키는 역할을 맡았다. 앤드루 브라이트바트가 2012년에 나이가 많지 않은데도 갑자기 사망하자 스티브 배넌(Steve Bannon)이 그곳을 맡게 된다. 다음을 보라. Breitbart.com, passim; Joshua Green, *Devil's Bargain: Steve Bannon, Donald Trump, and the Storming of the Presidency* (New York: Penguin Press, 2017); David Carr, "The Provocateur," *New York Times*, April 13, 2012, accessed December 15, 2021; Rebecca Mead, "Rage Machine: Andrew Breitbart's Empire of Bluster," *New Yorker*, May 17, 2010, https://www.newyorker.com/magazine/2010/05/24/rage-machine, accessed September 8, 2021; James Rainey, "Breitbart.com Sets Sights on Ruling the Conservative Conversation," *Los Angeles Times*, August 1, 2012, https://www.latimes.com/entertainment/la-xpm-2012-aug-01-la-et-breitbart-20120801-story.html, accessed June 28, 2021. 브라이트바트의 리포팅의 예로 다음을 보라. James M. Simpson, "Agenda 21 Part I: A Global Economic Disaster in the Making," Breitbart.com, January 17, 2011, https://www.breitbart.com/politics/2011/01/17/agenda-21-part-i-a-global-economic-disaster-in-the-making/, accessed June 28, 2021; James M. Simpson, "Agenda 21 Part II: Globalist Totalitarian Dictatorship Invading a Town Near You—With Your Permission," Breitbart.com, January 23, 2011, https://www.breitbart.com/politics/2011/01/23/agenda-21-part-ii-globalist-totalitarian-dictatorship-invading-a-town-near-you-with-your-permission/, accessed June 28, 2021.

30 Skocpol and Williamson, *The Tea Party and the Remaking of American Conservatism*.

티파티 성원들이 오바마에 대해 얼마나 심한 분노를 느끼고 있었는지에 대해서는 2009년 8월 티파티가 후원했던 타운홀미팅에 대한 다음의 설명들을 참조하라. Jessica Rinaldi, "Protesters Disrupt Town Hall Healthcare Talks," *Reuters*, August 11, 2009, accessed December 15, 2021; Kevin Hechtkopf, "Rally Interrupts Dem Rep.'s Health Care Town Hall," CBSNews.com, August 3, 2009, http://www.cbsnews.com/news/rally-interrupts-dem-reps-health-care-town-hall/, accessed December 15, 2021; Ian Urbina, "Beyond Beltway, Health Debate Turns Hostile," *New York Times*, August 7, 2009, http://www.nytimes.com/2009/08/08/us/politics/08townhall.html?_r=0&mtrref=www.google.co.uk&gwh=78FBE4E211C423033E3096984A6D2F17&gwt=pay, accessed December 15, 2021.

31 의료보험을 둘러싼 전쟁으로는 다음을 보라. Lawrence R. Jacobs and Theda Skocpol, *Health Care Reform and American Politics: What Everyone Needs to Know* (New York: Oxford University Press, 2010); Paul Starr, *Remedy and Reaction: The Peculiar American Struggle over Health Care Reform* (New Haven, CT: Yale University Press, 2013); Steven Brill, *America's Bitter Pill: Money, Politics, Backroom Deals, and the Fight to Fix Our Broken Healthcare System* (New York: Random House, 2015).

32 Amy Hollyfield, "Obama's Birth Certificate: Final Chapter," *PolitiFact*, June 27, 2008, http://www.politifact.com/truth-o-meter/article/2008/jun/27/obamas-birth-certificate-part-ii/, accessed June 28, 2021; Jess Henig, "Born in the U.S.A.," *FactCheck.org*, August 21, 2008, http://www.factcheck.org/2008/08/born-in-the-usa/, accessed June 28, 2021; Sheryl Gay Stolberg, "Hawaii's Governor Takes on 'Birthers,'" December 24, 2010, http://www.nytimes.com/2010/12/25/us/25hawaii.html, accessed September 8, 2021; Gabriel Winant, "The Birthers in Congress," *Salon*, July 28, 2009, http://www.salon.com/2009/07/28/birther_enablers/, accessed June 28, 2021.

33 2009년 9월 12일 워싱턴에서 열린 티파티에 관해서 다음을 보라, Jeff Zeleny, "Thousands Rally in Capital to Protest Big Government," *New York Times*, September 12, 2009, http://www.nytimes.com/2009/09/13/us/politics/13protestweb.html, accessed June 28, 2021; Asha Beh, "Thousands of Anti-Obama Protestors March in D.C.," *NBCWashington.com*, September 12, 2009, http://www.nbcwashington.com/news/local/Taxpayer-Protestors-Get-Party-Started-Early-59126782.html, accessed June 28, 2021; Toby Harnden, "Thousands of 'Tea Party' Protestors March Against Barack Obama in Washington," *The Telegraph*, September 13, 2009, http://www.telegraph.co.uk/news/worldnews/barackobama/6184800/Thousands-of-tea-party-protesters-march-against-Barack-Obama-in-Washington.html, accessed June 28, 2021. 인종차별의 징후에 관해서

는 다음을 보라. Ryan Grim and Luke Johnson, "Is the Tea Party Racist? Ask Some Actual, Out-of-the-Closet Racists," *Huffington Post*, October 24, 2013, http://www.huffingtonpost.com/2013/10/24/tea-party-racist_n_4158262.html, June 28, 2021; Justin Berrier and Brooke Obie, "Right-Wing Media Attempt to Erase 'Bigoted Statements' from the Tea Party Movement," *MediaMatters.org*, July 15, 2010, http://mediamatters.org/research/2010/07/15/right-wing-media-attempt-to-erase-bigoted-state/167760, accessed June 28, 2021. 다음도 보라. Anti-Defamation League, "Rage Grows in America: Anti-Government Conspiracies," *ADL.org*, November 2009, http://www.adl.org/combating-hate/domestic-extremism-terrorism/c/rage-grows-in-america.html, accessed June 28, 2021; also Shannon Travis, "NAACP Passes Resolution Blasting Tea Party 'Racism,'" *CNN.com*, July 16, 2010, http://www.cnn.com/2010/POLITICS/07/14/naacp.tea.party/index.html, accessed September 8, 2021.

34 오바마의 세계시민주의적인 청년기와 성장 과정에 대해서는 다음을 보라. Barack Obama, *Dreams From My Father: A Story of Race and Inheritance* (New York: Crown, 2004); Angie Drobnic Holan, "Obama Attended an Indonesian Public School," *PolitiFact*, December 20, 2007, http://www.politifact.com/truth-o-meter/statements/2007/dec/20/chain-email/obama-attended-an-indonesian-public-school/, accessed August 20, 2020; "Growing Numbers of Americans Say Obama Is a Muslim," Pew Research Center, August 18, 2010, http://www.pewforum.org/2010/08/18/growing-number-of-americans-say-obama-is-a-muslim/, accessed June 28, 2021.

35 포퓰리스트 진영의 일반 성원들 사이에 퍼져 있는 중국에 대한 반감에 대해서는 다음을 보라. Walter Russell Mead, "The Tea Party and American Foreign Policy: What Populism Means for Globalism," *Foreign Affairs* (March/April 2011), https://www.foreignaffairs.com/articles/united-states/2011-03-01/tea-party-and-american-foreign-policy, accessed September 8, 2021; "Tea Party on Foreign Policy: Strong on Defense and Israel, Tough on China," *Pew Research Center Report*, October 7, 2011, https://www.pewresearch.org/politics/2011/10/07/strong-on-defense-and-israel-tough-on-china/, accessed June 29, 2021; Bruce Stokes and Pew Research Center, "The Tea Party's Worldview," *Politico*, February 12, 2014, https://www.politico.eu/article/the-tea-partys-worldview/, accessed June 30, 2021.

36 트럼프에 대해서는 다음을 보라. Gwenda Blair, *The Trumps: Three Generations That Built an Empire* (New York: Touchstone, 2000); Wayne Barrett, *Trump: The Greatest Show on Earth: The Deals, the Downfall, the Reinvention* (New York: Simon and Schuster, 2016); Jane Mayer, "Donald Trump's Ghostwriter Tells All," *New Yorker*, July 25, 2016, http://www.newyorker.com/magazine/2016/07/25/donald-trumpsghostwriter-tells-all, accessed June 30, 2021; Michael Wolff, *Fire and Fury: Inside the Trump White House* (New York: Henry Holt, 2018); Bob Woodward, *Fear: Trump in the White House* (New York: Simon and Schuster, 2018); Mary L. Trump, *Too Much and Never Enough: How My Family Created the World's Most Dangerous Man* (New York: Simon and Schuster, 2020); Philip Rucker and Carol Leonnig, *A Very Stable Genius: Donald J. Trump's Testing of America* (London: Bloomsbury, 2020).

37 Bill Carter, "'The Apprentice' Scores Ratings Near Top for the Season," *New York Times*, April 17, 2004, https://www.nytimes.com/2004/04/17/us/the-apprentice-scores-ratings-near-top-for-the-season.html, accessed June 28, 2021; James Traub, "Trumpologies," *New York Times Magazine*, September 12, 2004, https://www.nytimes.com/2004/09/12/magazine/trumpologies.html, accessed June 28, 2021; Patrick Radden Keefe, "How Mark Burnett Resurrected Donald Trump as an Icon of American Success," *New Yorker*, December 27, 2018, https://www.newyorker.com/magazine/2019/01/07/how-mark-burnett-resurrected-donald-trump-as-an-icon-of-american-success, accessed June 28, 2021; Emily Nussbaum, "The TV That Created Donald Trump," *New Yorker*, July 31, 2017, https://www.newyorker.com/magazine/2017/07/31/the-tv-that-created-donald-trump, accessed June 28, 2021; Stuart Heritage, "You're Hired: How the Apprentice Led to President Trump," *The Guardian*, November 10, 2016, https://www.theguardian.com/commentisfree/2016/nov/10/trump-the-apprentice-president-elect-reality-tv, accessed June 28, 2021.

38 한때 그는 오프라 윈프리와 함께 민주당 대통령 후보로 나갈 것을 검토했고, 그다음에는 로스 페로의 포퓰리즘 정당 개혁당(Reform Party)으로 나갈 것을 검토했다. 그는 여성의 임신중지 권리 등 몇 가지 사회 이슈에서 진보적인 입장이었으므로 사람들은 그의 진짜 성향은 민주당이라고 생각하기도 했다. 2005년, 그는 멜라니아 크라우스(Melania Krauss)와의 결혼식에 클린턴 부부를 초청하기도 했으며, 클린턴 부부는 결혼식에 참석했다. Deborah Orin, "Trump Pumped to Hit Stump—Wants to Run with Oprah on His Ticket," *New York Post* (October 8, 1999), https://nypost.com/1999/10/08/trump-pumped-to-hit-stump-wants-to-run-with-oprah-on-his-ticket/, accessed June 28, 2021; Adam Nagourney, "Reform Bid Said to Be a No-Go for Trump," *New York Times*, February 14, 2000, https://archive.nytimes.com/www.nytimes.com/library/politics/camp/021400wh-ref-trump.html, accessed June 28, 2021.

39 Jacob M. Schlesinger, "Trump Forged His Ideas on Trade in the 1980s—and Never Deviated," *Wall Street Journal*, November 15, 2018, https://www.wsj.com/articles/trump-forged-his-ideas-on-trade-in-the-1980sand-never-deviated-1542304508, accessed December 17, 2020; Beth Reinhard and Peter Grant, "How the 1990s Became Donald Trump's Personal Crucible," *Wall Street Journal*, July 20, 2016, https://www.wsj.com/articles/how-the-1990s-became-donald-trumps-personal-crucible-1469035278, accessed December 17, 2020; Don Gonyea and Domenico Montanaro, "Donald Trump's Been Saying the Same Thing for 30 Years," *NPR.org*, January 20, 2017, https://www.npr.org/2017/01/20/510680463/donald-trumps-been-saying-the-same-thing-for-30-years?t=1608117553171, accessed December 17, 2020; Timothy Noah, "Trump vs. Clinton Is the 1980s vs. the 1990s," *Politico*, July 31, 2016, https://www.politico.com/magazine/story/2016/07/2016-history-hillary-bill-clinton-donald-trump-1990s-1980s-214125, accessed December 17, 2020. 트럼프는 잠시 후 이야기할 뉴욕시 센트럴파크의 사건과 관련된 다섯 소년의 경우와 마찬가지로, 1987년에도 무외교 정책을 두고서 자신이 일본 및 중국과의 자유무역을 반대한다는 의견을 신문의 전면광고로 내보냈다. 이 광고는 정치 진출을 두드려 보기 위한 입질의 일부였다. Ilan Ben-Meir, "That Time Trump Spent Nearly $100,000 on an Ad Criticizing U.S. Foreign Policy in 1987," *BuzzFeedNews.com*, July 10, 2015, https://www.buzzfeednews.com/article/ilanbenmeir/that-time-trump-spent-nearly-100000-on-an-ad-criticizing-us, accessed June 28, 2021; Howard Kurtz, "Between the Lines of a Millionaire's Ad," *Washington Post*, September 2, 1987, https://www.washingtonpost.com/archive/politics/1987/09/02/between-the-lines-of-a-millionaires-ad/9c6db9c3-f7d6-4aa4-9ec4-a312feb2639e/, accessed December 17, 2020; Michael Kruse, "The True Story of Donald Trump's First Campaign Speech—in 1987," *Politico*, February 5, 2016, https://www.politico.com/magazine/story/2016/02/donald-trump-first-campaign-speech-new-hampshire-1987-213595, accessed December 17, 2020.

40 Oliver Laughland, "Donald Trump and the Central Park Five: The Racially Charged Rise of a Demagogue," The Guardian, February 17, 2016, https://www.theguardian.com/us-news/2016/feb/17/central-park-five-donald-trump-jogger-rape-case-new-york, accessed June 23, 2021. 뉴욕 타블로이드 신문들에 게재된 트럼프의 광고는 이 논문에 다시 실려 있다.

41 뉴욕시 센트럴파크 5인의 이야기는 다음을 보라. Jim Dwyer, "The True Story of How a City in Fear Brutalized the Central Park Five," *New York Times*, May 30, 2019, https://www.nytimes.com/2019/05/30/arts/television/when-they-see-us-real-story.html, accessed June 24, 2021; and Ken Burns, Sarah Burns, and David McMahon, *The Central Park Five* (Sundance Selects/WETA/Florentine Films/PBS/The Central Park Five Film Project, 2012); Sarah Burns, *The Central Park Five: The Untold Story Behind One of New York's Most Infamous Crimes* (New York: Vintage Books, 2012).

42 Michael Cohen, *Disloyal: A Memoir: The True Story of the Former Personal Attorney to the President of the United States* (New York: Skyhorse Publishing, 2020), 107–110.

43 트럼프는 진실을 확인하기 위해 조사관들을 하와이로 파견했으며, "그들은 자기들이 발견한 바를 믿을 수가 없었다"라고 공표하여 신문의 헤드라인을 장악하기도 했다. 오바마가 외국 출생이라는 증거는 한 번도 나온 적이 없다. 폴리티팩트(PolitiFact)와 FactCheck.org는 오바마의 출생증명서가 약식 문서나 정식 문서로도 모두 진본임을 확인했다. 2012년 대선에서 오바마가 미트 롬니를 확실하게 이기면서 이 출생 논쟁도 가라앉는 것으로 보였다. Bill Adair, "PolitiFact's Guide to Obama's Birth Certificate," *PolitiFact*, April 27, 2011, http://www.politifact.com/truth-o-meter/article/2011/apr/27/politifacts-guide-obamas-birth-certificate/, accessed June 23, 2021; Lori Robinson, "Indeed, Born in the U.S.A.," *FactCheck.org*, April 27, 2011, http://www.factcheck.org/2011/04/indeed-born-in-the-u-s-a/, accessed June 8, 2016; Adam Caparell, "Show Me! Donald Trump Wants to See President Obama's Birth Certificate with His Own Eyes," *New York Daily News*, March 24, 2011, http://www.nydailynews.com/news/politics/show-donald-trump-presidentobama-birth-certificate-eyes-article-1.118369, accessed June 23, 2021; "Trump on Obama's Birth Certificate: 'Maybe It Says He's a Muslim,'" *Fox Nation*, March 30, 2011, http://nation.foxnews.com/donald-trump/2011/03/30/trump-obama-maybe-hes-muslim, accessed June 23, 2021; Sheryl Gay Stolberg, "Hawaii's Governor Takes on 'Birthers'"; "Obama Releases 'Long Form' Birth Certificate," *BBC News*, April 27, 2011, http://www.bbc.co.uk/news/world-us-canada-13212230/, accessed September 8, 2021; Ta-Nehisi Coates, "Fear of a Black President," *The Atlantic*, September 2012, https://www.theatlantic.com/magazine/archive/2012/09/fear-of-a-black-president/309064/, accessed September 8, 2021; Jeff Greenfield, "Donald Trump's Birther Strategy," *Politico*, July 22, 2015, http://www.politico.com/magazine/story/2015/07/donald-trumps-birther-strategy-120504, accessed June 23, 2021; Joshua Green, "What Donald Trump's Birther Investigators Will Find in Hawaii," *The Atlantic*, April 12, 2011, http://www.theatlantic.com/politics/archive/2011/04/what-donald-trumps-birther-investigators-willfind-in-hawaii/237198/, accessed September 8, 2021.

44 "Donald Trump 2015 Presidential Candidacy Announcement Speech," June 15, 2015, https://time.com/3923128/donald-trump-announcement-speech/, accessed May 26, 2021; Katie Reilly, "Here Are All the Times Donald Trump Insulted Mexico," August 31, 2016, https://time.com/4473972/donald-trump-mexico-meeting-insult/, accessed May 26, 2021.

45 트럼프가 센트럴파크의 10대 "강간범들"을 범죄자로 밀어붙이는 데에 역할을 했던

것이 1989년 타블로이드 신문들의 기사였다. 그가 멀라 메이플스(Marla Maples)와 정사를 벌인 것(곧 그의 두 번째 부인이 된다), 첫 번째 부인인 이바나 트럼프(Ivana Trump)와 이혼한 것 등 또한 1990년에 타블로이드 신문들의 집중적인 이야깃거리였다. 예를 들어 다음을 보라. Jamie Ross, "The Real Story Behind Trump's Famous 'The Best Sex I Ever Had' Headline," *Daily Beast,* April 12, 2018, accessed December 15, 2021. 로스의 기사에는 1990년 2월 16일 《뉴욕포스트》에 실린 다음과 같은 악명 높은 헤드라인과 사진이 실려 있다. "Marla Boasts to Her Friends About Donald: Best Sex I Ever Had."

46 Sidney Blumenthal, "A Short History of the Trump Family," *London Review of Books* 39 (February 16, 2017), https://www.lrb.co.uk/the-paper/v39/n04/sidney-blumenthal/a-short-history-of-the-trump-family, accessed June 23, 2021.

47 Blumenthal, "A Short History of the Trump Family."

48 Nick Rogers, "How Wrestling Explains Alex Jones and Donald Trump," *New York Times,* April 25, 2017, https://www.nytimes.com/2017/04/25/opinion/wrestling-explains-alex-jones-and-donald-trump.html, accessed June 4, 2021; Shannon Bow O'Brien, *Donald Trump and the Kayfabe Presidency: Professional Wrestling Rhetoric in the White House* (New York: Palgrave Macmillan, 2020). 또한 2007년 WWE의 〈레슬매니아23〉 중 "억만장자들의 맞짱(The Battle of the billionaires)"이라는 제목의 유료 시청 쇼에서 도널드 트럼프와 빈스 맥마흔이 격투를 벌이는 유튜브 영상을 보라. 두 번째 영상은 트럼프가 링 바로 밖에서 맥마흔을 땅바닥에 거칠게 깔고 뭉개는 장면이 나온다. https://www.youtube.com/watch?v=5NsrwH9I9vE&t=84s, July 20, 2011; https://www.youtube.com/watch?v=jkghtyxZ6rc, February 3, 2016; both accessed June 14, 2021. 트럼프의 프로레슬링 링크들을 알려 준 에밀리 처노크(Emily Charnock) 와 찰리 레이버먼(Charlie Laberman)에게 감사한다.

49 Cohen, *Disloyal,* 95. 코언은 이렇게 덧붙인다. "패스트푸드, 쓰레기 같은 TV프로그램, 매력적인 여성의 몸을 음흉하게 훑어보기 등. 트럼프가 백인 블루칼라 남성들을 몰고 다닌 것은 그게 그가 삶을 바라보는 방식의 일부였기 때문이었다."

50 그는 뉴욕에서 큰 건을 다루는 부동산산업의 본질이 무엇인지를 이해하고 있었다. 즉 여러 규칙과 계약은 다 깨지라고 생겨난다는 것이다. 그의 멘토는 조 매카시(Joe McCarthy)의 오래된 참모였던 로이 콘(Roy Cohn)이었다. Donald J. Trump with Tony Schwartz, *The Art of the Deal* (1987; New York: Ballantine Books, 2015). 트럼프와 로이 콘의 관계에 대해서는 다음을 보라. Jonathan Mahler and Matt Flegenheimer, "What Donald Trump Learned from Joseph McCarthy's Right-Hand Man," *New York Times,* June 20, 2016, https://www.nytimes.com/2016/06/21/us/politics/donald-trump-roy-cohn.html, accessed September 8, 2021.

51 Maureen Dowd, "Chickens, Home to Roost," *New York Times,* March 5, 2016, http://nyti.ms/1U27ZJ5, accessed April 27, 2021. 다음도 보라. Elizabeth Lunbeck,

"The Allure of Trump's Narcissism," *Los Angeles Review of Books*, August 1, 2017, accessed September 15, 2021.

52 Peter Oborne, *The Assault on Truth: Boris Johnson, Donald Trump and the Emergence of a New Moral Barbarism* (New York: Simon and Schuster, 2020); Adam Serwer, *The Cruelty Is the Point: The Past, Present, and Future of Trump's America* (New York: One World, 2021).

53 Mattathias Schwartz, "Pre-Occupied," *New Yorker*, November 20, 2011, https://www.newyorker.com/magazine/2011/11/28/pre-occupied, accessed June 28, 2021; Jamie Lalinde, Rebecca Sacks, Mark Guiducci, Elizabeth Nicholas, and Max Chafkin, "Revolution Number 99," *Vanity Fair*, January 10, 2012, https://www.vanityfair.com/news/2012/02/occupy-wall-street-201202, accessed June 28, 2021.

54 "What Is Our One Demand? #OccupyWallStreet, September 17, Bring Tent," *Adbusters*, Poster (2011), http//upload.wikimedia.org/wikipedia/en/5/57/Wall-Street-1.jpg, accessed June 28, 2021; William Yardley, "The Branding of the Occupy Movement," *New York Times*, November 27, 2011, https://www.nytimes.com/2011/11/28/business/media/the-branding-of-the-occupy-movement.html, accessed June 28, 2021.

55 Schwartz, "Pre-Occupied"; Brian Greene, "How 'Occupy Wall Street' Started and Spread," *USNews.com*, October 17, 2011, https://www.usnews.com/news/washington-whispers/articles/2011/10/17/how-occupy-wall-street-started-and-spread, accessed April 28, 2021; David Graeber, "Occupy's Liberation from Liberalism: The Real Meaning of May Day," *The Guardian*, May 7, 2012, https://www.theguardian.com/commentisfree/cifamerica/2012/may/07/occupy-liberation-from-liberalism, accessed April 28, 2021. 학자금대출 위기에 대해서는 다음을 보라. Elizabeth Tandy Shermer, *Indentured Students: How Government-Guaranteed Loans Left Generations Drowning in College Debt* (Cambridge, MA: Belknap Press of Harvard University Press, 2021).

56 David Graeber, *Debt: The First 5,000 Years* (New York: Melville House, 2011). 1990년대의 저항에 대해서는 다음을 보라. Richard Saich, "Social Movements and Resistance to Neoliberalism in America, 1979–2000" (PhD dissertation, University of Cambridge, 2022).

57 Schwartz, "Pre-Occupied"; Mattathias Schwartz, "Map: How Occupy Wall Street Chose Zuccotti Park," *New Yorker*, November 21, 2011, https://web.archive.org/web/20140405004551/http://www.newyorker.com/online/blogs/newsdesk/2011/11/occupy-wall-street-map.html, accessed April 28, 2021; Brian Greene, "How 'Occupy Wall Street' Started and Spread," *USNews.com*, October 17, 2011, https://www.usnews.com/news/washington-whispers/articles/2011/10/17/

how-occupy-wall-street-started-and-spread, accessed September 9, 2021.

58 월 스트리트 점거 운동의 인구통계에 대해서는 다음을 보라. Laura Norén, "Occupy Wall Street Demographics," *Thesocietypages.org*, November 17, 2011, https://thesocietypages.org/graphicsociology/2011/11/17/occupy-wall-street-demographics/, accessed June 28, 2021; Jillian Berman, "Occupy Wall Street Actually Not at All Representative of the 99 Percent, Report Finds," *Huffington Post*, January 29, 2021, https://www.huffingtonpost.co.uk/entry/occupy-wall-street-report_n_2574788?ri18n=true, accessed June 28, 2021.

59 Megan Gibson, "Solidarity Saturday: Occupy Wall Street Goes Global," *Time*, October 17, 2011, http://newsfeed.time.com/2011/10/17/solidarity-saturday-occupy-wall-street-goes-global/, accessed April 28, 2021; Michael Levitin, "The Triumph of Occupy Wall Street," *The Atlantic*, June 10, 2015, https://www.theatlantic.com/politics/archive/2015/06/the-triumph-of-occupy-wall-street/395408/, accessed April 29, 2021; Emily Stewart, "We Are (Still) the 99 Percent: Occupy Wall Street Was Seen as a Failure When It Ended in 2011. But It's Helped Transform the American Left," *Vox*, April 30, 2019, https://www.vox.com/the-highlight/2019/4/23/18284303/occupy-wall-street-bernie-sanders-dsa-socialism, accessed April 29, 2021.

60 《디센트》(https://www.dissentmagazine.org)는 1954년, 《n+1》(https://nplusonemag.com)은 2004년, 《자코뱅》(https://jacobinmag.com)은 2011년에 창간됐다. 햇수가 중반부에 들어선 좌파, 리버럴 잡지인 《아메리칸프로스펙트》 또한 이 시기에 되살아나 파산 상태의 재정을 2012년에 해결했고, 2014년 이후로는 제2의 시기를 지내며 번창하고 있다. https://prospect.org/. 그리고 말할 것도 없이 《네이션》은 좌파 진영의 기수로 남아 있다. Thomas Piketty, *Capital in the Twenty-First Century* (Cambridge, MA: Belknap Press of Harvard University Press, 2014) (originally published in French in 2013); Naomi Klein, *No Logo: No Space, No Choice, No Jobs* (New York: Fourth Estate, 2010); David Graeber, *Revolutions in Reverse: Essays on Politics, Violence, Art, and Imagination* (London: Minor Compositions, 2011); Katharine Q. Seelye, "Warren Defeats Brown in Massachusetts Senate Contest," *New York Times*, November 6, 2012, https://www.nytimes.com/2012/11/07/us/politics/elizabeth-warren-massachusetts-senate-scott-brown.html, accessed April 29, 2021; "Bill de Blasio Sworn in as New York Mayor," *The Guardian*, January 1, 2014, https://www.theguardian.com/world/2014/jan/01/bill-de-blasio-sworn-in-as-new-york-mayor, accessed April 29, 2021; Alan Rappeport, "Bernie Sanders, Long-Serving Independent, Enters Presidential Race as a Democrat," *New York Times*, April 29, 2015, https://www.nytimes.com/2015/04/30/us/politics/bernie-sanders-campaign-for-president.html, accessed

April 29, 2021; Kate Aronoff, Peter Dreier, and Michael Kazin, eds., *We Own the Future: Democratic Socialism, American Style* (New York: New Press, 2020).

61 Adam Geller, "Bernie Sanders' Early Life in Brooklyn Taught Lessons, Some Tough," *Times of Israel*, July 21, 2019, https://www.timesofisrael.com/bernie-sanders-early-life-in-brooklyn-taught-lessons-some-tough/, accessed June 29, 2021; Jas Chana, "Straight Outta Brooklyn, by Way of Vermont: The Bernie Sanders Story," *Tablet*, August 20, 2015, https://www.tabletmag.com/sections/news/articles/bernie-sanders-story, accessed June 29, 2021; Mark Leibovich, "The Socialist Senator," *New York Times*, January 21, 2007, https://www.nytimes.com/2007/01/21/magazine/21Sanders.t.html, accessed June 29, 2021.

62 Leibovich, "The Socialist Senator."

63 Marketwatch, "Text of Bernie Sanders' Wall Street and Economy Speech." January 5, 2016, https://www.marketwatch.com/story/text-of-bernie-sanders-wall-street-and-economy-speech-2016-01-05, accessed July 19, 2021. 다음도 보라. Transcript of Bernie Sanders-Hillary Clinton Debate, March 6, 2016, *New York Times*, March 7, 2016, https://www.nytimes.com/2016/03/07/us/politics/transcript-democratic-presidential-debate.html, accessed May 31, 2021.

64 Marketwatch, "Text of Bernie Sanders' Wall Street and Economy Speech."

65 Bernie Sanders, Iowa Caucuses Speech, February 2, 2021, https://www.vox.com/2016/2/2/10892752/bernie-sanders-iowa-speech, accessed June 28, 2021.

66 "Transcript of Bernie Sanders-Hillary Clinton Debate," March 6, 2016; Bernie Sanders, Campaign Speech in Pittsburgh, *WESA*, March 30, 2016, http://wesa.fm/post/super-pacs-paid-speeches-living-wages-take-sanders-full-pittsburgh-stump, accessed June 28, 2021. 버니 샌더스의 무역에 대한 관점은 다음을 보라. Amy Chozick and Patrick Healy, "Caustic Sanders Pushes Clinton on Trade and Jobs at Debate in Michigan," reprinted in *Anchorage Daily* News, September 30, 2016, https://www.adn.com/nation-world/article/caustic-sanders-pushes-clinton-trade-and-jobs-debate-michigan/2016/03/07/, accessed September 9, 2021 (originally published in the *New York Times*, March 7, 2016); Nick Corasaniti, "Bernie Sanders Hones Anti-Trade Message for Illinois and Ohio," *New York Times*, March 11, 2016, https://www.nytimes.com/2016/03/12/us/politics/bernie-sanders-hones-anti-trade-message-for-illinois-and-ohio.html, accessed February 24, 2021; Editorial Board, "Jobs and Trade on the Campaign Trail," *New York Times*, April 2, 2016, https://www.nytimes.com/2016/04/03/opinion/sunday/jobs-and-trade-on-the-campaign-trail.html, accessed February 24, 2021; Bernie Sanders, "Bernie Sanders: Democrats Need to Wake Up," *New York Times*, June 28, 2016, https://mobile.nytimes.com/2016/06/29/opinion/campaign-stops/bernie-sanders-democrats-need-towake-up.html?referer=https://t.co/ywq46GeMt4, accessed February 24, 2021; Arnie Seipel, "Sanders Centers Platform Fight on Trans-Pacific Trade Deal," *NPR.org*, July 3, 2016, https://www.npr.org/2016/07/03/484574128/sanders-centers-platform-fight-on-trans-pacific-trade-deal, accessed February 24, 2021; Jennifer Steinhauer, "Both Parties Used to Back Free Trade. Now They Bash It," *New York Times*, July 29, 2016, https://www.nytimes.com/2016/07/30/us/politics/in-time-of-discord-bashing-trade-pacts-appeals-to-both-parties.html, accessed February 24, 2021.

67 "Read Donald Trump's Speech on Trade," *Time*, June 28, 2016, https://time.com/4386335/donald-trump-trade-speech-transcript/, accessed June 22, 2021.

68 클린턴재단에 이루어진 기부에 대해서는 다음을 보라. Paul Lewis and James Ball, "Clinton Foundation Received Up to $81m from Clients of Controversial HSBC Bank," *The Guardian*, February 10, 2015, https://www.theguardian.com/us-news/2015/feb/10/hillary-clinton-foundation-donors-hsbc-swiss-bank, accessed June 28, 2021; James V. Grimaldi and Rebecca Ballhaus, "Foreign Government Gifts to Clinton Foundation on the Rise," *Wall Street Journal*, February 17, 2015, https://www.wsj.com/articles/foreign-government-gifts-to-clinton-foundation-on-the-rise-1424223031, accessed June 28, 2021; Rosalind S. Helderman and Tom Hamburger, "Foreign Governments Gave Millions to Foundation While Clinton Was at State Dept.," *Washington Post*, February 25, 2015, https://www.washingtonpost.com/politics/foreign-governments-gave-millions-to-foundation-while-clinton-was-at-state-dept/2015/02/25/31937c1e-bc3f-11e4-8668-4e7ba8439ca6_story.html, accessed September 9, 2021; Carlos Barria, "Many Who Met with Clinton as Secretary of State Donated to Foundation," *CNBC.com*, August 23, 2016, https://www.cnbc.com/2016/08/23/most-of-those-who-met-with-clinton-as-secretary-of-state-donated-to-foundation.html, accessed June 28, 2021; Jonathan Allen, "Clinton's Charity Confirms Qatar's $1 million Gift While She was at State Dept," *Reuters*, November 4, 2016, https://www.reuters.com/article/us-usa-election-foundation-idUSKBN12Z2SL, accessed June 28, 2021.

69 클린턴의 월 스트리트 연설들 그리고 그로 인해 일어난 논란에 대해서는 다음을 보라. Nicholas Confessore and Jason Horowitz, "Hillary Clinton's Paid Speeches to Wall Street Animate Her Opponents," *New York Times*, January 21, 2016, https://www.nytimes.com/2016/01/22/us/politics/in-race-defined-by-income-gap-hillary-clintons-wall-street-ties-incite-rivals.html, accessed June 28, 2021; Robert Yoon, "$153 Million in Bill and Hillary Clinton Speaking Fees, Documented," *CNN*, February 6, 2016, https://edition.cnn.com/2016/02/05/politics/hillary-clinton-bill-clinton-paid-speeches/index.html, accessed June 28, 2021; Robert W. Wood,

"Hillary's Wall Street Speech Fees: Hers or Clinton Foundation's?," *Forbes*, February 9, 2016, https://www.forbes.com/sites/robertwood/2016/02/09/hillarys-wall-street-speech-fees-hers-or-clinton-foundations/?sh=86b6cf864407, accessed June 28, 2021; Amy Chozick, Nicholas Confessore, and Michael Barbaro, "Leaked Speech Excerpts Show a Hillary Clinton at Ease with Wall Street," *New York Times*, October 7, 2016, https://www.nytimes.com/2016/10/08/us/politics/hillary-clinton-speeches-wikileaks.xhtml, accessed June 28, 2021; "Hillary Clinton's Wall St Speeches Published by Wikileaks," *BBC News*, October 8, 2016, https://www.bbc.co.uk/news/election-us-2016-37595047, accessed June 28, 2021; Tamara Keith, "Wikileaks Claims to Release Hillary Clinton's Goldman Sachs Transcripts," *NPR.org*, October 15, 2016, https://www.npr.org/2016/10/15/498085611/wikileaks-claims-to-release-hillary-clintons-goldman-sachs-transcripts?t=1625134407257, accessed June 28, 2021; Katie Forster, "Barack Obama: Hillary Clinton's Wall Street Speeches Cast Her as an 'Insider' and Helped Her Lose to Donald Trump," *The Independent*, November 18, 2016, https://www.independent.co.uk/news/world/americas/barack-obama-hillary-clinton-lost-insider-goldman-sachs-speeches-a7424476.html, accessed June 28, 2021.

70 힐러리 클린턴의 정치적 관점에 대해서는 다음을 보라. Hillary Rodham Clinton, *Living History* (London: Headline, 2003); Hillary Rodham Clinton, *Hard Choices* (New York: Simon and Schuster, 2014); Hillary Rodham Clinton and Tim Kaine, *Stronger Together: A Blueprint for America's Future* (New York: Simon and Schuster, 2016); Hillary Rodham Clinton, *What Happened* (New York: Simon and Schuster, 2017); Karen Blumenthal, *Hillary: A Biography of Hillary Rodham Clinton* (London: Bloomsbury, 2017); Jonathan Allen and Amie Parnes, *Shattered: Inside Hillary Clinton's Doomed Campaign* (New York: Broadway Books, 2017); Ivy Cargile, Denise Davis, Jennifer Merolla, and Rachel Vansickle-Ward, eds., *The Hillary Effect: Perspectives on Clinton's Legacy* (New York: I. B. Tauris, 2020).

71 미국의 마약 사용자 중 아프리카계 미국인은 14퍼센트뿐이지만 "마약 관련 범죄로 수감된 이들의 45퍼센트를 차지"한다. Walter Johnson, *The Broken Heart of America: St. Louis and the Violent History of the United States* (New York: Basic Books, 2020), 422.

72 Lizette Alvarez and Michael Cooper, "Prosecutor Files Charge of 2nd-Degree Murder in Shooting of Martin," *New York Times*, April 11, 2012, http://www.nytimes.com/2012/04/12/us/zimmerman-to-be-charged-in-trayvon-martin-shooting.html, accessed June 29, 2021; Greg Botelho, "What Happened the Night Trayvon Martin Died," *CNN.com*, May 23, 2012, http://edition.cnn.com/2012/05/18/justice/florida-teen-shooting-details/, accessed June 29, 2021;

"The Trayvon Martin Case: A Timeline," *The Week*, July 17, 2012, http://theweek.com/articles/476855/trayvon-martin-case-timeline, accessed June 29, 2021; David A. Graham, "Quote of the Day: Obama: 'If I Had a Son, He'd Look Like Trayvon,'" *The Atlantic*, March 23, 2012, http://www.theatlantic.com/politics/archive/2012/03/quote-of-the-day-obama-if-i-had-a-son-hed-look-like-trayvon/254971/, accessed June 29, 2021. 에릭 가너의 죽음에 대해서는 다음을 보라. Joseph Goldstein and Nate Schweber, "Man's Death After Chokehold Raises Old Issue for the Police," *New York Times*, July 18, 2014, https://www.nytimes.com/2014/07/19/nyregion/staten-island-man-dies-after-he-is-put-in-chokehold-during-arrest.html, accessed June 29, 2021; Ken Murray, Kerry Burke, Chelsia Rose Marcius, and Rocco Parascandola, "Staten Island Man Dies after NYPD Cop Puts Him in Chokehold— SEE THE VIDEO," *New York Daily News*, July 18, 2014, http://www.nydailynews.com/new-york/staten-island-man-dies-puts-choke-hold-article-1.1871486, accessed June 29, 2021. 마이클 브라운의 죽음에 대한 설명은 다음을 보라. "Tracking the Events in the Wake of Michael Brown's Shooting," *New York Times*, November 24, 2014, http://www.nytimes.com/interactive/2014/11/09/us/10ferguson-michael-brown-shooting-grand-jury-darren-wilson.html?_r=0#/#time354_10512, accessed June 29, 2021. 라콴 맥도널드의 살인에 대해선 다음을 보라. Quinn Ford, "Cops: Boy, 17, Fatally Shot by Officer After Refusing to Drop Knife," *Chicago Tribune*, October 21, 2014, https://www.chicagotribune.com/news/breaking/chi-chicago-shootings-violence-20141021-story.html, accessed June 29, 2021; Monica Davey and Mitch Smith, "Chicago Protests Mostly Peaceful After Video of Police Shooting Is Released," *New York Times*, November 24, 2015, https://www.nytimes.com/2015/11/25/us/chicago-officer-charged-in-death-of-black-teenager-official-says.html, accessed June 29, 2021. 월터 스콧의 살인에 대해서는 다음을 보라. Christina Elmore and David MacDougall, "N. Charleston Officer Fatally Shoots Man," *Post and Courier* April 3, 2015, https://www.postandcourier.com/archives/n-charleston-officer-fatally-shoots-man/article_4480489f-a733-57fc-b326-bdf95032d33c.html, accessed June 29, 2021; Michael S. Schmidt and Matt Apuzzo, "South Carolina Officer Is Charged with Murder of Walter Scott," *New York Times*, April 7, 2015, http://www.nytimes.com/2015/04/08/us/south-carolina-officer-is-charged-with-murder-in-black-mans-death.html?_r=0, accessed June 29, 2021. 프레디 그레이의 죽음에 대해서는 다음을 보라. Natalie Sherman, Chris Kaltenbach, and Colin Campbell, "Freddie Gray Dies a Week After Being Injured During Arrest," *Baltimore Sun*, April 19, 2015, http://www.baltimoresun.com/news/maryland/freddie-gray/bs-md-freddie-gray-20150419-story.html, accessed June 29, 2021; David A. Graham, "The Mysterious Death of Freddie Gray," *The*

Atlantic, April 22, 2015, http://www.theatlantic.com/politics/archive/2015//04/the-mysterious-death-of-freddie-gray/391119/, accessed June 29, 2021; Jon Swaine, "Baltimore Freddie Gray Protests Turn Violent as Police and Crowds Clash," *The Guardian*, April 26, 2015, ttps://www.theguardian.com/us-news/2015/apr/25/baltimore-freddie-gray-protests-violence-police-camden-yards, accessed June 28, 2021; Bill Keller, "David Simon Talks About Where the Baltimore Police Went Wrong," *Vice.com*, April 29, 2015, https://www.vice.com/en/article/exq4ep/david-simon-talks-about-where-the-baltimore-police-went-wrong-429, accessed June 29, 2021.

73 Keeanga-Yamahtta Taylor, "Why Should We Trust You? Clinton's Big Problem with Young Black Americans," *The Guardian*, October 21, 2016, https://www.theguardian.com/us-news/2016/oct/21/hillary-clinton-black-millennial-voters, accessed June 2, 2.

74 United States Department of Justice, Civil Rights Division, *Investigation of the Ferguson Police Department*, March 4, 2015 (Washington, DC: Government Printing Office, 2015), 1–6; quotes from Jelani Cobb, "The Matter of Black Lives," *New Yorker*, March 14, 2016, http://www.newyorker.com/magazine/2016/03/14/where-is-black-lives-matter-headed, accessed June 29, 2021. 다음도 보라. Elizabeth Day, "#BlackLivesMatter: The Birth of a New Civil Rights Movement," *The Guardian and The Observer*, July 19, 2015, https://www.theguardian.com/world/2015/jul/19/blacklivesmatter-birth-civil-rights-movement, accessed September 9, 2021.

75 Taylor, "Why Should We Trust You?" 다음도 보라. Keeanga-Yamahtta Taylor, *From #Blacklivesmatter to Black Liberation* (Chicago, IL: Haymarket Books, 2016).

76 Tyler Tynes, "Black Lives Matter Activists Interrupt Hillary Clinton at Private Event in South Carolina," *Huffington Post*, February 25, 2016, https://www.huffingtonpost.co.uk/entry/clinton-black-lives-matter-south-carolina_n_56ce53b1e4b03260bf7580ca?ri18n=true; accessed June 1, 2021.

77 Taylor, "Why Should We Trust You?"

78 트럼프에 비해 잭슨은 외부자라기보다 내부자로서의 자격을 더 갖추고 있었다. 그가 아직 소년이던 미국 혁명기부터 병사로서 또 나중에는 장군으로서 싸움에 참여한 이였다. 또한 테네시주의 상원의원으로서 워싱턴 수도에서 오랫동안 봉직하기도 했다. 그는 미국 건국의 이상을 깊이 신봉하고 있었으며, 미국헌법에 체현된 통치 원리들도 잘 알았을 뿐만 아니라 신봉했다. 트럼프는 군대에 다녀온 적도 의회에서 일한 적도 정부의 직책을 맡아 일한 적도 없다. 그는 미국헌법이나 또 미국 건국의 기초가 되는 민주주의의 이상에 대해 아는 바가 거의 없는 인물이다.

79 John Cassidy, "James Comey's October Surprise," *New Yorker*, October 28, 2016, https://www.newyorker.com/news/john-cassidy/james-comeys-october-surprise, accessed June 28, 2021; Sarah N. Lynch and Mark Hosenball, "Report Rebukes Comey, but Says No Bias in Clinton Email Case," *Reuters*, June 14, 2018, https://www.reuters.com/article/us-usa-congress-fbi-idUSKBN1JA0D4, accessed June 28, 2021. 다음도 보라. James B. Comey, "Statement by FBI Director James B. Comey on the Investigation of Secretary Hillary Clinton's Use of a Personal E-Mail System," FBI National Press Office, Washington, DC, July 5, 2016, https://www.fbi.gov/news/pressrel/press-releases/statement-by-fbi-director-james-b-comey-on-the-investigation-of-secretary-hillary-clinton2019s-use-of-a-personal-e-mail-system, accessed June 28, 2021.

80 2016년의 선거운동, 특히 그 마지막 1개월에 대해서는 다음을 보라. Allen and Parnes, *Shattered.*

8장 종말

1 이러한 트럼프의 인물상은 내가 지난 5년에 걸쳐 미국과 영국의 다양한 신문, 잡지, 웹사이트 들을 섭렵하고 지금까지 나온 트럼프에 대한 여러 저서를 읽은 바에 기반하고 있다. 그 저서들은 다음과 같다. Michael Wolff, *Fire and Fury: Inside the Trump White House* (New York: Henry Holt, 2018); Bob Woodward, *Fear: Trump in the White House* (New York: Simon and Schuster, 2018); Philip Rucker and Carol D. Leonnig, *A Very Stable Genius: Donald J. Trump's Testing of America* (New York: Penguin Press, 2020); Mary L. Trump, *Too Much and Never Enough: How My Family Created the World's Most Dangerous Man* (New York: Simon and Schuster, 2020); Michael Cohen, *Disloyal: A Memoir: The True Story of the Former Personal Attorney to the President of the United States* (New York: Skyhorse Publishing, 2020); Adam Serwer, *The Cruelty Is the Point: The Past, Present, and Future of Trump's America* (New York: One World, 2021); Corey Robin, *The Reactionary Mind: Conservatism from Edmund Burke to Donald Trump*, 2nd ed. (New York: Oxford University Press, 2018), 239–272. 내가 트럼프에 대해 생각하는 바를 실시간으로 알고 싶은 이들은 데이비드 런시먼이 진행하는 팟캐스트 〈토킹폴리틱스〉에서 그와 함께 이야기하는 바를 참조하기 바란다. Talking Politics website, https://www.talkingpoliticspodcast.com. 또 내가 참여했던 이전 에피소드들도 검색창에서 찾아보기 바란다.

2 Scott Shane, "The Fake Americans Russia Created to Influence the Election," *New York Times*, September 7, 2017, https://www.nytimes.com/2017/09/07/us/politics/russia-facebook-twitter-election.html, accessed September 28, 2021; Sharon

LaFraniere, Mark Mazzetti, and Matt Apuzzo, "How the Russia Inquiry Began: A Campaign Aide, Drinks and Talk of Political Dirt," *New York Times*, December 30, 2017, https://www.nytimes.com/2017/12/30/us/politics/how-fbi-russia-investigation-began-george-papadopoulos.html, accessed September 28, 2021. 러시아에 관한《뉴욕타임스》기사 전체 모음은 다음을 보라. "Trump and the Russians" https://www.nytimes.com/spotlight/trump-russia. 다음을 보라. Jane Mayer, "How Russia Helped Swing the Election for Trump," *New Yorker*, September 24, 2018, https://www.newyorker.com/magazine/2018/10/01/how-russia-helped-to-swing-the-election-for-trump, accessed September 28, 2021; Marik von Rennenkampff, "There Was Trump-Russia Collusion and Trump Pardoned the Colluder," *TheHill.com*, April 17, 2021, https://thehill.com/opinion/white-house/548794-there-was-trump-russia-collusion-and-trump-pardoned-the-colluder, accessed September 28, 2021.

3 Sharon LaFraniere, Andrew E. Kramer, and Danny Hakim, "Trump, Ukraine and Impeachment: The Inside Story of How We Got Here," *New York Times*, November 11, 2019, https://www.nytimes.com/2019/11/11/us/ukraine-trump.html, accessed September 28, 2021; Lauren Gambinoand Tom McCarthy, "The Inside Story of Trump's Alleged Bribery of Ukraine," *The Guardian*, November 30, 2019, heguardian.com/us-news/2019/nov/30/trump-ukraine-alleged-bribery-impeachment-inquiry, accessed September 28, 2021.

4 Special Counsel Robert S. Mueller III, "Report on the Investigation into Russian Interference in the 2016 Presidential Election," 2 vols., issued by the Department of Justice, March 2019 (Cambridge, MA: Harvard Bookstore, 2019).

5 Jane Mayer, "The Danger of President Pence," *New Yorker*, October 16, 2017, https://www.newyorker.com/magazine/2017/10/23/the-danger-of-president-pence, accessed September 23, 2021.

6 이 "깊이 숨은 국가"라는 어구는 스티브 배넌이 〈브레이트바트〉에 글을 쓸 때 차용하여 써먹었던 말이다. Alana Abramson, "President Trump's Allies Keep Talking about the 'Deep State.' What's That?," Time, March 8, 2017, https://time.com/4692178/donald-trump-deep-state-breitbart-barack-obama/, accessed September 23, 2021; Daniel Benjamin and Steven Simon, "Why Steve Bannon Wants You to Believe in the Deep State," *Politico*, March 21, 2017, https://www.politico.com/magazine/story/2017/03/steve-bannon-deep-state-214935/, accessed September 23, 2021. 또한 다음을 보라. Joshua Green, *Devil's Bargain: Steve Bannon, Donald Trump, and the Nationalist Uprising* (New York: Penguin Press, 2017).

7 Tom McCarthy, "Why Has Trump Appointed So Many Judges—And How Did

He Do It?" *The Guardian*, April 28, 2020, https://www.theguardian.com/us-news/2020/apr/28/explainer-why-has-trump-appointed-so-many-judges, accessed September 28, 2021; Kadhim Shubber, "How Trump Has Already Transformed America's Courts," *Financial Times*, September 25, 2020, https://www.ft.com/content/032b3101-9b8b-4566-ace4-67b86f42370b, accessed September 28, 2021; Anita Kumar, "Trump's Legacy Is Now the Supreme Court," *Politico*, September 26, 2020, https://www.politico.com/news/2020/09/26/trump-legacy-supreme-court-422058, accessed September 28, 2021; Sara Reynolds, "Trump Has Appointed Second-Most Federal Judges Through November 1 of a President's Fourth Year," *Ballotpedia News*, November 3, 2020, https://news.ballotpedia.org/2020/11/03/trump-has-appointed-second-most-federal-judges-through-november-1-of-a-presidents-fourth-year/, accessed September 28, 2021; Mark Sherman, Kevin Freking, and Matthew Daly, "Trump's Court Appointments Will Leave Decades-Long Imprint," *AP News*, December 26, 2020, https://apnews.com/article/joe-biden-donald-trump-judiciary-coronavirus-pandemic-us-supreme-court-c37607c9987888058d3d0650eea125cd, accessed September 28, 2021; John Gramlich, "How Trump Compares with Other Recent Presidents in Appointing Federal Judges," *Pew Research Center*, January 13, 2021, https://www.pewresearch.org/fact-tank/2021/01/13/how-trump-compares-with-other-recent-presidents-in-appointing-federal-judges/, accessed September 28, 2021.

8 나토에 대한 트럼프의 입장은 다음을 보라. Julie Hirschfeld Davis, "Trump Warns NATO Allies to Spend More on Defense, or Else," *New York Times*, July 2, 2018, https://www.nytimes.com/2018/07/02/world/europe/trump-nato.html, accessed September 28, 2021; Julian E. Barnes and Helene Cooper, "Trump Discussed Pulling U.S. from NATO, Aides Say Amid New Concerns over Russia," *New York Times*, January 14, 2019, https://www.nytimes.com/2019/01/14/us/politics/nato-president-trump.html, accessed September 28, 2021; Ryan Browne, "Trump Administration to Cut Its Financial Contribution to NATO," *CNN.com*, November 28, 2019, https://edition.cnn.com/2019/11/27/politics/trump-nato-contribution-nato/index.html accessed September 28, 2021. 트럼프와 브렉시트에 대해서는 다음을 보라. "EU Referendum: Donald Trump Backs Brexit," *BBC News*, May 6, 2016, https://www.bbc.co.uk/news/uk-politics-eu-referendum-36219612, accessed September 28, 2021; Justin Wise, "Trump Says He Supports UK Leaving EU Without a Brexit Deal," *TheHill.com* June 2, 2019, https://thehill.com/policy/international/446504-trump-says-he-supports-uk-leaving-eu-without-a-brexit-deal, accessed September 28, 2021.

9 1962년의 무역확장법(Trade Expansion Act)의 232조가 그 근거이다. Emily Loftis,

"Who Has the Authority to Impose Tariffs and How Does This Affect International Trade?," Yeutter Institute, Institute of Agriculture and Natural Resources, University of Nebraska, May 20, 2019, https://yeutter-institute.unl.edu/who-has-authority-impose-tariffs-and-how-does-affect-international-trade, accessed August 16, 2021.

10 Peter S. Goodman, "Global Trade Is Deteriorating Fast, Sapping the World's Economy," *New York Times*, October 1, 2019, https://www.nytimes.com/2019/10/01/business/wto-global-trade.html, accessed August 16, 2021.

11 "Trump's 15% Tariffs on $112 Billion in Chinese Goods Take Effect," CNBC, September 1, 2019, https://www.cnbc.com/2019/09/01/trumps-15percent-tariffs-on-112-billion-in-chinese-goods-take-effect.html, accessed September 28, 202.

12 예로 다음을 보라. "New Data Show the Failures of Donald Trump's China Trade Strategy," *The Economist*, February 10, 2021, https://www.economist.com/graphic-detail/2021/02/10/new-data-show-the-failures-of-donald-trumps-china-trade-strategy, accessed August 16, 2021.

13 Felix Richter, "Has Globalization Passed Its Peak?," *Statista*, May 26, 2020, https://www.statista.com/chart/21821/global-trade-volume-as-a-percentage-of-gdp/, accessed August 16, 2021; Institute of Chartered Accountants in England and Wales, "Global Trade in Decline Long Before the Pandemic," 2021, https://www.icaew.com/technical/economy/economic-insight/global-trade-in-decline-long-before-the-pandemic, accessed August 16, 2021.

14 Marc Levinson, *Outside the Box: How Globalization Changed from Moving Stuff to Spreading Ideas* (Princeton, NJ: Princeton University Press, 2020), 210 and passim; Institute of Chartered Economists in England and Wales, "Global Trade in Decline Long Before the Pandemic."

15 다음에서 인용. Green, *Devil's Bargain*, 9.

16 James Politi, "The Rise and Fall of the Trump Economy in Charts," *Financial Times*, November 4, 2020, https://www.ft.com/content/8126446c-4959-4e87-8c78-3546bbf2ebc2, accessed September 28, 2021; Jeffrey Kucik, "How Trump Fueled Economic Inequality in America," *TheHill.com*, January 21, 2021, https://thehill.com/opinion/finance/535239-how-trump-fueled-economic-inequality-in-america, accessed September 28, 2021.

17 Josh Dawsey, "Trump Attacks Protections for Immigrants from 'Shithole' Countries," *Washington Post*, January 11, 2018, https://www.washingtonpost.com/politics/trump-attacks-protections-for-immigrants-from-shithole-countries-in-oval-office-meeting/2018/01/11/bfc0725c-f711-11e7-91af-31ac729add94_story.html, accessed August 17, 2021.

18 Immigration and Ethnic History Society, Immigration History, "Muslim

Travel Ban," Department of History, University of Texas at Austin, https://immigrationhistory.org/item/muslim-travel-ban/, accessed August 17, 2021.

19 Southern Poverty Law Center, "Family Separation Under the Trump Administration—A Timeline," June 17, 2020, https://www.splcenter.org/news/2020/06/17/family-separation-under-trump-administration-timeline, accessed August 17, 2021.

20 다음을 보라. Gary Gerstle, "Becoming Americans—U.S. Immigrant Integration," Testimony before the U.S. House of Representatives Committee on the Judiciary, Subcommittee on Immigration, Citizenship, Refugees, Border Security, and International Law, 110th Congress, First Session, May 16, 2007, https://www.aila.org/File/Related/07072061b.pdf, accessed September 28, 2021. 또한 다음을 보라. Gary Gerstle, "Minorities, Multiculturalism, and the Presidency of George W. Bush," in Julian E. Zelizer, ed., *The Presidency of George W. Bush: A First Historical Assessment* (Princeton, NJ: Princeton University Press, 2010), 252–281.

21 Gerstle, "Minorities, Multiculturalism, and the Presidency of George W. Bush."

22 "Full Text: Trump's Comments on White Supremacists, 'Alt-Left' in Charlottesville," *Politico*, 15 August, 2017, https://www.politico.com/story/2017/08/15/full-text-trump-comments-white-supremacists-alt-left-transcript-241662, accessed September 28, 2021; Michael D. Shear and Maggie Haberman, "Trump Defends Initial Remarks on Charlottesville; Again Blames 'Both Sides,'" *New York Times*, August 15, 2017, https://www.nytimes.com/2017/08/15/us/politics/trump-press-conference-charlottesville.html, accessed September 28, 2021.

23 Rodrigo Duterte, "Donald Trump, Vladimir Putin and the Lure of the Strongman," *Financial Times*, May 16, 2016, https://www.ft.com/content/1c6ff2ce-1939-11e6-b197-a4af20d5575e, accessed September 28, 2021; John Gray, "How We Entered the Age of the Strongman," *New Statesman*, May 23, 2018, https://www.newstatesman.com/uncategorized/2018/05/how-we-entered-age-strongman, accessed September 28, 2021; Gideon Rachman, "Donald Trump Leads a Global Revival of Nationalism," *Financial Times*, June 25, 2018, https://www.ft.com/content/59a37a38-7857-11e8-8e67-1e1a0846c475, accessed September 28, 2021; Tom Parfitt, "Strongmen Flex Their Muscles as Faith in Democracy Withers," *The Times*, December 31, 2019, https://www.thetimes.co.uk/article/strongmen-flex-their-muscles-as-faith-in-democracy-withers-02xzc9swt, accessed September 28, 2021.

24 부시와 마찬가지로 트럼프도 자유시장의 복음과 자유민주주의의 가치를 땅끝까지 전파하는 데에 관심이 없었다. 또한 전 세계에 미국 군대를 배치하는 것의 효용에 대해서 레이건이나 부시보다 훨씬 더 회의적이었다. 그는 시리아와 아프가니스탄에

서 진행되는 외국 전쟁에 미국이 개입하는 것을 종식시키고자 했으며, 외국의 미군 기지를 철수하기를 (혹은 현지 국가가 그 비용을 대기를) 원했으며, 미국 군대를 국내로 데려오고자 했다. 트럼프가 전임 공화당 대통령 조지 W. 부시보다 전쟁에 대한 열성이 훨씬 덜했다는 것이 그의 재임 기간의 특징이었음에도 이는 쉽게 간과되고 있다. 하지만 트럼프가 군대와 그 폭력에 매혹되는 인물이라는 점을 볼 때 사람들이 이를 간과하는 것도 이해가 가는 일이다.

25 소셜미디어 대기업들을 규제하거나 분할하는 것은 공화당의 포퓰리즘 세력에서 전위를 자처하는 이들 사이에 갈수록 하나의 전투적인 공통 구호가 되고 있었다. 예를 들어 다음을 보라. Josh Hawley, *The Tyranny of Big Tech* (Washington, DC: Regnery, 2021). 인터넷의 개방된 지구화적 성격이 잠식되고 "사이버 주권"이 발흥하는 문제에 대한 더 많은 논의는 다음을 보라. James Griffiths, *The Great Firewall of China: How to Build and Control an Alternative Version of the Internet* (London: Bloomsbury, 2019); Elizabeth C. Economy, "The Great Firewall of China: Xi Jinping's Internet Shutdown," *The Guardian*, June 29, 2018, https://www.theguardian.com/news/2018/jun/29/the-great-firewall-of-china-xi-jinpings-internet-shutdown, accessed September 27, 2021; "China Internet: Xi Jinping Calls for 'Cyber Sovereignty,'" *BBC News*, December 16, 2015, https://www.bbc.co.uk/news/world-asia-china-35109453, accessed September 27, 2021; Justin Sherman, "Russia and Iran Plan to Fundamentally Isolate the Internet," *Wired*, June 6, 2019, https://www.wired.com/story/russia-and-iran-plan-to-fundamentally-isolate-the-internet/, accessed September 27, 2021; Matt Burgess, "Iran's Total Internet Shutdown Is a Blueprint for Breaking the Web," *Wired*, October 7, 2020, https://www.wired.co.uk/article/iran-news-internet-shutdown, accessed September 27, 2021; Paul Bischoff, "Internet Censorship 2021: A Global Map of Internet Restrictions," *Comparitech.com*, August 3, 2021, https://www.comparitech.com/blog/vpn-privacy/internet-censorship-map/, accessed September 27, 2021.

26 정의파민주당과 선라이즈운동에 대해서는 다음을 보라. Andrew Marantz, "Are We Entering a New Political Era?," *New Yorker*, May 31, 2021, https://www.newyorker.com/magazine/2021/05/31/are-we-entering-a-new-political-era, accessed August 30, 2021. 모멘텀에 대해서는 다음을 보라. Tyler Kingkade, "These Activists Are Training Every Movement That Matters," *Vice*, https://www.vice.com/en/article/8xw3ba/these-activists-are-training-every-movement-that-matters-v26n4, accessed August 30, 2021. 또한 다음도 보라. Mark Schmitt, "The American Left Is a Historical Success Story," *Democracy*, July 15, 2021, https://democracyjournal.org/arguments/the-american-left-is-a-historical-success-story/, accessed August 30, 2021. 이러한 운동들에 대한 더 많은 논의는 다음을 보라. https://equitablegrowth.org/ and https://newconsensus.com/, both accessed August 30, 2021.

27 워런의 정책들에 대해서는 다음을 보라. Elizabeth Warren, "Here's How We Can Break Up Big Tech," *Medium,* March 8, 2019, https://medium.com/@teamwarren/heres-how-we-can-break-up-big-tech-9ad9e0da324c, accessed September 24, 2021; Sheelah Kolhatkar, "How Elizabeth Warren Came Up with a Plan to Break Up Big Tech," *New Yorker,* August 20, 2019, https://www.newyorker.com/business/currency/how-elizabeth-warren-came-up-with-a-plan-to-break-up-big-tech, accessed September 24, 2021. 샌더스의 개혁 의제에는 모든 미국인에 대한 무상 대학 교육, 의료보험["모두를 위한 의료보험(Medicare for All)"], 수조 달러에 달하는 학자금대출의 탕감, 연방정부 차원에서 최저임금을 시간당 15달러로 확립할 것 등이 포함된다. Bernie Sanders, "It's Time to Complete the Revolution We Started," *The Guardian*, February 25, 2019, https://www.theguardian.com/commentisfree/2019/feb/25/its-time-to-complete-the-revolution-we-started; Bernie Sanders, "The Foundations of American Society Are Failing Us," *New York Times,* April 19, 2020, https://www.nytimes.com/2020/04/19/opinion/coronavirus-inequality-bernie-sanders.html, accessed September 24, 2021.

28 Emily Cochrane and Sheryl Ann Stolberg, "$2 Trillion Coronavirus Stimulus Bill Is Signed into Law," *New York Times*, March 27, 2020, https://www.nytimes.com/2020/03/27/us/politics/coronavirus-house-voting.html, accessed August 30, 2021

29 Martin Crutsinger, "A New $2.3 Trillion Fed Plan to Aid Localities and Companies," *AP News*, April 9, 2020, https://apnews.com/article/municipal-bonds-jerome-powell-financial-markets-virus-outbreak-business-8508af5848939f715622a71a44d3af20, accessed December 20, 2021.

30 Rachel Cohrs, "The Trump Administration Quietly Spent Billions in Hospital Funds on Operation Warp Speed," *Stat News*, March 2, 2021, https://www.statnews.com/2021/03/02/trump-administration-quietly-spent-billions-in-hospital-funds-on-operation-warp-speed/, accessed August 30, 2021.

31 Gary Gerstle, "The New Federalism," *The Atlantic*, May 6, 2020, https://www.theatlantic.com/ideas/archive/2020/05/new-federalism/611077/, accessed September 27, 2021.

32 바이든은 젊은 시절 아내와 딸을 교통사고로 잃었다. 그 사고에서 살아남은 두 아들 중 한 사람[보(Beau)]은 뇌종양으로 잃었다. 바이든의 유일한 친자식인 헌터(Hunter)는 약물중독으로 거의 무너진 상태다.

33 Fintan O'Toole, "The Designated Mourner," New York Review of Books, January 16, 2020, https://nybooks.com/articles/2020/01/16/joe-biden-designated-mourner/, accessed September 27, 2021.

34 이 점에서 그는 예전의 민주당 대통령인 프랭클린 루스벨트를 닮았으며, 그도 루스

벨트를 존경하게 됐다. 루스벨트는 1920년대 초 소아마비를 앓으면서 여생 동안 반신이 마비된 상태로 살게 됐지만 그때 겪었던 신체적·정신적 고통을 결코 대중들 앞에서 이야기한 적이 없었다. 또한 그는 영국-네덜란드계의 개신교도로서 아일랜드계인 바이든처럼 가톨릭 종교시를 즐긴 적은 없었다. 하지만 바이든과 마찬가지로 그는 비극을 이겨 냈을 뿐만 아니라 분노와 절망에 항복하고픈 유혹을 이겨 내면서 타인의 상실을 이해하고 이를 위로하는 능력이 훨씬 커졌으며, 그들의 고통을 달래는 정치를 만들어 내는 능력도 늘었다. 루스벨트의 이러한 측면에 대해서는 다음을 보라. Geoffrey C. Ward, *A First-Class Temperament: The Emergence of Franklin Roosevelt, 1905–1928* (New York: HarperPerennial, 1989).

35 바이든이 쓰기 시작한 표현은 "변곡점(inflection point)"이었다. 예를 들어 2021년 9월 유엔에서 그가 한 연설을 보라. Kathryn Watson and Melissa Quinn, "Biden Says the World Stands at an 'Inflection Point' in First Address to U.N.," *CBS News*, September 21, 2021, https://www.cbsnews.com/live-updates/biden-united-nations-general-assembly-speech-inflection-point/, accessed September 28, 2021.

36 "Fact Sheet: President Biden to Announce All Americans to Be Eligible for Vaccinations by May 1, Puts the Nation on a Path to Get Closer to Normal by July 4th," *White House Press Release*, March 11, 2021, https://www.whitehouse.gov/briefing-room/statements-releases/2021/03/11/fact-sheet-president-biden-to-announce-all-americans-to-be-eligible-for-vaccinations-by-may-1-puts-the-nation-on-a-path-to-get-closer-to-normal-by-july-4th/, accessed September 28, 2021; "President Biden Announces American Rescue Plan," White House Press Release, January 20, 2021, https://www.whitehouse.gov/briefing-room/legislation/2021/01/20/president-biden-announces-american-rescue-plan/, accessed September 28, 2021; Jim Tankersley, "Biden Details $2 Trillion Plan to Rebuild Infrastructure and Reshape the Economy," *New York Times*, March 31, 2021, https://www.nytimes.com/2021/03/31/business/economy/biden-infrastructure-plan.html, accessed September 28, 2021; Maegan Vazquez, Kate Sullivan, Tami Luhby, and Katie Lobosco, "Biden's First 100 Days: What He's Gotten Done," *CNN.com*, April 28, 2021, https://edition.cnn.com/2021/04/28/politics/president-biden-first-100-days/index.html, accessed September 28, 2021; Desiree Ibekwe, "The Daily: Biden's First 100 Days," *New York Times*, April 28, 2021, https://www.nytimes.com/2021/04/28/podcasts/joe-biden-infrastructure-stimulus-congress.html, accessed September 28, 2021.

37 Bill Dupor, "How Recent Fiscal Interventions Compare with the New Deal," *Regional Economist* (a publication of the Federal Reserve Bank of St. Louis), July 13, 2021, https://www.stlouisfed.org/publications/regional-economist/third-quarter-2021/how-recent-fiscal-interventions-compare-new-deal, accessed

September 2, 2021; Michael Schuyler, "A Short History of Government Taxing and Spending in the United States," *taxfoundation.org*, February 19, 2014, https://taxfoundation.org/short-history-government-taxing-and-spending-united-states/, accessed September 2, 2021.

38 이러한 협업은 2016년 당시 힐러리와 샌더스의 적대적 관계로 보면 반대 극단에 있는 것이라 볼 수 있다. Marantz, "Are We Entering a New Political Era?"

39 Marantz, "Are We Entering a New Political Era?"; Schmitt, "The American Left Is a Historical Success Story"; J. W. Mason, "The American Rescue Plan as Economic Theory," *Slackwire*, March 15, 2021, https://jwmason.org/slackwire/the-american-rescue-plan-as-economic-theory/, accessed September 2, 2021; Saahil Desai, "Joe Biden's Man on the Left," *The Atlantic*, October 29, 2020, https://www.theatlantic.com/politics/archive/2020/10/jared-bernstein-joe-biden-progressive-personnel/616861/, accessed September 2, 2021; Zachary Warmbrodt, " 'Radical' Biden Nominee Faces Backlash from Banks," *Politico*, September 24, 2021, https://www.politico.com/news/2021/09/24/radical-biden-nominee-faces-backlash-from-banks-514189, accessed September 28, 2021; Stephanie Kelton, *The Deficit Myth: Modern Monetary Theory and the Birth of the People's Economy* (New York: PublicAffairs, 2021); Lina M. Khan, "The Amazon Anti-Trust Paradox," *Yale Law Review* 126 (2017), 710-805, https://www.yalelawjournal.org/pdf/e.710.Khan.805_zuvfyyeh.pdf, accessed December 17, 2021; Saule T. Omarova, "The People's Ledger: How to Democratize Money and Finance the Economy," October 20, 2020, Cornell Legal Studies Research Paper No. 20-45, *Vanderbilt Law Review*, forthcoming, available at SSRN: https://ssrn.com/abstract=3715735 or http://dx.doi.org/10.2139/ssrn.3715735, accessed September 27, 2021. 다음도 보라. K. Sabeel Rahman, *Democracy Against Domination*(New York: Oxford University Press, 2017), and Ganesh Sitaraman, *The Great Democracy: How to Fix Our Politics, Unrig the Economy, and Unite America* (New York: Basic Books, 2019).

40 Evan Osnos, "Can Biden's Center Hold?" *New Yorker*, August 23, 2020, https://www.newyorker.com/magazine/2020/08/31/can-bidens-center-hold, accessed September 28, 2021; Daniel Strauss, "Biden Bids to Placate the Left as He Builds Centrist Transition Team," *The Guardian*, November 29, 2020, https://www.theguardian.com/us-news/2020/nov/29/joe-biden-transition-left-centrists-democrats, accessed September 28, 2021; Lisa Lerer and Reid J. Epstein, "How Biden United a Fractious Party Under One Tent," *New York Times*, February 9, 2021, https://www.nytimes.com/2021/02/09/us/politics/joe-biden-democratic-party.html, accessed September 28, 2021.

41 뉴딜 전략에서 저렴한 화석연료의 공급이 차지하는 중심적 위치에 대해서는 다음을

보라. Matthew Owen, " 'For the Progress of Man': The TVA, Electric Power, and the Environment" (PhD dissertation, Vanderbilt University, 2014). 좀 더 일반적인 에너지 정치에 대해서는 다음을 보라. Helen Thompson, *Oil and the Western Economic Crisis* (London: Palgrave Macmillan, 2017), and Helen Thompson, *Disorder: Hard Times in the 21st Century* (Oxford: Oxford University Press, 2022).

42 Evan Hill, Ainara Tiefenthäler, Christiaan Triebert, Drew Jordan, Haley Willis, and Robin Stein, "How George Floyd Was Killed in Police Custody," *New York Times*, May 31, 2020, https://www.nytimes.com/2020/05/31/us/george-floyd-investigation.html, accessed September 28, 2021.

43 Derrick Bryson Taylor, "George Floyd Protests: A Timeline," *New York Times*, June 2, 2020, https://www.nytimes.com/article/george-floyd-protests-timeline.html, accessed September 28, 2021; Audra D. S. Burch, Amy Harmon, Sabrina Tavernise, and Emily Badger, "The Death of George Floyd Reignited a Movement. What Happens Now?," *New York Times*, April 20, 2021, https://www.nytimes.com/2021/04/20/us/george-floyd-protests-police-reform.html, accessed September 28, 2021; Larry Buchanan, Quoctrung Bui, and Jugal K. Patel, "Black Lives Matter May Be the Largest Movement in U.S. History," *New York Times*, July 3, 2020, https://www.nytimes.com/interactive/2020/07/03/us/george-floyd-protests-crowd-size.html, accessed September 28, 2021; Mariame Kaba, "Yes, We Mean Literally Abolish the Police," *New York Times*, June 12, 2020, https://www.nytimes.com/2020/06/12/opinion/sunday/floyd-abolish-defund-police.html, accessed September 28, 2021.

44 Jonathan Martin, Alexander Burns, and Thomas Kaplan, "Biden Walks a Cautious Line as He Opposes Defunding the Police," *New York Times*, June 8, 2020, https://www.nytimes.com/2020/06/08/us/politics/biden-defund-the-police.html, accessed September 28, 2021.

45 Ta-Nehisi Coates, "The Case for Reparations," *The Atlantic*, June 15, 2014, https://www.theatlantic.com/magazine/archive/2014/06/the-case-for-reparations/361631/, accessed September 27, 2021; Ta-Nehisi Coates, "Ta-Nehisi Coates Revisits the Case for Reparations," *New Yorker*, June 10, 2019, https://www.newyorker.com/news/the-new-yorker-interview/ta-nehisi-coates-revisits-the-case-for-reparations, accessed September 27, 2021.

46 Marantz, "Are We Entering a New Political Era?"

47 Pete Williams and Nicole Via y Rada, "Trump's Election Fight Includes over 50 Lawsuits. It's Not Going Well," *CNBC*, November 23, 2020, ttps://www.nbcnews.com/politics/2020-election/trump-s-election-fight-includes-over-30-lawsuits-it-s-n1248289, accessed September 28, 2021; Kadhim Shubber, "Lawsuit Tracker:

Donald Trump's Legal Battle Runs into Repeated Dead Ends," *Financial Times*, December 11, 2020, https://www.ft.com/content/20b114b5-5419-493b-9923-a918a2527931, accessed September 28, 2021.

48 마이클 월프(Michael Wolff)는 이 몇 달간의 일을 훌륭한 저널리즘의 (그리고 한 눈에 전부를 볼 수 있는) 설명으로 제시하고 있다. Michael Wolff, *Landslide: The Final Days of the Trump Presidency*(New York: Henry Holt, 2021). 다음도 보라. Dan Barry and Sheera Frenkel, "'Be There. Will Be Wild!': Trump All but Circled the Date," *New York Times*, January 6, 2021, updated July 27, 2021, https://www.nytimes.com/2021/01/06/us/politics/capitol-mob-trump-supporters.html, accessed September 28, 2021; Dan Barry, Mike McIntire, and Matthew Rosenberg, "'Our President Wants Us Here': The Mob That Stormed the Capitol," *New York Times*, January 9, 2021, updated September 25, 2021, https://www.nytimes.com/2021/01/09/us/capitol-rioters.html, accessed September 28, 2021.

49 미국과 전 세계를 장악한 민주주의 위기의 정서에 대해서는 다음을 보라. David Runciman, *How Democracy Ends* (London: Profile, 2018); Steven Levitsky and Daniel Ziblatt, *How Democracies Die*(New York: Penguin Press, 2017); Nadia T. Urbinati, *Democracy Disfigured: Opinion, Truth and the People* (Cambridge, MA: Harvard University Press, 2014); Helen Thompson, *Disorder;* 다음도 보라. Eugenio T. Biagini and Gary Gerstle, eds., *A Cultural History of Democracy in the Modern Age* (London: Bloomsbury Academic, 2021).

50 민주당이 전통적으로 강한 도시 지역 주민들의 표를 체계적으로 과소평가하도록 되어 있는 선거 시스템에서 승리를 거두어야 할 뿐만 아니라, 민주당 성향의 시민들이 투표하기 힘들도록 만들기 위해 무슨 수단이든 동원하는 공화당에 맞서 이겨야 하는 것이 바이든과 민주당에게 닥친 난관이다.

51 "신자유주의 질서의 폐허"라는 어구는 웬디 브라운(Wendy Brown)에게서 가져왔지만, 나는 신자유주의의 폐허 속에서 반동적 가능성뿐만 아니라 진보적 가능성도 있다고 본다. Wendy Brown, *In the Ruins of Neoliberalism: The Rise of Antidemocratic Politics in the West* (New York: Columbia University Press, 2019).

52 Katie Johnson, "Earnings Rising Faster for Lower-Wage Workers," *Boston Globe*, December 10, 2021, https://www.bostonglobe.com/2021/12/09/business/first-time-decades-earnings-are-rising-faster-lower-wage-workers/?et_rid=1773137024&s_campaign=todaysheadlines:newsletter; accessed December 10, 2021; Dee-Ann Durbin and Carolyn Thompson, "In a First for Starbucks, Workers Agree to Form Union," *Boston Globe*, December 9, 2021, https://www.bostonglobe.com/2021/12/09/business/first-starbucks-workers-agree-union-buffalo/, accessed December 10, 2021.

53 예를 들어 사울 오마로바는 금융을 민주화하는 한 방법으로서 소비자 예금 계정을

민간은행에서 모두 연방준비은행으로 옮기자는 제안을 하고 있다. Omarova, "The People's Ledger." 또한 다음을 보라. Charles Lane, "Joe Biden Isn't a Socialist but His Nominee to Regulate Banks Has Pretty Radical Ideas About the Fed," *Washington Post*, October 13, 2021, https://www.washingtonpost.com/opinions/2021/10/13/joe-biden-isnt-socialist-his-nominee-regulate-banks-has-pretty-radical-ideas-about-fed/, accessed October 13, 2021. 연방준비제도에 대한 다른 흥미로운 분석 그리고 연방준비제도가 작동하는 (혹은 작동하지 않는) 방식에 대한 흥미로운 논의로는 다음을 보라. Greta R. Krippner, *Capitalizing on Crisis: The Political Origins of the Rise of Finance* (Cambridge, MA: Harvard University Press, 2012); and Lawrence R. Jacobs and Desmond King, *Fed Power: How Finance Wins* (2016; New York: Oxford University Press, 2021).

찾아보기

ㄱ

ㄴ

ㄷ

ㅅ

ㅇ

ㅈ

ㅊ

ㅋ

ㅌ

기타

Philos 028

뉴딜과 신자유주의

1판 1쇄 발행 2024년 5월 22일
1판 2쇄 발행 2024년 12월 23일

지은이 게리 거스틀
옮긴이 홍기빈
펴낸이 김영곤
펴낸곳 (주)북이십일 아르테

책임편집 김지영 박성근
기획편집 장미희 최윤지
디자인 어나더페이퍼
마케팅 한충희 남정한 최명열 나은경 한경화
영업 변유경 김영남 강경남 황성진 김도연 권채영 전연우 최유성
해외기획 최연순 소은선 홍희정
제작 이영민 권경민

출판등록 2000년 5월 6일 제406-2003-061호
주소 (10881) 경기도 파주시 회동길 201(문발동)
대표전화 031-955-2100 팩스 031-955-2151 이메일 book21@book21.co.kr

(주)북이십일 경계를 허무는 콘텐츠 리더

북이십일 채널에서 도서 정보와 다양한 영상자료, 이벤트를 만나세요!

인스타그램 instagram.com/21_arte
instagram.com/jiinpill21
페이스북 facebook.com/21arte
facebook.com/jiinpill21
포스트 post.naver.com/staubin
post.naver.com/21c_editors
홈페이지 arte.book21.com
book21.com

ISBN 979-11-7117-556-7 (03900)

미국의 과거를 다루는 뛰어난 연대기 작가인 게리 거스틀은 '정치 질서'라는 강력한 개념을 사용해 대담한 통찰을 전개했다. 우리의 가장 최근 역사, 즉 시장화, 세계경제 통합, 가혹한 감옥 국가, 불평등 심화에 놓였던 지난 40년을 살펴본다. 신자유주의 질서의 흥망성쇠를 도표화하여 펼치는 이 설명은 로널드 레이건에서 버니 샌더스, 빌 클린턴에서 도널드 트럼프를 다루며, 미국 역사의 굴곡을 빠르게 이해하는 데에 유용한 분석 틀을 제공한다. 오늘날 우리가 살고 있는 세계, 그 모든 치명적인 위험과 아직 이뤄지지 않은 약속, 미래를 알고자 하는 사람이라면 반드시 읽어야 할 책이다.
— **스벤 베커트** Sven Beckert, 하버드대학교 역사학 교수

게리 거스틀은 면밀한 조사가 필요한 지난 반세기 역사의 훌륭하고, 매력적이며, 도발적인 아이디어를 제공한다. 특유의 대가다운 사고능력을 통해 그는 시장이 민주주의를 가져올 것이고 큰정부의 시대는 끝났다는 신자유주의적 지혜[아이디어]가 특정 세력의 부상과 상황에서 출현했음을 보여 준다. 또한 그 아이디어 중 많은 부분이 이제는 과거로서 남아 있고, 또 과거로만 남아야 한다고 제안한다.
— **베벌리 게이지** Beverly Gage, 예일대학교 역사학 및 미국학 교수

게리 거스틀은 분열되고 양분화된 우리 정치의 표면 바로 아래에는 1990년대와 2000년대 초 두 정당이 함께 일구었던 신자유주의 질서가 있었다고 주장한다. 그들은 의견이 심하게 엇갈리면서도 국가적인 정치 논쟁에서는 뉴딜정책을 기반으로 하는 기둥과 동떨어져 있었다. 게리 거스틀은 놀랍고도 특징적인 분석을 통해 우리의 지도자와 유권자를 만들어 온 정치 질서의 흥망성쇠를 독자들에게 소개한다. 즉, 지난 10년 동안 좌우를 막론하고 강력한 세력이 새로운 시대의 문을 열기까지와, 그 이유를 상세히 탐구했다. — **줄리언 젤리저** Julian Zelizer, 프린스턴대학교 정치사학 교수

미국이 어떻게 반세기에 걸쳐 국가 중심 정책으로 뉴딜을 수용한 뒤 이를 가차 없이 해체할 수 있었는지에 대해 의아해했던 사람이라면, 거스틀이 신자유주의 질서의 부상에 대해 몰입도가 높으며 강력하고도 아름다운 문체로 쓴 이 이야기를 통해 큰 깨달음을 얻게 될 것이다. 일부 사람들이 아직도 자유시장의 정통성을 고집하지만, 이 사상은 이미 자유낙하하고 있다는 그의 주장에 용기를 얻을 수도 있다. 우리 시대를 형성해 온 복잡다단한 변화에 대해 이보다 더 좋은 지침은 없을 것이다.
— **리자베스 코언** Lizabeth Cohen, 하버드대학교 미국학 교수

이 책을 통해 우리는 최고의 역사가를 발견하게 된다. 거스틀은 클린턴이 신자유주의의 촉진자 역할을 했다는 것을 알려 줄 뿐만 아니라 그 사상이 새로운 정치 질서로서 어떻게, 왜 안착하게 되었는지를 설득력 있게 보여 준 최초의 역사가다. 또한 지난 10년

동안 붕괴되고 있는 신자유주의 질서를 예리하게 짚어 낸다. 그다음에는 어떻게 될까? 나는 그 질문에 답하는 데에 이 보석 같은 책만큼 도움이 되는 우리 시대의 정치사를 알지 못한다. — **조너선 레비** Jonathan Levy, 시카고대학교 역사학 교수

거스틀의 이 중요한 책은 미국에서 신자유주의의 힘과 인기에 대해 명쾌하고 풍부한 해석을 제공한다. 고전적 자유주의, 뉴딜, 공산주의 등 여러 사상이 흥망하는 가운데 신자유주의가 자리를 잡기까지의 진정한 역사를 다룬다. 반드시 읽어야 한다!
— **애덤 투즈** Adam Tooze, 컬럼비아대학교 역사학 교수

국제무역, 냉전, 인종, 양극화, 랠프 네이더, 노동운동, 보수주의의 부상 등 방대한 새로운 학문을 전문적으로 종합한 게리 거스틀은 지금까지 이어 온 미국 신자유주의 역사를 매우 포괄적이고 위엄 있게 전달한다. 그 과정에서 저자는 미국이 규제를 완화하여 IT의 진보로 나아가기 위해, 빌 클린턴과 뉴트 깅그리치 간의 예상치 못한 협력이 어떻게 도출되었는지에 대한 새로운 시각을 제시한다. 또한 그는 해방을 약속한 '신자유주의'가 어떻게 복종을 강요하는 단어가 되었는지에 대해, 내가 읽은 것들 중 가장 최고의 설명을 제공한다. 이 질서는 어떤 문제에서는 두 정당을 나누지만, 또 어떤 문제에서는 결합시킨다. — **코리 로빈** Corey Robin, 뉴욕시립대학교 정치학 교수

매혹적이고 예리하다. — **《뉴욕타임스》**

서평에서 소위 말하는 '듣자마자 명곡instant classic'이라는 용어로 극찬하는 경우는 드물 테지만, 이 책이 바로 그렇다! — **《파이낸셜타임스》**

거스틀은 신자유주의에 대해 풍부하고 정교한 논의를 제공한다. 중요한 내용이 아름다운 문장으로 쓰였다. — **《워싱턴포스트》**

그의 미국적 관점은 마침내 영국 독자들이 당파적 참호에서 벗어나 신자유주의의 형태를 이해하게 해 준다. 훌륭한 서비스이며, 읽는 즐거움이다. — **《프로스펙트》**

훌륭하게 구상하고, 폭넓게 주장하며, 매우 명확하게 쓰였다. 우리가 현재 어디에 있는지에 대한 역사적 관점에 관심 있는 이들에게 이보다 더 좋은 책은 없다. — **《네이션》**

설득력 있고 박식한 역사적 분석! — **《커커스리뷰》**

이 책은 '미국'의 예외적인 점에 대한 매우 독창적인 설명이다. — **《소사이어티》**